Geschichte des Herzoglich Braunschweigischen Infanterie-regiments und seiner Stammtruppen 1809-1869, Zweiter Band - Primary Source Edition

Gustav von Kortzfleisch

Geschichte

des

Braunschweigischen Infanterie-Regiments Nr. 92

2. Band.

Geschichte

des

Herzoglich
Braunschweigischen Infanterie-Regiments

und seiner Stammtruppen

1809—1869.

---

2. Band:

Von der Errichtung des neuen Truppenkorps 1813 bis zum Ausbruch des Krieges 1870.

Im Auftrage des Regiments bearbeitet

von

von Kortzfleisch

Major à la suite des Infanterie-Regiments Graf Barfuß (4. Westfäl.) Nr. 17
und Eisenbahn-Linienkommissar.

Mit 1 Bildniß des Herzogs Wilhelm, 3 Uniformbildern, 1 Stammtafel
und 9 Kartenskizzen.

Braunschweig.
Druck und Verlag von Albert Limbach, G. m. b. H.
1898.

KPF 10*2.(2)

Inhaltsverzeichniß.

— —

III. Die Freiheitskriege.

15. Das neue Truppenkorps. 1813—14.

16. Erster Zug nach Brabant. 1814.

17. Zweiter Zug nach Brabant. 1815.

Anlagen.

Karten und Bilder.

Vorwort.

Als vor drei Jahren der 1. Band dieser Regimentsgeschichte der Oeffentlichkeit übergeben wurde, war nur beabsichtigt, den älteren, bisher der Geschichtschreibung gänzlich entbehrenden Zeitabschnitt der Geschichte des Braunschweigischen Infanterie=Regiments zur Darstellung zu bringen. Für diese Arbeit waren zwei Bände in Aussicht genommen, deren erster mit der Gründung der schwarzen Schaar 1809 begann, während der zweite mit dem Jahre 1867 ab=schließen sollte. Für das folgende Jahrzehnt erfreute sich das Infanterie=Regiment Nr. 92 bereits einer vortrefflichen Regiments=geschichte. Diese sollte als 3. Band gelten, während die neueste Zeit einem, späterer Zukunft überlassenen 4. Bande vorbehalten bleiben sollte.

Dieser Plan hat inzwischen eine Verschiebung und Erweiterung erfahren. Der Umstand, daß die im Jahre 1878 erschienene „Ge=schichte des Herzoglich Braunschweigischen Infanterie=Regiments Nr. 92 seit dem Eintritt in den Norddeutschen Bund" seit langer Zeit ver=griffen ist, machte die Möglichkeit ihrer Benutzung im Sinne eines dritten Bandes der jetzt erscheinenden Regimentsgeschichte ziemlich illusorisch. Deshalb hat ihr Verfasser, Herr General=Lieutenant Otto in Magdeburg, sich auf vielfachen Wunsch bereit erklärt, eine neue Auf=lage seines Buches zu veranstalten. Um bei dieser Gelegenheit das Regiment in den Besitz einer einheitlich wirkenden Gesammtdarstellung seiner ganzen Geschichte zu bringen, hat Seine Excellenz sich ent=schlossen, seine Darstellung der Erlebnisse des Regiments im Kriege 1870/71 durch eine formale Ueberarbeitung und veränderte Gliederung

in Abschnitte in Uebereinstimmung mit dem beim 1. und 2. Bande
befolgten Systeme zu bringen. Auch soll die Schilderung der Friedens=
zeit nach dem Französischen Kriege bis auf die Gegenwart fortgeführt
werden. In dieser erweiterten Form ist die 2. Auflage des Otto'schen
Werkes bestimmt, als 3. Band in den Rahmen dieser Regiments=
geschichte einzutreten, so daß diese alsdann den ganzen Zeitraum vom
Jahre 1809 bis zum Schluß des Jahrhunderts umfassen wird.

Nachdem im 1. Bande des hierdurch auf eine breitere Basis
gestellten Werkes von der schwarzen Schaar des Herzogs Friedrich
Wilhelm und ihren Kämpfen auf der Peninsula im britischen Solde
erzählt worden war, bringt der in den nachfolgenden Blättern ent=
haltene 2. Band die zusammenhängende Geschichte der braunschweigi=
schen Fußtruppen seit der Wiederherstellung des Herzogthums im
Jahre 1813. Von den vier Hauptabschnitten (Nr. III—VI), in welche
er sich gliedert, umfaßt der III. die Zeit der Freiheitskriege. Die
Errichtung des neuen Truppenkorps und sein erstes Ausrücken nach
Brabant sind der Hauptsache nach auf Grund der Ordrebücher dar=
gestellt. Zur Ergänzung konnten der im Staatsarchive zu Hannover
aufbewahrte Briefwechsel des Herzogs Friedrich Wilhelm mit dem
Herzoge von Cambridge, sein schon im 1. Bande erwähnter Schrift=
wechsel mit dem Grafen Münster, das Wachholz'sche Tagebuch, die
Köhler'schen truppengeschichtlichen Manuskripte in der Braunschweiger
Stadtbibliothek, die Jahrgänge 1813—14 des Braunschweigischen
Magazins, eine Monographie über den Einzug des Herzogs in seine
Hauptstadt und die gedruckte Literatur über die Freiheitskriege, vor=
züglich über das Wallmoden'sche Korps, herangezogen werden.

Als die denkwürdigste Periode des in diesem Bande geschilderten
langen Zeitraumes darf der Krieg 1815 gelten. Die Darstellung
mußte hier in erster Linie aus dem englischen Quellenwerke des
Kapitäns Siborne schöpfen. Leider ist jedoch dessen in glänzender
Rhetorik geschriebene History of the war in France and Belgium
etwas einseitig gehalten, wird den Verbündeten der Briten nicht
immer gerecht und bedarf daher sorgfältiger Vergleichung mit nicht=
englischen Quellenwerken. Die bei Siborne vielfach verkleinerten
Thaten der Niederländer sind nur aus der streng wahrheitsgetreuen
Darstellung des Majors van Löben=Sels zu ersehen. Für die
Hannoveraner und die Deutsche Legion konnten die eingehenden, durch
Schlachtpläne (vom Kapitän v. Brandis) erläuterten Berichte sämmt=

licher Truppentheile im Staatsarchive zu Hannover benutzt worden.
Für Nassau lag das bezügliche Material nach Rößler's Darstellung
in den Regimentsgeschichten der Infanterie=Regimenter Nr. 87 und 88
verarbeitet vor. Diese Literatur der Verbündeten war ein unent=
behrliches Hülfsmittel für unsere Darstellung, da die Braunschweiger
in den Junischlachten mit ihnen allen in die unmittelbarste Berührung
gekommen sind. Auch C. v. Plotho's Werk über die Befreiungs=
kriege, sowie Gurwood's Wellington-dispatches und Siborne's
Waterloo-letters, sowie mehrere englische Regimentsgeschichten er=
wiesen sich als brauchbare Quellen, während die französische Literatur
dürftig ist und außer in Charras' Histoire de la campagne de
1815 nur in einigen Regimentsgeschichten verwendbare Daten lieferte.

In erster Linie wurde dahin gestrebt, braunschweigisches
Quellenmaterial nutzbar zu machen. An Druckwerken kam hier
eigentlich nur v. Wachholtz' „Geschichte des braunschweigischen Armee=
korps im Feldzuge von 1815" in Frage, da die 1852 und 1865
erschienenen Monographien von Schneidawind und Mathias ganz
unkritisch geschrieben sind und außer den namentlichen Verlustlisten
nur wenig Selbständiges hinzufügen. Auch die in der Stadtbibliothek
zu Braunschweig befindlichen ausführlichen Pirscher'schen Pläne zur
Schlacht von Quatrebras erwiesen sich leider vor einer kriegswissen=
schaftlichen Kritik als nicht stichhaltig. Dagegen durften als zuver=
lässiges Material die Berichte des Oberst Olfermann, seine Eingaben
über Züge hervorstechender Tapferkeit, die Ordrebücher aus der
Kriegszeit, die Wachholtz'schen Tagebuchnotizen und ein biographischer
Aufsatz über den Oberstlieutenant v. Heinemann gelten. Ueber die
Truppenstärken und Verluste ertheilten die Waterloo=Prisenlisten im
Landes=Hauptarchive zu Wolfenbüttel Aufschluß. Wenn wir noch
eine kleine Anzahl persönlicher Erinnerungen und Privatbriefe nennen,
so ist damit das Material der Hauptsache nach angegeben, auf dem
die hier versuchte Schilderung der braunschweigischen Kriegsthaten
von 1815 sich aufbaut. Ausführliche Schlachtpläne von Quatrebras
und Waterloo auf der Grundlage der belgischen Generalstabskarte,
welche die Truppenstellungen für je drei Kampfmomente bringen,
sind bestimmt, das Verständniß des Verlaufes dieser denkwürdigen
Kämpfe zu erleichtern.

Für die im IV. Hauptabschnitt geschilderte Friedenszeit
von 1816—48 bildeten die Ordrebücher die Hauptquelle, zumal

für die Zeit bis 1830, deren eigentliches Aktenmaterial großentheils ein Raub der Flammen geworden ist. Persönliche Erinnerungen standen leider für diesen Abschnitt gar nicht zur Verfügung, da die einzigen nachweislich vorhandenen Denkwürdigkeiten, die des Oberst Morgenstern (in der Herzoglichen Landesbibliothek zu Wolfenbüttel), dem Verfasser nicht zugänglich gemacht wurden. Die traurigen Ereignisse des Septembers 1830 mußten daher im Wesentlichen nach der darüber erschienenen gedruckten Literatur erzählt werden. Wurde auch der Hauptsache nach die 1858 in Leipzig erschienene Schrift „Der Aufstand in der Stadt Braunschweig am 6. und 7. September 1830" zu Grunde gelegt, so wurden doch auch die aus dem entgegengesetzten Lager stammenden Berichte verwerthet und der wichtige Bericht des Generals v. Herzberg sogar den nur mit größter Vorsicht zu benutzenden Denkwürdigkeiten des Herzogs Karl entnommen. Es sei noch hervorgehoben, daß die Katastrophe vom Jahre 1830 mit dem vollen Freimuthe behandelt ist, welcher einer so weit zurückliegenden, geschichtlichen Episode gegenüber am Platze erschien. Vom Regierungsantritte des Hochseligen Herzogs Wilhelm an treten die Akten der Herzoglichen General=Adjutantur als weiteres grundlegendes Quellenmaterial den Ordrebüchern hinzu. Für das Manöver des 10. Bundeskorps bei Lüneburg im Jahre 1843 standen auch einschlägige Druckschriften zur Verfügung.

Dem Kriege gegen Dänemark 1848—49 ist als der einzigen Unterbrechung einer 50jährigen Friedenszeit im V. Hauptabschnitt eine eingehende Schilderung zu Theil geworden, als es die Bedeutung des ergebnißlosen Feldzuges sonst erheischt haben würde. Die Darstellung konnte sich dabei auf ein ausgedehntes Urkundenmaterial stützen. In erster Linie sind die Akten der Herzoglichen General=Adjutantur zu nennen, die in den dem Landesherren fortlaufend erstatteten Berichten eine vortreffliche Unterlage boten. Eine zweckmäßige Ergänzung lieferten ein Ordrebuch des 1. Bataillons von 1848, sowie die gütigst zur Verfügung gestellten Tagebuchblätter des inzwischen verstorbenen General=Lieutenants v. Wachholtz und des gleichfalls verstorbenen Oberst Rittmeyer, sowie des Majors Wegener. Sehr brauchbares Urkundenmaterial fand sich in den Archiven des preußischen Kriegsministeriums und des großen Generalstabes, indem ersteres die Feldakten des hannoverschen Generals Halkett, letzteres die Feldakten des preußischen Generals v. Wrangel und des kurhessischen Generals Bauer aufbewahrt. Bei so reichlichen archi= valischen Quellen konnten die vorhandenen Druckwerke kaum mehr viel Neues bringen. Das vornehmste von ihnen ist die Geschichte des Schleswig=Holsteinischen Krieges vom Feldmarschall Graf Moltke, in welcher die allgemeinen politisch = militärischen Gesichtspunkte in mustergültiger Weise dargelegt sind. Eine genaue Darstellung der Ereignisse bei der Bundesdivision 1848 lag in dem vortrefflichen Buche des hannoverschen Majors v. Sichart schon in so gründlicher Weise vor, daß die Durchsicht der mecklenburgischen, oldenburgischen ꝛc. Regimentsgeschichten nur noch in Kleinigkeiten aushelfen konnte. Dagegen wirkte das eingehend und unparteiisch geschriebene dänische Generalstabswerk (Den dansk-tydske Krig i Aarene 1848—50) in erheblichem Maße auf die hier versuchte Darstellung der braun= schweigischen Kriegszüge von 1848 und 49 ein, deren besserem Ver= ständnisse 2 Kartenbeilagen dienen sollen.

Der VI. Hauptabschnitt über die Friedenszeit von 1850 bis 1870 stützt sich wiederum vorwiegend auf die Ordrebücher und die Akten der General=Adjutantur in Braunschweig. Doch bot für die Zeit bis 1859 auch Teichmüller's Geschichte des Leibbataillons manchen gern benutzten Beitrag. Ueber das Regierungsjubiläum des Herzogs (1856), sowie über das Korpsmanöver bei Nordstemmen (1858) konnten besondere Broschüren, über die Erinnerungsfeste von 1859—65 verschiedene Zeitungsnachrichten, sowie Mittheilungen Sr. Exzellenz des Herrn General Otto verwerthet werden. Anderer Art war das Quellenmaterial über das Jahr 1866. Zwar dienten die mehrfach genannten Akten und Ordrebücher auch für diesen Abschnitt als Grundlage. Sie ließen sich jedoch mannigfaltig ergänzen, z. B. durch die Drucksachen der Braunschweigischen Landesversammlung, durch Moltkes militärische Korrespondenz, das Bayerische Generalstabs= werk, die im Kriegsarchive zu Berlin eingesehenen Akten des 2. Reserve=Armeekorps und durch verschiedene Regimentsgeschichten (4. Garde=Regiment, Regimenter Nr. 89, 93, 96 ꝛc.). Auch wurden persönliche Mittheilungen des Oberst Reichard, Oberstlieutenant Gerloff und der Majors Frühling und Helmcke benutzt. Entgegen dem ursprüng= lichen Plane ist auch die zwischen den Kriegsjahren 1866 und 1870 liegende Friedenszeit in den VI. Hauptabschnitt einbezogen worden. Dies empfahl sich aus äußeren und inneren Gründen. Die Oekonomie des Ganzen ließ eine Entlastung des 3. Bandes rathsam erscheinen;

und auch sachlich paßten diese Jahre am besten zu der im 2. Bande
erzählten langen Friedenszeit. Uebrigens sei ausdrücklich bemerkt,
daß dieses Kapitel den Herrn General-Lieutenant Otto zum Verfasser
hat und seiner Regimentsgeschichte vom Jahre 1878 unter unbedeutenden Kürzungen wörtlich entnommen ist.

Auch diesem Bande ist eine Offizier-Stammliste beigefügt,
welche aber für die ältere Zeit (1813—48) aus Platzrücksichten nur
die älteren Offiziere bis zum Hauptmann abwärts enthält. Das Ver-
dienst, diese umfangreichen Personaldaten gesammelt zu haben, gebührt
fast ohne Einschränkung dem schon in der Vorrede zum 1. Bande
genannten Bankdirektor Herrn Paul Walter in Braunschweig. Mit
herzlichem Danke sei der Hülfe gedacht, die dieser unermüdliche
Sammler auch anderen Theilen dieses Buches, vorzüglich den Angaben
über die Uniformirung und Bewaffnung in umfangreichster Weise
hat zu Theil werden lassen. Unter seiner ausschließlichen Leitung ist
auch die Herstellung der drei Uniformbilder erfolgt, deren künstlerische
Gestaltung in den Händen des Malers A. Beyer-Pegau lag. Die
dem Buche beigefügte Stammtafel möge den Ueberblick über die ver-
wickelte Entstehungsgeschichte des Regiments und seiner Bataillone
erleichtern, zumal bisher über die Abstammung des Leibbataillons
eine ganz unrichtige Annahme allgemein verbreitet war.

Indem nun auch der 2. Band seinem Leserkreise, insbesondere
den früheren und gegenwärtigen Angehörigen des Braunschweigischen
Infanterie-Regiments, übergeben wird, sei es erlaubt, den Wunsch
daran zu knüpfen, daß ihm eine ähnlich freundliche Aufnahme zu
Theil werden möge, wie sich deren der 1. Band zu erfreuen hatte.
Möchte er als ein brauchbares Bindeglied zwischen der Schilderung
der denkwürdigen Jahre 1809—14 und der aus berufener Feder
stammenden Darstellung der nicht minder glorreichen Jahre 1870—71
befunden werden, welche in wenigen Jahren die Regimentsgeschichte
des Infanterie-Regiments Nr. 92 als deren VII. Hauptabschnitt
fortführen soll!

Charlottenburg, im Herbst 1898.

Der Verfasser.

III. Die Freiheitskriege.

15. Das neue Truppenkorps.

Während des Herzogs von Braunschweig leichtes Infanterie-Regiment fern in den Pyrenäen im Solde Englands für Europas Befreiung stritt, traten in der Heimath Ereignisse ein, die dem geknechteten Vaterlande seine Selbständigkeit, dem angestammten Fürsten seinen Thron wiedergaben und in ihrem Verlaufe auch zur Errichtung eines Herzoglich Braunschweigischen Truppenkorps führten. Der Gedanke, dem berechtigten Landesherren eine einheimische Frei-willigenschaar zuzuführen, tauchte schon 1812 auf, als in Braunschweig die nicht unbegründete Nachricht umlief, Herzog Friedrich Wilhelm wolle mit englischen Truppen an der deutschen Küste landen. In der That betrieb der Herzog im Frühling 1812 derartige Pläne, freilich ohne damit Anklang bei der britischen Regierung zu finden. Eine Landung an der russischen Küste, von der zuerst die Rede war, entsprach wenig seinen Absichten; eher schon eine solche in Hinter-pommern oder auf Alsen; seine eigentlichen Herzenswünsche zielten aber unentwegt auf sein braunschweigisches Erbland. Wenn sich die englischen Staatsmänner weitergehenden Plänen versagten, wollte er zufrieden sein, mit nur 4000 Mann nach Deutschland ge-sendet zu werden, um eine Erhebung seiner Landsleute zu betreiben, wie sie ihm von Stein und Gneisenau fortgesetzt nahegelegt wurde.*) Im schlimmsten Falle gedachte er, seinem früheren Zuge durch Nord-deutschland einen solchen durch Süddeutschland folgen zu lassen, um

---

*) Gneisenau hatte dem Herzoge noch am 12. März geschrieben, seine Erscheinung in Deutschland, wenn auch nur mit wenigen Bataillonen, aber mit Gewehren, Geschütz und Munition, würde alle fähigen Gemüther vollends ent-zünden und die Wuth des Aufruhrs mit Schnelligkeit verbreiten.

mit den Tyrolern in Verbindung zu treten oder sich in Venedig fest-
zusetzen. Auf Zuzug aus seinem Heimathlande konnte er für alle
solche Unternehmungen rechnen, denn er besaß dort viele treue An-
hänger. Im Jahre 1812 kamen westfälische Späher den auf die
Gründung eines Freikorps für den Herzog hinzielenden Berathungen
im Weißen Roß auf die Spur und führten 20 Betheiligte gefangen
nach Kassel ab.

Nach den Ereignissen des Frühjahrs 1813 konnten sie den er-
wachten Volksgeist nicht mehr gänzlich niederhalten. Dem westfälischen
Kommandanten von Braunschweig, General v. Klösterlein, standen
meist nur die Departementstruppen und Veteranen unter den Oberstlieutenants du Roi und Stutzer zu Gebote. Er konnte es nicht
hindern, daß am 30. März 1813 ein Transport ausgehobener Rekruten, von denen Einer schon unter Schill gedient hatte, sich in der
Nähe von Seesen gewaltsam befreite und glücklich die Gegend von
Lüneburg erreichte, wo die jungen Krieger zu dem Gefechte vom
2. April gegen Morand eben zurecht kamen. Einer der Helden von
1809, der Generalmajor Frh. v. Dörnberg, führte, obwohl er noch
in britischen Diensten stand, ein fliegendes Korps von russischen und
preußischen Truppen herbei. Auch waren ihm etwa 350 Freiwillige
aus Berlin gefolgt, die er anscheinend für den Herzog Friedrich
Wilhelm bestimmt hatte; denn sie wurden als Braunschweig-Oels'sche
Legion bezeichnet und sollten gleich der Schaar von 1809 schwarz
uniformirt werden. Dieser Legion dürften sich auch die Ankömmlinge
aus Seesen angeschlossen haben. Wenig fehlte, so hätten sie sich
ihrem rechtmäßigen Landesherren selber zur Verfügung stellen können.
Denn auch er erschien bald darauf in Deutschland, in der Hoffnung,
dort zu sein, „ehe die Schlacht an der Elbe geliefert ist," und mit
der ausgesprochenen Absicht, mit Dörnberg über die Formation der
braunschweigischen Truppen Rücksprache zu nehmen.

Herzog Friedrich Wilhelm hatte, wie wir aus dem vorigen
Bande wissen, eifrig die Zurückziehung seiner Truppen aus Spanien
betrieben, aber nur die Beurlaubung des Generals v. Bernewitz,
Majors v. Dörnberg und Kapitäns Olfermann erlangen können,
die ihn im Frühjahr 1813 in London umgaben. Der britische
Prinzregent, der am 30. März die Aufstellung eines hannoverschen
Korps von 10000 Mann auf dem linken Elbufer beschlossen hatte,
ertheilte am 1. Mai dem Herzoge die Vollmacht, sich nach Nord-

deutſchland zu begeben, um die im Herzogthum Braunſchweig zu er=
wartenden Truppenſchöpfungen zu leiten. Der im Hannoverſchen
befindliche Generalmajor Lyon wurde angewieſen, dem Herzoge Waffen,
Munition und Bekleidung in demſelben Umfange zu liefern, wie dem
hannoverſchen Korps. Nur in dieſem, der Führung des Generals
Graf Wallmoden unterſtellten Korps wollte die engliſche Regierung
die Braunſchweiger, „die eine beträchtliche Diviſion bilden könnten,“
unter der Führung ihres Fürſten dienen ſehen. Zu einem abge=
ſonderten braunſchweigiſchen Korps, wie es der Herzog erſtrebte, mochte
man in London nicht die Hand bieten. Friedrich Wilhelm, der
in der preußiſchen Armee Wallmodens Vordermann geweſen war,
konnte ſich zwar nicht entſchließen, perſönlich unter deſſen Kommando
zu treten; um aber ſeinem unruhigen Thatendrange zu genügen und
die braunſchweigiſchen Truppenſchöpfungen in die Wege zu leiten,
erſchien er, begleitet vom Oberſtlieutenant Fleiſcher v. Nordenfels,
Kapitän Olfermann und Lieutenant Lübeck, um Mitte Mai perſönlich
in Hamburg.*) Von da begab er ſich, nachdem er in Boitzenburg
bezw. Lauenburg Wallmoden und Dörnberg geſprochen hatte,**)
nach Löwenberg in das Hauptquartier der verbündeten Monarchen,
und von dort nach Stralſund zum Kronprinzen von Schweden, dem
alle Heere in Norddeutſchland, alſo auch das Wallmodenſche Korps,
unterſtehen ſollten. In Stralſund wurde dem Herzoge, der ſein Korps
jetzt am liebſten auf Rügen errichtet hätte, von einem gewiſſen
Becker gemeldet, er habe bei Dömitz bereits zwei Kompagnien
für daſſelbe beiſammen. Ob an dieſer Nachricht etwas Wahres war,
hat ſich nicht feſtſtellen laſſen. Ihr Ueberbringer ſtellte ſich nachmals
als eine ſehr unglaubwürdige Perſönlichkeit heraus. Die Errichtung
des braunſchweigiſchen Korps zerſchlug ſich für jetzt. Die Freiwilligen
der früher erwähnten Braunſchweig=Dels'ſchen Legion waren in
Hamburg größtentheils in die Bremen=Verden'ſche Legion über=
nommen worden.

Am 4. Juni 1813 wurde zu Poiſchwitz ein allgemeiner Waffen=
ſtillſtand abgeſchloſſen. Jedermann glaubte, daß er zum Frieden
führen werde; Niemand feſter, als der bis jetzt in ſeinen ſanguiniſchen

---

*) General v. Bernewitz war in London erkrankt.
**) Wilhelm v. Dörnberg war Brigade=Kommandeur der ruſſiſch=deutſchen
Legion; ſein Bruder Friedrich diente im Korps des ruſſiſchen Generals
v. Wintzingerode.

Hoffnungen fast stets getäuschte Herzog von Braunschweig. Nachdem er vom englischen Premierminister Earl v. Liverpool vergeblich die Erlaubniß zur Vornahme seiner Werbungen auf dem rechten Elbufer erbeten hatte, gab er seine Unternehmung ganz auf und kehrte mißgestimmt nach England zurück, wo er noch im Juni wieder eintraf. Aber der Waffenstillstand lief am 16. August ab, ohne zum Frieden geführt zu haben. Oesterreich trat dem allgemeinen Bündniß bei. Die Hauptarmeen in Schlesien, Sachsen und Brandenburg erstritten herrliche Siege. Graf Wallmoden führte sein buntgemischtes Korps über die Elbe und erfocht am 16. September an der Göhrde einen schönen Erfolg. Kühne Parteigänger streiften weiter und weiter ins westfälische Königreich. In Braunschweig rückte am 25. September von Vorsfelde her unter dem Jubel der Bevölkerung ein zur Armee des Kronprinzen von Schweden gehöriges preußisches Regiment ein: die 3. Kurmärkischen Landwehr=Reiter unter Oberstlieutenant v. d. Marwitz. Mit ihnen kam Lieutenant Mahner vom englisch= braunschweigischen Infanterie=Regiment, der mit Urlaub beim Lützow'schen Freikorps weilte und sich dem Marwitz'schen Streifzuge angeschlossen hatte. Die Preußen gingen, nachdem sie bei Halchter die westfälisch=lippisch=waldeckische Besatzung Braunschweigs zur Waffen= streckung genöthigt und aus Freiwilligen den Stamm zu einem Jäger= Detachement für ihr Regiment gebildet hatten, ohne Aufenthalt über Schöningen und Eichenbarleben zur Elbe zurück. Aber Klösterlein kehrte nicht wieder, und die westfälische Herrlichkeit war unrettbar im Zusammenstürzen. Kassel selbst wurde von einem russischen Korps unter Czernitscheff besetzt,*) welches sich sodann nach Mecklenburg zum General Wallmoden wandte. Zweimal, am 6. und 16. Oktober, schlug es sein Biwak dicht bei Braunschweig auf.

Nach solchen Ereignissen hob sich auch des Herzogs Friedrich Wilhelm Zuversicht auf den nahen Sieg der guten Sache. Er beantragte, wie schon im vorigen Bande erwähnt wurde, erneut, aber wieder erfolglos, die Verringerung seines in Spanien befindlichen Infanterie= Regiments auf sechs Kompagnien, um die überzähligen Offiziere und

---

*) Bei dieser Gelegenheit wurde der jüngere Dörnberg am 28. September am Kopfe verwundet, drang aber als einer der Ersten in Kassel ein und hatte bis zum 3. Oktober ein Bataillon von 1000 Köpfen errichtet, mit dem er später in Elbena zum Wallmoden'schen Korps stieß. Es wurde hier an die russisch=deutsche und englisch=deutsche Legion vertheilt.

Mannschaften in Deutschland für seine Zwecke verwenden zu können. Ebenso vergeblich war ein um Mitte September an den Kriegsminister Lord Bathurst gerichtetes Gesuch, sich aus den in Großbritannien befindlichen Kriegsgefangenen deutscher Nationalität ein Korps bilden zu dürfen. Von England hatte er nichts zu erwarten; desto mehr richteten sich seine Blicke auf sein Heimathland. Für die dort in Aussicht genommenen Truppenschöpfungen faßte er zunächst den Generalmajor Wilhelm v. Dörnberg ins Auge. Als dieser wegen seiner Verpflichtungen gegen den Kurfürsten von Hessen mit Dank ablehnte, versah Friedrich Wilhelm seinen in Deutschland weilenden Aide-General-Adjutanten, Major Olfermann, mit weitgehenden, später näher mitzutheilenden Vollmachten für alle Fälle. Olfermann, dem der Lieutenant Lübeck beigegeben war, war am 23. Juli im Stabe des Grafen v. Wallmoden-Gimborn angestellt worden und zwar in der vom hannoverschen Oberstlieutenant v. Berger geleiteten General-Adjutantur. Nachdem die herrliche Kunde vom Leipziger Siege in die Operationen des Wallmoden'schen Korps, das sich bisher auf die Vertheidigung des westlichen Mecklenburg beschränkte, frisches Leben gebracht hatte, wagte sich der Patriotismus auch in Braunschweig ohne Scheu hervor. Namentlich begannen Geldmittel zu fließen, was dem Herzoge bei den in England herrschenden Anschauungen sehr erwünscht sein mußte. Schon durch den Lieutenant Mahner waren dem Major Olfermann Mittel zur Errichtung braunschweigischer Truppen übersandt worden. Nun fand sich auch der seit dem Sommer in Kassel gefangen gesetzte, aber durch Czernitscheff befreite Kaufmann Heinrich Ernst mit dem Anerbieten zur Errichtung von Truppen im Wallmoden'schen Hauptquartiere ein. Graf Wallmoden besetzte im Monat Oktober das hannoversche Land, ohne seine rückwärtigen Verbindungen nach Mecklenburg aufzugeben. Dementsprechend wurden braunschweigische Werbedepots in Uelzen und Dömitz errichtet.

In Uelzen formirte der eben erwähnte Kaufmann H. Ernst ein Husarenkorps, hauptsächlich auf eigene Kosten; ferner Herr G. F. Steinmüller, ein vorher in der Hanseatischen Legion und im leichten Bataillon Lüneburg im Dienst gewesener Fähnrich, eine Infanterie-Abtheilung. Herr Ernst wurde zum hannoverschen Rittmeister ernannt, woraus wohl zu entnehmen ist, daß diese Werbungen vom Regenten des Kurfürstenthums Hannover begünstigt wurden. Näheres über die Uelzener Werbungen ist nicht ermittelt. Wiewohl sie einen großen Umfang schwerlich erreicht haben, war doch sogar ein Regiments-Quartiermeister Schilling dabei angestellt. Die Kosten der schwarzen Uniformen trug Herr Ernst.

War dieses Korps eine reine Privatunternehmung, so stand das „Herzoglich Braunschweigische General-Werbe-Depot" in Dömitz in näherer Verbindung mit Olfermann. An eine Anknüpfung an die angeblichen Becker'schen Truppenwerbungen vom Monat Mai ist wohl nicht zu denken. Die kleine mecklenburgische Elbfestung war schon seit dem Frühjahr ein Hauptdepot und Werbeplatz Wallmoden-scher Truppen, namentlich der von England bezahlten russisch-deut-schen Legion. Die braunschweigischen Freiwilligen aber waren größten-theils vormalige westfälische Soldaten, die Czernitscheff nach Mecklenburg gefolgt waren. Zu Ende Oktober waren 6 Unter-offiziere und 56 Gemeine beisammen. Als deren Kommandeur wurde am 27. der westfälische Kapitän Schröder angestellt. Ferner kamen im November 3 russisch-deutsche Legionsoffiziere, sowie 23 Unter-offiziere und 74 Gemeine hinzu.

Major Olfermann, dessen Stellung mit der Befreiung des braunschweiger Landes täglich an Wichtigkeit zunahm, hatte die obere Leitung dieser Truppenschöpfungen in Händen. Wie weit die Pläne seines Fürsten gingen, war ihm in einer Vollmacht ausge-sprochen, die uns wenigstens in einem vom 24. September datirten Entwurf vorliegt.*) Sie lautete: „Sollten die Braunschweigschen Erb-Lande frei werden, so authorisire ich den General Adjutant Capitain Olfermann die Landstände zu versamlen und provisorisch in meinem Nahmen in Eid zu nehmen; sodann ihnen bekant zu machen, daß es nothwendig, solche Maßregeln zu ergreifen, welche in die Pläne der alliirten Mächte eingriffen, und daher ihnen zwar während meiner Abwesenheit die Civil-Verwaltung gänzlich überlassen bliebe, jedoch die Organisation vom Braunschweigschen Militair dem Capitain Olfermann einstweilen übertragen sey, und diesem zu Folge es nothwendig, daß alle Dienstfähige ohne Ausnahme sich in den verschiedensten Districten des Braunschweigschen Landes ver-

---

*) Sie wird auch, abgesehen von den Landständen, in dieser Weise in Wirksamkeit getreten sein; denn der Herzog spricht noch am 7. November von der „projektirten" Vollmacht; sie blieb also Entwurf.

sammelten, als Braunschweig, Wolfenbüttel, Blankenburg, Helmstädt, Schöningen, Seesen, Holzmünden, Kalförde u. s. w. dort und an bestimten Tagen zum Militair ausgewählt würden, nemlich was zum activen Militair-Dienste, zur Reserve und zum Landsturm tauglich. Der Harz-District und Gegend würde zur leichten Infantry, sowie des platten Landes zur Cavallery, Artillery und schweren Infantry zu bestimmen seyn. Die Formation würde aus 10000 Mann bestehen, nemlich 2000 Mann leichter Cavallery, 3000 leichter Infantry, 500 Artillery und 4500 schwere Infantry. Zu Officiren könten die brauchbarsten jungen Leute gewählt werden, und ist es nicht nöthig auf ihrer Geburth oder Stand Rücksicht zu nehmen. . . . . . Da ich hierdurch den General Adjutanten Capitain Olfermann authorisire, nach dieser meiner Instruction zu verfahren, erwarte ich zugleich, daß derselbe nach den Umständen die zweckmäßigsten Maßregeln ergreifen würde, meine Gesinnungen in Ausübung zu bringen".

Solange er noch nicht in Braunschweig war, konnte Major Olfermann nur durch Begünstigung der auswärtigen Werbedepots die Erfüllung seines Auftrages vorbereiten. Schon im Oktober schickte er Wallmodens Ordonnanzoffizier, Kapitän Bause der russisch-deutschen Legion, einen gebürtigen Braunschweiger, in besonderem Auftrage nach der Landeshauptstadt und stellte ihn am 14. November im braunschweigischen Generalstabe an. Wenige Tage darauf übernahm Bause das Kommando des Dömitzer Depots, das er nach Braunschweig führen sollte. Die Uelzener Freiwilligen stellte Olfermann, da ein militärisch geschultes Kommando sich wohl als Nothwendigkeit herausgestellt hatte, unter den Befehl seines Adjutanten, des Lieutenants v. Zweiffel, der sie über Vorsfelde nach Braunschweig heranführte. Hier zog der Aide-General-Adjutant des Herzogs, der noch die Uniform eines englischen Majors trug, am 6. November 1813, nachdem die russische Einquartierung vom Woronzoffschen Korps ausmarschiert war, Nachmittags 2 Uhr unter dem unaufhörlichen Hochrufen der Bevölkerung ein, eingeholt von einem berittenen Bürgerkorps, gefolgt vom Lieutenant Mahner und dem Lieutenant v. Zweiffel mit 40 Mann von der Ernst'schen Schwadron und 16 rothen Lüneburger Husaren vom Estorff'schen Korps. Am 10. November folgte, von Vorsfelde kommend, die kleine unberittene Abtheilung des Lieutenants Steinmüller.

Major Olfermann verkündete die ihm übertragenen Vollmachten und die beabsichtigte Truppenschöpfungen gleich nach seinem Eintreffen in folgendem Aufrufe: „Braunschweiger! Schon im Jahre 1809 hat euer rechtmäßiger Fürst, als Er auf eine kurze Zeit in eurer Mitte war, von den Fürstenthümern Wolfenbüttel und Blankenburg, dem Stiftsamte Walkenried, dem Amte Thedinghausen und allen übrigen ehemaligen Besitzungen des Herzogl. Braunschweigischen Hauses feierlich Besitz ergriffen. Doch damals gestattete das Schicksal die Erfüllung Seiner und eurer Wünsche noch nicht, und nur in der Ferne konnte Er auf einen günstigern Zeitpunkt Seine Wiedervereinigung mit euch vorbereiten. Als die glücklichen Fortschritte der allirten Waffen die Annäherung dieses günstigeren Zeitpunktes voraussehen ließen, ertheilte Er mir den ehrenvollen Auftrag, in Seinem Namen die wirkliche Besitznahme des Landes zu vollziehen, und bis dahin, wo die Verhältnisse Seine persönliche Gegenwart gestatten werden, in Seinem Namen provisorisch diejenigen Anordnungen zu treffen, welche zur Erhaltung der innern Ruhe und Ordnung und zur Benutzung der Kräfte des Landes für die gemeinschaftliche Sache der teutschen Freiheit nothwendig sind. Braunschweiger! — denn das seid ihr wieder und bleibt es von jetzt an — im Namen eures rechtmäßigen Fürsten fordere ich jeden einzelnen unter euch auf, zur Erhaltung der öffentlichen Ruhe und Ordnung aus allen Kräften beizutragen. Ich fordere euch auf, die jetzt angestellten Beamten zu ehren und ihnen zu gehorchen; denn vorläufig müssen sie, wenn gleich unter der Aufsicht und Leitung von Männern, welche das Vertrauen eures Fürsten und das eurige genießen, ihre Geschäfte fortsetzen. Augenblickliche Stöhrungen der öffentlichen Ruhe haben in Braunschweig stattgefunden; es ist mir eine angenehme Pflicht, den achtungswerthen Männern, welche durch ihre ächtpatriotischen Bemühungen größerem Uebel vorgebeugt haben, im Namen ihres Fürsten hiemit öffentlich zu danken. Möge die Zeit nicht fern seyn, wo dieser Fürst keine andere Pflicht kennt, als die Sorge für euren Wohlstand, für Recht und innere Ordnung. Aber diese schönere Zeit ist noch nicht erschienen. Die Macht des Tyrannen, welcher Europa fesselte, ist gebrochen, aber nicht vernichtet. Einem Kampfe der Verzweifelung muß unser teutsches Vaterland, müssen auch wir mit vereinter Kraft begegnen, um die eben errungene Freiheit zu behaupten und zu verdienen. Zu den Waffen ruft uns jetzt unsere erste Pflicht. Zu den

Waffen, die euer Fürst, wie Europa Ihm bezeugt, mit Ehren führte, ruft Er durch mich einen Jeden unter euch, den nicht die unerläßlichsten Pflichten auf andere Weise binden. Braunschweiger! Ich rechne darauf, Ihm bald aus eurer Mitte eine tapfere Kriegerschaar vorstellen zu können, stark genug, um an dem gemeinschaftlichen Kampfe für Teutschlands Freiheit, an diesem Kampfe, der auch für unsere Freiheit, für das Leben und das Eigenthum jedes Einzelnen unter uns noch gekämpft wird, denjenigen Antheil zu nehmen, welchen der alte Ruhm des Braunschweigischen Hauses und die jetzige politische Lage des Landes nothwendig machen. Zu diesem Kampfe gerüstet empfanget euren Fürsten; dadurch werdet ihr am besten eure Liebe Ihm beweisen; denn noch müßt ihr kämpfen um das Glück, mit Ihm vereinigt zu bleiben. Gott ist sichtbar mit uns; Gott wird uns ferner helfen, aber er wird uns helfen durch unsern Arm!

Braunschweig, den 6<u>ten</u> November 1813.

Auf Sr. Durchlaucht des Herzogs Friedrich Wilhelm von Braunschweig-Lüneburg höchsten Befehl

E. Olfermann

Major und Aide-General-Adjutant."

Der Errichtung eines neuen Truppenkorps galt also die erste Sorge des neuen Statthalters. Im v. Münchhausen'schen Hause am Augustthor richtete Lieutenant v. Zweiffel das Bureau des Truppenkommandos ein. Am 10. November*) führte eine Bekanntmachung Olfermanns die Registrirung derjenigen Unterthanen ein, die gewillt waren, Kriegsdienste zu nehmen. Die Friedensrichter der Kantons hatten diese Listen zu führen und die Freiwilligen in Trupps von 20—30 Mann nach Braunschweig zu senden. Hier wurden die vormaligen Kavalleristen dem Major Stutzer, frühere Artilleristen dem Kapitän Moll, alle Uebrigen dem Major v. Specht zugeführt. Dieser, ein altbraunschweigischer Offizier vom Regiment Griesheim, leitete die Truppenschöpfung hinsichtlich der Infanterie. Mit dem 13. November beginnen die Generalordre-Bücher des leichten Infanterie-Regiments. Es ist nicht uninteressant, daß gleichwie

---

*) An diesem Tage rückte die 2. schwedische Infanterie-Division (Baron Saendels) zu sechstägigem Aufenthalte in Braunschweig ein. Auch fand am 10. November im Dom eine Gedächtnißfeier für den Herzog Karl Wilhelm Ferdinand statt.

1809 in Nachod, so auch 1813 in Braunschweig anfänglich ein Re=
gimentsverband für die Infanterie eingeführt war, aber auch hier
nicht lange festgehalten wurde. Wir finden die Bezeichnung 1. In=
fanterie=Regiment zuletzt am 9., die Bezeichnung Jäger=Regiment
zuletzt am 24. Dezember. Die am 13. November bekannt gegebenen
ersten Anstellungen von Offizieren zeigen bei der Infanterie folgende
Namen: Major v. Specht, Kapitäns v. Byers, Fromme, Dony
und v. Rosenberg. Sie alle waren Altbraunschweiger und seit
1806 außer Dienst, bis auf Fromme, der zeitweilig westfälischer
Rekrutirungsoffizier gewesen war. Die Mehrzahl der Offiziere, die
sich in der nächsten Zeit zum Eintritt meldeten, kam aus dem auf=
gelösten westfälischen Heere.

Mit der Ernennung des Bataillons=Kommandeurs und der vier
Kompagnie=Chefs konnte ein Bataillon des neuen Truppenkorps als
errichtet gelten. Der Mannschaftsstand war in den Tagen vom
6. bis 13. November freilich erst auf 7 Unteroffiziere, 73 Gemeine ge=
diehen. Major Olfermann schärfte vorsichtige Auswahl der Unter=
offiziere ein, da bei der Organisation eines Korps mehr Dienst=
kenntnisse erforderlich seien als bei schon formirten Truppen. Auf
je 20 Gemeine durfte 1 Sergeant und 1 Korporal angenommen
werden. Für später kommende gediente Unteroffiziere wurden Stellen
offen gehalten. Am 18. November wurde die Stärke der Infanterie
vorläufig auf sechs Kompagnien geregelt und der Stand einer Kom=
pagnie wie folgt festgesetzt: 1 Kapitän, 2 Lieutenants, 1 Fähnrich,
1 Feldwebel, 6 Sergeanten, 6 Korporals, 3 Hornisten, 150 Sol=
daten. Ungeachtet dieser Anordnung blieb das Infanterie=Regiment
bis zum 30. November nur in vier Kompagnien eingetheilt, deren
jeder aber bereits ein zweiter Kapitän beigegeben war.

Große Schwierigkeiten bereitete die Ausrüstung und Bewaff=
nung der Truppen. Kapitän Moll hatte das Zeughaus unter sich;
Major du Roi leitete das Bekleidungs=Magazin. Am 10. November
war die Ablieferung aller westfälischen und sonstigen Militär=
waffen und Ausrüstungsstücke verfügt worden. Die Friedensrichter
sollten sie durch die Freiwilligen nach Braunschweig senden. Aber
diese Beschaffungsweise brachte nicht viel, und auch durch freiwillige
Spenden gingen nur 41 Büchsen ein. Es mußten aus Leipzig
Vorräthe der auf dem Schlachtfelde gesammelten französischen Waffen,
und späterhin aus Stralsund solche aus dem dortigen englischen

Magazin*) besorgt werden. Die französischen Gewehre wurden im Zeughause am Bohlwege um 4 Zoll verkürzt und zum englischen Kaliber ausgebohrt; alle Läufe wurden geschwärzt. Zu Ende Januar konnten zunächst die französischen Gewehre ausgegeben werden. Um Mittel für die Ausrüstung des Truppenkorps flüssig zu machen, erließ Major Olfermann am 22. November die öffentliche Bitte um freiwillige Beiträge. Diese gingen erfreulicherweise reichlich ein. Fünfzehn Beiträge erreichten oder überstiegen die Summe von 300 Thalern; die Kaufleute Graberg und Löbbecke zeichneten je 500 Thaler; bis zum Jahresschluß gingen über 40000 Thaler ein. Aber auch die Anfertigung der erforderlichen bedeutenden Bestände stieß auf Schwierigkeiten. Schon am 16. November wurden die Modelle der verschiedenen Stücke auf dem Rathhause öffentlich ausgestellt und bald darauf ihre Lieferung an Unternehmer vergeben. Kaufmann Ernst, der gleich Steinmüller ins Privatleben zurückgetreten war, übernahm die Anfertigung der Dolmans, welche in ihrer schwarzen Grundfarbe, ihrem Schnurbesatz und ihren hellblauen Kragen der Uniform des englisch-braunschweigischen Regiments nachgebildet waren. Auch die Tschakots mit Roßschweif und Todtenkopf entsprachen denen der schwarzen Schaar. Dolmans wie Tschakots gelangten schon am 22. November zur Ausgabe. Zur Unterhaltung des durchweg in Braunschweig hergestellten Lederzeuges und der Gewehre bezogen die Kompagnie-Chefs eine monatliche Vergütung von 6 Thalern. Im Uebrigen standen dem Kapitän täglich 2 Thaler 7 Gutegroschen 9½ Pfennig, dem Lieutenant 20 Ggr. 8 Pf., dem Korporal 4 Ggr. 7½ Pf., dem Gemeinen 2 Ggr. 3 Pf. zu. Mit dem 16. November hatte die Soldzahlung begonnen.

Zur militärischen Ausbildung der neuen Truppe blieb in den ersten arbeitsvollen Wochen nur wenig Zeit. Vormittags wurde einige Stunden exerzirt, aber anfänglich nur gute Positur und Marschiren geübt. Um weiter vorschreiten zu können, mußten sich zunächst die Offiziere und Unteroffiziere mit dem zur Einführung gelangenden

---

*) Diese vom 16.—27. April aus England abgegangenen Vorräthe waren eigentlich für Curhaven bestimmt gewesen, wo sie den hanseatischen und hannoverschen Formationen dienen oder zur Verfügung der preußischen Regierung und des Grafen Wallmoden bleiben sollten. Sie hatten in Stralsund landen müssen, da die Elbmündung inzwischen wieder in die Hand der Franzosen gefallen war.

Reglement vertraut machen. Major Olfermann, der bisher stets im britischen Heere gestanden hatte, wählte „dasselbe System, wie bei dem leichten Infanterie=Regiment in englischen Diensten eingeführt ist," d. h. das britische Exerzitium. Sein Neffe Leuterding, bisher Fähnrich im englisch=braunschweigischen Regiment, wurde am 15. November damit betraut, die neuen Exerzirbewegungen zunächst zwei Unteroffizieren jeder Kompagnie beizubringen. Aber er konnte dieser Aufgabe kaum gewachsen sein, denn er war erst 17 Jahre alt und hatte nur in der Hanseatischen Legion eine kurze Zeit Dienst gethan, dem englisch=braunschweigischen Regiment aber nur auf dem Papier angehört. Am 18. November ging die Ausbildung der Offiziere und Unteroffiziere daher auf den Kapitän = Adjutanten des Regiments, Kapitän Groskurd, über. Aber auch dieser mag dem Exerzirdienst nach britischen Normen nicht gewachsen gewesen sein, da er nur im westfälischen Heere gedient hatte. Er wurde schon am 25. verabschiedet und durch den Lieutenant v. Zweiffel ersetzt, der mit dem englischen Reglement (Rules and Regulations) vertraut war.

Neben dem Infanterie=Regiment, aber demselben zugetheilt, wurde eine Elite= oder Volontär=Kompagnie aus lauter Freiwilligen errichtet. Schon am 14. November machte Major Olfermann be=kannt, daß er aus Volontären, die sich selbst kleideten und ausrüsteten, ein eigenes Korps bilden wolle. Am 23. gab er ihnen einen alt=braunschweigischen Offizier, den Kapitän v. Münchhausen, zum Chef. Die Kompagnie zählte 59 Freiwillige, darunter viele wohlangesehene Namen wie v. Bockelmann, Dedekind, v. Hantelmann, Heusinger, Jäger, Kubel, Löbbecke, v. Schleinitz, Thomae u. A., ferner die Volontäre v. Bernewitz und v. Bodenstaff, die bereits Fähnrichs=stellen im englisch=braunschweigischen Regiment bekleideten. Als Offizier wurde der Kompagnie der Fähnrich v. Specht vom Hellwig=schen Freikorps zugetheilt. Am 27. Dezember sind die letzten An=stellungen von Eliten verzeichnet. Am Jahresschluß löste der Herzog die Kompagnie auf, indem er die Eliten theils als Fähnrichs, theils als Unteroffiziere oder Freiwillige den andern Bataillonen überwies. Die Freiwilligen behielten ein Abzeichen am rechten Rockärmel.

Eine gelernte Jäger=Kompagnie, die mit dem Regiment in ähnlicher Verbindung stand, scheint etwas später ins Leben getreten zu sein, war aber ebenfalls schon in der Olfermann'schen Bekannt=machung vom 14. November in Aussicht genommen, und zwar mit dem Zusatze: „doch muß ein Jeder seine eigene Büchse mitbringen". Major v. Specht leitete die Errichtung; am 6. Dezember wurde Kapitän v. Byers Chef der Jäger-Kompagnie. Diese trug*) graue Kollets mit weißen Knöpfen, grünen Kragen, Aufschlägen, Achselklappen und Schoßbesatz; dazu graue Tuchhosen mit grüner Biese, graue Gamaschen und Schuhe. Hirschfänger, Holster und Pulverhorn entsprachen der Ausrüstung der Scharfschützen von 1809, ebenso der dunkelgraue Filzhut mit grüner Borte und grünem Federbusch; auf der hochgeschlagenen Krempe saß das weißmetallene Wappenpferd. Die Unteroffiziere trugen silberne Galons am rechten Oberarm und eine silberne Treffe am Hut. Eine solche hatten auch die Offiziere, deren Uniform sich ferner durch grüne Westen mit silbernen Schnüren, sowie durch grüne Besatzstreifen an den Beinkleidern auszeichnete. Ihr Kollet entsprach dem der Mannschaften. Ein weiteres Abzeichen der Jäger-Offiziere war die schwarzlederne Kartusche mit dem herzoglichen Namenszug, und für berittene Offiziere die Säbeltasche mit dem silbernen F. W. Die Jäger-Kompagnie erhielt Sold und Verpflegung vom Regiment, wurde aber in dessen Rapporten gesondert geführt. In gewissen Beziehungen stand sie auch zum Oberjägermeisteramt, dem allmonatlich ein Rapport der neu eingestellten Jäger eingereicht wurde.

Eine erhebliche Verstärkung wurde dem Infanterie-Regiment durch die in Dömitz geworbenen Freiwilligen zu Theil, mit denen Kapitän Bause am 30. November in Braunschweig einrückte. Nachdem Major Olfermann die in der Stärke von 4 Offizieren, 1 Regiments-Quartiermeister, 29 Unteroffizieren, 130 Gemeinen einmarschirte Truppe gemustert und die für die berittenen Waffen bestimmten Leute ausgesondert hatte, theilte er jeder der schon bestehenden Kompagnien eine Verstärkung zu und bestimmte den Rest zum Stamm der 5. und 6. Kompagnie, die er schon in der Generalordre vom 18. November vorgesehen hatte. Ihre Chefs wurden die Kapitäns v. Holstein und v. Schwartzkoppen, von denen Ersterer aus altbraunschweigischem und westfälischem Dienste, Letzterer aus dem preußischen Heere stammte.

Alle acht nunmehr bestehenden Kompagnien arbeiteten rastlos an ihrer Einrichtung und Einübung, um sich dem Herzoge bei dessen bevorstehender Ankunft ansehnlich vorführen zu können. Sogar zur Bildung einer Regimentsmusik wurde geschritten. „Die Uniform

---

*) Vergl. das Uniformbild Nr. 1 bei Seite 19.

wird sehr gut und geschmackvoll sein," versicherte Stadtmusikus
Ganzert, der die Hoboisten anwarb. In der That erhielten die
27 Mann, die unter dem Musikdirektor Hake das Korps bildeten,
goldene Schnüre und rothe, mit goldener Treffe besetzte Kragen und
Aufschläge an ihre Dolmans, und rothe Schwalbennester mit goldenen
Treffen und Franfen. Es befanden sich wirkliche Künstler aus der
aufgelösten Hofkapelle des Königs Jérome darunter.

Das Augenmerk des Majors Olfermann blieb unausgesetzt
der weiteren Verstärkung des Truppenkorps zugewendet. Seit dem
1. Dezember leitete Kapitän Ebeling die Rekrutirungsgeschäfte.
Am 15. wurde eine Rekrutirungs-Kommission von drei Herren unter
dem Vorsitz des Kapitäns Moll eingesetzt. Ueber das Syftem der
freiwilligen Werbung war insofern schon hinausgegangen, als am
22. November alle vormaligen Militärpersonen, namentlich auch die
aus westfälischen Diensten, bei Vermeidung von Strafen zum Dienst
einberufen wurden. Am 6. Dezember folgte der Auftrag an alle
Kantonmaires, Listen der vorhandenen Männer von 18—35 Jahren
aufzustellen, die demnächst durch die Präfektur dem Herzoge vor-
gelegt werden sollten. Gleichzeitig veröffentlichte der Aide-General-
Adjutant einen Aufruf, der die Braunschweiger in patriotischen
Worten unter Hinweis auf die hohe Bedeutung des heiligen Krieges
zu den Waffen rief.

Noch vor dem Weihnachtsfest traf der vom braunschweigischen
Volke und besonders von den jungen Truppen heiß ersehnte Herzog
Friedrich Wilhelm in seiner Hauptstadt ein. Begleitet vom
General v. Bernewitz, Oberstlieutenant v. Nordenfels, Lieutenant
Mahner*) und einigen Husaren-Offizieren war er mit Urlaub von
der englischen Militärbehörde am 8. Dezember in Deal unter Segel
gegangen, landete in Nordwyk in Holland und eilte über Osnabrück
der Heimath zu. In Hannover wurde er am 21. Dezember vom
Major Olfermann, in seinem Nachtquartier Burgdorf von den
Spitzen der Civilbehörden empfangen. Am 22. schlug der Herzog
von Vechelde, wo die Empfangsfeierlichkeiten begannen, den Weg
über Lamme nach Oelper ein. Hier beritt er das Gefechtsfeld von
1809 und setzte dann den Einzug in seine Hauptstadt fort. Am

---

*) Mahner war am 25. November als Kurier Olfermanns in London
beim Herzoge eingetroffen.

Petrithor war Empfang durch den Stadtrath. An der Stätte, wo der Herzog 1809 biwakirt hatte, war ein „Altar des Vaterlandes" errichtet, an welchem eine Feier im Geschmacke der Zeit den einziehenden Helden ehrte. Ueber den Altstadtmarkt und Kohlmarkt setzte sich der Einzug nach dem Schloßplatze fort. Hier war das braunschweigische Militär aufgestellt; die Ehrenwache war einem Bürgerkorps überlassen. Nachdem der Herzog das Schloß seiner Väter betreten hatte, erschien er nochmals auf dem Balkon, hörte den Gesang des Volkes „Nun danket alle Gott" an und nahm ein vom Kommandeur des berittenen Bürgerkorps, Herrn v. Kalm, ausgebrachtes Hoch entgegen. Dazu bliesen die Musikkorps, donnerten die Kanonen, und die Husaren schlugen über ihren Häuptern die Säbel aneinander. Unter solchen erhebenden Eindrücken schloß der festliche Tag.

Herzog Friedrich Wilhelms hauptsächlichste Regierungssorge war der Fertigstellung seiner Streitmacht zugewendet. Ihm war nicht zweifelhaft, daß Kaiser Napoleon die lange Muße, die ihm nach der Leipziger Schlacht gelassen wurde, so benutzen werde, daß noch ein gutes Stück Arbeit zu thun bliebe. Der Herzog brannte vor Begierde, dabei nicht zu fehlen, sondern zu den letzten Vernichtungsschlägen gegen seinen Todfeind noch zur Zeit zu kommen. Schon während des Weihnachtsfestes begann er seine militärische Thätigkeit durch die Ernennung von Kommandanten für die Städte des Landes. In Braunschweig und Wolfenbüttel wurden diese Posten dem Generalmajor v. Bernewitz und Oberstlieutenant v. Nordenfels übertragen. Am 28. ernannte der Herzog den bis dahin noch immer „in Diensten Sr. Großbritannischen Majestät" stehenden Major Olfermann zum Brigadier und Flügeladjutanten.

Am 25. Dezember schritt der Herzog zur Vermehrung seiner Infanterie, indem er persönlich den Stamm für ein 2. Bataillon aussuchte. Beim 1. Bataillon sollten, wie am folgenden Tage verfügt wurde, die nach ihrer Lebhaftigkeit und Aktivität zum leichten Dienst geeigneten Leute verbleiben. Das Bataillon, das demgemäß den Namen 1. leichtes Infanterie-Bataillon erhielt, sollte nur noch aus vier Kompagnien bestehen, deren jede 4 Offiziere, 13 Unteroffiziere, 4 Hornisten, 150 Soldaten zählte. Hierzu kam der Bataillonsstab mit 1 Major, 2 Adjutanten, 1 Quartiermeister, 1 Zahlmeister, 1 Regiments-Chirurgus, 2 Aide-Chirurgen, 2 Unter-

Gehülfschirurgen, 1 Büchsenmacher und 3 Stabssergeanten. Was darüber war, kam am Jahresschluß zur Abgabe an das neu errichtete 2. Bataillon, das sich durch gelbe Kragen vom 1. unterschied. In dieser Weise wurde die Neuformation am 26. Dezember befohlen. Thatsächlich kam sie aber in erweiterter Form zur Ausführung. Das 2. Bataillon trat am 1. Januar 1814 ebenfalls als leichtes Bataillon ins Leben; außerdem an demselben Tage der Stamm zu einem 3. leichten Bataillon. Die Mannschaften aller drei Bataillone hießen Jäger. Deshalb blieb neben dem vorgeschriebenen Namen die Benennung Jäger-Bataillone fortdauernd für sie im Gebrauch. Sie findet sich sehr häufig auch in Generalordres und Rapporten; wir werden aber an der ursprünglichen Benennung festhalten. Die am 1. Januar bekannt gegebene Besetzung der Bataillone mit Offizieren lautete wie folgt:

1. leichtes Inf.-Bat.

Kommandeur (fehlt).
Kapitän v. Byers
    „ v. Holstein
    „ v. Rosenberg
    „ v. Bülow
Lieutenant v. Meibom
    „ Goeze
    „ Walter I
    „ Walter II
    „ Schmidt
    „ Röver
    „ Thiemann
Fähnrich Ewald
    „ Mang
    „ Müller
Adjutant Freylach
Regts.-Quartierm. Reß
Regts.-Zahlm. Liebau
Regts.-Chirurgus Grotrian
Aide-Chirurgus Schmidt

2. leichtes Inf.-Bat.

Kommandeur: Oberstlieut. v. Specht.
Kapitän Fromme
    „ v. Schwartzkoppen
    „ v. Strombeck
    „ Morgenstern I
Lieutenant Morgenstern II
    „ Degener
    „ v. Holwede
    „ v. Pawel
Fähnrich Pluns
    „ König
Adjutant Hille
Regts.-Quartierm. Gebhard
Regts.-Zahlm. Wiedemann

3. leichtes Inf.-Bat.

Kapitän Dony
    „ Roussell
    „ Metzner

Der Regimentsverband der leichten Infanterie war hiermit abgeschafft. Die Elite-Kompagnie wurde, wie erwähnt, aufgelöst; die gelernte Jäger-Kompagnie blieb aber bestehen. Da sie erst 2 Sergeanten, 1 Hornist, 40 Jäger zählte, befahl der Herzog ihre Ergänzung auf 150 Mann. Zu dem Zweck gab am 1. Januar das

Uniform-Tafel I.

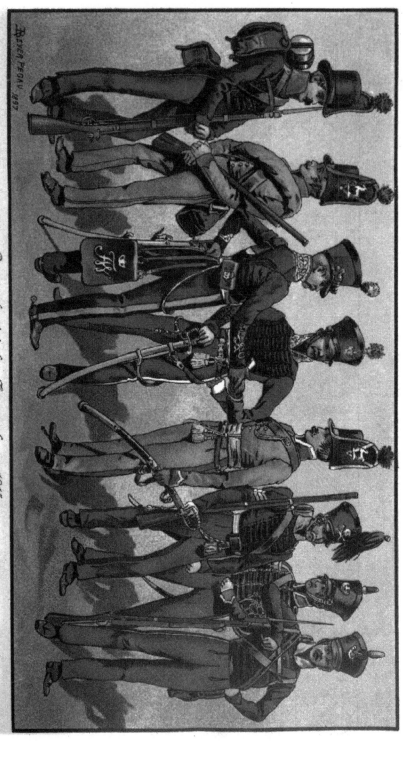

BEYER PEGAU 1897

Braunschweigisches Truppenkorps 1815.

Avantgarde	Stabsoffizier	Kapitän	Lieutenant	Sergeant	Hoboist	Jäger
leichte	vom	vom	der	vom	vom	vom
Komp.	3. leicht. Bat.	3. Lin.-Bat.	grauen Jäger	Leib-Bat.	1. Lin.-Bat.	2. leicht. Bat.

grauer
Jäger

1. leichte Bataillon 50 Mann an die Jäger-Kompagnie ab, deren Kommando Kapitän Mahner übernahm. Jetzt wuchs die Kompagnie schnell an und zählte zu Ende Januar bereits 12 Sergeanten, 11 Korporale, 4 Hornisten, 175 Jäger. Lieutenant v. Bohlen und Fähnrich Leuterding*) thaten bei ihr Dienste.

Mit den bisherigen Truppenkörpern war den Absichten des Herzogs noch nicht Genüge gethan. Auch Linien-Infanterie, Reservetruppen und Landsturm lagen in seinem Plane. Natürlich war für so zahlreiche Truppenaufstellungen, die an die Anstrengungen Braunschweigs zur Zeit des Siebenjährigen Krieges erinnern, das System der freiwilligen Werbung nicht ausreichend. Generalmajor v. Bernewitz wurde an die Spitze der Rekrutirungs-Kommission gestellt. Am 2. Januar 1814 erging „Serenissimi-Verordnung wegen Kompletirung des Braunschweigischen Truppenkorps". In welcher Weise diese Verordnung die Errichtung der Reserve festsetzte, wird später in anderem Zusammenhange mitgetheilt werden. Hier möge nur der vom aktiven Korps handelnde § 12 Platz finden: „Die Linientruppen werden errichtet: 1. aus den in der Versammlung der Dienstpflichtigen sich noch meldenden Freiwilligen; 2. aus denjenigen Landeskindern, welche bis zum 1. Oktober 1813 im westfälischen Militärdienste sich befanden, oder solchen ohne Abschied verlassen haben; 3. aus denen, welche bis zu der angegebenen Zeit zum aktiven Militärdienste aufgefordert, dem Aufruf aber nicht gefolgt sind; und endlich, insofern der Bedarf für das aktive Kontingent aus den vorhergehenden drei Klassen nicht beschafft werden kann; 4. aus der jungen Mannschaft von 18 bis 25 Jahren incl., aus denen die zu stellende Anzahl im Verhältnisse zu der in jedem Jahre befindlichen dienstfähigen Mannschaft nach Ordnung der Loose ausgehoben wird."

Da diese Maßregeln sofort mit allem Eifer unter Mitwirkung der Civilbehörden ins Werk gesetzt wurden, konnten schon am 14. Januar 1814 das 1. und 2. Linien-Bataillon errichtet werden. Alles dazu Erforderliche wurde mündlich festgesetzt; die Ordrebücher besagen nur, daß die Dienstperiode der Linien-Bataillone mit dem

_____

*) Ein Neffe Olfermanns, bisher Fähnrich im englisch-braunschweigischen Regiment.

14. beginnen sollte. An diesem Tage wurde die Rangliste der noch sehr lückenhaften Linien=Offizierkorps wie folgt festgesetzt:

1. Linien=Bataillon.	2. Linien=Bataillon.
Kommandeur: Maj. v. Byers	Kommandeur: Maj. Dony
Kapitän Fromme	Kapitän Roussell
" v. Schwartzkoppen	" Morgenstern I
Lieutenant v. Holwede I	" Wissel
" Schulz	Lieutenant v. Holwede II
" Uetzfeld	" Reichhard
Fähnrich Pluns	Fähnrich König
" Scherff	" Mahner
" Rischmüller	" Herzberg
Regts.=Quartm. Brancaillo	Regts.=Zahlm. Küster
Regts.=Zahlm. Harke	
Regts.=Chir. Dr. Grotrian	

In dieser Besetzung sind die Linien=Bataillone freilich gar nicht ins Leben getreten. Die Anstellung des Lieutenants Reichhard wurde rückgängig gemacht; Major Dony und Kapitän Fromme erhielten schon am folgenden Tage eine veränderte Bestimmung. Das Kommando des 2. Linien=Bataillons wurde dem Major Sommer von der Militärschule übertragen; die erledigte und die noch unbesetzten Kompagnien des 1. Bataillons wurden den Kapitäns Metzner, Goeze und v. Breymann verliehen. Diese Neuerrichtungen brachten zahlreiche Veränderungen im Offizierkorps der leichten Bataillone mit sich. Wir beschränken uns aber darauf, die Besetzung dieser Bataillone und ihrer Kompagnien am 20. Januar, zur Zeit der Abreise des Herzogs in das Hauptquartier der verbündeten Monarchen, mitzutheilen:

1. leichtes Bataillon.	2. leichtes Bataillon.
Major v. Münchhausen	Major v. Meyern
Kapitän v. Holstein	Kapitän v. Strombeck
" v. Rosenberg	" Goeze
" v. Bülow	" v. Walter
" v. Meibom	" v. Pawel

3. leichtes Bataillon.

Major Dony
Kapitän Brauer
    "   Morgenstern II
    "   Degener.

Die Formirung des Korps war damit zwar noch nicht beendigt, gelangte aber zu einem vorläufigen Abschluß. Die leichte und Linien=

Infanterie unterschieden sich in ihrer Uniformirung nicht unwesentlich von einander. Erstere trug gleich dem englisch-braunschweigischen Regiment den schwarzen Dolman mit zehn Reihen schwarzer Schnüre, Quasten und Glasknöpfen. Die Aermelaufschläge waren schwarz, die Kragen und Achselklappen beim 1. Bataillon blau, beim 2. gelb, beim 3. orange, welche andersfarbigen Abzeichen um Mitte Januar durch den Kaufmann Ernst an Stelle der überzählig gewordenen blauen Kragen aufgesetzt wurden. Die Linien-Bataillone dagegen erhielten schwarze Kollets mit einer Reihe Knöpfe und farbigen Kragen, Achselklappen und Schoßbesatz, nämlich 1. Bataillon roth, 2. Bataillon grün. Leichte wie Linien-Infanterie trug den Tschakot mit dem Roßschweif und dem vielsagenden Todtenkopf, dem denkwürdigen Wahrzeichen von 1809. Die schwarzen Tuchhosen hatten Biesen von der Farbe der Kragen. Das Bandolier mit der Patrontasche und das Koppel mit Bajonettscheide waren von schwarzem Leder. Die erst im Februar gelieferten Tornister bestanden aus schwarz lackiertem Segeltuch und zeigten auf dem Deckel ein gemaltes, weißes Jägerhorn, bezw. bei der Linie ein weißes Pferd. Auch der Drellbrotbeutel war schwarz gefärbt. Die Korporale hatten zwei, die Sergeanten drei Galons von der Farbe des Kragens, die Feldwebel vier silberne Galons am rechten Oberarm. Alle Unteroffiziere vom Sergeanten aufwärts waren mit einer blaugelben Schnurschärpe von Wolle ausgerüstet. Die am 25. und 31. Januar ausgegebenen Gewehre*) waren für die Liniensoldaten englischen, für die jüngeren, leichter gebauten leichten Infanteristen französischen Modells. Die Patronen dazu wurden bei den Bataillonen selbst angefertigt; aber erst einige Wochen später gab es Feuersteine, und nicht vor Ende Februar konnte zu einer Schießübung geschritten werden. — Die Offiziersuniform entsprach im Allgemeinen der der Mannschaften; doch hatte ihr Dolman eine reiche, schwarze Soutachestickerei, auch an den Aermeln und Rückennähten; ferner auf der Brust dichte Reihen schwarzer Schnüre und drei Reihen schwarzer Knöpfe. Unter dem Dolman trugen sie Westen von der Kragenfarbe mit silbernen Schnüren und Knöpfen. Das Beinkleid war mit einem breiten Tuchstreifen von der Farbe des Kragens versehen. Der breite Leibgurt der silbernen Schnurschärpe

---

*) Sie reichten lange nicht für die ganze Stärke; noch am 28. Februar schrieb der Herzog dem Herzoge von Cambridge, daß seine Truppen, obschon zum Theil gekleidet, dennoch größtentheils unbewaffnet seien.

2*

war netzartig gewebt und mit gelber Seide durchflochten. Dunkel=
grüne, bei der Linie weiße Handschuhe und ein Stahlsäbel mit silbernem
Portepee, sowie für die berittenen Herren Kartuschen und Säbel=
taschen vollendeten die Offiziersausrüstung.

   Alle Zweige des Dienstes wurden vom Kriegsherrn persönlich
überwacht. Eine von ihm getroffene Maßregel von einschneidender
Bedeutung war die Aenderung des Infanterie=Exerzir=Reglements.
Die Fortschritte im Exerziren genügten ihm nicht, und er schob dies
auf den Umstand, daß das englische Reglement fast sämmtlichen
Offizieren und Unteroffizieren neu war. Schnell entschlossen führte
er das ihm ohnehin mehr vertraute preußische Exerzitium ein, aber
wohl nicht das neue Reglement von 1812, sondern das für die leichte
Infanterie von 1788. Zu diesem Zweck ließ er eine Kompagnie in
die Reitbahn am Magnithor rücken, wo alle Infanterieoffiziere,
bataillonsweise aufgestellt, seiner harrten. Nach einer kurzen An=
sprache an die Offiziere nahm der Herzog persönlich die Rangirung
und Abtheilung der Kompagnie nach preußischem Muster vor und
übte nach eigener Anweisung die Griffe und das Laden durch.
Jeder gediente Offizier, besonders wer im preußischen oder alt=
braunschweigischen Dienst gestanden hatte, verstand die kurze und
klare Instruktion des Herzogs ohne Weiteres. Noch an demselben
Tage mußte der aus dem preußischen Heere hervorgegangene Kapitän
v. Zweiffel die neue Art der Griffe den Bataillons=Adjutanten und
je einem Unteroffizier aller Kompagnien beibringen, damit sie sie
in ihren Kompagnien lehren könnten. Dieser von einem Augen=
zeugen, dem späteren Hauptmann Köhler, erzählte Vorgang mag
sich am 23. Januar abgespielt haben; denn für diesen Tag war
durch Tagesbefehl Exerziranweisung für die Unteroffiziere in der
kleinen Reitbahn angesetzt. Acht Tage nach der Einführung des
neuen Reglements waren die Kompagnien danach eingeübt. — Die
rasche Vermehrung des Truppenkorps machte die Verlegung einzelner
Bataillone von Braunschweig nothwendig. Das 1. leichte Bataillon
marschirte am 5. Januar nach Wolfenbüttel. Drei Wochen später
folgte dorthin das 2. leichte Bataillon, dessen Kaserne in Braun=
schweig nun dem 3. leichten Bataillon zufiel. Die beiden Linien=
Bataillone blieben in Bürgerquartieren untergebracht. Das 1. leichte
Bataillon rückte am 25. Januar von Wolfenbüttel nach Schöningen,
eine Kompagnie nach Helmstedt.

Am 20. Januar hatte der Herzog seine Truppenschöpfung so weit in Gang gebracht, daß er eine kurze Abwesenheit von seiner Hauptstadt für zulässig hielt. Er begab sich mit seinem Minister Graf v. d. Schulenburg-Wolfsburg nach Langres in das Hauptquartier der verbündeten Monarchen, um ihnen die Wiederbesitznahme seines Herzogthums anzuzeigen und ihnen zu melden, daß er mit seinem neuen Korps persönlich nach einem vom großen Hauptquartier zu bestimmenden Kriegstheater abzurücken gewillt sei. Er erhielt die Auskunft, das aus dem Herzogthum zu dem jetzt vorliegenden großen Zweck zu stellende Kontingent solle mit den hannoverschen Truppen „unter einem von des Prinzen Regenten von Großbritannien Königl. Hoheit und Liebden zu ernennenden Commandanten en Chef" vereinigt werden, um gegen das in den Niederlanden stehende französische 1. Armeekorps des Generals Maison Verwendung zu finden. Die Großmächte hatten bereits durch das Frankfurter Protokoll vom 24. November 1813 die Aufstellung von sieben Korps aus den deutschen Kleinstaaten beschlossen. Spätere Abmachungen hatten daraus acht Korps gemacht, von denen zwei, das 2. und 3., für den niederländischen Kriegsschauplatz bestimmt waren. Das 2. Armeekorps sollte nach dem November-Protokoll von Hannover, Braunschweig, Oldenburg und Bremen aufgebracht werden und eine Stärke von 28300 Mann erreichen. Diese Sollstärke war inzwischen durch Zutheilung einiger weiterer Kleinstaaten auf 32900 Mann erhöht worden, welche wie folgt zu stellen waren: Hannover 20000, Braunschweig 6000, Oldenburg 1500, Mecklenburg-Schwerin 1900, die drei Hansestädte 3500 Mann. Als den in Aussicht genommenen Oberbefehlshaber des 2. Bundeskorps nennen C. v. Plotho und nach seinem Vorgange andere Schriftsteller den Herzog von Braunschweig. Dies ist aber irrig; denn im Frankfurter Protokoll war für diesen Posten der General Graf Wallmoden genannt; gegenwärtig war die Frage offen, wurde aber bald zu Gunsten des Herzogs v. Cambridge entschieden. Mit solcher, seinem nach Selbstständigkeit trachtenden Wesen wenig zusagenden Auskunft traf Herzog Friedrich Wilhelm am 10. Februar wieder in Braunschweig ein, nachdem er sich auf der Rückreise mit seiner gewohnten Unerschrockenheit bei der von den Oesterreichern unter General Drechsel eingeschlossenen Festung Belfort ernstlicher Lebensgefahr ausgesetzt hatte.

Inzwischen hatte der Brigadier Olfermann alles, was zur Einübung und inneren Festigung der neu errichteten Truppentheile gehört, emsig gefördert. Der Herzog überzeugte sich gleich nach seiner Rückkehr durch eingehende Besichtigungen von den gemachten Fortschritten und arbeitete im Laufe des Februar und März rüstig an der Ausbildung seiner Truppen weiter. Er berücksichtigte dabei sowohl die Einzelausbildung, wie die Uebungen in größeren Verbänden. Am 21. Februar begann das Bataillons-Exerziren, wozu die leichten Bataillone von außerhalb auf einige Wochen nach Braunschweig herangezogen wurden. Mitunter ließ der Herzog alarmiren und gab Gefechtsaufträge für das ganze Korps.

In diesen Monaten kam die Formation des Korps, zu dem jetzt mitunter auch Genesene des englisch-braunschweigischen Regiments mit Urlaub von der britischen Regierung kamen, zum Abschluß, zunächst durch die Errichtung der Reserve-Bataillone. Da diese mit unter die Stammtruppen des Braunschweigischen Infanterie-Regiments zählen,*) muß auch ihre Entstehungsgeschichte hier Platz finden. Schon am Tage nach seiner Ankunft in Braunschweig hatte der Herzog in einer Rede vom Balkon seines Schlosses die Errichtung einer Reserve angekündigt. Die Verordnung vom 2. Januar besagte darüber: „§ 13. Die Landwehr oder Reserve wird gebildet: 1. aus dem Ueberrest der Mannschaft von 18 bis 25 Jahren; 2. aus der Mannschaft vom 26. bis 45. Jahre in verringertem Procentsatz; 3. aus den noch diensttüchtigen, vormals in irgend einem Militair gedienten und jetzt im Lande etablirten Unterofficieren und Soldaten.“ Diese waren indessen nur zur Ausbildung der Reservisten bestimmt. Am 17. Januar befahl der Herzog die Bildung von fünf Reserve-Bataillonen, denen eine Bekanntmachung der fürstlichen Regierungs-Kommission vom 26. Januar folgende Namen gab: 1. Bataillon Braunschweig; 2. Bataillon Wolfenbüttel; 3. Bataillon Helmstedt; 4. Bataillon Eschershausen; 5. Bataillon Blankenburg. Doch haben die beiden letztgenannten Bataillone sehr bald ihre Nummern getauscht, ohne daß sich eine Verfügung darüber finden ließe. Am 11. Februar führte schon das Blankenburger Bataillon die Nr. 4.

---

*) Sie sind die Stammtruppe des 2. Bataillons, während sich das 1. Bataillon aus den leichten, das Leibbataillon aus den Linien-Bataillonen entwickelt hat. Vergleiche die als Anlage beigefügte Stammtafel.

Die Landwehrmänner sollten sich eigentlich auf eigene Kosten kleiden und nur bei erwiesener Mittellosigkeit der Kreis für sie eintreten. Doch wurde diese Bestimmung am 3. März wieder aufgehoben und die Bekleidung der Landwehr auf die Staatskasse übernommen. Die Uniformirung sollte im Allgemeinen schwarz sein. Der Herzog hatte zwar erlaubt, falls so viel schwarzes Tuch in einem Distrikt nicht zu haben sei, für das betreffende Bataillon eine andere Grundfarbe zu nehmen; doch ist hiervon kein Gebrauch gemacht worden. Die Landwehr trug den schwarzen Polrock, wie er 1809 von der Infanterie getragen worden war, aber mit Achselklappen und zehn Reihen schwarzer Schnüre mit Knebelverschluß, sowie mit Kragen folgender Färbung: Bataillon Braunschweig hellblau, Wolfenbüttel gelb, Helmstedt orange, Blankenburg roth, Eschershausen grün. Außerdem bestand die Bekleidung aus folgenden Stücken: Kapotrock, Tuchhose, schwarze Tuchmütze mit Schirm und verschiedenfarbigem Besatzstreifen, 2 Hemden, 2 Paar Schuhe, 1 Paar Stiefeletten. Erst zu Ende Januar konnte die fürstliche Rekrutirungs-Kommission zur Aushebung der Landwehr und Prüfung der Reklamationen schreiten. Die Formirung der Stämme begann, lange bevor die Wehrmänner zum Dienst eingezogen wurden. Zu Kommandeuren der Reserve-Bataillone wurden die Majors Dony, v. Meyern I, Sommer, v. Campe und Boecking ernannt. Am 12. Februar wurde jedem Reserve-Bataillon von einem dazu bestimmten aktiven Bataillon ein Stamm von 8 Unteroffizieren, sowie von der Veteranen-Kompagnie 2 Korporale, 20 Mann überwiesen. Die Organisirung des Blankenburger und Eschershäuser Bataillons geschah in Seesen und Holzminden. Die Landwehrmänner blieben nach ihrer ersten Einberufung nur wenige Tage an ihren Sammelplätzen und kehrten dann wieder in ihre Heimath zurück. Am 1. März trat das Offizierkorps der Reserve zusammen. Vom aktiven Korps gingen die Kapitäns Degener und Wissel, die zu Kapitäns beförderten Lieutenants v. Holwede I und II als Kompagnieführer, außerdem 6 Lieutenants und 1 Fähnrich zur Landwehr. Gleichzeitig wurden 23 Volontär-Sergeanten zu Fähnrichs der Reserve befördert. Die übrigen Offiziere kamen nach freiwilliger Meldung aus dem Civilverhältniß. Es waren 13 Kapitäns, 13 Lieutenants und 19 Fähnrichs, darunter der altbraunschweigische Feldwebel Proviantschreiber Flitsch. Oberstlieutenant v. Specht regelte am 1. März die Vertheilung der Offiziere auf die Bataillone. Am 15. März übernahm Oberstlieutenant v. Buttlar, ein ehemals kurhessischer, später westfälischer Offizier, als Brigadier den Befehl über die fünf Reserve-Bataillone, die vom 16. an in Braunschweig und Wolfenbüttel auf demselben Etat wie die aktiven Bataillone dauernd formirt waren, und deren Einrichtung nun rasch vorwärts schritt. Am 18. März erhielten sie Gewehre, exerzirten nun täglich und begannen zu Anfang April mit dem Schießen. Am 20. März wurden die Wehrmänner vereidigt. Daß sie nunmehr völlig als Soldaten im Sinne jener Zeit betrachtet wurden, erhellt aus dem Brigadebefehl vom 31. März, wonach sich jeder Korporal „einen tüchtigen Haselnstock anhängen und jeder Landwehrmann, an dem die Warnungen nichts helfen, von den Korporals durch sechs Hiebe abbezahlt werden" sollte.

Inzwischen wurde auch die Organisation der aktiven Truppen ihrer Vollendung entgegengeführt, wozu die General-Truppenkasse allein im Monat März gegen 74500 Thaler verausgabte. Die leichten und Linien-Bataillone erschienen am 27. Februar zur Vereidigung im Allgemeinen vollzählig. Die feierliche Handlung geschah im Dom, indem das ganze Korps den vom Geistlichen vorgesprochenen Eid wiederholte.

Am 28. Februar wurden sechs aus Spanien nach England zurückgekehrte und von dort nach Braunschweig beurlaubte Offiziere des englisch-braunschweigischen Infanterie-Regiments im neuen Truppenkorps angestellt. Wir nannten ihre Namen schon im vorigen Bande. Major v. Fragstein wurde Oberstlieutenant und Brigadier, die Herren v. Wachholz und v. Lisnewsky Kapitäns mit Majorsrang im General-Quartiermeisterstabe, Lieutenant v. Normann Adjutant des Herzogs mit Kapitänsrang, die Lieutenants v. Paczinsky und Häusler Kapitäns bei der gelernten Jäger-Kompagnie bezw. dem 3. leichten Bataillon. Gleichzeitig erhielten die endlich aus französischer Kriegsgefangenschaft befreiten Herren v. Döbell und v. Mosqua Verwendung. Ersterer, den seine Halberstädter Wunde untauglich zum aktiven Dienst machte, wurde Major und Kommandant von Holzminden, letzterer Adjutant der leichten Brigade mit Kapitänsrang. Zu diesem Verbande wurden die drei leichten Bataillone am 28. Februar vereinigt und dem Oberstlieutenant v. Fragstein unterstellt, während Oberstlieutenant v. Specht das Kommando der Linien-Brigade erhielt.

Bald darauf wurde die Linien-Brigade durch ein 3. Bataillon vermehrt, dessen Organisation am 4. März dem Major v. Münchhausen übertragen wurde. Am 8. übernahm er das Depot dazu, welches dann durch Ueberweisung aller zum Korps kommenden Rekruten derart anwuchs, daß es schon am 16. auf dem Schloßplatz dem Herzoge zur Musterung vorgestellt und vier Tage darauf mit der Reserve-Brigade vereidigt werden konnte. Es war anfänglich mit kommandirten Unteroffizieren der andern Bataillone versehen worden, die sodann am 28. März sämmtlich zu ihm versetzt wurden. Eine etwas zweifelhafte Unterstützung wurde dem Major v. Münchhausen dadurch zu Theil, daß alle Deserteure, die infolge des Gnadenerlasses vom 8. März zurückkehrten, seinem Bataillon überwiesen wurden. Das neue Bataillon unterschied sich von den älteren Linien-Bataillonen durch weiße Kragen, Achselklappen und Schoßbesätze, sowie dadurch, daß es an Stelle der nicht mehr zu beschaffenden Tschakots Tuchmützen mit weißem Vorstoß erhielt. Auch die drei leichten Bataillone sind mit solchen Mützen, deren Besatz die Farbe des Dolmankragens zeigte, nach Brabant gerückt.

Das 1. und 2. leichte Bataillon marschirten nach Schluß der Exerzirzeit am 10. März, nachdem sie vor dem Wilhelmithor durch ihren Kriegsherrn besichtigt worden waren, in auswärtige Unterkunfts-orte ab. Das 1. Bataillon ging nach Holzminden, das 2. wohl nach Wolfenbüttel. Die grauen Jäger, welche seit dem 24. Februar kleine Trupps von 2 Unteroffizieren und 20 Mann zu den Forstinspektionen Blankenburg, Harbke, Seesen und Langelsheim kommandirt hatten, waren einen Monat später soweit vermehrt, daß sie am 24. März in zwei Kompagnien unter den Kapitäns v. Paczinsky und Mahner eingetheilt werden konnten. Am Monatsschluß wies die Zahlrolle 6 Offiziere, 25 Oberjäger, 6 Hornisten und 284 graue Jäger nach. Im Ganzen sind für die Ausrüstung des gelernten Jägerkorps 15 212 Thaler verausgabt worden.

Die Verpflegungsstärke der Fußtruppen betrug am 4. April 7210 Köpfe, nämlich: leichte und Linien-Brigade zusammen 4350 Mann, Avantgarde 346, graue Jäger 357, Reserve-Brigade 2157 Köpfe. Indessen sind in diesen Ziffern sowohl die Offiziere als auch die Nicht-streitbaren (Sanitätspersonal, Trainknechte, Offiziersdiener u. s. w.) mit inbegriffen. In der kurzen Frist von fünf Monaten war aus Nichts eine Streitmacht von ansehnlicher Stärke und ver-hältnißmäßig tüchtiger Leistungsfähigkeit entstanden. Der Herzog konnte auf das Geschaffte mit gerechtem Stolze zurückblicken, zumal er sich keinerlei Unterstützung von außerhalb zu erfreuen hatte und

daher, wie er sich ausdrückte, Schwierigkeiten eingetreten waren, die
in andern Ländern nicht stattgehabt hatten. Erfolglos blieb ein am
11. Januar vom Herzoge unternommener Versuch, den englischen
Kriegsminister zu thatkräftiger Unterstützung seiner Truppenschöpfung
zu bewegen. Der Earl v. Bathurst antwortete erst am 17. Februar
und zwar ablehnend mit der Begründung: seine Regierung befürchte
bei der derzeitigen Weltlage keinen feindlichen Einbruch ins nördliche
Deutschland, während das gleiche Bedürfniß nach Waffen auch in
anderen, dem Kriegsschauplatze näheren Ländern vorliege. Die
Waffenfrage bereitete fortgesetzt die größten Schwierigkeiten, obwohl
der Herzog sich nicht scheute, einen gerade Braunschweig passirenden
Transport englischer Gewehre, die für Preußen bestimmt waren, für
seine Truppen zu verwenden. Minder glücklich verlief ein Versuch,
nochmals das englische Waffendepot zu Stralsund in Anspruch zu nehmen.
Mr. Thornton, der britische Gesandte beim Kronprinzen von Schweden,
machte den Herzog zu Ende Februar darauf aufmerksam, daß dortselbst
Gewehre bereit lägen und in Empfang genommen werden könnten.
Aber obschon General-Lieutenant Stewart, der Oberintendant aller
unter des Kronprinzen von Schweden Oberbefehl stehenden Truppen im
britischen Solde, dem Herzoge eine Anweisung zum Waffenempfang im
Stralsunder Depot ausstellte, wurde sie dennoch dort nicht angenommen.
Bei der von der englischen Regierung eingenommenen unfreundlichen
Haltung wird auch wohl ein vom Statthalter von Hannover, Herzog
v. Cambridge, gemachter Versuch zu Gunsten des braunschweigischen
Korps keinen Erfolg gehabt haben. Der Statthalter übersandte dem
Earl v. Clancarty am 3. April ein Verzeichniß der dem braunschweigischen Korps noch fehlenden Waffen und Ausrüstungsstücke.
Wir nennen daraus: 2000 Musketen, 2000 Feuersteine, 400 000 Patronen, 2000 Patrontaschen, 6000 Paar Schuhe, 400 wollene Decken,
24 Trommeln. Ganz so groß, wie es hiernach scheinen möchte, werden
die Lücken in der Ausrüstung des Korps um diese Zeit wohl nicht
mehr gewesen sein. Aber unzweifelhaft fehlte es noch an Manchem,
z. B. an Pulver, dessen Ergänzung der Herzog vergeblich in Hannover erbat.*) Gleichwohl mochte Friedrich Wilhelm nicht länger
zögern und war zum Ausrücken entschlossen.

---

*) Wegen Verabfolgung von 20 Kanonen oder Haubitzen hatte der Herzog
sich vergeblich an den Kaiser von Rußland, den König von Preußen und den
Statthalter von Hannover gewendet.

Ehe wir das neue Truppenkorps ins Feld begleiten, seien einige Angaben über die Zusammensetzung des Infanterie-Offizierkorps gestattet. Die große Mehrzahl, 71 Herren, kam aus westfälischen Diensten, darunter 17, die vor 1806 als Offiziere oder Unteroffiziere dem braunschweigischen Kontingent angehörten. 13 Offiziere kamen aus preußischen, 4 aus hannoverschen, Vereinzelte aus russischen, österreichischen, württembergischen, waldeckischen, mecklenburgischen, schwedischen, dänischen und englischen Diensten. Die Uebrigen rückten vom Volontär-Sergeanten oder Sergeantmajor in die Offiziercharge auf. Dem schwarzen Korps von 1809 hatten, abgesehen von den in Kommandantenstellen verwendeten Herren v. Bernewitz und v. Döbell, 11 Offiziere angehört, nämlich:

Oberstlieut. v. Fragstein	Kapitän v. Hüllessem
Major v. Wachholz	„ Häusler
„ v. Lisnewsky	„ Grüttemann
Kapitän v. Normann	„ Mahner
„ v. Paczinsky	„ v. Zweiffel
„ v. Mosqua	

Zu ihnen trat im Monat August Kapitän v. Frankenberg als zwölfter hinzu. Ein besonderes Interesse gebührt der Frage, wie groß die Zahl der wieder eingetretenen altbraunschweigischen Offiziere war; denn sie vermittelten die Anknüpfung der neuen Bataillone von 1813—14 an die alten, ehrwürdigen Regimenter von 1605 und 1683. Selbst wenn die Stadtkommandanten, Veteranen-Offiziere u. dgl.*) außer Betracht bleiben, war es eine so stattliche Reihe, daß man nicht ohne Grund sagen kann, die im Oktober 1806 gewaltsam aufgelösten Offizierkorps der beiden Regimenter seien jetzt, soweit möglich, zum Dienst wieder zusammengetreten. Es stammten unter Hinzurechnung einzelner, erst im Monat August hinzugekommener Offiziere aus dem Regiment

v. Warnstedt.	v. Griesheim.
Major v. Meyern I	Oberstlieut. v. Specht
„ Fromme	Major v. Campe
„ v. Münchhausen I	„ v. Byers
„ v. Holstein	„ Dony
„ Ebeling	„ v. Strombeck

---

*) In solchen und anderen Stellungen außerhalb der Truppe — Hofkavalier, Kriegskommissar, Generalzahlmeister ꝛc. — waren 7 Offiziere des Regiments Warnstedt, 5 des Regiments Griesheim angestellt.

Kapitän Morgenstern I	Major Metzner
„ v. Steiger-Monrichard	Kapitän v. Koch
„ v. Münchhausen II	„ Wittich
„ Morgenstern II	„ v. Bülow I
Lieutenant v. Praun	„ v. Rosenberg
	„ v. Bülow II
Landregiment.	„ v. Holwede II
Kapitän v. Holwede III	„ v. Specht
	Lieutenant Lambrecht

Uebrigens muß Erwähnung finden, daß 13 der hier aufgeführten 25 Altbraunschweiger inzwischen dem Könige Iérome gedient hatten und daher schon oben unter den Westfalen mitgezählt worden sind. Das Unteroffizierkorps des ehemaligen herzoglichen Kontingents war durch 9 Mitglieder im neuen Truppenkorps vertreten. Ihre Namen sind: Damköhler, Flantz, Flitsch, Freylach, Iaeger, Roussell, Sandorphi, Schulz und Wissel. Sie erhielten Offiziersstellen, zumeist in der Reserve-Brigade. So fehlte es nicht an Anknüpfungen an das alte ruhmreiche Braunschweig, dessen Ruf es in dem gegenwärtigen heiligen Kriege neu zu bewähren galt.

16. Erster Zug nach Brabant.

Am 11. April traf in Braunschweig die Nachricht vom Einzuge der Verbündeten in Paris ein. Es hätte nahegelegen, das beabsichtigte Ausrücken des neuen braunschweigischen Feldkorps jetzt als zwecklos aufzugeben. Anders dachte Herzog Friedrich Wilhelm. Ihm war der Gedanke unerträglich, daß gerade Er und seine Schwarzen daheim bleiben sollten, wenn Alldeutschlands Heere draußen in Feindes Land ständen. Noch war nichts von Napoleons Abdankung verlautbart. Noch hielt das französische Korps Maison einen Theil der Niederlande gegen den Herzog von Sachsen-Weimar und den General Graham. Noch widerstanden Antwerpen und Bergen op Zoom, Maubeuge und Luxemburg. Auch die Grenzfestungen Mastricht, Venloo, Grave, Deventer und Delfzyl waren noch nicht bezwungen, und die Bemühungen der Schweden und Mecklenburger vor Jülich und der Preußen vor Wesel bislang nicht von Erfolg gekrönt. Der Herzog hoffte, es möchte sich für seine Soldaten doch noch Arbeit finden, am liebsten als selbständiges Streifkorps. Aus der Nachricht vom Falle von Paris nahm er nur Veranlassung, seinen Ausmarsch zu beschleunigen; denn jetzt war auch von Hamburg und Magdeburg nichts mehr zu befürchten. In Hamburg und Harburg hielt sich nämlich Marschall Davout gegen die polnische Reserve-Armee des Grafen v. Bennigsen und die hannoverisch-hanseatische Brigade des Generals Lyon; Magdeburg wurde vom General Lemarrois gegen das preußische Belagerungs= korps des Generals v. Wobeser vertheidigt. Eine anscheinend von der Unterelbe her drohende ernstere Gefahr hatte den Herzog Friedrich Wilhelm zu einem mehrtägigen Aufschube seines Ausmarsches ver= mocht. Marschall Davout hatte sich am 27. März mit starken Kolonnen von Hamburg aus in Bewegung gesetzt und versuchte in bis zum 4. April fortdauernden heftigen Kämpfen gegen Lyons Truppen, bei Harburg durchzubrechen. Die auf dem rechten Elbufer befindliche polnische Armee konnte des starken Eisganges wegen keine Hilfe bringen. General Lyon wurde daher in Hannover und Braun= schweig wegen Verstärkungen vorstellig, veranlaßte auch ein nach dem Rhein marschirendes Korps der jetzt verbündeten Dänen zur Besetzung von Bremen und benachrichtigte den Grafen v. Tauenzien, kommandirenden General des preußischen 4. Armeekorps; denn die Annahme lag nahe, daß die Besatzung von Magdeburg versuchen werde, mit Davouts Korps gemeinsam durchzubrechen. Indessen wurde Lyon seines Gegners auch ohne direkte Unterstützung Herr, und nach dem Falle von Paris konnte jede ernsthafte Gefahr von der Elbe her als beseitigt gelten. Graf Bennigsen versagte freilich noch am 10. April die Erlaubniß zum Abmarsch der nach dem Niederrhein bestimmten Theile seines Heeres. Herzog Friedrich Wilhelm aber zögerte nun nicht länger und befahl den Ausmarsch seiner Truppen nach den zum Sammelplatz des 2. Armeekorps bestimmten Niederlanden.

Die Festsetzungen über die Zusammensetzung dieses Heeres= körpers hatten sich inzwischen abermals geändert, indem es jetzt aus einer schwedischen, einer englischen, einer hannoverschen und einer niederländischen Division gebildet werden sollte. Zum kommandirenden General war der Feldmarschall Herzog v. Cambridge bestimmt worden, und er erhielt am 1. März aus dem Hauptquartiere der Mo= narchen die Weisung, seinen Generalstab zu bilden. Der Bestimmung des Herzogs von Braunschweig wurde überlassen, ob sein Korps zur hannoverschen oder zur englischen Division stoßen solle. Der Herzog entschied sich für den Anschluß an die vom General Graham be= fehligten Engländer, war aber entschlossen, sich seine Militärhoheit

weder durch ihn, noch durch ſeinen hannoverſchen Vetter ſchmälern
zu laſſen. Er ſpricht ſich darüber in einem Schreiben vom 19 März
an den Herzog v. Cambridge, der allerlei Eingaben und Rapporte
von ihm gefordert hatte, ſehr entſchieden aus. „Dem zu Folge,"
ſchrieb er, „verfehle Ich nicht, Ew. Hoheit und Liebden bekant zu
machen, daß, da Ich keine Unterſtützung von andern Mächten gefordert
und dennoch Meine Truppen beſſer bezahle, als jeder andere deutſche
Fürſt, dieſe Eingehung in das Detail der Beſoldung und des Unter=
halts derſelben wohl eigentlich eine überflüſſige Sache wäre. . . . .
Das Korps ſteht übrigens unter Meinen Befehlen, und habe Ich ſelbiges
nach Meiner Ueberzeugung ſo organiſirt, daß es durch ſich ſelbſt be=
ſtehen kann und wird, ... Bei dieſer Gelegenheit halte Ich es für
Pflicht, Ew. Hoheit und Liebden bemercklich zu machen, daß Ich Mich
als einen natürlichen Alliirten der verbündeten Mächte anſehe und
nur in dieſe Verhältniſſe mit denjenigen commandirenden Generalen,
zu deren Truppen Mein Korps ſtoßen wird, ſetzen werde; daß Ich
daher allen Anordnungen, welche militairiſche Operationen betreffen,
diejenige Folge leiſten werde, welche Meine Pflicht durch die hiedurch
übernommene Obliegenheit ſein muß, aber durchaus nicht das Ein=
miſchen in die Privat=Arrangements des Korps, wohin ſowohl deſſen
Bezahlung als übrige Verpflegung gehört, zulaſſen kann, indem Ich
für die dazu nöthigen baaren Beſtände ſorgen werde."

Der Herzog errichtete für die Dauer des Feldzuges, an dem er
in der eben bezeichneten Art theilzunehmen gedachte, eine beſondere
Avantgarde. Am 8. April theilte er ihr den Major v. Lisnewsky
als Kommandeur, den Lieutenant Löbbecke als Adjutanten, die
Kapitäns v. Specht und Rudolph als Kompagnie=Chefs, und
außerdem 4 Lieutenants, 2 Fähnrichs und 1 Regiments=Quartier=
meiſter zu. Die Auswahl der Mannſchaften, die den Bataillonen aus
der Reſerve erſetzt wurden, geſchah unter Berückſichtigung der körper=
lichen Kraft und Gewandtheit, ſowie der Marſchfähigkeit. Die
1. Kompagnie wurde aus 30 Mann des 2. leichten und je 60 Mann
des 1. leichten und 1. Linien=Bataillons mit den nöthigen Unteroffizieren
gebildet; die 2. Kompagnie aus 30 Mann des 2. leichten und je
60 Mann des 3. leichten und 2. Linien=Bataillons. Dazu kam eine
Abtheilung grauer Jäger, 4 Unteroffiziere, 1 Horniſt, 30 Jäger
unter Lieutenant Leuterding, ſowie eine Huſaren=Abtheilung von
53 Köpfen unter Lieutenant Schrader. Nachdem dieſe Mannſchaft

am 10. April früh dem Major v. Lisnewsky übergeben worden war, wurde sie schon um 2 Uhr Nachmittags, eingekleidet und mit englischen Gewehren bewaffnet, auf dem Exerzirplatze vom Herzoge besichtigt. Die wenigen Tage bis zum Ausrücken hatte die Avantgarde die Kaserne hintern Aegidien inne.

Am 12. April Vormittags fand auf dem Exerzirplatz ein Feldgottesdienst statt, zu dem auch das 2. leichte Bataillon und die gelernten Jäger aus ihren Unterkunftsorten heranrückten. Es war sowohl eine Dankfeier für den Fall der feindlichen Hauptstadt, wie auch ein Weiheakt für das marschfertige Korps und dessen Feldzeichen. 101 Kanonenschuß wurden vom Kapitän Genderer zu Ehren der neuen Fahnen, welche dem 1. und 2. Linien=Bataillon kurz zuvor auf dem Schloßplatz übergeben worden waren, abgefeuert.

Frauen der Stadt Braunschweig hatten zur Bethätigung ihrer patriotischen Gesinnung sechs Fahnen eigenhändig verfertigt und am 18. März „dem Fürsten und dem Vaterlande in schuldigster Ehrfurcht gewidmet". Ihre Namen wurden auf weißseidenen Streifen den Spitzen einverleibt. Leichte Truppen durften nach den Anschauungen der Zeit keine Fahnen führen; dagegen besaßen Musketier=Bataillone nach der bis dahin in Preußen bestandenen Norm je zwei Fahnen, die als Avancirfahne und Retirirfahne dienten. In diesem Sinne bestimmte der Herzog jedem Linien=Bataillon zwei der neuen Fahnen, hat aber aus unbekannten Gründen zum Zuge von 1814 nur dem 1. und 2. Bataillon die ihrigen übergeben. — Die Fahnenstangen waren etwa 3 Meter lang. Bei den Fahnen des 1. Bataillons zeigte die vergoldete Spitze das niedersächsische Pferd und den herzoglichen Namenszug. An ihr hing ein Banderoll von silbernen, gelb durchwirkten Quastenschnüren. Die Fahnentücher maßen 1,36 und 1,43 m im Geviert und waren von verschiedenem Aussehen. Die eine Fahne*) hatte auf gelber Grundfarbe ein hellblaues, viereckiges, auf der Spitze stehendes Mittelfeld, welches vorn das herzogliche Wappen, auf der Rückseite das silberne Pferd und die Umschrift „Mit Gott für Fürst und Vaterland" enthielt, während die vier Ecken des Fahnentuches vorn silberne Hörner, hinten die Buchstaben F. W. mit Krone zeigten. Die Vorderseite der anderen Fahne**) war wagerecht in drei Felder getheilt. Das blaue Mittel-

---

*) Heute vom 1. Bataillon geführt.

**) Heute vom 2. Bataillon geführt.

feld enthielt das Herzogswappen, die gelben Außenfelder in den Ecken
unter einer Krone den silbernen Namenszug F. W., umgeben von einem
Lorbeerkranz. Die Rückseite dieser Fahne zeigte auf gelbem Grunde ein
hellblaues Kreuz mit dem silbernen Pferde unter der Inschrift „Sieg
oder Tod"; darunter gekreuzte Schwerter. In jeder Ecke umschloß eine
sich in den Schwanz beißende Schlange den herzoglichen Namenszug.

Die Fahnentücher des 2. Linien=Bataillons*) waren 1,40 m
lang, 1,25 m breit und mit einer Goldborte besetzt. Die erste Fahne
war wagerecht in drei Felder getheilt, deren oberes und unteres
hellblau waren, während das schwarze mittlere Feld auf der Vorder=
seite in einem Lorbeerkranze den goldgestickten Namenszug F. W.
mit der Herzogskrone, auf der Rückseite das herzogliche Wappen
zeigte, letzteres umgeben von einem halben Lorbeerkranz und der In=
schrift „Ist Gott für uns, wer mag wider uns seyn". Die andere
Fahne desselben Bataillons war schwarz, aber mit einem rechteckigen
Mittelfelde, das vorn hellblaue, hinten gelbe Farbe zeigte. Die
darauf befindliche Stickerei stellte auf der Vorderseite ein silbernes
Roß mit der Ueberschrift „Nunquam retrorsum" dar, auf der Rück=
seite unter einer Herzogskrone den Spruch „Mit Gott für Fürst und
Vaterland 1814" in silbernem Eichenkranz, unter dem ein silberner
Todtenkopf saß. Die Spitze beider Fahnen lief in eine Krone aus,
unter der sich der durchbrochene Namenszug F. W. und die Jahres=
zahl 1814 befand. Die Fahnen hatten Banderolle aus goldenen,
hellblau durchwirkten Quastenschnüren.

Bei Gelegenheit dieser Feier nahm der Herzog eine Reihe von
Personalveränderungen vor, von denen auch die obersten Kommando=
stellen betroffen wurden. Oberstlieutenant v. Fragstein, der seit
jenem denkwürdigen Frühling 1809 alle Gefahren des Herzogs und
seiner Schwarzen getheilt hatte, erhielt seinen Abschied am Tage
vor dem Ausmarsch ins Feld, also wohl wegen Meinungsverschieden=
heiten. Wahrscheinlich konnte er sich in das Unterordnungsverhältniß
zu dem so viel jüngeren Olfermann nicht finden. Das Kommando
der leichten Brigade ging auf den Oberstlieutenant v. Buttlar,
das der Reserve=Brigade auf den Major v. Byers über. Am Abend
vereinigte der Herzog sein ganzes Offizierkorps zu einem Abschieds=
fest im Schlosse. Um 5 Uhr war Kour, um 7 Uhr Ball, zu welchem

---

*) Heute im Vaterländischen Museum aufbewahrt.

das neue Infanterie-Musikkorps aufspielte. Die Stadt hatte aus Anlaß der Freudennachricht aus Paris illuminirt.

Am 13. April trat die erste Staffel des Feldkorps den Marsch nach Brabant an. Zum Ausrücken waren 7891 Mann bestimmt, worunter 6675 Mann Infanterie, nämlich die Avantgarde, beide Jäger-Kompagnien, drei leichte, drei Linien-, drei Reserve-Bataillone. Von letzteren waren zunächst nur die Bataillone Braunschweig und Wolfenbüttel marschfähig, nachdem sie dicht vor dem Ausmarsch durch 71 aus Thedinghausen eingetroffene Rekruten ergänzt worden waren. Das Eschershäuser Reserve-Bataillon war am 18. März gänzlich aufgelöst worden; 142 Mann waren an die leichte Brigade, alle sonst Brauchbaren an die drei ausrückenden Reserve-Bataillone zur Abgabe gelangt. Das Blankenburger Bataillon blieb bestehen, rückte aber nicht mit aus, sondern blieb unter Major v. Campe im Lande zurück. Diesem Stabsoffizier wurde auch das Depot unterstellt. Es war am 6. Februar unter Kapitän Roussell aus Schwächlichen, Kleinen und zur Zeit Felddienstunfähigen gebildet worden, hatte am 25. Februar den leichten und Linien-Bataillonen Mannschaften abgegeben, und sollte jetzt hauptsächlich das 3. Reserve-Bataillon baldmöglichst vervollständigen. Dies gelang in drei Wochen nur bis zur Stärke von 2 Kompagnien, mit denen Major Sommer am 8. Mai aus Braunschweig abrücken konnte.

Der Marsch, zu dessen Vorbereitung der General-Quartiermeister v. Heinemann nach Westfalen vorausging, geschah in vier Kolonnen: 1.) Avantgarde nebst 1 Eskadron, vermuthlich Ulanen; 2.) leichte Brigade mit den grauen Jägern und 2 Eskadrons Husaren; 3.) Linien-Brigade und reitende Batterie; 4.) 1. und 2. Reserve-Bataillon mit den unberittenen Husaren. Die dritte Kolonne galt als Mittelpunkt des ganzen Korps; bei ihr befanden sich Stabsarzt Pockels und Major Böcking mit der Sanitäts-Kompagnie, Oberstlieutenant Stutzer mit den Polizeihusaren, Auditeur du Roi, Feldprediger Capelle und Feldkommissar Graebe. Der Herzog erließ am 11. April eingehende Vorschriften über den Marsch, aus denen nur die merkwürdige Bestimmung Erwähnung finden möge, daß die Bataillone sich in jedem Unterkunftsort ein Zeugniß der guten Aufführung geben lassen mußten.

Der Marsch, den das neue Truppenkorps in denselben Tagen antrat, an denen die kriegerische Thätigkeit des englisch-braunschweigischen Regiments abschloß, war so geordnet, daß er thunlichst lange

durch braunschweigisches Gebiet ging. Die hier folgenden Marsch=
quartiere des Stabes der leichten Brigade laffen seine Richtung er=
kennen: Salzgitter, Seefen, Greene, Efchershaufen, Holzminden,
Hörter, Driburg, Paderborn. Hier wurde am 21. April geraftet.
Die Linien=Brigade folgte auf einen Tagemarsch in gleicher Richtung.
Die Referve=Brigade erreichte über Hildesheim und Alfeld am 18.
in Efchershaufen die Marschstraße der andern Kolonnen, denen sie
wieder um einen Tagemarsch nach rückwärts geftaffelt folgte.

Viele der erft kürzlich ausgehobenen Rekruten, namentlich solche
aus dem entlegenen Amte Thedinghaufen, benutzten die Gelegenheit,
aus ihren Marschquartieren zu entweichen. Oberftlieutenant Olfer=
mann, der den Marsch des Korps leitete, und Herzog Friedrich
Wilhelm gaben durch Tagesbefehle Paderborn 20. April und Düffel=
dorf 30. April ihrem Befremden über die zahlreiche Fahnenflucht
Ausdruck. In Wahrheit war sie nicht verwunderlich, sondern nur
eine Beftätigung der alten Thatsache, daß sich disziplinirte Truppen
nicht in wenigen Wochen herftellen laffen. In Tagen der Gefahr
wie 1809 kann die Begeifterung einer kühnen Freiwilligenschaar die
Friedensschulung zeitweise erfetzen. Aber von den ausgehobenen
Rekruten, die hier nach Schluß des Krieges ins Feld rücken mußten,
ließ sich keine Begeifterung erwarten, zumal thörichte Gerüchte um=
liefen, wonach die Truppen ins Ausland verkauft seien. Des Herzogs
und seines Brigadiers Hauptsorge galt nun der Befeftigung der
Mannszucht. Ein tägliches Exerziren der Nachgeftellten war schon vor
dem Ausmarsch befohlen worden. Jetzt wurden sehr häufige Prüfungen
der Quartiere eingeführt und scharf mit Strafen vorgegangen. Die vom
Herzoge am 11. Februar erlaffenen Kriegsartikel, die jedem Abrechnungs=
buch vorgedruckt waren, drohten in ihren 50 Artikeln neben Todesftrafe,
Feftungsarbeit und Arreft viel körperliche Züchtigung an. Am 7. Mai
traf das neue Strafinftrument ein, eine siebenschwänzige Katze nach
englischem Mufter mit eingeknoteten Hanfftricken. Unter Leitung
des Adjutanten und in Gegenwart eines Arztes wurden damit dem
Schuldigen vor versammeltem Bataillon die zuerkannten Hiebe auf
den entblößten Rücken durch Spielleute verabreicht.

Am 22. April setzte die leichte Brigade von Paderborn aus
den Marsch durch Weftfalen fort,*) dem die andern Brigaden auf

---

*) Von hier an vgl. die diesem Bande beigefügte Ueberfichtskarte Nr. 1.

Tagesabstand folgten. Ueber Lippstadt, Soest, Unna, Hagen und
Elberfeld ging der Marsch nach Düsseldorf. In dieser Stadt und
ihrer Umgegend von Angermund bis Benrath traf das Korps am
28. April und den folgenden Tagen ein, hielt einen Ruhetag und
sah seinen Herzog wieder, der von Braunschweig dahin vorausgereist
war und es für nöthig fand, entschieden dem unsinnigen Gerüchte
zu widersprechen, als wolle er seine Erblande mit dem Großherzog-
thum Berg vertauschen. In Düsseldorf traf am 29. aus Antwerpen
der Major v. Wachholz ein, der sich im Auftrage des Herzogs
zu Lord Graham begeben hatte, um die Aufnahme des Korps in
Belgien vorzubereiten. Der Herzog handelte gemäß seiner dem
Herzoge v. Cambridge ausgesprochenen Willensmeinung: „Nach
der Mir ertheilten Erlaubniß, Mich mit dem Korps an daß von
Sir Thomas Graham anschließen zu können, werde Ich es Mir
zur Pflicht machen, mit demselben über die Verpflegung des Korps,
über die Anlegung von Lazarethen und die Anordnung der Märsche
entweder durch Meine militairischen Behörden jederzeit Rücksprache
nehmen zu lassen oder es selbst zu thun". Der zum Lord Lynedoch
erhobene General Graham, der soeben den Abschluß des Waffenstillstandes erfuhr, hatte dem Wunsche Ausdruck gegeben, daß das
braunschweigische Korps wieder Kehrt mache, da der Marsch keinen
Nutzen mehr gewähren könne. Olfermann wollte schon darauf
eingehen; aber der Herzog bestand auf der Fortsetzung des Zuges.

Am 30. April und 1. Mai wurde bei Düsseldorf und Uerdingen
der Uebergang über den Rhein bewirkt und über Krefeld in Kanton-
nirungen an der niederländischen Grenze gerückt, die etwa denen entsprachen, aus welchen die russisch-deutsche Legion und später die
Schweden die Festungen Venloo und Mastricht beobachtet hatten.
Venloo war noch in Feindes Hand; der Herzog führte daher einen
mehr den kriegerischen Verhältnissen angepaßten Sicherheitsdienst
ein. Es wurden nicht nur Dorfwachen, sondern von der leichten
Infanterie auch Feldwachen und nächtliche Patrouillen gestellt. Der
Herzog regelte diesen Dienstzweig durch eine Instruktion vom 3. Mai.
Am 6. Mai begann die Ausgabe von Parole und Feldgeschrei und
zwar mit den Worten „Oelper" und „Sieg". Der Herzog verlegte
sein Hauptquartier am 1. Mai nach Kempen, am 3. nach Brüggen.
Von den Brigaden lag die leichte um Breyell, die Linie um Kempen,
die Reserve in Krefeld und Hüls. Nach einigen Tagen gingen die

leichten Bataillone nach Bracht und Brüggen, die Linie nach
Dülken und Umgegend, die Avantgarde nach Niederkrüchten. Die
Feſtung Venloo wurde infolge des Waffenſtillſtandes am 9. Mai
von der Beſatzung gegen freien Abzug übergeben. Das ſchwarze
Korps, das ſeine Front jetzt nach Süden nahm, konnte ſich lediglich
ſeiner Ausbildung widmen. Auf der Krefelder Heide exerzirten die
Reſerve=Bataillone, auf den Heiden nordöſtlich von Brüggen und bei
Dülken die aktiven Brigaden. Sowohl Oberſtlieutenant Olfer=
mann wie der Herzog hielten hier Beſichtigungen ab.

Da jetzt infolge des Regierungswechſels in Frankreich alle
Feſtungen des Grenzbezirkes den Widerſtand aufgaben — zuletzt
kapitulirte die kleine Maasfeſtung Grave am 16. Mai —, ſetzte das
braunſchweigiſche Korps am 13. Mai den Marſch nach Brabant
fort, jetzt in zwei Kolonnen eingetheilt. Oberſtlieutenant v. Buttlar
befehligte die Avantgarde, die 1. graue Jäger=Kompagnie, das 2.
und 3. leichte, das 1. und 2. Reſerve=Bataillon und die drei Huſaren=
Schwadronen. Oberſtlieutenant v. Specht hatte die 2. graue Jäger=
Kompagnie, das 1. leichte Bataillon, die Linien=Brigade, die Ulanen=
Eskadron und die reitende Batterie unter ſich. Der Zug geſchah
durchaus als Kriegsmarſch; genächtigt wurde nur in Alarmhäuſern,
die mit mindeſtens 1 Unteroffizier, 10 Mann belegt waren; von
Zeit zu Zeit wurde in den Kleidern geſchlafen. Alles dieſes ver=
folgte lediglich Uebungszwecke; denn es herrſchte Waffenruhe, und
ein Feind war weit und breit nicht mehr vorhanden. Der Herzog
wollte ſeine Truppen mindeſtens bis Brüſſel führen. „Der Marſch
des Korps,“ ſagte er, „ſoll und muß den Alliirten beweiſen, daß
wir unſere Schuldigkeit gethan und das vorgeſchriebene Kontingent
geſtellt haben, und wenn wir auch ſpäter kommen, als es hätte ſein
können, dies lediglich an dem Mangel an Unterſtützung gelegen,
welcher ſich andere Fürſten und Länder zu erfreuen gehabt haben.“

Die Kolonne Buttlar marſchirte voraus; die Kolonne Specht
folgte ihr auf drei Tagemärſche. Bei Roermond und Maaseyck
wurde die Maas überſchritten und alle kranken Mannſchaften und
Pferde als Depot unter Major Böcking in Stephanswerth zurück=
gelaſſen. Der Marſch ging über Brée, Dieſt und Aerſchot in Unter=
kunftsorte zwiſchen Mecheln, Löwen und Brüſſel. Oberſt Olfer=
mann meldete in des Herzogs Auftrage die Ankunft der Braun=
ſchweiger dem General Graham. Uebrigens war der Herzog un=

geachtet der vorangegangenen Verhandlungen sehr aufgebracht, als der Lord das Korps anwies, zum 2. Armeekorps zu stoßen, dessen Kommando ihm vom Prinzregenten übertragen sei.*) Der Herzog wollte sich seine Selbständigkeit durchaus nicht schmälern lassen. Hoffte er doch noch immer, mit seinem Korps einen Parteigänger= krieg in Frankreich zu führen! Der preußische Kommandant von Brüssel, Major v. Katt, führte ihn beim General=Gouverneur der belgischen Provinzen, Feldmarsch.=Lieut. Baron v. Vincent, ein, der aber ebenso dringend wie Graham den Rückmarsch des Korps wünschte. Der Herzog ging hierauf nicht ein, ließ vielmehr sein Korps vom 23. Mai bis zum 5. Juni in den bezogenen Unterkunfts= orten, begab sich selbst aber nach Paris zu den verbündeten Monarchen. Sein Hauptquartier wurde zunächst in Echt am Kanal, vom 26. ab im Schloß Wilder zu Campenhout eingerichtet und durch eine Wache von 50 Mann bedeckt. Oberstlieutenant Olfermann schlug sein Hauptquartier im Schloß Humelghem auf, wo auch Oberstlieutenant v. Buttlar untergebracht war. Diesem waren seit dem 23. Mai alle leichten Infanterietruppen, sowie die Kavallerie und Artillerie unterstellt. Ihre Quartiere Eppeghem, Releghem,**) Weerde, Sempst, Peuthy und Melsbroek umkränzten im Halbkreise den großen Ort Vilvorde nordöstlich von Brüssel. Weiter östlich waren die dem Oberstlieutenant v. Specht unterstellten Linien= und Reservetruppen untergebracht; die beiden Brigadestäbe lagen in Wespelaer und Werchter, die Truppen in Boort = Meerbeck, Rymenam, Haeght, Keerbergen, Tremeloo, Wackenzeel, Betecom u. s. w.

In dieser weitläuftigen Unterkunft wurde ein leichter und be= quemer Dienst abgehalten. Nur einen um den andern Tag fand ein zweistündiges Exerziren statt, abwechselnd mit Gefechts= und Feld= dienstübungen. Am 1. Juni traf das Reserve=Bataillon Helmstedt mit der Fußbatterie aus Braunschweig ein. Das Bataillon, das sich nur auf zwei Kompagnien hatte vervollständigen können, wurde in Aerschot untergebracht, wo sich schon das Feldlazareth befand. Jetzt

---

*) So nach dem Wachholtz'schen Tagebuche; thatsächlich war Graham nur Kommandeur der englischen Division des 2. Bundeskorps, sollte aber freilich die Braunschweiger mit befehligen.

**) Wahrscheinlich ist statt Releghem Geerdeghem zu lesen; vgl. Skizze Nr. 2 auf der Uebersichtskarte.

erst war das Korps vollzählig, und nun möge auch seine Gliederung
Platz finden:

Oberbefehlshaber:	Herzog Friedrich Wilhelm.
Brigadier:	Oberst-Lieut. Olfermann
General-Quartiermstr.:	Major v. Heinemann.

Leichte Infanterie-Brigade: . . . . Oberst-Lieut. v. Buttlar
  Avantgarde . . . . Major v. Lisnewsky
  Graue Jäger . . . . Kapitäns v. Paczinsky und Mahner
  1. leichtes Bataillon . . . . . . Major v. Holstein
  2.   „   „   . . . . . .   „   v. Meyern II
  3.   „   „   . . . . . .   „   v. Ebeling.
Linien-Infanterie-Brigade: . . . . Oberst-Lieut. v. Specht
  1. Linien-Bataillon . . . . . . Major Metzner
  2.   „   „   . . . . . .   „   v. Strombeck
  3.   „   „   . . . . . .   „   v. Münchhausen.
Reserve-Infanterie-Brigade: . . . Major v. Byers
  1. Reserve-Bataillon (Braunschweig)   „   Dony
  2.   „   „   (Wolfenbüttel)   „   v. Meyern I
  3.   „   „   (Helmstedt)   „   Sommer.

Kavallerie.
  Husaren-Regiment: Major v. Cramm
  Ulanen-Eskadron: Ob.-Lt. Graf v. Westphalen.

Artillerie: Maj. Mahn
  Reitende Batterie: Kapitän Genderer
  Fußbatterie: Major Moll.

Gleichzeitig mit der völligen Versammlung des Korps schwand
die letzte Aussicht, dasselbe noch zu kriegerischer Verwendung zu
bringen. Am 30. Mai wurde mit Ludwig XVIII., dem neuen
Könige der Franzosen, der erste Pariser Friede abgeschlossen. Der
Herzog, der am 1. Juni in Campenhout wieder eintraf, wollte den
Rückmarsch nicht antreten, ohne seinen Truppen Brüssel, die so nahe
gelegene, prächtige Hauptstadt von Brabant, gezeigt zu haben. Auf
seinen Befehl schloß am 5. die leichte Brigade auf Vilvorde, die
Linien-Brigade auf Steenockerzeel, die Reserve-Brigade auf Löwen
auf. Am 6. Mittags versammelte sich das ganze Korps südöstlich
von Brüssel auf der Straße von Namur in folgender Marschordnung:
Avantgarde, Husaren, Jäger, reitende Batterie, leichte Brigade, Fußbatterie, Linien-Brigade, Reserve-Brigade, Ulanen. Die Spitze stand
an der Windmühle von Etterbeek. Mit klingendem Spiele marschirte
der Herzog mit seinen Schwarzen durch Brüssel und führte sie auf

dem Bellevue-Platz dem General Graham vorbei. Die Bataillone folgten sich mit 60 Schritt Zwischenraum. Der Herzog hatte die Genugthuung, die Ruhe und Ordnung seiner Truppen lobend hervorheben zu können.

Nach diesem Intermezzo kehrte das Korps nochmals in seine bisherigen Unterkunftsorte zurück. Am 8. Juni aber wurde der Rückmarsch nach Deutschland angetreten. Vorne befand sich die Avantgarde mit dem Herzoglichen Hauptquartier. Ihr folgten die leichte, Linien- und Reserve-Brigade, die Batterien und die Husaren. Den Beschluß machte Oberstlieutenant Graf Westphalen mit den zu einer Arrieregarde zusammengestellten Jägern und Ulanen. Der Brigadier Olfermann hielt sich abwechselnd bei der Linie und Reserve auf. Major v. Heinemann marschirte mit der Avantgarde und regelte die Unterkunft im Einzelnen. Die Aufbruchstunde wurde häufig nicht bekannt gegeben, sondern die Truppen durch Signal zum Sammelplatz gerufen.

Die Marschroute war sowohl in Holland wie in Deutschland eine mehr nördliche als beim Hinmarsch, weil die südlicheren Straßen durch Truppen anderer Kontingente sämmtlich versperrt waren. Die Stabsquartiere der Linien-Brigade, von denen die der andern Brigaden um einen Tag abwichen, waren: Mecheln, Lier, Herenthals, Turnhout, Bladel, Eindhoven, Helmond, Grave, Arnheim, Zütphen, Goor, Enschede. Am 23. Juni wurde die deutsche Grenze überschritten und beim Marsch über Bentheim nach Ochtrup und Schüttorp eine Gegend passirt, in der die braunschweigischen Truppen 1795 stark gelitten hatten. Die weiteren Marschorte waren: Bevergern, Osnabrück, Pr.-Oldendorf, Minden, Heß.-Oldendorf, Salzhemmendorf, Hildesheim, Gadenstedt. Von hier wurde am 5. Juli in die Gegend zwischen Peine und Braunschweig gerückt, um in enger Ortsunterkunft den Tag des Einzuges abzuwarten.

Am 10. Juli führte der Herzog sein Korps in die Landeshauptstadt zurück. Um 10 Uhr früh sammelte es sich am Weißen Roß in der Reihenfolge: Avantgarde, Husaren, Jäger, reitende Batterie, leichte Brigade, Fußbatterie, Linien-Brigade, Reserve-Brigade, Ulanen. Der Herzog nahm den Vorbeimarsch in gebrochenen Zügen ab. In der Residenz, die zur Begrüßung der einziehenden Landeskinder ihr Festkleid angelegt hatte, lagen eben auch preußische Truppen im Quartier. Ein Theil der Braunschweiger mußte der Unterkunft wegen die Stadt sofort wieder verlaffen. Die grauen Jäger gingen nach Mascherode, die leichten Bataillone nach Dibbesdorf, Wendhausen ꝛc.

Wer erwartet hatte, daß der Rückkehr aus Brabant eine erhebliche Verringerung der braunschweigischen Truppenmacht folgen werde, fand sich enttäuscht. Herzog Adolf Friedrich v. Cambridge hatte den Herzögen von Mecklenburg, Oldenburg und Braunschweig in gleichlautenden Schreiben vom 9. Mai auf höhere Veranlaffung eröffnet, die Weisung an die verbündeten Heere zum Einhalten im Vormarsch nach Frankreich habe keinen Einfluß auf die Ausführung der früheren Verabredungen zur Bildung und Unterhaltung des zum Schutze des nördlichen Deutschlands bestimmten 2. Armeekorps. Für den Herzog Friedrich Wilhelm bedurfte es einer solchen Mahnung nicht. Er gehörte zu den wenigen klarblickenden Deutschen, die den Wiederausbruch des Krieges voraussahen. „Glauben Sie denn, daß wir Frieden behalten?" pflegte er zu fragen; „so lange der Kongreß fortwährt und Bonaparte auf Elba sitzt, können wir noch gar nicht sagen, daß wir Frieden haben. Ich entlaffe nicht einen einzigen Mann; ich gebe nur unbestimmten Urlaub, damit ich sie gleich beisammen habe."

In diesem Sinne löste der Herzog nur drei Formationen ganz auf: das Depot, die Avantgarde und die Sanitäts=Kompagnie. Das Depot ging am 12. Juli auseinander. Das aufgelöste Eschershäuser Reserve=Bataillon trat vorläufig nicht wieder ins Leben. Die Landwehrleute aller vier Bataillone wurden am 13. früh sämmtlich in die Heimath beurlaubt. Die Unteroffiziere und Tambours blieben aber zum Dienst und wurden zu aktiven Bataillonen kommandirt, die Tambours zur Linie, die Unteroffiziere des 1. und 2. Reserve=Bataillons zum 1. und 2. leichten, die des 3. zum 1. Linien=Bataillon, die des 4. zum 3. leichten Bataillon. Die Offiziere der Reserve=Brigade, die nicht aus dem aktiven Korps stammten, wurden mit dreimonatlichem Gnadengehalt verabschiedet. Alle von der Linien= und leichten Infanterie zur Reserve versetzten Leute erhielten die Uniform des 4. Reserve=Bataillons. Der Befehl über alle Reserve=Bataillone wurde dem Major v. Campe übertragen. Kommandeure der einzelnen Bataillone waren die Majors Böcking, v. Meyern I, Sommer und v. Meyern II. Jedem von ihnen stand ein Kapitän und als Adjutant ein Fähnrich zur Verfügung. Die Reserve hielt

allsonntäglich nach der Kirche Uebungen ab, was aber wenig Erfolg
hatte, da die militärische Bezirkseintheilung nicht mit der bürger-
lichen übereinstimmte. Die Avantgarde mußte am 11. Juli die ihr
zugetheilten Abtheilungen der grauen Jäger und Husaren zu ihren
Truppentheilen nach Mascherode und Steterburg zurücksenden. Der
aus zwei Kompagnien zu 50 Mann bestehende Rest wurde am 15.
dem 1. leichten Bataillon zugetheilt; sie blieben aber als besondere
Kompagnien bestehen. Major v. Lisnewsky wurde gesundheits-
halber auf unbestimmte Zeit beurlaubt und am 7. August auf Halb-
sold gesetzt.

Auch die leichten und Linien-Bataillone wurden durch Be-
urlaubungen erheblich verringert. Jede Kompagnie behielt außer
ihren Unteroffizieren und Spielleuten nur 50 Mann zum Dienst.
Die Standorte der Bataillone wurden mehrfach gewechselt, um die
Truppen frisch zu erhalten. Die gelernten Jäger-Kompagnien wurden
im Herbst unter dem Befehl des Lieutenants Leuterding nach
Blankenburg verlegt; ihre Mannschaft war fast sämmtlich zum
Forstdienst abkommandirt. Mehrere Bataillone lagen seit Ende Juli
auf dem Lande, um bei der Ernte zu helfen. Das 1. leichte
Bataillon kam dazu in Barum, Salder und Umgegend unter, rückte
aber Ende August nach der Gegend von Gandersheim und hatte
Ende September Holzminden, Stadtoldendorf, Bevern, Gandersheim
und Seesen belegt. Im Oktober kam es nach Braunschweig zurück,
lag aber im folgenden Frühjahr wieder in und um Holzminden.
Das 2. leichte Bataillon hat höchstwahrscheinlich in Schöningen und
Helmstedt gelegen, welche Orte nachweislich Garnison hatten. Das
3. leichte Bataillon stand in Schöppenstedt, das 1. Linien-Bataillon
in Blankenburg, das 2. Linien-Bataillon in Wolfenbüttel. Das
3. Linien-Bataillon war zu Anfang August über Destedt, Lucklum,
Schandelah, Ober-Sickte und Schapen zerstreut, bildete aber vom
Herbst ab die Besatzung von Braunschweig.

Der Brigadier Olfermann wurde am 9. August zum Oberst
befördert. Kurz zuvor hatten fünf, aus russischer Gefangenschaft
zurückgekehrte westfälische Offiziere Anstellung im Korps gefunden;
ebenso einzelne Herren aus verschiedenen anderen Kriegsdiensten und
der aus dem englisch-braunschweigischen Regiment verabschiedete
Lieutenant v. Frankenberg-Ludwigsdorf, der als Kapitän im
1. Reserve-Bataillon angestellt wurde. Oberstlieutenant v. Specht

hatte am 21. Juli die Oberhauptmannschaft zu Schöningen, die
Majors v. Byers und Dony die Drosteien zu Schöningen und
Salzdahlum erhalten. Der Oberstlieutenant v. Rauschenplat,
der sich als preußischer, österreichischer und westfälischer Offizier eine
reiche Kriegserfahrung erworben hatte, war als Major und Kommandeur des 2. leichten Bataillons angestellt worden.

Der erste Jahrestag der Völkerschlacht bei Leipzig wurde vom
braunschweigischen Korps aufs Festlichste begangen. Am 18. Oktober,
dem mit Kanonendonner eingeleiteten eigentlichen Gedenktage, war
religiöse Feier im Dom. Am folgenden Tage rückte die ganze
Garnison Braunschweig — 1. leichtes und 3. Linien=Bataillon,
Ulanen und beide Batterien — mit den Reserveoffizieren um 11 Uhr
vom Augustthor nach Antoinettenruh ab, die Infanterie ohne Gepäck,
aber mit Gewehr. In Vertretung des Herzogs, der sich am
17. September, begleitet vom Kapitän v. Normann, nach Wien
begeben hatte, leitete Oberst Olfermann ein Manöver, an dem
auch die Husaren aus Wolfenbüttel und ohne Zweifel auch das
2. Linien=Bataillon theilnahmen; daran schloß sich ein Parademarsch.
Sodann erhielten die Truppen Freibier, wobei den verbündeten
Mächten, den Herzogen Friedrich Wilhelm und August, dem Erbprinzen und dem Hause Braunschweig Hochs dargebracht wurden,
denen jedesmal ein dreifaches Hip hip hurrah! folgte. Gleichzeitig hielt Herzog August im Park von Antoinettenruh große
Festtafel im Freien.

Zu dieser Feier waren die Fahnen mitgenommen und wurden
beim Defiliren gesenkt. Jedenfalls hatte also das 3. Linien=Bataillon
seine Fahnen inzwischen ebenfalls erhalten. Sie entsprachen in Stock,
Spitze und Banderoll denen des 2. Bataillons. Das Fahnentuch
der einen Fahne,*) 1,60 m lang, 1,50 m breit, war blau und zeigte
auf beiden Seiten ein in weißer Seide gesticktes Pferd mit einer
Krone und der Ueberschrift „Nunquam retrorsum“; darunter ein
Lorbeer= und ein Eichenzweig; in den vier Ecken der silberne Namenszug F. W. mit Krone. Die andere Fahne,**) 1,40 bezw. 1,25 m
groß, hatte drei wagerechte Felder, das obere und untere blau, das

---

*) Seit 1869 vom Leibbataillon geführt.

**) Im Vaterländischen Museum zu Braunschweig; stand 1894 zu etwaiger
Verleihung an das 4. Bataillon in Erwägung.

mittlere gelb. Auf Letzterem befand sich vorn ein kleines schwarzes Feld, auf welchem zwischen Palmen und Lorbeerzweigen ein weißes Pferd auf rothem Grunde gestickt war. Auf der Rückseite des gelben Mittelfeldes befand sich zwischen Herzogskronen und Namenszügen ein auf der Spitze stehendes, schwarzes Quadrat mit der Inschrift: „Mit Gott für Fürst und Vaterland 1813". — So waren nun die neuen Feldzeichen alle in den Händen der Truppentheile. Nur wenige Monate sollten noch vergehen, bis sie ihnen in blutigen Schlachten voranflatterten.

17. Zweiter Zug nach Brabant.

Mißgestimmt und enttäuscht kehrte Herzog Friedrich Wilhelm am 1. Dezember vom Fürstenkongreß aus Wien zurück. Die Gebietsvergrößerung, auf die er nach Allem, was er für Deutschlands Befreiung gethan und gelitten hatte, gerechten Anspruch zu haben glaubte, war ihm nicht zu Theil geworden. Schlimmer aber war, daß das in so vielen glorreichen Schlachten zusammengekittete Einvernehmen der verbündeten Mächte bereits in die Brüche zu gehen begann. Oesterreich, England und Frankreich bereiteten ein geheimes Bündniß gegen Preußen und Rußland vor. Herzog Friedrich Wilhelm war entschlossen, bei eintretenden Verwickelungen kräftig Partei zu nehmen. Wohl verknüpften ihn unvergeßliche Jugenderinnerungen mit Preußen; aber frischer und fester war doch die Verbindung, in der er seit 1809 mit Oesterreich und England stand; er entschied sich zum Anschluß an diese Mächte. Auch zögerte der kriegslustige Fürst nicht, im Februar 1815 dem Kurfürsten von Hessen sein ganzes Korps als Unterstützung gegen den König von Bayern anzubieten, der dem Kurfürsten wegen eines Zwistes über Fuldaische Gebietstheile mit Gewaltmaßregeln drohte. Es kam nicht zu Feindseligkeiten, und auch der drohende österreichisch-preußische Bruderkrieg wurde vorläufig noch verhütet. Aber der braunschweiger Herzog widmete sich nach seiner Rückkehr auf alle Fälle mit erneutem Eifer der Vervollkommnung seines Heerwesens.

Sehr erwünscht mußte es ihm in solcher Lage sein, daß er in Braunschweig sein aus Spanien zurückgekehrtes leichtes InfanterieRegiment vorfand, eine kriegserfahrene, schlachtengewohnte Truppe, die ein guter Halt für die jungen neuen Bataillone sein mußte, wenn der Ernst des Krieges wieder in seine Rechte trat. Der Empfang

der schwarzen Krieger in Braunschweig am 10. November ist schon
am Schluß des Abschnittes „Peninsula" erzählt worden. Seitdem
hatten die tapferen Schwarzen der wohlverdienten Ruhe gepflegt.
Der Herzog nahm schon am Tage nach seiner Rückkehr aus Wien
die ersten Anstellungen von Sergeantmajors und Fahnensergeanten
des heimgekehrten Regiments als Fähnrich bei leichten Bataillonen
vor, obgleich die Entlassung des Regiments aus englischem Solde
amtlich erst am 24. Dezember geschah. Am 19. wurde der Regiments-
Kommandeur, Oberstlieutenant v. Herzberg, zum Oberst befördert.
Am 24. erfolgte die Uebernahme der übrigen Offiziere, im Allgemeinen unter Rangerhöhung um einen Grad. Als Majors traten
die Kapitäns v. Pröstler, Graf v. Schönfeld, v. Wolffradt,
v. Brandenstein, v. Steinwehr, v. Gillern, Koch, v. Unruh
und v. Förster über. Mit ihnen rückte der schon früher aus
Spanien zurückgekehrte Kapitän v. Normann zum Major auf.
Als Kapitäns wurden die Lieutenants Tiede, v. d. Heyde, Berner,
v. Griesheim und v. Ritterholm I übernommen, als Kriegs-
zahlmeister der Lieutenant Meyer. Ferner wurden 12 Lieutenants,
3 Fähnrichs und der Regiments-Quartiermeister Reindl übernommen.

Mit dem 25. Dezember trat die heimgekehrte Schaar, soweit sie
nicht den Militärdienst zu verlassen vorzog, in den Sold ihres ursprünglichen Kriegsherrn. Am 1. Januar 1815 wurde sie als ein
Bataillon zu vier Kompagnien neu formirt und, da nicht genug
Leute im Dienst geblieben waren und einige ältere Krieger zu den
Veteranen-Kompagnien überführt werden mußten, am 16. Januar
durch die bis jetzt dem 1. leichten Bataillon zugetheilten Mannschaften, die den Zug vom Jahre 1814 in der Avantgarde mitgemacht hatten, verstärkt. Auch die beurlaubte Mannschaft der Avantgarde wurde zum Zweck der Uebergabe auf einige Tage einberufen.
Am 4. Februar fand ein größerer Austausch von Unteroffizieren
statt, indem das heimgekehrte Bataillon 6 Feldwebel, 17 Sergeanten,
13 Korporale an die anderen Truppentheile abgab und dafür
12 Sergeanten, 12 Korporale von ihnen empfing. Der so um-
geformte Truppentheil führte den wenig mundgerechten Namen
„Bataillon unter den Befehlen des Majors v. Pröstler".

Nach einigen Wochen wurde den aus Spanien heimgekehrten
Offizieren die freudige Mittheilung, daß ihnen ihre halbe englische

Gage durch Herrn Tisney in London dauernd weitergezahlt wurde.
Offizieren wie Mannschaften wurden laut einer Bekanntmachung des
Oberst v. Herzberg vom 20. November 1815 die von der britischen
Regierung bewilligten Peninsula-Prisengelder für im Halbinselkriege
erbeutete Kanonen und Magazine zuerkannt. Der Herzog beließ
den zur Reserve entlassenen Kriegern ihren vollen Sold nebst der
Brotportion.

Das Bataillon v. Pröstler behielt seine englisch-braunschweigische
Uniform unverändert bei. Nur vertauschten die Offiziere ihre
englischen rothen Schärpen und Portepees gegen solche braunschweigischer Probe. Da dem Bataillon seine seit 1809 getragenen
hellblauen Kragen und Achselklappen natürlich belassen wurden,
mußten sie dem 1. leichten Bataillon genommen werden; es erhielt
dafür rehfarbige (chamois) Abzeichen. Der Umstand, daß das
Bataillon Pröstler ganz nach englischen Normen eingeübt und eingerichtet war, die für die übrigen Truppen nicht galten, brachte
Schwierigkeiten mit sich, zu deren Ueberwindung am 18. Dezember
ein Kriegskollegium aus den Obersten Moll und v. Herzberg,
den Majors v. Campe, v. Rabiel, v. Damm, dem General-Zahlmeister Steinacker und dem Kriegskommissar Kapitän Graebe eingesetzt wurde. Eine Instruktion vom 25. Februar begrenzte seine
Thätigkeit auf die gesammte innere Wirthschaft, die Remonte, das
Invalidenwesen und die Offizierpatente. Um das verschiedenartige
Exerzitium in schonender Weise auf denselben Fuß zu bringen, erließ
der Herzog am 17. April 1815 ein neues Exerzir-Reglement. Von
demselben ist nur ein Bruchstück erhalten; es genügt aber, um das
Reglement als eine durchaus selbständige Arbeit des Herzogs erkennen
zu lassen, bei welcher sowohl das preußische Exerzir-Reglement von
1812, wie auch die englischen Rules and Regulations von 1792
geschickt benutzt waren. In dem wichtigen Punkte der Aufstellung
und Eintheilung wich der Herzog von beiden Vorbildern ab und
folgte dem preußischen Reglement von 1788 für die leichte Infanterie:
er kannte nur die zweigliedrige Ordnung und gliederte seine Bataillone
in 16 Züge. Frei erfunden hatte der Herzog seine Karreeformation,
von der im 19. Abschnitt (Waterloo) näher die Rede sein wird; sie
unterschied sich vom englischen und preußischen Karree, die beide sechs
Glieder tief waren, sehr merklich. Mit besonderer Vorliebe und
vielem Verständniß war das Gefechtsexerziren der leichten Infanterie

behandelt; es ähnelte den preußischen Bestimmungen von 1789, war aber eingehender und in mancher Hinsicht weiter vorgeschritten. Gleichzeitig erschien ein allgemeines militärisches Dienstreglement mit neuen Kriegsartikeln und einer Instruktion über das Militärjustiz= wesen, die sich eng an das englische System anschloß.

Eine neue Uniformirung der Linien=Brigade hatte der Herzog schon im Februar eingeführt. Das Kollet war durch den Dolman vom Schnitt der leichten Infanterie, der Roßschweiftschakot durch den mit einem blaugelb=wollenen Pompon versehenen schwarzen Filztschakot mit Lederbesatz und Sturmriemen ersetzt; statt des Todtenkopfes zeigte er als Zier einen weißen Wappenschild mit dem Pferde und der Inschrift Nunquam retrorsum. Das erste mit den neuen Stücken ausgerüstete Bataillon war das 3. Linien=Bataillon, das am 12. März auf dem Burgplatze in der neuen Uniform dem Oberst Olfermann vorgestellt wurde. Den drei leichten Bataillonen wurde das gleiche Tschakotmuster verliehen; nur zeigte es als Zier ein Jägerhorn und war mit einem Pompon von umgekehrten Farben wie die Linie versehen, also gelb mit blauer Wurzel. Das Bataillon v. Pröstler behielt seine historische Kopfbedeckung. Am 11. März wurde eine neue Stabsoffiziersstickerei eingeführt; sie wurde am Kragen und Aermel getragen und zwar in Silberstickerei, nur auf den weißen Kragen des 3. Linien=Bataillons in Gold, beim Bataillon Pröstler in schwarzer Seide. Alle Offiziere erhielten Federbüsche von der Farbe und Länge der Mannschaftspompons. Die bisher verschieden= farbigen Unteroffiziergalons wurden durchweg silbern.

Am 17. Januar errichtete der Herzog infolge des Zuwachses an englisch=braunschweigischen Offizieren bei jedem Bataillon die Stelle eines schließenden Majors mit 70 Thalern Gehalt und zwei Rationen. In diesen Stellen fanden die meisten der neuen Majors Verwendung. Major v. Brandenstein wurde Kommandeur des 2. leichten Bataillons, dessen bisheriger Führer, Major v. Rauschen= plat, an die Spitze des gelernten Jägerkorps trat. Generalmajor v. Bernewitz rückte zum General=Lieutenant, Oberst Moll zum Generalmajor, die Majors v. Dörnberg,*) v. Heinemann und

---

*) Der jüngere Dörnberg war mit Erlaubniß des Herzogs, und ohne seine Zugehörigkeit zum braunschweigischen Truppenkorps aufzugeben, zeitweilig in den Dienst seiner kurhessischen Heimath getreten und machte die Feldzüge 1814 und 15 im Generalstabe des 4. Bundeskorps mit.

v. Campe zu Oberstlieutenants auf. Die Brigadierstelle blieb dem
Oberst Olfermann. Oberst v. Herzberg war Direktor des Kriegs-
kollegiums bis zu dessen am 12. April erfolgter Auflösung. Alle
diese Personalien hingen mit der Regelung des Dienstalters der
Offiziere zusammen, die eben jetzt zum Abschluß kam. Der dabei
befolgte Grundsatz war, die Altbraunschweiger und die Peninsula-
kämpfer den gleichalterigen Westfälischen Offizieren voranzustellen,
denen übrigens das Tragen ihrer westfälischen und französischen
Orden ebensowenig gestattet wurde wie die Fortführung westfälischer
Adelsprädikate (v. Böcking, v. Sommer). Das Offizierkorps war
bemerkenswerth jung; hatten doch 1815 beim Ausmarsch zum Kriege
die Bataillons-Kommandeure das Durchschnittsalter von 30 Jahren,[*]
die Kompagnie-Chefs das von 27 bis 28 Jahren.[**] Eine be-
zeichnende Ordre des Herzogs über diesen Punkt möge hier folgen:
„Da Wir es dem Wohl unsers Dienstes beim Militär zweckmäßig
und nothwendig erachten, daß Subalternoffiziere, bevor sie zu dem
Range eines Kapitäns gelangen können, drei Jahre als Offizier
vorher gedient haben müssen, so werden Ew. Hochwohlgeboren hier-
über das Nothwendigste Meinem Militär in einem Tagesbefehle
bekannt machen".

Die Reserve des Truppenkorps wurde in den ersten Monaten
des Jahres 1815 einer Umformung unterzogen. Schon am 28. Januar
erging der Befehl, daß alle Chargirten, die bei den Bataillonen über
die Zahl von 2 Kapitäns, 6 Subalternoffizieren, 28 Unteroffizieren
und 16 Spielleuten vorhanden waren, für die Organisation der
Reserve, namentlich beim Exerziren, Verwendung finden, übrigens
von Zeit zu Zeit abgelöst werden sollten. Sie wurden in den Kreis-
städten vertheilt. Am 16. Februar organisirte der Herzog die Reserve
in einer der Verwaltungseintheilung mehr entsprechenden Art, so daß
thunlichst jedes Kreisamt eine Kompagnie hatte. Dagegen konnten
die fünf Reserve-Bataillone mit den bestehenden sechs Oberhauptmann-
schaften nicht in Einklang gebracht werden. Sie erhielten die Namen:
Reserve-Bataillone Braunschweig, Wolfenbüttel, Helmstedt, des Harzes
und der Weser. Ihr Etat wurde am 21. Februar zu 1 Major,

---

[*] Major v. Normann war erst 24 Jahre alt, aber mit Ueberspringung
von sieben Hinterleuten Bataillons-Kommandeur geworden.
[**] Kapitän v. Hüllessem war erst 21 Jahre alt.

1 Adjutant, 4 Kapitäns, 8 Lieutenants, 4 Fähnrichs, 1 Sergeant=
major, 4 Feldwebel, 20 Sergeanten, 24 Korporale, 1 Bataillons=
tambour, 16 Tambours, 600 Soldaten festgesetzt. Am Tage darauf
marschirten die Reserve=Bataillone aus Braunschweig, wo die Um=
formung erfolgt war, in ihre Bezirke ab. Die Reservisten — die
Bezeichnung Landwehr war stillschweigend abgekommen — zerfielen
in zwei Klassen: die Ergänzungsmannschaft für das mobile Feld=
korps und die eigentliche Reserve. Sonntags wurde in den Zügen
exerzirt. Die zugführenden Offiziere hatten die Gewehre, das Leder=
zeug und die Mäntel in ihrem Gewahrsam und gaben sie nur zum
Dienst aus. Zur Schießübung war ein Jahressatz von 12 Patronen
für den Mann bewilligt. In der zweiten Hälfte des März begann
Oberstlieutenant v. Campe im Auftrage des Herzogs mit der Be=
sichtigung der Reserve=Kompagnien.

      Dergestalt herrschte in Braunschweig auf allen Zweigen des
militärischen Lebens rege Bewegung, als im März 1815 Nachrichten
bekannt wurden, die den Wiederausbruch des Krieges in nahe Aussicht
stellten. Kaiser Napoleon hatte am 26. Februar seinen Verbannungs=
ort, die Insel Elba, verlassen und war in Frankreich gelandet. Sein
Vordringen nach Paris glich einem Triumphzuge, und schon am
20. März wehte die dreifarbige Fahne wieder auf dem Tuilerien=
schlosse zu Paris. Die Gefahr des Bruderkrieges war damit be=
seitigt, die Streitigkeiten der verbündeten Großmächte mit einem
Schlage beendigt. Am 25. März wurde ihr Bündniß fester als je
erneuert und ein groß angelegter Angriffsplan entworfen. Preußen
und Großbritannien versammelten ihre Heere auf dem belgischen
Kriegsschauplatze, dem sich Napoleon selbst zuzuwenden beschloß.
Zwei Armeen unter der bewährten Führung der Feldmarschälle
Blücher und Wellington wurden hier aufgestellt und die braun=
schweigische Streitmacht, den Wünschen des Herzogs entsprechend, dem
britisch=niederländischen Heere des Herzogs v. Wellington zugetheilt.
Noch ehe dieser Feldherr zur Uebernahme des Kommandos in Brüssel
eingetroffen war, sandte der Herzog den Oberst v. Herzberg mit
einem vom 25. März datirten Schreiben dorthin, worin er dem
Wunsche Ausdruck gab, daß seine Truppen dem Prinz=Regenten von
England zur Verfügung gestellt würden. Wellington antwortete
am 6. April, daß er dies befürwortet habe, und am 10., daß nach
seinen Nachrichten die Zutheilung des braunschweigischen Korps zu

seiner Armee festzustehen scheine; der Herzog möge sich sofort auf Antwerpen in Marsch setzen und einen Bevollmächtigten zum Abschluß eines Subsidienvertrages voraussenden. Zu diesem Zweck reiste Major v. Wachholz am 17. April nach Brüssel. Amtlich und öffentlich wurde die Zutheilung des braunschweigischen Kontingents zu Wellingtons Armee erst durch das Wiener Protokoll vom 18. April festgesetzt.

Inzwischen ging die Mobilmachung des Korps ihren geregelten Gang. Die Beurlaubten wurden nach Braunschweig, die des 1. leichten Bataillons direkt nach Holzminden einberufen, die zur Reserve kommandirten Offiziere und Unteroffiziere von dort zurückgezogen, die Theilnahme von Offizieren am Kursus des wiedereröffneten Kollegiums Karolinum abgebrochen.*) Das Fuhrwesen wurde am 6. April dahin geregelt, daß jedem Bataillon 2 vierspännige Wagen für Offiziergepäck und Munition, der Avantgarde 1 vierspänniger und 1 zweispänniger Wagen zugebilligt wurden; jede Brigade erhielt 1 Medizinkarren. Am 15. wurde die Taschen- und Tornistermunition ausgegeben, zunächst 30 Patronen für den Mann.

Am 8. April errichtete der Herzog wieder eine Avantgarde, diesmal ein Bataillon stark, und dem Kommando des Majors v. Rauschenplat unterstellt. Sie zählte 4 Kapitäns, 16 Subalternoffiziere, 57 Unteroffiziere, 16 Hornisten, 586 Jäger, 30 Husaren, 20 Ulanen. Sie bestand, abgesehen von den erst eine Woche später dazugekommenen Kavallerie-Abtheilungen, aus den beiden grauen Jäger-Kompagnien und zwei neu aufgestellten Kompagnien leichter Infanterie. Diese wurden nur von den leichten Bataillonen formirt, nämlich die erste vom 1. und 3., die zweite vom 2. und 3. leichten Bataillon. Die beiden leichten Kompagnien der Avantgarde erhielten bei dieser Mobilmachung eine besondere Uniform, nämlich den mit grünem Kragen und Aufschlägen versehenen Dolman der leichten Infanterie, und den Hut der gelernten Jäger, jedoch mit einem weißen Jägerhorn auf der hochgeklappten Krempe. Die Offiziere trugen dazu die Kartusche der Jägeroffiziere.

Das Bataillon v. Pröstler und die Linien-Bataillone wurden für diese Aufstellung der Avantgarde nicht in Anspruch genommen. Sie ergänzten ihre Kompagnien auf den Stand von 1 Feldwebel,

---

*) Von der Infanterie nahmen seit dem 5. November 19 Herren an dem Kursus Theil.

6 Sergeanten, 6 Korporalen, 6 Hornisten, 150 Jägern. Am 14. April erging folgender Befehl: „Seine Durchlaucht haben gnädigst geruht, dem Bataillon unter dem Major v. Pröstler den Namen Leib=bataillon beizulegen". Gleichzeitig wurde dieses Bataillon der leichten Brigade unterstellt. Am 3. April war befohlen worden, daß Major v. Holstein den Rest der seinem Bataillon noch immer beigegebenen Unteroffiziere der Avantgarde von 1814, sobald sein Etat voll sei, der Reserve zuführen solle. Die gesammte Reserve=Brigade wurde diesmal im Lande belassen. Am 14. April wurde die Errichtung eines Ersatz=Bataillons begonnen, das unter Major v. Münch=hausen zunächst den Garnisondienst in Braunschweig versehen sollte. Graf Schönfeld wurde ihm als schließender Major, die Kapitäns v. Rosenberg, Roussell, v. Klencke und v. Wedell als Kom=pagnie=Chefs, Lieutenant v. Schleinitz als Adjutant zugetheilt. Das Ersatz=Bataillon trug zum österreichischen Jägerhut den Infanterie=Dolman, dessen Kragen, Aufschläge und Achselklappen aus schwarzem Tuch mit weißem Vorstoß gearbeitet waren. Eine Bekanntmachung des Fürstlichen Geheimeraths=Kollegiums vom 21. April forderte solche Waffenfähige, die der Militärpflicht nicht unterworfen waren, aber das gehörige Alter und die erforderliche Dienstfähigkeit besaßen, zum Eintritt in ein zu errichtendes Bataillon Freiwilliger auf. Oberst=lieutenant v. Campe sollte die neue Truppenschöpfung einrichten. Es ist aber nicht zu ihrer Aufstellung gekommen, vermuthlich wegen zu geringer Betheiligung.

Das ins Feld rückende mobile Korps gliederte sich wie folgt:

Oberbefehlshaber: Herzog Friedrich Wilhelm.

Adjutant (von der Infanterie): Kapitän Bause
Brigadier: Oberst Olfermann
Adjutanten: Kapitäns Morgenstern und v. Zweiffel
à la suite (im brittischen Hauptquartier) Oberst v. Herzberg
General-Quartiermeister: Oberstlieut. v. Heinemann
Generalstab: Major v. Wachholz.

Avantgarde: Major v. Rauschenplat.

Kapitän Berner	1. graue Jäger-Komp.
„ Mahner	2. „ „ „
„ v. Griesheim	1. leichte Infant.-Komp.
Stabskap. v. Ritterholm II . .	2. „ „ „
Lieutenant Haberland	Husaren-Detachement
„ Dammann	Ulanen-Detachement.

Leichte Infanterie-Brigade.

Kommandeur: Oberftlieut. v. Buttlar.

Adjutant: Kapitän v. Mosqua.

Leibbataillon:

Major v. Pröstler.

Major v. Lisnewsky, schließ. Major.

Kapitän Tiede . . . . . 1. Komp.

   „   v. d. Heyde . . 2. „

   „   v. Tschischwitz . 3. „

Stabskap. Telge . . . . 4. „

1. leichtes Bataillon:

Maj. v. Holstein.

Major v. Steinwehr, schließ. Major.

Kapitän v. Bülow I . . 4. Komp.

   „   v. Specht . . . 3. „

   „   v. Meibom . . 1. „

Stabskap. Röver . . . 2. „

2. leichtes Bataillon:

Maj. v. Brandenstein.

Major Koch, schließ. Major.

Kapitän v. Paczinsky . 4. Komp.

   „   v. Hüllessem . 1. „

   „   Goeze . . . . 2. „

Stabskap. Ludovici . . 3. „

3. leichtes Bataillon:

Major Ebeling.

Major v. Unruh, schließ. Major.

Kapitän v. Praun . . . 2. Komp.

   „   v. Frankenberg. 1. „

   „   Häusler . . . 4. „

Stabskap. Rauh . . . . 3. „

Linien-Infanterie-Brigade.

Kommandeur: Oberftlieut. v. Specht.

Adjutant: Kapitän v. Aurich.

1. Linien-Bataillon:

Major Metzner.

Major v. Gillern, schließ. Major.

Kapitän v. Schwartzkoppen 2. Komp.

   „   v. Münchhausen 3. „

   „   v. Pallandt . . 1. „

Stabskap. Peßler . . . 4. „

2. Linien-Bataillon:

Major v. Strombeck.

Major v. Wolffradt, schließ. Major.

Kapitän v. Bülow II . 4. Komp.

   „   Grüttemann . 3. „

   „   v. Bohlen . . 1. „

Stabskap. Schleiter . . 2. „

3. Linien-Bataillon:

Maj. v. Normann.

Major v. Förster, schließ. Major.

Kapitän v. Ritterholm I 1. Komp.

   „   v. Breymann . 3. „

   „   v. Waltersdorff 2. „

   „   v. Pawel . . . 4. „

Diese acht Infanterie-Bataillone hatten unter Hinzurechnung der Brigadestäbe eine Gesammtstärke von 169 Offizieren bezw. Aerzten und Beamten, 482 Unteroffizieren, 5043 Gemeinen. Doch sind hierbei die Nichtstreitbaren (Chirurgen, Büchsenmacher, Hoboisten, Trainknechte, Offizierbediente) mitgerechnet. Werden sie in Abzug gebracht, so ergiebt sich die Stärke von 151 Offizieren, 440 Unteroffizieren, 4946 Gemeinen. Außerdem gehörten zum mobilen braunschweigischen Korps:

das Husaren-Regiment zu 6 Kompagnien (3 Eskadr.) Maj. v. Cramm

die Ulanen-Eskadron   „ 2   „   (1   „)   „ Pott

die Feldartillerie   „ 2 Batterien (16 Geschütze)   „ Mahn.

4*

Ferner das Polizei=Husaren=Detachement von 19 Unteroffizieren,
der der Artillerie zugetheilte Train und die Behörden der Militärver-
waltung, Gesundheitspflege, Rechtspflege, Post und Geistlichkeit. Die
Gesammtstärke des Korps mit Stäben und Branchen betrug 270 Offiziere
und Oberbeamte, 7110 Unteroffiziere und Gemeine. Die letzteren standen
in der Regel in dem jugendlichen Alter zwischen 17 und 22 Jahren,
da die älteren Jahrgänge meist in Spanien und Rußland ihr frühes
Grab unter westfälischer Fahne gefunden hatten. Ist doch von den
etwa 8000 Braunschweigern, die von 1808—13 zum westfälischen
Militärdienst ausgehoben wurden, der weitaus größte Theil, annähernd 5000 Mann, zu Grunde gegangen! Daraus erklärt sich das
auffallend jugendliche Alter im braunschweigischen Feldkorps. Bei
den leichten Bataillonen gab es Sergeanten, ja, Feldwebel, die nicht
mehr als 17—18 Jahre zählten. Daß auch das Offizierkorps auffallend jung war, wurde bereits erwähnt.

Bevor wir das mobile Korps ins Feld begleiten, sei noch die Stellenbesetzung bei der Reserve=Brigade des Oberstlieut. v. Campe mitgetheilt:

Reserve=Bataillon Braunschweig: Major Böcking.
   1. Kompagnie (Braunschweig) Kapitän Rudolph.
   2.   „   („   ) Stabskap. v. Campe.
   3.   „   („   ) Lieut. Bosse.
   4.   „   (Wolfenbüttel) Kapitän Brauer.
Reserve=Bataillon Wolfenbüttel: Major v. Meyern.
   1. Kompagnie (Wolfenbüttel) Kapitän v. d. Goltz.
   2.   „   (Riddagshausen) Stabskap. Heusinger.
   3.   „   (Vechelde)   „   Schulz.
   4.   „   (Salder)   „   Müller.
Reserve=Bataillon Helmstedt: Major Wittich.
   1. Kompagnie (Helmstedt)   Kapitän Hähn.
   2.   „   (Schöppenstedt) Stabskap. Freyenhagen.
   3.   „   (Königslutter) Major Fromme.
   4.   „   (Vorsfelde)   „   v. Holwede.
Harz=Reserve=Bataillon: Major v. Koch II.
   1. Kompagnie (Gandersheim) Major v. Westphalen.
   2.   „   (Seesen)   „   v. Koch I.
   3.   „   (Harzburg)   Kapitän Schulz.
   4.   „   (Blankenburg)   ?
Weser=Reserve=Bataillon: Major Somme
   1. Kompagnie (Holzminden) Major v. Glümer.
   2.   „   (Eschershausen) Kapitän v. Holwede
   3.   „   (Greene)   „   Wissel.
   4.   „   (Thedinghausen)   „   Netzfeld.

Um Mitte April war das mobile Korps marschfähig. Der Herzog regelte den zweiten Zug nach Brabant durch den im Auszuge folgenden Marschbefehl vom 15. April: „Das Korps marschirt in fünf Abtheilungen von hier ab. Davon steht die 1. Kolonne unter dem Kommando des Oberstlieutenants v. Heinemann und besteht aus dem Husaren-Regiment, der reitenden Batterie und dem Leibbataillon. Die 2. Kolonne unter dem Oberstlieutenant v. Buttlar besteht aus der Avantgarde, dem 2. leichten Bataillon und den Ulanen. Die 3. Kolonne unter dem Oberstlieutenant v. Specht besteht aus dem 1. Linien-Bataillon, dem 2. Linien-Bataillon und der Fußbatterie. Die 4. Kolonne unter dem Major Mahn besteht aus dem 1. leichten Bataillon, dem 3. leichten Bataillon, sämmtlichen Trainwagen, Rekonvaleszenten, dem Feldprediger und dem Feldlazareth. Die 5. Kolonne führt der Major v. Förster; sie bleibt hier zurück, sammelt alle Leute, welche durch Entfernung abgehalten sind, zur rechten Zeit hier zu sein, und wird dazu von jedem Bataillon ein Offizier und einige Unteroffiziere kommandirt. Der hiesige Kommandant, General v. Bernewitz, hat alle ankommenden Beurlaubten an die Offiziere, so zu diesem Zwecke hierbleiben, zu verweisen. Es stehet der Major v. Förster unter dem Oberstlieutenant v. Campe, welcher ihm die fernere Instruktion wegen des Abmarsches, oder wenn noch Rekruten ausgehoben werden müßten, um die Bataillone möglichst komplet marschirend zu machen, zukommen lassen wird. Bei jeder Division sollen vier Polizeihusaren sein, deren Geschäfte lediglich sind, auf die Spions zu wachen, alles Gesindel von der Division zu entfernen und in zweideutigen Fällen jederzeit dem Chef, der die Division führt, Meldung zu machen, desgleichen die Korrespondenz von einer Division zur andern zu besorgen und dabei vorkommende Geschäfte mit zu übernehmen". Gleichzeitig wurden die für den ersten Zug nach Brabant ergangenen Befehle über Marschordnung, Felddienst u. dgl. wieder in Kraft gesetzt. Es fällt auf, daß das 3. Linien-Bataillon in dem Marschbefehle nicht genannt ist. Es ist kein Zweifel, daß das Bataillon mit dem Korps marschirt ist. Seine Beurlaubten waren gleich denen des 1. Linien-Bataillons zum 20. April nach Braunschweig einberufen; in der zweiten Hälfte des Mai war das Bataillon in Brabant.

Nachdem der Herzog am 16. April dem Lord Wellington seinen Abmarsch mit dem Hinzufügen gemeldet hatte, daß er zwischen

dem 10. und 18. Mai Antwerpen erreichen werde, marschirte die
1. Kolonne am 17. April ab. Die anderen Kolonnen folgten in
geringen Abständen. Die 2. Kolonne brach am 20., die 3. am 24.,
die 4. am 27. April von Braunschweig auf. Das zu letzterer ge=
hörige 1. leichte Bataillon rückte von Holzminden selbständig nach
Minden heran, wo es sich am 30. in die Kolonne einfügte. Die
Marschroute*) der 1. Kolonne lautete: 17. April Hohenhameln,
18.—19. Linden, 20. Stadthagen, 21.—22. Minden, 23. Lintorf,
24.—25. Osnabrück, 26.—27. Bevergern, 28. Schöppingen, 29. Stadt=
lohn. Am 30. wurde die Grenze überschritten. Von hier an geben
wir die Marschquartiere des Oberst Olfermann: 2. Mai Brede=
voort, 3.—4. Arnheim, 5. Nimwegen, 6. Grave, 7.—8. Herzogen=
busch, 9. Hilvarenbeek, 10. Turnhout. Hier erhielt das Korps eine
veränderte Marschrichtung, indem Feldmarschall Wellington es auf
Wunsch des Gouverneurs von Antwerpen, Generals van der Plaat,
nicht dorthin, sondern auf Vilvorde dirigirte. Die drei letzten Märsche
hatten daher folgende Marschziele: Lier, Trois Fontaines, Laeken.
Somit hatte die 1. Staffel am 13. Mai die angewiesenen Kantonirungen,
die in großem Bogen nördlich von Brüssel lagen, erreicht. Bis zum
15. trafen auch die übrigen Kolonnen, die mit weniger Ruhetagen
marschirt waren, ein. Herzog Friedrich Wilhelm, der in sieben=
tägiger Reise von Braunschweig Brüssel erreichte, hatte dem Könige
der Niederlande und dem Herzog v. Wellington am 11. Mai
den Anmarsch seiner Truppen gemeldet und sein Hauptquartier
in Laeken genommen.

Blücher und Wellington hatten am 3. Mai in einer Zu=
sammenkunft zu Tirlemont die Aufstellung vereinbart, aus der sie
bis zum Beginn der Offensive den Schutz Belgiens bewirken wollten.
Sie stellten fünf Armeekorps, das 1. und 2. englisch=niederländische,
das 1., 2. und 3. preußische, im Hennegau und der Provinz Namur
ins erste Treffen und hielten starke Reserven in Südbrabant und im
Lüttichschen zurück. Für diese Verwendung hatte Blücher sein
4. Armeekorps unter Bülow v. Dennewitz bei Lüttich aufgestellt,
Wellington eine 32 800 Mann starke Reserve unter seinem eigenen
Kommando in ziemlich bequeme Quartiere in und um Brüssel ver=
theilt. Zu dieser Reserve gehörte außer der 5. und 6. englisch=

---

*) Vergl. Uebersichtskarte Nr. 1.

hannoverschen Division auch das braunschweigische Feldkorps und das
nassauische 1. Regiment.*) Es hatte Mühe genug gekostet, die ge=
schlossene Verwendung des braunschweigischen Korps durchzusetzen.
Wellington hatte beabsichtigt, die Bataillone vereinzelt an seine
Divisionen zu vertheilen. Hiergegen hatte sich Major v. Wachholtz
entschieden und erfolgreich verwahrt. Dagegen war es zum Abschluß
eines Subsidienvertrages nicht gekommen, da Wellington sich fort=
dauernd mit dem Mangel an Instruktionen entschuldigte. Der Herzog
war froh, daß die Vertheilung seiner Truppen glücklich vermieden war.
Hoffte er doch auch jetzt wieder auf die Verwirklichung seines Herzens=
wunsches, in Frankreich selbständig in Flanke und Rücken des Feindes
operiren zu können.

Die braunschweigischen Truppen erhielten am 15. Mai eine neue
Eintheilung. Die Avantgarde wurde selbständig. Dem Oberstlieute=
nant v. Buttlar wurden außer seiner leichten Brigade das Husaren=
Regiment und die reitende Batterie, dem Oberstlieutenant v. Specht
außer seiner Linien=Brigade die Ulanen und die Fußbatterie unter=
stellt. Der Kanal von Willebroek bildete die Grenze der beiden
Brigadebezirke. Die Kolonne Buttlar war westlich, die Infanterie
der Kolonne Specht östlich davon untergebracht. Da beide Batterien
in Assche la Chaussée lagen und das Ulanenkantonnement Merchtem
nordwestlich des von den Husaren belegten Bezirkes Cobbeghem–Molhem–
Rossem–Impde–Hamme gelegen war, war die Infanterie der Kolonne
Specht allerdings von ihren berittenen Truppen sehr weit getrennt.
Die Fußtruppen waren folgendermaßen untergebracht:**)

Avantgarde: Anderlecht, Dilbeek, Itterbeek.

Leibbataillon: Molenbeek St. Jean, Berchem, Ganshoren, Koekelberg.

1. leichtes Bat.: Grand Bigard, Bodeghem, Cappelle St. Ulric, Zellick.

2.   „   „   Jette, Wemmel, Strombeek-Bever, Heembeek.

3.   „   „   Grimberghen, Meysse.

1. Linien=Bat.: Schaerbeek, Evere.

2.   „ .   „   Woluwe-St. Lambrecht, Woluwe-St. Stephan, Crainhem,
                 Rosseghem.

3.   „   „   Haeren, Dieghem, Saventhem, Steenockerzeel, Welsbroek.

---

*) Auch portugiesische Truppen sollten zu Wellington stoßen; doch ist
dieser Plan nicht zur Ausführung gelangt. Ebensowenig trafen die Dänen ein,
deren Zutheilung zum Wellington'schen Heere in Wien beschlossen war.

**) Vgl. Skizze Nr. 2 auf der Uebersichtskarte.

Ein Feldlazareth unter Dr. Pockels war in Laeken, ein Munitions=
Magazin in Vilvorde eingerichtet. Aus diesem wurde am 26. Mai
die Taschenmunition durch Ausgabe von weiteren, von England ge=
lieferten 30 Stück für den Mann ergänzt und gleichzeitig noch
30 Stück für den Mann als Reserve zur Aufbewahrung auf dem
Munitionswagen ausgegeben. Die Verpflegung von Mann und Pferd
geschah aus britischen Magazinen, aber auf Rechnung des Königreichs
der Niederlande, nach den auf dem Wiener Kongreß festgesetzten
Tagessätzen: 2 Pfund Brot, $\frac{1}{2}$ Pfund Fleisch, $\frac{1}{4}$ Pfund Reis (oder
$\frac{1}{2}$ Pfund Gemüse oder 1 Pfund Kartoffeln), und $\frac{1}{8}$ Quart Brannt=
wein für den Mann, $\frac{3}{16}$ Scheffel Hafer, 10 Pfund Heu, 2 Pfund
Stroh für das Pferd.

Gleich nach dem Eintreffen in der neuen Unterkunft fanden Be=
sichtigungen durch die Bataillons=Kommandeure statt. Demnächst
wurde die Zeit durch Bataillons=Exerziren, Sicherungsdienst und
Marschübungen ausgefüllt. Am 22. Mai konnte das Korps eine
Probe seiner Ausbildungsstufe geben, da es an diesem Tage von
seinem Oberfeldherrn, dem Herzog v. Wellington, in Parade ge=
sehen wurde. Vom Major v. Wachholtz und einem gemischten
Kommando Husaren und Ulanen geleitet, begab sich der Feldmarschall
von Brüssel nach Vilvorde, wo er das gesammte braunschweigische
Korps in Paradeaufstellung aufmarschirt fand. Beim Wiedererscheinen
der anfänglich durch Wolken verhüllten Sonne hob sich die schwarze
Schaar prächtig von dem frischen Grün der naß geregneten Wiese ab,
auf der sie aufgestellt war. Eine Salve der Artillerie begrüßte den
Feldherrn. Nachdem er mit dem Herzog Friedrich Wilhelm unter
dem Hurrah der Truppen die Front abgeritten hatte, nahm er
den Vorbeimarsch ab, wozu die Kompagnien in Züge abschwenkten.
Fast heimathlich muthet es uns an, wenn wir in den Ordrebüchern
lesen, wie der Herzog seine Anerkennung über den gelungenen Parade=
marsch durch die Bemerkung einschränkt: „nur die Distancen hätten
nicht durchweg gestimmt"! Gleich nach der Parade gab Herzog
Friedrich Wilhelm dem britischen Feldherrn, sowie dem Herzoge und
der Herzogin v. Richmond ein Frühstück in Trois Fontaines, an dem
auch das ganze Offizierkorps Theil nahm. Am 25. kam die verwittwete
Erbprinzessin Friederike Louise Wilhelmine von Braunschweig,
eine geborene Prinzessin der Niederlande, nach Laeken, um sich das
Offizierkorps vorstellen zu lassen.

Am 3. Juni traf Major v. Förster mit der 5. Kolonne in
Laeken ein. Hierdurch erfuhren die Bataillone eine sehr erwünschte
Ergänzung. Beispielsweise wurden dem Leibbataillon 3 Unteroffiziere,
28 Mann, dem 3. leichten Bataillon 1 Unteroffizier, 16 Mann, dem
2. leichten Bataillon gar 3 Unteroffiziere, 56 Mann zugeführt.
Dennoch wurden nicht alle Vakanzen gedeckt; 43 Mann von der
Infanterie waren bis Ende Juni nicht eingetroffen. — Major
v. Förster wurde als schließender Major dem 1. Linien-Bataillon
zugetheilt; denn am Tage seiner Ankunft hatte Major v. Gillern
seinen Abschied erhalten, ebenso wie schon am 2. Juni der Major
v. Lisnewsky. Beide Herren waren mit ihrer Verwendung als
schließende Stabsoffiziere nicht zufrieden, da der über ein Jahr jüngere
Major v. Normann, des Herzogs bisheriger Adjutant, an der Spitze
eines Bataillons stand. Major v. Förster schloß sich aber ihrer
Auffassung durchaus an; nach einem heftigen Auftritt mit dem Herzoge forderte und erhielt er am 8. Juni ebenfalls seinen Abschied,
kehrte aber nicht gleich seinen beiden Kameraden in das preußische
Heer zurück, sondern ging ins Ausland und verließ den Soldaten-
stand. Zwei Versammlungen der in Spanien gewesenen Offiziere,
die Major v. Pröstler am 28. Mai und 3. Juni bei sich abhielt,
dürften diese allerdings begreifliche Verstimmung der übergangenen
Herren, — es waren ihrer noch mehrere — zum Gegenstande gehabt haben. Der rasche Entschluß beraubte die Verabschiedeten der
Gelegenheit, dem alten, wohlbekannten Erbfeinde erneut die Stirn
zu bieten; aber noch konnte Niemand wissen, wie bald die halbfried-
liche Kantonirungszeit bei Brüssel ihrem Ende nahte.

18. Schlacht bei Quatrebras.

Der Kriegsrath der verbündeten Monarchen hatte, sehr gegen
den Wunsch Blüchers und Wellingtons, beschlossen, die Offensive
erst am 27. Juni mit allen Armeen gleichzeitig zu beginnen. Kaiser
Napoleon kam ihnen zuvor und eröffnete am 15. den Feldzug,
indem er Charleroi wegnahm und sich dazu anschickte, am folgenden
Tage die englische und preußische Armee auseinander zu sprengen.*)
Sein rechter Flügel verdrängte das preußische 1. Armeekorps bis nach den
Höhen von Sombreffe und folgte ihm bis Fleurus. Der linke Flügel,

---

*) Siehe Skizze Nr. 3 auf der Uebersichtskarte.

deſſen Kommando der eben eingetroffene Marſchall Ney übernahm, gewann bei Frasnes Fühlung mit Wellingtons niederländiſch-
naſſauiſchen Vorpoſten und drückte ſie auf Quatrebras zurück. Lord
Wellington erhielt bereits Nachmittags 5 Uhr Kenntniß von den
Ereigniſſen des Tages. Aber er war von Beſorgniſſen für ſeine
rechte Flanke ſo erfüllt, daß er erſt am Abend, nachdem beruhigende
Meldungen vom General v. Dörnberg aus Mons eingetroffen
waren, Befehle an ſeine ziemlich weit nach Weſten ausgedehnten
Heerestheile zur Heranziehung auf Nivelles erließ.

Ueber die Reſerve verfügte der Feldmarſchall wie folgt: „Die
5. Diviſion, das 81. Regiment und die hannoverſche Brigade der
6. Diviſion halten ſich jeden Augenblick bereit, von Brüſſel abzu-
marſchiren. Das Korps des Herzogs von Braunſchweig ſammelt
ſich Nachts auf der Chauſſee zwiſchen Brüſſel und Vilvorde. Die
naſſauiſchen Truppen ſind bei Tagesanbruch auf der Löwener Straße
zum Abmarſch bereitzuſtellen. Die hannoverſche Brigade der 5. Diviſion
ſammelt ſich in der Nacht bei Hal und hält ſich bereit, morgen mit
Tagesanbruch nach Brüſſel zu marſchiren und auf der Straße
zwiſchen Aloſt und Aſſche weitere Befehle zu erwarten. Die Reſerve-
Artillerie ſteht bereit, mit Tagesanbruch abzurücken“.

Dem Herzog Friedrich Wilhelm wurde dieſer Befehl durch
den hannoverſchen Lieutenant v. Dincklage gegen 10 Uhr Abends
in Laeken übergeben, als er ſich eben zu einem vom Herzog v. Richmond gegebenen Ball fertig machte. Sofort ließ er in ſeinem Militär-
bureau die Marſchbefehle ausfertigen und mit Uebergehung der In-
ſtanzen direkt an die Bataillone befördern. Dieſe hatten ſo aufzu-
brechen, daß ſie mit Tagesanbruch bei Laeken ſtänden. Das Gepäck
ſolle folgen und werde auf der Höhe beim Schloß die weitere Richtung
erhalten; vor dem Abmarſch ſei der erforderliche Zwieback auszu-
geben. Um 11 Uhr gingen die Befehle von Laeken ab, nachdem ſie
vom Herzoge mit dem eigenhändigen Zuſatz „Immer Trapp und Galopp“
verſehen worden waren. Dieſe Weiſung war aber in der Dunkelheit
nicht durchzuführen. Es war bei der ausgedehnten Lage der Quartiere
nur natürlich, daß die Truppen zu ſehr verſchiedenen Zeiten auf-
brachen und die Allée verte bei Laeken erreichten. Sie mußten alle
erſt durch das Alarmſignal aus dem Schlaf geweckt werden. Das
1. Linien-Bataillon aus Evere war ſchon um 2 Uhr Nachts auf dem
Poſten; das Leibbataillon traf um 5 Uhr ein. Das 1. und

3. leichte und das 2. Linien=Bataillon fehlten gleich der Kavallerie und Artillerie noch um 7 Uhr früh, als das Korps auf Wellingtons Befehl den Vormarsch auf Waterloo antrat. Der Herzog hatte in der Nacht das Fest des Herzogs v. Richmond besucht, war aber als Erster auf dem Sammelplatz zur Stelle und rauchte, an der Zug= brücke über den Kanal von Willebroek sitzend, seine gewohnte Pfeife. Beim Aufbruch ließ er das Korps an sich vorbeimarschiren und be= stimmte den Fähnrich Gille von seinem Stabe zum Zurückbleiben, damit die ausgebliebenen Truppentheile durch eine offene herzogliche Ordre die erforderlichen weiteren Weisungen vorfänden.

Das Wetter war schön, wurde aber bald sehr heiß. Die Chaussee nach Charleroi, die nach dem Durchmarsch durch Brüssel betreten wurde, war äußerst staubig und auf der ersten Strecke hinter dem Namurer Thore stark verstopft. Alle Waffengattungen verschiedener Nationen marschirten zeitweise nebeneinander, bis sich die Division Picton, die den Marsch eröffnen sollte, von den nachfolgenden Braun= schweigern völlig gesondert hatte. Das Korps, zu dem inzwischen das Husaren=Regiment gestoßen war, wurde vom Herzog v. Wellington überholt, der gegen 7½ Uhr aus Brüssel abgeritten war, um sich aufs Schlachtfeld zu begeben. Aus der zahlreichen Begleitung des Feldmarschalls seien außer dem Herzoge von Braunschweig nur noch der Erbprinz von Nassau, der bei Wellington bevollmächtigte preußische General v. Müffling und der braunschweigische Oberst v. Herzberg genannt. Als das Korps im Walde von Soignes bei Waterloo rastete, wo auch die Ulanen und das 2. Linien=Bataillon anlangten, hatten manche Abtheilungen schon gegen 20 km zurück= gelegt. Gleichwohl wurde hier nur kurze Zeit verweilt, Wasser ge= trunken und sodann der Marsch fortgesetzt, an der 5. Division vor= über, die hier bis 12 Uhr halten mußte; denn Wellington hatte sich noch vorbehalten, ob er sie nach Nivelles oder nach Quatrebras vor= ziehen wolle. Nicht geringe Verwunderung erregten bei den braun= schweigischen Rekruten die schottischen Regimenter durch ihre eigenartige, die Kniee bloß lassende Hochlandstracht. Aber auch die schwarze Kleidung der Braunschweiger erregte Aufsehen bei den jüngeren britischen Soldaten, die sie noch nicht aus der Peninsula kannten. Man erzählte sich bei ihnen, die Braunschweiger trügen Trauer, weil ihr Herzog bei Auerstädt gefallen sei. Der Weitermarsch, bei dem gar mancher junge Soldat der zur Zeit nicht einmarschirten Bataillone

liegen blieb, ging bei 30 Grad Hitze über Waterloo, Mont St. Jean und
la Belle Alliance nach Genappe, wo Oberst Olfermann den Vorbei=
marsch der Truppen abnahm. Bei diesem großen Orte, den das Korps
um die Mittagsstunde nach einem Marsch von mehr als 30 km
erreichte, wurde ausgiebig gerastet, die Pferde getränkt und nach
Möglichkeit Verpflegung besorgt; denn die Truppen hatten nichts als
den am Morgen empfangenen viertägigen Zwiebacksvorrath bei sich.
Bis Genappe war der Gepäckpark dem Korps gefolgt. Man hörte
bereits Kanonendonner und sah verwundete Nassauer von der Brigade
des Prinzen von Weimar zurückbringen.

Auch sahen die Truppen hier ihren Herzog wieder. Er hatte
mit Wellington in scharfem Ritt schon um 10¹/₂ Uhr den Straßen=
kreuzungspunkt Quatrebras erreicht, wo sich der Feldherr über den
zur Zeit durchaus befriedigenden Stand der Dinge unterrichtete. Die
niederländische Division Perponcher in der Stärke von fünf nassau=
ischen und vier holländischen Bataillonen nebst zwei niederländischen
Batterien und einem versprengten preußischen Reiterdetachement vom
1. Schlesischen Husaren=Regiment hatte den am Abend zuvor verlorenen
Boden größtentheils wieder in Besitz genommen und . war, ohne
auf ernsthaften Widerstand zu stoßen, bis auf 1 km an das vom
Feinde besetzte Dorf Frasnes vorgegangen. Wellington sandte der
Division Picton, den Braunschweigern und Nassauern Befehl, bis
Quatrebras vorzurücken. Er hielt damit das Straßenkreuz für so
völlig gesichert, daß er kein Bedenken trug, sich persönlich auf der
Namurer Straße zur preußischen Stellung zu begeben, um mit dem
Fürsten Blücher Rücksprache zu nehmen. Müffling und Dörnberg
begleiteten ihn zur Windmühle von Brye, wo die Zusammenkunft
stattfand, während Kaiser Napoleon eben seine Streitkräfte zum
Angriff auf die preußische Stellung bei Ligny entfaltete.

Herzog Friedrich Wilhelm ritt zu seinen Truppen zurück und
fand sie bei Genappe, zumeist in den Chausseegräben schlummernd.
Auch er selbst legte sich auf einer kleinen Erdrampe im Schatten einer
Pappel nieder und war bald fest eingeschlafen. Nicht einmal der
Vorbeimarsch der Division Picton, welche hier die Schwarzen wieder
überholte, erweckte den Herzog aus seinem letzten Schlummer, obgleich
die Schotten mit Gesang und Dudelsacklang vorüberzogen. Erst nach
etwa 20 Minuten erwacht, erfuhr der Herzog, daß die Briten und
Hannoveraner schon voraus seien und ließ gegen 2 Uhr, nachdem

ihm der Befehl Wellingtons zugegangen war, zum Aufbruch blasen. Er ließ das Korps an sich vorbeimarschiren, trabte dann an der Kolonne nach vorn und ritt mit der hannoverschen Batterie Rettberg nach Quatrebras voraus, von wo der Pulverdampf schon deutlich sichtbar war. „Lassen Sie mir die Leute nicht jagen," rief er im Vorüberreiten dem Major v. Rauschenplat zu, „sie kommen sonst außer Athem". In der That machten die Truppen aus Eifer, an den Feind zu kommen, beständig Eilmarsch und häufig Laufschritt. Vor dem Meierhofe von la Baraque wurde gehalten. Es erscholl das Kommando: „Patronen los! ladet die Gewehre!" Einzelne Kommandeure ermahnten ihre Bataillone, vor dem Feinde ihre Pflicht zu thun. Alles erwartete die Befehle des fürstlichen Führers.

Dieser fand die Gefechtslage, seit er zuerst bei Quatrebras gewesen war, sehr verändert.*) Marschall Ney hatte gegen 11 Uhr den Befehl seines Kaisers zum Angriff erhalten und um 2 Uhr die Niederländer durch den General Graf Reille mit überlegenen Massen auf ihre alte Stellung vor Quatrebras zurückdrücken lassen. Als der Herzog von Braunschweig etwa um $3^1/_2$ Uhr das Gefechtsfeld überschaute, sah er die Kolonnen des französischen 2. Korps im vollen Vordringen gegen den Wald von Bossu und die Dörfer Gemioncourt und Piraumont, während die Niederländer langsam wichen. Aber er sah auch, wie Sir Thomas Picton die dringend nothwendige Hilfe brachte und seine Division**) längs der Straße nach Namur aufmarschiren ließ: die 9. und 8. britische Brigade im Vorgraben, die 4. hannoversche Brigade hinter dem deckenden Chausseedamm.

---

*) Vergl. den Plan Nr. 4 (Schlacht bei Quatrebras).

**) Zur besseren Uebersicht folgt hier eine Nachweisung aller an der Schlacht bei Quatrebras betheiligten verbündeten Truppen:

Oberbefehlshaber: Feldmarschall Herzog v. Wellington.
Generalstabschef: Gen.-Lieut. Murray.
General-Adjutant: Gen.-Maj. Barnes.
General-Quartierm.: Oberst Delancey.

1. Korps.

Kommand. General: Erbprinz Wilhelm v. Oranien.
General-Quartierm.: Gen.-Maj. Baron v. Constant-Rebecque.

1. Division: Gen.-Maj. Cooke.

1. Britische Brigade: Gen.-Maj. Maitland.

2. Bataillon 1. Fußgarde-Regiments . . . Oberst Askew.
3.   „   1.   „   „   . . .   „   Stuart.
Britische Fußbatterie . . . . Kapitän Sandham.

Feldmarschall Wellington kehrte von seiner Zusammenkunft mit Blücher etwa um dieselbe Zeit zurück. Doch hat ihn Herzog Friedrich Wilhelm wohl nicht getroffen; denn er verfügte nach eigenem Ermessen über seine Truppen. Während Major v. Rauschenplat mit den beiden Infanterie-Kompagnien der Avantgarde durch ein Weizenfeld östlich der Chaussee auf Quatrebras geradeaus blieb,

2. Britische Brigade: Gen.-Maj. Byng.

2. Bataillon Coldstream-Garde-Regiments . Ob.-Lt. Macdonell.
2.   „   3. Fußgarde Regiments . . .   „   Saltoun.
Reitende Legions-Batterie . . . . Major Kuhlmann.

3. Division: Gen.-Lieut. Baron v. Alten.
5. Britische Brigade: Gen.-Maj. Halkett.

2. Bataillon 30. Fuß-Regiments . . . . Ob.-Lt. Hamilton.
2.   „   33. Yorkshire-Regiments . . .   „   Elphinstone.
2.   „   69. Lincolnshire-Regiments . Oberst Morice.
2.   „   73. Hochländer-Regiments . Ob.-Lt. Harris.
Britische Fußbatterie . . . . Major Lloyd.
Legions-Fußbatterie . . . . : Kapitän Cleeves.

1. Hannoversche Brigade: Gen.-Maj. Graf Kielmannsegge.

Feldbataillon Bremen . . . . Ob.-Lt. v. Langrehr.
   „   Verden . . . . Major v. Bothmer.
   „   Herzog v. York . . . . . Ob.-Lt. v. Berger.
   „   Grubenhagen . . . . . .   „   v. Wurmb.
   „   Lüneburg . . . .   „   v. Klencke.
Feldjägerkorps . . . . Major v. Spörcken.

2. Niederländische Division: Gen.-Lt. Baron v. Perponcher.
1. Brigade: Gen.-Maj. Graf v. Bylandt.

Holländisches 27. Jäger-Bataillon . . . Ob.-Lt. Grunebosch.
Belgisches 7. Linien-Bataillon . . . . . .   „   v. d. Sanden.
5. Miliz-Bataillon . . . .   „   Westenberg.
7.   „   „   . . . .   „   Singendonck.
8.   „   „   . . . .   „   de Jong.

2. Brigade: Oberst Prinz Bernhard v. Sachsen-Weimar.

2. Nassauisches Regiment . . . . Major Sattler.
Regiment Nassau-Oranien Nr. 28 . . . Ob.-Lt. v. Dressel.
Freiwill. Jäger-Komp. Nassau-Oranien . Kapitän Bergmann.

Artillerie: Major v. Oystall.

Fußbatterie . . . . Kapitän Stievenaar.
Reitende Batterie . . . .   „   Byleveld.

Von der Niederländ. Kavallerie-Division Collaert:
2. leichte Brigade: Gen.-Maj. v. Merlen.

5. Belgisches Dragoner-Regiment . . . Ob.-Lt. de Merx.
6. Holländisches Husaren-Regiment . . . .   „   Boreel.
1/2 reitende Batterie . . . . Kapitän Gey v. Pittius.

wo sich der Herzog mit der Masse seiner Truppen aufzustellen beab-
sichtigte, wurden die nächstfolgenden **Abtheilungen zum Schutz der
Flanken verwendet**, da dem Herzog wohl nicht bekannt war, in-
wieweit dafür schon durch die Niederländer und Briten gesorgt war.
Von la Baraque aus, wo die ermüdeten Bataillone unter fröhlichem
Gesange bei ihrem fürstlichen Führer vorbeimarschirten, entsendete
Friedrich Wilhelm die zur Avantgarde gehörigen gelernten Jäger-

---

Vom 2. Korps.
Von der 4. Division.
2. Hannoversche Fußbatterie: . . . . . Kapitän v. Rettberg.

Reserve.
5. Division: Gen.-Lieut. Picton.
8. Britische Brigade: Gen.-Maj. Kempt.
1. Bataillon 28. Gloucestershire-Regiments . . Oberst Belson.
1.   „   32. Fuß-Regiments . . . . . Ob.-Lt. Maitland.
1.   „   79. Cameron-Hochländer-Regiments „ Douglas.
1.   „   95. Jäger-Regiments . . . . . Oberst Barnard.
9. Britische Brigade: Gen.-Maj. Pack.
3 Bataillon Schottischen Königs-Regiments . Ob.-Lt. Campbell.
1.   „   43. Hochländer-Regiments . . . „ Macara.
1.   „   44. Ostessex-Regiments . . . . „ Hamerton.
1.   „   92. Hochländer-Regiments . . . „ Cameron.
Britische Fußbatterie . . . . Major Rogers.
Von der 6. Division.
4. Hannoversche Brigade: Oberst Best.
Landwehr-Bataillon Verden . . . Major v. d. Decken.
„   „   Lüneburg . Ob.-Lt. v. Ramdohr.
„   „   Osterode . Major v. Reden.
„   „   Münden . . . „ v. Schmid.
(Zugetheilt: 2. Hannoversche Fußbatterie von der 4. Division.)
Braunschweigisches Feldkorps: Herzog Friedrich Wilhelm.
Avantgarden-Bataillon: Major v. Rauschenplat.

Leichte Brig.: Ob.-Lt. v. Buttlar.   Linien-Brig.: Ob.-Lt. v. Specht.
Leibbataillon . Maj. v. Pröstler.   1. Linien-Bataillon Maj. Metzner.
1. leichtes Bat. „ v. Holstein.   2. „   „   „ v. Strombeck.
2. „   „   „ v. Brandenstein.   3. „   „   „ v. Normann.
3. „   „   „ Ebeling.   Artillerie: „ Mahn.
Husaren-Regt. Maj. v. Cramm.   Reit. Batt. Kap. v. Heinemann.
Ulanen-Esk. . „ Pott.   Fußbatt. . Maj. Moll.
Kontingent von Nassau-Usingen: General v. Kruse.
1. Nassauisches Regiment: Oberst v. Steuben.
Von der **preußischen Armee**.
Detachement vom 1. Schlesischen Husaren-Regiment: Lieutenant v. Zepelin.

Kompagnien nach Südwesten in den Wald von Bossu, das 2. leichte
Bataillon nach Südosten, um womöglich noch das soeben von der fran-
zösischen Division Bachelu bedrängte Dorf Piraumont zu retten. Eine
Ulanen-Abtheilung, jedenfalls die 20 Mann des Avantgarde-Bataillons,
folgte den Jägern nach dem rechten Flügel, die 6. Kompagnie des Husaren-
Regiments dem Bataillon Brandenstein nach dem linken Flügel.

Der Wald von Bossu besteht aus dichtem Unterholz mit wenigen
lichten Hochstämmen und ist von einem Graben mit dammartigem
Aufwurf eingefaßt. Die grauen Jäger-Kompagnien wurden als erste
Verstärkung freudig von der hier fechtenden Brigade des Prinzen
Bernhard von Weimar willkommen geheißen. Sie bestand aus den
drei Bataillonen des in niederländischem Solde stehenden 2. Nassauischen
Regiments, einer freiwilligen Jäger-Kompagnie und dem zwei Bataillone
zählenden Regiment Nassau-Oranien*). Diese Truppen hatten am
Abend vorher und am 16. seit dem Beginn der Schlacht die Last
des Kampfes allein getragen und wurden eben von der französischen
6. Division hart bedrängt. Diese Division, deren Kommando Tags
zuvor Jérome Bonaparte, der frühere König von Westfalen, übernommen hatte, bei welchem General-Lieutenant Graf Guilleminot
als Stabschef thätig war, hatte nicht nur das Gehöft Grand Pierrepont
schon besetzt, sondern war auch schon in den Südrand des Bossu-
Waldes eingedrungen, als die Braunschweiger und bald darauf das
aus Nivelles kommende belgische 7. Linien-Bataillon eintrafen.
Diese Verstärkungen waren um so nothwendiger, als die bisherigen
Vertheidiger sich schon fast verschossen hatten. Die grauen Jäger
nisteten sich im Graben an einer Lichtung unweit des Gemioncourt-
Baches ein, und zwar in einer langen Kette aus kleinen, vier Mann
starken Gruppen, deren jede etwa sechs Schritt Zwischenraum von
den Nebengruppen hielt. Ihr Führer, Kapitän Berner, kannte
gleich dem anderen Kompagnie-Chef Mahner die Kriegspfiffe von
Spanien her gründlich und rieth den Jägern, ihre Hüte recht hoch
und auffällig aufs Gebüsch zu stecken. Die Kriegslist gelang: die
Franzosen schossen nur nach den Hüten, und der Verlust der Jäger
war gering. Doch prasselten fortwährend abgeschossene Zweige auf
sie nieder und machten den Aufenthalt im Walde recht unbehaglich.
Nach einiger Zeit ging dem Kapitän Berner von seinem Bataillons-

*) Vergl. 1. Band, Anmerkung zu Seite 307.

Kommandeur die Mittheilung zu: die Ulanen seien von der Westseite des Waldes zurückgezogen; die Jäger möchten einen Haken bilden, um sich gegen Ueberflügelung zu sichern. Sobald die Division Jérome, die stärkste des Reille'schen Korps, ernsthaft zum Angriff schritt, war der südliche Teil des Waldes nicht mehr zu halten. Die Nassau-Oranier wichen Schritt vor Schritt in nordwestlicher Richtung; mit ihnen die braunschweigischen Jäger. Diese hielten sich näher dem östlichen Waldrande und gewannen zeitweilig wieder Fühlung mit den beiden anderen Avantgarde-Kompagnien.

Mit diesem war Major v. Rauschenplat auf Quatrebras geradeaus geblieben. Ihnen folgten durch die Weizenfelder östlich der Brüsseler Straße das Leibbataillon und die Linien-Brigade, um vom Herzoge nördlich der Chaussee von Namur als Rückhalt für die davor aufgestellte Division Picton in Linie bereitgestellt zu werden.*) Eben war der Pachthof Gemioncourt vom französischen 92. Linien-Regiment unter Oberst Tissot den Holländern abgenommen und eine Attacke der aus Nivelles eingetroffenen niederländischen 2. leichten Kavallerie-Brigade durch Piré's leichte Reiter-Regimenter siegreich abgeschlagen worden**). Das 6. Jäger-Regiment zu Pferde und das 5. Ulanen-Regiment drangen hitzig bis gegen Quatrebras nach und in die dort stehende niederländische Fußbatterie Stievenaar ein, deren Chef bereits gefallen war. Während die vorn geworfenen holländischen

---

*) Siehe Klappe 1 des Planes Nr. 4 (3½ Uhr).

**) Auch eine Uebersicht der an der Schlacht bei Quatrebras betheiligten französischen Truppen möge hier Platz finden:

Oberbefehlshaber: Marschall Ney, Fürst v. d. Moskwa.

Generalstabschef: Oberst Heymès.

2. Armeekorps: Gen.-Lieut. Graf Reille.

Generalstabschef: Oberst Lacroix.

5. **Division:** Gen.-Lieut. Bachelu.

1. Brigade: Gen. Hussin.	2. Brigade: Gen. Campy.
11. Linien-Regiment.	72. Linien-Regiment.
61. „ „	108. „ „

18. Batterie des 6. Artillerie-Regiments.

6. **Division:** König Jérome Bonaparte.

1. Brigade: Gen. Bauduin.	2. Brigade: Gen. Soye.
1. leichtes Regiment.	1. Linien-Regiment.
2. „ „	2. „ „
3. Linien- „	

2. Batterie des 2. Artillerie-Regiments.

Truppen, das 5. Miliz-Bataillon und das 27. Jäger-Bataillon, verfolgt von der feindlichen Reiterei, durch die braunschweigischen Bataillone ins letzte Treffen abzogen, wurde bei diesen „Kavallerie"
geblasen und Karree formirt. Auch die Husaren sollten anreiten.
Da aber die feindliche Reiterbrigade so rasch, wie sie gekommen war,
verschwand, wurde bald wieder aufmarschirt. Das Leibbataillon rückte,
wenn die Erzählung eines Mitstreiters (Korporal Külbel) zuver-
lässig ist, in eine Stellung südlich von Quatrebras zum Schutz einer
auf der Chaussee aufgefahrenen englischen Batterie vor und kam von
hier aus gegen die feindliche Kavallerie zu Schuß. Anderweitig bestätigt ist dies freilich nicht; auch kann es eine englische Batterie
unmöglich gewesen sein, wohl aber die belgische Batterie Byleveld,
von der in der That 5 Geschütze dort standen oder die 4 Geschütze
der Batterie Gey van Pittius, die mit der Kavallerie-Brigade van
Merlen eingetroffen waren. Auch das 1. Linien-Bataillon hatte
hinter ihnen gehalten.

Nunmehr hielt Wellington es für geboten, die weit zurück-
gebogene Mitte seiner Aufstellung vorzuschieben. Er beauftragte den
Herzog von Braunschweig, eine derartige Stellung westlich der Straße
von Charleroi zu nehmen. Die Chaussee wird unweit von Gemioncourt rechtwinklig durch den gleichnamigen Bach gekreuzt; der Grund
dieses Baches blieb zwischen den beiden Gegnern. Die Südseite bei
Gemioncourt gehörte den Franzosen; auf dem Höhenrücken nördlich

---

9. Division: Gen.-Lieut. Foy.

1. Brigade: Gen. Gauthier.   2. Brigade: Gen. Jamin.
92. Linien-Regiment.   4. leichtes Regiment.
93.   „   „   100. Linien-   „
        1. Batterie des 6. Artillerie-Regiments.

2. Kavallerie-Division: Gen.-Lieut. Piré.

1. Brigade: Gen. Hubert.   2. Brigade: Gen. Wathiez.
1. Jäger-Regiment zu Pferd.   5. Ulanen-Regiment.
6.   „   „   „   6.   „   „
        1. reitende Batterie des 4. Artillerie-Regiments.
Artillerie-Reserve: 1 zwölfpfünd. Pos.-Batt. Maj. Poirel.
Von **3. Kavallerie-Korps:** Gen.-Lieut. Kellermann, Graf v. Valmy.
    Von der **11. Kavallerie-Division** L'Héritier.
            2. Brigade: Gen. Guiton.
            8. Küraffier-Regiment.
            11.   „   „
            2. reitende Batterien.

des Baches ließ Herzog Friedrich Wilhelm bald nach 4 Uhr sein Vortreffen aufmarschiren. Die leichten Infanterie-Kompagnien der Avantgarde nahmen den rechten Flügel und suchten durch eine bis zum Walde reichende dünne Schützenlinie die Verbindung mit den grauen Jägern herzustellen. Die Mitte hatte hart westlich der Charleroier Straße das 1. Linien-Bataillon inne; es wurde durch den Major Metzner im feindlichen Granatfeuer in Kolonne dahin vorgeführt. Auf der anderen Seite der Chaussee erhielt südöstlich einer 250 m vor Quatrebras gelegenen Schäferei das Leibbataillon seinen Platz. Major v. Pröstler nahm die Linksziehung aus seiner bisherigen in die neue Stellung anfänglich in Linie vor, wurde aber mit Rücksicht auf die Nähe und Unternehmungslust der feindlichen Reiterei von dem persönlich heranreitenden Herzoge veranlaßt, den Marsch in Karreeformation fortzusetzen. Spätestens um 4½ Uhr hatte das braunschweigische Vordertreffen die neue Stellung eingenommen.*) Deren linker Flügel schwebte ziemlich in der Luft, da von der schottischen Brigade Pack nur das 42. und 44. Regiment eine kleine Strecke über die Chaussee vorgegangen waren. Auf der Namurer Chaussee stand hinter dem linken Flügel der Braunschweiger das hannoversche Landwehrbataillon Lüneburg, welches die weiter nach links gezogenen 92er-Bergschotten ersetzt hatte. Hinter dem anderen Flügel fanden, durch die Anhöhe nur mangelhaft gedeckt, die braunschweiger Ulanen und Husaren ihren Platz. Das 2. und 3. Linien-Bataillon wurden unter Oberstlieutenant v. Specht zurückgehalten. Das Bataillon Normann besetzte einige zum Pachthof Quatrebras gehörige Häuser. Rechts von ihm stand, hakenförmig aufgestellt, das Bataillon Strombeck; links im Chausseegraben, hart östlich des Gehöftes, das 1. Bataillon des 92. Hochländer-Regiments.

Dem Marschall Ney, der von der Höhe westlich von Gemioncourt die Schlacht leitete, war das ungedeckte Vorgehen der braunschweigischen Kolonnen nicht entgangen. Er ließ an dem von Gemioncourt nach Pierrepont führenden Wege seine 12pfündige Positions-Batterie auffahren, deren Wurfgeschosse im Verein mit den schon in Stellung befindlichen Batterien vom 2. und 6. Artillerie-Regiment und den bis an das Buschwerk des Baches vorgeschobenen Schützen der Division Foy die Braunschweiger mit einem verheerenden

---

*) Siehe Klappe 2 des Planes Nr. 4 (4½ Uhr).

Kugelhagel überschütteten. Hierbei wurde dem Führer der Avantgarde, Major v. Rauschenplat, durch einen Granatsplitter der linke
Arm weggerissen. Die Husaren verloren ihren Kommandeur Major
v. Cramm. Das 1. Linien-Bataillon erlitt beträchtliche Verluste,
besonders die Kompagnie Peßler, die auch einen gefallenen Offizier,
den Fähnrich Herche, beklagte. Feldwebel Kinkel der 2. Kompagnie
harrte, obwohl nicht unbedeutend im Gesicht verwundet, bei der
Truppe aus. Ueberhaupt war die Haltung der Mannschaft in dieser
schlimmen Lage vorzüglich, da des Herzogs erstaunliche Verachtung
der Gefahr ihren Einfluß auf die jungen Soldaten nicht verfehlte.
Er stieg nicht vom Pferde, rauchte gelassen seine Pfeife und blieb
so kaltblütig wie auf dem Exerzirplatze. Einige ihm gemachte Vorstellungen, daß dieser Platz für ihn zu gefährlich sei, schien er, wie
Major v. Wachholtz erzählt, nur der guten Meinung wegen, die
damit verbunden, nicht übel aufnehmen zu wollen.

Nur das Ausbleiben seiner Artillerie beunruhigte den Herzog.
Nachdem seine Truppen das mörderische Geschützfeuer fast eine Stunde
lang unerwidert ausgehalten hatten, ließ er den Herzog v. Wellington
um etwas Artillerie bitten. Soeben trafen zwei Batterien auf dem
Schlachtfelde ein, die der von Soignies her anrückenden 3. Division
vorausgeeilt waren, nämlich die englische Fußbatterie Lloyd und die
Legionsbatterie Cleeves. Wellington zögerte nicht, den Major
Lloyd mit vier Neunpfündern — die anderen beiden wurden dem
69. Fuß-Regiment beigegeben — dem Herzog von Braunschweig zu
Hülfe zu senden. Sie fuhren an der ihnen vom Generalstabs-Oberst
Kelly angewiesenen Stelle rechts von Rauschenplats Kompagnien
auf. Zur Bedeckung wurde ihnen die 2. Kompagnie der schwarzen Husaren
beigegeben. Kaum hatten die englischen Geschütze das Feuer aufgenommen,
als Marschall Ney von seiner bei Frasnes befindlichen Reserve-
Kavallerie zwei reitende Batterien vorholte. Sie fuhren bis nahe an den
Bach heran und hatten bald zwei Geschütze der Batterie Lloyd kampf-
unfähig gemacht und einen Theil ihrer Pferde getödtet.

Die Schlacht drohte jetzt eine ungünstige Wendung zu nehmen.
Eben sandte der Fürst v. d. Moskwa die 9. Division unter General
Foy zu einem neuen Angriff zwischen der Chaussee und dem
größtentheils schon in französischen Händen befindlichen Walde von
Bossu vor. Unweit des Waldes ging die sechs Bataillone starke Bri-
gade Jamin vor. Das 4. leichte und das 100. Linien-Regiment

folgten hinter einander. Das vordere Regiment hatte ein Bataillon in Linie vorgenommen, die anderen in Kolonne dahinter; es war von etwas Artillerie begleitet. Bei dem in Regimentskolonne for= mirten Regiment des zweiten Treffens befand sich Reiterei. An der Chaussee von Charleroi ging die Brigade Gauthier, sowie die Kavallerie=Division Piré vor. Die Division Foy zählte ohne die Reiterei über 4700 Streiter. Der Stoß ihrer zehn Bataillone war so stark, daß ihm die zweieinhalb Bataillone des Herzogs nicht widerstehen konnten, zumal jeden Augenblick Flankenfeuer aus dem Walde von Boffu zu erwarten war. Das braunschweigische erste Treffen trat daher den Rückzug an. Die Avantgarde=Kompagnien, bei denen jetzt auch Kapitän v. Ritterholm verwundet war, wichen unter Führung des Kapitäns v. Griesheim westlich der Straße und suchten nach= her größtentheils Zuflucht im Boffu=Walde. Das 1. Linien=Bataillon ging auf der Chaussee, das Leibbataillon östlich derselben zurück. Auch die Husaren zogen sich über die Niveller Chaussee ins Reserve= verhältniß seitwärts von Quatrebras ab. Die Batterie Lloyd war völlig niedergekämpft und fuhr gleichfalls ab. Der Herzog hatte sein Leibbataillon begleitet, bis es durch die unter Lieutenant Sie= geners Kommando vorgezogenen Schützen des Lüneburger Landwehr= Bataillons Aufnahme fand. Er ritt sodann an den hannoverschen Brigadier Oberst Best heran, dankte ihm für seine Unterstützung und fügte hinzu: „Mit der Infanterie kann ich dem Feinde nichts anhaben; jetzt will ich sie mit der Kavallerie angreifen". Bald da= nach warf er sich, um den weichenden Abtheilungen Luft zu machen, an der Spitze der Ulanen=Schwadron dem französischen 1. leichten Re= giment von der gleichfalls vordringenden Division Jérome entgegen. Natürlich scheiterte der aussichtslose Versuch an dem überlegenen Feuer der französischen Karrees. Doch kamen die Ulanen zum Hand= gemenge, wobei der feindliche Regiments=Kommandeur, Marquis de Cubières, nicht weniger als fünf Säbelhiebe davontrug. Die Ulanen mußten schließlich in Unordnung weichen und sammelten sich erst an der Nordwestecke des Waldes von Boffu.

Herzog Friedrich Wilhelm betheiligte sich für seine Person nicht am Zurückgehen seiner Reiterei, sondern ritt ganz allein über die Chaussee zu seinem Leibbataillon, das sich eben auf das Gros der lüneburger Landwehr abzog. Es war in guter Haltung und ziemlich geschlossen, aber doch nicht ganz ohne die in solchen Lagen unver=

meidlichen Unordnungen. Von Gemioncourt stürmte bereits die Ulanen-
Brigade Wathiez im Galopp heran, empfangen vom heftigen Peloton-
feuer der hannoverschen Landwehr, welches sogar dem Leibbataillon
so bedrohlich wurde, daß bei ihm das Signal „Feuer vorbei" ertönte.
Während das aus dem 5. und 6. Ulanen-Regiment bestehende Reitergeschwader vorüberbrauste und abschwenkte, um die britischen Regimenter Nr. 42 und 44 im Rücken anzufallen, traf den Herzog nach 5 Uhr,
etwa 25 Schritt vom Leibbataillon, die tödliche Kugel. Sie kam wahrscheinlich von den Plänklern der Brigade Gauthier, die bereits die Höhe
nördlich des Baches erstiegen und lebhaft zu feuern begannen, sobald
ihre Ulanen die Front frei gemacht hatten. Des Herzogs Pferd stutzte
vor dem plötzlichen, überaus heftigem Feuer. Die zweite Salve brachte
dem tapferen Welfen das verderbliche Blei. Das Geschoß zerschmetterte
ihm das rechte Handgelenk, drang in seine rechte Seite und ging durch
Leber und Lunge an der linken Seite wieder hinaus. Der Fleck
Erde, der mit dem Blute des fürstlichen Helden getränkt wurde, liegt
180 m von der Charleroi'er, 275 m von der Namurer Straße entfernt. Da das Leibbataillon im Zurückgehen war, bemerkten nur
Wenige, wie der Herzog vom Pferde sank. Aber drei treue Krieger,
Korporal Külbel und Jäger Rekau der 2. Kompagnie und Hornist
Aue der 3. Kompagnie, hatten es gesehen und zögerten nicht, ihren
gefallenen Kriegsherrn aus dem Kugelregen zu holen. Külbels und
Rekaus Gewehr, worauf noch die Bajonette steckten, dienten als
Bahre. Auf sie wurde der Herzog, aus dem das Leben noch nicht
entflohen war, gelegt und dem Bataillon nachgetragen. Dieses machte
in Höhe der hannoverschen Plänkler wieder Front. Sobald die
Träger diese Linie überschritten hatten, entnahmen sie aus den Tornistern
gefallener Soldaten einige schadhafte weißwollene Decken und legten
den Herzog darauf. Dieser öffnete dabei die Augen und klagte über
Durst; doch gelang es nicht, ihm Wasser aus der Feldflasche des
Hornisten einzuflößen. Da dieser Ort durch französische Granaten
lebhaft gefährdet wurde, trugen die drei Männer den hohen Verwundeten zur Namurer Chaussee zurück, wo Major v. Wachholtz dazu
kam und die weitere Fürsorge für seinen sterbenden Herrn übernahm.
Dieser öffnete noch einmal die Augen, fragte mit matter Stimme:
„Olfermann — wo ist Olfermann?" und verlor sofort wieder das Bewußt-
sein. Etwas weiter rückwärts wurden die ermüdeten Träger durch einen
Trupp Nachzügler abgelöst, der eben durch den Sergeanten Kreickenbaum

vom 3. Linien-Bataillon vorgeführt wurde. Auf der Brüsseler Straße kam General-Stabsarzt Pockels dazu. Als der Sterbende in la Baraque auf einem Strohhaufen niedergelegt war, fanden sich nach und nach die meisten Herren von des Herzogs Stabe ein. Hier verschied er, ohne das Bewußtsein wiedererlangt zu haben. Er starb seines Lebens würdig, für die Freiheit seines Vaterlandes; Deutschland verlor in ihm einen seiner Helden, das braunschweigische Volk seinen kaum wiedergewonnenen, thatkräftigen Fürsten; seine Soldaten aber beklagten in ihm ihren Vater. Erst nach dem Kriege sollten sie die ganze Schwere dieses unersetzlichen Verlustes begreifen lernen. Aber schon die erste Kunde des Trauerfalles machte den tiefsten Eindruck; Bestürzung und Kummer sprechen aus allen Soldatenbriefen dieser Tage. Die Leiche des hohen Gefallenen, bekleidet mit der jetzt im Herzoglichen Museum zu Braunschweig aufbewahrten Uniform, wurde auf einem Ambulanzwagen des fliegenden Feldlazareths vom Schlachtfelde nach Laeken und demnächst zur Beisetzung nach Braunschweig gebracht. Major v. Wachholz erstattete dem Herzog v. Wellington und dem Prinzen v. Oranien Meldung vom Tode des Herzogs.[*)]

Der tapfere Fürst war in einem kritischen Augenblick gefallen. Außer der französischen Ulanen-Brigade, die sich auf die Briten warf, brach auch General Hubert mit seiner Brigade reitender Jäger von Gemioncourt her vor, hielt sich aber geradeaus auf Quatrebras. Vergeblich trat ihm Major v. Deynhausen mit den braunschweiger Husaren entgegen. Er wurde geworfen, und auch das Leibbataillon scheint seinen Rückzug bis zur Namurer Chaussee fortgesetzt zu haben. Erst die hart östlich von Quatrebras im vorderen Chausseegraben aufmarschirten lüneburger Wehrleute und Schotten vom 92. Regiment geboten dem Vordringen der feindlichen Reiter Halt und nöthigten sie zum Zurückgehen. Nur ihre vordersten Züge ließen sich nicht aufhalten; sie jagten durch die schottischen Grenadiere und lüneburger

---

[*)] Auch Kaiser Napoleon erfuhr den Tod des Herzogs bald. Ein in Gefangenschaft gerathener braunschweigischer Wundarzt, der dem Kaiser am 17. mit vielen anderen Gefangenen vorgeführt wurde, berichtet, Napoleon habe sich sehr anerkennend ausgesprochen. „Ich beurtheile den gebliebenen Herzog als Soldat," sagte er; „nennen Sie mir Einen, der einen Rückzug machte, wie der von Böhmen nach der Nordsee war." — Des Herzogs Pistolen fielen in Jéromes Hände; er zeigte sie 40 Jahre später im Palais Royal dem vertriebenen Herzog Karl II.

Wehrleute und zwischen den Häusern von Quatrebras hindurch, wo Braunschweiger vom 3. Linien-Bataillon ihnen entgegentraten. Lieutenant Bourgoigne mit den glücklich Durchgekommenen erreichte den Standort des Herzogs v. Wellington auf Höhe 166 und brachte den Feldherrn in die Gefahr des Handgemenges. Doch entkamen nur wenige der kühnen Reiter zu den Ihrigen; die meisten wurden durch das Feuer der nördlich der Niveller Chaussee aufgestellten niederländischen Reserven dahingerafft.

Der Oberbefehl des braunschweigischen Feldkorps war mit dem Tode des Herzogs auf den Oberst Olfermann übergegangen, welchem der Tod seines Herrn durch den Kapitän Bause gemeldet wurde.*) Nun hatte der merkwürdige Mann, der noch vor zwei Jahren Kapitän und vor zwanzig Jahren Hoboist gewesen war, die höchste Stufe des vaterländischen Militärdienstes erklommen. Er hatte bald genug Gelegenheit, seine Führerstellung zum Besten des Ganzen zur Geltung zu bringen. Als er sich mit dem zurückgehenden 1. Linien-Bataillon der Chaussee von Nivelles näherte, stieß er auf frische englische Truppen. Sie gehörten zur 5. britischen Brigade, die um 6 Uhr von Soignies her eintraf. Bis auf das sofort der Brigade Pack zu Hülfe gesandte 69. Regiment wurde die ganze Brigade auf dem Gelände eingesetzt, das die Braunschweiger eben räumten. Nach Rücksprache mit dem englischen Brigadier, Generalmajor Sir Colin Halkett, führte Oberst Olfermann seine Truppen, soweit er sie in der Hand hatte, mit den britischen Bataillonen vom 33., 73. und 30. Regiment wieder vor. Dies war das 1. Linien- und das Leibbataillon; denn die Avantgarde-Kompagnien waren in den Wald von Bossu gewichen, der jetzt seine Anziehungskraft auf Freund und Feind immer mehr auszuüben begann. Uebrigens gehörte nur noch sein nördlichster Theil den Verbündeten. Die Ankunft der Division Alten und des von Brüssel eintreffenden 1. Nassauischen Regiments führte zwar auch im Walde zu einer Vorwärtsbewegung; doch war sie nicht von Dauer.

Kaum waren Halkett und Olfermann mit ihren fünf Bataillonen in den Roggenfeldern auf der Höhe angelangt und ein vom Walde zur Chaussee führender Graben von den Braunschweigern besetzt

---

*) Am folgenden Tage beanspruchte freilich Oberst v. Herzberg als älterer Oberst den Oberbefehl; aber Wellington, dessen Entscheidung erbeten wurde, entschied für den Brigadier Olfermann.

worden, als ein neuer, überaus wuchtiger Angriff der feindlichen
Reiterei erfolgte. Ney hatte gegen 6 Uhr einen Befehl Napoleons
erhalten, der die äußersten Anstrengungen von ihm forderte, damit
er sich womöglich noch gegen die rechte Flanke der Preußen wenden
könne. „Das Schicksal Frankreichs ruht in Ihren Händen,“ hatte
der Kaiser hinzugefügt, und mit denselben Worten schickte Ney den
aus der Reserve vorgeholten General Kellermann mit der Kürassier-
Brigade Guiton zum Angriff vor. Piré's wieder gesammelte
Regimenter und die Infanterie der 9. Division sollten dem Vorstoß
folgen. Nachdem die Artillerie des 2. Armeekorps und des Kavalleriekorps Kellermann den Angriff wirksam vorbereitet hatte, ritt die
Kürassier-Brigade auf der Chaussee in Zugkolonne an, das 8. Regiment
im ersten Treffen. Auf der Höhe 182 ließ Kellermann aufmarschiren
und attackirte gleichzeitig gegen die Stellung der Division Picton
östlich der Straße, und gegen Olfermann und Halkett westlich
derselben. Das 69. Regiment wurde vom 8. Kürassier-Regiment
unter Oberst de Garavacque überritten und fast vernichtet, und auch
das 33. Regiment hielt sich schlecht. Gegen das Karree des 30. Regiments aber vermochten die 5. Ulanen nichts auszurichten, und
ebenso tapfer behaupteten die braunschweigischen Bataillone und die
73er ihren Platz. General Halkett selbst berichtet darüber: „Die
Braunschweiger in meiner Front zogen meine Aufmerksamkeit in
hohem Maße auf sich. Ich muß ihnen die Gerechtigkeit widerfahren
lassen, anzuerkennen, daß die französische Reiterei zu diesem Zeitpunkt
keinen Erfolg gegen sie hatte, noch sie irgend ins Wanken bringen
konnte“*). Es war aber nicht zu verhindern, daß Schwadronen des
8. und 11. Kürassier-Regiments zwischen den Karrees hindurch auf
Quatrebras weitersprengten. Hier geriethen sie jedoch nicht nur in
das Kartätschfeuer der Batterien Cleeves und Kuhlmann, sondern
auch in den Schußbereich des 2. und 3. braunschweigischen Linien-
Bataillons, der 92er-Hochländer, der lüneburger und osteroder Landwehr, sowie der Bataillone der Brigade Bylandt. Besonders wirksam
erwiesen sich die Salven des Bataillons-Karrees Strombeck. Das
konzentrische Artillerie- und Infanteriefeuer wirkte in Verbindung
mit dem Flankenfeuer der Truppen im Walde so mörderisch, daß

---

*) Er hatte sich, wie uns erinnerlich, 1812 als Brigade-Kommandeur den
Braunschweigern im Allgemeinen nicht gewogen gezeigt.

der kühne Angriff der Brigade Guiton nicht nur ins Stocken kam
sondern sogar völlig scheiterte. In wilder Flucht enteilend, konnten
die Kürassiere erst bei Frasnes wieder zum Stehen gebracht werden.
Kellermann selbst, der schlachtenerprobte Held von Marengo, mußte
sich ohne Säbel, barhaupt und zu Fuß, mit jeder Hand ein Kürassier-
pferd umklammernd, zur Infanterie Foy's retten.

Es war vielleicht $6^3/_4$ Uhr, als der Angriff Kellermanns abgeschlagen und damit auch das Vordringen der 9. Division zum
Stehen gebracht war. Aber noch war die Gefahr nicht beseitigt;
vielmehr nahte eben jetzt die Krisis der Schlacht. Die tapferen
Bataillone, die sich soeben der französischen Panzerreiter glücklich er-
wehrt hatten, erhielten plötzlich aus dem Walde von Bossu heftiges
Flankenfeuer. Es waren Truppen der 6. Division, die nebst zwei
Batterien bis dahin vorgedrungen waren. Major Metzner nahm
sofort das Gefecht gegen diesen neuen Gegner auf. Aber das 2. Bataillon des 33. Regiments, das durch das Flankenfeuer besonders
stark litt, deployirte in Eile und ging in Linie zurück, gerade auf die
Braunschweiger los. Plötzlich brach unter den Yorkshirern eine
Panik aus; sie glaubten die feindliche Reiterei in ihrem Rücken und
stürzten eiligst in Auflösung in den Wald, wo der Brigade-Kommandeur persönlich nicht mehr als 50—60 Mann um sich zu sammeln
vermochte. Ein solches Beispiel blieb nicht ohne Nachfolge: auch
die Braunschweiger vom 1. Linien-Bataillon und die Hochländer vom
73. Regiment zogen sich, durch empfindliche Verluste geschwächt, in
die Nordecke des Bossu-Waldes zurück. Es war ein äußerst bedrohlicher Moment, der von der französischen Infanterie sofort geschickt
benutzt wurde. Die Brigade Gauthier drang bis zur Schäferei
und darüber hinaus vor und setzte eben zum Sturm auf Quatrebras
an, als der General-Adjutant der britischen Armee, Generalmajor
Barnes, der den Peninsulakämpfern wohlbekannte Held von Echalar,
sich mit dem Rufe: „Zweiundneunzigstes Regiment, folge mir!" an
die Spitze der Bergschotten setzte und die Franzosen durch einen
kräftigen Gegenstoß auf die Schäferei zurückwarf.*) Durch diese

*) Leicht kann es der Zufall gefügt haben, daß bei diesem Kampfe — dessen
Zuschauer die Stammtruppen des deutschen Infanterie-Regiments Nr. 92 waren —
das 92. Hochländer-Regiment gerade auf das französische 92. Linien-Regiment
gestoßen, denn es gehörte zur Brigade Gauthier. In Rethoré's „Historique
du 92. régiment d'infanterie" ist der Kampf um die Schäferei aber nicht erwähnt. —

tapfere That der 92er, deren Kommandeur, Oberstlieutenant Cameron, dabei einen ehrenvollen Soldatentod fand, war die schlimmste
Gefahr für Wellingtons Centrum beseitigt.

Gleichzeitig traf, nach 7 Uhr Abends, der Rest des braunschweigischen Korps ein. Eine genügende Erklärung dieser auffallenden
Verspätung liegt nicht vor. Vielleicht haben die Polizeihusaren, die
dem 1. und 3. leichten Bataillon den Marschbefehl zu überbringen
hatten, in der Dunkelheit ihr Ziel verfehlt. Von der Artillerie wissen
wir, daß sie erst um 8 Uhr früh aus Assche abmarschirt ist, von wo bis
Laeken 15 km Weges sind. Auch das 3. leichte Bataillon hatte 10 km
Anmarsch. Aber dies erklärt nicht, daß die Truppen erst um 7 Uhr
Abends das Schlachtfeld erreichten, da das Gros des Korps nur
8½ Stunden zu dem Marsch gebraucht hatte und die Verspäteten
durch die schon erwähnte offene Ordre über den einzuschlagenden Weg
unterrichtet waren. Diese Ordre, das letzte Schriftstück, das Herzog
Friedrich Wilhelm unterzeichnet hat, lautete: „Das 1. leichte
Bataillon, das 3. leichte Bataillon, die beiden Batterien sollen wenn
sie zusammen sind ihren Marsch durch Brüssel aus dem Thore nach
Namur fortsetzen und den Weg nach Waterloo nehmen, von dort noch
eine kurze Ecke so weit vorgehen wo die Wege sich theilen der rechte
nach Nivelles und der linke nach Namur. Eben diesen Weg haben die
Husaren und Uhlanen zu verfolgen, und ist der Fähnrich Gille
commandirt für die Bothen zu sorgen damit die verschiedenen Abtheilungen wie sie ankommen ungehindert durch die Stadt marschiren.
Die Bagage folgt der ganzen Colonne und wird eine Bedeckung dabei
gegeben. Auch laßen die Bataillons 1 Untoff. 6 Mann zur Bedeckung
bei dem Lazareth zurück die sich dem Hauptmann Schulz in Laeken
zu melden haben. Sollte das 2. Linienbataillon bey dem Abmarsch

---

Bei dieser Gelegenheit sei angeführt, daß das französische 92. Regiment am
5. Mai 1796 aus der 71., 177. und 181. Halbbrigade entstanden war und zumeist
auf Stämme von 1791—92 zurückführt; nur ein älterer Stamm, das Regiment
Anjou von 1775, war ihm einverleibt. Das Regiment hatte vorzugsweise in
Italien gefochten. Es wurde am 7. Juli 1815 zu Bourges aufgelöst und der
Hauptsache nach der 16 Legion zugetheilt, aus welcher 1820 das 43. Infanterie-
Regiment wurde. — Das 92. Regiment Gordon-Hochländer war am
10. Februar 1794 zu Aberdeen vom Marquis v. Huntly errichtet worden und
hatte in Holland, in Indien und mit großer Auszeichnung auf der Peninsula
gekämpft. Seit der Reorganisation vom 1. Juli 1881 bildet es das 2. Bataillon
des Regiments Gordon-Hochländer und steht gegenwärtig in Glasgow.

noch nicht hier seyn so hat dasselbe eben diese Ordre zu befolgen. Die Cavallerie braucht sich nach der Infanterie nicht aufzuhalten, da es darauf ankömmt so bald möglich die Hauptcolonne zu erreichen". Einigen Aufenthalt mögen den Bataillonen die zahlreichen, ihnen begegnenden Verwundeten=Transporte und namentlich die Bagage bereitet haben, die gleich dem britischen Gepäckpark infolge falscher Gerüchte in wilder und regelloser Flucht von Genappe nach Brüssel zurückjagte, zum Theil sogar unter Losschirrung und Zurücklassung der Wagen.

Als die Kolonne beim Korps eintraf, fuhr Major Mahn mit den Batterien sofort östlich von Quatrebras neben der dort schon im Feuer stehenden englisch=hannoverschen Artillerie auf. Die beiden leichten Bataillone wurden hinter dem 2. und 3. Linien=Bataillon zwischen Quatrebras und dem Walde in Reserve gestellt. Fast gleichzeitig mit ihnen traf aus Nivelles Generalmajor Cooke mit vier Bataillonen englischer Garde gerade zur rechten Stunde ein; denn eben war der Wald von Bossu so völlig von den Franzosen in Besitz genommen, daß ihre Plänkler schon am nördlichen Waldrande erschienen und die Niveller Chaussee bedrohten. Auf Befehl des Prinzen von Oranien säuberte nun die Brigade Maitland, bestehend aus zwei Bataillonen des 1. Fußgarde=Regiments, den vielumstrittenen Wald und gab durch ihr lautes Kampfgeschrei dem niederländischen Generalstabs=Oberst de Zuylen de Nyefeld die Anregung zu erneutem Vorgehen mit dem 7. Miliz=Bataillon, dem 1. Bataillon Nassau=Oranien und dem 2. Bataillon des 2. Nassauischen Regiments. Auch die beiden braunschweigischen Jäger=Kompagnien gingen mit vor und fanden manche ihrer beim Rückzuge liegen gebliebenen Verwundeten von zahlreichen Bajonettstichen durchbohrt wieder vor. Dem Jäger Rosenthal der Bernerschen Kompagnie waren sieben Stiche versetzt worden, an denen er später gestorben ist. Diese französischen Grausamkeiten riefen unter den gelernten Jägern eine große Erbitterung hervor, welcher einige verwundete Franzosen zum Sühnopfer fielen. Die Verluste der grauen Jäger waren sehr gering; die Kompagnie Mahner verlor 4 Gefallene, 5 Verwundete, die Kompagnie Berner 1 gefallenen Oberjäger, 2 tödlich und 4 leichter Verwundete. Ferner waren 1 Oberjäger, 8 Mann im Waldgefecht in französische Gefangenschaft gerathen.

Während so der Bossu=Wald wiedererobert wurde, waren die leichten Kompagnien vom Coldstream=Regiment und vom 3. Garde=

Regiment zunächst auf der Chaussee im Marsch geblieben und folgten längs des östlichen Waldrandes, geführt vom Oberstlieutenant Macdonell, dem sofort wieder beginnenden Vorgehen der hier schon befindlichen Truppen. Die Brigade Halkett ging erneut auf die Höhe nördlich des Gemioncourt-Baches, und die braunschweigischen Bataillone schlossen sich ihr an. Das 2. Linien-Bataillon und das Leibbataillon befanden sich dabei im ersten Treffen und drangen, mit ihrem rechten Flügel an den Wald gelehnt, noch über die englische Linie hinaus vor, während die Franzosen, von der Wucht dieses allgemeinen Vorgehens bewältigt, alle ihre Vortheile aufgaben und bis Gemioncourt und darüber hinaus wichen. Das 3. Linien-Bataillon scheint in Quatrebras belassen worden zu sein. Dagegen bestimmte Oberst Olfermann das 1. und 3. leichte Bataillon zum Vorgehen im zweiten Treffen. Er hatte dem beim 2. Linien-Bataillon befindlichen Oberstlieutenant v. Specht hiervon Mittheilung gemacht. Als dieser das in Aussicht gestellte Folgen der leichten Truppen nicht gleich bemerkte, ritt er zum Major v. Holstein zurück, um ihm den Befehl zum Vorgehen selbst zu übermitteln. Nachdem er eine Weile dort verweilt hatte, begab sich der nervös gänzlich überreizte Mann nach Genappe zurück, so daß die Linien-Brigade zeitweilig ohne Kommandeur blieb. — Das 1. Linien-Bataillon ging inzwischen in vortrefflicher Haltung vor und gerieth in einen solchen Kugelregen, daß es die höchsten Verlustziffern der ganzen braunschweigischen Infanterie erreichte, obwohl es erst am Ende der Schlacht in die vordere Linie rückte. Am schwersten litt die 3. Kompagnie, während die 1. vom Glück begünstigt war; von den 35 sofort Gefallenen des Bataillons kam nur 1 auf sie. Das Bataillon hatte bei diesem Vorgehen den Tod seines Kommandeurs, Majors v. Strombeck, zu beklagen. Gleich nachdem ein Wiesengrund durchschritten war, traf ihn in einem Roggenfelde das todbringende Geschoß. Auch der Chef der 4. Kompagnie, Kapitän v. Bülow, und der Fähnrich v. Bechelde starben den Heldentod. Der das Bataillon begleitende Brigade-Adjutant, Kapitän v. Aurich, wurde durch einen Granatsplitter am Bein verwundet. — Auch das Leibbataillon erntete für seine abendliche Thätigkeit reiches Lob. Major v. Pröstler begnügte sich nicht mit der vorgeschobenen Stellung, in welche Oberst Olfermann seine Bataillone geführt hatte. Vielmehr ging er sofort von Neuem vor, um dem englischen 1. Fußgarde-Regiment zu Hülfe zu eilen, das zwischen Gemioncourt und dem Südrande des Boffu-Waldes in eine gefährdete Lage gerathen war und vor französischer Infanterie in den Wald zurückwich. Das Leibbataillon manövertrte sich auf den linken Flügel der beiden, mit Mannschaften anderer Verbände stark untermischten Garde-Bataillone. Im selben Augenblick galoppirte feindliche Reiterei von der Division Piré heran, um die linke Flanke der Garden zu fassen. Während nun diese, soweit sie am Waldrande zum Halten zu bringen waren, aus dem Grenzgraben Schnellfeuer abgaben, formirte das Leibbataillon Karree und empfing die Reiterei in hervorragender Haltung. Ein Augenzeuge, Kapitän Powell vom 1. Fußgarde-Regiment, berichtet: „Die Braunschweiger, deren Front durch unser Zurückweichen in den Wald entblößt wurde, formirten in schöner Weise Karree und thaten mit vorzüglichem Erfolge ihr Theil zur Zersprengung der französischen Reiterei". Das Leibbataillon hatte in den ausgesetzten Stellungen, die es im Laufe des Tages innegehabt hatte, stark gelitten. Der erst vor 1¼ Jahr bei Orthez verwundete Bataillons-Adjutant, Stabs-kapitän v. Brömbsen war in die Brust geschossen, der Chef der 2. Kompagnie, Kapitän v. d. Heyde, sehr schwer an Arm und Schenkel verwundet. Jäger Heilemann der 2. Kompagnie war stets der erste Freiwillige zum Vorgehen, woran er sich durch eine Kopfwunde durchaus nicht hindern ließ. Die beiden leichten Bataillone des zweiten Treffens erlitten ganz unbedeutende Verluste, das 3. Linien-Bataillon in dieser Kampfesphase gar keine mehr. Das 1. Linien-Bataillon ging gegen Abend ebenfalls noch eine Strecke vor, wahr-scheinlich im Walde. So endete bei völliger Dunkelheit die Schlacht im Centrum von Wellingtons Aufstellung.*)

Die mit unerhörter Hartnäckigkeit geführten Kämpfe an der Chaussee Brüssel-Charleroi waren zu Gunsten der Verbündeten ent-schieden. Oestlich dieser Straße war die ganze Zeit hindurch nicht minder blutig gestritten worden. Aber die Schilderung des heißen Ringens, in dem die bewährten Kerntruppen der Division Picton gegen die Anstürme der Ney'schen Kavalleriemassen und der Division Bachelu standhielten, gehört nicht hierher; denn braunschweigische Truppen waren nicht daran betheiligt. Dagegen ist der Kämpfe um Piraumont am äußersten linken Flügel der britischen Schlachtordnung zu gedenken; denn hier lag der Schauplatz der Thätigkeit des 2. leichten Bataillons.

----

*) Siehe Plan 4 unterhalb der Klappen.

Wir erinnern uns, daß Herzog Friedrich Wilhelm bald nach
3½ Uhr bei la Baraque dem Major v. Brandenstein den Befehl
gab, Piraumont und das Bois des Censes zu besetzen, etwa schon
darin befindliche feindliche Truppen aber hinauszuwerfen. Mit
einem ähnlichen Auftrage hatte Wellington persönlich den Oberst
Sir Andrew Barnard mit dem 1. Bataillon des 95. Jäger=
Regiments auf Piraumont entsendet. Beide Truppentheile kamen
nicht früh genug, um der französischen Division Bachelu den Besitz
des bis dahin nur von einer holländischen Kompagnie des 27. Jäger=
Bataillons vertheidigten Dorfes noch verwehren zu können. Wohl
aber vermochten die englischen Riflemen, aus dem Bois des Censes,
wo sich Lieutenant Fitz Maurice mit der Kompagnie des Majors
Leach einnistete, das weitere Vordringen der Franzosen vorläufig zu
vereiteln. Das Bataillon Brandenstein blieb zunächst gleich den
Unterstützungstrupps der 95er geschlossen im Gehölz, während die
Kompagnie des Majors Beckwith aus den Gräben der Chaussee von
Namur das Feuergefecht unter Leitung des Lieutenants Layton unter=
hielt. General Bachelu setzte die Masse der 5. Division weiter westlich
gegen die Brigade Kempt ein, von der das 79. Hochländer=Regiment
Anschluß an die Riflemen hatte. Die englische Fußbatterie des
Majors Rogers, die bei den 79ern aufgefahren war, betheiligte sich
am Kampfe gegen Piraumont. Ein französisches Bataillon, entweder
vom 11. oder vom 61. Regiment, behielt dieses Dorf besetzt. Gegen
5 Uhr erhielt es Verstärkungen; bald darauf nochmals. Nun hatten
die Franzosen bald die Chaussee zwischen Piraumont und Sart=
Dames=Avelines in Händen. Dies war nicht ohne Wichtigkeit; denn
die Verbindung mit der preußischen Armee war damit unterbrochen.
Zwar waren längs der Straße Quatrebras=Sombreffe Reitertrupps
aufgestellt, bis gegen Marais von den braunschweiger Husaren, weiterhin
von den pommerschen Husaren. Aber diese Relaisverbindung nützte
wenig, so lange die Chaussee bei Thil in Feindes Hand war. Hier
wurde der preußische Major v. Winterfeld schwer verwundet,
der vom Fürsten Blücher kam, um Wellington vom ungünstigen
Stande der Schlacht von Ligny Kenntniß zu geben. Der später ent=
sendete Lieutenant v. Wussow von Blüchers Stabe gelangte zu
dem britischen Feldherrn nur, indem er das Dorf Thil nördlich um=
ritt. Auf dem Rückwege wurde er Zeuge der mit Hülfe der Hannoveraner
geglückten Wiedereroberung von Piraumont, wodurch die unterbrochene

Verbindung zwischen beiden verbündeten Heeren wiederhergestellt
wurde.

Schon früher wurde des Eintreffens der aus Soignies herangeholten
Division Alten Erwähnung gethan. Die an ihrer Spitze befindliche
hannoversche Brigade unter Graf Kielmannsegge war zwar zu=
nächst gegen den Wald von Bossu entwickelt worden, wurde aber
schon gegen 5½ Uhr beauftragt, dem anderen Flügel der Schlacht=
ordnung Hülfe zu bringen. Sie rückte mit Ruhe und Ordnung über
Quatrebras auf der von den französischen Granaten beherrschten
Chaussee heran und traf ein, als sich eben der französische Angriff
mit größerem Nachdruck gegen die Bataillone Barnard und
Brandenstein entfaltete. Graf Kielmannsegge löste sofort das
Feldbataillon Lüneburg auf, und das Einrücken dieses in eine einzige
Schützenkette formirten, vom Oberstlieutenant v. Klencke befehligten
Truppentheils in die Linie der Engländer und Braunschweiger gab
diesen den Anstoß, zum Gegenangriff zu schreiten. Der vereinigte
Vorstoß dieser drei Bataillone, von denen das braunschweigische den
linken Flügel hatte, säuberte die Chaussee und die nächstgelegenen
Häuser vom Feinde. Dieser wurde sogar über Piraumont hinaus
verfolgt und war in Gefahr, zwei dort aufgefahrene Geschütze an die
Hannoveraner zu verlieren. Leider wurde gerade in diesem Augen=
blick bei den Braunschweigern, die nichts davon sehen konnten, Halt
geblasen, was sich schnell auf die Engländer und Lüneburger fort=
pflanzte. So konnte der Feind seine Geschütze ungehindert zurück=
bringen. Mehrere leichtere Versuche der Franzosen, das Dorf wieder=
zunehmen, wurden ohne Mühe abgewiesen. Auch ein ernsterer Versuch
scheiterte, da das Feldbataillon Grubenhagen unter Oberstlieutenant
v. Wurmb in die erste Linie rückte, auch das Feldbataillon Herzog
von York unter Oberstlieutenant v. Berger vorgeholt war und zwei
Kompagnien in das Dorf schob, die andern beiden dahinter bereit=
stellte. So wurde der Kampf auch am äußersten linken Flügel zum
guten Ende geführt. Auf das Eingreifen des Feldbataillons Bremen
und der hannoverschen Feldjäger westlich von Piraumont brauchen
wir nicht näher einzugehen, da es mit dem Gefecht des braunschweiger
2. leichten Bataillons ohne unmittelbare Berührung war. Dieses
Bataillon erlitt mäßige Verluste; es verlor 3 Offiziere, 66 Mann,
worunter 29 mit tödlichen Wunden. Der Chef der Kompagnie, Stabs=
kapitän Ludovici, hatte einen Schuß in den linken Arm erhalten.

Aehnliche Verlustziffern verzeichneten die Bundesgenossen, nämlich: das Bataillon Lüneburg 1 Offizier, 2 Mann todt,*) 4 Offiziere 52 Mann verwundet; die Riflemen 2 Offiziere 8 Mann todt, 3 Offiziere 51 Mann verwundet.

Die Schlacht war gewonnen! Die Tapferkeit und Ausdauer der Truppen hatte den Sieg erstritten, trotz der wenig glücklichen Maßnahmen der Heeresleitung, die nur zögernd und verspätet einen unzureichenden Theil der verfügbaren Streitkräfte an den Feind gebracht hatte. Die braven Krieger lagerten sich, todtmüde von den Anstrengungen des blutigen Tages, zur Nachtruhe auf dem siegreich behaupteten Schlachtfelde. An eine Verfolgung des Feindes war nicht zu denken; denn es fehlte die Reserve-Reiterei, die von Wellington bei Nivelles und Braine le Comte belassen worden war und erst während der Nacht unter Graf Uxbridge bei Quatrebras eintraf. Lord Wellington mußte sich mit der Behauptung des Schlachtfeldes begnügen. Sein Verlust betrug gegen 4500 Mann und überstieg um 500 Mann den des Gegners. Die braunschweigische Infanterie war daran mit 565 Mann an Todten und Verwundeten betheiligt. Die in der Wachholtz'schen „Geschichte des Herzoglich Braunschweigischen Armee-Corps in dem Feldzuge der alliirten Mächte gegen Napoleon Bonaparte im Jahr 1815" gegebenen Verlustziffern — 4 Offiziere, 85 Mann todt, 19 Offiziere, 468 Mann verwundet, 10 Mann gefangen, gegen 200 Mann vermißt — sind durch eine genaue Nachrechnung auf Grund der Verlustlisten, kirchlichen Sterberegister, Prisengelderlisten, Zahlrollen ꝛc. als ziemlich genau bestätigt worden. Nur war eine bedeutende Anzahl Verwundeter, die ihren Wunden nachträglich erlegen sind, in die Spalte „todt" zu übertragen. Diese Spalte hat auch durch Hinzurechnung der vermißt Gebliebenen einen Zuwachs erfahren. Auf diese Weise ist die umstehende verbesserte Verlustliste entstanden. Hierzu würden die Gefangenen kommen, deren Zahl aber die angegebene Ziffer 10 wohl überstiegen hat; denn allein die grauen Jäger hatten deren 9 verloren. Die übrigen Vermißten, die sich demnächst wieder anfanden, können außer Betracht bleiben, da sie nicht als Opfer der Schlacht anzusehen sind.

---

*) Der gefallene Offizier war Kapitän Karl Theodor Korfes, der jüngste Bruder des vormaligen braunschweigischen Regiments-Kommandeurs, und selbst früherer braunschweigischer Offizier vom Infanterie-Regiment Warnstedt.

	Todt			Verwundet		
	Offz.	Uffz.	Gem.	Offz.	Uffz.	Gem.
Höhere Stäbe	1	—	—	1	—	—
Graue Jäger	—	1	6	—	—	9
Avantgarden-Infanterie	—	1	12	3	3	31
Leibbataillon	—	4	34	4	4	89
1. leichtes Bataillon	—	—	—	—	—	3
2. „ „	—	1	28	3	3	34
3. „ „	—	—	2	—	—	2
1. Linien-Bataillon	1	3	38	2	5	42
2. „ „	3	5	60	4	10	111
3. „ „	—	—	10	2	1	12
Zusammen	5	15	190	19	26	333

Die 5 gefallenen Offiziere, nämlich des Herzogs Durchlaucht, Major v. Strombeck, Kapitän v. Bülow II, Fähnrich Herche und Fähnrich v. Vechelde, sind bereits bei Schilderung der Schlacht genannt worden. Die 19 verwundeten Offiziere waren: Kapitän v. Aurich, Adjutant der Linien-Brigade; Major v. Rauschenplat, Stabskapitän v. Ritterholm und Lieutenant Ahrberg von der Avantgarde; Kapitän v. d. Heyde, Stabskapitän v. Brömbsen, Lieutenant Edwards und Fähnrich Parey vom Leibbataillon; Stabskapitän Ludovici und die Fähnrichs Scheffler und Grabau vom 2. leichten Bataillon; Lieutenant Mahner und Fähnrich v. Hanstein vom 1. Linien-Bataillon; Stabskapitän Schleiter, Lieutenant Müller, die Fähnrichs Haubner und Nolte vom 2. Linien-Bataillon; die Fähnrichs Dieckmann und Kayser vom 3. Linien-Bataillon.

Als die jungen braunschweigischen Truppen die ihnen ange= wiesenen Biwaksplätze bezogen, durften sie sich sagen, daß sie die Feuertaufe mit Ehren bestanden und den Tod ihres Herzogs gerächt hatten. „The gallant and noble conduct of the Brunswickers was the admiration of every one," lesen wir im Briefe eines englischen Garde-Kapitäns. Die beiden erst am Abend eingetroffenen leichten Bataillone kamen auf Vorposten. Das 1. leichte Bataillon lag mit britischen Truppen im Piket auf Höhe 161 zwischen der Ecke des vom 3. Bataillon des 1. Fußgarde-Regiments besetzten Waldes von Bossu und dem Pachthofe Gemioncourt. Dahinter lagerten in einem Graben am Waldrande das 3. und 2. Linien-Bataillon und das Leibbataillon. Dicht bei Quatrebras nächtigten zu beiden Seiten der Chaussee das 1. Linien=Bataillon, die Avantgarde, die Husaren und die Artillerie in der Nachbarschaft der niederländisch=nassauischen Brigade. Das 3. leichte Bataillon war mit einer Husaren=Abtheilung und zwei Geschützen nach Einbruch der Dunkelheit nach Piraumont entsendet worden, um das 2. leichte Bataillon zu verstärken. Letzteres blieb als Piket im Dorfe, während Major Ebeling im Anschluß an die hannoverschen Feldbataillone Lüneburg, York und Bremen die Feldwachen gab. Die 95er waren nach Gemioncourt abgerückt.

Marschall Ney war unbelästigt und in guter Ordnung nach Frasnes zurückgegangen. Hier stieß Graf Drouet d'Erlon mit dem 1. Armeekorps zu ihm, zu spät, um am Schicksal des Tages noch etwas zu ändern. Er war durch allerlei Mißverständnisse den ganzen Tag über zwischen den Schlachtfeldern von Ligny und Quatre= bras hin und hermarschirt. Die französischen Vorposten hatten die Höhen nördlich von Frasnes und das Bois de la Hutte inne und waren sehr wachsam und thätig. Bald nach 3 Uhr früh entspann sich vor Piraumont ein lebhaftes Vorpostengefecht. Es soll da= durch entstanden sein, daß eine Reiterpatrouille zwischen die Vorposten des Feldbataillons Herzog v. York gerieth und sie alarmirte. Französische Infanterie drang nun aus dem Walde von la Hutte gegen Piraumont vor, den Kapitän v. Elern mit der 3. Kompagnie des Bataillons Bremen zurückwerfend. Das braunschweigische Bataillon und die übrigen hannoverschen Vorposten traten den Angreifern entgegen und trieben sie in den Wald zurück, von dessen Saum das Schützenfeuer der Franzosen mit Lebhaftigkeit fortgesetzt wurde. Das Gefecht spielte sich in der Morgendämmerung auf sehr nahe Ent= fernungen ab, so daß es dem Korporal Bollmann der 3. Kompagnie des 3. leichten Bataillons möglich wurde, einen feindlichen Voltigeur gefangen zu nehmen, der sich vor dem Walde hinter einem Baum allein aufgestellt und den Braunschweigern schon mehrere Leute ver= wundet hatte. Bollmann ging kaltblütig auf ihn los, entlockte ihm dadurch seinen Schuß und hatte ihn ergriffen, ehe er von Neuem laden konnte. Das 3. leichte Bataillon verlor 2 sofort gefallene und 2 tödtlich verwundete Jäger, sowie an Verwundeten 2 Offiziere (Lieutenants v. Specht und Seeliger), 3 Unteroffiziere, 21 Jäger. Das Bataillon Bremen erlitt namhaftere Verluste (2 Offiziere, 56 Mann), und vom Bataillon Verden, das zu später Abendstunde

6 *

die Lüneburger und Grubenhagener abgelöst hatte, war eine Feldwache hart mitgenommen; auch das Bataillon York hatte Verluste
zu verzeichnen. Das braunschweigische 2. leichte Bataillon war im
zweiten Treffen geblieben; dagegen waren alle Truppen der vorderen
Linie alarmirt worden. Das Avantgarde-Bataillon rückte infolge des
heftigen Gewehrfeuers in den östlichen Theil des Waldes von Boffu
vor. General-Lieutenant Picton, der den in Genappe nächtigenden
Feldmarschall im Kommando vertrat, eilte selbst nach Piraumont,
erkannte aber bald, daß ein Angriff von keiner Seite beabsichtigt
wurde und sorgte dafür, daß das Feuer abgestopft wurde. Da ein
Gleiches auch bei den Franzosen geschah, herrschte bei Tagesanbruch
wieder die frühere Ruhe.

In den Morgenstunden des 17. Juni war die Hauptsorge der
Truppen die Beschaffung von Lebensmitteln und die Ergänzung der
Munition. Beides stieß auf große Schwierigkeiten, da die Bagage
am 16. schmählich geflohen war. Beispielsweise fand der dazu entsendete Sergeantmajor der grauen Jäger den Gepäckwagen seines
Bataillons ausgeraubt und fast unbrauchbar bei Brüssel im Kanal
von Willebroek liegen; die Trainknechte mit den Pferden blieben
verschwunden, während der Munitionswagen am entgegengesetzten
Ende der Stadt glücklich aufgefunden wurde. Die Munitionsergänzung
gelang durchweg erst am Abend vor Waterloo. Dagegen kamen
einige Lebensmittel- und Fouragewagen, die um 11 Uhr Abends
vom Parkplatze hinter Genappe den Vormarsch wieder aufgenommen
hatten, schon bei Quatrebras an; ihr Inhalt wurde sofort vertheilt. Gegen das eigenmächtige Marodiren ergingen scharfe Befehle
vom Oberst Olfermann. Doch ließ er Schlachtvieh dienstlich bei-
treiben und hinter dem Biwak des 2. Linien-Bataillons schlachten.
Eine fernere Arbeit dieser Morgenstunden war die Feststellung der
Verluste, die Neuordnung der Verbände und die Besetzung der frei-
gewordenen Führerstellen. Die Kapitäns v. Bülow I vom 1. leichten
und v. Schwartzkoppen vom 1. Linien-Bataillon wurden vorbehalt-
lich der Genehmigung der Regierung zu Majors befördert und als
schließende Stabsoffiziere zur Avantgarde bezw. zum 2. Linien-
Bataillon versetzt, um die Führung dieser Bataillone zu übernehmen.
Dem Major v. Wolffradt wurde bis auf Weiteres die Führung
der Linien-Brigade übertragen, da der Nervenzustand des Oberstlieutenants v. Specht diesem die Rückkehr zur Truppe nicht gestattete.

Major v. Strombeck wurde in diesen Frühstunden beerdigt. Oberst Olfermann, Oberstlieutenant v. Heinemann und Major v. Wachholtz benutzten die Muße des Vormittages, um die Stelle, wo der verewigte Herzog geblieben war, festzustellen, und durch den Korpsschreiber Pirscher ein Kroki der denkwürdigen Stätte aufnehmen zu lassen.

Inzwischen war Feldmarschall Wellington aus Genappe wieder eingetroffen und hatte seine Entschlüsse für den 17. Juni gefaßt. Gegen 7½ Uhr früh erhielt er die sichere Nachricht, daß Napoleon bei Ligny gesiegt habe, daß sich Blücher aber nicht auf seiner natürlichen Verbindungslinie auf Lüttich zurückziehe, sondern nach Wavre marschire, um den Engländern näher zu sein. Daraufhin beschloß der Herzog v. Wellington, sein Heer ebenfalls zurückzuführen und in einer Stellung vor Mont St. Jean zu vereinigen. Hier wollte er die Schlacht annehmen, wenn Fürst Blücher ihn mit zwei Armeekorps zu unterstützen bereit wäre. Bald nach 10 Uhr Vormittags begann der Rückzug von Quatrebras. Die Divisionen Cooke, Picton und Perponcher zogen nebst der Hauptmasse des braunschweigischen Korps zuerst ab. Hierzu gehörte die Linien-Brigade, das Leibbataillon und das 1. leichte Bataillon.

General-Lieutenant Frh. Karl v. Alten folgte als Nachhut mit seiner Division, bei welcher die Vorposten ebenfalls verblieben. Das braunschweigische Avantgarde-Bataillon wurde im Walde von Bossu belassen, in dessen Südrand auch die leichten Kompagnien der Coldstreams und des 3. Fußgarde-Regiments noch zurückblieben. Auf dem andern Flügel blieben die Bataillone Ebeling und Brandenstein mit ihren beiden Geschützen in Piraumont. Dahinter stand in Sart-Dames-Avelines die erst in der Nacht auf dem Schlachtfelde eingetroffene Brigade Ompteda der englisch-deutschen Legion zur Unterstützung bereit. Noch weiter nördlich nahmen die Gros der Brigaden Halkett und Kielmannsegge Stellungen zur Aufnahme ihrer Vorposten ein. Kurz vor Mittag traten die Infanterie-Feldwachen nach erfolgter Ablösung durch die britische Reserve-Kavallerie den Abzug an. Ihre Replis schlossen sich an, und auch die rückwärtigen Brigaden erhielten den Rückzugsbefehl. Die ganze Nachhut zog in vier Treffen ab, aber nicht auf der Chaussee, sondern über Baisy. Nachdem bei Ways die Dyle überschritten war, erreichte das Gros der Division nördlich von Genappe die Brüsseler Chaussee. Hinter diesem Orte ruhte die vereinigte Arrieregarde von 2¹/₂—4 Uhr. Hier schloß sich ihr das braunschweigische Bataillon Bülow an und vermuthlich auch die vier leichten Garde-Kompagnien, die mit ihm im Walde von Boffu geblieben waren. Gedeckt durch Uxbridge's Kavallerie, die nach 2 Uhr bei Genappe ein hitziges Reitergefecht mit Regimentern des Kavalleriekorps Pajol bestanden hatte, wurde der Rückmarsch bei strömendem Gewitterregen über Maison du Roi und la Belle Alliance fortgesetzt, größtentheils auf der Brüsseler Chaussee, das 2. und 3. leichte Bataillon aber seitwärts derselben auf einem überaus schlechten Nebenwege, von wo sie das fechtende Zurückgehen der britischen Kavallerie und die wirkungsvolle Thätigkeit ihrer Artillerie deutlich wahrnehmen konnten. Das Bataillon Brandenstein verlor auf dem Rückzuge sogar einen Verwundeten. Gegen 8 Uhr Abends erreichte die Nachhut die vom Oberbefehlshaber gewählte Stellung südlich von Mont St. Jean.

Die mit dem Gros marschirten braunschweigischen Bataillone waren schon einige Stunden vorher nach beschwerlichem Marsche dort eingetroffen und hatten bei strömendem Regen ein Biwak zwischen Merbraine und der Chaussee von Nivelles bezogen. Gegen Abend trat die ganze Armee unter die Waffen; denn Kaiser Napoleon erschien mit dem Kavalleriekorps Milhaud und den Kavallerie-Divisionen Subervie und Domon, denen das 1. und 6. Armee-korps und die Garden folgten, auf den Höhen von Belle Alliance. Aber es kam nur zu einer unbedeutenden Kanonade. Die Truppen konnten bald nach ihren Lagerplätzen zurückkehren, um in der regen-feuchten Nacht vor der Schlacht nach Möglichkeit Schlaf und Stärkung zu suchen.

19. Schlacht bei Waterloo.

Der Herzog v. Wellington, der sein Hauptquartier in Waterloo nahm, hatte beschlossen, auf den Höhen vor Mont St. Jean die Schlacht anzunehmen, nachdem ihm Fürst Blücher seinen hochherzigen Entschluß mitgetheilt hatte, mit der ganzen preußischen Armee zu Hülfe zu eilen. Die vom britischen Feldherrn gewählte Vertheidigungs-stellung[*] folgte im Allgemeinen den Windungen des von Ohain an Goumont vorbei nach Braine-l'Alleud führenden Landweges. Als

---

[*] Vgl. den Plan Nr. 5 (Schlacht bei Waterloo), Klappe 1.

Stützpunkte hatte sie die Gehöfte Papelotte, la Haye Sainte und
Goumont dicht vor ihrer Front. Der rechte Flügel war scharf nach
Norden zurückgebogen; denn Wellington fürchtete unbegreiflicher
Weise auch jetzt noch, von Westen her umgangen zu werden. Dies
war auch der Grund, warum er namhafte Theile seines Heeres in
Braine-l'Alleud und sogar in Tubise und Hal beließ.

Die Braunschweiger befanden sich in der Nacht vor der Schlacht
vollzählig beim vereinigten Heere. Diese Nacht gehörte zu den
bösesten, die sich denken lassen. Es regnete fast ununterbrochen;
bis 2 Uhr goß es, häufig von Donner und Blitz begleitet, in Strömen.
Dabei war es so kalt, daß die meisten Soldaten trotz ihrer Erschöpfung
und Abspannung keinen Schlummer fanden, sondern fröstelnd auf den
schlammigen Lagerplätzen hin und herliefen, um sich zu erwärmen.
Es gab weder Zelte, noch Stroh, und das wenige Holz, das sich
vorfand, wollte nicht brennen. Sehnsüchtig erwarteten Alle den An-
bruch des Tages. Der 18. Juni, ein Sonntag, begann grau und
neblig. Erst gegen 8 Uhr fingen die Sonnenstrahlen an, wohlthätig
zu wirken und brachten Leben und Farbe in die vor Kälte und
Hunger blassen Gesichter. Ein mäßiger Wind, der bis gegen 11 Uhr
anhielt, trocknete den durchweichten Boden etwas ab. Nun begann
bald ein allgemeines Waffenputzen; denn viele Gewehre waren bis
zur Unbrauchbarkeit durchnäßt. Eine fernere Hauptsorge galt der
Beschaffung von Lebensmitteln. Der am 17. früh nach Waterloo
zurückgeschickte Gepäckpark war auf ein abermaliges falsches Gerücht erneut in die Flucht gerathen und hatte sich erst bei Brüssel in der
Allée verte wieder gesammelt. Die Truppe blieb also unversorgt, und
glücklich konnte sich preisen, wer noch halbverschimmelten, englischen
Schiffszwieback im Brotbeutel, oder gepfefferten Rum mit Wasser in
der Feldflasche hatte. Aber nach und nach fanden sich einige Lebensmittelwagen an, welche von der eben aus Amerika zurückgekehrten,
über Gent anrückenden Brigade Lambert angetroffen und mitgebracht
waren. Eben war ihr Inhalt vertheilt und mit dem Kochen begonnen,
als gegen 11 Uhr der Befehl eintraf, unter die Waffen zu treten.

Die Truppen blieben im Allgemeinen auf ihren Plätzen, da sie
schon in Schlachtordnung biwakirt hatten. Doch wurde beim braunschweigischen Korps der linke Flügel etwas vorgezogen und die jetzt
erst von der Division Alten zurückkehrenden leichten Bataillone an
ihre Plätze eingefügt. Das Korps stand hinter dem rechten Flügel

der Armee in Reserve nordöstlich von Merbraine. Sein linker Flügel
reichte bis an die Niveller Chaussee. Der rechte lehnte sich an Mer=
braine. Das Avantgarde=Bataillon befand sich nicht beim Korps.
Nach Wachholtz war es jenseits von Merbraine in der Flanke auf=
gestellt,*) wo sich auch einige Kompagnien der in der Nähe der
Braunschweiger biwakirenden Brigade Adam befanden. Das schwarze
Korps war in seiner Reservestellung ebenso bereit zur Unterstützung
des vom Prinzen von Oranien befehligten Centrums, dem es unter=
stellt war, wie zur Unterstützung des bis gegen Merbraine hin rück=
wärts gestaffelten rechten Flügels der Armee unter General=Lieute=
nant Hill.

Seit 11½ Uhr verkündete Kanonendonner, daß vorn im ersten
Treffen die Schlacht entbrannt war. Schon erreichten französische
Kanonenkugeln die Gegend von Merbraine, ohne dort Schaden zu
thun. Nach 1 Uhr, vielleicht erst gegen 2, erhielt Oberst Olfermann
vom Prinzen von Oranien den Befehl, in der Richtung auf Goumont
vorzugehen, um die dort fechtenden englischen Garden zu unterstützen.
Am 2. Armeekorps, dessen Truppentheile immer noch theilweise zur
Verwendung nach Westen zurückgehalten wurden, rückten die links
abmarschirten braunschweigischen Bataillone vorüber auf den Höhen=
rücken nördlich von Goumont, wobei sie zwischen den dahinter bereit=
stehenden englisch=hannoverschen Kavallerie=Brigaden, besonders der
Brigade Dörnberg, hindurch mußten. Major v. Holstein blieb mit
dem 1. leichten Bataillon westlich der Chaussee von Nivelles in einem
kleinen Busch. Er hatte Fühlung mit der inzwischen herangeholten
linken Flügelbrigade (Mitchell) des 2. Korps**) und zwar mit dem

---

*) Indessen fehlt es auch nicht ganz an Gründen, das Bataillon bei den
leichten Kompagnien der Division Cooke in Goumont zu vermuthen; vgl. Seite 90.

**) Wir nennen nachstehend die an der Schlacht betheiligten Theile des 2. Korps,
sowie im Anschlusse daran die Eintheilung je einer Brigade des 1. Korps und
der Reserve, die bei Waterloo in nähere Verbindung mit den Braunschweigern
traten, bei Quatrebras aber nicht mitgenommen hatten:

2. Korps: General=Lieutenant Lord Hill.

2. Division: Gen.=Lieut. Clinton.

3. leichte Britische Brig.: Gen.=Maj. Adam.

1. Bat. 52. leichten Oxford=Regts.   . Ob. Colborne.
1.   „   71. Glasgow=Hochl.=Regts.   .   „   Reynell. ·
2.   „   95. Jäger=Regts.   . . . . . Ob.=Lt. Norcott.
vom 3.   „   95.   „   „   (2 Komp.) Maj. Roß.

51. leichten Infanterie-Regiment. Oestlich der Chaussee fand das Leibbataillon seinen Platz in unmittelbarer Verbindung mit den Garde-Bataillonen der Brigade Maitland. Vor dem Leib- und 1. leichten Bataillon fuhr die braunschweigische reitende Batterie auf, bedeckt von der Husaren-Kompagnie des Rittmeisters Schnelle. Weiter östlich und etwas rückwärts wurden neben dem 1. Bataillon des Walesschen Königs-Füsilier-Regiments Nr. 23 von der Brigade Mitchell die braunschweigische Linien-Brigade, sowie das 2. und 3. leichte Bataillon in Angriffskolonne aufgestellt. Sie stießen mit ihrem linken Flügel an ihre Kampfgenossen von Quatrebras, die 69er und 33er von der Brigade Halkett.

Bei der Darstellung der braunschweigischen Aufstellung konnte das Avantgarde-Bataillon keine Erwähnung finden; denn es befand sich nicht beim Korps, sondern im Schloßpark von Goumont. Dieses

---

1. Brig. der engl.-deutsch. Legion: Ob. du Plat.

1. Linien-Bataillon . . . . Maj. Robertson.
2.　 ″ 　 ″ 　 . . . . ″ 　 Müller.
3.　 ″ 　 ″ 　 . . . . Ob.-Lt. v. Wissel.
4.　 ″ 　 ″ 　 . . . . Maj. Reh.

Von der 4. Division: Gen.-Lieut. Colville.

4. Britische Brigade: Oberst Mitchell.

3. Bataill. 14. Badfordshire-Regts. . . . . . Ob.-Lt. Tidy.
1.　 ″ 　 23. Königs-Füf.-Regts. Wales . . Ob. Ellis.
1.　 ″ 　 51. leichten Königs-Regts. West-York Ob.-Lt. Rice.

Vom 1. Korps.

Von der 3. Niederl. Div.: Gen.-Lieut. Chassé.

1. Niederländ. Brig.: Gen.-Maj. Detmers.

35. belg. Jäger-Bat. . . . . . . Ob.-Lt. d'Arnould.
2. holländ. Lin.-Regt. . . . . . . ″ 　 Speelman.
4. Miliz-Bataillon . . . . ″ 　 v. Heeckeren.
6.　 ″ 　 ″ 　 . . . . ″ 　 v. Thielen.
17.　 ″ 　 ″ 　 . . . . ″ 　 Wielig.
19.　 ″ 　 ″ 　 . . . . Maj. Boelard.

Von der Reserve.

Von der 6. Division: Gen.-Lieut. Cole.

10. Brit. Brig.: Gen.-Maj. Lambert.

1. Bat. 27. Jrisch. Inniskillings-Regts. Ob.-Lt. Warren.
1.　 ″ 　 4. Leib- (kings own) Regts. . ″ 　 Brooke.
1.　 ″ 　 40. Somerset-Regts. . . . . Maj. Heyland.

alte Schloß*) gehörte zu den vorgeschobenen Oertlichkeiten, auf deren
Besitz in dieser Schlacht sowohl der Vertheidiger wie der Angreifer
den größten Werth legten. Lord Wellington hatte es während
der Nacht zur Vertheidigung einrichten lassen und Schloß und Park
dem Schutze der vier leichten Garde-Kompagnien anvertraut. Die
Kompagnien des 1. Fußgarde-Regiments unter Oberstlieutenant Lord
Saltoun besetzten das zum Schloß gehörige Erlengehölz nebst Baumgarten. Die Kompagnien des Coldstream- und 3. Fußgarde-Regiments
richteten sich unter Oberstlieutenant Macdonell im Schloßhofe selbst
und den daneben liegenden Gärten ein. Bis zum Beginn der Schlacht
schickte der Oberbefehlshaber diesen Garde-Kompagnien Verstärkungen
von den verschiedensten Theilen des Heeres. Dort fochten in Folge
dessen auch das 1. Bataillon des 2. nassauischen Regiments unter
Hauptmann Büsgen, das braunschweigische Avantgarde-Bataillon
unter Major v. Bülow und eine hannoversche Feldjäger-Kompagnie
unter Kapitän v. Reden. Der Zeitpunkt, an dem das braunschweigische Bataillon in Goumont eintraf, ist nicht sicher festgestellt.
Der Bericht des nassauischen Hauptmanns besagt, daß die braunschweigischen Jäger schon im Südsaume des Erlengehölzes standen, als
er mit seinem Bataillon um $10^1/_2$ Uhr in Goumont eintraf und
durch seine Flankeur-Kompagnie die braunschweigische Schützenkette
rechts verlängern ließ. Hiernach müßte Major v. Bülow schon am
frühen Morgen dorthin abgerückt sein oder vielleicht schon die Nacht
bei den Garde-Kompagnien zugebracht haben, mit denen er von
Quatrebras zurückmarschirt war. Er hatte nach den nassauischen
Quellen seine grauen Jäger in der durch ein Verhau verstärkten
Südostecke des Gehölzes eingenistet. Gerade gegen diese Ecke erfolgte
um $11^3/_4$ Uhr der von Jérome Bonaparte, dem vormaligen West-
falenkönige, geleitete Angriff der Franzosen. General Graf Reille,
der durch den Angriff auf Goumont die Schlacht eröffnen sollte, hatte
dazu die 6. Division bestimmt. Deren Batterie bereitete nebst derjenigen der Kavallerie-Division Piré den Angriff vor. Demnächst
traten die Bataillone der Brigade Bauduin, rechts rückwärts ge-
staffelt, zahlreiche Schützen vor der Front, zum Angriff auf den

---

*) Es gehörte dem österreichischen Major a. D. de Lonville-Goumont
zu Nivelles und wird vielfach Hougomont genannt. Der richtige Name
Goumont hat sich aus Mont de Gomme entwickelt und bezieht sich auf das dort
gewonnene Harz.

Südrand des Erlenbusches an. General Bauduin fiel beim ersten Vorgehen, und der Angriff gerieth vor dem wohlgezielten Feuer der Jäger und Nassauer ins Stocken. Da setzte König Jérome auch die Brigade Soye ein, die sich gegen den Ostrand des Holzes wendete, während die beiden Batterien des Kavalleriekorps Kellermann auf Napoleons Befehl ihr Feuer ebenfalls gegen Goumont wendeten. Dieser Angriff bewirkte durch seine Ueberlegenheit, daß die wenigen, im südlichen Parksaume befindlichen Kompagnien sich auf den Obstgarten zurückzogen und den Erlenbusch dem Feinde überließen. Ohne zu zögern, folgte General Soye mit dem französischen 1. und 2. Linien-Regiment in das Wäldchen. Aber als er auf die von drei nassauischen Kompagnien besetzte, mit Schießscharten versehene Mauer des Schloßgartens stieß, wurde seine Brigade mit verheerendem Feuer überschüttet und suchte Deckung, soweit es gehen wollte. Die eben nördlich von Goumont aufgefahrene reitende Haubitzbatterie des Majors Bull hatte kräftig dazu beigetragen, den Angriff der Brigade Soye abzuwehren. Gleichzeitig, etwa um 1 Uhr, traten vier, nördlich des Gutes bereitgestellte Kompagnien des 3. Fußgarde-Regiments unter Oberst Hepburn zu einem kräftigen Gegenstoß gegen die feindliche rechte Flanke an.

Nach der Darstellung des französischen Oberstlieutenants Charras, mit der auch der niederländische Major v. Löben-Sels übereinstimmt,*) wäre das braunschweigische Avantgarde-Bataillon erst jetzt eingetroffen und hätte den Stoß mitgemacht. Der nassauische Schlachtbericht sagt freilich im Gegentheil: „Die braunschweigische Kompagnie zog, einer früher erhaltenen Weisung folgend, zu ihrem Korps auf die Hauptstellung ab." Vielleicht hat man bei den Nassauern die hannoverschen Jäger für Braunschweiger gehalten. Ihr Bericht spricht immer nur von einer Kompagnie und thut andrerseits der Hannoveraner keine Erwähnung, während sie zweifellos in Goumont gewesen sind und gegen 12 Uhr durch die je 50 Mann der Feldbataillone Lüneburg und Grubenhagen unter Lieutenant Brandt verstärkt wurden. Kapitän v. Reden, der Chef der Jäger-Kompagnie, wurde hier verwundet. Der erwähnte englische Gegenstoß wurde durch das Feuer des 2. Bataillons Coldstream wirkungsvoll unterstützt und drängte

---

*) Der englische Autor, Kapitän Siborne, übergeht die Waffenthaten der mit den Engländern verbündeten Truppen, soweit angängig, gern mit Stillschweigen.

die französischen Schützenschwärme in den südlichen Theil des Parkes
zurück, vermochte aber nicht, sie ganz daraus zu vertreiben. Als
rechts neben der Division des verwundeten Königs Jérome die
Division Foy eingesetzt wurde, mußten die errungenen Vortheile
Schritt vor Schritt wieder aufgegeben werden, zumal Napoleon die
Gebäude von Goumont um 3½ Uhr durch Haubitzgranaten in Brand
schießen ließ. Wenn die Lesart des Charras'schen Werkes die zu-
treffende ist, wich das Bataillon Bülow, dessen Führer durch einen
Schuß in die Brust schwer verwundet worden war, erst jetzt mit dem
rechts von ihm fechtenden 2. Bataillon des 3. Fußgarde-Regiments
aus Goumont. Hiefür spricht auch eine Stelle aus der bald nach
der Schlacht geschriebenen Nachweisung der Offiziere und Soldaten,
die sich vor dem Feinde besonders ausgezeichnet hatten. Darin sagt
Oberst Olfermann vom Kapitän Mahner und dem Adjutanten
Leuterding wörtlich: „Als am 18. Juni die Avantgarde mit einem
englischen Garde-Bataillon in einem Garten vor der Fronte des
rechten Flügels postirt, genöthigt war, ihre Position zu verlassen und
alles en débandade aufgelöset und beide Bataillons gänzlich ver-
mischt waren, wovon eine gänzliche Unordnung die Folge war,
wurden die Bataillons besonders durch die Thätigkeit dieser beiden
Offiziers separirt und die Formation des Quarrees bewirkt, da die
feindliche Cavallerie auf allen Seiten anrückte". Diese Angabe be-
weist, daß das Avantgarde-Bataillon mit seinen Kampfgenossen vom
3. Fußgarde-Regiment erst gegen 4 Uhr Goumont verlassen hat;
denn erst um diese Stunde erfolgten die später zu schildernden
Reiterangriffe des Marschalls Ney, gegen welche sich auch die aus
Goumont weichenden Truppen in mehreren kleinen Karrees vertheidigen
mußten.

In diesem kritischen Augenblicke kam Hülfe. Der kommandirende
General des britischen 2. Armeekorps, Lord Hill, führte in Person
das braunschweigische Leibbataillon zur Aufnahme herbei. Auch das
1. leichte Bataillon griff ein, indem Kapitän v. Specht mit seiner
Kompagnie in aufgelöster Ordnung vorging, um ein weiteres Nach-
drängen der schon bis zu der großen Barrikade auf der Niveller
Chaussee gelangten Franzosen zu verhindern. Unter Mitwirkung der
benachbarten 51er gelang dies schnell und anscheinend leicht; denn
die braunschweigische Kompagnie hatte außer einem Vermißten keinerlei
Verlust. Sergeant Fischer that sich durch Unerschrockenheit vor

seinen Kameraden hervor. Beider Bataillone wird in Privatbriefen
aus den Reihen der Garde=Regimenter, namentlich von der Brigade
Maitland, wiederholt ehrenvolle Erwähnung gethan. Ein englischer
Offizier versteigt sich sogar zu der Behauptung: „unsere tapferen
Freunde, die schwarzen Braunschweiger, schienen sich gleich Sala-
mandern im Rauch und Feuer wohl zu fühlen!" Die Bataillone
standen mit dem 1. Fußgarde=Regiment etwa dort, wo der Fußweg
von Braine=l'Alleud in die Straße von Ohain einmündet, welcher die
Frontlinie der britischen Stellung folgte. Der erste der großen
Reiterangriffe stieß auf das 3. Bataillon der Fußgarde, der zweite
auf das 2. Bataillon derselben und die braunschweigischen Karrees.
Diese wurden während des Reiteransturmes Zeugen einer bewunderns-
werthen That der Selbstaufopferung. Ein einzelnes englisches Geschütz, das in das benachbarte Garde=Viereck gerettet worden war,
wurde durch den Major Lloyd und den Lieutenant Phelps, sobald
die feindlichen Reiter wichen und von Neuem anstürmten, ins Freie
gezogen, um mit größter Wirkung zu feuern. Es gelang einem
französischen Offizier, dieses Geschütz zu erreichen; er stellte sich vor
dessen Mündung und verhinderte seine Bedienung längere Zeit hindurch, bis die Kugel eines braunschweigischen Jägers den Tapferen
niederstreckte.

Zwischen 5 und 6 Uhr traf, vom General Hill gesendet, die
Brigade du Plat der englisch=deutschen Legion zur Unterstützung
ein, gerade recht, um sich unter Linksschwenkung seiner Karrees an
der Abweisung des von Kellermann unterstützten dritten Kürassier-
Angriffs zu betheiligen. Auch die Batterie Sympher, die mit
dieser Brigade anlangte, leistete dabei gute Dienste, und drei
Kavallerie=Regimenter, nämlich General v. Dörnberg mit dem
1. deutschen und 23. englischen Dragoner=Regiment und die braunschweiger Husaren, ritten mit Erfolg zur Gegenattacke an. Freilich
verdoppelte auch die französische Infanterie ihre Anstrengungen um
den Besitz von Goumont, wo nach dem Eintreffen der Division
Bachelu das ganze 2. Armeekorps vereinigt kämpfte. Aber auch die
Verbündeten erhielten neue Verstärkungen, indem gerade hinter den
Braunschweigern die Brigade Adam eintraf. Die Truppentheile des
2. Korps waren nämlich in ihrem Defensivhaken am rechten Flügel
völlig überflüssig und wurden jetzt vom General Hill wie Reserven
überall eingesetzt, wo eine Hülfe erwünscht schien.

Nachdem die großen Reiterangriffe abgewehrt waren, galt es,
den Feind aus dem Erlenbusche vor Goumont wieder zu vertreiben.
Im Hof des brennenden Schlosses und den dabei befindlichen Hecken
hatte sich Oberst Woodford mit der Coldstream-Garde und den
nassauischen Grenadieren die ganze Zeit hindurch behauptet. Gegen
7 Uhr Abends wurde den Franzosen auch das Erlenwäldchen wieder
abgenommen, wovon Major Dumaresque, der Adjutant der 2. Garde-
Brigade, dem Feldmarschall sofort Meldung erstattete. An der
Wiedereinnahme des Wäldchens betheiligten sich neben dem 2. Bataillon
des 3. Fußgarde-Regiments auch Theile der deutschen Legion und des
braunschweigischen Korps. Die Brigade du Plat war nämlich inzwischen aus ihrer oben erwähnten Stellung erheblich vorgedrungen
und stand mit ihrem rechten Flügel unweit des östlichen Parkrandes
von Goumont. Von hier aus wurde das 2. Linien-Bataillon durch
Gewehrfeuer nicht unerheblich belästigt. Der Brigade-Kommandeur,
Oberst du Plat, war gefallen, und der Bataillons-Kommandeur Oberstlieutenant Müller, entschloß sich, den Park zu nehmen. Dies gelang, und
man fand darin neben zahlreichen gebliebenen Franzosen auch todte
und schwerverwundete englische Gardisten, sowie einige Gefallene der
braunschweigischen Avantgarde. Doch sollte das Legionsbataillon nicht
im unbestrittenen Besitze des vielumfochtenen Schloßparkes bleiben:
ein starker und umfassender Angriff der Franzosen vertrieb es wieder
daraus. Es ging auf die anderen, noch in Karreeformation auf dem
vorigen Platze stehenden Bataillone seiner Brigade zurück, sammelte
sich hier wieder und begann den Angriff sofort von Neuem, als neben
ihm als willkommene Unterstützung Braunschweiger eintrafen. Es
war das Avantgarde-Bataillon unter Kapitän Berner, zwei Kompagnien des Leibbataillons unter Kapitän v. d. Heyde und die
1. Kompagnie des 1. leichten Bataillons unter Kapitän v. Meibom.
Bei dieser Kompagnie wurden die Fähnrichs Wagenknecht und
Trumpf verwundet. Bei dem Bataillon der deutschen Legion
wurden alle vier Kompagnie-Chefs bei diesem entscheidenden Sturme
getroffen, darunter Kapitän Thiele tödtlich. Ueberhaupt war dieser
abendliche Kampf im Parke von Goumont anscheinend recht hitzig.
Annähernd 2000 Bäume wurden in dem Wäldchen durchschossen,
einzelne von bis zu 100 Kugeln. Ein Mitkämpfer, der uns schon
bekannte Korperal Külbel vom Leibbataillon, giebt an, hier allein
70 Patronen verschossen zu haben. Ein Trupp versprengter Leute

vom Leibbataillon hatte sich einer an der Niveller Chaussee postirten
Kompagnie des 51. leichten Infanterie-Regiments angeschlossen. Es
waren einige Peninsulakämpfer darunter, die in den Westyorkshirern ihre
Divisionsgenossen aus Spanien und im Kapitän Roß den damaligen
Adjutanten des Generalmajors v. Bernewitz wiedererkannten. Die
Verluste der in den Ortskampf von Goumont verwickelten Bataillone
hielten sich in mäßigen Grenzen und erreichten lange nicht die Zahlen
der weiter östlich im freien Felde fechtenden Abtheilungen. Die
ziffermäßigen Angaben darüber folgen später. Am meisten war das
Leibbataillon, und besonders dessen 3. Kompagnie, mitgenommen.
Unter den 26 Todten dieses Bataillons befand sich auch der berittene
Stabshornist. Einige Krieger von 1809 sind in der Verlustliste an
ihren Geburtsorten im Schlesischen oder Bayreuthischen leicht kenntlich.

Getrennt von diesen drei Bataillonen fochten die übrigen 5 Bataillone
des braunschweigischen Feldkorps. Sie erlitten von vorn herein
Verluste; denn der Höhenrücken, auf dem sie aufgestellt waren, lag
im feindlichen Artilleriefeuer. Als die Kanonade an Heftigkeit zunahm,
entschloß sich Feldmarschall Wellington, die ganze Infanterie seines
Centrums ungefähr 150 Meter zurückzunehmen, da sie am nördlichen
Abhange besser vor den feindlichen Geschossen gedeckt war. In
ihrer neuen Stellung wurde sie gegen 4 Uhr von französischer
Kavallerie angegriffen. Da das Korps Erlon gegen la Haye Sainte
und den linken Flügel der Verbündeten ebensowenig ausgerichtet
hatte, wie das Korps Reille gegen den rechten Flügel, schickte
Napoleon den Marschall Ney mit einer gewaltigen Reitermasse*)

---

*) Im Ganzen waren an den großen Reiterangriffen auf die britische
Stellung folgende Truppenkörper betheiligt und mit Braunschweigern in Berührung:

3. Kavallerie-Korps: Gen.-Lieut. Kellermann Graf v. Valmy.

    12. Kavallerie-Division: Gen.-Lieut. Roussel d'Hurbal.

1. Brigade: Gen. Blancart.	2. Brigade: Gen. Donop.
1. Karabiniers-Regiment.	2. Kürassier-Regiment.
2. „ „	3. „ „

    4. Kavallerie-Korps: Gen.-Lieut. Milhaud.

13. Kavallerie-Division: Gen.-Lieut. Wathier St. Alphonse.

    1. Brigade: Gen. Dubois.

    1. Kürassier-Regiment: Ob. de Béthune.

    4.   „   „   „ Talon.

und dem Auftrage vor, das britische Centrum zu durchbrechen. Acht Kürassier-Regimenter, die das 4. Kavalleriekorps bildeten, ritten unter General-Lieutenant Milhauds Führung zur Attacke an, nachdem sie bei la Belle Alliance mit begeisterten Hochrufen an ihrem vergötterten Imperator vorübergezogen waren. General Lefebvre-Desnouettes folgte ihnen, ohne dazu befehligt zu sein, mit der 2. Garde-Kavallerie-Division. Das ganze Reitergeschwader zählte 40 Schwadronen und bot einen ebenso glänzenden, wie furchtbaren Anblick. Aber Lord Wellington war zu seinem Empfange bereit. Er hatte seine Artillerie angewiesen, bis zum letzten Augenblick zu schießen, dann aber die Bedienungsmannschaft nebst Protzen und Pferden in die Innenräume der Infanterie-Karrees zu retten. Die Bataillone rückten zu dem Zweck näher an die Artillerie-Linie heran und bildeten, schachbrettförmig aufgestellt, Karrees.*) Hier standen zwischen der Brigade Maitland und der Brigade Halkett die fünf braunschweigischen Bataillone, nämlich die Linien-Brigade nebst dem 2. und 3. leichten Bataillon.**) Hier befand sich auch Oberst Olfermann und nicht weit davon der Herzog v. Wellington. Dieser zog, als er den französischen Angriff sich vorbereiten sah, das 23. Walliser Königs-Füsilier-Regiment unter Oberst Ellis ins erste Treffen zwischen die braunschweigischen Bataillone; doch war dessen leichte

----

2. Brigade: Gen. Travers.

7. Kürassier-Regiment: Ob. Graf de la Briffe.

12.   „   „   „   Thurot.

14. Kavallerie-Division: Gen.-Lieut. Delort.

1. Brigade: Gen. Farine.

5. Kürassier-Regiment: Ob. Deschamps.

6.   „   „   „   de Baillencourt.

2. Brigade: Gen. Vial.

9. Kürassier-Regiment: Ob. Bigarne.

10.   „   „   „   de la Huberbière.

*) Die durch das braunschweigische Exerzier-Reglement eingeführten Karrees waren ganz dünne, längliche Rechtecke, die nach vorn und nach hinten 3 Züge, nach den beiden Flanken 5 Züge breit waren. Sie waren durchweg nur zwei Glieder tief. Gleichwohl lesen wir von mitunter angewendetem viergliedrigem Feuer; es scheint also von der vorgeschriebenen Form bisweilen abgewichen zu sein. Ein wesentlich anderes Bild boten die benachbarten englischen Karrees: sie standen vorn und hinten sechs Glieder tief, in den Flanken in der Regel dreigliedrig.

**) Siehe Klappe 2 des Planes Nr. 5 (2—5 Uhr).

Kompagnie nicht beim Regiment, sondern schloß unweit des Leibbataillons an die 51er an. Hinter den Braunschweigern wurde im
zweiten Treffen das 3. Bataillon des 14. Regiments bereitgestellt.

Da die verbündete Artillerie nach den Weisungen des Oberfeldherrn verfuhr, konnte die Kürassier-Division Delort ohne Kampf
in die verlassenen Batterien eindringen. Ein donnerndes Vive
l'empereur! begleitete diesen Erfolg. Aber an der vortrefflichen
Haltung der Karrees scheiterte sie ebenso wie die Division Wathier
St. Alphonse.*) Eine kräftige Salve empfing die Kürassier-
Schwadronen in der Regel auf 30 Schritte Entfernung, brachte sie in
Unordnung und sprengte sie mitunter in zwei Theile auseinander,
so daß sie zu beiden Seiten an den Karrees vorüberjagten. Ihre
Flankeurs umschwärmten die Karrees überall und nöthigten sie durch
Karabinerschüsse, auch ihrerseits Schützen vorzunehmen. Zu diesem
Dienst drängten sich überall Freiwillige, die dann vorzugsweise die
feindlichen Offiziere aufs Korn nahmen. Beim 2. Linien-Bataillon
ließ es sich sogar der Quartiermeister-Sergeant Boucher, dessen
Aufgabe das Fechten gar nicht war, nicht nehmen, seinen Eifer in
dieser Weise zu bethätigen. Vom 1. Linien-Bataillon wird der
Soldat Kaye, vom 3. Linien-Bataillon die Sergeanten Stallmann
und Müller, vom 3. leichten Bataillon der erst 16 jährige Sergeant Schmidt wegen erfolgreicher Schützenthätigkeit vor den Karrees
namhaft gemacht. Stallmann war bei solchem Anlaß selbst durch
ein dreimaliges Versagen seines Gewehrs nicht aus seiner Ruhe zu
bringen; Müller schoß mit sicherer Hand zwei feindliche Offiziere
vom Pferde. Das 1. Linien-Bataillon, dessen Platz nicht weit von
der braunschweigischen Fußbatterie war, ließ den schwer bedrängten
Kanonieren durch sein wohlgezieltes Feuer eine sehr wirksame Unterstützung angedeihen. Den schon bei Quatrebras verwundeten Feldwebel Kinkel traf eine Kugel durchs linke Bein; aber auch diesmal
verließ der Brave seine Kompagnie nicht.

Die geworfenen französischen Schwadronen sammelten sich mit
größter Zähigkeit sofort zu neuem Anreiten, ohne besseren Erfolg als
vorher. Schließlich ließ Marschall Ney zum Sammeln blasen, aber
nur um die im Grunde zurückgehaltene leichte Garde-Kavallerie-

---

*) Deren Führer war jedenfalls derselbe Wathier, der schon bei Fuentes
de Oñoro ohne Erfolg gegen die braunschweigischen Todtenköpfe angeritten war.

Division Lefebvre-Desnouettes links aufmarschiren und ebenfalls anstürmen zu lassen. Während die Ulanen-Brigade unter General Colbert hauptsächlich mit der entgegengesandten verbündeten Reiterei ins Handgemenge kam und die Kürassiere Milhauds fortgesetzt gegen die Divisionen Picton und Alten anstürmten, stieß General Lallemand mit den Garde-Jägern zu Pferde gerade auf die Stelle, wo die Karrees der Braunschweiger und das der Königs-Füsiliere standen. Die Walliser gaben ein verfrühtes Feuer ab, das Lallemands Jägern wenig Schaden that. Aber als es zum Chok auf die Vierecke kam, prallte auch dieser Angriff an der Tapferkeit der Infanterie ab, zumal im letzten Augenblick zwischen zwei der braunschweigischen Karrees die reitende Neunpfünder-Batterie Mercer auffuhr. Oberst Ellis, der vom Halbinselkriege wohlbewährte Kommandeur der 23er,*) fiel inmitten seines Karrees, zum Tode getroffen, vom Pferde. Von den Braunschweigern berichtet Siborne, sie hätten sich auf eine Weise benommen, die den erfahrensten Veteranen Ehre gemacht hätte. Feldmarschall Wellington, der sich gleich Lord Hill meist bei den braunschweigischen Karrees aufhielt, wurde Zeuge ihrer Tapferkeit, die auch dem Kaiser Napoleon auffiel.**) Vom 3. Linien-Bataillon, welches zwei Karrees gebildet hatte, wird besonders Kapitän v. Breymann gerühmt, der eines derselben mit großer Kaltblütigkeit kommandirte. Um die Abwehr der feindlichen Reiter in eine völlige Niederlage derselben zu verwandeln, kam es vor, daß die Bataillone mit gefälltem Bajonett hinter ihnen herstießen. Aber sowie sie aus der Deckung traten, erhielten sie ein so mörderisches Kartätschenfeuer, daß sie schleunigst in ihre alte Stellung zurückkehren mußten.

So endete auch ein vom Oberbefehlshaber angeordnetes Vorgehen, an welchem das 2. und 3. leichte und das 2. Linien-Bataillon theilnahm. Links rückwärts der vorgehenden 1. Brigade der Deutschen Legion***) folgten mit Ruhe und Ordnung die drei braunschweigischen Bataillone. Hinter ihnen rückten das 1. Bataillon des 52. leichten Infanterie-Regiments und das 2. Bataillon der 95er Riflemen ebenfalls vor. Die Bataillone waren in Karreeformation und

---

*) Damals Brigadegefährten der Wachholtz'schen Scharfschützen-Kompagnie.

**) So berichtet der Hofbesitzer de Coster aus la Belle Alliance, der die ganze Zeit hindurch bei Napoleon auf einem Hügel bei seinem Pachthofe stand.

***) Uebrigens machten nur das 1., 3. und 4. Linien-Bataillon dieser Brigade das Vorgehen mit.

hatten leichte Schützenlinien vor sich. Die der Braunschweiger führte
Kapitän Häusler vom 3. leichten Bataillon. Der Versuch schlug
fehl: die Kolonnen kamen nicht nur ins stärkste Artilleriefeuer,
sondern auch in das Schnellfeuer der feindlichen Schützenkette, die
sich von der Ostecke von Goumont bis nahe an den vorderen Abhang
des von den Verbündeten besetzten Höhenrückens erstreckte. Dazu
attackirte französische Kavallerie, unterstützt durch reitende Artillerie.
Schnell hintereinander wurden, namentlich bei den beiden leichten
Bataillonen, ganze Rotten niedergeschossen, und die Bataillone mußten
unter schweren Verlusten umkehren. Dem Oberst Olfermann, der
die vorgehenden Bataillone in Person anführte, zerschmetterte ein
Granatsplitter drei Finger der rechten Hand. Eine ganz ähnliche
Verwundung erlitt sein Adjutant, Kapitän v. Zweiffel. Die Kommandeure der beiden leichten Bataillone wurden schwer verwundet,
Major Ebeling sogar tödtlich.*) Um den mit zerschmettertem Knie
liegen gebliebenen Major v. Brandenstein nicht in Feindes Hand
fallen zu lassen, kam es beim 2. leichten Bataillon während des Rückzuges zu einem nochmaligen theilweisen Vorgehen.

In ihre alte Stellung zurückgekehrt, wurden die Bataillone
sofort wieder durch feindliche Reiterei angegriffen. Es war 6 Uhr;
das Eingreifen der Preußen gegen die französische rechte Flanke
machte sich schon stark fühlbar, und Napoleon verdoppelte seine Anstrengungen gegen Wellingtons Centrum. Marschall Ney unter-
nahm einen neuen Sturm mit einer gewaltigen Reitermasse. Die
stark gelichteten Reihen Milhauds und Lefebvre-Desnouettes
waren verstärkt durch das 3. Kavalleriekorps unter dem Grafen
v. Valmy. Auch die Reserve-Kavallerie des Gardekorps unter General Guyot machte den Stoß mit, ohne übrigens dazu befehligt
zu sein. Kellermann wollte die Karabiniers-Brigade Blancard
seines Korps als Reserve zurückhalten; aber auf Neys Veranlassung
machte sie den Angriff ebenfalls mit. Sie stieß in heftigem Anprall
gerade auf die Braunschweiger, ohne gegen sie etwas ausrichten zu
können. „Besonders das 2. und 3. Jäger- sowie das 3. Linien-
Bataillon“, berichtet Olfermann, „standen wie Felsen.“ Eine
Eskadron griff, das Feuer auf nahe Entfernung nicht achtend, das

---

*) Er starb am 8. August zu Laeken, erst 28 Jahre alt, in den Armen
seiner ihm vor 18 Wochen angetrauten jungen Gattin.

3. leichte Bataillon an.   Mit dem Rufe „en avant, carabiniers!"
stürzte sich ihr Chef förmlich in die Bajonette der knieenden vorderen
Glieder des Vierecks.   Von einer Kugel durch den Kopf getroffen,
fiel der mit dem Kreuz der Ehrenlegion geschmückte Tapfere in das
Karree des Bataillons.

Die Schlacht hatte ihren Höhepunkt erreicht und nahte der Ent=
scheidung. Kaiser Napoleon hatte sein ganzes 6. Armeekorps und die
junge Garde den Preußen entgegenstellen müssen, die mit Macht
Plancenoit berannten.   Er beschloß um 6½ Uhr Abends einen letzten
verzweifelten Ansturm gegen die britische Stellung. Bei den Truppen,
die er hierzu verwendete, verbreitete er das Gerücht, Marschall Grouchy
sei von Wavre her eingetroffen.   Diesmal war es die Chaussee von
Charleroi, auf der sich der Angriff entfaltete.   Bei la Belle Alliance
formirte Marschall Ney die Angriffskolonnen aus 10 Bataillonen
der alten und mittleren Garde unter den Generalen Friant und
Michel.   Das 3. Grenadier= und 3. Jäger=Regiment sollten, in Ba=
taillonsmassen formirt, über das von den Divisionen Alix und
Donzelot des 1. Armeekorps*) genommene Gehöft La Haye Sainte
in das Centrum der feindlichen Stellung einbrechen, während die
übrigen sechs Bataillone etwas später unweit Goumont vorzustoßen be=
stimmt waren.   Alle Truppen der ersten Linie von den Armeekorps
der Generale Erlon und Reille sollten den Angriff mitmachen;
ebenso die Trümmer der schon so oft zur Attacke angerittenen Kavallerie=
Brigaden.

---

*) Folgendes war die Eintheilung der betheiligten Truppenkörper beider
Korps:

Von der **Kaisergarde**: Gen.=Lieut. Friant.

3. Garde-Grenadier-Regiment: Gen. Poret de Morvan.

3. Garde-Jäger-Regiment zu Fuß: Gen. Mallet.

Vom **1. Armeekorps**: Gen.=Lieut. Graf Drouet d'Erlon.

1. Division: Gen.=Lieut. Alix.

1. Brigade: Gen. Quiot.   2. Brigade: Gen. Bourgeois.
54. Linien=Regiment.   28. Linien=Regiment.
55.   „   „   105.   „   „

2. Division: Gen.=Lieut. Donzelot.

1. Brigade: Gen. Schmitz.   2. Brigade: Gen. Aulard.
13. leichtes Regiment.   19. Linien=Regiment.
17. Linien=   „   51.   „   „

Die furchtbare Anstrengung der Franzosen schien von Erfolg belohnt werden zu sollen. La Haye Sainte war gefallen; die Division Alten wurde zurückgedrängt; es waren keine kampffähigen Truppen mehr hinter dem Gehöft vorhanden. Da sprengte Kapitän Shaw, der stellvertretende General=Quartiermeister der 3. Division, zu dem rechts der Straße von Nivelles befindlichen Herzog v. Wellington, um Verstärkungen zu erbitten. Der Oberbefehlshaber bestimmte hierzu das braunschweigische Korps, das er in seiner bisherigen Aufstellung durch die niederländische Brigade Detmers ersetzte. Der Prinz von Oranien erschien ebenfalls bei den Braunschweigern, um ihren Muth durch einige kräftige Worte anzufeuern. Die Führung der braunschweigischen Truppen war nach der Verwundung des Oberst Olfermann auf den General=Quartiermeister Oberstlieutenant v. Heinemann übergegangen, da der Oberst v. Herzberg noch nicht zur Stelle war. Der zeitige Führer des Korps ließ, nachdem ihm Kapitän Shaw den Befehl des Feldmarschalls überbracht hatte, die fünf Bataillone links abmarschiren und führte sie, durch den Höhenrücken gedeckt, nach dem bedrohten Punkte, wo sie sich zwischen der englischen Brigade Halkett und dem herzoglich nassauischen 1. Regiment einschoben. Das 2. Bataillon der Nassauer fluthete eben von einem mißglückten Vorstoß zurück, während dessen der Prinz von Oranien an ihrer Spitze durch einen Schuß in die linke Schulter verwundet worden war. Groß war die Befriedigung der hartbedrängten Truppen, als die Braunschweiger gerade im richtigen Augenblick, links vom Karree der 30er und 73er, erschienen und so die zwischen der Brigade Halkett und der Brigade Kempt durch die Vernichtung des 8. und 5. Legions=Bataillons und die schweren Verluste der Brigade Kielmannsegge entstandene Lücke füllten.*)
Freilich war ihr Auftreten nicht von vorn herein ein glückliches. Sie hatten eben erst begonnen, aufzumarschiren und ihre Zwischenräume auszugleichen, als dicht vor ihnen die feindliche Schützenkette auftauchte, die eben den Höhenkamm erstiegen. Es waren Truppen der Division Donzelot und der mittleren Garde. Ihr Anprall war so heftig und durch den dichten Pulverdampf so wenig übersehbar, daß er die erschöpften und noch im Aufmarsch begriffenen vorderen drei Bataillone der Braunschweiger zum Stutzen und Weichen

---

*) Siehe Plan 5 unterhalb der Klappen (7 Uhr).

brachte. Leicht hätte hierbei eine Fahne des 2. Linien-Bataillons
in Feindes Hand fallen können. Ihr Träger, Sergeant Fuhr, sank
gerade im kritischen Augenblick, aus mehreren Wunden blutend, zu
Boden. Aber auf seinen Ruf: „Nehme Einer die Fahne, damit sie
nicht verloren geht!" ergriff Sergeant Horney der 2. Kompagnie
das Feldzeichen und brachte es in Sicherheit. Alle Fahnen wurden
stark zerfetzt, da die Kartätschkugeln meist zu hoch gingen und ihre
Tücher durchbohrten. Das 2. und 3. leichte Bataillon dürften auch
diesmal bald ins Vortreffen gezogen worden sein; denn ihre Verluste
übersteigen auffallend die der Linien-Bataillone. Sie büßten 12 Offiziere
201 Mann ein, während die ganze Linien-Brigade nur 3 Offiziere
135 Mann verlor. Unter den Gebliebenen der leichten Bataillone
waren die Kapitäns v. Praun und Rauh,*) unter den Verwundeten
die Kapitäns v. Paczinsky und v. Frankenberg, sowie der Major
v. Unruh. Merkwürdigerweise war der Verlust des 2. Linien-Bataillons,
das mehrmals als in erster Linie kämpfend genannt wird, ein sehr geringer.

Gleich den der Wucht des feindlichen Stoßes am meisten ausgesetzten Braunschweigern und Nassauern wichen auch die benachbarten
Brigaden Halkett, Kielmannsegge und Ompteda dem durch
ein verheerendes Artilleriefeuer unterstützten machtvollen Anprall der
Garden, an deren Spitze der „Bravste der Braven", Marschall Ney,
nach dem Verlust seines Pferdes wie ein Verzweifelter zu Fuß
kämpfte. Aber weiter als 100 Schritte dehnte sich die rückgängige
Bewegung nicht aus. Es gelang den Bemühungen der braunschweigischen Offiziere um so mehr, die augenblicklich verloren gegangene Ordnung wieder herzustellen, als sie sich dabei der Unterstützung einzelner englischer Kameraden zu erfreuen hatten. Lieutenant
Hughes vom 30. Infanterie-Regiment wurde während dieser Hülfe-
leistung in den Reihen der Braunschweiger verwundet; ebenso Wellingtons Adjutant, Oberstlieutenant Gordon, dieser tödtlich. Vom
größten Einfluß auf die schnelle Wiederherstellung ihrer Haltung war
es, daß Feldmarschall Wellington in Person an die braunschweigischen
Truppen heranritt und sie durch eine zündende Anrede zum Halten
veranlaßte. Das am linken Flügel stehende 3. Linien-Bataillon
unter Major v. Normann stellte zuerst seine Ordnung wieder her.
Obwohl namentlich die 1. und 2. Kompagnie schwer litten, behauptete

---

*) Im Jahre 1809 Rittmeister der Ulanen des schwarzen Korps.

es standhaft seinen Platz und überschüttete die anrückenden Franzosen
stehenden Fußes mit einem so wirksamen Rottenfeuer, daß ihr Vordringen sofort ins Stocken gerieth. Ein Unteroffizier dieses Bataillons
rief, indem er vor den Zug sprang, seinen Leuten zu: „Die französischen Kerls hat doch der Teufel überall, wie die westfälischen
Centimen. Kommt nur drauf los, und wer nicht laden kann, der
schlage ihnen mit dem Kolben das Genick ein!" Inzwischen hatten
sich auch die andern Bataillone wieder formirt und rückten, von
Wellington in Person vorgeführt, heran. Auch die übrigen Brigaden wurden zum Stehen gebracht und gingen gleich den Braunschweigern wieder vor. Die zur Reservebrigade Lambert gehörigen
Inniskillings vom 27. Regiment griffen ein. Die durch den General
v. Müffling vom linken Flügel herangeholte Kavallerie-Brigade
Vivian ritt zur Attacke an. Der etwa 10 Minuten später erfolgende
Angriff der zweiten Kolonne der Kaifergarde, der sich östlich des
Parkes von Goumont hinaufzog, um sich zuletzt durch die Mulde 120
gegen die von den Brigaden Maitland, Detmers und Adam besetzte Höhe zu richten, wurde von diesen Truppen gleichfalls abgeschlagen,
zumal General Adam mit seiner Brigade flankirend zum Gegenstoß
schritt. So scheiterte auch der letzte Versuch der Franzosen zur Durchbrechung der britischen Aufstellung. Napoleon vermochte ihn nicht
mehr zu unterstützen, da er den in seiner Flanke kraftvoll vor-
bringenden Preußen fast den ganzen Rest seiner Reserven hatte entgegenstellen müssen.

Die Braunschweiger hatten an diesen Schlußkämpfen des blutigen
Tages ruhmvollen Antheil. Vom 1. Linien-Bataillon, das in geschlossener Kolonne links neben dem 2. Linien-Bataillon stand, war es
besonders die 4. Kompagnie unter Kapitän Peßler, die mit großer
Tapferkeit in aufgelöster Ordnung gegen die Garde-Grenadiere vor-
brang, während das Bataillon selbst unter ihrem Schutze deployirte.
Das verheerende Kleingewehrfeuer dieses letzten Momentes der Schlacht
brachte noch schmerzliche Verluste. Das 2. Linien-Bataillon verlor
binnen zwei Tagen schon seinen zweiten Kommandeur, als Major
v. Schwartzkoppen von der tödtlichen Kugel ereilt wurde. Major
v. Wolffradt, der Führer der Linien-Brigade, erhielt einen Schuß
durch den linken Oberarm. Oberstlieutenant v. Heinemann, der
zeitweilige Führer des braunschweigischen Feldkorps, starb den Heldentod. Er hielt am linken Flügel des 2. Linien-Bataillons, als sich

plötzlich sein Pferd bäumte, während er selbst den Kopf auf die Brust
sinken ließ und ohne Lebenszeichen von den Lieutenants Mattern
und v. Bockelmann auf die Erde gelegt wurde. Gleich darauf
mußten die Offiziere von ihm ablassen, denn soeben begann der allgemeine Sturm. Der Herzog v. Wellington, der sich beim 1. Fußgarde-Regiment befand, gab in dem Augenblick, als die Strahlen
der untergehenden Sonne durch die Wolke des Pulverdampfes brachen,
das Zeichen zum Vorbrechen, indem er den Hut hob und charge!
rief. Alle Truppentheile gingen nun mit fliegenden Fahnen und
klingendem Spiel vor, hinter dem fliehenden Feinde her, während
die verbündete Kavallerie zur Verfolgung vorbrach. Bald war
la Haye Sainte wiedergenommen. Auch die bei Goumont thätig gewesenen Bataillone, zu denen sich inzwischen auch das Landwehr-
Bataillon Salzgitter gesellt hatte, machten das allgemeine Vorgehen
mit. Es war ein überaus großartiges Bild. Bei la Belle Alliance
trafen Wellingtons Bataillone um 8 1/2 Uhr mit den aus Osten
siegreich über Plancenoit vorgedrungenen Preußen zusammen. Jubelnde
Hurrahs und der Klang der, beiden Nationen gemeinsamen Volks-
hymne bekundeten die neu geschlossene Waffenbrüderschaft. Die
Preußen übernahmen unter ihres Generalstabschefs Gneisenau persönlicher Führung die weitere Verfolgung des geschlagenen Feindes bis
gegen Frasnes. Die britisch-niederländische Armee bezog Biwaks an
der Stelle, wo sie von der Verfolgung abließ. Die braunschweigische
Infanterie schlug gegen 10 Uhr ihr Lager neben der niederländischen
Brigade Detmers westlich von Maison du Roi auf. Die entsendeten
Abtheilungen wurden theilweise durch Signale zu ihren Verbänden
zurückgerufen. Als gegen 11 Uhr der Mond aufging, lagen die
furchtbar angestrengten Krieger schon im tiefsten Schlummer.

Großartig und entscheidend war der errungene Sieg, aber schwer
und schmerzlich die Verluste, mit denen er erkauft war. Auch das
braunschweigische Korps hatte Verluste erlitten, die dem hervorragenden
Antheile entsprachen, den es an der Schlacht genommen hatte. Der
Wachholtz'sche Bericht nennt hinsichtlich der Infanterie 118 Mann
als gefallen, 348 Mann als verwundet, 50 Mann als vermißt. Auch
diese Angaben stimmen in der Gesammtzahl der todten und verwundeten Mannschaften — 467 — fast genau mit dem Ergebniß
der neueren Feststellung überein. Diese hat zu folgender Verlustliste geführt:

	Todt			Verwundet		
	Offz.	Uffz.	Gem.	Offz.	Uffz.	Gem.
Höhere Stäbe	—	—	—	7	—	—
Graue Jäger	—	—	6	—	2	2
Avantgarden-Infanterie	—	2	9	1	—	11
Leibbataillon	1	2	24	1	2	33
1. leichtes Bataillon	—	—	12	3	2	24
2. „ „	2	6	50	2	5	50
3. „ „	4	7	48	4	4	31
1. Linien-Bataillon	—	1	17	1	3	32
2. „ „	1	—	2	—	1	13
3. „ „	1	3	21	—	—	42
	9	21	189	19	19	238

Die Namen der gefallenen oder an ihren Wunden verstorbenen Offiziere*) sind: Fähnrich O'Halloran vom Leibbataillon; Fähnrichs Sensemann und Bruns vom 2. leichten, Major Ebeling, Kapitän v. Praun, Stabskapitän Rauh und Lieutenant Hörstel vom 3. leichten Bataillon; Major v. Schwartzkoppen vom 2., Fähnrich Kubel vom 3. Linien-Bataillon. Verwundet waren: Oberst Olfermann, Major v. Wachholtz, Kapitän v. Zweiffel, Kapitän Morgenstern und Fähnrich Gille vom Stabe des Korps; Oberstlieutenant v. Buttlar und Major v. Wolffradt, die beiden Brigadeführer; Major v. Bülow vom Avantgarde-Bataillon; Fähnrich Bosse vom Leibbataillon; Stabskapitän Röver, Fähnrichs Wagenknecht und Trumpf vom 1. leichten, Major v. Brandenstein und Kapitän v. Paczinsky vom 2. leichten, Major v. Unruh, Kapitän v. Frankenberg, Fähnrichs Toegel und Gotthard vom 3. leichten Bataillon; Lieutenant Scherff vom 1. Linien-Bataillon.

So verlief für das braunschweigische Fußvolk die blutige und glorreiche Entscheidungsschlacht, die in der Erinnerung der Nachkommen den Namen der Schlacht von Waterloo führt. Fürst Blücher hatte sie nach dem sinnvollen Namen des Hofes la Belle Alliance benannt, wo „durch eine anmuthige Gunst des Zufalls" die verbündeten Heere und auch die beiden Feldherrn zusammengetroffen waren. Dieser Name verbreitete sich schnell und wurde in den ersten Wochen nach der Schlacht auch bei den Braunschweigern stets an-

---

*) Oberstlieutenant v. Heinemann ist als Artillerist hier nicht mit berechnet.

gewendet. Aber Lord Wellington ging auf den schönen Gedanken, der ihm noch in derselben Nacht durch Müffling mitgetheilt wurde, nicht ein, sondern benannte die Schlacht nach seinem, über 4 Kilometer vom Kampffelde entfernten Hauptquartiere Waterloo, weil dessen Name der englischen Zunge bequemer auszusprechen war. Obgleich diese fragwürdige Begründung für die deutschen Hülfstruppen des brittischen Heeres gar nicht zutrifft, hat der Name Waterloo durch die enge Verbindung dieser Kontingente mit dem britischen Heere den schönen Namen Belle Alliance leider völlig verdrängt. Da er in Uniformsabzeichen und Fahnenbändern auch die amtliche Weihe erhalten hat, war es nicht zu vermeiden, auch dieser Darstellung der braunschweigischen Waffenthaten am 18. Juni 1815 den in Braunschweig volksthümlich gewordenen Namen der Schlacht von Waterloo zu geben.

20. Vor Paris.

Da die siegreichen Heere zum Vormarsch nach Frankreich ihre ursprüngliche Grundgliederung wieder einnahmen, konnten die zur Reserve gehörigen Truppen den 19. Juni der Erholung von den vorangegangenen unerhörten Anstrengungen, sowie den mannigfachen, nach einer blutigen Schlacht nothwendigen Geschäften widmen. Es fanden Appells statt, die Verbände wurden neu geordnet, die Verlustlisten aufgestellt, die Schlachtberichte entworfen. Oberst v. Herzberg traf aus Brüssel ein und übernahm das Kommando des Korps. Als er sich beim britischen Oberbefehlshaber meldete, sprach ihm dieser seine Zufriedenheit mit den braunschweigischen Truppen in den schmeichelhaftesten Ausdrücken aus, was Herzberg dem Korps durch folgenden Befehl übermittelte: „Se. Exzellenz der Herzog v. Wellington haben dem Obrist v. Herzberg über das außerordentlich gute und brave Benehmen dieser Truppen und ihre Bravour erkennen gegeben, indem er versichern müßte, daß er noch nie junge, angehende Krieger gesehen, die mit mehr Ruhe und Bravour als dieses Korps gefochten haben. Se. Exzellenz werden daher Gelegenheit nehmen, dem britischen, wie dem braunschweigischen Gouvernement pflichtmäßigen Rapport darüber abzustatten. Es hat sich daher jedes Individuum, sowie das Ganze aller möglichen Ehren und Vortheile zu erfreuen".

Ferner war es eines der ersten Geschäfte des neuen Befehls=
habers, die Stellenbesetzung neu zu regeln. Major v. Pröstler
übernahm die leichte Brigade, Major Metzner die Linien=Brigade,
Major Mahn von der Artillerie die Obliegenheiten des General=
Quartiermeisters. Die sieben fehlenden Bataillons=Kommandeure wurden
meist durch die ältesten Kapitäns vertreten. Nur die Majors
v. Steinwehr und Koch waren noch verfügbar und übernahmen
die Führung des 2. Linien= und 2. leichten Bataillons.

Einen Schlachtbericht zu entwerfen, war der soeben erst beim
Korps eingetroffene Oberst v. Herzberg natürlich nicht in der Lage.
Einen solchen verfaßte am 19., während Wellington seinen all=
gemeinen Bericht an den Kriegsminister Earl v. Bathurst auf=
setzte, der verwundete Oberst Olfermann, indem er ihn in Laeken
seinem Adjutanten Kapitän Bause diktirte. Major v. Normann
überbrachte ihn dem Geheimeraths=Kollegium in Braunschweig, das
nach dem Tode des Herzogs die Regierung des Landes einstweilen
übernommen hatte. Die Sendung des Majors v. Normann geschah
mit Wellingtons Einverständniß, das er in folgendem interessanten
Schreiben an den Oberst v. Herzberg aussprach:

„Nivelles, 20. Juni 1815.

Mein Herr! Ich habe Ihr Schreiben vom 20. d. Mts. erhalten.
Ich trage kein Bedenken, die Sendung eines Offiziers nach Braun=
schweig zu gestatten, der der Regierung über den beklagenswerthen
Tod Sr. Hoheit und über die letzten Operationen Bericht erstatten
soll. Daß deren Haltung höchst verdienstlich war und mir in der
letzten großen Schlacht vom 18. zur größten Genugthuung gereichte,
bitte ich Ihrer Regierung auszusprechen. — Ich habe Sie veranlaßt,
infolge der Verwundung des Oberst Olfermann den Befehl über das
Korps zu übernehmen. Nach dem Tode des Herzogs hatte ich den
Ebengenannten ersucht, das Kommando zu übernehmen, da der Herzog
mich gesprächsweise darüber verständigt hatte, daß er den Oberst
Olfermann als den Rangältesten nach sich betrachte. Auf alle Fälle
sind Sie der ältere Offizier von Ihnen beiden, und dies war auch
vom Herzoge so geregelt. Ich muß hinzufügen, daß ich nach meiner
Kenntniß Ihrer früheren Dienste keinen Anstand nehmen konnte,
Ihnen das Kommando zu übertragen. Ebensowenig konnte ich dies
hinsichtlich des Oberst Olfermann, der mir stets Anlaß zur größten
Zufriedenheit gab, sowohl unter dem Herzoge, wie während seiner Befehls=

führung. — Was die Subsidien anlangt, so habe ich dem Herzoge erklärt, ich würde seine Truppen auf demselben Fuße behandeln, wie die zu meiner Armee gehörigen Truppen des Königs von Hannover; aber abgemacht war darüber mit Sr. Hoheit nichts. Sobald die Regierung einen Bevollmächtigten für diesen Gegenstand ernennen wird, bin ich bereit, in Unterhandlungen darüber einzutreten.   Wellington."

Während die amtliche Berichterstattung sofort ans Werk ging, folgten Privatbriefe meist erst nach einigen Tagen. Manche davon sind als schätzbare Beiträge zur Kenntniß der Schlacht recht wohl benutzbar; andere freilich sind die reinen Phantasiegebilde. Hierzu zählt auch ein Soldatenbrief, der seiner drolligen Fassung wegen hier Platz finden möge. Er lautet wortgetreu: „Liebe Aeltern! Wir sind den 16., 17. und 18. immerst in Feuer gewäßt, aberst da gieng es einmal her, riff raff, piff paff bei Menneckemeyer und mich fielen immerst 10 bis 12 Mann in einer Flanke, nu könnt Ihr denken, wies herging, Arme und Beine alles weck, mich haben die Rackers den Roßschweif vor der Nase weggeschossen, aberst haben auch wol Schläge gekriegt, kein Pardon, immerst druf, mit der Kolbe habe ich Fluchs 6 hinter einander dot geschlagen, das die Hunde keinen Knocken mehr regeten, zwei Zackermenters habe ich nich rechte drapen, das Crepirt mich noch, aberst in dem Gemezzel kann man sich nicht lange umsehen. Liebe Aeltern. Gottloff das ich schreiben gelernt habe, nu kann ich euch doch Nachricht geben. Ihr könnet denken, daß mein Leben an einen seidenen Faden gehängt hat, nehmt mal den Roßschweif, der sitzt doch dichte an den Koppe, aberst wenn ich erst mal wiederkomme, dann sollt Ihr hören un Maul und Nase aufsperren und daß ist kein Spaß. Kunradt und Schuppe sind dot und Andreas Dreibe is auch doht, aberst ich lebe, und daß is mannt recht guht, denn Ihr hättet euch mein Dag nicht zufrieden gegeben. Grüßt Marlenen, die wird sich freuen, und der Herzog seint auch todte, den hat eine Kugel durch das Leib geschoten, und da haben sie ihm aus der Pattalge auf die Packanetter weggebragt, da wurden wir aber erst wuthenhaftig und schlugen immerst von boben dal, da fielen die französchen Karnallgen wie die Rieben. Nu will ich aufhören, wenn ich einmal komme, sollt ihr mehr hören. Gottloff das ich noch lebe. Grießt auch den Schapmester, damit er weiß, daß ich gut durchkommen bin. Ich verbleibe Euer

Grießt ja Marlenen nochmal.   Kunrat."

Doch wir kehren in das Biwak bei Maison du Roi zurück, wo die braunschweigischen Bataillone bis zum Abend Zeit hatten, an der Wiederherstellung ihrer Schlagfertigkeit zu arbeiten. Sehr nachtheilig war es, daß auch am Sonntag, — binnen drei Tagen zum dritten Male! — eine Panik beim Gepäckpark ausgebrochen war.*) Der Kanonendonner von Belle Alliance, der bis Brüssel hinüberscholl, hatte gegen 2 Uhr Nachmittags das Gerücht bewirkt, die Franzosen seien in Brüssel. Sofort hatten die Packknechte die Stränge durchschnitten und zu Pferde, theilweise mit den Fuhrwerken, das Weite gesucht. Ueber Vilvorde und Mecheln ging diese wilde Flucht bis Antwerpen. Da die Flüchtlinge in diese Festung, die sie um 11 Uhr Abends erreichten, nicht eingelassen wurden, quartierten sie sich am 19. in Schooten ein und kehrten dann nach und nach zum Heere zurück. Da der Park aber erst am 22. Laeken erreichte, blieben die Truppen ohne Munition und, was in diesem Falle schlimmer war, ohne Verpflegung. Sie halfen sich, so gut sie konnten und benutzten namentlich den aus Reis, Erbsen und Salz bestehenden Inhalt der kleinen Lebensmittelbeutel, die sie in den Tornistern der gefallenen Franzosen fanden. — Das günstigste Loos traf das Leibbataillon. Es brach schon um 9 Uhr früh vom Schlachtfelde auf, um 2—3000 gefangene Franzosen nach Brüssel zu bringen. Hier traf es zwar erst um 11 Uhr Abends ein; aber es wurde während der Nacht von den Einwohnern aufs Reichlichste verpflegt. Die Gefangenen waren in einer Kirche untergebracht, das Biwak auf einem freien Platze in der Stadt aufgeschlagen. Am 20. früh marschirte das Bataillon wieder ab, um der Armee zu folgen.

Das Gros des Korps brach am 19. Juni erst um 9 Uhr Abends von Maison du Roi auf. Den ganzen Tag über waren preußische Kolonnen am braunschweigischen Lager vorübergezogen; denn die Chaussee nach Charleroi war die Vormarschstraße des Fürsten Blücher. Lord Wellington setzte seinen Marsch über Nivelles fort. Die zur Reserve gehörenden Braunschweiger wurden am Abend lediglich an die Niveller Chaussee herangezogen, wo sie ein Biwak bei Lillois bezogen. Am 20. ging es um 5 Uhr früh weiter, durch Nivelles nach Soignies. Damit war das Korps abermals auf

---

*) Die Bemerkung erscheint nicht überflüssig, daß der Troß des englischen Heeres sich ebenso schlecht bewährte, wie der braunschweigische.

eine andere Straße gesetzt, und zwar auf die nach Mons; denn
Wellingtons Heer sollte auf zwei Straßen in Frankreich einrücken.*)
Am folgenden Tage überschritt das braunschweigische Korps südlich
von Mons die französische Grenze und bezog ein Lager auf dem ge=
schichtlichen Boden von Malplaquet.**) In diesem Orte, dessen Name
eine Großthat des Herzogs v. Marlborough bedeutet, nahm der
Herzog v. Wellington sein Hauptquartier. Er hatte schon am
20. aus Nivelles einen längeren Armeebefehl erlassen, der die Truppen
zur schärfsten Mannszucht auf französischem Boden ermahnte, woselbst
durch die Kommissäre der Armee für ihre Bedürfnisse stets gesorgt
werden würde. Er wies nachdrücklich darauf hin, daß sie Frankreich als
Verbündete des französischen Königs beträten und als alliirtes Land
anzusehen hätten. Der Befehl schloß: „Der Feldmarschall nimmt
die Gelegenheit wahr, der Armee seinen Dank für ihr Benehmen in
dem ruhmvollen Kampfe des 18. auszusprechen. Er wird nicht ver=
fehlen, dieses ihr Benehmen den verschiedenen Landesfürsten in solchen
Ausdrücken zu melden, wie sie es verdienen".

Am 22. Juni 10 Uhr früh zog sich das Korps auf der Höhe
von Bavai zusammen, wo es sein Biwak bezog. Nachdem es in der
Nacht durch einen heftigen Platzregen gründlich durchwaschen war,
hielt es am 23. gleich der gesammten englisch=preußischen Armee
Ruhetag. Das Leibbataillon traf vor Bavai beim Korps wieder
ein. Dieses war jetzt vollzählig, da sich bei Lillois die Reiterei, bei
Soignies die Artillerie angeschlossen hatte. Den Husaren war eine
eigenartige Verstärkung durch das Eintreffen der aus Irland über=
führten, vom Major v. Tempsky befehligten Depot=Schwadron des zur
Zeit in Genua weilenden englisch=braunschweigischen Husaren=Regiments
zu Theil geworden. Auch die Bagage fand sich wieder an, die in
den Tagen der Gefahr die Truppen so schmählich im Stich gelassen
hatte. Das 1. leichte Bataillon wurde am 23. von Bavai aus eine
Stunde weit als eine Art Vorhut gegen die vom Feinde besetzte
Festung Le Quesnoy vorgeschoben. Uebrigens war die Einschließung

---

*) Vgl. wieder die Uebersichtskarte Nr. 1.

**) Hier hatten am 11. September 1709 die braunschweigischen Infanterie=
Regimenter Prinz Ferdinand Albrecht von Bevern und Erbprinz August
Wilhelm von Wolfenbüttel siegreich gegen die Franzosen gekämpft, im Solde
der Generalstaaten von Holland freilich, aber wie 1815 unter dem Oberbefehl
eines berühmten britischen Feldherrn.

dieses Ortes schon am Tage vorher durch das 2. niederländische Armeekorps unter dem Prinzen Friedrich der Niederlande bewirkt worden. Die beiden vorderen britischen Armeekorps befanden sich schon südlich der Festung. Nur die vom General Sir James Kempt geführte Reserve der Armee, bestehend aus der 5. und 6. britischen Division, dem braunschweigischen Korps und der Reserve-Artillerie, hatte den Festungsgürtel noch nicht passirt.

Am 24. wurde der Vormarsch nur von der Reserve fortgesetzt, die zwischen Englefontaine und Raucourt nächtigte. Wellington wollte sie näher an das um Le Cateau-Cambresis vereinigte Gros heranziehen. Am 25. setzte die ganze Armee den Vormarsch fort und durchzog an den folgenden Tagen die Picardie, eine arme und öde Gegend, nicht unähnlich der Lüneburger Heide. Die Reserve mußte am 25. auf schlechten, von englischem Gepäck verfahrenen Wegen vom Morgen bis zum Abend marschiren, um endlich ein Biwak bei Maretz zu beziehen. Am 26. erreichte sie den Kanal von St. Quentin und nächtigte bei Nauroy unweit von Bellicourt, wo der Kanal fast 6 Kilometer weit unterirdisch fließt. Am 27. wurde mit Sicherheitsmaßregeln marschirt, da die Nähe der Festung Ham nicht unberücksichtigt bleiben durfte. Aber die kleine Feste hatte sich schon der preußischen 11. Brigade (General v. Röder) nach wenigen Kanonenschüssen ergeben. Die braunschweigische Infanterie hatte ihr Lager mit der 6. Division und der Reserve-Artillerie zwischen Douilly und Villers schon aufgeschlagen, als sie noch am Abend Befehl erhielt, zur 5. Division heranzurücken, welche südlich von Ham biwakirte. Die Stadt Ham hatte sich, um ihre bourbonische Gesinnung kundzuthun, reich mit Lilien geschmückt. Der Marsch des 28. Juni führte merkwürdig weit westlich nach St. Aurin bei Roye, der des 29. nach Neufvy bei Gournay. Am 30. wurde auf der gesprengten, aber nothdürftig wiederhergestellten Brücke von Pont-Ste. Maxence die Oise überschritten und nördlich von Senlis im Walde von Hallatte genächtigt.

Die unaufhörlichen Märsche bei ungünstiger Witterung und regelmäßigem Biwakiren konnten auf die Dauer nicht verfehlen, von nachtheiligem Einflusse auf den Zustand der Truppen zu sein. Die rehfarbigen Kragen des 1. leichten Bataillons waren durch den Regen so ausgewaschen, daß sie von denen des 3. Linien-Bataillons nicht mehr zu unterscheiden waren. Major v. Holstein erhielt daher die

Erlaubniß, für sein Bataillon rosenrothe Kragen zu beschaffen.
Neben der Bekleidung und dem Schuhwerk litt auch der Gesundheits=
zustand unter den Anstrengungen des Feldzuges.   Am 30. Juni
ging ein großer Transport Kranker, die die Märsche nach Paris
voraussichtlich nicht aushalten konnten, nach Ham zurück.*) Auf den
Märschen wurde strenge Mannszucht gehalten. Patrouillen englischer
Großprofossen mit bedeutungsvollen Bündeln zusammengedrehter Hanf=
stricke am Pallasch umschwärmten die Marschkolonnen, um gegen
Nachzügler mit unnachsichtiger Strenge einzuschreiten.   Auch die
deutschen Kavallerie=Regimenter mußten Soldaten zu dieser berittenen
Armeepolizei stellen, die als Abzeichen ein rothes Band um den linken
Arm trug.

Mit Anfang des neuen Monats näherte man sich mit schnellen
Schritten dem Ziel der Märsche, der feindlichen Hauptstadt.**) Napoleon
hatte es versucht, die Sieger auf Laon und Soissons abzulenken.
Als sie aber, ohne die dort angesammelten Heerestheile zu beachten,
direkt auf Paris weitermarschirten, fielen Kammern und Volk vom
Kaiser ab, der am 22. Juni dem Throne entsagte und sich am 15. Juli
in Rochefort den Engländern ergab, um sein gigantisches Leben auf
dem Felseneilande St. Helena zu beschließen.   Die Trümmer des in
Belgien geschlagenen Heeres waren glücklich nach Paris entkommen,
woselbst Marschall Davout 80—90 000 Mann und die 30 000 Mann
starke Nationalgarde unter seinem Oberbefehl vereinigte. Es schien
daher nicht wahrscheinlich, daß die Hauptstadt sich ohne Kampf er=
geben würde.   Deshalb wurde die Reserve, die am 1. Juli durch
Senlis in ein Biwak bei Louvres vorgerückt war, am 2. vorwärts
von Wellingtons Hauptquartier Gonesse in voller Schlachtordnung
aufgestellt.   Um Arnouville standen die Engländer; in Bonneuil
kam Oberst v. Herzberg mit seinem Stabe und einer Wache von
2 Offizieren, 50 Mann unter; östlich davon ordneten sich die braun=
schweigischen Bataillone in Kolonnen derart, daß der linke Flügel der Linien=
Brigade vor der Windmühle stand. In dieser Stellung wurde biwakirt.
Der Montmartre war bereits sichtbar und bei hellem Sonnenschein leuchtete
sogar schon die vergoldete Kuppel des Invalidendoms in der Ferne auf.

---

*) Das General-Ordrebuch sagt Hamm; doch dürfte nicht die entfernte
deutsche Stadt, sondern die nahe französische Festung gemeint sein.
   **) Vgl. Skizze Nr. 6 auf der Uebersichtskarte Nr. 1.

Es kam zu keinen ernsteren Feindseligkeiten mehr; vielmehr wurde am 3. Juli, — demselben Tage, wo die Leiche des für diesen heiligen Zweck gefallenen Herzogs im Dome zu Braunschweig beigesetzt wurde —, zu St. Cloud die Kapitulation von Paris abgeschlossen. Lord Wellington machte diesen Erfolg am folgenden Tage der Armee bekannt und fügte hinzu: „Der Feldmarschall beglückwünscht die Armee zu diesem Ergebniß ihrer glorreichen Siege und wünscht, daß die Truppen die Ruhetage heute und morgen zur Instandsetzung ihrer Waffen, Kleidung und Ausrüstung benutzen, da er eine Revue über sie abzuhalten beabsichtigt". Das braunschweigische Korps blieb in seinen Biwaks bis zum 6. stehen; nur daß am 5. eine Vorschiebung der Truppen um einige 1000 Meter bis nach Garges vorgenommen wurde. Während dieser Tage des Stillliegens besserten die Bataillone ihre Bekleidung und Ausrüstung aus; die Befehlshaber hielten Musterungen, Oberst v. Herzberg Besichtigungen über alle Truppentheile ab. Am 4. Juli konnte der Korpsführer auch einer Ehrenpflicht gegen den hochseligen Herzog genügen, indem er für die Offiziere eine sechswöchige Trauer anordnete, bestehend aus einem am linken Oberarm zu tragenden schwarzen Flor mit Schleife.

Die Franzosen räumten am 4. Juli St. Denis, St. Ouen, Clichy und Neuilly, übergaben am folgenden Tage den Montmartre und am 6. alle Stadtthore, die von den Verbündeten und der Nationalgarde gemeinsam besetzt wurden. Die Reserve des britisch-niederländischen Heeres brach an diesem Tage um 5 Uhr früh aus ihrem Lager bei Garges auf, marschirte nach Paris und defilirte hier vor dem Oberfeldherrn. Die Marschordnung der Braunschweiger war: Husaren, reitende Artillerie, Avantgarde, leichte Brigade, Linien-Brigade, Fußartillerie, Ulanen, Train und Gepäckpark. In der Stadt selbst durften die Schwarzen indessen nicht verbleiben, sondern mußten noch eine Nacht zwischen Clichy und Villiers-la Planchette im Freien zubringen. Herzberg besichtigte die Truppen um 6 Uhr Abends in ihren Lagerhütten, zu denen das Boulogner Wäldchen die Stangen und das Laub hergegeben hatte. Am 7. kamen die Truppen endlich, zum ersten Male seit drei Wochen, wieder unter Dach und Fach. Das Hauptquartier kam mit den drei leichten Bataillonen und dem Leibbataillon nach Clichy-la Garenne, wo auch die Batterien lagen. Die Linien-Brigade belegte St. Ouen, die Avantgarde mit den Ulanen Villiers-la Planchette, das Husaren-Regiment St. Ouen, la Villette und la Chapelle. Die Dörfer waren sämmtlich fast menschenleer und die Häuser auch von Hausgeräth ziemlich entblößt. Man fand meist leere Stuben und Ställe; die Fenster und Thüren waren in der Regel von französischer oder preußischer Reiterei zerschlagen. Die besten Häuser mußten zu Hospitälern oder für die Stabsoffiziere der biwakirenden englischen Truppen hergegeben werden. Die Unterkunft der Truppen war wenig mehr als ein Ortsbiwak. Auch in anderer Hinsicht erwiesen sich die neuen Verhältnisse als keineswegs sehr angenehm. Die vom Herzog v. Wellington verlangte und mit eiserner Strenge durchgeführte Mannszucht war überaus scharf. Besonders hatten die ihm unterstellten nicht-englischen Truppen unter seiner Strenge zu leiden. Zeitweilig führte er infolge eingelaufener Beschwerden für alle ausländischen Truppen die sehr drückende Maßregel stündlicher Appells ein. Ferner hatten die Truppen unter der mangelhaften Beschaffenheit der vom britischen Kommissariat gelieferten Verpflegung und unter den schlechten gesundheitlichen Verhältnissen zu leiden.

Ganz friedlich ließen sich die Unterkunftsverhältnisse vor Paris anfänglich nicht an, da man die Macht des neu hergestellten französischen Königthums noch nicht für ausreichend gesichert hielt. Gleich beim Einrücken war das 2. leichte Bataillon zur Besetzung des Montmartre bestimmt worden. Nach 24 Stunden wurde es durch das 3. leichte Bataillon abgelöst u. s. f. Vom 12. ab folgten sich die Bataillone auf diesem Posten erst in dreitägigem Wechsel. Am 29. Juli wurde die Besetzung des Montmartre gänzlich eingestellt. Die Franzosen hatten ihn mit Verschanzungen versehen. Ihre Geschütze, die sie gemäß Artikel 3 des Kapitulations-Vertrages mitgenommen hatten, waren durch hannoversche Batterien ersetzt worden, deren Schlünde drohend auf Paris gerichtet waren. Das Besatzungsbataillon des Montmartre fand in Kasernen und Massenquartieren ein enges Unterkommen und gab zwei Thorwachen.

Zwischen dem Montmartre und Clichy war der Alarmplatz der übrigen Truppen des Korps. Als Alarmsignal hatte General v. Müffling, der Gouverneur von Paris, drei in den Champs Elysees zu lösende Kanonenschüsse bestimmt. Die Brigade, die nicht den Montmartre besetzte, gab eine Wache von 1 Offizier, 2 Unteroffizieren, 30 Mann an der Schiffbrücke von Argenteuil. Auch die Pontonbrücke von Asnières, wo schon eine englische Wache stand,

wurde braunschweigischerseits mit 1 Offizier, 4 Unteroffizieren, 24 Mann
besetzt, um keine Soldaten durchzulassen. Verfolgten diese Brücken-
wachen vorwiegend Polizeizwecke, so scheinen die seit dem 6. August
allnächtlich gestellten Feldwachen bei St. Ouen, Clichy und Villiers
nur der Uebung der Truppen in diesem Dienstzweige gedient zu haben.
Exerzirt wurde anfangs zur besseren Einzelausbildung alle Morgen
vor 9 Uhr oder am Abend, später auch im Bataillon und zwei Mal
wöchentlich in der Brigade. Eine große Rolle spielte vor Paris der
Paradedienst. Als die Ankunft der verbündeten Monarchen bevor-
stand, übte Oberst v. Herzberg das Korps durch eine Vorparade
am 19. gehörig ein; denn die Monarchen hielten am 22. eine große
Parade über das Blüchersche, am 24. eine solche über das Welling-
tonsche Heer ab.

Der 24. Juli war ein überaus anstrengender Tag. Schon um
$6^{1}/_{2}$ Uhr früh war das braunschweigische Korps bei Neuilly versammelt.
Die Paradeaufstellung der Armee begann auf dem Platze Ludwigs XV.
unweit der Tuilerien und erstreckte sich über die Elyseischen Felder
bis zur Brücke von Neuilly. Hier hatten die Braunschweiger als
linker Flügel ihren Platz; ihre Bataillone standen in der Reihenfolge: Leibbataillon, 1., 2., 3. leichtes, 1., 2., 3. Linien-Bataillon,
Avantgarde, in geschlossenen Kolonnen nebeneinander. Sie hatten
10 Züge formirt, soweit sie über 550 Mann zählten, 8 Züge bei
einer Stärke von 350—500 Mann, 6 Züge bei einer noch geringeren
Frontstärke. Die Fahnen waren mit einem Trauerflor geschmückt.
Damit die andern Bataillone ihre fehlenden Bajonette ergänzen
konnten, erschien die Avantgarde ohne solche. Viele Mannschaften
führten französische Gewehre, zu denen sie demnächst auch französische
Munition erhielten. Um 9 Uhr Morgens kamen die Monarchen und
ritten die Front ab. Während sie sodann nach dem Platze Ludwigs XV.
zurückritten, schmückte sich die ganze Armee während der Formation
zum Parademarsch mit grünen Büschen. Die in den Gärten der
Avenue de Neuilly befindlichen Lorbeervorräthe hatten längst Liebhaber
gefunden, als die Braunschweiger nahten; sie mußten sich mit Eichen-
und Lindenzweigen begnügen. Der Anmarsch war sehr beschwerlich,
da fortwährend Stockungen eintraten. Um 12 Uhr begann der Vorbeimarsch und dauerte fast 5 Stunden, obgleich er im Geschwindschritt
geschah. Den Anfang machte die gesammte Kavallerie und Artillerie.
Es folgte die englische, hannoversche, niederländische, nassauische und

zuletzt die braunschweigische Infanterie. Nach dem Vorbeimarsch
schwenkten die Truppen durch die Rue Royale ab und verließen Paris
gegen Abend todtmüde durch das Thor von St. Honoré.

Am 1. August kehrte Oberst Olfermann aus Laeken zurück, wo er
die Heilung seiner Wunde abgewartet hatte. Er war übrigens auch
in dieser Zeit zum Besten des Korps thätig gewesen. So hatte er
durch den Sekretär Pirscher Pläne der Schlachten von Quatrebras
und Waterloo zeichnen lassen, hatte das Heimathland mit Schlacht=
berichten, Verlustlisten rc. versorgt und sich vor allem der in den
Lazarethen zu Laeken und Merxem liegenden Verwundeten an=
genommen. Die Königin der Niederlande und ihre Verwandte, die
Wittwe des Erbprinzen von Braunschweig, waren an die Spitze der
Wohlthätigkeit getreten, letztere besonders durch reichliche Spenden an
Heilmitteln. Patriotische Einwohner von Brüssel, Antwerpen und
Gent gaben gleichfalls große Geldsummen, sowie Wäsche, Lebensmittel
und dergl. her. Auch das Vaterland zeigte sich werkthätig, indem
die Gaben für den Verein zur Unterstützung verwundeter Krieger, der
sich in Braunschweig gebildet hatte, sehr reichlich flossen. Unter den
ersten Spendern waren: Herzog August mit 500 Thalern, die Prinzen
Karl und Wilhelm mit 300 Thalern, die Herzogin Friederike
mit 1000 Thalern, der Klub des Medizinischen Gartens mit
377 Thalern. Lazarethgeräth, Charpie, Binden, Linnen und dergl.
wurden nur in der ersten Zeit nach den Schlachten abgesendet. An
baarem Gelde gingen im Ganzen 4700 Thaler an die belgischen
Lazarethe ab. Generalarzt Professor Cramer, der persönlich dorthin
reiste, bestätigte, daß weitere Unterstützungen nicht nothwendig seien.
Daher verwendete der Militär=Unterstützungs=Verein, dem die ent=
sprechenden Wolfenbütteler und Holzmindener Vereine beigetreten
waren, einen Theil seiner 19 514 Thaler betragenden Gesammteinnahme
zu Unterstützungen an Genesende und Ehefrauen, und bestimmte den
Ueberschuß zu einem dauernden Unterstützungsfonds für Verwundete.
In richtiger Erkenntniß der Lage spendete der Verein ferner 2400 Franks
zur besseren Verpflegung der vor Paris stehenden braunschweigischen
Truppen. Denn diese litten noch immer sehr unter der Theuerung
und dem bestehenden Verpflegungssystem, als Oberst Olfermann
wieder an ihre Spitze trat.

Oberst v. Herzberg, der am 1. August mit den Offizieren des
Stabes dem Könige von Preußen und dem von seiner Wunde ge=

nesenen Prinzen von Oranien seine Aufwartung gemacht hatte, legte das Kommando am 4. August nieder und begab sich nach Paris. Am 24. reiste er nach der Heimath ab, um die dereinst aus Braunschweig und Salzdahlum geraubten Kunstschätze nach der heimischen Residenz zurückzubringen. Oberst Olfermann, der am 5. August das Kommando über das zu diesem Zweck bei Clichy versammelte Truppenkorps über= nommen hatte, traf in den nächsten Tagen einige Anordnungen von Interesse. Die leichten Bataillone wies er an, das Gewehr künftig hoch im rechten Arme zu tragen. Für alle Stabsoffiziere führte er Hüte mit Federbüschen in den Farben der Pompons ihrer Bataillone ein; doch behielten sie zur Parade den Tschakot, während für den Generalstab und die Brigadestäbe der Hut die alleinige Kopfbe= deckung wurde.

Am 11. August traf das Ersatz=Bataillon unter dem Kommando des Majors v. Münchhausen vor Paris ein. Der Befehl zu seiner Heranziehung war noch vom hochseligen Herzoge ertheilt worden, der gleichzeitig den Zusammentritt eines aus allen Reserve=Bataillonen gebildeten Kommandos von 300 Mann für den Garnisondienst in Braunschweig befohlen hatte. Mit dem Ersatz=Bataillon traf ein starker Transport wiederhergestellter Verwundeter aus Brüssel ein. Die ersten 107 Genesenen waren schon am 14. Juli unter Führung der Lieutenants Gerlach, Toegel und Schwenke angelangt. Einen anderen Transport hatten die Majors v. Wachholz und v. Wolffradt am 21. dem Korps zugeführt. Am 13. August wurden die mit dem Major v. Münchhausen eingetroffenen Verwundeten in ihre Kom= pagnien wieder eingestellt. Das Ersatz=Bataillon wurde der Avant= garde einverleibt, bis auf 23 Unteroffiziere, die an die übrigen Bataillone vertheilt wurden. In Belgien befanden sich zur Zeit noch 243 Lazarethkranke und 209 Quartierkranke.

Die Besetzung der höheren Kommandostellen der Infanterie war um diese Zeit die folgende: Leichte Brigade Oberstlieutenant v. Buttlar, Leibbataillon Major v. Pröstler, 1., 2., 3. leichtes Bataillon Majors v. Holstein, Koch, Graf v. Schönfeld; Linien= Brigade Major v. Münchhausen, 1., 2., 3. Linien=Bataillon Majors Metzner, v. Wolffradt, v. Normann; Avantgarde Major v. Rauschenplat. Behufs zweckmäßiger Besetzung der Kom= pagnieführer=Stellen nahm Oberst Olfermann am 12. August eine Reihe von Versetzungen innerhalb des Korps vor. Die seit dem

Tode des Herzogs vorläufig angeordneten Beförderungen fanden zu
Anfang August die Bestätigung der Landesregierung. Die Verwaltung
wurde nach wie vor vom Fürstlichen Geheimeraths-Kollegium ausgeübt,
auch nachdem der Prinz-Regent Georg von Großbritannien durch ein
Carlton House den 18. Juli 1815 datirtes Patent die Vormundschaft
über den minderjährigen Herzog Karl und die Regierung des Landes
„sowohl in Hinsicht auf die verwandtschaftlichen Verhältnisse, als auch
auf den ausdrücklichen Wunsch des Verewigten" übernommen hatte.
Das eben erwähnte Patent wurde den braunschweigischen Truppen
am 16. August bekannt gemacht.

Um ihr Interesse an den Waffenthaten der Braunschweiger zu
bethätigen, bestimmten der 10jährige Herzog Karl und sein Bruder
Prinz Wilhelm 8 Dukaten, Geschenke ihres hochseligen Vaters, zu
Ehrendukaten für Soldaten, die sich in den Junischlachten besonders
ausgezeichnet hatten. Diese Denkmünzen wurden dem Oberst Olfermann durch den Wohlthätigkeitsverein zugestellt. Er ließ sie in
Brüssel mit Oesen und hellblauen Bändern versehen und brachte sie
mit nach Paris. Am 13. August erfolgte in feierlicher Weise die
Vertheilung. Ein Feldgottesdienst vereinigte das ganze Korps
zwischen Clichy und St. Ouen. Der aus Trommeln errichtete Altar
war mit einer schwarzen Sammtdecke belegt, die in der Mitte das
braunschweigische Wappen, in den vier Ecken den Todtenkopf zeigte.
Nach einer ergreifenden Rede des Feldpredigers Westphal zog Oberst
Olfermann die 8 Tapferen vor, die durch Kommissionen inner-
halb der Truppenverbände für diese Auszeichnung ausgesucht waren.
Die Infanterie war daran mit fünf Mann betheiligt: Feldwebel
Kinkel vom 1. Linien-Bataillon, Sergeant Fuhr vom 2. Linien-
Bataillon, Sergeant Müller vom 3. Linien-Bataillon, Sergeant
Fischer vom 1. leichten Bataillon und Jäger Heilemann vom
Leibbataillon. Die Einzelheiten über das brave Verhalten dieser
Männer haben schon bei der Schilderung der Schlachten von Quatrebras und Waterloo Erwähnung gefunden. Einer Anzahl Unteroffiziere, die sich gleichfalls in diesen Schlachten hervorgethan hatten,
wurde am 1. September das silberne Portepee zuerkannt, nämlich
17 Feldwebeln, 27 Sergeanten, 1 Tambourmajor, 1 Sergeantmajor
und 1 Quartiermeister-Sergeant. Auch ein goldenes Portepee wurde
verliehen, und zwar an den Kompagnie-Chirurgus Lehmann vom
1. leichten Bataillon.

Am 26. August fand wieder eine große Revue vor dem Könige von Preußen und dem Kaiser von Rußland statt; am 12. September abermals. Ein Quartierwechsel, der zum 8. September vorgesehen und bereits durch die Absendung von Quartiermachern nach la Villette u. s. w. vorbereitet war, wurde leider wieder abbestellt oder doch auf geringfügige Verschiebungen beschränkt. Die Braunschweiger hätten ihre bisherige mangelhafte Unterkunft gern mit einer besseren vertauscht. Das Brunnenwasser war so schlecht, daß es gänzlich verboten werden mußte: die Gepäckwagen holten seitdem das Trinkwasser in Fässern aus der Seine. Das Kommissariat lieferte an 3 Tagen der Woche Branntwein, an 1 Tage Obstwein und an 3 Tagen einen jungen, schlechten Wein, der von den Leuten nicht gern getrunken wurde. Der Gesundheitszustand litt unter dem regnerischen Herbstwetter derart, daß das Korps am 10. September nicht weniger als 1256 Kranke hatte, die meist an Ruhr oder Erkältung, theilweise auch an Nervenkrankheiten litten. Das Hospital zu Courbevoie war unter diesen Umständen überfüllt, und die Ankunft eines größeren Transportes Genesener, mit denen Lieutenant Haberland am 15. September aus Braunschweig eintraf, kam sehr erwünscht.

Am 28. August war zu Paris der Hülfsgelder-Vertrag abgeschlossen, den Herzog Friedrich Wilhelm bei seinen Lebzeiten vergeblich erstrebt hatte. Oberst Olfermann hatte sich gleich nach seinem Eintreffen vor Paris, da der Fonds für die Zahlung des Korps fast erschöpft war, mit der Bitte um Förderung der Sache an den hannoverschen Gesandten Graf Münster gewendet, und dieser einigte sich in kurzer Frist mit dem Herzog v. Wellington über folgenden Vertrag: „Art. I: Se. Britannische Majestät verpflichtet sich zur Zahlung eines jährlichen Zuschusses von 11 Pf. Sterl., 2 Schill. für den Mann, und zwar für 7149 Mann bis zum 1. April 1816. Der Zuschuß ist am Schluß jeden Monats zu London an eine von der braunschweigischen Regierung mit Vollmacht versehene Persönlichkeit zahlbar, und kann die erste Zahlung sofort erfolgen. Bei früherem Friedensschluß wird der Zuschuß bis zum Ende desjenigen Monates gewährt, in dem der endgültige Friedensvertrag unterzeichnet wird, sowie zur Deckung der Kosten des Heimmarsches noch einen weiteren Monat. Art. II: Der braunschweigische Gesandte in London wird mit einem von Sr. Britannischen Majestät abzuordnenden Offizier die zweckmäßigste Zahlungsart der monatlichen Zuschüsse vereinbaren‘.

Am 1. Oktober trat infolgedessen ein neuer Soldetat in Kraft, wonach beispielsweise der Kapitän 2 Thaler 7 Gutegroschen 9½ Pfennig, der Feldwebel 7 Gutegroschen 9½ Pfennig, der Soldat 2 Gutegroschen 3 Pfennige Tagessold erhielt. — Bei der in Villiers-la Planchette einquartierten Avantgarde war eine erwähnenswerthe Veränderung durch den am 8. September erfolgten Rücktritt des Husaren- und Ulanen-Detachements zu ihren Truppentheilen eingetreten. Es hat den Anschein, als sei am 16. August eine Aenderung in der Unterbringung insofern vorgenommen worden, als die Ortschaften nur noch mit einem Theil der bisherigen Einquartierung belegt blieben, während der Rest Hüttenlager bezog. Wenigstens hat bei den Nassauern und Hannoveranern dieser unwillkommene Wechsel thatsächlich stattgefunden. Hinsichtlich der Braunschweiger ließ es sich nicht mit Bestimmtheit ermitteln.

Der Gedenktag der Völkerschlacht von Leipzig wurde auch vor Paris festlich begangen. Da es, wie Lord Wellington ausdrücklich hervorhob, der Jahrestag der Befreiung des nördlichen Deutschlands war, dem die Feier galt, so nahmen daran nur die deutschen Truppen theil. Diese wurden, soweit sie zum Wellingtonschen Heere gehörten, vom Generalmajor Lyon befehligt. Sie waren um 9 Uhr mit dem preußischen Heere auf dem Marsfelde zum Feldgottesdienst vereinigt. Die braunschweigische Artillerie und Infanterie hatte ihren Platz zwischen den Hannoveranern der 5. Division und den Nassauern. Den linken Flügel der gesammten Aufstellung bildeten die Bremen-Verdenschen Husaren und die braunschweigische Kavallerie. Nach beendetem Gottesdienst, bei dem das ganze Heer den Choral „Nun danket Alle Gott" sang, begann der Vorbeimarsch, während zwei preußische Batterien 101 Kanonenschuß abgaben. Der Erfolg des vom Oberst Olfermann durchgeführten fleißigen Einzelexerzirens kam bei dieser Parade trefflich zur Geltung.

Am 30. Oktober kam es endlich zu dem ersehnten Quartierwechsel. Das Korps verließ bei strömendem Regen seine bisherigen Unterkunftsorte, um in zwei Märschen nach neuen, besseren Quartieren zu rücken, die erheblich weiter von Paris im Nordosten der Hauptstadt lagen. Nur das Hauptquartier und das Avantgarde-Bataillon kamen nach Pantin, einem Vororte von Paris; eine Kompagnie belegte Noisy le Sec. Die beiden Brigadestäbe lagen in Clichy en l'Aunoy und Tremblay bei ihren Truppen. Von diesen befand sich das Leibbataillon in Clichy en l'Aunoy und Coubron, die drei leichten Bataillone in Livry, Baujours und Villepinte, das 1. Linien=Bataillon in Tremblay, das 2. in Vaudherland, le Thillay und Roissy, das 3. in Gouffainville.

Der Quartierwechsel hing mit dem bevorstehenden Friedensschlusse zusammen. Zwar wurde der zweite Pariser Frieden erst am 20. November unterschrieben. Aber schon durch das Pariser Protokoll vom 2. Oktober war man über seine Bedingungen so weit einig, daß einzelne Heerestheile mit dem Heimmarsch bereits beginnen durften. Das preußische 4. Armeekorps (Bülow v. Dennewitz) rückte zu diesem Zweck am 3. November durch die braunschweigischen Unterkunfts= orte. Eine unter Wellingtons Oberbefehl gestellte Besatzungsarmee von 150 000 Mann blieb noch drei Jahre lang auf französischem Gebiete. Die Braunschweiger waren nicht daran betheiligt, sondern erhielten am 30. November die Benachrichtigung, daß sie eine Woche darauf den Heimmarsch antreten sollten. Obgleich ihre neuen Standorte nichts zu wünschen übrig ließen, waren sie doch sehr froh über diese Kunde. Alle hatten Paris längst gründlich kennen gelernt; am 2. Dezember vereinigte sich das gesammte Offizierkorps zu einem Abschiedsmahle in der Hauptstadt. Dicht vor dem Abmarsch wurden auf Anregung Olfermanns die noch jetzt bestehenden Unterstützungskassen für Offiziere und für Unteroffiziere und Mannschaften errichtet, wo= zu jeder Offizier, Unteroffizier und Gemeine einen zweitägigen Sold hergab. Während Oberst Olfermann so auf die Wohlfahrt seiner Untergebenen Bedacht nahm, verabsäumte er nicht, am 7. November auch den Antheil des Feldkorps an den 25 Millionen Franks der französischen Kriegskosten=Entschädigung in Erinnerung zu bringen. Wellington erwiderte umgehend, der auf das Korps entfallende Theil der als Prisengelder zu vertheilenden Summe werde durch den britischen Kommissar ausgezahlt werden.

Am 6. Dezember begann der Heimmarsch.*) Das Korps wurde dazu in zwei Marschkolonnen eingetheilt und zwar durch Linksab= marsch, da es sich um den Rückmarsch handelte. Die 1. Kolonne bestand aus der Linien=Brigade, dem Husaren=Regiment und der Fuß= artillerie und war dem Oberstlieutenant v. Münchhausen unter= stellt. Die vom Oberstlieutenant v. Buttlar geführte 2. Kolonne

---

*) Vergl. Uebersichtskarte Nr. 1.

beſtand aus der leichten Brigade, den Ulanen, der reitenden Artillerie
und der bisherigen Avantgarde als Arrieregarde. Am 6. Dezember
erreichte die 1. Kolonne Senlis und Umgebung, die 2. Arnouville
und Gegend. Um den weiteren Marſch zu kennzeichnen, wird
es genügen, die Stabsquartiere der Kolonne Münchhauſen anzu-
geben, welche der Kolonne Buttlar ſtets um einen Tagemarſch voraus
war: Pont Ste. Maxence, Gournay, Roye, Péronne, Fins, Cambray,
Bouchain, Valenciennes. Hiermit war man am 15. Dezember am
Ende des franzöſiſchen Gebietes angelangt. Es hatte ſich, namentlich
in den ärmlichen Weberbezirken der Picardie, von recht trauriger
Seite gezeigt und wurde durch den Eintritt des Winterwetters keineswegs verſchönt. In der Nacht vom 10. zum 11. fiel der erſte Schnee;
es blieb einige Tage hindurch ſcharf kalt und wurde, namentlich am
14., ſehr glatt.

Am 16. Dezember wurde bei Quiévrain die belgiſche Grenze
überſchritten. Die Leute begrüßten das dort aufgeſteckte oraniſche
Banner mit lautem Hurrah. Es wurde an dieſem Tage 8—10 Stunden
weit auf grundloſen Wegen bis in die Gegend von Mons marſchirt,
wo ein Ruhetag die erwünſchte Gelegenheit zur Erholung gab. Am
18. ging es nach Hal; am 19. marſchirte die 1., am folgenden
Tage die 2. Kolonne durch Brüſſel, um Quartiere vor der Stadt zu
beziehen, die den Truppen theilweiſe ſchon von früher her bekannt
waren; der 21. Dezember war Ruhetag. Das Korps nahm von
Brüſſel die ihm ſchon in den erſten Juliwochen vom Feldmarſchall
Wellington zugeſprochenen Beuteſtücke, 8 Kanonen und 10 Rüſt-
wagen, mit. General-Quartiermeiſter v. Wachholz, der ſchon ſeit
dem 12. Dezember in Brüſſel weilte, hatte ſie vom britiſchen Artillerie-
major Monroe in Empfang genommen. Wellington hatte das
Kanonenmetall ausdrücklich zu einem Denkmal für den verewigten
Herzog beſtimmt. Aber obgleich in Braunſchweig ſchon im Sommer
ein Ausſchuß zur Errichtung eines gemeinſamen Denkmals für die beiden
gefallenen Landesfürſten zuſammengetreten war, iſt es zur Errichtung
eines ſolchen Monumentes erſt in weit ſpäterer Zeit gekommen. Der
Weitermarſch durch Belgien ging über Löwen, St. Trond, Tongern
und Maaſtricht, woſelbſt zwei Ruhetage ſtattfanden. Es herrſchte
wieder ſtarke Kälte und Schneegeſtöber; am heiligen Abend war es
gerade am kälteſten. Oberſt Olfermann, der bis jetzt mit der
Kolonne Buttlar marſchirt war, blieb vom 24. bis zum 27. Dezember

in Maastricht und empfing hier seine vom Prinz-Regenten von
Großbritannien als Vormund des Herzogs Karl verfügte Beförderung zum Generalmajor. Am Jahresschluß reiste er nach Braunschweig voraus und übergab dem Oberstlieutenant v. Buttlar die
Führung des Korps für den Rest des Rückmarsches.

Einige Schwierigkeit bereitete der Uebergang über die Maas
und den Rhein. Die Maas sollte am 30. bei Venloo überschritten
werden. Aber dort lagen schon mehrere 1000 Mann von anderen
Kontingenten, und nur 500 Mann konnten täglich über den an-
geschwollenen Strom gesetzt werden. Daher wurde der Aufenthalt
in der am 28. von Sittard aus erreichten Festung Roermond zuerst
um einen Tag, sodann über Neujahr verlängert, so daß Venloo erst
am 2. Januar 1816 von der 1. Kolonne erreicht wurde. Noch
schwieriger gestaltete sich der Rheinübergang. Er war bei Wesel geplant;
aber hier lagen die Verhältnisse noch schlimmer als in Venloo. Der
Kommandant der Festung veranlaßte den Major v. Wachholz,
die Marschroute weiter nach Norden zu verlegen. Von Capellen,
das am 3. erreicht wurde, rückte das Korps an Wesel vorbei nach
Appeldorn am linken Rheinufer. Am 5. wurde der mit Eisschollen
bedeckte, angeschwollene Strom auf der Fähre von Rees überschritten.
Es folgte nun eine Reihe schwerer Märsche bei regnerischer Witterung
durch eine trübselige Gegend, die der Picardie an Oede und Armuth
nichts nachgab. Von jetzt an marschirte die Kolonne Buttlar voran.
Sie nächtigte am 6. bei Südlohn, am 8. bei Schöppingen und
erreichte am 9. in elfstündigem Marsche auf grundlosen Wegen Rheine
und Bevergern. Weiter ging es durch Osnabrück, Pr. Oldendorf,
Minden und Barsinghausen nach Hannover. Dicht bei dieser Stadt lag
die 1. Kolonne am 18. und 19. Januar, um sodann in drei Märschen
über Peine in die Umgegend von Braunschweig zu rücken. Sie belegte am 23. die Gegend südlich des Elm, z. B. Weferlingen, Dettum,
Eveßen. Die 2. Kolonne folgte nur bis in den Bezirk Rühme-
Lehre nördlich der Hauptstadt. In dieser Ortsunterkunft blieb das
Korps mehrere Tage.

Am 29. Januar 1816 fand der ursprünglich schon zum 25. ge-
plante Einzug statt. Die Truppen wurden auf dem Bültenanger in
Paradeaufstellung in Linie versammelt. Ihre Fahnen waren mit
schwarzem Krepp überzogen; alle Offiziere trugen einen schwarzen
Flor am Säbel und um den linken Oberarm. Um 11 Uhr erschien

Herzog August mit dem jugendlichen Herzog Karl und dem Prinzen
Wilhelm. Nachdem der Choral „Nun danket alle Gott" von den
zum Kreise geschwenkten Truppen gesungen war, gaben die Batterien
durch 21 Schuß das Zeichen zum Einmarsch. Dieser geschah in derselben Ordnung wie seinerzeit der Einzug in Paris. Am Wendenthore
hießen Magistrat und Stadtverordnete die einziehenden Sieger willkommen. Hier war aus Tannenzweigen eine Ehrenpforte erbaut; Fahnen,
Waffen und Ausrüstungsstücke, diese besonders aus den Beständen
des seinerzeit in Braunschweig gestandenen französischen 21. Linien-
Regiments, und ein großer Sternenkranz mit herabhangendem mächtigen
Lorbeerkranze bildeten den Schmuck der Ehrenpforte. Alle Fahnen,
auch die an den benachbarten Musiktribünen und in der festlich geschmückten Stadt waren mit Trauerflor versehen. Von der Ehrenpforte
bis zur Stadt bildete die Mannschaft der Reserve-Brigade, die bis
jetzt den Garnisondienst versehen hatte, Spalier.

General Olfermann erließ aus Anlaß der Rückkehr des Korps am
30. den im Auszuge folgenden Tagesbefehl: „Es ist mir ein sehr an-
genehmer Auftrag, dem Korps von Seiten Sr. Exzellenz dem Minister
Grafen v. d. Schulenburg im Namen Sr. Königl. Hoheit, Durchl.
Herzogs August, der durchlauchtigsten Prinzen und der vormundschaftlichen Regierung des Landes deren Beifall über das ausgezeichnet gute
und tapfere Benehmen des Korps in den Schlachten des letzten Feldzuges
bekannt zu machen und dem Korps deren künftiges stetes Wohlwollen zu
versichern. Indem ich diese angenehme Pflicht erfüllt habe, so ist es mir
aber auch äußerst schmerzhaft, mich bald von so Vielen meiner braven
Kameraden und Waffengefährten trennen zu müssen, und bitte ich alle
Diejenigen, welche in ihre friedliche Heimath zurückkehren, meinen
wärmsten Dank für die vielen Beweise, welche sie als brave und gute
Soldaten durch die stete gerne Erfüllung ihrer Pflichten mir gegeben
haben, anzunehmen. Zugleich glaube ich mit Zuversicht erwarten zu
können, daß auch Diejenigen, welche noch fernerhin im Dienste bleiben,
fortdauernd mit Folgsamkeit gern und eifrig ihre Pflichten erfüllen
werden. Gewiß wird es unser Aller ernstes Bestreben sein, das Band,
welches uns bisher aneinander gekettet hat, durch gegenseitiges Bemühen
in der Erfüllung unserer Pflichten und durch Freundschaft noch enger zu
knüpfen, sowie den guten Geist, welchen das Korps unserm verewigten
Fürsten zu danken hat, stets unter uns zu erhalten. Diejenigen,
welche in diesem Augenblicke durch die Nothwendigkeit und vermöge

der besonderen Verhältnisse des Landes nicht in Thätigkeit bleiben, werden dennoch stets in mir ihren theilnehmenden Freund finden, und hoffe ich, daß der jüngere Theil der Herren Offiziers ihre ruhige Lage dazu benutzen werden, sich immer weiter zu vervollkommnen, um bei eintretenden Fällen wieder mit Nutzen für den Dienst und Vortheil für sich selbst eintreten zu können." Wurde den Truppen in dieser Weise die Anerkennung ihres Führers ausgesprochen, so drückte sich der Dank ihrer Mitbürger durch zahlreiche Kranzspenden und unaufhörliche Hochrufe nicht minder lebhaft aus. Am Abend des Einzugstages war Festvorstellung im Theater; das zur Aufführung gelangende Festspiel hieß: „Rückkehr ins Vaterland".

IV. Drei Jahrzehnte Frieden.

21. Unter der vormundschaftlichen Regierung.

Mit dem Einzuge in Braunschweig am 29. Januar 1816 begann für das schwarze Korps gleichwie für die übrigen Heere und Kontingente des kriegessatten Europa eine lange Friedenszeit. Vorüber war das eherne Zeitalter der Kriege, das fast ein Vierteljahrhundert lang über den Völkern gewaltet hatte. „Der Soldat zäumt ab, der Bauer spannt ein, eh' man's denkt, wird's wieder das Alte sein," sagt der Dichter. Und doch wurde es nicht wieder das Alte in Braunschweig; denn die wilde Zeit hinterließ gewaltige Spuren. Verschwunden blieben für alle Zukunft die langen Gamaschen und gepuderten Perrücken Karl Wilhelm Ferdinands, verschollen und vergessen die Gendarmen und Karabiniers des Königs „Lustik", und auch Friedrich Wilhelms kühne Kriegsgefährten kehrten gezähmt und kampfesmüde heim. Ein neues, anders geartetes Geschlecht trat auf die Bühne, nur darauf bedacht, die Güter des Friedens zu pflegen und die Opfer der Kriegszeit durch größte Sparsamkeit wieder einzubringen. War dieses Prinzip, das natürlich nur auf Kosten des Militärs durchzuführen war, für die Fürsten fast aller deutschen Kleinstaaten maßgebend, so galt es doppelt unumschränkt in Braunschweig, wo statt des auf dem Felde vom Quatrebras ruhenden streitbaren Herzogs ein „Geheimeraths-Kollegium" die Regierung führte. Wie schon auf Seite 118 erwähnt, war der britische Prinz-Regent Georg Vormund des jugendlichen Herzogs Karl. Er überließ die Führung der Geschäfte gänzlich dem Kollegium der Geheimen Räthe Graf v. d. Schulenburg-Wolfsburg, v. Schmidt-Phiseldeck und v. Schleinitz. In deren

Händen*) ruhte fast acht Jahre hindurch auch die obere Leitung des braunschweigischen Heerwesens. Sie betrachteten es aber als ihr Stiefkind und waren zu einer beträchtlichen Verringerung des Kontingents von vornherein entschlossen.

Die erste der beiden vom Geheimeraths-Kollegium durchgeführten Verringerungen des Truppenkorps erfolgte sofort im Anschluß an die Demobilmachung. Der Befehl dazu erging bereits eine Woche vor dem Wiedereinrücken des Korps und lautete im Auszuge: „Wir, Georg von Gottes Gnaden Prinz-Regent des vereinigten Königreichs u. s. w., in vormundschaftlicher Regierung Unsers vielgeliebten Vetters Herrn Karl, Herzogs zu Braunschweig-Lüneburg u. s. w., fügen hiemit zu wissen:

Da es erforderlich ist, daß sogleich nach der Rückkunft des Feldkorps der hiesigen Truppen dasselbe auf denjenigen Bestand zurückgeführt werde, welchen der Friedenszustand erheischt, so haben Wir diesen für das Wohl des hiesigen Fürstenthums ebensosehr, als für das Wohl der Offiziere und gesammten Mannschaft des Korps selbst sehr wichtigen Gegenstand in sorgfältige Erwägung gezogen. Je mehr das Korps im Ganzen durch ausgezeichnete Tapferkeit sich um die gemeinsame Sache des deutschen Vaterlandes verdient gemacht hat, und je mehr dieses allgemein anerkannt wird, um desto erfreulicher würde es Uns gewesen sein, wenn es thunlich wäre, dasselbe auch für die Folgezeit in seinem bisherigen Bestande unverändert beibehalten zu können. Allein neben der Betrachtung, daß dasselbe ursprünglich aus dem aktiven Militär und der nur für den letzten Krieg eigentlich bestimmten Landwehr, wenngleich ohne Beibehaltung dieser Abtheilung, zusammengesetzt ist, die Landwehr aber ihrer Bestimmung nach nach beendigtem Kriege zu ihrer früheren Beschäftigung zurückzukehren berechtigt war und auf fernere Beibehaltung im Kriegsdienste weder rechnete noch rechnen konnte, erheischt sowohl das Wohl der Landeseinwohner selbst, den größeren Theil der bisherigen Streiter ihren friedlichen Beschäftigungen wiederzugeben, als auch der durch früheres Unglück und durch die letzteren Anstrengungen zerrüttete Zustand der öffentlichen Finanzen und die Nothwendigkeit, die Lasten der bislang sehr gedrückten Landeseinwohner nach Möglichkeit zu

---

*) Als Minister Graf v. d. Schulenburg Ende 1818 starb, wurde Graf v. Alvensleben zu seinem Nachfolger ernannt.

vermindern, daß bei nunmehr glücklich wieder hergestelltem Frieden die Anzahl der ferner bleibenden Militärs auf diejenige zurückgeführt werde, welche die Nothwendigkeit fordert. Da nun diese Einrichtung sogleich bei der Rückkehr des Korps ausgeführt werden muß, so lassen Wir Ihnen hierdurch, um dieselbe in Wirksamkeit zu setzen, Folgendes unverhalten sein:

§ 1. Der künftige Bestand des hiesigen aktiven Militärs ist folgender: 1.) Ein Detachement Husaren zu 100 Mann; 2.) Ein Detachement Artillerie, gleichfalls zu 100 Mann; 3.) Vier Bataillons Infanterie, jedes zu 400 Mann; 4.) Die Veteranen.

§ 4. Die Infanterie soll aus zwei Bataillons leichter Truppen und zwei Bataillons Linien-Infanterie, jedes zu 400 Mann, bestehen. Da es nicht unwahrscheinlich ist, daß die Mehrzahl der vorhandenen Infanteristen eine Entlassung oder Zurücksetzung in die Reserve wünschen wird, so ist zuvörderst der Versuch zu machen, ob so viele, als erforderlich, freiwillig im aktiven Dienste zurückzubleiben wünschen. Sollten deren 800 für die leichte und 800 für die Linien-Infanterie sich finden, bei denen nichts zu erinnern wäre, so sind aus Selbigen erwähntermaßen die erforderlichen vier Bataillons zu formiren. Würden mehrere Freiwillige dienen wollen, so sind nicht mehr als die vorgemeldeten 1600 Mann beizubehalten, die übrigen aber, insofern es Einländer sind, vorerst bis zur weiteren Bestimmung zu beurlauben, vorzüglich aber sodann auf die gänzliche Entlassung der Ausländer Rücksicht zu nehmen, welche sonst, wenn an freiwilliger Mannschaft kein Ueberfluß sein sollte und ihr Betragen untadelhaft ist und sie es wünschen, neben den Einländern im Dienst mit beibehalten werden mögen, insofern sie nicht zu dem Ersatz-Bataillon gehörten, als welche unter den ihnen bei der Errichtung desselben bekannt gemachten Bedingungen zu verabschieden sind.

§ 5. Weil inzwischen obige 1600 Mann Infanterie in regelmäßigem Dienste beständig zu unterhalten, überflüssig oder zu kostbar sein würde, daher die stets zu unterhaltende Mannschaft für das Bedürfniß des gewöhnlichen Dienstes beschränkt werden muß und dann der Dienst hier und in Wolfenbüttel mehr nicht als 640 Mann außer Artillerie oder Veteranen erfordert, mithin von jedem Bataillon nur 160 Mann im fortwährenden Dienste nöthig sind, so ist sogleich bei deren Formirung in Ansehung der daraus zu erwählenden Mannschaft dahin zu sehen, daß von jedem Bataillon 240 Mann auf 11 Monate im Jahr beurlaubt und nur auf 1 Monat zum Exerziren zusammengezogen werden sollen; mithin die Mannschaft dergestalt komponirt sei, daß dieses thunlich sei; und da solches den meisten Eingeborenen, nicht aber den Ausländern erwünscht sein wird, so ist hierauf in Ansehung der etwa in Gemäßheit des vorigen Paragraphen beizubehaltenden Ausländer sorgfältig Rücksicht zu nehmen.

§ 6. Die vier Bataillons Infanterie sollen dergestalt stationirt werden, daß hier in Braunschweig drei und das vierte in Wolfenbüttel zum Wachtdienst zu stehen kommen, und sind selbige sogleich nach deren Formation in diese Orte zu verlegen und zu kaserniren, damit sofort die dienstthuende Reserve abgelöst werde. Sogleich nach der Eintheilung der Bataillons sind auch von jedem 240 Mann, mithin von jeder Kompagnie 60 Mann, zu beurlauben und nur 160 Mann von jedem Bataillon, mithin 40 Mann von jeder Kompagnie, zum Garnisondienst zu behalten.

§ 20. Die Uniform der Husaren und Artillerie bleibt unverändert. Die vier Infanterie-Bataillons behalten gleichfalls die bisherige Uniform*) und sollen nur durch die Kragen unterschieden werden, nämlich hellblau nebst der übrigen Uniform des Leibbataillons für dieses als 1. leichtes und grün für das 2. leichte, gelb für das 1. Linien- und roth für das 2. Linien-Bataillon. Die Zeit, wann diese Uniform durchweg angelegt werden soll, behalten Wir Uns vor, auf Ihren desfallsigen gutachtlichen Bericht näher zu bestimmen. Bis dahin tritt jedes Individuum in das Bataillon, wohin es beordert ist, mit seiner bisherigen Uniform einstweilen zum Dienst ein.

Braunschweig, den 22. Januar 1816.

Auf Höchsten Spezialbefehl.

Gr. v. d. Schulenburg. v. Schmidt-Phiseldeck. v. Schleinitz."

Diesem Erlaß waren in einer Anlage die Etatsstärken der einzelnen Truppentheile beigefügt. Jede der beiden Infanterie-

---

*) Mithin führte das Leibbataillon den Todtenkopf, das 2. leichte Bataillon das Jägerhorn, die Linien-Brigade den Wappenschild am Tschako.

Brigaden erhielt folgende Stärke, wobei einige bald verfügte Abänderungen mitberücksichtigt sind:

1 Oberstlieutenant.
1 Brigade-Adjutant.
2 Majors.
2 Bataillons-Adjutanten.
2 Zahlmeister.
2 Assistenz-Wundärzte.
2 Bataill.-Tambours (bezw. Hornisten).
8 Kapitäns.
8 Lieutenants.
8 Fähnrichs.
2 Sergeantmajors.

2 Quartiermeister-Sergeanten.
8 Feldwebel.
32 Sergeanten.
32 Korporals.
16 Tambours ⎫ leichte Brigade
8 Pfeifer   ⎭ 32 Hornisten.
800 Gemeine (wovon 320 in beständigem Dienst, 480 auf 11 Monate zu beurlauben).
7 Bediente.

Unter den 800 Gemeinen der Linien-Brigade befand sich eine „verhältnißmäßige Anzahl" Scharfschützen. Außerdem traten bei ihr zu dem oben angegebenen Etat noch ein Musikdirektor und 24 Hoboisten.

Bei der Ausführung der Umformung zeigte sich sehr bald, daß die neuen Friedensstärken durch Freiwillige nicht zu decken waren. Es wurden deshalb folgende nach der Verordnung vom 2. Januar 1814 zum Dienste verpflichtete Mannschaften ausgewählt: Avantgarde 134, Leibbataillon 194, 1. leichtes Bataillon 213, 2. leichtes Bataillon 222, 3. leichtes Bataillon 191, 1. Linien-Bataillon 219, 2. Linien-Bataillon 211. Das 3. Linien-Bataillon hatte nur 5 Freiwillige zu stellen. Ueberhaupt ist aus den Ausführungsbestimmungen ersichtlich, daß dieses Bataillon gänzlich aufgelöst wurde,*) während die beiden anderen Linien-Bataillone bestehen blieben. Minder einfach war die Umformung der leichten Brigade; indessen ist auch hier, namentlich aus den Festsetzungen über die weitere Verwendung der Sergeantmajors und Quartiermeister-Sergeanten, der Grundsatz erkennbar, daß das Leibbataillon und das 1. leichte Bataillon als die bestehen bleibenden, die Avantgarde, das 2. und 3. leichte Bataillon als die aufzulösenden Truppenkörper ins Auge gefaßt waren.**) Uebrigens mußten die bisherigen fünf leichten Bataillone auch 340 durch ihren Körperbau dazu geeignete Leute zur Formation der Linien-Brigade beisteuern. Die überschießenden Mannschaften wurden je nach ihrem

---

*) Seine Fahnen wurden in das Zeughaus abgegeben.
**) Dies hat in der als Anlage beigefügten Stammtafel Ausdruck gefunden.

Dienstalter der Reserve-Brigade zugetheilt, welche unter Verringerung auf vier Bataillone noch bestehen blieb. Gleichzeitig gelangte das Ersatz-Bataillon zur Auflösung. In dieser Weise vollzog sich in der ersten Februarwoche 1816*) die Umformung der braunschweigischen Infanterie.

Gleichzeitig wurde die Vertheilung der Offiziere auf die neuen Truppenverbände geordnet. Nur 85 von den 342 regimentirten Offizieren Friedrich Wilhelms wurden im aktiven Dienste belassen. 63 Herren von der Infanterie wurden auf Wartegeld gesetzt, darunter die Majors v. Brandenstein, v. Steinwehr, v. Unruh, v. Normann, v. Meyern, Sommer, Böcking, v. Rauschenplat und v. Bülow. Dem Kommandeur des aktiven Korps, Generalmajor Olfermann, waren als Adjutanten die Kapitäns Morgenstern und Bause zugetheilt. Im Uebrigen hatten die Infanterie-Brigaden folgende Zusammensetzung:

Leichte Brigade.
Maj. v. Pröstler; Kap. v. Mosqua.

1. leichtes oder Leibbataillon.	**2. leichtes Bataillon.**
Maj. Gr. v. Schönfeld.	Maj. v. Holstein.
Kap. v. Paczinsky.	Kap. v. Specht.
„ Tiede.	„ v. Hüllessem.
„ v. Frankenberg.	„ Häusler.
„ Berner.	„ Mahner.
Lieut. v. Bredow.	Lieut. v. Bernewitz.
„ Haberland.	„ v. Specht.
„ v. Brandenstein.	„ Mittendorf.
„ Edwards.	„ Thiemann.
Fähnr. Scheffler.	Fähnr. v. Hantelmann.
„ Klefert.	„ Grabau.
„ Hinke.	„ Wackerhagen.
„ Mansfeld.	„ Theuerkauf.
Adj. Kap. Martini.	Adj. Lieut. Sommer.
Zahlm. Degener.	Zahlm. Ribbentrop.

Linien-Brigade.
Oberstlieut. v. Buttlar; Kap. v. Aurich.

1. Linien-Bataillon.	**2. Linien-Bataillon.**
Maj. v. Münchhausen.	Maj. v. Wolffradt.
Kap. v. Münchhausen.	Kap. v. Rosenberg.

---

*) Die Linien-Brigade, welche die Stadt gleich nach dem Einzuge verlassen hatte, rückte erst am 5. zur Umformung wieder ein.

Kap. v. d. Heyde.

„ v. Tschischwitz.

„ v. Ritterholm.

Lieut. Grüttemann.

„ Wirth.

„ Geyer.

„ v. Bobenstaff.

Fähnr. Dieckmann.

„ Schröter.

„ Ahrens.

„ Büchling.

Adj. Lieut. Leuterding.

Zahlm. Harke.

Kap. v. Griesheim.

„ Grüttemann.

„ Roussell.

Lieut. Müller.

„ Rudolphi.

„ Schmidt.

„ Scherff.

Fähnr. v. Meyern.

„ v. Bockelmann.

„ Teichmüller.

„ Franke.

Adj. Lieut. Hartmann.

Zahlm. Aschenborn.

Reserve-Brigade.*)

Oberstlieut. v. Campe; Lieut. v. d. Brincken.

Bataillon Wolfenbüttel: Maj. Metzner, Adj. Köhler.

Komp. Braunschweig· Kap. Rudolph.

„ Bechelde St. „ Schulz II.

„ Wolfenbüttel „ Brauer.

„ Salber „ v. Pawel.

Bataillon Helmstedt: Maj. Wittich, Adj. Flantz.

Komp. Helmstedt Kap. Goeze.

„ Königslutter „ v. Pallandt.

„ Schöppenstedt „ Ützfeld.

„ Vorsfelde „ v. Wedell.

Bataillon des Harzes: Maj. v. Koch II, Adj. Freylach.

Komp. Seesen Kap. v. Meibom.

„ Harzburg „ Schulz I.

„ Gandersheim „ v. Waltersdorf.

„ Blankenburg „ v. d. Goltz.

Bataillon der Weser: Maj. Koch, Adj. Solmitz.

Komp. Holzminden Kap. v. Brömbsen.

„ Greene St. „ v. Ritterholm.

„ Eschershausen „ Müller.

„ Thedinghausen „ v. Klencke.

Am 15. Februar konnte Olfermann der Regierung melden, daß das Korps als reorganisirt anzusehen sei. Die nicht zum beständigen Dienst zurückzubehaltenden Leute waren an den drei vorhergehenden Tagen beurlaubt worden. Das 2. leichte Bataillon lag seit dem 12. Februar in Wolfenbüttel in Garnison. In Braun-

---

*) Von der Namhaftmachung der 16 Lieutenants und 16 Fähnrichs dieser Brigade darf Abstand genommen werden.

schweig waren die beiden Linien-Bataillone in der Burgkaserne, das Leibbataillon in der Egidienkaserne untergebracht.

Erwähnung verdient noch, daß am 30. Januar eine Militär-Administrations-Kommission zur Leitung des Militärwesens eingesetzt worden war. Sie bestand aus dem Geheimen Rath v. Schmidt-Phiseldeck, den Mitgliedern der bisherigen Militär-Kammer-Deputation (Kammerräthe v. Bülow und Voigt) und drei erfahrenen Offizieren ohne sonstiges Kommando (General v. Herzberg, Major v. Wachholz und Major Graebe). Die Kommission war die vorgesetzte Behörde des Kommandanten von Braunschweig, des Kommandeurs des aktiven Truppenkorps und des Kommandeurs der Reserve, sowie des Zeughauses und Montirungs-Magazins.

Der Kommandeur des aktiven Truppenkorps, Generalmajor Olfermann, eine echte Soldatennatur aus Friedrich Wilhelms Schule, konnte sich in das Unterordnungs-Verhältniß unter eine zur Hälfte aus Civilisten zusammengesetzte sechsköpfige Körperschaft niemals recht finden. Ihm stand nur die Leitung des gewöhnlichen Dienstes aller Truppengattungen, sowie die Entscheidung auf Urlaubsgesuche und die Ernennung der Unteroffiziere zu, während nicht nur die Beförderung der Offiziere, sondern sogar deren Versetzung von einem Bataillon zum anderen der Befürwortung der Administrations-Kommission und Entscheidung des Geheimeraths-Kollegiums unterlag. Diese Organisation trug den Keim zu Reibungen in sich. Bei Olfermanns herrischem Charakter blieben sie nicht aus, setzten sich vielmehr, gleich unerquicklichen Streitigkeiten mit dem Stadtkommandanten, zwei Jahre hindurch, bis zu seiner jähen Verabschiedung fort.*) Namentlich führte er einen unausgesetzten, meist erfolglosen Kampf darum, die Härten zu mildern, die sich für die Offiziere aus den zahlreichen Versetzungen zur Reserve oder auf ein geringes Wartegeld**) ergaben.

Auch mochte die geringe Dienststärke der Abtheilungen nur wenig seinem militärischen Sinne entsprechen. Mit 40 Mann per Kompagnie

---

*) Ein Mal trug Olfermann kein Bedenken, im General-Ordrebuche die Bekanntgabe eines Erlasses der Administrations-Kommission über die Befugnisse des Kommandanten mit dem Zusatze zu begleiten: „Diese Grundsätze mögen wahrscheinlich bis jetzt allen, selbst wohl lange gedienten Offiziers, unbekannt und fremd sein".

**) Die Infanterie war immer noch besser daran als die Husaren, bei denen statt des Regimentes von 1813—15 und des am 17. Mai 1816 zurückgekehrten englisch-braunschweigischen Regiments nur 1 Schwadron zu 100 Mann bestehen blieb.

ließ sich eine sachgemäße Weiterbildung des Korps unmöglich bewirken, und es bedurfte der vom hochseligen Herzoge gelegten tüchtigen Grundlage, um die Truppen auch bei dieser milizartigen Organisation kriegsbrauchbar zu erhalten. Im Dienstbetriebe stand der Garnison-Wachtdienst weitaus im Vordergrunde. Er beanspruchte in der Garnison Braunschweig täglich nicht weniger als 1 Kapitän, 4 Lieutenants, 6 Sergeanten, 8 Korporale, 5 Spielleute und 128 Mann; außerdem nahmen noch die Artillerie und die Veteranen-Kompagnie mit 6 Unteroffizieren, 35 Mann am Wachtdienste Theil. Die Infanterie hatte fünf Thorwachen und eine sehr starke Schloßwache (1 Offz., 4 Uffz., 2 Spiell., 50 Mann) zu besetzen. Im Einerlei des Wacht- und Gerichtsdienstes, sowie der Einzelausbildung verstrichen die nächsten Jahre im Ganzen eintönig. Eine angenehme Unterbrechung war der Monat der sogenannten Exerzirzeit im September bis Oktober mit eingezogenen Urlaubern. Sie schloß mit einigen bis in alle Einzelheiten vorausbestimmten Felddienstübungen.

Alljährlich wurden die Trauer- und Ruhmestage des letzten Kriegsjahres festlich begangen. Besonderlich feierlich verlief die Trauerparade am 16. Juni 1816, bei welcher General Olfermann die Gedächtnißrede hielt. Am 18. folgte eine Festlichkeit im Offizierkorps und Festvorstellung im Theater. Gleichzeitig erließ der Prinz-Regent einen Generalpardon für zurückkehrende Deserteure mit Ausnahme solcher, die zwischen dem 15. Juni und 3. Juli 1815 vor dem Feinde entwichen waren. Ebenso hatte am 20. Mai der König von Preußen die vor sieben Jahren ohne Abschied zum schwarzen Korps gegangenen Unteroffiziere und Soldaten begnadigt.*) Ferner

---

*) Den in gleicher Lage befindlichen Offizieren wurde erst am 2. Februar 1822 unter Aufhebung der ergangenen kriegsgerichtlichen Erkenntnisse der Abschied nachträglich ausgefertigt. Es sei hierbei bemerkt, daß am 31. Mai 1810 zu Stargard unter Blüchers Vorsitz über 88 ohne Abschied ins braunschweigische Korps gegangene Offiziere Kriegsgericht abgehalten worden war, und daß dabei der Geist äußerster Milde leitend war. 34 Herren wurden unter Heranziehung der verschiedensten Gründe ganz freigesprochen; über 31 Herren wurde das Erkenntniß bis zu weiterer Feststellung ausgesetzt und ist dann nie erfolgt; 17 Herren, welche das Korps nach der königlichen Mißbilligung ihres Verfahrens wieder verlassen hatten, erhielten 1½ Jahr Festungsstrafe wegen Indisziplin; nur gegen 6 Herren, durchweg der Infanterie angehörig, wurde das Desertionsverfahren beschlossen. Durch ein Nachtragserkenntniß vom 1. Dezember 1810 wurden noch 3 Festungsstrafen von 1½ Jahren verhängt.

vertheilte das englische Komité der Waterloo-Subskription die gesammelten 476 200 Pfund Sterling zu Gunsten der Wittwen und
Waisen, wovon 62 500 Pfund den verbündeten Kontingenten zu-
flossen. Endlich zahlte auch der braunschweigische Militär-Unter-
stützungs-Verein an die vor einem Jahre Verwundeten namhafte
Geldspenden aus.

Länger dauerte es, bis die sogenannten Waterloo-Prisengelder
zur Ausgabe gelangten. Die verbündeten Truppen hatten daran
nach Wellingtons Vorschlag vom 6. November 1815 den gleichen
Antheil wie die Briten. Die Gesammtsumme der Prisengelder betrug 25 Millionen Franks. Der zum Prisenagenten für Hannover
und Braunschweig ernannte hannoversche Oberstlieutenant Heise
forderte im April 1817 die Prisenlisten ein. Am 18. Juni sollte
eigentlich mit der Auszahlung begonnen werden. Aber erst im Juli
konnte General-Zahlmeister Steinacker die ersten 368 000 Thaler
unter Eskorte von Hamburg abholen. Die Gelder gelangten in
sechs Stufen zur Auszahlung, je eine für Obersten, für Stabsoffiziere,
für Kapitäns, für Lieutenants und Fähnrichs, für Sergeanten, und
für Korporals und Gemeine. Sie waren recht ansehnlich; während
der Gemeine und Korporal 14 Thaler erhielten, standen dem Sergeanten bereits 105 Thaler 16 Groschen 8 Pfennige zu. Das Kommando des aktiven Korps wußte sich aus diesem Anlaß gegen Ein-
mischungsversuche der Regierung energisch zu wehren, indem es die
Prisengelder als eine reine Privatangelegenheit des Korps hinstellte.
Die letzten Prisengelder (44 000 Franks) wurden übrigens erst 1822
in Hannover erhoben und nach Befriedigung aller berechtigten Em-
pfänger wie folgt verwendet: 2000 Franks zur Gründung der noch
jetzt bestehenden Militärbibliothek, 3000 Thaler als Fonds für ver-
zinsliche Anleihen von Subalternoffizieren, der ganze Rest als Zuschuß
zur Militär-Privat-Unterstützungs-Kasse, Abtheilung für Unteroffiziere.

Auch das Jahr 1818 brachte den Kämpfern der letzten Kriege
einige wohlverdiente Auszeichnungen. Am 6. Januar wurde den
Sergeanten Eggeling und Fuhr für ihre hervorragende Haltung
in den Junischlachten die mit einer Zulage verbundene Ehrenmedaille
des Guelphenordens verliehen. Durch Allerhöchste Verordnung vom
11. Juni wurde „zum fortdauernden Andenken des Feldzuges des
Jahres 1815 wegen rühmlicher Auszeichnung, mit welcher das herzoglich braunschweigische Truppenkorps daran Theil genommen", eine

Kriegsdenkmünze für alle vom 15. Juni bis 7. Juli dem Korps zu-
gehörig Gewesenen gestiftet, soweit sie nicht als fahnenflüchtig oder
sonst kriegsgerichtlich bestraft waren.*) Die Denkmünze, welche an
einem blaugelben Bande getragen wurde, war aus erobertem Geschütz-
metall geschlagen, trug das Brustbild des glorreich gefallenen Herzogs
Friedrich Wilhelm und auf dem Rande Vor- und Zunamen des In-
habers, sowie seinen Rang an den Schlachttagen. Sie wurde am
18. Juni 1818 zum ersten Male angelegt.

Noch in demselben Monat konnte der Kommandeur des aktiven
Korps bekannt machen, daß durch Verordnung vom 6. Januar sämmtlichen noch im Dienst befindlichen Militärs, welche den Halbinselkrieg
im englisch-braunschweigischen Regiment mitgemacht hatten, sowie für
immer dem „aus dem Stamme des gedachten Jäger-Regiments gebildeten" Leibbataillon das Auszeichnungswort „Peninsula" verliehen
worden war. Nach einer neueren Bestimmung vom 24. Juni trugen
es die Offiziere auf fliegendem Bande unter dem Todtenkopf am
Tschakot, die Unteroffiziere und Gemeinen auf einem an der Schnalle
des Bajonett-Bandoliers angebrachten ovalen, gelben Blech auf der
Brust. Dies ist der Ursprung des noch heute den Helm des Braunschweigischen Infanterie-Regiments schmückenden Auszeichnungsschildes.
Seine Einführung lehnte sich genau an die entsprechenden Einrichtungen des britischen Heeres an, wie denn auch das Wort Peninsula
bekanntlich trotz seines lateinischen Klanges der englische Ausdruck für
Halbinsel ist.

An sonstigen Uniformveränderungen aus dieser Periode sei nur
erwähnt, daß im Juli 1818 der dreieckige Hut mit Kordon, Agraffe
und Kokarde auch für die Kapitäns und Lieutenants eingeführt
wurde, und daß die bisher grauen Beinkleider der Linie und des 2.
leichten Bataillons im Oktober desselben Jahres durch schwarze nach
dem Muster des Leibbataillons ersetzt wurden. Die ganze Beklei-
dungswirthschaft war durch eine Dienstvorschrift vom 4. März 1817
neu geregelt worden. Endlich sei noch bemerkt, daß seit dem 1. März
1816 ein neuer Sold- und Wartegeldetat in Kraft war, welcher beispielsweise für den Lieutenant bereits dasselbe Monatsgehalt von
25 Thalern auswarf, das von dieser Charge bis zum Jahre 1897
unverändert fortbezogen worden ist.

---

*) Die Stiftungsurkunde ist in Teichmüllers Geschichte des Leibbataillons
(Seite 134—135) im Wortlaut mitgetheilt.

Im Frühjahr 1818 erfolgte die Verabschiedung des Generalmajors Olfermann. Wir haben die Ursachen dieses Ereignisses,
welche am letzten Ende wohl im Charakter des verdienstvollen, aber
herrschsüchtigen und heftigen Mannes zu suchen sind, bereits früher
angedeutet. Es heißt, er habe sich in einer erregten Sitzung der
Militär-Administrations-Kommission hinreißen lassen, mit der Reit-
peitsche auf den Tisch zu schlagen. In der an seinen Nachfolger,
General-Lieutenant v. Bernewitz, gerichteten Ordre des Geheimeraths-
Kollegiums vom 26. März hieß es kurz und bündig: „Da in Ansehung des Kommandos des aktiven Korps eine Aenderung nothwendig
geworden", sei General Olfermann zu dessen sofortiger Niederlegung
angewiesen; Bernewitz solle es „sogleich nach Empfang dieses und
ohne allen Anstand" provisorisch übernehmen. Die Geheimen Räthe
hatten es sogar für nöthig gehalten, ihm weitere Verhaltungsbefehle
in Aussicht zu stellen, „wo es erforderlich werden sollte". Die Vorsicht war gänzlich unnöthig. Der Gestürzte machte das über ihn
Verfügte sofort dem Korps mit folgenden Abschiedsworten bekannt:
„Indem der Generalmajor ein so theures Pfand wie das Kommando
des hiesigen aktiven Korps, auf dessen Geist und Ausbildung seit
seiner Entstehung der Generalmajor in jeder Hinsicht stolz zu sein
Ursach hat, in die Hände Sr. Exzellenz des Herrn General-Lieutenant
v. Bernewitz legt, so ist es dem Generalmajor eine nicht geringe
Beruhigung, die sichere Hoffnung zu haben, daß der General-Lieutenant durch dieselben Bande der Freundschaft und Anhänglichkeit mit
dem Korps verbunden sein wird, wie es der Generalmajor war und
stets bleiben wird; indem der Generalmajor zugleich die feste Ueberzeugung hat, daß nicht der strengen Disziplin allein die Beweise von
hoher Achtung, welche das Korps im Felde sich erworben, zu verdanken, sondern selbige bei Weitem mehr durch das von Seiten des
im letzten Feldzuge gebliebenen Herzogs Durchlaucht gegebene er-
habene Beispiel von freundlicher und richtiger Behandlung des sämmtlichen Militärs herbeigeführt sind, welchem hohen Beispiele der Generalmajor stets nachzustreben sich bemüht hat, und ersucht der
Generalmajor sämmtliche Chefs und Kommandeurs der einzelnen
Abtheilungen des aktiven Korps, für ihre stets eifrige Mitwirkung
zu einem gleichen Zwecke seinen aufrichtigsten Dank anzunehmen".
Mit so würdigen Worten schloß eine merkwürdige, wunderbar schnell
aufstrebende und dann jählings beendigte Soldatenlaufbahn. Elias

Olfermann zog sich nach Blankenburg zurück, wo er am 18. Oktober 1822, erst 44 Jahre alt, starb. Sein Andenken blieb im braun= schweigischen Korps in hohen Ehren, und schon drei Jahre nach seinem Tode wurde der Gedanke laut, ihm ein Denkmal zu errichten, was einige Zeit darauf auf der Höhe des Nußberges thatsächlich zur Ausführung gelangte.

Das Kommando des aktiven Korps ging in die Hände des be= währten Führers von Fuentes de Oñoro, General=Lieutenants v. Bernewitz über, welcher daneben die Geschäfte des Kommandanten von Braunschweig beibehielt. Nachdem er alle Bataillone besichtigt hatte, hieß er am 6. April in einem längeren Erlaß, welcher auch Gesichts= punkte über die Handhabung der Mannszucht und die Beaufsichtigung der Untergebenen enthielt, das Korps unter seinem Kommando will= kommen. Auch in den anderen höheren Dienststellen gab es manchen Wechsel. Am 6. Mai 1819 starb Oberstlieutenant v. Pröstler; seine Brigade, die leichte, wurde erst am 7. Oktober durch den Major v. Wachholz neu besetzt. Für diesen trat Major von Münch= hausen in die Administrations=Kommission und gab sein 1. Linien= Bataillon an den Major v. Brandenstein ab. Es ging jedoch schon am 17. November 1820 an den Major v. Koch über, da Branden= stein der Nachfolger des auf Wartegeld gesetzten Kommandeurs des Leibbataillons Graf Schönfeld wurde. Der Kommandeur der Linien= Brigade, Oberstlieutenant v. Buttlar, erhielt am 22. Mai 1821 die Kommandantur Wolfenbüttel. Seine Stelle, deren Eingehen wohl schon in Aussicht stand, wurde nicht wieder besetzt. Oberst= lieutenant v. Wachholz führte fortan neben der leichten auch die Linien=Brigade. Die Reserve=Brigade hatte am 4. Dezember 1820 nach Campe's Tode den Generalmajor Moll zum Führer erhalten. Aber auch das Kommando des aktiven Korps sollte nicht lange in denselben Händen bleiben. General=Lieutenant v. Bernewitz ver= schied am 12. Dezember 1821 zu Braunschweig im 61. Lebensjahre. Seine Leiche wurde am 17. Dezember Nachmittags 3 Uhr auf dem Katharinenkirchhofe unter großer Betheiligung seiner zahlreichen Kriegsgefährten mit allen seinem hohen Range und seinen unver= gänglichen Verdiensten um Braunschweig entsprechenden militärischen Ehren bestattet.

Auch an einigen Leichenbegängnissen aus ihrem landesfürstlichen Hause hatte die braunschweigische Garnison in diesen Jahren theil=

zunehmen. Am 10. November 1819 wurden die durch den Kammer=
herrn v. Geyfo aus Ottenfen geholten fterblichen Ueberrefte des für
das deutfche Vaterland gebliebenen Herzogs Karl Wilhelm Ferdi=
nand feierlich in die Fürftengruft überführt. Am 29. Dezember
1820 Abends wurde Herzog Auguft, der ältere Bruder des hoch=
feligen Herzogs Friedrich Wilhelm, an derfelben Stätte beigefetzt. Sech=
zehn Stabsoffiziere trugen den Sarg vom Schloß bis zum Leichenwagen.
Unter Glockengeläut und dem Donner von 45 Kanonenfchüffen erfolgte
zwifchen dem Spalier der Truppen die Ueberführung zum Dome,
wofelbft eine Wache des Leibbataillons die Infignien behütete. Dem
Trauergottesdienft folgten drei Salven des vor dem Veltheim'fchen
Haufe aufgeftellten 2. Linien=Bataillons und erneuter Kanonenfalut.
Unter ähnlichen Feierlichkeiten wurde in der Nacht zum 25. Auguft
1821 Karoline, „die gemißhandelte Königin von England", in der
Gruft ihrer Väter beigefetzt, um hier endlich Ruhe vor den Ver=
folgungen ihres Gemahls zu finden. Mehrfach fanden Paraden vor
den befuchsweife anwefenden Herzögen von Clarence und von Cam=
bridge ftatt. Im Frühjahr weilten auch die unter Oberft v. Dörn=
bergs Leitung im Auslande erzogenen jugendlichen Sproffen des
Herrfcherhaufes, Herzog Karl und Prinz Wilhelm, auf kurze Zeit
in Braunfchweig.

Inzwifchen nahte der Zeitpunkt der zweiten Verringerung des
braunfchweigifchen Truppenkorps heran. Sie fand ihre Begründung
in den vom Deutfchen Bunde erlaffenen Beftimmungen. Mehr als
ein halbes Jahrzehnt war verftrichen, bis der Bundestag die Be=
fchlüffe gefaßt hatte, denen die Einzelftaaten ihre Kontingente an=
paffen follten. Die fogenannten „Hauptpunkte der Bundes=Kriegs=
verfaffung", welche 1 Prozent der Bevölkerung für das ftehende
Heer, $\frac{1}{2}$ Prozent für die Referve feftfetzten, waren freilich fchon am
9. April 1818 zur Annahme gelangt. Aber die mit Ausarbeitung
der Ausführungsbeftimmungen beauftragte Bundes=Militär=Kommiffion
brauchte wieder mehrere Jahre für ihre Arbeiten, und erft am
12. April 1821 wurden die „Umriffe und wefentlichen Beftimmungen
der Deutfchen Kriegsverfaffung" angenommen. Am 11. Juli 1822
endlich folgten die „Näheren Beftimmungen". Jeder Bundesftaat
follte ein felbftändiges Kontingent nach den früher befchloffenen Prozent=
fätzen der ftreitbaren Bevölkerung bilden, und zwar aus allen Waffen=
gattungen zufammengefetzt, nämlich $\frac{1}{7}$ Kavallerie, $\frac{1}{16}$ Artillerie,

$^1/_{100}$ Pioniere, der Rest Infanterie, und von dieser $^1/_{20}$ Jäger oder
Scharfschützen. Der verständige Vorschlag, von den Kleinstaaten nur
gewisse Waffengattungen, aber in verwendbaren Truppenkörpern, auf=
stellen zu lassen, war an vielseitigem Widerstande gescheitert. So
hatte z. B. die hannoversche Regierung am 13. April 1819 den
Vorschlag der braunschweigischen Regierung abgelehnt, deren Kavallerie=
Kontingent zu übernehmen, wofür das Herzogthum entsprechend
mehr Infanterie stellen wollte. Das Gesammtergebniß der lang=
wierigen Verhandlungen war eine möglichst unbrauchbare Kriegs=
verfassung. Zahlreiche Beurlaubungen waren, abgesehen von einem
Monat im Jahre, ausdrücklich gestattet: von der Infanterie brauchte
nur der sechste Theil bei der Fahne zu sein. Innerhalb der Bundes=
Armeekorps sollten die Beobachtung gleicher Ausbildungs=Grundsätze
und ein einheitliches Kaliber angestrebt werden. Alles Andere, sogar
die Bewaffnung, war durchaus Sache der Einzelstaaten! Die Kontin=
gente sollten vier Wochen nach ergangener Aufforderung marschbereit
sein, die Reserve erheblich später. Die Wahl des Bundesfeldherrn
war dem Bundestage vorbehalten, welchem er auch vereidigt werden
sollte. Jede Berührung kleinstaatlicher Kontingente mit den Heeren
Oesterreichs und Preußens war sorgsam vermieden. Jedem der beiden
Großstaaten waren drei Bundes=Armeekorps vorbehalten; Bayern sollte
das 7., Süddeutschland das 8., die mitteldeutschen Kleinstaaten das 9.,
die nordwestlichen das 10. stellen. Letzteres sollte aus zwei Divisionen
bestehen, deren 1. von Hannover, Braunschweig, beiden Lippe und
Waldeck zu stellen waren, während sich die 2. aus Holstein, beiden
Mecklenburg, Oldenburg und den Hansestädten zusammensetzte.

Hiernach war freilich eine abermalige Umformung des braun=
schweigischen Truppenkorps kaum zu vermeiden. Sie wurde in auf=
fälliger Eile, ohne das Erscheinen der „Näheren Bestimmungen"
abzuwarten, ins Werk gesetzt. Der betreffende Erlaß der vor=
mundschaftlichen Regierung datirte vom 25. März 1822 und lautete
in seinen wesentlichsten Punkten: „Da es erforderlich ist, daß nun=
mehr die Eintheilung des hiesigen Militärs gänzlich nach Demjenigen
eingerichtet werde, was deshalb auf der Deutschen Bundesversammlung
beschlossen worden, und daß diese Eintheilung gleichzeitig mit der
jetzt bevorstehenden Aushebung neuer Mannschaft eintrete, so lassen
Wir der Fürstlichen Militär=Administrations=Kommission deshalb
folgende Grundsätze unverhalten:

1. Nach den Gesetzkraft erhaltenen Bestimmungen der Bundes-versammlung würde das hiesige Kontingent zu bestehen haben aus:

Infanterie: a) Linien-Infanterie . . . 1544 Mann
        b) Jäger oder Scharfschützen 81 „
        c) Pioniers . . . . . . 21 „
Kavallerie . . . . 299 „
Artillerie . . . . 151 „

in welcher Zahl sämmtliche Offiziers und Unteroffiziere und Gemeine, Spiel- und Zimmerleute und Artillerie-Fuhrwerks-Soldaten mitbe-griffen sind.

2. Soviel die Infanterie betrifft, soll ein Bataillon nicht unter 800 Mann und eine Kompagnie im Durchschnitt aus 150 Mann bestehen. Hiernach ist also das hiesige Kontingent, welches zugleich den Bestand des künftig hierselbst zu unterhaltenden Militärs be-stimmt, in Ansehung der Infanterie zu dem Gesammtbetrage von 1625 Mann und 21 Pioniers in zwei Bataillone einzutheilen, deren jedes fünf Kompagnien zählt, und zu welchem außerdem die 21 Pio-niers mit eingestellt werden.

3. Die anjetzt bestehenden vier Bataillons werden demnach in zwei zusammengezogen, deren jedes durch einen Major, beide Bataillons aber durch einen Brigadier*) kommandirt werden. Jedes dieser Ba-taillons wird in fünf Kompagnien eingetheilt, deren jede 1 Haupt-mann kommandirt, und bei welcher einer jeden 3 Subalternoffiziere, nämlich nach Beschaffenheit der Umstände 1 Premier- und 2 Sekond-Lieutenants oder 2 Premier- und 1 Sekond-Lieutenant, angestellt werden.**)

8. Für die Reserve werden nur Kadres gebildet, welche in Kriegs-zeiten sogleich die Ersatzmannschaften auszubilden und zu formiren haben. Da die Ersatzmannschaft sich in jeder Waffenart auf das Dritttheil des Kontingents erstreckt, so ist erforderlich: a) ein Kadre von 540—550 Mann Infanterie, also zu einem Bataillon zu vier Kompagnien; b) und c) 2c.

9. Das bisherige General-Kommando des aktiven Korps wird aufgelöst, und die Chefs der einzelnen Waffengattungen werden direkt der Fürstlichen Militär-Administrations-Kommission untergeordnet.

---

*) Vergl. jedoch die Ausführungen auf Seite 143, wonach es ein Regiments-Kommandeur wurde.

**) Die Fähnrichscharge wurde aufgehoben und alle Fähnrichs zu Sekond-Lieutenants ernannt.

10. Es wird am paßlichsten sein, die beiden Bataillons Infanterie hierselbst zu stationiren.

14. Das Kadre der Infanterie-Reserve steht unter dem direkten Befehle des ihm vorgesetzten Majors und dieser unmittelbar unter der Fürstlichen Militär-Administrations-Kommission. Damit aber die Offiziere und sonstigen dabei angestellten Personen in der gehörigen Waffenübung erhalten werden, sollen solche als bei der Infanterie aggregirt sich zu betrachten haben, und hat ihr Kommandeur mit dem Kommandeur der Infanterie wegen deren Theilnahme an den Uebungen sowohl als des täglichen Dienstes das Erforderliche zu konzertiren.

19. Endlich wird die Fürstliche Militär-Administrations-Kommission aus dem Obigen bereits entnommen haben, daß bei der jetzigen Aushebung zwar die Zahl der Mannschaft, welche zur Kompleterhaltung des Kontingents erforderlich, ausgehoben werden muß, daß aber bei Weitem der größte Theil nicht zum wirklichen Dienst eingezogen zu werden braucht, sondern auf Urlaub seinen gewöhnlichen Beschäftigungen ferner belassen werden kann. Von der Infanterie braucht nur der sechste Theil im Dienste zu sein und können daher $\frac{5}{6}$ beurlaubt werden".

Dies die Grundzüge der Reorganisation von 1822. Es kann nicht geleugnet werden, daß sie in Uebereinstimmung mit der vom Frankfurter Bundestage beschlossenen deutschen Wehrverfassung stand. Aber ebensowenig kann ein Zweifel über ihre gänzliche Unbrauchbarkeit bestehen. Sie bedeutete ein kaum verhülltes Milizsystem, und es war sehr günstig für Braunschweigs Wehrkraft, daß der neuen Organisation nur eine zweijährige Dauer beschieden war. Die Militär-Administrations-Kommission erließ am 8. Mai die erforderlichen Ausführungs-Bestimmungen. In ihnen findet sich zum ersten Male wieder die schon 1809 und 1813 eingeführte, aber beide Male wieder fallen gelassene*) Benennung „Infanterie-Regiment". Schon der Umstand, daß sie in keiner grundlegenden Organisations-Urkunde, sondern nur in einer Ausführungs-Verordnung enthalten ist, zeigt, wie wenig zutreffend es ist, wenn von einer „Errichtung" des Regiments bei dieser Gelegenheit gesprochen worden ist. Das Wort Regiment war lediglich eine andere Benennung derselben Dienststelle,

---

*) Vergl. 1. Band Seite 13 und 2. Band Seite 10.

die noch am 25. März Brigade genannt war und früher General=
Kommando des aktiven Korps hieß. Neu errichtet wurde 1822 über=
haupt kein Truppentheil. Die organisatorische Aenderung beschränkte
sich auf Etatsverringerungen und Umbenennungen bereits bestehender
Abtheilungen. Wir lassen die Verfügung vom 8. Mai im Auszuge
folgen:

„§ 1. Die aktive Infanterie wird in ein Regiment Linien=In=
fanterie formirt, welches aus dem Stabe des Regiments (5 Kombat=
tanten), dem Stabe eines jeden Infanterie=Bataillons (für 2 Bataillons
14 Kombattanten), den Offizieren, Unteroffizieren, Spielleuten rc.
und Soldaten für 10 Kompagnien (1627 Kombattanten), folglich
aus 1646 Kombattanten besteht. Ferner Nichtkombattanten: 1 Regi=
ments=Auditor, 30 Hoboisten.

§ 2. Das Regiment ist in 10 Kompagnien eingetheilt, davon
jede in der Regel besteht aus 1 Kapitän, 3 Subalternoffizieren, 1 Feld=
webel, 5 Sergeanten, 5 Korporalen, 3 Spielleuten, 8 Schützen,
2 Pioniers, 134 Soldaten (162 Köpfe). Vier Kompagnien haben
1 Spielmann mehr, welches ein Hornist ist,*) und drei 1 Mann
mehr. Die sieben Kompagnien zählen demnach jede 163 Köpfe.

§ 3. Das Regiment ist ferner in zwei Bataillons getheilt,
davon jedes also fünf Kompagnien enthält.

§ 13. Das Regiment rangirt in drei Gliedern; es trägt als
Linien=Regiment das Gewehr auf der linken Schulter.

§ 15. Die Bekleidung des Regiments ist ganz so angenommen,
wie solche vom Leibbataillon jetzt getragen wird.**) Für die Hoboisten
wird blaue Uniform von der Farbe des Kragens des Regiments,
mit schwarzen Aufschlägen, silbernen Treffen, Tschakots mit weißen
Roßschweifen statt der bisherigen Uniform. Die Schützen erhalten
demnächst sogenannte Whings auf den Schultern.

§ 26. Das Regiment garnisonirt in der Folge ganz hier und
wird dann die dadurch der Garnison von Wolfenbüttel entzogen
werdende Infanterie=Mannschaft von der daselbst demnächst stationirten
Kavallerie ersetzt. Bis dahin jedoch, daß diese Stationirung statt=

---

*) Der Spielmannsetat wurde am 16. Mai dahin geändert, daß das Leib=
bataillon 12 Hornisten, das 2. Bataillon 2 Hornisten, 5 Pfeifer, 15 Tambours
erhielt.

**) Das ganze Regiment trug also nunmehr den Todtenkopf am Tschakot.

findet, werden zwei Kompagnien des Regiments nach Wolfenbüttel detachirt.

§ 27.   Die Dienstthuerstärke des Regiments folgt aus der zum Dienst täglich zu stellenden Mannschaft. Indem nun diese für die Zukunft zu 96 Mann hier bestimmt ist,*) von der die Artillerie und Veteranen täglich 15 Mann zu geben haben, so ergiebt sich hieraus für jede der acht Kompagnien, so hier stationiren, eine Dienststärke von 37 Mann und für Wolfenbüttel, wo 41 Mann zum Dienst täglich festgesetzt sind, von denen die Veteranen 12 Mann geben, für jede der zwei dort stationirt werdenden Kompagnien eine Dienstthuerstärke von 50 Mann.

§ 28.   Die Reserve des Infanterie-Regiments besteht aus 540—550 Mann, wovon jedoch nur das Kadre gebildet wird, welches aus 14 Offizieren, 1 Zahlmeister, 36 Unteroffizieren, 13 Spielleuten oder 64 Köpfen besteht.

§ 30.   Die Bekleidung der Reserven ist ganz so, wie solche vom Regimente demnächst getragen wird.

§ 47.   Vorstehendes ist bis zum 16. d. Mts. zur Ausführung zu bringen".

Gleichzeitig wurde die Verwendung der Offiziere geregelt, wobei natürlich wieder eine große Anzahl auf Wartegeld gesetzt wurde. Darunter waren die Majors v. Wolffradt und v. Normann, die Kapitäns Roussell, v. Waltersdorf, v. Klencke, v. Pallandt, v. Pawel, Brauer und v. Brömbsen. Die Mehrzahl von ihnen wurde dem Infanterie-Regiment aggregirt. Erwähnung muß ferner finden, daß seit dem 26. März Generalmajor Moll Kommandant, Generalmajor v. Herzberg Vizekommandant von Braunschweig war. Die neuen Truppenverbände waren wie folgt besetzt:

Infanterie-Regiment.

Stab: Oberstlieutenant v. Wachholtz, Premierlieutenant Leuterding, Stabsarzt Dr. Pockels, Zahlmeister Ribbentrop, Auditor Kubel.

1. oder Leibbataillon.		2. Bataillon.	
Major v. Brandenstein	(Kdr.)	Major v. Holstein	(Kdr.)
Kapitän v. Rosenberg	(1)	Kapitän v. Münchhausen	(6)
„ Morgenstern	(5)	„ v. Specht	(10)

---

*) Der Wachtdienst war erheblich verringert. Er erforderte fortan 1 Kapitän, 3 Lieutenants, 5 Sergeanten, 5 Korporale, 4 Spielleute und 80 Soldaten.

Kapit. v. Paczinsky	(2)	Kapit. v. d. Heyde	(7)
„ v. Frankenberg	(4)	„ Berner	(9)
„ v. Mosqua	(3)	„ v. Hüllessem	(8)
Pr.-Lt. Bosse	(3)	Pr.-Lt. Platz	(10)
„ Haberland I	(2)	„ Wirth	(6)
„ Rudolphi	(1)	„ v. Specht	(8)
„ Schmidt	(4)	„ Sommer	(Adj.)
„ Hartmann	(Adj.)	„ Haberland II	(9)
„ v. Braun	(5)	„ Mittendorf	(7)
„ Riemann	(2)	„ Scherff	(6)
„ Solmitz	(5)	„ Ewald	(9)
„ Erich	(4)	„ Mahner	(10)
„ Brebenschey	(1)	„ Rischmüller	(8)
„ Ahrberg	(3)	„ Simonis	(7)
Sek.-Lt. Mansfeld	(2)	Sek.-Lt. Kellner	(6)
„ Grabau	(3)	„ Ahrens I	(9)
„ v. Bockelmann	(1)	„ v. Hantelmann	(8)
„ Fredeking	(4)	„ Teichmüller	(7)
„ Franke	(5)	„ Wagenknecht	(10)
Gehülfs-Chir. Krüger.		Gehülfs-Chir. Krampe.	

Reserve-Bataillons-Kadre.

Major v. Koch.		Prem.-Lt. Debekind.	
Kapitän Häusler.		„ Daeves.	
„ v. Griesheim.		Sek.-Lt. Rätzel	
„ Grüttemann.		„ Fröhling.	
„ v. Ritterholm I.		„ Fricke.	
Prem.-Lt. Freylach (Adj.)		„ Damm.	
„ Damköhler.		Zahlm. Kap. Meyer.	
„ Köhler.			

Die neue Formation des Infanterie-Regiments wurde durch den Oberstlieutenant v. Wachholtz am 15. Mai 1822 vollzogen. Die Kompagnien der Kapitäns Mahner, v. Waltersdorf, v. Ritterholm, v. Griesheim, Grüttemann und Roussell wurden gänzlich aufgelöst. Die zehn bestehen bleibenden Kompagnien erhielten bleibende Nummern. Bei deren erster Verleihung wurde so verfahren, daß die vier ältesten Kapitäns die Flügelkompagnien, die folgenden die anstoßenden, die beiden jüngsten die mittelsten Kompagnien der Bataillone erhielten. Von dem bisherigen Bestande der vier Infanterie-Bataillone (59 Offiziere, 12 Stabssergeanten, 135 Unteroffiziere, 52 Spielleute, 462 dienstthuende Soldaten) wurden 15 Spielleute, 66 Soldaten, meist Stellvertreter, verabschiedet; 9 Offiziere, 25 Unteroffiziere zur

Reserve überführt; 40 Offiziere, 4 Stabssergeanten, 110 Unteroffiziere, 37 Spielleute, 396 Soldaten in das neue Regiment übernommen; ebenso die vorhandenen 777 Beurlaubten bezw. Kranken und Arrestanten; 10 Offiziere, 8 Stabssergeanten blieben vorerst überzählig. Die Fahnen des früheren 1. und 2. Linien=Bataillons gingen auf die beiden Bataillone des neuen Regiments über.

In dieser Formation verblieb die braunschweigische Infanterie bis zum Ablauf der vormundschaftlichen Regierung. Die Dienstpflicht und Aushebung waren nach dem Kanton=Reglement vom 30. Juli 1821 dahin geregelt, daß der 20. bis 25. Jahrgang dienstpflichtig waren und auf Grund der Loosnummer unter Zulassung der Stellvertretung zum Dienst herangezogen werden durften. Durch die Kriegsartikel vom 29. Oktober 1821 nebst Verordnung über die Militärstrafen und =Prozesse war die Prügelstrafe abgeschafft worden. Die Strafen bestanden in Todesstrafe, Ausstoßung aus dem Soldatenstande, Festungsarbeit, Versetzung in die Strafklasse und Arrest der verschiedenen Grade. Ferner verdient Erwähnung, daß im Herbst 1822 der militärische Gruß durch Anlegen der Hand an die Kopfbedeckung nach preußischer Norm eingeführt wurde. Rekruten=Vertheilungen fanden im Juli und April statt. Mit den Beurlaubten (14—20 per Kompagnie) wurde von Zeit zu Zeit gewechselt. Die Unterkunft war so geregelt, daß das 1. Bataillon die Burgkaserne, die 6., 7. und 9. Kompagnie die Egidienkaserne bezogen, die 8. und 10. Kompagnie Wolfenbüttel zum Standort erhielten. Das Regiment führte seit 1822 englische Gewehre, abgesehen von den mit Büchsen ausgerüsteten Scharfschützen, die bei jedem Bataillon einem Offizier zur Ausbildung unterstellt waren.

Im Juli 1823 hielt Oberstlieutenant v. Wachholtz das Regiments=Exerziren ab. Am 12. durfte er dem Bevollmächtigten der Regierung, Generalmajor v. Herzberg, das Regiment vor dem Steinthor in Revue vorführen. Drei Tage darauf schloß die Exerzirzeit, die beiden abgezweigten Kompagnien kehrten nach Wolfenbüttel zurück, und die Urlauber wurden wieder entlassen. Die vormundschaftliche Regierung aber erließ zum Abschluß ihrer militärischen Thätigkeit folgende Verfügung: „Georg IV. König von Großbritannien 2c., in vormundschaftlicher Regierung u. s. w. Aus dem mittelst Berichtes vom 12. d. Mts. eingesandten und hierbei zurückgehenden Berichte des Generalmajors v. Herzberg haben Wir das

günstige Resultat der mit dem Infanterie-Regiment vorgenommenen
General- und Spezial-Musterung sehr gern ersehen, und hat Fürst-
liche Militär-Administrations-Kommission sowohl dem Kommandeur
des Regiments, Oberstlieutenant v. Wachholtz, als auch dem gesammten
Offizierkorps und dem ganzen Regiment deshalb Unsere besondere
Zufriedenheit zu erkennen zu geben.

Braunschweig, den 14. Juli 1823.

Auf Höchsten Spezial-Befehl.
v. Schmidt-Phiseldeck.   v. Schleinitz."

Am Schluß dieses Abschnittes ist noch einer Feier Erwähnung
zu thun, welche, an der Schwelle theils schwüler, theils stürmischer
Zeiten, nochmals in erhebender Weise die Erinnerung an Braunschweigs im heiligen Kampfe für Deutschlands Unabhängigkeit gefallene Fürsten wachrief. Am 13. August Nachmittags 3¼ Uhr
trat die dienstfreie Mannschaft des Regiments, in sechs Züge formirt,
mit zwei Fahnen versehen, unter dem Kommando des Majors
v. Normann auf dem Schloßplatze zusammen und rückte nach dem
Platz am Augustthor, um der Enthüllung des stolzen Monumentes
beizuwohnen, welches Braunschweig den beiden verewigten Herzogen
Karl Wilhelm Ferdinand und Friedrich Wilhelm errichtet hatte.
Daß mit seiner Enthüllung nicht bis zu der so nahe bevorstehenden
Ankunft des neuen Herzogs gewartet wurde, muthet uns Nachlebende
freilich seltsam an. Es war das letzte bemerkenswerthe Vorkommniß
aus der Zeit der vormundschaftlichen Regierung: am 30. Oktober
1823 lief ihre Zeit ab. Gewiß hat sie sich mancherlei Verdienste
um das von den Opfern des Krieges heimgesuchte Land erworben,
und sie sollen ihr nicht verkümmert werden. Die Soldaten aber, die
es mit ihrem Berufe ernst meinten, erhofften mit Recht von der
Regierung eines angestammten Fürsten den Beginn einer besseren
Zeit für das braunschweigische Militär.

22. Unter Herzog Karl.

Am 30. Oktober 1823 hielt der 19jährige Herzog Karl II. seinen
Einzug in Braunschweig, um die Zügel der Landesherrschaft ein Jahr
später, als es eigentlich hätte geschehen sollen, in die Hand zu nehmen.
Nach den Festsetzungen des Pactum Henrico-Wilhelmianum vom
Jahre 1534 stand ihm der selbständige Regierungsantritt schon bei

10*

Vollendung des 18. Lebensjahres zu. Aber sein Vormund, König
Georg IV. von England, hatte den Eintritt der Regierungs=Mündigkeit
im Einvernehmen mit den Großmächten um ein Jahr hinausgeschoben,
und zwar wegen einiger besorgnißerregender Wahrnehmungen über
die Charakterentwickelung seines hohen Mündels. Bekanntlich nahm
Herzog Karl hieraus späterhin Veranlassung, alle während dieses
Jahres ergangenen Verordnungen für unverbindlich zu erklären. Seiner
Regierung war nur ein kurzer, stürmischer Verlauf und ein jähes
Ende beschieden. Der Gang der Ereignisse, der Spruch des Bundes=
tages und das unbestechliche Urtheil der Geschichte stimmen darin
überein, daß Herzog Karl infolge von unglücklichen Charakteranlagen
und einer verfehlten Erziehung nicht dazu angethan war, ein Volk auf
die Dauer zu dessen Wohl und Gedeihen zu regieren. Aber an
dieser Stelle brauchen wir auf die zahlreichen daraus sich ergebenden
Zwiste und Mißhelligkeiten nur insoweit kurz einzugehen, als die
braunschweigische Infanterie mittelbar oder unmittelbar dadurch be=
rührt wurde. Nur deren Geschichte soll hier erzählt werden, und
von ihrem Standpunkte aus muß die Regierungszeit Karls II. im
Vergleich zu der vorangegangenen Lethargie sogar als eine Periode
des Aufschwunges bezeichnet werden.

Wir sahen, daß die Dienststärke der Kompagnien durch die Re=
organisation der vormundschaftlichen Regierung bis auf 37 Mann
herabgekommen war. Daß solche Heersäulen keinen vortheilhaften
Eindruck auf den neuen Herrscher machen könnten, mochten die Ge=
heimen Räthe wohl fühlen. Sie verstärkten die Kompagnien durch
Einziehung von Beurlaubten um Mitte Oktober auf 44, dann auf
64 Mann und ließen zwei Tage vor dem Einzuge auch die beiden
Wolfenbütteler Kompagnien in Braunschweig einrücken. So verstärkt
und durch Vorparaden eingeübt, erwartete das Regiment die Ankunft
seines neuen Kriegsherrn.

Am 29. Oktober erfolgte in feierlicher Weise der Einzug des
von Halberstadt kommenden jungen Herzogs. Er wurde an der
Landesgrenze unweit Hessen von den Spitzen der Behörden, bei
Rocklum von einer Husarenabtheilung, vor dem Augustthore von der
Bürgergarde, auf dem Schloßplatze von der in Parade aufgestellten
Garnison begrüßt. Nachdem der Herzog zwischen den Truppen
und den Korps der berittenen und unberittenen Bürgergarde hin=
durchpassirt war und den offenen Wagen, in welchem an seiner linken

Seite Oberst v. Dörnberg saß, verlassen hatte, hieß ihn an der
Schloßtreppe sein aus Bruchsal herbeigeeilter Bruder Prinz Wilhelm
willkommen, der einer Hüftverrenkung wegen den eigentlichen Einzug
nicht hatte mitmachen können. Als das Infanterie-Regiment an dem
linken Flügel des Schlosses vorbei abmarschirte, erschien Herzog Karl
auf dem Balkon und nahm den Vorbeimarsch ab. Heller Jubel der
treuen Braunschweiger hatte den Sohn Friedrich Wilhelms begrüßt; große Hoffnungen knüpften sich an seinen Regierungsantritt. Ein Fackelzug des Offizierkorps beschloß am späten Abend
den festlichen Tag.

Wider Erwarten änderte der Herzog zunächst an den allgemeinen
Verhältnissen des Landes nicht das Mindeste. Er ließ das Geheimeraths-Kollegium, aus welchem nur Graf Alvensleben ausschied,
unumschränkt weiterschalten. Nur die Militärverhältnisse seines Landes
gestaltete er schon in den ersten Monaten seiner Regierung völlig um;
auch säumte er nicht, seinen bisherigen Mentor, der Oberst v. Dörnberg, durch Ernennung zum Vize-Kommandanten von Braunschweig
von seiner Person zu entfernen und den Kapitän Bause zu seinem
Adjutanten zu ernennen. Die erste militärische Aenderung von Bedeutung war die am 1. Dezember erfolgte Wiederherstellung der
1822 aufgehobenen Stellung eines Kommandeurs des Truppenkorps.
Der Herzog betraute den Generalmajor v. Herzberg mit diesem
Posten und gab ihm den Kapitän Morgenstern zum Adjutanten.
Aus der die Ressortverhältnisse regelnden Verordnung vom 29. Dezember 1823 seien folgende Kernpunkte angeführt: 1. Der Komman-
deur des Militärs befehligt unmittelbar nach den Befehlen des Herzogs
sämmtliche Truppenabtheilungen, sowie das gesammte Personal, mit
Ausnahme der Kommandanturen, die dem Kommandanten von Braun-
schweig unterstellt bleiben; 2. Demnach fällt alles, was das Personal
des Militärs betrifft, aus dem Ressort der Militär-Administrations-
Kommission hinweg, mit alleiniger Ausnahme der Verabschiedung und
Entlassung von Unteroffizieren und Soldaten; 3. Dagegen bleibt die
Leitung alles Materials, sowie das Rechnungswesen der Militär-
Administrations-Kommission anvertraut, als: Rechnungswesen, Ver-
pflegung, Bekleidung, Bewaffnung, Kasernirung, Remonte, Hospital-
verwaltung, Kantonwesen, Gefangenenanstalten, Wittwenkasse.

Eine völlige Umgestaltung zunächst der Infanterie, welche außerdem eine von Grund aus veränderte Uniform erhielt, wurde vom

neuen Kriegsherrn durch den im Auszuge folgenden Erlaß vom
21. Januar 1824 befohlen:

„a) Vom 1. Februar d. J. an soll die aktive Infanterie be=
stehen aus 1 Garde=Grenadier=Bataillon, 1 Jäger= oder Leib=
bataillon, 1 Infanterie=Regiment.

b) Das Grenadier=Bataillon kommandirt Major v. Branden=
stein, das Leibbataillon Major v. Normann. Das Regi=
ment kommandirt der bisherige Regiments=Kommandeur
v. Wachholtz einstweilen als Oberstlieutenant. Unter dem
Oberstlieutenant befehligen Major v. Holstein und Major
v. Wolffradt die beiden Bataillone des Regiments. Im
Uebrigen bildet die Mannschaft des bisherigen Regiments den
Stamm zu benannten Infanterie=Abtheilungen.

c) Das Verzeichnis ad A bestimmt: 1. die Stärke für den täg=
lichen Dienst; 2. die Stärke in der Exerzirzeit; 3. die Stärke
einer jeden Abtheilung in ganz vollzähligem Zustande.

f) Die Reserve unter den Befehlen des Majors v. Koch und
sämmtliche Veteranen sollen künftig die Garnison von Wolfen=
büttel bilden, und sollen der Reserve zu diesem Behufe die
erforderlichen Mannschaften am 1. Juni d. J. zugewiesen
werden.

h) Bis zum 1. Juni hat der Kommandeur des Korps eine
Kompagnie vom Infanterie=Regiment und eine Kompagnie
vom Leibbataillon nach Wolfenbüttel zu kommandiren.

l) Die Bataillons rangiren auf zwei Glieder, wonach sowohl
wie auch in Betreff der verminderten Anzahl Kompagnien
bei jedem Bataillon die nöthigen Veränderungen im Exerzir=
Reglement sofort zu bewerkstelligen sind.

m) Für die leichte Infanterie soll das Königlich Hannoversche
Exerzir=Reglement eingeführt werden, und hat der Komman=
deur, insofern Modifikationen erforderlich sein sollten, deshalb
Vorschläge an Uns einzureichen.“

Aus der im Punkt c dieses Erlasses erwähnten Anlage theilen
wir nur summarisch die Stärken für a) den täglichen Dienst, b) die
Exerzirzeit, c) den vollen Bestand mit:

Grenadier- und Jäger-Bataillon:

	a.	b.	c.
Offiziere	14	14	14
Unteroffiziere	30	30	47
Spielleute	13	13	13
Soldaten	128	358	541
Civilbranchen, Bediente ꝛc.	3	3	5
Pferde	3	3	3
zusammen	188	418	620

Infanterie-Regiment:

	a.	b.	c.
Offiziere	30	30	31
Unteroffiziere	58	58	91
Spielleute	26	26	26
Soldaten	256	716	1083
Civilbranchen, Bediente ꝛc.	11	11	16
Pferde	10	10	10
zusammen	381	841	1247

Diese Etats erhöhten sich beim Grenadier-Bataillon um 30 Hoboisten, beim Leibbataillon um 1 Quartiermeister, der auch den Dienst des Garde-Bataillons mitversah. Das Reserve-Kadre bestand aus 14 Offizieren, 1 Zahl- und Quartiermeister, 20 Unteroffizieren und 9 Spielleuten.

Die Lieblingsschöpfung des Herzogs Karl war das Garde-Grenadier-Bataillon. Zu seiner Errichtung mußte das Infanterie-Regiment die 168 größten Leute seines aktiven Dienststandes, alle über 5 Fuß 6 Zoll messend, und 90 ebenso große Urlauber hergeben. Die durch diese Körpergröße bedingte Stattlichkeit wurde durch eine glänzende, im Wesentlichen dem preußischen 1. Garde-Regiment zu Fuß nachgebildete Uniform *) nicht wenig gehoben. Die Garde-Grenadiere trugen ein dunkelblaues Kollet mit zwei Reihen weißer Knöpfe und weißen Gardelitzen am rothen Kragen und den rothen, schwedischen Aufschlägen; dazu weiße Achselklappen und rothen Schoßbesatz. Die Abzeichen der Unteroffiziere und Spielleute entsprachen genau der preußischen Vorschrift. Das Beinkleid war grau mit rother Biese und stak in Gamaschen; im Sommer wurden weißleinene Hosen angelegt. Ein gebogener Infanteriesäbel mit Messinggriff und Säbeltroddel **) hing an weißem Koppel.

---

*) Vergl. wegen der Trachten aus der Zeit des Herzogs Karl das beigefügte Uniformbild Nr. II.

**) 1. Kompagnie weiße, 2. rothe, 3. blaue, 4. grüne Schieber an weißem Troddel; Unteroffiziere blauweiße, Spielleute rothe Troddel.

Dieses trug auch die schwarze Patrontasche mit flammenden Granaten
in den Ecken und dem herzoglichen Namenszuge. Ganz eigenartig
war die Kopfbedeckung: sie bestand aus sehr großen und schweren
Grenadiermützen von schwarzem Bärenfell mit schwarzem Leder=
schirm, weißem Beschlage und weißen Schuppenketten. An der rechten
Seite der hinten roth ausgeschlagenen Mütze saß ein blau=weißes
Pompon. Vorn prangte ein weißes Schild mit einer Waffentrophäe
und einem doppelten, verschlungenen C mit Krone, darunter das
Wort Waterloo. Ein blau=weißer Federbusch und weiße Fangschnüre*)
vollendeten das seltsame Bild der altfränkischen Kopfbedeckung.**)
Außer ihr gehörten noch ein Kalbfelltornister mit weißem Leder=
zeuge und das im Juni ausgegebene neue Grenadiergewehr, eine
Steinschloßwaffe französischen Kalibers mit schwarz lackirtem Schaft,
weißem Riemen und sehr langem Bajonett zur Ausrüstung der neuen
Elitetruppe, welche übrigens zum gewöhnlichen und Wachtdienst die
alten Gewehre fortbenutzte. Die Offiziere trugen dunkelblaue Fracks
mit langen Schößen und silberne Litzen, an den Hosen zwei breite
rothe Streifen, Schärpe und Portepee nach preußischer Probe,
jedoch hellblau durchwirkt, und den preußischen Degen mit Leder=
scheide. Die berittenen Offiziere hatten Stahlscheiden, sowie weiße
Lederhosen und hohe Stulpstiefel. Die Eigenschaft des so prächtig
ausgestatteten Truppentheils als Gardetruppe wurde durch zahlreiche
Auszeichnungen zum Ausdruck gebracht. Namentlich lag ihm aus=
schließlich die Kommandirung der Schloßwache ob, wozu täglich eine
volle Kompagnie aufzog. Vom übrigen Wachtdienst und allen
Arbeitskommandos war es völlig frei. Das Musikkorps des Regi=
ments trat zu ihm über.

Die zweite Neuschöpfung des jungen Fürsten, das Jägerbataillon,
wurde in anderer Weise nicht minder ausgezeichnet. Der Herzog
verlieh ihm nicht nur den stolzen Namen Leibbataillon,***) sondern
auch die mit der Erinnerung an die Ruhmesthaten von 1809—15
innig verknüpfte historische, schwarze Tracht, die bisher vom ganzen

---

*) Die Spielleute trugen rothe Federbüsche und rothe Fangschnüre.

**) Zur Schonung der Grenadiermützen wurden bald Pappmützen, späterhin
Ueberzüge mit gemalter brennender Granate angeschafft und für gewöhnlich
getragen.

***) Uebrigens wurde das Bataillon in den Ordrebüchern jener Jahre meist
nur Jägerbataillon genannt.

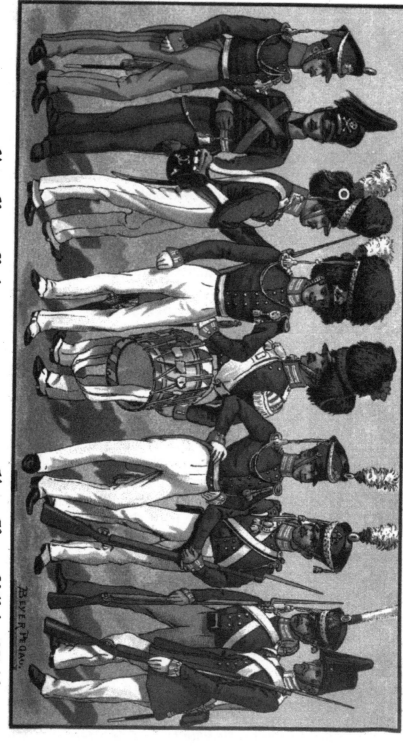

Uniform=Tafel II.

Unter Herzog Karl.

Offizier
vom 1. Lin.=
Inf.-Regt.

Sergeant
vom
Leib-Bat.

Grenadier
vom Garde-Grenadier-Bat.

Offizier

Tambour

Unter Herzog Wilhelm 1831—48.

Offizier
vom 2 Bat. Inf.-Regts.
1831-37

Soldat
v. 2. Bat. Inf.-
Regts. 1837-44

Soldat
v. Inf.-Regt.
seit 1844

Korporal

BEYER Pt Gau,

Regiment getragen worden war. Nur erhielten sowohl die blau=
gelben Sergeantenschärpen, wie auch das bisher schwarze Feldzeichen
am Tschakot eine blau=weiße Farbe. Wahrscheinlich wurde auch schon
jetzt das Auszeichnungswort Peninsula vom Säbelkoppel an den
Tschakot verpflanzt, wo es seinen Platz unter dem Todtenkopf er=
hielt. *) Ferner wurden die Schnurschärpe der Offiziere und das
eichelförmige Portepee künftig hellblau durchwirkt. Als Seitenwaffe
erhielten die Mannschaften den Hirschfänger der vormaligen gelernten
Jäger, die Offiziere einen gebogenen Säbel, an dessen durchbrochenem
Stahlkorbe ein Jägerhorn sichtbar war. Er stak in einer stahl=
beschlagenen Lederscheide und wurde an dem noch heute vorschrifts=
mäßigen Schleppkoppel aus schwarzen Doppelriemen mit silbernen
Löwenknöpfen getragen. Die berittenen Offiziere führten Stahl=
scheiden, sowie Kartuschen und Säbeltaschen, letztere mit dem doppelten
C in Spiegelschrift versehen. Der historische Name und die historische
Uniform des Bataillons haben zu der irrigen Annahme geführt,
daß es identisch mit dem berühmten Leibbataillon des Herzogs
Friedrich Wilhelm sei. Dennoch geht aus den Einzelheiten der
Reorganisation von 1824 unwiderleglich hervor, daß diese bis in
die neueste Zeit verbreitet gewesene Ansicht falsch ist. In Wahrheit
war es eine Neuschöpfung des Herzogs Karl und hat nicht den
1. April 1809, sondern den 1. Februar 1824 zum Geburtstag. Nur
als Tochtertruppe des alten Regiments ist es anzuerkennen, da dieses
128 Mann des aktiven Dienststandes und 125 Urlauber zu seiner
Errichtung hergab, und zwar die zum leichten Dienste geeignetsten
Leute, darunter sämmtliche Schützen. Bei ihnen wurde sogar unter
das Maß von 5 Fuß 2 Zoll gegangen, welches im Uebrigen als
geringstes Militärmaß festgesetzt wurde. Beim Leibbataillon wurde
dem Schießdienst und dem neuen Dienstzweige der Gymnastik be=
sondere Aufmerksamkeit zugewendet. Als Schußwaffe erhielt das
Leibbataillon die gezogene hannoversche Jägerbüchse mit 7 Zügen,
jedoch erst am 18. November 1824 nach sorgfältiger Prüfung durch
eine Kommission. Bis dahin führte nur eine Kompagnie Büchsen,
und zwar die der früheren Scharfschützen=Kompagnie.

---

*) Für die bei den Veteranen dienenden Peninsulakämpfer wurde diese
Veränderung am 6. Februar 1824 verfügt. Das Leibbataillon trug das Auszeich=
nungswort ebenfalls nachweisbar schon 1826 am Tschakot. Dagegen kam das
Auszeichnungswort an den Infanterie-Offiziershüten in Fortfall.

Das Infanterie-Regiment selbst blieb mit seinen beiden
Bataillonen bestehen und löste nur von jedem derselben eine Kompagnie
auf. Der bezügliche Regimentsbefehl lautet wörtlich: „Die jetzige
1., 2., 3., 4., 6., 7. und 8. Kompagnie behalten ihre Nummern
bei; die 10. Kompagnie erhält künftig die Nummer 5, und die 5.
und 9. Kompagnie werden aufgelöst". Hieraus folgt zweifellos, daß
das bisherige 1. oder Leibbataillon, welches die schwarze Schaar von
1809 und die leichte Infanterie von 1813 in sich schloß, unter dem
Namen 1. Bataillon des Linien-Infanterie-Regiments erhalten blieb.
Das Bewußtsein dieser Thatsache hat sich nur dadurch so völlig, wie
es geschehen ist, verwischen können, daß ihm Herzog Karl außer
dem angestammten Ehrennamen auch die seit 1809 getragene Tracht
der schwarzen Schaar nahm. Auch das Linien-Regiment wurde
nämlich nach preußischem Schnitt gekleidet. Seine Uniform unterschied sich von der der Garde-Grenadiere nur durch das Fehlen der
Gardelitzen und durch eine andere Kopfbedeckung. Es trug einen
schwarzen Filztschakot mit Lederbesatz und weiß-metallenen Schuppenketten, verziert mit einem weißen Stern, auf dessen rothem Mittel-
schilde das Doppel-C als Namenszug des Herzogs saß. Oben am
Tschakot war ein ovales, hellblaues Feldzeichen mit weißem Rande
angebracht und der Tschakot mit einer weißen, bei den Spielleuten
rothen Fangschnur versehen. Das Lederzeug des Linien-Regiments
war weiß wie das der Grenadiere; nur saß auf dem Patrontaschen-
deckel ein weißer Metallstern. Auch trugen die Mannschaften statt
des Seitengewehrs Bajonettscheiden und behielten die alten englischen
Gewehre als Waffe.

Die erste Rangliste der Fußtruppen nach der Neuformation
lautete wie folgt:

Garde-Grenadier-Bataillon.	**Jäger- oder Leib-Bataillon.**
Maj. v. Brandenstein	Maj. v. Normann
Kap. v. Münchhausen	Kap. v. Frankenberg
„ v. Paczinsky	„ Berner
„ v. d. Heyde	„ Häusler
„ v. Griesheim	„ v. Brömbsen
Tit. Kap. v. Bernewitz	Tit. Kap. Haberland I
Pr.-Lt. v. Specht	Pr.-Lt. Schmidt
„ „ Rudolphi	„ „ Hartmann (Adj.)
„ „ Ahrberg (Adj.)	„ „ Weidemann
„ „ Scherenberg	Sek.-Lt. Grabau

Sek.-Lt. Mansfeld		Sek.-Lt. Franke
„ „ v. Bockelmann		„ „ Wagenknecht
„ „ Rätzel		„ „ Gotthard
„ „ Fricke		„ „ Stutzer
Zahlm. (siehe Leibbat.)		Zahlm. Aschenborn
Gehilfs-Chir. Krüger		Gehilfs-Chir. Krampe

Linien-Infanterie-Regiment.

Kdr. Oberstlt. v. Wachholz; Adj.-Kap. Leuterding; Rgts.-Zahlm. Ribbentrop; Gehilfs-Chir. Barnsdorf.

1. Bataillon.		2. Bataillon.	
Maj. v. Wolffradt	(Kdr.)	Maj. v. Holstein	(Kdr.)
Kap. v. Rosenberg	(1)	Kap. v. Specht	(5)
„ v. Mosqua	(3)	„ v. Hüllessem	(8)
„ Grüttemann	(2)	„ v. Klencke	(6)
„ v. Pallandt	(4)	„ v. Pawel	(7)
Pr.-Lt. Sommer	(Adj.)	Pr.-Lt. Scherff	(8)
„ „ Haberland	(1)	„ „ Rischmüller	(5)
„ „ Mittendorf	(2)	„ „ Köhler	(Adj.)
„ „ Braun	(4)	„ „ v. Schwartzkoppen	(7)
„ „ Erich	(3)	„ „ Ahrens I	(6)
Sek.-Lt. Lindwurm	(1)	Sek.-Lt. Teichmüller	(7)
„ „ Bellieno	(3)	„ „ Damm	(6)
„ „ Ahrens II	(4)	„ „ Trumpf	(5)
„ „ Bielitz	(2)	„ „ v. Brehmer	(8)

Den Absichten des Herzogs Karl war mit der Umformung der Infanterie vom 1. Februar 1824 noch keineswegs Genüge gethan. Schon für den Sommer desselben Jahres plante er neue Veränderungen. Bis dahin lagen das Garde-Grenadier-Bataillon und das Reserve-Kadre in der Egidienkaserne, die übrigen Fußtruppen in der Burgkaserne, die 5. Kompagnie des Linien-Regiments und die 4. Kompagnie des Leibbataillons in Wolfenbüttel. Eine Erhöhung der Dienststärke der Abtheilungen ließ sich bei der starken Vermehrung der Truppenkörper nicht gleichzeitig bewirken. Im Gegentheil sank sie noch unter das bisherige bescheidene Maß. Die Wolfenbütteler Kompagnien behielten 40, die Braunschweiger Kompagnien sogar nur 32 Mann zum täglichen Dienst bei der Fahne. Nach Wolfenbüttel wurden auch 12 Unteroffiziere des Reserve-Kadres behufs Theilnahme am Garnisondienst kommandirt. In Braunschweig war der Wachtdienst so geregelt, daß die Kompagnien nur noch

jeden achten Tag auf Wache zogen. Die Rekruteneinstellung am
15. April erfolgte in erhöhter Anzahl, indem schon die Reserve=
Umformung mit berücksichtigt wurde. Ihre Ausbildung schloß zu
Ende Mai mit einigen Felddienstübungen und einer Revue vor
dem Herzoge. Am 25. April, dem Geburtstage des Prinzen Wilhelm,
rückte Oberstlieutenant v. Wachholtz zum Oberst auf und erhielt
den ebenfalls beförderten Oberstlieutenant von Holstein zur Hilfe=
leistung beim Regiments=Kommando zugetheilt. Major Metzner
wurde vom Wartegeld einrangirt und übernahm das 2. Bataillon
des Linien=Regiments.

Am 1. Juni 1824 rückten die beiden bisher nach Wolfenbüttel
abgezweigten Kompagnien in Braunschweig ein. Dafür verließen
das Reserve=Bataillon und die Veteranen die Hauptstadt, um ihr
Standquartier in Wolfenbüttel zu nehmen. Die Garnisonverhält=
nisse der zweiten Residenz wurden jetzt gemäß einem schon am
26. März ergangenen Erlaß des Herzogs umgestaltet. Die Reserve
sollte nach dieser Verordnung einen Theil der Besatzung von Wolfen=
büttel ausmachen und war zu diesem Zweck vorläufig auf 100 Mann
ausschließlich der Unteroffiziere und Spielleute gebracht worden. Von
ihnen waren aber des etwa nöthigen Wechsels wegen 20 Mann be=
urlaubt, so daß thatsächlich jede der vier Reserve=Kompagnien nur
20 Mann zum Dienst hatte. Dieser Mannschaftsstand war am
15. April wie folgt gebildet worden: 52 neu ausgehobene Rekruten
und 48 vom Regiment und Leibbataillon abgegebene ältere Leute,
vorzugsweise Freiwillige. In der Zwischenzeit gehörig ausexerzirt,
übernahmen diese Mannschaften vom 1. Juni an den Garnison=
dienst in Wolfenbüttel. Die Reserve war hierdurch ihrer eigent=
lichen Bestimmung entzogen worden: sie wurde wie die Linie ver=
wendet, und es war nur logisch, daß der Herzog sie durch den
nachstehenden Befehl auch amtlich zur aktiven Truppe stempelte:

„Das hieselbst garnisonirende Infanterie=Regiment soll den
Namen eines 1., und die unter Benennung von Reserve zu Wolfen=
büttel stationirte Infanterie den Namen eines 2. Infanterie=Regi=
ments führen, und auch die Reserve=Artillerie als solche wegfallen
und mit der activen Artillerie vereinigt werden.

Braunschweig, den 8. November 1824.

Carl, Herzog."

So hatte der junge Fürst in der kurzen Frist eines Jahres seine Infanterie von einem Regiment nebst Reserve-Kadre auf zwei Regimenter und zwei selbständige Bataillone gebracht, aber — so müssen wir hinzufügen — zunächst nur auf dem Papier; denn die Dienststärken der Truppentheile standen vorläufig noch in grellem Widerspruch mit ihren stolzen Bezeichnungen. Hatte doch das ganze sogenannte 2. Infanterie-Regiment weniger Leute zum Dienst als heute eine Kompagnie! Noch bleiben Uniform und Rangliste des neuen Regiments nachzuholen. Seine Tracht unterschied sich von der des 1. Linien-Regiments nur durch die Achselklappen und die Tschakotverzierung. Erstere waren beim 1. Regiment roth mit weißer Regimentsnummer, beim 2. Regiment weiß mit gelber Regimentsnummer. Als Tschakotverzierung erhielt das 2. Regiment keinen Stern, sondern den weißmetallenen Namenszug, das verschlungene doppelte C mit der Herzogskrone. Bewaffnet wurde es mit den alten französischen Gewehren von 1813. Das Offizierkorps des neuen Truppentheils war wie folgt zusammengesetzt:

Maj. v. Koch	Pr.-Lt. Simonis
Kap. Roussell	„ „ Schröter
„ v. Waltersdorf	„ „ v. Hantelmann
„ Brauer	Sek.-Lt. Frebeking
„ Rudolph	„ „ Gryphiander
Pr.-Lt. Freylach (Adj.)	„ „ Sengerwein
„ „ Ewald	„ „ Toegel

Nachdem Herzog Karl die vorstehend geschilderte Umgestaltung seiner Infanterie vorgenommen, auch zu Neujahr 1825 zwei Es-kadrons Garde-Husaren gebildet, die Artillerie um 4 Geschütze ver-mehrt und eine vom Kapitän Leuterding geleitete Kadettenanstalt errichtet hatte, begab er sich auf Reisen ins Ausland, nachdem er zuvor noch am 29. März und 2. April große Revuen abgehalten und am 12. April den Gefechtsdienst besichtigt hatte. Nachzuholen ist, daß der Herzog durch Verordnung vom 3. November 1824 Ehrenzeichen für die Theilnehmer an dem glorreichen Zuge seines Vaters durch Norddeutschland nach England und für die Peninsula-kämpfer gestiftet hatte, übrigens nur für solche Persönlichkeiten, die sich noch im braunschweigischen Militärdienst oder auf Wartegeld be-fanden. Die eine Dekoration war ein an blaugewässertem Bande zu tragendes bronzenes (bei Offizieren vergoldetes) lorbeerumwunde-

nes Ehrenkreuz mit dem Namenszuge des hohen Stifters*) und der
Jahreszahl 1809, deffen Rückseite die Worte „Für Treue und Tapfer=
keit" zeigte. Die Peninsula=Medaille wurde an einem karmoisinge=
wässerten Bande verliehen, war für Offiziere aus Silber, für Unter=
offiziere 2c. aus Bronze und zeigte auf einer Seite das Wort Pen=
insula, auf der anderen die Chiffre des Herzogs Karl.

Während der Herzog, begleitet von seinen Adjutanten v. Bülow
und Bause, Italien, Frankreich und England bereiste, ging der
Dienstbetrieb daheim rüstig weiter. Eine größere Rührigkeit als
früher ist aus den zahlreichen in den Ordrebüchern verzeichneten
Musterungen, Gefechtsexerziren und Manövern deutlich erkennbar.
Namentlich von Mitte Oktober an, wo die am 1. Juli beurlaubte
Mannschaft wieder zum Dienst eintraf, wurde flott exerzirt und man=
övrirt. Auch wurde in diesem Sommer auf Anregung des Kapitäns
Berner und unter seiner Leitung eifrig an der Herstellung eines
großen Exerzirplatzes vor dem Nußberge gearbeitet und dieser früher
als Steinbruch benutzte, gänzlich verwilderte Berg selbst mit freund=
lichen Anlagen versehen.**) Ferner wurde viel Fleiß dem neu ein=
geführten Dienstzweige des Bajonettfechtens zugewendet, zu welchem
Behuf am 1. Juni 1825 der Königlich Sächsische Oberjäger Köhler
als Fechtmeister mit dem Range eines Stabssergeanten beim Leib=
bataillon angestellt wurde. Er erhielt späterhin als Abzeichen den
silbernen Namenszug des Herzogs auf den rechten Aermel. 1826
wurde für das Leibbataillon, 1829 auch für die übrige Infanterie die
Ernennung von Vorfechtern eingeführt, welche zwei von einem Lorbeer=
kranz umschlossene, gekreuzte Schwerter auf dem rechten Oberarm trugen.

Im März 1826 kehrte der Herzog in seine Residenz zurück und
nahm nunmehr mit großer Energie alle Regierungs=Angelegenheiten
in die Hand. Während seine Maßnahmen auf vielen Gebieten großen An=
stoß erregten und namentlich die Mißhelligkeiten, welche zur Flucht
des Geheimeraths v. Schmidt=Phiseldeck führten, ihren Anfang
nahmen, waren ähnliche Schwierigkeiten auf militärischem Gebiete

---

*) Der Buchstabe C wurde nach dem Jahre 1830 durch das weiße Sachsen=
roß ersetzt.

**) Freunde und Kameraden setzten 1865 dortselbst auf der Höhe zwischen
den Schießständen einen Denkstein, um das Andenken an die Verdienste Berners,
der die Instandhaltung der Schießstände, sowie des Exerzirplatzes und des Fecht=
geräthes bis 1858 geleitet hatte, wach zu halten.

schon durch die soldatische Mannszucht ausgeschlossen. Auch über das Truppenkorps ergoß sich 1826—27 eine Fülle landesherrlicher Verordnungen. Die erste militärische Maßnahme des Herzogs nach seiner Rückkehr betraf seinen persönlichen Dienst, indem er am 26. März „für das laufende Jahr" den Major v. Girsewald und den Lieutenant Grabau zum Dienst als Ordonnanzoffizier zu seiner Person kommandirte.*) Wichtiger war ein Erlaß vom 1. Juni, welcher die Ressortverhältnisse neu regelte. Die Fürstliche Militär-Administrations-Kommission erhielt die Benennung „Fürstliches Kriegs-Kollegium". Dem Vorsitzenden dieser Behörde, Oberst v. Schrader, wurden die Offiziere des Generalstabes, wozu auch die Civilbranchen zählten, unterstellt. Der Kommandant von Braunschweig, General-major Moll, war den Kommandanturen des Landes, dem Marsch-kommissar in Wolfenbüttel, den Veteranen und Offizieren auf Warte-geld vorgesetzt. Der Kommandeur des aktiven Korps, Generalmajor v. Herzberg, befehligte sämmtliche Truppentheile. Erwähnung finde ferner die Errichtung eines militär-musikalischen Instituts von 12 Schülern unter Musikmeister Schönemann. Am 6. Juni er-folgte eine Verstärkung des Garde-Grenadier-Bataillons um 34 Mann, von benen das 1. Linien-Regiment 23, das Leibbataillon 11 Mann abgab. Sie wurden ihnen durch Abgaben des 2. Linien-Regiments theilweise ersetzt. Endlich verdient Erwähnung, daß im Juli die Benennungen Premier- und Sekond-Lieutenant durch die deutschen Bezeichnungen Ober- und Unter-Lieutenant ersetzt wurden.

Am 1. Juni 1826 begann die Exerzirzeit. Um für die einge-zogenen Urlauber der übrigen Truppen Platz zu schaffen, bezog das Leibbataillon ein Zeltlager, wohin ihm die Artillerie die Lebens-mittel und das Kochwasser heranfahren mußte. Am 8. Juni begann das Bataillons-Exerziren, am 12. das Regiments-Exerziren, am 20. die größeren Uebungen. Diesmal kam es auch zu einer längeren Marschübung, die sich bis Königslutter erstreckte und trotz großer Hitze sehr gut von Statten lief. Am 1. Juli wurde das Zeltlager wieder geräumt und der Dienstthuerbestand auf 32 Mann, beim 2. Regiment 20 Mann per Kompagnie verringert.

---

*) Das Kommando sollte nur ein „temporäres" sein; boch wußte sich Grabau, der 1827 in den Freiherrnstand erhoben und 1829 Flügeladjutant wurde, bis zu Karls Sturz in der Gunst des sonst ziemlich wankelmüthigen Fürsten zu erhalten.

In diese Exerzirzeit fiel die vom Herzog Karl beliebte Ver=
leihung neuer Fahnen, welche er zur Waterloofeier am 18. Juni
vornahm. Zu ihrer Weihe war auf dem kleinen Exerzirplatz ein
Altar aus Trommeln errichtet, und ihm gegenüber ein blaues Zelt
für den Herzog und sein Gefolge, vor welchem eine Wache des Leib=
bataillons aufgestellt war. Das Korps rückte bald nach 12 Uhr ge=
schlossen an und nahm in offenem Viereck Aufstellung. Die drei
Linien=Bataillone bildeten die Front gegenüber dem Herzogszelte, die
Garde=Grenadiere und Husaren die rechte, Leibbataillon und Artillerie
die linke Flanke. Als Alles stand, begaben sich die Kommandeure
der mit neuen Feldzeichen auszurüstenden Truppentheile, d. h. aller
außer dem Leibbataillon und der Artillerie, in das Zelt zur Nagelung.
Jeden Kommandeur begleitete eine Abordnung seines Truppentheils,
bestehend aus je einem Stabsoffizier, Kapitän, Lieutenant, Unter=
offizier und Gemeinen. Nachdem nun die Nagelung durch den Herzog,
den Prinzen Wilhelm, die höchsten Offiziere und die genannten
Abordnungen vollzogen war, holte das Kommando des 1. Linien=
Regiments die alten, aus dem Jahre 1814 stammenden Fahnen.
Nunmehr vertheilte Herzog Karl die neuen Feldzeichen: zwei Stan=
darten und acht Infanteriefahnen, nämlich für jedes Bataillon mit
Ausnahme des leichten eine Leibfahne und eine Bataillonsfahne.
Das Fahnentuch der Leibfahnen war blau und zeigte auf der Vorder=
seite den Namenszug des Herzogs mit der Krone, auf der Rückseite
das weiße Pferd. Das Tuch der Bataillonsfahnen war blau=roth=
weiß und trug auf der vorderen Seite die Bezeichnung des betreffen=
den Truppentheils, auf der anderen Seite die Inschrift: Peninsula=
Waterloo. Nach der Uebergabe rückten alle Fahnen, auch die alten,
vor den Altar, wo durch den Domprediger Westphal nach einer
Weiherede die Einsegnung der neuen Feldzeichen erfolgte. Hierauf
traten die neu verliehenen Fahnen unter Marschschlagen und Ge=
schützsalut, von dreifachem Hurrah empfangen, zu ihren Truppen=
theilen über. Die alten ruhmbedeckten Waterloofahnen, welche der
Wille des jungen Fürsten außer Dienst gestellt hatte, wurden durch
Generalstabs=Offiziere zum Fürstenzelte gebracht.

Im Jahre 1827 erfolgte die weitere Ausgestaltung des bis dahin
fast nur dem Namen nach vorhandenen 2. Linien=Infanterie=Regi=
ments. Der Herzog befahl am 3. Februar eine Verstärkung seines
Mannschaftsstandes bis zur Stärke der Bataillone des 1. Linien=

Regiments. Die Verstärkung geschah derart, daß am 1. April 12 Mann vom Garde-Grenadier-Bataillon und 136 Mann vom 1. Regiment zum 2. Regiment versetzt wurden und dieses bei der Rekruten-vertheilung 113 Ersatzmannschaften erhielt. Dies war jedoch nur der erste Schritt; schon am 24. Mai verfügte der Herzog die Ergänzung dieses Regiments durch ein 2. Bataillon. Dazu gaben ab: das Leibbataillon 4 Sergeanten, 3 Korporals; das 1. Linien-Regiment 8 Sergeanten, 6 Korporals, 8 Spielleute, 96 dienstthuende, 28 beurlaubte Soldaten und 56 Rekruten; das 1. Bataillon des 2. Regiments 62 beurlaubte Soldaten und 28 Rekruten. Uebrigens hatte auch diese Neuschöpfung ihre Kehrseite. Der Schlußsatz des genannten Erlasses besagte nämlich: das 1. Linien-Regiment und das Jäger-Bataillon hätten ihren Dienstthuerbestand in dem Maße zu verringern, daß die Gesammtzahl der dienstthuenden Mannschaften, das 2. Bataillon des 2. Regiments mitgerechnet, keine Erhöhung erfahre.

Die Formation erfolgte am 28. Mai auf dem Burgplatze zu Braunschweig. Das neue Bataillon kam nicht nach Wolfenbüttel, sondern blieb in der Hauptstadt, wo es demnächst die Egidienkaserne bezog. Oberst v. Schrader, den wir 1809 als Husarenoffizier kennen lernten, wurde Kommandeur des 2. Linien-Infanterie-Regiments, jedoch nur auf dem Papier, da er lediglich den Posten als Vizepräsident des Kriegs-Kollegiums weiter versah und beim Regiment durch den rangältesten Offizier vertreten wurde. Das neu errichtete 2. Bataillon war wie folgt besetzt:

Maj. v. Wolffradt (Kdr.)	Unt.-Lt. Gryphiander
„ Koch (aggr.)	„ Bauer
Kap. v. Paczinsky	„ Köhler
„ v. Klencke	Fähnr. v. Bernewitz
„ v. Pallandt	„ Fleischer
„ Peßler	„ Gotthard
Ober-Lt. Sommer (Adj.)	„ v. Garßen
„ Ewald	„ v. Alten
	Zahlm. Degener.

Von den sonstigen, bei diesem Anlaß eingetretenen Veränderungen sei nur erwähnt, daß Oberstlieutenant v. Holstein das 1. Bataillon des 1. Regiments übernahm und Major v. Steinwehr vom Wartegeld dem Stabe desselben aggregirt wurde. Er dürfte das 2. Bataillon geführt haben, da eine Neubesetzung dieses Truppentheils sich nicht verzeichnet findet.

Auch das Jahr 1827 ließ Herzog Karl nicht ohne die Stiftung einer neuen Dekoration vorübergehen. Er gründete am 2. April ein Dienstauszeichnungskreuz, welches denjenigen Offizieren verliehen wurde, die zu Ende 1825 eine 25jährige braunschweigische Dienstzeit hinter sich hatten,*) und eine Dienstauszeichnung für Unteroffiziere und Soldaten, deren drei Klassen nach vollendetem 10., 15. und 20. Dienstjahre zuständig waren. Jedoch wurde die 2. Klasse nur an Mitkämpfer von 1815, die 1. Klasse nur an solche Unteroffiziere verliehen, die dem Korps seit 1813 angehörten. Die Verleihung erfolgte nur bei guter Führung; während der Verbüßung von Festungsstrafen durfte die Dienstauszeichnung nicht getragen werden; Versetzung in die Strafklasse hatte ihren dauernden Verlust zur Folge. Uebrigens war auch diese Dienstauszeichnung nicht als dauernde Einrichtung gedacht; die Stiftungsurkunde sah nur einen einmaligen Gnadenakt vor.

Von den sonstigen Neuerungen, auf die der unruhige Geist des jungen Fürsten in diesen letzten Jahren seiner Regierung verfiel, sei nur eine kleine Blumenlese gegeben: Abgezweigte Abtheilungen von 2 Kompagnien oder 2 Schwadronen**) sollen Division benannt werden; das Tragen von Zwickelbärten wird gänzlich untersagt; Gehülfs-Wundärzte heißen künftig Bataillonsärzte; Portepee-Fähnriche sind Fahnenjunker zu benennen; an Stelle der Bezeichnungen Kapitän und Titular-Kapitän treten die Worte Hauptmann und Stabskapitän;***) für die Offiziere des Leibbataillons werden grüne mit schwarzen Schnüren besetzte Ueberröcke mit blauen, schwarz beschnurten Kragen eingeführt; auch erhalten sie einen grünen Civilfrack mit blauem Tuchkragen, die Grenadieroffiziere blaue Fracks mit schwarzem Sammtkragen, die Linienoffiziere solche mit blauem Tuchkragen; für alle berittenen Offiziere werden weiße Interims-Pferdedecken eingeführt; an Stelle der grauen Oberröcke der Feldwebel und Stabsunteroffiziere des Leibbataillons treten solche von dunkelgrüner

---

*) Seinem Günstling, dem auf Wartegeld stehenden Oberst und Geheimen Oberstaatsrath v. Münchhausen, verlieh der Herzog „als alleinige Ausnahme" das Kreuz vor Erfüllung dieser Dienstdauer. Es war derselbe, der des Herzogs bekannte Zweikampfabsichten gegen den Minister Graf Münster vermittelte.

**) Das Garde-Husaren-Regiment wurde 1828 und 1829 um eine 3. und 4. Eskadron vermehrt.

***) Diese Umbenennung, welche beibehalten wurde, datirt vom 14. Januar 1829.

Farbe; die Linien-Regimenter erhalten ein höheres Tschakotmodell mit größerem Deckel. Die Mehrzahl der Anzugsbestimmungen dieser bewegten Jahre möge unerwähnt bleiben und auch unwesentliche Etatsänderungen, wie der Hinzutritt eines Korporals und zweier Tambours zu jedem Bataillon der Garnison Braunschweig (1828) nur im Vorübergehen genannt werden. An seinem Geburtstage 1828 ließ Seine Durchlaucht eine Reihe Beförderungen eintreten, welche nicht unerwähnt bleiben dürfen. Generalmajor v. Herzberg, der „Kommandeur des Korps en second", rückte zum General-Lieutenant auf und erhielt ein Jahr darauf das Prädikat Exzellenz; Oberst v. Schrader wurde Generalmajor und Direktor des Zeughauses, Oberstlieutenant v. Koch Oberst und Kommandeur des 2. Linien-Regiments. Er behielt aber das Kommando des 1. Bataillons bei und übergab es nur zur Manöverzeit dem rangältesten Offizier; das 2. Bataillon stand nur in einem ziemlich lockeren Ressortverhältniß zum Regiments-Kommandeur. Am 20. Dezember 1829 übernahm Major v. Rosenberg die Führung des 1. Bataillons des 2. Regiments, jedoch unter der besonderen Aufsicht des Oberst v. Koch. Endlich sei noch erwähnt, daß an das 2. Bataillon des 1. Regiments im Frühjahr 1829 probeweise zwölf zur Perkussionirung umgeänderte englische Gewehre mit Patentschwanzschrauben ausgegeben wurden. Als sie sich vortrefflich bewährt hatten, folgten im Juni 1830 neue Bestimmungen über die Chargirung mit zwölf Handgriffen.

Am 27. Mai 1828 wurde das Truppenkorps auf den Herzog Karl II. vereidigt. Es waren schon bald fünf Jahre seit seinem Regierungsantritte verstrichen, und die nachträgliche Vereidigung stand offenbar im Zusammenhange mit den inneren und äußeren Mißhelligkeiten, in welche der Herzog gerathen war, und die nachgerade einen bedenklichen Umfang angenommen hatten. Die inneren Zwistigkeiten beruhten bekanntlich, abgesehen von der Maßregelung und Entlassung zahlreicher mißliebiger Personen,*) hauptsächlich darauf, daß der Herzog die Landschaftsordnung vom 25. April 1820 nicht anerkannte. Als die Stände immer unruhiger wurden und die Sache vor den Bundestag zu bringen drohten, befahl der Herzog als Ersatz

---

*) Auch Dörnberg forderte im Sommer 1828 seinen Abschied und erhielt ihn ohne Pension.

für die infolgedeffen nicht zuläffige Erbhuldigung eine feierliche Eides=
leiftung durch die Truppen. Zwar waren alle feit 1815 eingeftellten
Rekruten unzweifelhaft bereits auf den Herzog Karl vereidigt; aber
eine Gefammtvereidigung des ganzen Korps war nach dem Re=
gierungsantritt des neuen Herzogs noch nicht erfolgt, und der junge
Fürft, der den Boden unter feinen Füßen wohl fchon fchwanken
fühlte, hatte das Bedürfniß, fich der Treue feiner Truppen nochmals
ausdrücklich zu verfichern. Als Tag diefer Feier wählte Herzog Karl
den 27. Mai 1828. Das Korps nahm um 11 Uhr Vormittags auf dem
Großen Exerzirplatze Aufftellung. Begrüßt von 21 Kanonenfchüffen nahte
mit großem Gefolge der Herzog, ritt die Fronten ab und begab fich
in ein für ihn errichtetes Zelt. Auf ein Zeichen von fünf Kanonen=
fchüffen bildeten die Truppen ein offenes Viereck und ftimmten ein
Tedeum an, welches die Chöre der Martini= und Katharinenkirche be=
gleiteten. Sodann hielt Abt Weftphal vor dem aus Trommeln er=
richteten Altare eine entfprechende Rede als Vorbereitung auf die nun=
mehr folgende Vereidigung. Die Regiments= bezw. felbftändigen
Bataillons=Kommandeure nahmen ihren Truppenabtheilungen den
folgenden Schwur ab: „Ich fchwöre Treue und Gehorfam dem
Allerdurchlauchtigften Herrn und Herzog Karl von Braunfchweig;
ich fchwöre, für Allerhöchftdiefelben Gut, Blut und Leben willig
zu laffen; fo wahr mir Gott helfe und Sein heiliges Wort.“
Ein Vorbeimarfch in Zugkolonne vor dem herzoglichen Zelte und
101 Kanonenfchuß fchloffen die Feier; ein dreitägiges Korpsmanöver
folgte ihr.

Die auswärtigen Schwierigkeiten des Herzogs hingen mit dem
inneren Zwift zufammen und ergaben fich hauptfächlich aus feiner
bitterer Feindfchaft mit dem Königlich Hannoverfchen Hofe. Es
follte nicht bei journaliftifchen und anderweitigen Anfeindungen und
gegenfeitigen Befchwerden beim Bundestage bleiben. Herzog Karl
war fchon im Herbft 1827 feft überzeugt, daß Hannover einen Hand=
ftreich vorbereite. Er fchickte behufs Vorftellungen wegen diefer an=
geblichen hannoverfchen Abfichten den General v. Herzberg nach
Berlin und feinen Adjutanten v. Grabau nach Wien. Auch verfolgte
er mit einer Zufammenziehung des Korps zum Manöver im Oktober 1827
nach Angabe feiner eigenen Denkwürdigkeiten defenfive Zwecke. Im
Sommer 1828 glaubte fich der Herzog abermals von Hannover be=
droht. Seine Behauptung, das hannoverfche 6. Infanterie=Regiment

sei mit einer Kavallerie-Abtheilung bereits aus dem Manöver abmarschirt, um in Braunschweig einzurücken, wurde jedoch vom Herzog
von Cambridge auf das Bestimmteste in Abrede gestellt. Bei
diesem Anlaß reiste der Kommandant von Wolfenbüttel, Generalmajor v. Buttlar, nach Wien mit der Meldung: der Herzog werde
Widerstand leisten. Wahrscheinlich war es auch als eine Rüstung
gedacht, daß Herzog Karl am 11. Januar 1829 die Aushebung von
1200 Rekruten mehr als gewöhnlich zur Formation einer Reserve
2. Aufgebots anordnete und das Militärmaß auf 5 Fuß 1 Zoll
herabsetzte. Es mußte dabei auf die dienstpflichtige Mannschaft der
beiden Vorjahre zurückgegriffen werden. Jedes Bataillon bildete
173 Mann außerordentliche Rekruten aus, und zwar in zwei vier-
wöchentlichen Raten, die am 27. Mai und 3. Juli begannen.

Am 20. August 1829 erging ein Beschluß der Frankfurter
Bundesversammlung, welcher vom Herzoge binnen vier Wochen die
Zurücknahme des Patentes vom 10. Mai 1827 forderte, jenes Erlasses, welcher die Regierungshandlungen des letzten Vormundschafts-
jahres für unverbindlich erklärt hatte. Als Karl diesem Verlangen
nicht nachkam, wurde am 26. März 1830 auf Hannovers Antrag
Bundesexekution gegen Braunschweig beschlossen. Zu ihrer Ausführung waren 6000 Mann Königlich Sächsischer Truppen in Aussicht genommen. Doch blieb es dem braunschweigischen Korps
glücklicherweise erspart, in so trauriger Sache in kriegerische Thätigkeit zu treten, welche aller Voraussicht nach nur mit der Entwaffnung des Korps hätte enden können. Nachdem der Bundesbeschluß in Paris dem Herzoge, der im Januar mit Girsewald
und Grabau plötzlich dahin abgereist war, überreicht worden
war, gab er dem Willen der deutschen Centralgewalt nach und
ließ das genannte Patent durch einen Ministerialerlaß vom 22. April
zurücknehmen. Auch besserte sich sein Verhältniß zu England nach der
Thronbesteigung des neuen Königs Wilhelm IV. Die äußere Gefahr
war beseitigt, und der Exekutionsbeschluß wurde zurückgenommen.

Aber das Verhängniß ereilte den unseligen Fürsten in anderer
Form. Als er aus Paris und Brüssel, wo er Augenzeuge der ausbrechenden Revolutionen geworden war, am 17. August 1830*) in

---

*) Eine für diesen Tag angesetzte Musterung des Korps auf dem Kleinen
Exerzirplatze dürfte mit dem Empfange des Kriegsherrn zusammengehangen
haben.

seine Hauptstadt zurückkehrte, empfing ihn eine unverkennbar feind=
selige Stimmung zahlreicher, durch die revolutionären Ereignisse in
Frankreich und Belgien aufgeregter Volksklassen. Drohende An=
zeichen machten sich bemerkbar, und am 1. September erschien eine
Abordnung der Bürgerschaft, um wegen des Herzogs in der Stadt
überaus mißliebige Absicht einer neuen Reise nach England*) vor=
stellig zu werden. Als auch General=Lieutenant v. Herzberg über
die Gährung in der Bürgerschaft berichtete und um Verhaltungs=
befehle für den Fall eines Aufruhrs bat, ordnete der Herzog am
5. September folgende Maßregeln an: die Bataillone in Braun=
schweig haben ihre Dienststärke auf je 200 Mann zu erhöhen, das
Bataillon in Wolfenbüttel 10 Urlauber einzuziehen; für jeden Mann
sind 15 scharfe Patronen zu empfangen, von denen 3 Stück auszu=
geben und bis auf ausdrücklichen Befehl in den Patrontaschen zu
tragen, die übrigen am Fallersleber Thor bereitzulegen sind;**) auf
dem Platz vor der Egidienkaserne fahren 16 Geschütze auf; für jedes
von ihnen sind 20 Kugeln und Kartätschpatronen sofort anzufertigen.
Am folgenden Tage folgte die Weisung, sowohl die Taschenmunition,
als auch die niederzulegenden Patronen zu verdoppeln.

Bereits am Abend des 6. September sollte es sich zeigen, daß
die gehegten Befürchtungen nicht unbegründet waren. Herzog Karl
wurde bei der Rückkehr vom Theater insultirt und sein Wagen vom
Pöbel mit Steinen beworfen. Da eine dichte Menschenmenge auf
dem Bohlweg folgte, befahl der Herzog dem Offizier der Schloßwache,
alle Thore zu schließen, die Posten zu verdoppeln und die Truppen
der Garnison zum Schloßhof rufen zu lassen. Die Frage, ob General=
marsch geschlagen werden solle, verneinte Karl. Der erste eintreffende
Truppentheil war das Leibbataillon, dessen Kommandeur Major
v. Normann sich sofort bei Seiner Durchlaucht meldete. Bald
danach erschien General=Lieutenant v. Herzberg im Schloß mit der
Meldung, auch die Garde=Grenadiere und Husaren seien zur Stelle.
Nun stieg der Herzog zu Pferde und ritt zum Schloßplatz, wo soeben
das 1. Linien=Regiment einrückte. Der Kriegsherr erklärte sich keines=

---

*) Zur Begleitung des Herzogs auf dieser Reise waren General v. Buttlar,
Major v. Girsewald, Stabskapitän v. Grabau und Oberlieutenant Sommer
bestimmt.

**) Für das Garde=Grenadier=Bataillon mußte die Munition erst angefertigt
werden.

wegs damit einverstanden, daß die Truppen zu seinem Empfange mit der Front gegen das Schloß aufgestellt waren. Er berichtigte dies, ließ laden und rief den Truppen zu: er vertraue ihnen völlig und sei überzeugt, daß sie stets auf der Bahn der Ehre bleiben würden. Sodann sandte er den Kommandeur en second nach dem einzigen, noch unverschlossenen, aber von einer Abtheilung des Leibbataillons besetzten Gitterthor am Bohlweg, um an dieser Stelle, wohin das Volk stark drängte, Ruhe zu stiften. Der General-Lieutenant war sehr unwillig, als er sah, wie ein Jäger ohne Befehl von seiner Waffe Gebrauch machte*) und hatte sehr bald die Ordnung wieder hergestellt. Von einem Lebehoch empfangen, fragte er, was die Zu= sammenrottung bedeute. Ein junger Advokat erwiderte: man begehre Berufung der Stände, Erlaß der Personalsteuer, Arbeit und Brot. Herzberg verwies die Versammelten an die betreffenden Behörden, forderte sie auf, sich nach Hause zu begeben, ließ das Thor schließen und machte dem Herzog Meldung. Dieser befahl nun das Ausrücken von zwei Zügen Husaren zur Säuberung des Bohlweges, welcher Auftrag im Schritt ohne jede Schwierigkeit ausgeführt wurde, zumal die bis jetzt noch fehlende Batterie eben anrückte. Um 10 Uhr herrschte überall Ruhe; aber erst nach Mitternacht ließ der Herzog die Truppen nach ihren Kasernen abrücken; die Schloßwache wurde verstärkt, um doppelte Postenbesetzung zu ermöglichen. Alle Zugänge zum Palais blieben verschlossen.

Man mußte nun auf eine Wiederholung der Unruhen gefaßt sein, und es wurden die entsprechenden Maßregeln getroffen.**) Der Herzog traute jetzt der Bewohnerschaft seiner Hauptstadt nicht mehr und befahl daher am 7. früh, daß zur Einziehung vom Urlaube vorzugs= weise Leute aus den entfernteren Theilen des Landes gewählt werden sollten. Zur Erhöhung der Dienststärke der Abtheilungen wurden die schwächeren Thorwachen eingezogen. Dafür genehmigte Karl die vom Magistratsdirektor Bode dringend befürwortete Errichtung

---

*) Er ließ noch am folgenden Tage nach dessen Person forschen, um ihn zu bestrafen.

**) Eine angeblich am Nachmittag des 7. stattgehabte Unterredung des Ge= nerals v. Herzberg mit dem Herzoge über die Sachlage ist durch das Buch „Der Aufstand in der Stadt Braunschweig am 6. und 7. September 1830" (Leipzig 1858) so überzeugend in das Gebiet der Erfindungen verwiesen worden, daß sie hier unerwähnt bleiben darf.

einer Bürgergarde, deren Mannschaft auf dem Zeughause mit den
alten Ulanenpiken von 1814 bewaffnet wurde, während die Unter=
offiziere Säbel erhielten. Husarenpatrouillen bewachten den Bohl=
weg; ein Anschlag der Polizeidirektion verbot die Gruppenbildung
auf den Straßen und empfahl für den Abend die Schließung der
Häuser. Die gleich nach dem Tumult verfügte Aufhäufung von
Pulvervorräthen in der damals als Salz= und Torfmagazin dienen=
den Egidienkirche machte der Herzog auf inständige Vorstellungen
aus den Kreisen der Bürgerschaft wieder rückgängig und ließ die
schon überführten 5500 Pfund nach dem vor der Stadt gelegenen
Pulverthurm zurückbringen. Auch ließ sich der Fürst, der sich schon
jetzt sehr schwach und wankelmüthig zeigte, durch eine Stadtverord=
neten=Abordnung dazu bewegen, die vor der Egidienkaserne aufge=
fahrenen Geschütze ins Zeughaus zurückbringen zu lassen, was der
jetzt zu seiner Person kommandirte Adjutant Sommer leiten mußte.
Dagegen wurden alle Unteroffiziere und Mannschaften in den Kasernen
gehalten. Auch blieben die Gewehre geladen; nur wurde das Pulver
von der Pfanne geschüttet und überhaupt alle erforderlichen Vorsichts=
maßregeln getroffen, auch die Mannschaft nochmals nachdrücklich vor
dem eigenmächtigen Gebrauch der Waffe gewarnt. Für jede Kaserne
wurde eine Wache bestimmt, die im Falle neuen Alarms unter dem
Inspektionsoffizier zur Sicherung der Kaserne zurückbleiben sollte.
So gerüstet erwarteten die Bataillone den Befehl zum Ausrücken.

Er blieb nicht aus: bald nach 6 Uhr sandte der Herzog durch
den Major v. Lübeck den Truppen Befehl zur Versammlung auf
dem Schloßhofe. Große Pöbelmassen wogten bereits auf dem Bohl=
wege auf und nieder. Das Leibbataillon wurde im Schloßgarten,
dem sogenannten Grauehofsgarten, postirt. Die übrigen Bataillone
wurden auf dem Schloßhofe vertheilt und sämmtlich in einiger Ent=
fernung vom Gitter gehalten, dessen Thore fest verschlossen waren
Auch die beiden Schildwachen, deren Platz sonst auf dem Bohlwege
vor den beiden Schloßflügeln war, waren im Innern vor den Thüren
des Bogenganges aufgestellt. So war eine unmittelbare Berührung
des Militärs mit der gährenden Volksmasse vorerst verhindert.
Aber so wurde es auch möglich, daß draußen auf dem Bohlwege
die herzoglichen Namenszüge, die zahlreich am Gitter befestigt waren,
vom Pöbel niedergerissen wurden. Auch wurden einige Fensterläden
der Kanzlei im rechten Schloßflügel eingedrückt und die Niederlegung

des Thores versucht, das vom Bohlweg in den Grauehofsgarten
führte. Jedes unberechtigte Eindringen in den Garten wurde vom
Leibbataillon verhindert. Auch alle übrigen Truppentheile waren
vom besten Geiste beseelt und harrten nur des Befehles zum Ein=
schreiten. Aber dieser Befehl — blieb aus! Statt den Aufruhr
niederzuschlagen, entschloß sich Herzog Karl, vor ihm zu entfliehen,
mit welchem unseligen Schritt er den Verlust seines Thrones be=
siegelte. Nachdem er seinen Reisewagen hatte vorfahren lassen, über=
gab er das Kommando dem General v. Herzberg und brach gegen
8 Uhr mit dem Adjutanten Sommer und dem Ordonnanzoffizier
Fähnrich v. Garßen auf, geleitet vom Leibbataillon*) und drei Es=
kadrons Husaren. Am Petrithore sandte er diese Truppen mit Aus=
nahme einer Husaren=Schwadron, die er bis zur Landesgrenze mit=
nahm, zurück und fuhr mit seinem persönlichen Gefolge von seiner
Hauptstadt ab. Er sollte sie niemals wiedersehen! Der letzte Ein=
druck, den der unglückliche Fürst im Rückschauen von ihr hatte, war
das Auflodern der Flamme, die das Schloß seiner Väter verzehrte.

Herzog Karl hatte seine Truppen in der schwierigsten und pein=
lichsten Lage zurückgelassen, vor welche Soldaten überhaupt gestellt
werden können. Es galt, die bereits völlig verlorene Position eines
Fürsten zu vertheidigen, der nicht nur von seinem Volke und seinen
Mitfürsten aufgegeben war, sondern der sich auch selber aufgegeben
hatte. Wie sollte die Truppe es verstehen, daß ihr Kriegsherr keinen
Schuß hatte abgeben lassen, sondern thatenlos geflüchtet war? Nicht
einmal bei der Abreise hatte Karl befohlen, nunmehr einzuschreiten;
vielmehr hatte er sich auf die vieldeutige Weisung an den General
v. Herzberg beschränkt, er möge nach eigenem Ermessen handeln!
Der General, auf dessen Schultern eine so schwere Verantwortung
abgeladen war, ritt mit dem Korps=Adjutanten Morgenstern und
einem Stallmeister aus dem Thor unter dem Bogen des rechten
Schloßflügels zum Magistratsdirektor Bode, um ihm die Abreise des
Herzogs bekannt zu geben und die Heranziehung der verfügbaren
Bürgergarde zu veranlassen. Beim Zurückreiten wurde er an der
Pforte mit Pfiffen und Steinwürfen empfangen, durch welche er an

---

*) In dem schon erwähnten anonymen Buche (Leipzig 1858) wird zwar
behauptet, daß nur Major v. Normann ohne sein Bataillon den Herzog be=
gleitet habe. Dies wird aber durch Herzberg's noch zu erwähnenden amt=
lichen Bericht vom 28. September widerlegt.

der Schulter geſtreift und Morgenſtern leicht am Kopfe verletzt
wurde. Der Augenblick der Entſcheidung war da, aber — — Herz=
berg entſchloß ſich nicht, das bewaffnete Einſchreiten zu befehlen!

Wir ſind es dem Andenken des Generals, den wir angeſichts
des Felſens von Echalar und der Redoute Sainte Barbe ohne jedes
Zögern zum Sturme ſchreiten ſahen, ſchuldig, zur Erklärung ſeines
Verhaltens am 7. September 1830 ſeine eigenen Worte aus dem am
28. September an den Herzog Karl erſtatteten Berichte anzuführen,
wiewohl ſich nicht behaupten läßt, daß ſie ſehr überzeugend wirkten.
Der General ſchreibt: „Durch den Abmarſch des Leibbataillons,
welcher mir einige Zeit unbekannt blieb, war der hintere Theil des
Schloſſes, in welches bereits bedeutende Volkshaufen durch das
Kanzleigebäude eingedrungen waren, von Vertheidigern entblößt;
der Bohlweg, vorzüglich in der Nähe des Schloſſes, war mit ge=
drängten Menſchenmaſſen angefüllt, ſo daß ohne Kavallerie das Zu=
ſtrömen des Volkes in die Kanzlei durch gewöhnliche Mittel nicht
zu verhindern war ... In dieſer Lage der Sachen entſtand nun die
entſcheidende Frage, ob ungewöhnliche Mittel, nämlich ernſtliches
Geſchütz= und Gewehrfeuer, anzuwenden für rathſam zu erachten ſei
oder nicht ... Zuvörderſt war ein großer Theil der bewaffneten
Bürger=Milizen, welche im guten Glauben, mit dem Militär vereint
zur Rettung des Schloſſes zu wirken, ſich zwiſchen die Angreifer
begeben hatten, mit dieſen vermiſcht und würden ſolche im gräß=
lichſten Mißverſtändniſſe als Opfer ihrer Dienſttreue den Tod ge=
funden haben. In dicht gedrängter Maſſe würde das Musketen=
und Kartätſchen=Feuer Tauſende von Unglücklichen, ſchuldig oder
nicht ſchuldig, niedergeſchmettert haben, und wenn es nun endlich ge=
lungen wäre, die Volksmaſſen aus der Nähe des Schloſſes zu ver=
treiben, ſo würden ſolche ſich unaufhaltſam in der Stadt verbreitet
und, verſtärkt durch das von allen Seiten auf das Signal des erſten
Schuſſes herbeiſtrömende Landvolk, die öffentlichen Gebäude der
Stadt geplündert, zerſtört und verbrannt, dadurch aber den größten
Theil der Stadt den Flammen geopfert haben, ohne daß das Mi=
litär, zu ſchwach um ſich zum Schutze der öffentlichen Gebäude in
der Stadt zu zerſplittern, im Stande geweſen wäre, dieſe Greuel=
ſcenen zu verhindern.“

Wie aus dieſem Berichte erſichtlich, waren die Aufrührer in die
Kanzlei eingedrungen, woſelbſt ſich das Archiv des Miniſteriums be=

fand. Während hier die Plünderung ihren Anfang nahm, zog
General v. Herzberg, der nicht weiter gehen wollte, als es sein
herzoglicher Herr gethan hatte, das Korps vom Schloßplatze zurück!
Die braven Truppen gehorchten dem unwillkommenen Befehle sehr
ungern und nur infolge ihrer stets bewährten Disziplin. Inzwischen
wurde in der Kanzlei Feuer angelegt, und die Meuterer drangen
zwischen 9 und 10 Uhr in die Zimmer des Herzogs. Der kommandirende General hatte die Truppen im Ackerhof aufgestellt. Sie
mochten aber wohl noch nicht alle dort versammelt sein. Genug, es
wurde von einer Truppenabtheilung, die niemals festgestellt worden
ist, dicht unter den mit Aufrührern gefüllten herzoglichen Gemächern
eine Salve abgegeben. Obwohl Niemand dadurch getroffen war,
war die Wirkung eine magische: Schloß und Schloßplatz waren in
kürzester Frist leer! Leider nicht auf lange; denn General v. Herzberg führte die Truppen nur bis in den Schloßgarten vor, versäumte aber einen wirksamen Schutz des brennenden Gebäudes. Bald
hatte sich der Pöbel desselben wieder bemächtigt; es wurde gründlich
geplündert und noch an mehreren Stellen in Brand gesteckt. In
den dicken Rauchsäulen, die nun bald in die Nacht hinauswirbelten,
verwehten auch unersetzliche geschichtliche Schätze: der größte Theil
des Gesammtarchives, Briefschaften des Herzogs Karl Wilhelm
Ferdinand, sowie der militärische Nachlaß und die Korrespondenz
des Herzogs Friedrich Wilhelm!

Als sich die aufständische Schaar auch in das bis dahin ver-
schonte Hauptgebäude des Schlosses ergoß, eilte sofort eine Kompagnie Garde-Grenadiere unter Hauptmann v. Griesheim mit
gefälltem Bajonett herbei und hatte diesen Theil des Schlosses schnell
wieder gesäubert. Sie wurde aber demnächst zu ihrem Bataillon
zurückgezogen, da es ohnehin mehr als genug Entsendungen gab.
Namentlich wurden das Schatzgewölbe und die Silberkammer durch
Wachen besetzt und gesichert, die Leinenkammer durch ein Kommando
entleert. Wir lassen nun wieder den Bericht des Generals v. Herzberg sprechen: „Außerdem sandte ich starke Detachements in das
Corps de Logis und den linken Flügel, um wenigstens den Versuch
zu machen, durch zweckmäßigen Widerstand der Zerstörungswuth nach
Möglichkeit einen Damm entgegenzusetzen. Allein auch dieses mußte
später sehr eingeschränkt werden, da ich nach dem Zeughause, dem
Opernhause, der Münze, dem Landschaftlichen Hause, der General-

kaffe, dem Leihhause, den Kasernen, der Kriegskaffe 2c. bedeutende
Detachements zu senden gezwungen war, um einer etwa versuchten
Zerstörung derselben zuvorzukommen; und so stand ich denn, daß ich
in meiner Stellung im Schloßgarten oft kaum 40 bis 50 Mann
und die Geschütze beisammen hatte, mit welchen geringen Mitteln ich
um so weniger im Stande war, den Flammen Einhalt zu thun,
als die herbeigezogenen Spritzen zum Theil sofort zertrümmert, haupt=
sächlich aber nur dazu verwendet wurden, die naheliegenden Gebäude
zu schützen und so der Verbreitung des Brandes entgegenzuwirken".
Als einige Stunden später das Volk sich zerstreut hatte, ließ der
General die Truppen unter Zurücklaffung von Wachen an allen der
Gefährdung ausgesetzten Punkten der Stadt in ihre Kasernen ab=
rücken. So endete der 7. September 1830, vielleicht der unglück=
lichste Tag in der an Ruhmes= und Ehrentagen so reichen Geschichte
des braunschweigischen Regiments. Aber auch an diesem Tage durften
die erschöpften Soldaten ihr Lager mit dem Bewußtsein aufsuchen,
daß sie Mannszucht und Gehorsam auch in solcher Lage bewährt
hatten, wo es dem Soldatenherzen schwer fällt, Gehorsam zu üben.

Am 8. September früh wurde militärische Hilfe zunächst zur
Löscharbeit in Anspruch genommen, da der Brand noch keineswegs
bewältigt war, vielmehr nach Verzehrung des ganzen Schloffes auch
den Langen Damm zu gefährden drohte. Unter Mitwirkung der
Garnison gelang es nun bald, des Feuers Herr zu werden. General
v. Herzberg erließ am Morgen dieses Tages eine Proklamation,
welche die bis jetzt militärischerseits bewiesene „vielleicht zu große
Mäßigung" hervorhob, auf die vom Magistrate bekannt zu gebenden,
durch die Noth gebotenen Maßregeln und Vorschriften verwies und
deren rücksichtslose Durchführung von Seiten des Militärs in die
bestimmteste Aussicht stellte. Ferner erließ er folgenden Korpsbefehl:
„Der General hält es zuvörderst für seine Pflicht, den Truppen für
das beim gestrigen, beklagenswerthen Ereignisse beobachtete ruhige
und würdevolle Benehmen seinen Dank zu erkennen zu geben. Da
jedoch die beobachtete Mäßigung allein in dem gerechten Abscheu,
Bürgerblut zu vergießen, Grund und Rechtfertigung findet, ein fort=
gesetztes ähnliches Benehmen jedoch die Auflösung aller Bande der
Ordnung zur Folge haben würde, so hat der General=Lieutenant
Maßregeln getroffen, in Vereinigung mit dem Magistrate die Ruhe
und öffentliche Sicherheit um jeden Preis herzustellen. Die erlaffenen

Proklamationen des Magistrats und General-Lieutenants an die Einwohner Braunschweigs enthalten die Grundzüge des zu beobachtenden
Verfahrens. Der General befiehlt demnach, daß die Abtheilungs-
Chefs in dem Geiste und Sinne derselben auf ihre Untergebenen einwirken und den auszusendenden vereinigten Patrouillen der Bürgerschaft und des Militärs zwar die höchste Mäßigung bei vorkommen-
den Veranlassungen, jedoch nur bis zu dem Punkte anzuempfehlen,
wo die strenge Befolgung der gedachten Maßregeln eintritt, deren
Umgehung, je größere Schwäche sie verrathen würde, mit der größten
Strenge geahndet werden wird". Weiterhin wurde befohlen, daß
die Infanterie des Korps die Kaserne nicht anders, als auf ausdrücklichen Befehl Seiner Exzellenz verlassen dürfe und sich von
3 Uhr Nachmittags an bereit halte, auf den ersten Ruf zum Burgplatz abzurücken, wohin auch die 4. Eskadron und vier Geschütze
kommen sollten. Zwei Kompagnien des 2. Linien-Regiments sollten
mit einem Geschütz auch in diesem Falle zur Sicherung der Egidienkaserne zurückbleiben, drei Eskadrons mit einem Geschütz ebenso zur
Bewachung der Husarenkaserne. Der Kommandirende hielt sich von
3 Uhr an auf dem Burgplatze auf. Ein reger Patrouillengang
wurde den ganzen Tag über unterhalten, und zwar gemeinsam von der
Garnison und der Bürgergarde, die jetzt mit Musketen bewaffnet wurde
und den Bankier Löbbecke zu ihrem Kommandanten wählte. Es
kam zu keiner Ruhestörung mehr, wohl aber zu einigen unerheblichen
Reibungen zwischen Soldaten und Bürgergardisten.

Am 9. September befahl General v. Herzberg den in Braunschweig stehenden Bataillonen, ihren Dienststand durch Beurlaubungen
auf 200 Mann ausschließlich der Unteroffiziere und Spielleute zurückzuführen. Von 6 Uhr Abends an wurden die Truppen marschfertig
gehalten. Der General war an diesem Tage durch einen Erlaß des
Staatsministeriums ausdrücklich damit beauftragt, alle auf die Herstellung der öffentlichen Ruhe bezüglichen Maßregeln anzuordnen und
zu leiten. Er verkündete den Einwohnern in einem neuen Aufrufe: Die Vorsicht erfordere, die getroffenen Maßregeln noch bestehen
zu lassen; er ermahne Jedermann, den Weisungen der Wachen und
Posten unverzüglich Folge zu leisten, indem Solche im Falle der
Widersetzlichkeit ohne Weiteres zu schießen befugt seien. — So nahte
ohne neue Zwischenfälle, aber unter gedrückter, rathloser Stimmung
aller Kreise der Bevölkerung der 10. September heran, und mit ihm

der Tag, wo des vertriebenen Herzogs Bruder Wilhelm in Braun=
schweig eintraf, um die Ordnung in Stadt und Land wieder her=
zustellen.

23. Unter Herzog Wilhelm.

Herzog Wilhelm von Braunschweig=Oels hatte am 9. September
in Berlin, wo er als Major beim 2. Garde=Ulanen=Regiment Dienst
that, Kenntniß von den aufregenden Vorfällen in Braunschweig und
der Flucht seines Bruders erhalten. Ohne einen Augenblick zu zögern,
eilte er nach seiner Vaterstadt, um den dort herrschenden, anarchischen
Zuständen ein Ende zu machen. Am 10. September 2 Uhr früh
langte er dort an, nahm im Schloß Richmond Wohnung und ritt
noch am Vormittag über den Monumentsplatz in die Stadt ein, ver=
mied es jedoch, den Bohlweg zu berühren. Heller Jubel der Bewohner,
die ungeachtet des eben stattgehabten Aufruhres allesammt treu an ihrem
Herrscherhause hingen, begrüßte den Herzog, an dessen Seite sich der
General v. Herzberg und der Bürgerwehr=Kommandant Löbbecke
befanden. Herzog Wilhelm forderte die Einwohner Braunschweigs
auf, sich fest versichert zu halten, daß er im Verein mit den be=
stehenden Behörden eifrigst dahin streben werde, zur Erreichung
fortdauernder Ruhe und der Rückkehr glücklicherer Tage nach allen
Kräften auch seinerseits mitzuwirken.

Mit des Herzogs Einverständniß hielt General v. Herzberg
die Truppen der Garnison noch fast eine Woche lang jeden Abend
von 6 Uhr an in den Kasernen versammelt und ließ den Burgplatz
jede Nacht durch ein Piket bewachen, welches noch nach seiner Ver=
ringerung (21. September) 2 Offiziere, 80 Mann stark war und
erst am 13. Oktober gänzlich einging. Dagegen wurden die Ge=
wehre bereits am 13. September entladen und gegen Monatsschluß
auch die Pulvervorräthe wieder abgegeben. Am 27. traten auch
größere Beurlaubungen, bis zu 36 Mann per Kompagnie, ein; nur
das Wolfenbütteler Bataillon wurde noch bis zum 1. Oktober in
größerer Stärke erhalten.

Herzog Wilhelm führte die Regierungsgeschäfte einstweilen nur
als Vertreter seines abwesenden Bruders, dem er auch am 11. Sep=
tember, unmittelbar nach einem Empfange der Stabsoffiziere, Be=
richt erstattete. Herzog Karl übertrug ihm darauf durch Patent
London 20. September 1830 förmlich die zeitweilige Führung der

Regierung. Indessen stellte sich der Gedanke an eine Rückkehr des vertriebenen Fürsten von Tag zu Tage mehr als völlig ausgeschlossen heraus. Am 27. erklärte die Landschaft in einer Adresse: bei der auf die Grundsätze des allgemeinen Staatsrechtes gestützten Unmöglichkeit, daß der Herzog Karl die Regierung des Landes fortsetze, könne nur dadurch Hilfe erlangt werden, daß Herzog Wilhelm sie übernehme. Dieser gab eine ausweichende Antwort, sandte aber den Hauptmann Bause zu Unterhandlungen mit Herzog Karl nach London und übernahm durch Patent vom 28. September bis auf Weiteres die Regierung der braunschweigischen Lande.*)

Nachdem sich gezeigt hatte, daß der Beibehalt der Regierungsgeschäfte durch den Herzog Wilhelm eine unabweisbare Forderung der Nothwendigkeit sei, zögerte derselbe auch nicht, mit reformirender Hand an das Militärwesen des Landes heranzutreten; denn es war nicht zu verkennen, daß die Zusammensetzung des Korps aus sechs viel zu schwachen Bataillonen, die als solche gewissermaßen nur auf dem Papiere bestanden, ein ungesunder Zustand war. Die Absicht einer gründlichen Umgestaltung des Korps kam zuerst in dem folgenden Tagesbefehle des Generals v. Herzberg vom 30. September zum Ausdruck: „Seine Durchlaucht der Herzog Wilhelm von Braunschweig-Oels haben gnädigst geruht, den zeitherigen Verfügungen des Generals über die Lage des Truppenkorps eine besondere Aufmerksamkeit zu widmen; und nach erhaltener genauer Kenntniß des hiesigen Militärwesens haben Höchstdieselben die huldreiche Versicherung ertheilt, den Zustand des Korps und vorzüglich die Lage und Stellung der Offiziere möglichst in Erwägung zu ziehen. Der General beeilt sich, diese Aeußerungen des Wohlwollens und der lebhaftesten Theilnahme des hochverehrten Fürsten den Truppen mitzutheilen, und dürfen wir mit um so größerem Vertrauen unsere Wünsche und Hoffnungen Höchstdessen Fürsorge übergeben, als der General-Lieutenant bereits Befehl erhalten hat, die nöthigen Vorbereitungen zu einer zweckmäßigen Umgestaltung des Militärwesens und demnächstigen Feststellung aller Verhältnisse zu treffen". Zu dem Behuf wurde eine Kommission aus folgenden Herren gebildet: Generalmajor v. Schrader, Oberstlieutenant

---

*) Den Hauptmann v. Specht vom 1. Linien-Regiment betraute der Herzog mit der Leitung des Hofmarschall-Amtes. Es war derselbe, der das Regiment nachmals im Dänischen Kriege als Kommandeur führte.

v. Holstein, Majors Graebe und v. Erichsen, Hauptleute
v. Brömbsen, Orges, Leuterding, Oberlieutenant v. Bockel=
mann und Unterlieutenant Bauer.

Das Ergebniß ihrer Berathungen trat bereits nach drei Wochen
ans Licht. Inzwischen verging aber fast kein Tag ohne eine mehr
oder minder einschneidende Verordnung, als z. B.: die Garden ver=
sehen alle Dienstverrichtungen gleich den übrigen Abtheilungen; die
Kompagnien sind vom rechten zum linken Flügel nach der Größe
aufzustellen; die Bataillonsflaggen werden abgeschafft und beim
Ausrichten durch Points ersetzt; die Ehrenbezeugungen sind nach
preußischer Norm auszuführen; Kommandos schwenken vor Seiner
Durchlaucht nicht mehr ein, sondern marschiren mit angezogenem
Gewehr vorbei; die Bezeichnungen Ober= und Unterlieutenant werden
wieder durch Premier= und Sekond=Lieutenant ersetzt. Am 5. Ok=
tober hielt Herzog Wilhelm auf dem neuen Exerzirplatz seine erste
Musterung über das Korps einschließlich des Wolfenbütteler Bataillons
ab. Eine Woche darauf begannen die Besichtigungen der einzelnen
Bataillone, worauf jedes derselben noch 24 Mann auf·Urlaub
schickte. Zu Anfang Oktober war Herzog Wilhelm auch zuerst mit
Beförderungen im Offizierkorps vorgegangen.*) Unmittelbar vor
der Reorganisirung des Korps erfüllte er noch eine Ehrenpflicht,
indem er den seinerzeit in Ungnaden entlassenen vormaligen Erzieher
der jungen Prinzen, Oberst v. Dörnberg, mit seinem früher be=
zogenen Gehalte wieder à la suite des Korps stellte. Dagegen be=
willigte er das Gesuch des General=Lieutenants v. Herzberg um
Enthebung vom Korpskommando, welches der General nach den un=
glücklichen Ereignissen der letzten Zeit niederzulegen entschlossen war.
Er wurde für den in den Ruhestand tretenden General Moll Kom=
mandant von Braunschweig, sowie Revue=Inspekteur**) und erhielt
den Oberst v. Wachholtz zum Nachfolger.

Am 21. Oktober 1830 verordnete Herzog Wilhelm eine völlige
Umgestaltung des Truppenkorps durch den im Auszuge folgenden

---

*) Es ist nicht ohne Interesse, daß sich unter den in eine höhere Charge
Aufrückenden auch Oberlieutenant Sommer und Fähnrich v. Gartzen befanden.
Ersterer schied bald aus dem Militärdienst. Der Letztgenannte, der sich noch
bei Herzog Karl in London befand, wurde dem Reserve=Kadre zugeführt und
ging ebenfalls bald ab.

**) Er starb am 5. Juli 1838 an der Schwindsucht.

Erlaß: „Da Ich es den gegenwärtigen Zeitumständen angemessen finde, das Truppenkorps möglichst nach der Bestimmung des hohen Deutschen Bundes zu organisiren, die Stellung sämmtlicher Offiziere mit möglichster Berücksichtigung des Interesses eines jeden Einzelnen zu bestimmen und, um ferneren Reklamationen vorzubeugen, einen gleichmäßigen Sold= und Pensions=Etat festzustellen, so habe Ich aus allen Waffengattungen und aus allen Graden des Korps eine Kommission niedergesetzt, um die geeigneten Vorschläge zur Erreichung jener Zwecke zu entwerfen. Nach genauer Prüfung dieser Vorschläge habe Ich ihnen Meinen Beifall geschenkt und befehle Ich demgemäß folgendes: I. 2c.

II. Organisation des Herzoglich Braunschweigischen Truppen= korps in Gemäßheit der Bundes=Matrikel. Grundsätze: Be= völkerung: 210000; Kontingent: 2100 Kombattanten; hierzu der 600ste Theil der ganzen Bevölkerung als der augenblickliche Ersatz; folglich zu den aktiven Truppen zu rechnen: 350 Kombattanten; in Summa aktiv: 2450 Mann. Davon der 7te Theil Kavallerie und zu jeden 1000 Mann 2 Geschütze. Es besteht daher die Kavallerie aus 350, die Artillerie aus 175, die Infanterie aus 1925 Kom= battanten. Außerdem wird eine Reserve gebildet, wozu die Kadres aus Offizieren, Unteroffizieren und Spielleuten formirt werden und zwar für den 300sten Theil der Bevölkerung, nämlich im Ganzen 700 Köpfe, als: Kavallerie 100 Mann, Artillerie 50 Mann, Infanterie 550 Mann. Die Infanterie besteht aus einem Regiment in drei Bataillons, wovon eines Füsilier=Bataillon ist, in zwölf Kompagnien:

1 Obrist od. Kommandeur	12 Sekond=Lieutenants
1 Obrist od. 2. Stabsoffiz.	12 Feldwebel
1 Regiments=Adjutant	48 Sergeanten
1 Quartiermeister=Sergeant	48 Korporäle
1 Regiments=Tambour	36 Spielleute (24 Tam-
3 Majors	bours, 12 Hornisten)
3 Adjutanten	1716 Soldaten,*) (davon der
3 Sergeant=Majors	6te Theil im Dienst:
2 Bataillons=Tambours	286 Mann als Mini-
12 Kapitäns	mum, und beurlaubt
12 Premier=Lieutenants	1430 Mann).

---

*) Dem Bestande der Soldaten wurde die für den Fall eines Marsches vor- gesehene Vermehrung der Kompagnien um 1 Sergeanten, 1 Korporal, 3 Spiel- leute entnommen.

Dazu Nichtkombattanten: 1 Regimentsarzt, 3 Bataillonsärzte, 3 Gehülfsärzte, 1 Regiments=Zahlmeister, 1 Fechtmeister, 3 Büchsen=macher, 25 Hoboisten. — Endlich Kadre von 52 Köpfen zu der Reserve zu 550 Köpfen in 4 Kompagnien.*)

VI. Allgemeine Bestimmungen. Die Organisation tritt mit dem heutigen Tage, hinsichtlich des neuen Soldes aber mit dem 1. November d. J. in Kraft. — In der Organisation der Artillerie finden keine wesentlichen Veränderungen statt. Das Husaren=Regiment formirt aus den bisherigen vier Schwadronen deren zwei. Die Infanterie bildet aus den bisherigen sechs Bataillons deren drei. Das 1. Bataillon des 1. Regiments**) wird dem 1. oder Grenadier=Bataillon, das 2. Bataillon desselben Regiments dem 3. oder leichten Bataillon zugetheilt. Die kleinen Leute des 1. Bataillons werden gegen die größeren des 2. ausgetauscht. Beide Bataillone des 2. Regiments werden das neue 2. Bataillon bilden. Die Soldaten des jetzt in Wolfenbüttel stehenden 1. Bataillons werden deshalb bei den hiesigen vier Kompagnien zugeführt (wie sie mit einander schwadroniren, die 1. zur 5. Kompagnie u. s. w.) und bis auf Weiteres zur Reserve kommandirt geführt. Unter den drei Bataillons des neuen Infanterie=Regiments soll kein besonderes Rangverhältniß stattfinden, weshalb das 2. Bataillon die Gardeabzeichen gleich dem bisherigen Grenadier=Bataillon erhalten wird. Die Offiziere tragen dieselben Epaulettes; die Rockschöße werden mit Roth aufgeschlagen. Die Benennung Garde fällt gänzlich weg. Das 3. oder leichte Bataillon behält die schwarze Uniform mit der Benennung Leib=bataillon, zum ruhmvollen Andenken vergangener Zeiten,***) womit aber keine Bevorrechtung verbunden ist. Diejenigen Unteroffiziere, Spiel=leute und Soldaten, welche über den Etat sind, werden bis zu ihrer Einrangirung als aggregirt geführt. Die Pfeifer, welche gänzlich eingehen, können bei mangelnden Tambours in deren Stellen oder

---

*) Wir haben bis jetzt auch der Reserve eine nähere Aufmerksamkeit ge=widmet, da aus ihr das 2. Linien=Regiment, die Stammtruppe des 2. Bataillons, hervorging; von 1830 an darf sie in der Darstellung mehr zurücktreten.

**) Also das aus dem 1809 errichteten Korps und aus der leichten Brigade von 1813 entstandene Bataillon; vergl. die als Anlage beigefügte Stammtafel.

***) Dennoch ist es nach dem früher Gesagten sicher, daß die schwarze Schaar von 1809 (das Leibbataillon von 1815) nicht in diesem Bataillon, sondern im 1. Bataillon fortlebte.

unters Gewehr treten. — Der Reserve-Kadre behält die Uniform des bisherigen 2. Regiments; er stationirt in Braunschweig; die Unteroffiziere und Spielleute werden in die Egidienkaserne quartiert und thun, wie auch die Offiziere, den Garnisondienst mit, den der Kommandeur des Truppenkorps für zweckmäßig erachtet. — Zur Besetzung von Wolfenbüttel wird von allen drei Bataillons des Infanterie-Regiments ein Detachement von 1 Kapitän, 3 Lieutenants, 4 Sergeanten, 4 Korporals, 3 Tambours und 100 Soldaten entsendet und alle Monat abgelöst. Für die Offiziere werden die erforderlichen Wohnungen in der dortigen Kaserne eingerichtet.

Braunschweig, den 21. Oktober 1830.

.Wilhelm, Herzog."

Die Rangliste des reorganisirten Korps gestaltete sich hinsichtlich der Fußtruppen wie folgt:

Stab des Truppenkorps.

Kdr.: Ob. v. Wachholz; aggr.: Maj. v. Wolffradt; Adj.: Hauptm. v. Mosqua.

Infanterie-Regiment:

Stab: Kdr.: Ob.-Lt. v. Brandenstein; 2. Stabsoffz.: Maj. Metzner; Adj.: Hauptm. Haberland; Zahlm.: Kap. Degener.

1. oder Grenadier-Bataillon: Maj. v. Specht.

Hauptm. v. d. Heyde	Pr.-Lt. Rätzel
" v. Griesheim	" Berkhan
" v. Bernewitz	Sek.-Lt. v. Alten
" v. Specht	" v. Roeder
Pr.-Lt. Ahrberg (Adj.)	" Nordenfels
" v. Hantelmann	" Wolpers
" v. Bockelmann	Bat.-Arzt Dr. Lachmann

2. Bataillon: Maj. Morgenstern.

Hauptm. v. Paczinsky	Pr.-Lt. v. Brehmer
" v. Pallandt	" Stutzer (Adj.)
" Martini	Sek.-Lt. Bauer
" Telge	" v. Bernewitz
Pr.-Lt. Erich	" Gotthard
" v. Schwartzkoppen	" Hollandt
" Fricke	Bat.-Arzt Barnsdorf

3. (leichtes) oder **Leibbataillon**: Maj. v. Normann.

Hauptm. v. Frankenberg	Pr.-Lt. Ahrens
" Berner	Sek.-Lt. v. Conerding (Adj.)
" v. Brömbsen	" Jäger
" Ludovici	" Olfermann
Pr.-Lt. Schmidt	" v. Girsewald
" Wagenknecht	Bat.-Arzt Krampe
" Damm	

Angeführt sei ferner: daß Major v. Rosenberg das Reserve-Kadre befehligte und die Hauptleute v. Klencke, Uetzfeld, Haber-land und den Adjutanten Köhler*) unter sich hatte; daß Oberst-lieutenant v. Girsewald und die Hauptleute Bause und Frh. v. Grabau**) die Adjutantur Seiner Durchlaucht, Oberstlieutenant v. Holstein und Major Graebe das Kriegs-Kollegium bildeten, und daß die Generale v. Herzberg und v. Buttlar Komman-danten von Braunschweig und Wolfenbüttel, Generalmajor v. Schrader und Oberst v. Koch Vize-Kommandanten dieser Städte waren. Neun Hauptleute und sechs Subalternoffiziere wurden pensionirt oder zur Civilanstellung vorgemerkt. Alle Fähnrichs waren zu Sekond-Lieutenants ernannt und die Fähnrichscharge abermals abgeschafft worden.

Nachdem die Umformung des Korps, von welcher Herzog Wil-helm am 25. Oktober seinem Bruder Karl Anzeige machte, durch-geführt war, erschien das Regiment am 26. auf dem Kleinen Exer-zirplatze zur Musterung durch den Herzog und setzte am 1. No-vember seinen Dienststand auf 660 Mann herab. Da in dieser Stärke auch das Wolfenbütteler Wachtkommando enthalten war, ergab sich eine thatsächliche Dienststärke der Kompagnien von etwa 50 Mann, und auch diese erfuhr bereits am 7. November eine abermalige Ver-ringerung; von da an hatte das Leibbataillon 232 Mann, die andern beiden Bataillone aber nur 184 Mann bei der Fahne. In dieser Hinsicht war also nur eine geringe Besserung eingetreten. Indessen sorgte der Herzog in der ersten Hälfte des November durch zahl-

---

*) Beschäftigte sich mit braunschweigischer Truppengeschichte; seine Manuskripte befinden sich in der Stadtbibliothek zu Braunschweig.

**) Dieser wohl nur auf dem Papier; er war in der Stadt sehr mißliebig und wurde durch eine Sendung nach Frankfurt entfernt; nach einigen Monaten erhielt er den Abschied.

reiche größere Uebungen dafür, Einheit in den frisch zusammen=
geschweißten Truppentheil zu bringen.

Schon die allernächste Zeit sollte die neu geschaffenen Zustände
auf eine ernste Probe stellen. Hauptmann Sommer kehrte mit
einer schroff ablehnenden Antwort des Herzogs Karl auf die Vor=
schläge seines Bruders nach Braunschweig zurück. Ebenso vergeblich
waren die Bemühungen des Königs Wilhelm IV. von England, den
vertriebenen Herzog gegen eine hohe Abfindung zur Abdankung zu
veranlassen. Karl betrieb im Gegentheil einen Handstreich zur
Wiedereroberung seines Staates. Er verließ London am 7. November,
schickte von Fulda aus den Lieutenant v. Garßen nach Braun=
schweig, um dem Herzog Wilhelm eine vom 18. November datirte
förmliche Zurücknahme seiner Bestallung zum stellvertretenden Re=
genten zu überbringen, und entsendete bald darauf aus Gotha seinen
neuen Günstling, einen früheren bayerischen Offizier Namens Bender
v. Bienenthal, mit Geld, Waffen und Proklamationen in die braun=
schweigischen Harzdistrikte. Alles dieses blieb natürlich in Braunschweig
nicht unbekannt und verursachte dort eine ungeheure Aufregung.
Die Bürgergarde trat auf dem Monumentsplatz zusammen, sagte
sich für immer von Karl los und rief den Herzog Wilhelm zum
rechtmäßigen Beherrscher des Landes aus. Rasch folgte die ganze
Bürgerschaft diesem Beispiele. In der That konnte es nach Allem,
was geschehen war, ein Zurück nicht mehr geben: am 22. that auch
das Offizierkorps des Truppenkorps den schweren Schritt, sich in
einer vom Kommandeur einberufenen Versammlung dem Herzog
Wilhelm unbedingt zur Verfügung zu stellen. Am 26. November
fiel die Entscheidung über die Zukunft des Landes. Herzog Wil=
helm erklärte in einem, vom gesammten Ministerium gegengezeich=
neten Patent: er werde die Regierung fortsetzen, um das Land
nicht aufs Neue den Stürmen der Gesetzlosigkeit preiszugeben.

Nachdem dies geschehen, zögerte Herzog Wilhelm nicht, die
neue Ordnung der Dinge mit militärischer Macht aufrecht zu erhalten.
Ein Kommando des Leibbataillons von 2 Offizieren, 4 Unteroffizieren,
2 Spielleuten, 48 Jägern nebst 1 Unteroffizier, 3 Mann des Husaren=
Regiments stand bereits seit dem 2. November bereit, um „bei dem
ersten Befehle nach dem Orte seiner Bestimmung abmarschiren zu
können" und war inzwischen nach dem Harze dirigirt worden. Am
23. erhielt Hauptmann Berner Weisung, sofort ebendorthin

abzugehen, „um das daselbst stationirte Kommando zu inspiziren“. Zu dieser Abtheilung gehörten Premier=Lieutenant Wagenknecht, Sekond=Lieutenant Jäger, die Sergeanten Kolbe und Vogeler, die Korporale Weigand und Reinecke; ferner 2 Hornisten und von jeder Kompagnie 12 Jäger.

Natürlich hatte Berner geheime Befehle mitbekommen und begann sofort, seines wichtigen Amtes mit Umsicht zu walten. Seine Patrouillen nahmen am 27. zu Zorge den Rittmeister Bender v. Bienenthal fest, welcher sofort nach Braunschweig abgeführt wurde. Zwei Tage darauf brachte eine Patrouille den Befehl des in Ellrich eingetroffenen Herzogs Karl mit, der Hauptmann solle sich sofort zu ihm verfügen. Berners Antwort lautete: „Durchlauchtigster Herzog! Gnädigster Fürst und Herr! Der von Eurer Herzoglichen Durchlaucht mir gewordenen Aufforderung finde ich mich außer Stande, zu entsprechen. Ich ersuche Höchstdieselben anzuflehen, kein Wagestück weiter zu unternehmen, da die allgemeine Stimmung so entschieden Eurer Herzoglichen Durchlaucht entgegen ist, daß Dero Leben in der äußersten Gefahr schweben würde. Zugleich beehre ich mich, eine Proklamation Ihres Durchlauchtigsten Herrn Bruders*) mit anzulegen, deren Inhalt Eurer Herzoglichen Durchlaucht noch unbekannt sein dürfte. Eurer Herzoglichen Durchlaucht allerunter=thänigster Diener

Berner, Hauptmann.“

Zorge, 29. November 1830.

Am folgenden Tage bezog Lieutenant Jäger mit 1 Unteroffi=zier, 1 Spielmann, 12 Mann eine Feldwachtstellung an der Chaussee Zorge-Walkenried unweit der Landesgrenze, während der Rest des Kommandos einige 100 Schritte dahinter als Piket aufgestellt wurde. Zahlreiche Bergleute und Steinhauer sammelten sich bei demselben; auch einige Gendarmen waren zur Stelle. Nicht lange, so nahte Herzog Karl mit gezogenem Säbel, an der Spitze eines theilweise bewaffneten Bauernhaufens von angeblich 2000 Mann. Nur noch durch einen kleinen Hügel und den Grenzgraben von der Feldwache getrennt, hatte der Herzog ein kurzes Gespräch mit dem Lieutenant Jäger. Nachdem Beide die Säbel eingesteckt hatten, erklärte der Feldwachthabende, er habe Befehl, Seine Durchlaucht von der Ueber=

---

*) Es war das Patent vom 26. November 1830.

schreitung der Grenze abzuhalten und werde diesem Befehle nach=
kommen. So klein die mit aufgepflanztem Hirschfänger gefechts=
bereit dastehende Feldwache auch war, so gab Herzog Karl doch
mit der schon beim September=Aufstande bewiesenen Haltlosigkeit
seines Charakters sein Unternehmen sofort auf, führte seinen Haufen
nach Ellrich zurück und wurde noch am selben Tage in dem han=
noverschen Grenzstädtchen Osterode durch Volksbedrohungen zur Flucht
gezwungen, welche ihn über Paris nach Spanien führte. Unterwegs
wurde ihm ein Bundestagsbeschluß vom 2. Dezember übergeben,
der ihn für regierungsunfähig erklärte und den Herzog Wilhelm
ersuchte, die Regierung bis auf Weiteres fortzuführen. Dieser ver=
kündete den Beschluß der deutschen Centralgewalt in einer Prokla=
mation vom 7. Dezember der Bevölkerung des Landes. Die Herzog=
Karl=Tragödie war zu Ende!

Die aufregenden Wochen, in denen der vertriebene Fürst noch=
mals an das Thor seines verlorenen Herzogthums pochte, hatten
außer der Entsendung des Detachements Berner noch manche andere
Maßregel gezeitigt. Sie betrafen einerseits eine Stärkung und
Festigung der Bürgerwehr, von welcher eine Abtheilung thatsächlich
nach dem Harze abging, andrerseits aber auch das aktive Militär.
Am 25. November mußte jedes der drei Bataillone 80 Urlauber zum
Dienst einberufen. Am 30. brach ein Detachement von etwas größerer
Stärke als das Berner'sche unter Hauptmann Ludovici nach
Holzminden auf, wo gleichfalls bewaffnete Macht zur Aufrechterhal=
tung der Ordnung nothwendig war. Hauptmann v. Brömbsen,
Premier=Lieutenant Rätzel und Premier=Lieutenant v. Brehmer
hatten an anderen Orten ähnliche Aufträge zu lösen. Als die Ruhe
überall völlig sichergestellt war, durfte das Infanterie=Regiment am
14. Dezember seinen Dienststand auf 696 Soldaten einschl. des
Wolfenbütteler Detachements, aber ohne die Kommandos in Holz=
minden und am Harze verringern. Das erstgedachte Kommando
(Ludovici) kehrte am 4. Februar,*) das letztgenannte (Wagen=
knecht) erst am 21. Februar zurück, worauf die Dienststärke aller
Bataillone auf 180 Mann zurückgeführt wurde. Eine landesherr=

---

*) Uebrigens mußte in Holzminden schon im August 1831 wegen einer
gegen mißliebige Beamte ausgebrochenen Unruhe abermals Militär eingreifen,
und zwar die 2. Kompagnie des Infanterie=Regiments unter Hauptmann
v. Paczinsky.

liche Anerkennung wurde den zu diesen ernsten Zwecken ausgerückt
gewesenen Abtheilungen durch den folgenden Korpsbefehl vom 15.
Januar zu Theil: „Seine Herzogliche Durchlaucht haben Aller=
gnädigst geruht, den Kommandeur des Korps zu beauftragen, dem
ganzen Truppenkorps, besonders aber den unter der Führung des
Hauptmann Berner gestandenen Detachéments Höchstdero Zufrieden=
heit mit dessen Haltung und Benehmen bei den Vorgängen der
jüngstverflossenen Zeit zu erkennen zu geben und zu gestatten, daß jeder
Unteroffizier und Soldat des letztgedachten Detachements ein Zeug=
niß über seine Gegenwart dabei erhält und ihnen dabei eröffnet
werde, daß auf Grund eines solchen Zeugnisses in der Zukunft eine
besondere Rücksicht auf ihr Wohl, so weit es thunlich, genommen
werden würde".

In dieser Zeit war auch die Möglichkeit der kriegerischen Ver=
wendung des Korps gegen den äußeren Feind ziemlich nahe gerückt.
Aus der Regelung der belgischen Frage entwickelte sich ein Streit
über die Zukunft Luxemburgs, welcher zum Bundeskriege gegen
Frankreich zu führen drohte. Wie jedesmal bei Kriegsgefahr, kam
es auch diesmal zum Ausdruck, daß eigentlich Niemand an die
Brauchbarkeit der Bundes=Kriegsverfassung glaubte. Am 9. Dezember
wurden die kleinsten Kontingente unter Entbindung von der Gestel=
lung der Spezialwaffen einer bisher nicht vorgesehenen Reserve=
Division überwiesen, welche nur zu Festungsbesatzungen in Aussicht
genommen wurde. So schieden die Lipper und Waldecker aus der
1. Division des 10. Bundeskorps aus. Da eben dieses an der
beabsichtigten Bundesexekution betheiligt sein sollte, wurden auch von
Seiten Braunschweigs, welches zwei Bataillone und eine Batterie
stellen sollte, alle Vorbereitungen getroffen. Eine Verordnung vom
18. Januar 1831 besagte: „Das 2. Bataillon des Regiments bildet
das eine dieser Linien=Bataillone und soll durch Aushebung um
200 Mann vermehrt werden, um jene Stärke von 800 Kombattanten
zu erlangen. Das andere Linien=Bataillon wird formirt aus den
jetzigen Kadres der Reserve, aus den überzähligen aktiven Soldaten
des Infanterie=Regiments und aus Mannschaften vom Grenadier=
und Leibbataillon. Beide Bataillone werden mit englischen Gewehren
bewaffnet und erhalten keine Säbel, dagegen neue drellene Tornister
mit weißem Lederzeug. Die Uniformkragen beider Bataillone sind
mit weißen Litzen zu versehen. Die neuen Mäntel sollen nach preußi=

schem Modell angefertigt werden, aber ohne Litzen am Kragen".
Hiernach wurden die Vorbereitungen getroffen, jedoch die Formationen
weislich noch ausgesetzt. Im Frühjahr schien es Ernst werden zu
wollen. Am 25. April wurde das 10. Armeekorps nebst der 2.
(hessisch=nassauischen) Division des 9. Armeekorps zur Durchführung
der Bundesexekution bestimmt. Für den Fall, daß Frankreich ihr
entgegentrat, hatte Preußen einen Kriegsplan aufgestellt, welchem
alle deutschen Staaten zustimmten, obwohl er auf die Forderungen
der Bundes=Kriegsverfassung durchaus keine Rücksicht nahm und die
Truppen der norddeutschen Kleinstaaten kurzab dem preußischen
Moselheere zuwies. Die Rekrutenaushebung in Braunschweig er=
folgte nunmehr nach den erhöhten Sätzen. Zur Unterbringung des
verstärkten 2. Bataillons wurden verfügbare Räume des Schlosses
herangezogen. Das Leibbataillon lag vom 17. April bis zum
30. Mai in Wolfenbüttel, wo es die sämmtlichen Infanterie=Rekruten
ausexerzirte. Im Mai hielt Herzog Wilhelm größere Uebungen und
Besichtigungen mit den beiden „Marschbataillonen" ab. Aber es
kam nicht zum Ausmarsch; denn der Abschluß des belgisch=hollän=
dischen Friedens beseitigte den Streitpunkt, indem die Zugehörigkeit
des Großherzogthums Luxemburg zum Deutschen Bunde anerkannt
wurde. Am 1. Juni konnte daher in Braunschweig der Dienststand
der Bataillone auf 180 Mann ermäßigt werden.

Inzwischen war die braunschweigische Thronfolgefrage zur end=
gültigen Erledigung gelangt. Nachdem im Februar 1831 durch
einen Familienschluß des welfischen Gesammthauses Herzog Karl
für dauernd regierungsunfähig und der Thron für erledigt erklärt
worden war, auch die Zustimmung der Bundesversammlung gesichert
war, erklärte Herzog Wilhelm durch Proklamation vom 20. April
1831 seinen endgültigen Regierungsantritt. An demselben Tage
leistete ihm das Militär den Eid der Treue. Das Grenadier= und
2. Bataillon hatten am 18. ihre sämmtlichen Beurlaubten mit Aus=
nahme der zum Reserve=Kadre übertretenden 5. Jahresklasse (1805)
eingezogen. Das Korps marschirte um 8 Uhr früh in großer Uni=
form in geschlossener Kolonne vom Steinthor nach dem Großen
Exerzirplatze ab, wo das aus Wolfenbüttel herangezogene Leib=
bataillon dazustieß. In feierlichster Weise fanden Parade und Eides=
leistung statt; ihnen folgte ein Frühstück, wozu für jeden Mann 4,
für jeden Unteroffizier 6 Gutegroschen bewilligt waren. Am 25.,

dem Geburtstage des Herzogs, folgte die Eidesleistung der Civil=
behörden, Stände und Einwohner, und am 11. Mai erhielt das
Geschehene die formelle Sanktion des Bundestages mit dem Vor=
behalte, daß zur Erbfolge zunächst die etwaigen legitimen Nach=
kommen Karls II. berechtigt seien.

Das Regiment sah bei der Feier des 20. April mit freudiger
Genugthuung wieder die alten Fahnen an seiner Spitze, die ihm
an den Ruhmestagen von Quatrebras und Waterloo vorangeweht
waren. Herzog Wilhelm hatte die neuen Fahnen seines Bruders
durch Verordnung vom 13. April wieder durch diese historisch be=
deutungsvollen, alten Feldzeichen ersetzt. Jedoch erhielt das Leib=
bataillon als Jägertruppe keine Fahne, die anderen Bataillone nur
je eine, und zwar waren es die beiden 1814 dem 1. Linien=Bataillon
verliehenen Fahnen, *) die an das 1. und 2. Bataillon verausgabt
wurden. — Eine andere Neuerung von Bedeutung, welche der wich=
tige Aprilmonat 1831 brachte, war der Erlaß vom 27., wonach das
Leibbataillon zum 1. Mai vom Infanterie=Regiment wieder ab=
gezweigt wurde, während die bisherige Reserve dem Regiment als
3. Bataillon angegliedert wurde. Sie blieb im Uebrigen in ihrer
Formation unverändert, also ein Kadre in der Etatstärke von
14 Offizieren, 1 Sergeantmajor, 4 Feldwebeln, 12 Sergeanten,
12 Korporalen und 8 Tambours nebst 1 Bataillons=Tambour. Die
bisher rothen Achselklappen der Reserve waren schon im Januar
durch weiße ersetzt und ihr ebenfalls die Gardelitzen verliehen worden.

Außerdem nahm Herzog Wilhelm im Verlauf seines ersten
Regierungsjahres noch eine größere Anzahl minder wichtiger Aenderungen
vor. Sie betrafen namentlich die Uniformirung, für welche am
17. Oktober 1831 ein neues Reglement erschien. Die Tracht des
Infanterie=Regiments entsprach jetzt genau derjenigen des preußischen
1. Garde=Regiments zu Fuß, abgesehen von den blau=weißen Ab=
zeichen und der Kopfbedeckung. Als solche trug das 1. Bataillon
die Grenadiermützen (jetzt mit einem W im Schilde), das 2. Bataillon
die Tschakots des früheren 1. Linien=Regiments (auch diese mit
einem W im Stern und blau=weißem Federbusch). Als Offizier=
waffe war einzig noch der Degen in Lederscheide im Gebrauch. Die
weißen Halfter und Stulpstiefel wurden abgeschafft, dagegen dunkel=

*) Ihre Beschreibung siehe Seite 31—32.

blaue Ueberröcke und Feldmützen eingeführt. Beim Leibbataillon
behielt der Ueberrock ſeine dunkelgrüne Farbe und den blauen
Kragen. Die Offiziershandſchuhe waren bei dieſem Bataillon grün,
beim Infanterie-Regiment weiß. Die ſilbernen Quaſten der Schärpen
und Portepees erhielten blau-gelbe Einlagen; dagegen wurde für
den Tſchakot des Leibbataillons wieder die ſchwarze Kokarde ſtatt
der blau-weißen eingeführt. Auch die Bewaffnung der Infanterie
erfuhr eine Neuregelung. Während das 1. Bataillon ſeine Grenadier-
gewehre, das 2. die engliſchen Gewehre behielt, wurde für das
Leibbataillon ſtatt ſeiner bisherigen kurzen Jägerbüchſe am 18. Januar
1831 eine lange Büchſe mit 7 Zügen, Perkuſſionsſchloß und Hau-
bajonett nach dem Modell von Piſtor in Schmalkalden eingeführt.
1832 wurden für das Infanterie-Regiment rothjuchtene Gewehrriemen,
1833 auch für das 2. Bataillon Seitengewehre eingeführt.

Im Herbſt 1831 trat eine Aufgabe friedlichen und doch ernſten
Charakters an das braunſchweigiſche Militär heran. Es galt, die
Grenzen des Herzogthums einem grauſigen Feinde zu verſperren:
der Cholera, die auf ihrem ſchrecklichen Siegeszuge durch Europa
auch die preußiſche Provinz Sachſen erreicht hatte. Schon am
5. September wurden 48 Urlauber des Leibbataillons eingezogen,
und zwei Tage darauf rückten die erſten beiden Schutzkommandos
nach Heſſen und Helmſtedt ab. Umfaſſendere Maßregeln wurden am
17. befohlen. Das 2. Bataillon mußte ſeine ſämmtlichen Beurlaubten
einberufen, das Leibbataillon ſich auf 400 Mann ausſchl. der Unteroffiziere ergänzen und das Grenadier-Bataillon, welches zur alleinigen
Wahrnehmung des Garniſondienſtes zurückbleiben ſollte, auf 540 Mann
verſtärkt werden. Am 21. September rückten die 3. und 4. Kompagnie
des 2. Bataillons, je 150 Mann ſtark, nach Helmſtedt und Vorsfelde ab; der Reſt des 2. Bataillons folgte am 23. nach Helmſtedt.
Das Leibbataillon übernahm den Schutzgürtel bei Heſſen und
Schöningen und hatte ſeinen Stab in Gr.-Winningſtedt. Jedes
Bataillon hatte 2 Ordonnanz-Huſaren bei ſich; die Hauptleute waren
ſeitens der Artillerie beritten gemacht; jeder Mann hatte 20 ſcharfe
Patronen mit. Ueberall wurden ſogenannte Kontumaz-Anſtalten und
Sperrkordons eingerichtet, um das Einpaſſiren Fremder zu verhindern.
Es gelang dieſen umfaſſenden Maßnahmen in der That, die Grenzen
des Landes dem furchtbaren Gaſte zu verſchließen. Schon am
14. Oktober durften die beiden ausgerückten Bataillone ihre Poſten

wieder einziehen; sie rückten an den folgenden Tagen in Braunschweig
ein und führten ihre Stärke auf 200 Mann ohne die in Hessen und
Helmstedt belassenen Detachements von je 1 Offizier 66 Mann zurück. Außerdem hatte das Leibbataillon noch 30 Mann bei den
Landwehrjägern des Rittmeisters Küster kommandirt. Am 26. trat
auch diese Abtheilung den Rückmarsch an, und die gewöhnliche Dienststärke von 180 Mann per Bataillon trat wieder in ihre Rechte.
Etwas post festum erschien dann am 2. November eine Verordnung
über das beim Ausbruch der Cholera zu beobachtende Verfahren.

Mit dem Jahre 1831 traten für das braunschweigische Korps,
dessen Organisation seit 1806 in fortwährendem Wechsel begriffen
gewesen war, endlich ruhige und bleibende Verhältnisse ein, die es
gestatten, seine Geschichte von nun an mehr summarisch als bisher
zu behandeln. Seine Organisation blieb bis zum Jahre 1843 ganz
ungeändert. Doch trat am 23. Februar 1837 ein neues Gesetz über
die Verpflichtung zum Kriegsdienste in Kraft, welches Stellvertretung
und Nummerntausch zuließ und zur Folge hatte, daß in diesem Jahre
keine Versetzungen zur Reserve erfolgten. Auch erfuhren die inneren
Verhältnisse des 10. Bundes-Armeekorps in diesen Jahren eine
Regelung, wozu die bei der Mobilmachung von 1830—31 auf-
getretene Unsicherheit dringend aufforderte. Es wurden deshalb
zwischen den betheiligten Staaten Unterhandlungen angeknüpft, um
die im Kriegsfalle eintretenden gemeinsamen Leistungen und die
Zusammensetzung der Stäbe zu vereinbaren. Die Berathungen
schleppten sich durch Jahre hin; erst am 25. Juni 1835 kam es in
Frankfurt am Main zum Abschluß der Schlußakte.

Nicht sehr erheblich waren die Veränderungen in der Bekleidung
und Ausrüstung, welche diese stillen Jahre brachten. Sie traten alle
1835—37 ein, z. B. das neue Gepäck des Leibbataillons, bestehend
aus dem hannoverschen Seehundstornister und drei Patrontaschen
nach Berners Angabe; ferner die Stiefel, welche beim Regiment
die Schuhe und Gamaschen ersetzten; endlich ein neuer Tschakotstern;
auch wurde der Federbusch durch einen blau-weißen Haarbusch ersetzt.
Hinsichtlich der Offiziere wurden 1837 die preußischen Gradabzeichen
durch Epaulettesterne für Hauptleute und Lieutenants eingeführt,
und ein Jahr darauf die breiten Streifen an den Beinkleidern durch
schmale Biesen ersetzt. 1842 erhielten die bisher grünen Ueberröcke
und Mützen der Offiziere des Leibbataillons eine schwarze Farbe,

während die Ueberröcke der Feldwebel und Stabsunteroffiziere gänzlich
abgeschafft wurden. — Erheblicher war die am 7. November 1835
verfügte Neubewaffnung der Infanterie mit dem Ovalgewehr, einer
vom Hauptmann Berner erfundenen und von der Angerstein'schen
Waffenfabrik in Clausthal hergestellten, sehr eigenartigen Perkussions=
waffe, deren besondere Eigenthümlichkeit ein oval gebohrter Lauf
mit nur zwei sehr tiefen Zügen war. Die Ovalgewehre*) wurden
jedoch zunächst nur als Kriegswaffe beschafft; denn man hielt noch
immer am System der doppelten Bewaffnung fest. Die als Exer=
zirwaffe dienenden uralten Steinschloßgewehre des Infanterie=Regiments
wurden erst zu Ende 1841 gänzlich außer Kraft gesetzt und durch
die mit Perkussionsschlössern versehenen englischen Gewehre ersetzt.

Im Jahre 1837 wurde auf Antrag des Generalmajors
v. Wachholtz der Bau einer neuen Infanterie=Kaserne beschlossen, da
sowohl die Burgkaserne, als auch die Egidienkaserne sehr baufällig
waren. Nachdem die Ständeversammlung die Mittel bewilligt hatte,
erbaute Baurath Ottmer auf dem für 5181 Thaler erworbenen
Rammelsberg'schen Grundstück am Fallersleber Thor die neue,
noch jetzt benutzte Kaserne. Am 25. Mai 1838 war durch sämmt=
liche Stabsoffiziere und Abordnungen aller Bataillone feierlich der
Grundstein gelegt worden; am 30. April 1841 wurde sie, zunächst
vom 2. Bataillon, bezogen. Sie faßte bei gewöhnlicher Belegung
576 Mann, wobei die Leute getrennte Wohn= und Schlafräume
hatten. In der Exerzirzeit wurde, um 1106 Mann unterbringen
zu können, zusammengerückt und die Fechtsäle im Kellergeschoß, sowie
die Bodenräume mit belegt. Das Leibbataillon übernahm mit der
Artillerie die Burgkaserne, in deren Nebengebäude (dem nachmaligen
Offizierkasino) die Kadettenanstalt und die Militärbibliothek unter=
kamen.

Das Dienstjahr der braunschweigischen Infanterie spielte sich in
der Regel in folgender Weise ab: Am 30. April wurden die Re=
kruten eingestellt und um Mitte Juni besichtigt, worauf sich die
Kompagnien auf ca. 44 Mann verringerten. Im Sommer erfolgte
unter Anderem die Schießausbildung, wozu das Infanterie=Regiment

---

*) Von 1841—56 wurde das Berner'sche Ovalgewehr (Brunswick rifle)
auch in der britischen Armee von den leichten Truppen, insbesondere dem 60. und
95. leichten Regiment geführt und bewährte sich namentlich im Kaffernkriege sehr
gut; erst im August 1856 wurde es durch die Enfieldbüchse ersetzt.

60, das Leibbataillon 80 Patronen für den Mann erhielt. Ersteres
hatte zwei Schießklassen, die nur 6 Schuß freihändig, alles Uebrige
von 50 bis 500 Schritt aufgelegt verschossen. Bei den Bedingungen
der drei Klassen des Leibbataillons befanden sich auch 10 Schuß
nach beweglichem Ziel. Im September begann nach Schluß der
Ernte die vierwöchige größere Exerzirzeit, zu welcher die Bataillone
sich meist auf 400—520 Mann verstärkten. Bevor die neue Ka=
serne fertig war, pflegte ein Bataillon während dieser vier Wochen
ein Zeltlager zu beziehen, welches anfänglich auf dem Kleinen Exer=
zirplatze, seit 1836 aber an der Buchhorst, unweit des Grünen Jägers
aufgeschlagen wurde. Die erste Hälfte der Exerzirzeit war dem
Kompagnie=Exerziren, die zweite Hälfte der Ausbildung in größeren
Verbänden gewidmet. Sie schloß mit einer Reihe Felddienstübungen
in gemischten Waffen und zwei Parteien, sowie in der Regel einem
Gefechtsexerziren gegen einen markirten Feind. 1834 und 36 fanden
auch dreitägige Marschübungen mit Biwaks bei Wendessen und Er=
kerode statt. Nach einer Schlußparade vor dem Herzoge wurden die
Großurlauber entlassen, und der Winterdienst trat wieder in seine
Rechte, bei welchem der Garnisonwachtdienst die Hauptrolle spielte.
War Seine Durchlaucht in Blankenburg, so versah ein Grenadier=
Detachement von 2 Offizieren 54 Mann den Wachtdienst dortselbst.
Ferner wurde im Winter der Gymnastik, besonders dem Bajonett=
fechten und Florettiren, viel Fleiß gewidmet,*) der theoretische Dienst=
unterricht nach einem Leitfaden von v. Bockelmann und Isendahl
abgehalten und seit 1834 auch das Singen dem Dienstplane der
Truppen eingefügt. Am 15. April wurde der 5. Jahrgang zur
Reserve überführt, und vierzehn Tage später begann das neue
Dienstjahr.

In festlicher Weise wurde alljährlich der 25. April als Geburts=
tag Seiner Durchlaucht des Herzogs begangen, und den Unter=
offizieren und Mannschaften dazu Zuschüsse gewährt. Bei der dabei
abgehaltenen Fußparade gelangten die am 1. April 1833 vom Her=
zoge gestifteten Dienstehrenzeichen**) zur Verausgabung. Es war
dies erstlich ein 25jähriges Dienstkreuz für Offiziere, zu tragen am

---

*) 1841 wurde befohlen, daß die Vorfechter „Sie" angeredet werden
sollten.

**) Die Stiftungsurkunden sind in Teichmüllers Geschichte des Leib=
bataillons (Seite 136—139) im Wortlaut mitgetheilt.

königsblauen, gelb eingefaßten Bande, ein goldenes Kreuz mit pur=
purrothen Balken und weißem Mittelſchilde, welches vorn den her=
zoglichen Ramenszug und hinten die Zahl 25 zeigte. Ferner ein
am gleichen Bande getragenes Dienſtehrenzeichen für Unteroffiziere
und Soldaten von 15=, bezw. 20= und 25jähriger Dienſtzeit, deſſen
3. Klaſſe aus einem ſilbernen Riegel, die 2. und 1. Klaſſe aus einem ſil=
bernen Kreuz beſtanden; das Mittelſchild zeigte vorn den herzoglichen
Ramenszug, hinten die Zahl der Jahre. Für 12 Inhaber der
1. Klaſſe*) waren monatliche Zulagen von 1 Thaler, für 36 Inhaber der
2. Klaſſe ſolche von 12 Gutegroſchen ausgeworfen.**) Im Jahre
1834 ſtiftete der Herzog an ſeinem Geburtsfeſte den Orden Heinrichs
des Löwen und ergänzte 1836 das Dienſtehrenzeichen durch eine
4. Klaſſe für 10jährige Dienſtzeit. Gleichzeitig ſtiftete er eine
Rettungsmedaille, deren erſter Inhaber der Jäger Plöttner vom
Leibbataillon war, der einen auf der Eisbahn eingebrochenen Ser=
geanten in heldenmüthiger Weiſe gerettet hatte.***)

Der hier beſprochene Zeitraum ging natürlich nicht ohne zahl=
reiche Perſonalveränderungen auch in den oberen Kommandoſtellen
vorüber. Den Poſten des etatsmäßigen Stabsoffiziers bekleideten
nach dem Major Metzner nacheinander folgende Majors: 1835
v. Paczinsky, 1837 v. Frankenberg, 1839 v. d. Heyde, 1841
v. Brömbſen, 1843 Ludovici. Bataillons=Kommandeure waren:

1. Bataillon	2. Bataillon	3. Bataillon
Maj. v. Specht	Maj. Morgenſtern	Maj. v. Roſenberg
1841 v. Griesheim	1837 v. Roſenberg	1837 v. Paczinsky
1843 v. Brömbſen	1841 v. Paczinsky	1841 v. Klencke.

Weniger Wechſel war beim Leibbataillon, welches Major
v. Normann noch als Oberſt befehligte, bis es 1841 an den bisherigen
Korps=Adjutanten Major Berner überging. Das Regiments=Kom=
mando und das Kommando des Feldkorps blieben faſt 11 Jahre
lang in den bewährten Händen des Oberſten v. Brandenstein und

---

*) Waren mehr als 12 Inhaber der 1. Klaſſe da, ſo erhielten die jüngſten
Zulagen, die eigentlich der 2. Klaſſe zukamen.

**) Erwähnung finde ferner, daß die Inhaber der 1815 vor Paris ver=
liehenen Ehrendukaten ſeit dem 1. Januar 1831 die gleiche Zulage bezogen, wie
die hannoverſchen Inhaber der Guelphenmedaille.

***) In den erſten 1½ Jahren des Beſtehens dieſer Medaille erhielten ſie
nicht weniger als fünf Unteroffiziere und Soldaten; 1840 wurde ſie auch
Premier=Lieutenant Graf Görtz=Wrisberg verliehen.

des Generalmajors v. Wachholtz. Als dieser hochverdiente Offizier, der seit den Tagen von Nachod mit allen Schicksalen des Korps eng verknüpft war, am 16. September 1841, tief betrauert von seinen Untergebenen starb, erhielt er nicht den Oberst v. Brandenstein, sondern den Oberst v. Normann zum Nachfolger, während Jener, der das Korps noch bei den Herbstübungen geführt hatte, als Generalmajor in den Ruhestand versetzt wurde. An die Spitze des Infanterie-Regiments trat Major v. Specht.

Nunmehr ist noch in chronologischer Ordnung einer Anzahl mehr oder minder bemerkenswerther Festlichkeiten und ähnlicher Vorkommnisse aus dem hier besprochenen Jahrzehnt zu gedenken. — Am 21. März 1835 wurde das Grenadier-Bataillon zur Theilnahme an einem Todtenamt für den Kaiser Franz von Oesterreich kommandirt; auch das ganze Offizierkorps wohnte der Feier, mit Trauerfloren versehen, bei. — Am 19. März 1837 wurden die sterblichen Ueberreste der 1809 in Braunschweig erschossenen 14 Schill'schen Soldaten feierlich beigesetzt. Ein Kommando des Leibbataillons von 1 Hauptmann, 5 Lieutenants, 108 Mann folgte den drei Särgen, deren jeder von 12 Unteroffizieren getragen wurde. — Am 22. Dezember 1838 fand in Anwesenheit des Königs Ernst August von Hannover eine Gedenkfeier zur Erinnerung an den Einzug des Herzogs Friedrich Wilhelm statt. Dem Festgottesdienst in der Brüdernkirche wohnte auch die Garnison bei, und beim Souper im Medizinischen Garten umgaben die alten Fahnen das Brustbild des Heldenherzogs. — Am 18. Juni 1840 wurde der 25. Jahrestag der Schlacht von Waterloo durch einen Gedächtnißgottesdienst im Dome und festliche Parade gefeiert. Bei dieser Gelegenheit trat in Braunschweig ein Denkmals-Ausschuß zusammen, dessen thätigstes Mitglied, der frühere Korpsschreiber Pirscher, derzeit Geheimer Kanzlist im Staatsministerium, fünf Jahre hindurch seine Bemühungen fortsetzte, die Errichtung eines Denkmals bei Quatrebras oder Waterloo zu bewirken. Es ist jedoch erst 1890 zur Verwirklichung dieses schönen Gedankens gekommen. — Am 14. Februar 1842 besuchte König Friedrich Wilhelm IV. von Preußen Braunschweig, bei welchem Anlaß die 1. Kompagnie des Grenadier-Bataillons als Ehrenwache auf dem Schloßplatze aufgestellt war.

Im Jahre 1840 ging wieder Kriegsgeschrei durch die deutschen Lande. Oesterreich und Preußen hatten am 15. Juli gleich Ruß-

land und England einen Vertrag mit der Pforte geschlossen, der
dahin abzielte, die damaligen egyptischen Wirren durch die Demüthi-
gung des Vizekönigs Mehemat Ali zu beendigen. In Frankreich,
das mit dem mächtigen Egypter eng verbunden war, rief dieser
Londoner Vertrag eine solche, vorwiegend gegen die deutschen Mächte
gerichtete Aufregung hervor, daß das Ministerium Thiers sich am
5. August von der Kammer einen außerordentlichen Kredit bewilligen
ließ und ·sofort mit Kriegsrüstungen vorging. Aber etwas Uner-
wartetes begab sich: auf die französischen Kriegsrufe erhob sich ein-
müthig das ganze deutsche Volk unter den Klängen des neuen
Kampfliedes: „Sie sollen ihn nicht haben, den freien deutschen Rhein".
Als Preußen am 25. August seinen Kriegsplan von 1831, in offen-
sivem Sinne erweitert, wieder aufnahm, stimmten abermals alle
Staaten freudig zu. Vor dieser unvermutheten Einmüthigkeit Deutschlands schreckten die französischen Friedensstörer doch zurück, und die
Kriegsgefahr verzog sich im Laufe des Winters, ohne daß eine Mobilmachung eingetreten wäre. Die einzige aus den Ordrebüchern ersichtliche
braunschweigische Rüstung bestand darin, daß im Januar 1841 täglich
100 Mann an der Anfertigung von scharfer Munition arbeiteten.

Die achtunggebietende Aufwallung des deutschen Nationalgefühls
war nicht die einzige erfreuliche Folge der Krise von 1840. Sie
zeitigte auch praktische Fortschritte für die Bundes-Kriegsverfassung
und das 10. Bundeskorps: die Militärfrage kam wieder in Fluß.
Die Militärkommission trat den näheren Bedingungen der Kriegsbereitschaft des Bundesheeres näher und einigte sich über periodische
Inspektionen der einzelnen aktiven Kontingente. Diese Prüfungen
auch auf die Reserve auszudehnen, wollte nicht gelingen; jedoch
wurde am 24. Juni 1841 festgesetzt, daß sie mit der Linie gleiche
Ausrüstung und Ausbildung erhalten und binnen 10 Wochen marschfertig sein müsse. · Die geringste Dienstzeit bei der Fahne sollte
$1\frac{1}{2}$—2 Jahre sein, und Beurlaubungen erst nach sechsmonatlicher
Dienstzeit eintreten dürfen. Die süddeutschen Staaten hatten im Februar
1841 beschlossen, dem Prinzen Karl von Bayern den Oberbefehl
des Südheeres zu übertragen. Zu einem solchen Schritte dem Könige
von Hannover gegenüber konnten sich die Fürsten des 10. Armeekorps freilich nicht entschließen; doch fanden sie sich bereit, dem guten
Beispiel des 8. Bundeskorps in anderer Beziehung zu folgen. Dieses
Korps hatte im Herbst 1840 große gemeinsame Herbstübungen abge-

halten,*) und ein Gleiches wurde jetzt auf Preußens dringende Empfeh=
lung auch vom 10. Korps beschlossen.

Dieser Entschluß an sich mußte erhebliche Fortschritte in der
einheitlichen Organisation und Ausbildung nach sich ziehen. Im
April 1841 begannen zu Hannover unter des Generalmajors von
Linsingen Vorsitz die Konferenzen über die erforderlichen Er=
gänzungen der Korps=Schlußakte. Braunschweigischer Bevollmäch=
tigter war Major Morgenstern vom Generalstabe. Nach 13 Sitzungen
wurden am 15. Mai 1841 sowohl die Ergänzungsakte, wie auch die
Grundzüge für die Konzentrirung des Armeekorps unterzeichnet.
Erstere regelte die Zusammensetzung des Hauptquartiers, die Ponton=
und Belagerungs=Formationen und den Verpflegungsdienst; auch
setzte sie die Abfassung einer einheitlichen Felddienst=Instruktion und
Verpflegungs=Ordnung fest.**) Das Korpsmanöver wurde ursprünglich
für den Herbst 1842 in Aussicht genommen und sollte bei Lüneburg
stattfinden. Auf den entschiedenen Widerspruch der dänischen Regie=
rung, welche sich überhaupt als das hemmende Element erwies,
wurde die Zusammenziehung jedoch um ein Jahr verschoben.

Das Bevorstehen des Korpsmanövers bewirkte auch in Braun=
schweig ein Zunehmen der militärischen Rührigkeit. Seit dem März
1842 geschah von Zeit zu Zeit ein alarmgemäßes Ausrücken zu plötz=
lichen Uebungen. Das erst am 17. August 1839 erschienene, von
Wachholtz verfaßte Exerzir=Reglement wurde im Juli 1842 durch
die Anordnung abgeändert: das Exerzitium mit dem Gewehr hoch
im rechten Arm ohne Bajonett***) wie beim Leibbataillon auch im
Infanterie=Regiment einzuführen. Am 13. März 1843 kamen wei=
tere Vorschriften über das Exerzitium mit dem Gewehr und die Feld=
manöver heraus, vermuthlich im Einklange mit dem hannoverscherseits
bearbeiteten Felddienst=Reglement für das 10. Armeekorps, welches
freilich amtlich erst am 3. Mai vollzogen wurde. Ebenfalls im In=
teresse der Einheitlichkeit ordnete der Herzog an, daß das Infanterie=
Regiment die für die gewöhnliche Dienststärke vorgeschriebene zwei=
gliedrige Aufstellung für die Manöverzeit beibehalten solle.

---

*) Die Premier-Lieutenants v. Roeder und Laue hatten ihnen mit Ur=
laub beigewohnt.

**) Am 16. Juli 1843 wurde sie durch eine besondere Schlußakte für die
1. Division ergänzt.

***) Das Bajonett wurde hinfort wieder in der Scheide am Säbelkoppel
neben dem Säbel getragen.

Auch in organisatorischer Hinsicht wurde im Manöverjahre Einiges geändert. Am 1. Mai wurde eine Pionier-Abtheilung von 2 Unteroffizieren, 22 Pionieren unter Premier-Lieutenant Fricke errichtet. Ihre Mannschaft wurde etwa zur Hälfte der Infanterie entnommen, deren Stärke dafür beim Regiment um 14 Mann, beim Leibbataillon um 8 Mann, beim Reserve-Bataillon um 6 Mann verringert wurde. — Wichtiger für die Infanterie war folgender am 3. April ergangene Erlaß an den Oberst v. Normann:

„1. Die beiden Bataillone des Infanterie-Regiments werden vom 1. Mai d. J. an 1. und 2. Bataillon benannt. Die 1. Kompagnie eines jeden derselben ist 1. oder Grenadier-Kompagnie; die übrigen sind nach der Nummer zu benennen.

2. Die 4. Kompagnie des 1. Bataillons wird zum 2. Bataillon als 1. Kompagnie,*) die 4. Kompagnie des 2. Bataillons als 4. Kompagnie zum 1. Bataillon versetzt; die 1. Kompagnie des 2. Bataillons erhält die Nummer der 4. Kompagnie bei demselben Bataillon.

3. Beide Grenadier-Kompagnien werden uniformirt wie das bisherige Grenadier-Bataillon, die übrigen Kompagnien des Infanterie-Regiments wie das 2. Bataillon desselben.

4. Herzogliches Kriegs-Kollegium ist angewiesen, für den gewöhnlichen Dienstthuerbestand der beiden Kompagnien 180 Bärenmützen anfertigen zu lassen.

5. Bei der Rekruten-Vertheilung werden beide Kompagnien mit den über 6 Zoll großen Leuten kompletirt. Die unter 5 Zoll großen Mannschaften sind an die übrigen Kompagnien abzugeben und durch andere zu ersetzen.

6. Die beiden Grenadier-Kompagnien beziehen an den Tagen, wo ihr Bataillon den ganzen Wachtdienst zu stellen hat, die Schloßwache. An den Tagen, wo die gemischte Wache aufzieht, ist der Garnisondienst von den übrigen Kompagnien zu stellen.

7. Die Besetzung der Grenadier-Kompagnien mit Offizieren und alle sonst noch erforderlichen Anordnungen bleiben Ew. Hochwohlgeboren Ermessen überlassen."

---

*) Hieraus erhellt, daß außer der 1., 2. und 3. auch die 5. Kompagnie des Regiments von dem ältesten, bis 1824 Leibbataillon benannten Truppentheile abstammt, der sich seinerseits aus der schwarzen Schaar von 1809 und der leichten Brigade von 1813 entwickelt hatte.

Inzwischen rückte die Zeit des Korpsmanövers immer näher. Die Bataillone hatten ihren Dienststand um Mitte Juni auf 214 Mann erhöht und übten ausschließlich Exerziren, Trailliren und Felddienst. Auch wurden Detachements-Uebungen zwischen den Majors Berner und v. Paczinsky abgehalten. Am 4. September wurden die Bataillone auf 500 Mann, am 11. auf ihre volle Etats- stärke ergänzt. Die Infanterie rückte mit 45 Offizieren, 4 Aerzten, 1556 Mann und 80 Pferden aus, während 12 Offiziere, 418 Mann als Wachtkommando oder anderweitig kommandirt 2c. zurückblieben. Am 11. marschirte Lieutenant v. Brömbsen mit einem kleinen Infanterie-Kommando nach Lüneburg ab, um die schon dort befind- liche Pionier-Abtheilung bei den letzten Einrichtungsarbeiten zu unterstützen. Am 17. nahm Herzog Wilhelm, während zwei han- noversche Bataillone in Braunschweig ihr Marschquartier hatten, eine Parade über seine Truppen ab. Am 18. war großer Zapfen- streich, und am folgenden Tage wurde im Korpsverbande ab- marschirt. Nach vier Märschen über Gifhorn, Isenhagen, Bodenteich und Bevensen, wobei auch Marschsicherung geübt wurde, folgte noch ein Ruhetag, und am 24. September wurde in das Zeltlager bei Dt. Evern eingerückt, woselbst König Ernst August und Herzog Wilhelm den Vorbeimarsch abnahmen.

Die Rangliste der braunschweigischen Fußtruppen im Manöver 1843 lautete:

Kommando der 4. Brigade.

Kdr.: Gen.-Maj. v. Normann; Gen.-Stab: Ob.-Lt. Morgenstern und Hptm. Zuckschwerdt; Adj.: Hptm. v. Girsewald.

Infanterie-Regiment.

Ob.-Lt. v. Specht	Hptm. v. Roeder
Maj. v. Paczinsky	Pr.-Lt. Laue
" v. Brömbsen	" v. Koch
" Ludovici	" Gr. v. Görtz-Wrisberg
Hptm. Haberland	" Dedekind
" v. Specht	" v. Holy
" Ahrberg	" Jäger
" v. Schwartzkoppen	Sek.-Lt. Rittmeyer
" v. Bockelmann	" Liebing
" Rätzel	" Hartmann
" Stutzer	" v. Steinwehr

		Adjutanten	
Sek.-Lt.	v. Münchhausen I		
"	v. Münchhausen II	Pr.-Lt.	Isendahl
"	Osthoff	"	Haberland
"	Schulz	Sek.-Lt.	v. Seckendorff

Leibbataillon.

Maj.	Berner	Pr.-Lt.	Wittich
Hptm.	Schmidt	Sek.-Lt.	v. Holwede
"	Ahrens	"	v. Braun
"	Jäger	"	v. Brömbsen
"	Hollandt	"	v. Schrader
Pr.-Lt.	Damm	Adj. Pr.-Lt.	v. Holwede
"	v. Wachholz		

Das 10. Bundes=Armeekorps war dem Kommando des hanno=
verschen General=Lieutenants Halkett unterstellt, desselben, der im
Jahre 1812 in Spanien Brigadier der Braunschweiger gewesen war.
Es zerfiel in zwei Korps=Divisionen, deren 1. der hannoversche Ge=
neral=Lieutenant v. d. Decken, die 2. der dänische General=Lieute=
nant Landgraf Wilhelm zu Hessen befehligte. Die 1. Korps=
Division bestand aus der ganzen hannoverschen Armee und dem
braunschweigischen Kontingent. Sie gliederte sich wieder in drei
Divisionen, wovon eine Kavallerie=Division. Die 2. Infanterie=
Division, General=Lieutenant v. d. Bussche, war aus der 3. und 4.
Brigade, Generalmajor v. Düring und Generalmajor v. Normann,
zusammengesetzt. Die 4. Brigade bestand aus dem hannoverschen
1. und 2. leichten Bataillon und den drei braunschweigischen Bataillonen.
Das braunschweiger Husaren=Regiment nebst Batterie dienten ihr als
Divisions=Kavallerie und =Artillerie.

Die Fürstlichkeiten und höchsten Stäbe lagen sämmtlich in
Lüneburg, das Kommando der 4. Brigade in Melbeck. Die berittenen
Truppen lagen in Ortsunterkunft, während die gesammte Infanterie des
Armeekorps in einem Zeltlager bei Dt. Evern südlich von Lüneburg
untergebracht war. Das Korpslager wurde westlich von der Ilmenau
begrenzt und durch den Mühlenbach in zwei Divisionslager getheilt.
Im Süden lag die 1. Division, deren an das Mühlenbruch gelehnte
rechte Flügeltruppen, die Braunschweiger, Fühlung mit den Holsteinern
hatten, welche nördlich des Bruches das Lager der 2. Division eröff=
neten. Das braunschweigische Lager bestand aus 189 kegelförmigen
Zelten, wovon pro Bataillon 36 Mannschaftszelte. Die Braun=
schweiger kochten die aus dem Korpsmagazin gelieferten, recht guten

Verpflegungsmittel in gemauerten Herden, welche 40 Kochkessel faßten.
Die Offiziere wurden in einer Bretterbaracke durch einen Hamburger
Unternehmer theuer, aber gut beköstigt. Der 25. September, ein
Ruhetag, diente der inneren Einrichtung des Lagers. Für die Lager=
polizei war eine besondere Dienstordnung erlassen; jeden Tag hatte
ein General den Lagerdienst; sein Zelt befand sich unweit des braun=
schweigischen Lagers.

Am 26., 27., 29. und 30. September manövrirte General
Halkett mit dem vereinigten Armeekorps gegen einen markirten
Feind, nur am ersten Manövertage durch gutes Wetter begünstigt.
Am Sonntag den 1. Oktober sollte Feldgottesdienst sein; er wurde
jedoch des fortdauernden Regens wegen abbestellt. Gleichwohl war
das Lager vom Publikum und von Fürstlichkeiten zahlreich besucht.
Herzog Wilhelm veranstaltete bei seinem kostbaren Zelte ein Früh=
stück nebst Scheibenschießen für alle Monarchen und Prinzen; die
braunschweiger Musikkorps konzertirten dazu. Am 2., 3., 5. und
6. Oktober fanden Feldmanöver in zwei Divisionen gegeneinander
statt. Jedoch waren es nicht die beiden Korpsdivisionen nach ihrer
Grundgliederung; vielmehr hatte man es vorgezogen, sie derart zu=
sammenzusetzen, daß die Kontingente auf beide Parteien vertheilt
waren. Von den Braunschweigern gehörten die Husaren zum Elb=
korps des Landgrafen zu Hessen, die Fußtruppen und die Batterie
zum Allerkorps des Generals v. d. Decken, unter dessen Kommando
die Infanterie=Division Bussche mit der oldenburgisch=hanseatischen
Infanterie=Brigade, sowie holsteinischen und mecklenburgischen Dra=
gonern vereinigt war. Für die letzten beiden Manövertage traten
noch das hannoversche Garde=Regiment, das Bataillon Strelitz und
die hanseatischen Dragoner hinzu. Am letzten Tage vertheidigte sich
das Allerkorps in selbst gebauten Schanzen zwischen Hagen und
Wilschenbruch. Die Manöver nahmen trotz großer Ungunst der
Witterung einen vortrefflichen Verlauf.

Am Mittwoch den 4. Oktober fand ein großer Zapfenstreich zu
Ehren des Königs Friedrich Wilhelm IV. von Preußen statt,
der mit seinen drei Brüdern, den Prinzen Wilhelm, Karl und
Albrecht, soeben eingetroffen war. Es befanden sich nunmehr
27 fürstliche Gäste in Lüneburg, unter denen sich die Fürsten der
fünf deutschen Staaten des 10. Armeekorps, ferner acht Mitglieder
des schleswig=holsteinischen Fürstengeschlechts, sechs Mitglieder des

preußischen Königshauses und der Erzherzog Albrecht von Oesterreich befanden. Ueberaus zahlreich waren auch fremdherrliche Offiziere als Zuschauer erschienen. Freilich trog die Hoffnung, den Herzog v. Wellington in Lüneburg zu sehen; aber es waren allein acht preußische Generale*) zur Stelle, und auch die österreichische, russische, englische, dänische und bayerische Generalität war vertreten. Der Vorsitz im Fremden=Komité war dem braunschweigischen General= Lieutenant v. Schrader anvertraut. Der große Zapfenstreich wurde vom preußischen Musikdirektor Wieprecht geleitet und von 783 Hoboisten und 300 Tambours ausgeführt. Er war glücklicherweise vom Wetter begünstigt und schloß mit dem Pariser Einzugsmarsch, dem hannoverschen Zapfenstreich und einer Retraite der Jäger. Am 7. Oktober (Ruhetag) frühstückten die Könige von Preußen und Hannover im Lager. Am folgenden Tage beschloß eine große Parade auf dem Hohen Felde bei Hagen die Zusammenziehung des Armee= korps. Auch hierbei hatten die Braunschweiger ihren Platz zwischen den Hannoveranern und den Holsteinern. Leider strömte der Regen bei schneidend kaltem Winde ärger als je vom Himmel, so daß die Parade nach dem ersten Vorbeimarsch (in Kompagniefronten) ein verfrühtes Ende fand. General Halkett dankte den Truppen in einem Generalbefehle für ihre Hingebung, und am 9. Oktober wurde der Heimmarsch angetreten.

Kaum zurückgekehrt, beendete das braunschweigische Korps dieses wichtige Dienstjahr am 15. Oktober durch eine Parade auf dem Schloßhofe vor dem Herzoge, woran sich die feierliche Einweihung des beim Dorfe Oelper zum Andenken an das Gefecht vom Jahre 1809 errichteten, pyramidenförmigen Denkmals schloß. Generalmajor v. Normann hielt dabei folgende Ansprache: „Dieses Denkmal, von unserem hochverehrten Herzog dem Andenken derjenigen braun= schweiger Krieger geweiht, welche am 1. August 1809 in der Affaire vor Oelper glorreich ihren Tod fanden, und die dem Zuge in dem Jahre beiwohnten, erinnert an jene Zeit, wo der in unseren Herzen mit heiliger, verehrender Liebe fortlebende Herzog Friedrich Wil= helm Gut und Leben einsetzte, um das deutsche Vaterland von der Fremdherrschaft zu befreien; erinnert an jene denkwürdigen Tage, wo

---

*) Darunter General v. Ditfurth und die späteren Oberbefehlshaber im Dänischen Kriege: Generale Frh. v. Wrangel und v. Prittwitz.

Braunschweigs Unterthanen mit freudigstem Enthusiasmus bereit waren, ihrem geliebten Landesvater für seinen hohen Zweck jedes Opfer zu bringen, und wo Braunschweigs Bürger ihm ihre treue Anhänglichkeit auf das Hochherzigste vielfach bethätigten. Es wird daher dies Denkmal ein Ehrenstein der braunschweigischen Geschichte und in den Stunden der Gefahr dem Soldaten und Bürger zum Panier für hohe Thaten und treueste Pflichterfüllung. Dank unserem verehrten, geliebten Landes= herrn, welcher im frommen Sinne das Gedächtniß seines, ja uns Allen gewesenen Vaters hierdurch ehrt und in dessen verklärtem Geiste die Gesinnungen seines Volkes anzuerkennen weiß. Es lebe unser aller= gnädigster Herzog und Herr!" — Aus Anlaß dieser Feier wurden die Hauptleute Haberland und v. Specht als Majors mit den Stellen als 2te Stabsoffiziere beim 2. und 1. Bataillon betraut.

War das Lüneburger Korpsmanöver ein bedeutsamer Fortschritt auf der Bahn zur wirklichen Einigung der Bundes=Wehrkraft, so ist ein anderer, nicht minder erheblicher in dem Bundesbeschluß vom 29. Juni 1841 zu erblicken, wonach in der Regel alle drei Jahre Bundes=Inspektoren sich vom Zustande der einzelnen Kontingente überzeugen sollten. Die erste dieser Besichtigungen fand in Braun= schweig im Herbst 1841 durch eine Kommission statt, zu welcher der preußische General der Infanterie v. Natzmer und der badische General=Lieutenant Frh. v. Stockhorn gehörten. Sie sahen hin= sichtlich der Infanterie am 24. September die Kasernen, das Scheiben= schießen und Bajonettfechten, am 25. das Exerziren und den Gefechts= dienst. Lob und Tadel unmittelbar auszusprechen, war den Inspektoren untersagt; dies blieb ihrem zu erstattenden Berichte vorbehalten. Indessen konnte Herzog Wilhelm, der seinerseits noch eine Revue und ein Feldmanöver der Bundes=Inspektion folgen ließ, den Truppen die Anerkennung der Generale übermitteln. Die nächste Bundes=Inspektion geschah erst im September 1846, diesmal durch den niederländischen General Prinzen Bernhard von Sachsen=Weimar, den preußischen Generalmajor v. Nostiz und den badischen Generalmajor v. Lassol= laye. Diesen aus den Kriegsjahren her bekannten Generalen*)

---

*) Prinz Bernhard war am Tage von Quatrebras der Vertheidiger des Waldes von Bossu, Nostiz der bekannte Adjutant des Fürsten Blücher; Lassollaye hatte 1813 bei Vitoria den Braunschweigern als Batteriechef direkt gegenüber gestanden.

wurde das Korps, dessen Bataillone auf 520 Mann verstärkt waren, vom 25. bis 28. September durch den Oberst v. Erichsen vorgeführt, da sich Generalmajor v. Normann selbst als Bundes-Inspektor auf Reisen befand.*) Er hatte den Kommandeur des Feldkorps auch bei den Herbstübungen 1844 vertreten, da Normann zur Beiwohnung der großen Manöver bei Berlin kommandirt war. In den Jahren 1845 und 1847 fanden die Uebungen mit gemischten Waffen in der gewohnten Weise bei Braunschweig statt.

Aus dem Zeitraum zwischen dem Lüneburger Korpsmanöver und dem Schleswig-Holsteinischen Kriege ist zunächst einiger Uniform= änderungen zu gedenken. Am 10. April 1844 wurde für das Infanterie-Regiment der Waffenrock nach dem unlängst im preußischen Heere eingeführten Schnitt, sowie schwarzes Lederzeug und ein neuer Tschakot mit Roßschweif eingeführt, neben welchem die Grenadier= Kompagnien für den Garnisondienst ihre Bärenmützen beibehielten. In derselben Zeit wurde der Degen der Infanterie-Offiziere durch einen der Waffe des Leibbataillons nachgebildeten Säbel ersetzt, der jedoch als Durchstecker getragen wurde, eine gerade Klinge und am Korbe statt des Jägerhorns den herzoglichen Namenszug hatte. 1846 trat der Paletot als neues Kleidungsstück der Offiziersaus= rüstung hinzu. Im Winter 1846—47 wurde die Perkussionirung der kleinen Garnisonbüchsen des Leibbataillons durchgeführt und hatte den Fortfall der hölzernen Ladestöcke zur Folge. Neu eingeführte Schießbedingungen der Jäger enthielten auch 5 Schuß Schützenfeuer und 4 als Salvenfeuer zu verschießende Rollkugeln.

Einige anderweitige erwähnenswerthe Vorfälle aus diesem Zeit= raum mögen wieder zeitlich geordnet folgen. Am 22. August 1844 nahm Herzog Wilhelm das Prädikat „Hoheit" für sich und seine Nachfolger an. — Am 1. Oktober 1846 wurde die Kadettenanstalt in Gegenwart des ganzen Offizierkorps feierlich geschlossen, um nicht wieder aufzuleben. Die Kadettenausbildung hörte für Braunschweig ganz auf; zur Fortbildung der Offiziere wurden die höheren Bildungs= anstalten der größeren Nachbararmeen benutzt. Die Portepee=Fähn= richs erhielten ihre theoretische Fachausbildung auf der preußischen Divisionsschule in Magdeburg. Premier-Lieutenant Fricke bezog im Herbst 1845 die Allgemeine Kriegsschule zu Berlin, Premier=

---

*) General v. Wachholtz war 1841 durch seinen Tod an der Ausführung eines gleichen Auftrages verhindert worden.

Lieutenant v. Wachholtz im Frühjahr 1847 die Militär=Akademie zu Hannover. — Am 1. Juni 1847 wurde für die britische Armee eine Medaille zum Andenken an die napoleonischen Kriege gestiftet. Zu ihrer Erlangung war einer zu Whitehall in London eingesetzte Kommission von Generalen der Nachweis der Theilnahme an mindestens einer der besonders namhaft gemachten Schlachten 2c. zu liefern. Unter ihnen befanden sich: Fuentes de Oñoro, Albuera, Badajoz, Salamanca, Vitoria, Pyrenäen, San Sebastian, Nivelle, Nive, Orthez und Toulouse. Im Verfolg einer Benachrichtigung des Herzogs v. Wellington wurde dies am 15. November 1847 auch in Braunschweig mit der Aufforderung bekannt gemacht, Ansprüche und Nachweise beim Kommandeur des Feldkorps anzumelden.

Auch aus diesen Jahren dürfen einige wichtigere Personal=veränderungen nicht unerwähnt bleiben. An die Spitze des Leibbataillons trat im Juli 1846 Major Ludovici an Stelle des Oberst lieutenants Berner, der zunächst das 3. Bataillon übernahm, aber noch vor Ablauf eines Jahres mit der Uniform des Leibbataillons pensionirt wurde; er blieb Rekrutirungsoffizier und verwaltete auch fernerhin die Schießstände und Fechtgeräthe. Das 3. Bataillon übernahm nach Berner's Pensionirung wieder der frühere Kommandeur Oberstlieutenant v. Klencke, der inzwischen etatsmäßiger Stabsoffizier gewesen war. Letztere Stellung ging nunmehr an den Major Haberland über. Im Kommando des 1. und 2. Bataillons und des Regiments trat kein Wechsel ein; doch wurde Oberstlieutenant v. Specht im Jahre 1845 Oberst. An die Spitze des Kriegs=Kollegiums trat im Sommer 1847 für den verabschiedeten Oberst v. Holstein der Oberst Morgenstern vom Generalstabe. Auch wurden beide Kommandanturen neu besetzt: die von Braunschweig übernahm am 3. Februar 1847 statt des in den Ruhestand tretenden Generals v. Schrader der General=Lieutenant v. Brandenstein, die von Wolfenbüttel statt des am 2. März 1847 gestorbenen Generals v. Buttlar der Oberstlieutenant v. d. Heyde. Am 21. März 1848 wurde der Kommandeur des Feldkorps, Generalmajor v. Normann, durch ein gnädiges Handschreiben auf sein Ansuchen zur Disposition gestellt. An seine Stelle trat diesmal ein Kavallerist, der verdiente Oberst v. Erichsen.

Dieser Wechsel im Kommando des Korps vollzog sich in kritischer Zeit. Es gährte seit Jahr und Tag bedenklich in deutschen Landen,

und auch Braunſchweig blieb von dieſer allgemeinen Zeiterſcheinung
nicht unberührt. Sicher hing hiermit der am 12. Juni 1847 er=
folgte Erlaß einer Feuer=, Alarm= und Aufruhr=Ordnung zuſammen,
nachdem ſchon einige Wochen vorher ein tägliches Alarmpiket von
3 Offizieren, 6 Unteroffizieren, 3 Spielleuten, 30 Infanteriſten und
30 Huſaren eingeführt worden war. Als die Volksſtimmung ſich
drohender geſtaltete, wurden die Alarmbeſtimmungen im Januar 1848
erweitert. Um Mitte März aber, als die Flamme des Aufſtandes
an vielen Stellen des deutſchen Vaterlandes thatſächlich aufloderte,
erfuhren die militäriſchen Vorkehrungen in Braunſchweig merkwürdiger=
weiſe eine Ermäßigung. Herzog Wilhelm geſtattete die Organi=
ſirung einer Bürgerwehr, welcher bei Straßentumulten der erſte
Schutz des Eigenthums obliegen ſollte. Sie wählte den Hauptmann
Hollandt vom Leibbataillon zu ihrem Chef, was am 22. März
die landesherrliche Genehmigung fand. Militäriſcherſeits ſollte im
Alarmfalle nur noch eine Huſaren=Abtheilung nach dem Ackerhofe
abrücken. Immerhin wurde am 19. angeordnet, daß das Infanterie=
Regiment bis auf Weiteres täglich mit gepacktem Torniſter auf dem
Großen Exerzirplatz üben ſollte.

Als Konzeſſionen an die Volksſtimmung muß es wohl aufge=
faßt werden, daß eine Betheiligung „unſeres Standes“ an den
Sammlungen bei der Volksfeier vom 26. März zu Gunſten der
Beſtrebungen für eine Einigung des deutſchen Reiches vom Oberſt
v. Erichſen in Geſtalt eines Tagesſoldes amtlich empfohlen wurde,
ſowie daß die Anrede „Sie“ für alle Soldaten angeordnet wurde.
Am bezeichnendſten für die Lage war aber die Einführung der
ſchwarz=roth=goldenen Kokarde für die Militärmützen. Der betreffende
Tagesbefehl des Herzogs an das Feldkorps erſchien am 22. März
1848 und lautete: „Der König von Preußen hat die alten deutſchen
Farben angenommen und Sich und Sein Volk unter das ehrwürdige
Banner des Deutſchen Reiches geſtellt. Ich beeile Mich, der Erſte
zu ſein, der dieſem hohen Entſchluſſe folgt. Ich rechne darauf, daß
Ihr, Meine Truppen, dieſen Farben ebenſo ruhmvoll folgen werdet,
als Ihr unter Eurem bisherigen Banner nur glorreich zu kämpfen
gewohnt waret. Von heute an werdet Ihr das deutſche Feldzeichen
und die deutſche Fahne führen, und hoffe Ich, daß dieſe Farben
dazu beitragen werden, die Einheit von Deutſchland zu ſtärken und
zu befeſtigen“.

Die tiefgehende Gährung ließ sich aber durch solches Entgegen=
kommen nicht beschwichtigen. Das 2. und das Leibbataillon mußten
dennoch ausrücken, um in Holzminden und Blankenburg entstandene
Unruhen zu dämpfen. Wer mag sagen, wozu es noch gekommen wäre,
wenn nicht zur rechten Stunde eine populäre kriegerische Aktion gegen
einen äußeren Feind eingetreten wäre, welche die erregten Gemüther
anderweitig in Anspruch nahm und es zu ernsteren Unruhen nicht
kommen ließ!

V. Schleswig-Holstein.

24. Eröffnung des Feldzuges 1848.

Wie ein erfrischendes Gewitter wirkte in der 1848 über Deutschland lagernden schwülen Atmosphäre die nationale Erhebung zu Gunsten des bedrängten Bruderstammes in Schleswig-Holstein. Breite Schichten des deutschen Volkes waren seit Jahren mit wachsender Theilnahme der Bewegung der Schleswig-Holsteiner gefolgt: seit Christians VIII. offenem Briefe vom Sommer 1846, der die selbstständige Thronfolge in den Herzogthümern zuerst in Frage gestellt hatte, bis zu dem gewaltsamen Ausbruche der Volksleidenschaft am 24. März 1848 nach der offenen Ankündigung des neuen Königs Friedrich VII., Schleswig untrennbar mit Dänemark verbinden zu wollen. Der erste deutsche Fürst, welcher der in Kiel eingesetzten Provisorischen Regierung seine Unterstützung zusicherte, war König Friedrich Wilhelm IV. von Preußen. Er befahl bereits am 26. März die Zusammenziehung eines Beobachtungs-Korps bei Havelberg und stellte gleichzeitig der hannoverschen Regierung anheim, im Vereine mit den übrigen Staaten des 10. Bundes-Armeekorps ähnliche Maßregeln zu ergreifen.

Indem König Ernst August diesem Vorschlag bereitwillig entsprach, entsendete er am 29. März den Artillerie-Major v. Wissell nach Braunschweig, Schwerin und Oldenburg, um die Theilnahme dieser Regierungen zu erwirken. Alle drei Staaten, welche gleich Preußen und Hannover von der Schleswig-Holsteinischen Regierung um militärische Hilfe angegangen worden waren, erklärten sich bereit, Truppen zu stellen. Aber während in den beiden Großherzogthümern der Mobilmachungsbefehl schon am 1. April erging, schritt die Angelegenheit in Braunschweig nicht so schnell vorwärts. Zwar beantwortete der Herzog den Antrag Hannovers auf Gestellung von einem Bataillon, einer Schwadron und drei Geschützen mit den Worten: „Ich komme mit allen disponiblen Truppen, sowie es Noth thut". Zwar berief er bereits am 29. März das Kriegs-Kollegium zusammen, um über die sofortige Stellung des Feldkorps auf den Kriegsfuß zu berathen. Auch erklärte er bei der Eröffnung des Landtages am 2. April: er werde den deutschen Brüdern in Holstein militärische Hilfe gewähren und erwarte von der Vaterlandsliebe der Abgeordneten die Bewilligung der erforderlichen Mittel. Aber zur Mobilmachung wollte er doch die Aufforderung der Bundesversammlung abwarten und zunächst nur das Husaren-Regiment und eine Halbbatterie bis zum 5. April in marschfertigen Zustand versetzen; denn er trug angesichts der vorgefallenen Unruhen an verschiedenen Orten des Herzogthums Bedenken, seine Fußtruppen aus dem Lande zu ziehen. Indessen rückte die Angelegenheit bald in ein weiteres Stadium. Von der Gestellung der Husaren wurde Abstand genommen, nachdem der zu Erkundigungszwecken nach Holstein entsandte Premier-Lieutenant v. Wachholtz berichtet hatte, daß die Thätigkeit dieser Waffengattung durch das dortige Knickgelände aufs Aeußerste behindert sei. Dagegen deuteten schon seit dem 2. April allerlei Personal-Veränderungen und eine vermehrte Dienstesthätigkeit darauf hin, daß auch Infanterie ausrücken werde. Es war zunächst nur das 1. Bataillon, welches von seinem Kriegsherrn dazu in Aussicht genommen wurde, da das 2. und Leibbataillon, wie wir wissen, noch Aufträge zur Aufrechterhaltung der Ordnung in Holzminden und Blankenburg zu erfüllen hatten. Das mobil werdende Bataillon war am 7. April vollzählig in der Stärke von 15 Offizieren, 1 Arzt, 33 Unteroffizieren, 33 Hoboisten bezw. Spielleuten und 520 Soldaten beisammen. Es marschirte am 10. April aus, um in drei Märschen über Gifhorn und Gr.-Oesingen nach Uelzen heranzurücken, von wo es mit der Eisenbahn nach den Elbherzogthümern befördert wurde.

Am 4. April hatte die Bundesversammlung in Frankfurt das Vorgehen Preußens und der Staaten des 10. Armeekorps ausdrücklich gebilligt und Preußen zur Vermittelung mit Dänemark auf der Grundlage der unverkürzten Rechte Holsteins bevollmächtigt, ihm auch aufgegeben, sich mit den betheiligten Staaten über eine einheitliche militärische Leitung in Verbindung zu setzen. Was Braunschweig anlangt, so legte Herzog Wilhelm das wärmste Interesse für die Sache des Bundeskrieges an den Tag. Vom 8. zum 9. April weilte er in Harburg, wo General-Lieutenant Halkett soeben das Kommando der aus 4 Bataillonen, 2 Kavallerie-Regimentern und 2 Batterien bestehenden hannoverschen „Observations-Division" übernommen hatte. Der Herzog hörte dort den Bericht des aus Rendsburg zurückkehrenden Adjutanten Halketts, Kapitäns Leonhart, entsendete seinerseits zu weiterer Feststellung über die preußischen Absichten den Premier-Lieutenant Graf Görtz-Wrisberg ebendorthin und überredete den hannoverschen General, bei seinem Könige die Erlaubniß zum sofortigen Vorgehen bis zur Eider zu erbitten, indem er ihm für diesen Fall den größten Theil seines Korps als Verstärkung zusicherte und versprach, sich auch direkt in Hannover in diesem Sinne zu verwenden. Auch die Frage eines gemeinsamen Oberbefehls über die holsteinischen, preußischen und Bundestruppen wurde erörtert. Herzog Wilhelm wünschte den zur Zeit in London weilenden Prinzen von Preußen für diesen Posten. Diesem Oberbefehlshaber war auch der auf seine souveräne Selbst-ständigkeit sehr bedachte König Ernst August bereit, seine Truppen unterzuordnen, und längere Zeit hindurch war Jedermann überzeugt, daß die Wahl König Friedrich Wilhelms IV. sich nur auf seinen Bruder Wilhelm lenken könne. Leider kam es aus unbekannt ge-bliebenen Gründen anders.

Sobald der Herzog nach Braunschweig zurückgekehrt war, betrieb er mit Eifer die Mobilmachung der Artillerie und Pioniere, sowie des 2. Infanterie-Bataillons. Die erstgenannten Waffengattungen fuhren am 13. früh mit der Eisenbahn nach Harburg ab, um sich hier mit dem 1. Bataillon zu vereinigen, welches am gleichen Tage mit der Eisenbahn von Uelzen anlangte und mit zwei Kompagnien in Harburg, mit je einer Kompagnie in Neuland und Lauenbruch untergebracht wurde. Am 14. gingen die vereinigten braunschwei-gischen Truppen, zusammen mit dem 2. Bataillon des hannoverschen 4. Infanterie-Regiments, auf dem von der Schleswig-Holsteinischen Regierung zur Verfügung gestellten Dampfschiff „Altona" und drei Schleppkähnen über die Elbe und wurden in Altona einquartiert. General Halkett hatte erst am Tage vorher die ersehnte Ermächtigung seines Königs zum Elbübergange erhalten, durfte aber nach Ernst August's unumstößlicher Willensmeinung den weiteren Vormarsch nicht anders als mit vollständig vereinigter Division antreten.

Zur Vereinigung der mobilen Bundesdivision fehlte unter
Anderem noch das 2. braunschweigische Bataillon, dessen Ankunft
der Herzog dem General Halkett für den 16. April in Aussicht
gestellt hatte. Die Mobilmachung dieses, erst am 12. April aus
Holzminden zurückgekehrten Bataillons wurde in den nächsten Tagen
vollendet. Der Kommandeur des Feldkorps, Oberst v. Erichsen,
hatte jeden Tag Vortrag beim Kriegsherrn und regelte Alles, was
auf das Feldverhältniß Bezug hatte: die Einstellung von Kriegs-
freiwilligen, die Besetzung der Stäbe und sonstige Personalien, den
Kommissariatsdienst, das Feldpostwesen, den ärztlichen Dienst, den
Rationsbezug, die nach den hannoverschen Sätzen zu zahlenden Mobilmachungsgelder und Feldzulagen u. dgl. m. Das am 8. aus Blankenburg zurückgekehrte Leibbataillon, dessen Stärke zu 472 Jägern festgesetzt wurde, besetzte vom 14. ab alle Wachen*) und stellte das Wolfenbütteler Detachement. Es erhielt bis auf Weiteres alle Unteroffiziere
des 3. Bataillons zur Dienstleistung zugetheilt, sollte aber später
diesem Bataillon behufs Ausbildung der Rekruten für die mobilen
Bataillone mit Exerzirpersonal aushelfen. Dem 3. Bataillon war
auch die unter Feldwebel Bolte formirte Abtheilung der vom 1.
und 2. Bataillon zurückgelassenen oder noch eintreffenden Mannschaften unterstellt worden.

Nachdem alles dieses geregelt war, fuhr das 2. Bataillon mit
dem Regimentsstabe am 16. April mit der Eisenbahn von Braunschweig nach Harburg, ging am folgenden Tage über die Elbe nach
Altona und fuhr am 18. mit der Eisenbahn nach Wrist, um in
Bramstedt beim 1. Bataillon Ortsunterkunft zu beziehen.**) Die
Gegend zwischen Itzehoe und Kellinghusen war bereits am 14. nach
Vereinbarung mit dem Prinzen Friedrich von Noer zur Unterkunft
der Bundestruppen mit Ausnahme der Mecklenburger bestimmt und
demgemäß das braunschweiger 1. Bataillon am 15. mit der Eisenbahn von Altona nach Kellinghusen befördert worden, jedoch am
17. von dort nach Bramstedt gerückt. Hier war nunmehr das ganze
Regiment in der Stärke von 33 Offizieren, 8 Aerzten, 1212 Unteroffizieren und Soldaten vereinigt. Herzog Wilhelm hatte sich am

---

*) Drei Posten am Residenzschloß ließ der Herzog für die Dauer des Feld-
zuges eingehen.
**) Vergl. Uebersichtskarte Nr. 7.

16. von Braunschweig aus gleichfalls auf den Kriegsschauplatz begeben. Am 18. April übernahm General-Lieutenant Halkett, der
zwei Tage zuvor im Verfolg des Bundesbeschlusses vom 12. zum
Vorrücken bis zur Eider ermächtigt worden war, das Kommando
der Division durch folgenden, aus seinem Stabsquartier Kellinghusen
erlassenen Befehl: „Indem ich das Kommando der mir anvertrauten
mobilen Division des 10. Armeekorps übernehme, sage ich den Truppen
ein herzliches Willkommen, und hoffe, bei ihnen dieselbe Bereit-
willigkeit wiederzufinden, welche sie mir im Jahre 1843 bezeigt
haben. Uns ruft jetzt ein ernsterer Zweck; wir ziehen den bedrängten
deutschen Brüdern zu Hülfe. Wir werden vielleicht Beschwerden und
Entbehrungen zu ertragen haben; aber wir werden nicht vergessen,
daß wir im Lande unserer deutschen Bundesgenossen sind, welchen
wir Hülfe und Beistand und Schutz gegen jeden Angriff auf ihre
Person und Eigenthum schuldig sind. Treten wir dem Feinde entgegen, so werden wir den alten Ruhm des deutschen Namens würdig
zu bewahren wissen".

Gleichzeitig wurde die Grundgliederung (Ordre de Bataille) der
Bundesdivision bekannt gegeben. Ehe wir auf sie näher eingehen,
sei vorausgeschickt, daß zum Kampf für die Rechte der Elbherzogthümer zur Zeit 32600 Mann, 3700 Pferde, 76 Geschütze in
Holstein versammelt waren und sich zu etwa gleichen Theilen aus
der Schleswig-Holsteinischen Armee, der Preußischen Division und
der Bundesdivision zusammensetzten. Die vom Prinzen Friedrich
von Schleswig-Holstein-Noer befehligten Landeskinder der meerumschlungenen Herzogthümer waren seit der am 9. April bei Bau
erlittenen empfindlichen Niederlage noch 8900 Mann, 1140 Pferde,
26 Geschütze stark und gliederten sich in die Infanterie-Brigaden
des Oberst Fabricius und des Herzogs Karl von Glücksburg,
die Kavallerie-Brigade des Prinzen Waldemar von Schleswig-
Holstein, die entsprechende Artillerie und Pioniere, sowie fünf Freikorps. Die seit dem 17. vom General-Lieutenant Fürst Radziwill
kommandierten Preußen (12970 Mann, 1320 Pferde, 22 Geschütze)
bestanden aus der Garde-Infanterie-Brigade Möllendorff, der
Linien-Infanterie-Brigade Bonin, dem 2. Kürassier- und halben
3. Husaren-Regiment, sowie angemessener Artillerie nebst Pionieren.
Die Gliederung der Bundesdivision, welche 10755 Mann, 1790 Pferde,
28 Geschütze zählte, möge hier folgen:

Mobile Division des 10. Bundes-Armeekorps.

General-Lieut. Halkett.

Avantgarde: Gen.-Maj. v. Schnehen.

3. Infant.-Brig.: Oberst v. Specht.

Hannov. 3. leichtes Bataillon:	Maj. Thorbeck.
Braunschw. 1. Bataillon:	Maj. v. Brömbsen.
„　2.　„	Ob.-Lt. v. Paczinsky.
Mecklenb. Jäger-Abth.:	Hptm. Gr. v. Oeynhausen.

Kavallerie und Artillerie:

Hannov. Königin-Hus.-Rgt.:	Ob.-Lt. v. Plate.
Mecklenb. Drag.-Division:	Maj. v. Below.
Braunschw. Batterie u. Pion.:	Maj. Orges.

Hauptkorps.

1. Infant.-Brig. (Hannov.): Ob. v. Marschalk.

1. Bat. 2. Infant.-Rgts.:			Ob.-Lt. v. Honstedt.
2. „ 2. „	„	„	Flügge.
1. „ 3. „	„	„	Meyer.
2. „ 4. „	„	„	v. Elern.
1. „ 5. „	„	„	Maj. Leschen.
2. „ 6. „	„	„	Ob.-Lt. Rupstein.
Hannov. 9pfünd. Batterie:			Kap. Prizeltus.

2. Infant.-Brig.: Oberst Gr. v. Ranzow.

1. Halbbrigade (mecklenb.): Ob.-Lt. v. Raven II.

Grenadier-Garde-Bataillon:	Ob.-Lt. v. Plessen.
2. Musketier-Bataillon:	Maj. Quistorp.
Mecklenb. Fußbatterie:	Hptm. v. Buch.

2. Halbbrigade (oldenburgisch.)

1. Bat. Oldenb. 1. Infant.-Rgts:			Ob.-Lt. v. Tayfen.
2. „ „ 1. „	„		Maj. Noell.
Oldenb. Fußbatterie:			Hptm. Mentz.

Reserve-Kavallerie (hann.): Ob.-Lt. Poten II.

1. Rgt. Königs-Dragoner:		Maj. Reinecke.
4. „ Kronprinz-Dragoner:		Maj. v. Klenck.
Hannov. Reitende Batterie:		Kap. Weste.

Innerhalb dieser Bundesdivision fassen wir nun des Näheren die braunschweigischen Fußtruppen ins Auge. Die ausrückende Stärke des Infanterie-Regiments betrug 31 Offiziere, 94 Unteroffiziere, 32 Spielleute, 1107 Soldaten, 8 Kompagnie-Chirurgen. An Offizieren finden wir im Divisionsstabe den Hauptmann Graf Görtz-Wrisberg als Generalstabs-Offizier, den Premier-Lieutenant v. Kalm als Kriegskommissar. Dem Stabe der Avantgarde gehörte von braunschweigischer Seite der Hauptmann v. Girsewald an. Der Stab der 3. Infanterie-Brigade bestand aus dem Oberst v. Specht als Kommandeur, und den Premier-Lieutenants Isendahl und Fricke als Adjutant bezw. Generalstabs-Offizier. Am 23. trat Premier-Lieutenant v. Wachholz vom 3. Bataillon als zweiter Adjutant hinzu. Die Geschäfte des Kommandos der mobilen braunschweigischen Truppen und des Regiments-Kommandos wurden vom Oberst v. Specht mitversehen. Rittmeister Materne war bei ihm Kriegs-Intendant, Hauptmann Rudolph Zahlmeister. Die Kriegsrangliste der beiden Infanterie-Bataillone lautete:

1. Bataillon: Maj. v. Brömbsen.

Stab: Maj. Haberland, Pr.-Lt. u. Adj. v. Seckendorff,
Bat.-Arzt Baumgarten.

Gren.-Komp.: Hptm. Ahrberg; Pr.-Lt. v. Münchhausen II; Sek.-Lt. v. Griesheim.

2. „ „ v. Ehrenkrook; Pr.-Lt. v. Holy; Sek.-Lt. v. Frankenberg.

3. „ Pr.-Lt. Dedekind; Sek.-Lts. Heuer und v. Trauwitz.

4. „ Hptm. v. Bernewitz; Pr.-Lt. Rittmeyer; Sek.-Lt. Koch.

2. Bataillon: Ob.-Lt. v. Paczinsky.

Stab: Maj. v. Specht; Adj. Haberland; Bat.-Arzt Dr. Helmbrechts.

Gren.-Komp.: Hptm. v. Koch; Pr.-Lt. v. Münchhausen I; Sek.-Lt. Hartmann.

2. „ „ Laue; Pr.-Lt. Osthoff; Sek.-Lt. v. Holstein.

3. „ „ v. Bockelmann; Pr.-Lt. Liebing; Sek.-Lt. v. Lauingen.

4. „ „ Stutzer; Sek.-Lts. Telge und v. Förster II.

Natürlich blieb diese Besetzung der mobilen Bataillone*) nicht während des ganzen Feldzuges ungeändert. Es wird aber genügen, wenn die wichtigeren Veränderungen gelegentlich Erwähnung finden. Schiebungen in den oberen Führerstellen fanden bereits am 18. April

---

*) An dieser Stelle möge auch die Besetzung der zurückbleibenden Bataillone Platz finden:

3. Bataillon (Depot); Etat: 14 Offz., 22 Uffz., 6 Spiell.

Komm.: Ob.-Lt. v. Klencke; Stab: Hptm. v. Roeder, Pr.-Lt. u. Adj. Jäger,
Rgts.-Arzt Krüger.

1. Komp.: Maj. v. Specht; Sek.-Lt. v. Hüllessem.

2. „ Hptm. Schmidt; Sek.-Lt. Kiehne.

3. „ „ Rätzel; Sek.-Lt. v. Specht.

4. „ „ v. Brehmer; Sek.-Lt. Hörstel.

Leib-Bataillon: siehe umseitig.

14*

statt. Fürst Radziwill hatte am Tage vorher außer der Nachricht, daß die Ankunft des Prinzen von Preußen unwahrscheinlich sei, auch die Mittheilung gebracht, daß er angewiesen sei, sich mit der preußischen Division unter den Befehl des Generals Halkett zu stellen. Dieser übernahm daraufhin das Kommando der verbündeten Armee und stellte den General v. Schnehen an die Spitze der Bundesdivision. Infolgedessen übernahm Oberst v. Specht die Führung der Avantgarde, Oberstlieutenant v. Paczinsky die der 3. Infanterie=Brigade. Doch sollte diese Stellenbesetzung nur von kurzer Dauer sein und aus der von Schnehen für den 22. in Aussicht genommenen Divisionsparade auf der Lockstedter Heide nichts werden.

Infolge der vielköpfigen und verwickelten Ressortverhältnisse Deutschlands bestanden einige Tage hindurch sehr verworrene Zustände in der oberen Heeresleitung, zum großen Bedauern des Herzogs Wilhelm, der gleich Halkett, Radziwill und dem Herzog Friedrich von Holstein=Noer in Rendsburg weilte. Die vom General v. Hedemann befehligte dänische Armee stand seit dem 11. in Schleswig. Die Führer der Preußen und Holsteiner drängten, unterstützt vom braunschweiger Herzoge, unausgesetzt zu sofortigem Vorgehen. Aber der hannoversche General durfte diesem Wunsche nicht willfahren, da die vom Könige Ernst August erlassene Instruktion das angriffsweise Verfahren noch nicht gestattete. Erst nachdem Herzog Wilhelm am 18. bei seinem hannoverschen Vetter dringend im Sinne der Offensive vorstellig geworden war,*) ertheilte der König am 20. April seinem General den Befehl, „dem Bundesbeschluß gemäß sofort zu attaquiren."

Es war zu spät! der General empfing diese von ihm sehnlichst erwartete Erlaubniß erst am 21. und konnte jetzt seine weit rück-

---

Leib=Bataillon (Etat 14 Offz., 47 Uffz., 16 Horn., 551 Jäg.).

Komm.: Maj. Ludovici; Adj. Ludovici; Oekonomie: Hptm. Schmidt (zugeth. vom 3. Bat.).

1. Komp.: Hptm. Damm; Pr.=Lt. v. Holwede; Sek.=Lt. v. Erichsen.
2. „　„　Jäger; Pr.=Lt. v. Praun; Sek.=Lt. v. Förster.
3. „　„　Ahrens; Pr.=Lt. v. Brömbsen; Sek.=Lt. Stutzer.
4. „　„　v. Holwede; Pr=Lts. Wittich und v. Schrader.

*) „Ich erlaube mir daher," schrieb er, „Ew. Majestät zu ersuchen, gnädigst befehlen zu wollen, was geschehen soll. Die Truppen sind voller Ungeduld vorzurücken, und die Bevölkerung der Herzogthümer erwartet sehnlichst den Augenblick ihrer Befreiung." In demselben Sinne wurde der Herzog auch beim Könige von Preußen, an den er den Oberst v. Bause entsandte, vorstellig.

wärts befindliche Division nicht mehr zum Beginn der Feindseligkeiten heranziehen. Denn inzwischen war preußischer- und holsteinischer-
seits das selbständige Vorgehen ohne die Bundesgenossen beschlossen
worden. Die thatsächlichen Feindseligkeiten beschränkten sich bisher
auf unbedeutende Vorposten-Unternehmungen, von denen außer den
Streifzügen des dänischen Majors v. Schepelern*) unweit der Eckernförder Bucht nur der erfolgreiche Ueberfall einer dänischen Dragoner-
Feldwache bei Ascheffel durch ein vom bayerischen Ober-Lieutenant
Aldosser geführtes Freikorps Erwähnung finden möge. Herzog
Wilhelm verlieh diesem Offizier das Ritterkreuz Heinrichs des Löwen
mit dem Bemerken: es sei ihm besonders angenehm gewesen, zu hören,
daß an dieser in der Nacht zum 19. April ausgeführten Waffenthat
auch ein Theil des braunschweigischen Freikorps**) theilgenommen habe.

Am 18. Abends war die den Dänen durch den preußischen
General v. Bonin gesetzte Frist abgelaufen, ohne daß sie den Forderungen Deutschlands nachgekommen waren. Fürst Radziwill
hatte daher den Angriff auf die etwa 12000 Mann zählende dänische
Streitmacht bei Schleswig zum 22. festgesetzt, verschob ihn jedoch auf
schleswig-holsteinischen Wunsch um einen Tag. General Halkett
gestattete dem Fürsten, das von ihm beabsichtigte Vorgehen zu leiten.
Um Alles zu thun, was mit seiner Instruktion irgend vereinbar
war, versprach er auch die Besetzung von Rendsburg zu übernehmen
und 3½ Bataillone nebst einer Batterie heranzuziehen. Diese
sollten mitwirken, falls die dazu erforderliche Ermächtigung noch
eingehen sollte. Halkett nahm dazu anfangs das hannoversche 3.
leichte, das braunschweigische 1., das vorderste mecklenburgische Bataillon, die mecklenburger Schützen und die braunschweiger Batterie in
Aussicht. Nachdem aber der General Schnehen am 20. April die
ganze Avantgarde nach der Gegend von Hennstedt vorgezogen hatte, —
das braunschweigische 1. Bataillon lag um Meezen, das 2. um Lockstedt, während nur die Mecklenburger noch weiter östlich bei Neumünster
standen —, und die Erlaubniß des Königs von Hannover zum Beginnen der Feindseligkeiten eingegangen war, befahl Halkett für

---

*) Ob er vielleicht ein Sohn des 1809—10 im schwarzen Korps gestandenen,
späteren Oberst v. Schepeler war, ist nicht bekannt.

**) Die etwa 150 Mann starke braunschweigische Freischaar, deren Errichtung
der Herzog aus seinen Privatmitteln thatkräftig unterstützt hatte, war die erste
gewesen, die in Rendsburg eintraf.

ben 22. das beschleunigte Vorgehen der ganzen Bundesdivision unter
theilweiser Benutzung der Eisenbahn. Die Avantgarde vereinigte
sich im Allgemeinen zwischen Jevenstedt und Nortorf. Das 1.
Bataillon Braunschweig kam mit der Batterie und den höheren
Stäben nach Jevenstedt, während das 2. Bataillon noch weiter rückwärts in Brammer stand.

Am Ostersonntag des Jahres 1848, den 23. April, nahm der
deutsch-dänische Krieg thatsächlich seinen Anfang, aber nicht unter dem
Oberbefehl des Generals Halkett, sondern unter der Führung des
preußischen Generals der Kavallerie Frh. v. Wrangel, welchen Preußen
infolge eines Bundesbeschlusses vom 15. zum Bundesfeldherrn bestellt
hatte. Somit trat Halkett, der übrigens vier Jahre früher als
Wrangel General-Lieutenant geworden war, am 22. April in seine
Stellung als Kommandeur der Bundesdivision zurück, was auch den
Rücktritt der Herren v. Schnehen, v. Specht und v. Paczinsky in
ihre vorherigen Dienststellen zur Folge hatte. General v. Wrangel
entschloß sich dazu, den von Radziwill entworfenen Plan zum Angriff auf Schleswig am 23. ungeändert zur Ausführung zu bringen
und erließ nachstehenden, kurz vor dem Beginn der Feindseligkeiten
bei den Truppen verlesenen Tagesbefehl: „Soldaten! Die Rechte
Deutschlands sind von den Dänen verletzt, und Ihr seid bestimmt,
dieselben aufrecht zu erhalten. Vom deutschen Bunde zu Eurem
Obergeneral ernannt, betrachte ich es als ein hohes Glück und als
eine besondere Ehre, berufen zu sein, Euch zu diesem Zwecke in den
Kampf zu führen. Eure bewährten Führer und Eure Tapferkeit
sind mir Bürge für den Erfolg. ‚Vorwärts für Deutschland‘ sei
fortan unser gemeinsames Losungswort, und mit Gott im Herzen
wird der Sieg dann unser sein. Es lebe unser gemeinsames Vaterland, es lebe Deutschland hoch! — und nun vorwärts!!!“

Die Eröffnung des Feldzuges war eine überaus glückliche. Die
Dänen wurden völlig überrascht und in dem blutigen Treffen von
Schleswig durch die preußische Division unter Mitwirkung einer hol-
steinischen Brigade derart geschlagen, daß sie in ziemlich regelloser
Flucht nordwärts zurückflutheten. Eine Mitwirkung der Bundes-
truppen konnte auch von der Avantgarde nicht stattfinden. Doch war
General Halkett mit seinem Stabe Augenzeuge der ersten Stunden
des Gefechtes; ebenso Herzog Wilhelm von Braunschweig und
Prinz Friedrich Karl von Preußen. Für die mobile Bundes-

division gestaltete sich der 23. April lediglich zu einem anstrengenden Marschtage bei rauhem, unfreundlichem Wetter. In den braunschweigischen Quartieren wurde um 5 Uhr früh Generalmarsch geschlagen und 1½ Stunden darauf abmarschirt. In Rendsburg gab es, obwohl General v. Schnehen durch Ordonnanzoffiziere für richtige Durchführung gesorgt hatte, einigen Aufenthalt, indem hier vom hannoverschen Kommissariat Lebensmittel*) und Biwaksbedürfnisse ausgegeben wurden und Schwierigkeiten in der Beitreibung der dazu erforderlichen Fuhrwerke zu überwinden waren. Da die Avantgarde Weisung hatte, der preußischen Garde-Brigade Möllendorff zu folgen, mußte die Chaussee beim Weitermarsch verlassen werden. Die ganze Avantgarde bezog bei Gr.- und Kl.-Brekendorf eine enge, theilweise mit Ortsbiwak verbundene Unterkunft. Die 2. Brigade folgte bis Owschlag, die 1. nur bis Rendsburg. Das Stabsquartier der Division kam nach dem abseits gelegenen Gute Friedrichshof, woselbst auch der Herzog von Braunschweig nächtigte. Mit dem Erreichen der eben genannten Quartiere begann die kriegsmäßige Sicherung; vom braunschweigischen Regimente mußte die 4. Kompagnie des 1. Bataillons den Artilleriepark bewachen, während das 2. Bataillon 1 Offizier, 50 Mann zum Piket zu stellen hatte.

Der 24. April 1848 sollte nach mehr als 32jährigem Friedensleben auch braunschweigische Fußtruppen wieder an den Feind bringen. Der Oberbefehlshaber fühlte sich aus Rücksicht auf die Bundesgenossen veranlaßt, gegen den Wunsch des Fürsten Radziwill von der militärisch richtigeren ungesäumten Verfolgung des geschlagenen Feindes abzusehen. Er benachrichtigte den General Halkett, die Bundesdivision solle an der Ehre eines neuen Angriffes theilhaben und dazu am 24. früh 9 Uhr am Südausgange von Schleswig bereit stehen. Zwar erhielt der Kommandirende der Bundestruppen diese Weisung erst am 24. früh; aber er hatte ohnehin den Vormarsch seiner Division zu 5 Uhr früh angeordnet. Uebrigens scheint diese Abmarschstunde nur für die rückwärtigen Abtheilungen, die erst aufschließen mußten, gegolten zu haben; denn die Avantgarde erreichte die nur 12 km von Brekendorf befindliche Stadt Schleswig erst nach 9 Uhr. Ihr folgte die 2. Brigade; erst später zwei Bataillone

---

*) Die eiserne Portion bestand aus 2 Pfund Brot, ½ Pfund Speck, 2 Loth Salz und ⅛ Quart Branntwein.

der 1. Brigade, von welcher ein Theil mit anderweitigem Auftrage
zurückgehalten wurde. Nicht vor 10 Uhr konnte der weitere Vormarsch aufgenommen werden. Man hatte das Schlachtfeld der preußischen Garde-Grenadiere vom Tage zuvor passirt und konnte jetzt
die frierend in ihren schlammigen Biwaks stehenden siegreichen Bundesgenossen begrüßen, was mit vielen Hochs und Hurrahs in der herz-
lichsten Weise geschah. So traf man am Margarethenwall, bei Busdorf
und in Friedrichsberg nach und nach das ganze Alexander-Regiment,
das 1. und Füsilier-Bataillon Franz, das Garde-Schützen-Bataillon,
zwei Eskadrons Zieten-Husaren und einige Artillerie. Der Marsch
ging am Schlosse Gottorp vorüber durch die Vorstadt Lollfuß, die
von der holsteinischen Jäger-Kompagnie Sandrart und dem Freikorps
der Braklow'schen Jäger belegt war. Nachdem schließlich an den
Hühnerhäusern die aus der 2. und 3. Kompagnie des Pommerschen
Königs-Regiments und der 10. Kompagnie der 31er bestehenden
preußischen Vorposten überschritten waren, begann der eigentliche
Vormarsch der deutschen Bundestruppen gegen den Feind, und zwar
in folgender Marschordnung: Königin-Husaren, braunschweigische
Batterie, 3. leichtes Bataillon, hannoversche 9pfündige Batterie,
mecklenburgische Dragoner, braunschweigisches Infanterie-Regiment,
mecklenburgische Jäger. Gar bald zeigte sich, daß die Hoffnung, die
Dänen noch in der Stellung von Idstedt vorzufinden, sich nicht erfüllen sollte. Eine preußische Offizierpatrouille hatte schon am
Morgen festgestellt, daß die dänische Nachhut unter Oberst v. Juel
um 7 Uhr früh von dort abgezogen war. In der That fand das
an der Spitze der deutschen Avantgarde marschirende 3. leichte Bataillon die starke Stellung geräumt vor. Es hatte nur noch durch
seine Pioniere zwei als Verhau die Chaussee sperrende Eichbäume
mit einer angebauten kleinen Brustwehr beseitigen zu lassen. Der
Vormarsch hätte dadurch keine erhebliche Verzögerung erlitten; leider
trat aber ein anderes unliebsames Hinderniß ein. Die Chaussee
Schleswig-Flensburg war nach Wrangels Anordnung der rechten
Verfolgungs-Kolonne (Division Halkett und Brigade Möllendorff) zugetheilt; aber die linke Kolonne (Brigade Bonin und Holsteiner), die eigentlich an der Treene entlang auf Wanderup marschiren sollte, hatte auf den Rath des Prinzen Friedrich von Holstein den sogenannten Ochsenweg über Lürschau und Bollingstedt
eingeschlagen, der am Idstedter Holz 3 km weit mit der Chaussee

zusammenfällt. Dieser unerwartete Umstand nöthigte die Bundesdivision zu einem $1\frac{1}{2}$ stündigen Halt, der bei dem regnerischen und
stürmischen Wetter keineswegs erfreulich war. General v. Wrangel
hielt am Idstedter Kruge und nahm hier den Vorbeimarsch aller
Truppen ab. So kam es, daß die Abtheilungen der Division Halkett schon elf Stunden unterwegs waren, als bei Frörup die erste
Berührung mit dem Feinde stattfand.

Die dänische Armee hatte am Morgen des 24. April ihren
Rückzug bereits um 2 Uhr früh von Idstedt aus angetreten und nach
einer längeren Rast bei Oeversee ihr Marschziel Flensburg um 2 Uhr
Nachmittags erreicht. Sie war hier sofort in Quartiere abgerückt
und glaubte sich so sicher, daß nur sehr unzulängliche Sicherungsmaßregeln getroffen wurden. Der Kommandeur der Nachhut, Oberst
v. Juel, beauftragte das mit zwei Geschützen in Oeversee verbliebene
2. Jägerkorps, durch Vorposten die Schleswiger Chaussee zu sichern,
die Straßen nach Husum und nach Missunde zu beobachten. Einen
ähnlichen Auftrag erhielt das 5. Dragoner-Regiment, dessen drei
Schwadronen in Jarplund, Munkwolstrup und Juhlschau untergebracht
wurden. Wenn nun auch diese Anordnungen im Allgemeinen als
ausreichend anerkannt werden können, so lag der folgenschwere Fehler
darin, daß kein gemeinsamer Vorposten-Kommandeur ernannt war,
und daß die Befehlshaber der Jäger und der Dragoner, Oberstlieutenant Styrup und Oberst v. Astrup, sich nicht veranlaßt fanden,
selbständig mit einander in Verbindung zu treten. Die Kavallerie-
Sicherung fiel zunächst gänzlich aus, da Oberst v. Astrup das Einnehmen der Vorpostenstellung erst zu 6 Uhr Abends anordnete.
Dagegen schob das Jägerkorps rechtzeitig seine 3. Kompagnie nach
Barderup, die 4. nach Augaard hinaus und ließ die in Oeversee
verbleibenden beiden Kompagnien durch eine Feldwache am Fröruper
Weghause sichern. Sie bestand aus der halben 2. Kompagnie unter
Premier-Lieutenant v. Hein. Auf die schon um 3 Uhr Nachmittags eingehende Bauernnachricht vom Anmarsch deutscher Freischaaren (Major
v. Zastrow) von Angeln her entsandte Oberstlieutenant Styrup eine
kleine Abtheilung nach Gr.-Solt, ließ aber erst Alarm blasen, als gegen
4 Uhr die Fröruper Feldwache, vom Feinde gefolgt und unter Einbuße
von 1 Unteroffizier, 5 Mann Gefangenen, auf Oeversee zurückeilte.

Nachdem der von Süder-Schmedeby sich nähernde Vortrupp des
hannoverschen Königin-Husaren-Regiments die Feldwache des Lieute-

nants v. Hein von Frörup vertrieben hatte, ließ General Halkett die verfügbare Reiterei sofort beiderseits zu Flankirungen herumgreifen: das Königin-Husaren-Regiment nordwestlich um den Sankelmarker See, die 3. Eskadron der mecklenburgischen Dragoner nordöstlich über Augaard auf Munkwolstrup.*) Die 4. Schwadron der Mecklenburger blieb im Vormarsch auf der Chaussee, gefolgt von der Infanterie und Artillerie der Avantgarde. Während die entsendeten Kavallerien gegen die zum Theil noch beim Aufsatteln begriffenen, durchweg aber völlig überraschten dänischen Dragoner leichte Lorbeeren pflückten, zahlreiche Gefangene einbrachten**) und sogar eine Standarte eroberten, hatte die Hauptkolonne schwerere Arbeit zu thun; denn das dänische Jägerkorps leistete einen sehr hartnäckigen Widerstand. Bei Oeversee freilich nahmen die beiden dort befindlichen Kompagnien nur auf kurze Zeit gegenüber dem vorrückenden hannoverschen Bataillon Stellung, um dem Artillerie-Lieutenant Buntzen mit seinen beiden Geschützen das Entkommen nach Flensburg und der 4. Kompagnie den Rückzug von Augaard nach Bilschau durch den dazwischenliegenden Waldstreifen zu ermöglichen. Desto zäher gestaltete sich die Gegenwehr in der demnächst eingenommenen Stellung am Bilschauer Kruge.***) Das dänische Bataillon suchte zunächst Deckung in dem Wäldchen am Sankelmarker See, schlug sodann mittelst eines aus zwei Kompagnien gebildeten Karrees in dem Sumpfgelände nördlich dieses Wäldchens eine vom General Wrangel befohlene Attacke der mecklenburgischen Schwadron Robde ab und wich endlich vor den nach dem Wäldchen vordringenden Goslarer Jägern in seine Hauptstellung hart südlich von Bilschau. Hier wurden außer einem der landesüblichen Knicks auch die Büsche am Westrande des Bilschau-Baches, sowie ein vorgelegener kleiner Hügel, die Kuppe 33, besetzt. Die 2. und 4. Kompagnie der Dänen fochten in erster Linie; die 1. befand sich im Reserveverhältniß nördlich des Kruges und sicherte gegen die von Westen her drohenden hannoverschen Husaren. Die 3. Kompagnie

---

*) General Halkett selbst ritt in der letztgedachten Richtung vor und gerieth feindlichen Dragonern gegenüber in bedeutende Gefahr. Er wurde durch seinen preußischen Ordonnanzoffizier Graf Lusi herausgehauen.

**) Auch der Kommandeur des 5. Dragoner-Regiments, Oberst v. Astrup, vor fünf Jahren Gast beim Lüneburger Manöver, wurde gefangen.

***) Vergl. den Plan Nr. 8 (auf Uebersichtskarte 7).

bewirkte von Barderup her auf einem Umwege ungefährdet ihren Rückzug nach Flensburg.

Deutſcherſeits wurde der Angriff unter Zurückhaltung der Artillerie nur mit Infanterie geführt und zwar unter nur ſehr allmählicher Einſeßung der Kräfte. Major Thorbeck brachte von ſeinem leichten Bataillon nach und nach die 1., 2. und halbe 3. Kompagnie an der Chauſſee und im Walde ins Gefecht. Ein Zug der mecklenburgiſchen Jäger ſchloſſen ſich dem rechten Flügel dieſer Schüßen an. So ge= lang es, nicht nur den nördlichen Waldrand, ſondern auch unter Vertreibung der däniſchen Tirailleurs die Kuppe 33 in Beſiß zu nehmen. Der verſuchte Sturmlauf gegen die feindliche Hauptſtellung führte dagegen nicht zum Ziele. Die Vertheidiger von Bilſchau ſchlugen ſich mit dem Muthe der Verzweiflung, da ſich die hannoverſchen Huſaren bereits auf ihrer Rückzugsſtraße befanden. Der Führer der Dänen, Oberſtlieutenant Styrup, fiel mit einem tödtlichen Schuß in die Schläfe, während er ſich als vorzüglicher Schüße perſönlich am Feuergefecht betheiligte; Kapitän Weſtergaard, der Chef der 4. Kompagnie, ſank ſchwer verwundet zu Boden; die Verluſte an Unteroffizieren und Jäger mehrten ſich, — aber die Dänen hielten aus, und nach 6½ Uhr war es zweifellos. daß ſie nur durch den Stoß mit der blanken Waffe niederzuwerfen waren. Aus welchen Gründen die beiden verfügbaren Batterien nicht zur Verwendung gelangten, iſt nicht bekannt. Vom Schlammtoft=Hügel bei Munk= wolſtrup wäre eine flankirende Wirkung auf günſtige Entfernung zu erzielen geweſen; er lag nur 600 m von der däniſchen Stellung, während die damalige Feld=Artillerie noch auf 900 m mit beſtem Erfolge zu ſchießen im Stande war. Jedenfalls müſſen Gründe vorgelegen haben, nur Infanterie zu verwender.. Dieſe Waffe allein war dem ſchwachen Feinde weitaus überlegen; denn noch waren 1½ Kompagnien Hannoveraner und das 2. Bataillon Braunſchweig nur als Unterſtüßungstrupps der im Feuergefecht befindlichen Ab= theilungen verwendet, das braunſchweiger 1. Bataillon aber mit den Batterien und der mecklenburgiſchen Schwadron in Reſerve öſt= lich der Chauſſee zurückgehalten. Es ſei vorweg bemerkt, daß das 1. Bataillon, welches zunächſt die vorne genommene Bagage der däniſchen Dragoner in Empfang zu nehmen hatte, ſpäterhin das Dorf Munkwolſtrup beſeßte, nachdem es einige verſprengte däniſche Dragoner daraus vertrieben hatte. Dem braunſchweigiſchen 2. Bataillon befahl

der General v. Schnehen, zum Bajonettangriff vorzugehen. Das
Bataillon wurde durch seinen Führer, Major v. Specht,*) hinter
der mehrerwähnten Höhe 33 in Kolonne in Kompagnien bereit gestellt
und brach sodann in nordwestlicher Richtung, ohne einen Schuß zu
thun, mit schlagenden Tambours zum Sturm vor. Die Dänen
antworteten mit einem starken Kugelregen, soweit ihr zu Ende gehender
Munitionsvorrath reichte, erzielten aber damit nicht viele Wirkung.
Das braunschweigische Bataillon, dessen Flanken sich rechts die noch
frischen 1½ hannoverschen Kompagnien und einige mecklenburgische
Abtheilungen, links andere Schwärme des 3. leichten Bataillons als
Schützen in den Intervallen anschlossen, blieb in vortrefflichster
Haltung wie auf dem Exerzirplatze im Vormarsch und büßte nur
drei Leichtverwundete**) ein. Auch wurde dem Adjutanten Haber-
land das Pferd unter dem Leibe getödtet, Major v. Specht durch
den Paletot geschossen. Einen schmerzlichen Verlust erlitt der Brigadestab: Oberst v. Specht hatte sich persönlich an die Spitze der
Sturmkolonne gestellt, und an seiner Seite erhielt Premier-Lieutenant
Fricke einen gefährlichen Schuß in den Kopf, dem er nach 14 Tagen
erlag.***) Es hieß, die Dänen hätten ihn wegen seiner auffallenden
Generalstabs-Uniform und der breiten Silbertresse an der Mütze für
den Herzog v. Augustenburg gehalten. Als die Sturmkolonne sich der
feindlichen Linie bis auf 30 m genähert hatte, gab der Feind den Widerstand auf. Nur wenige Dänen waren noch in kurzem Handgemenge†)

---

*) Hiernach scheint es, als habe Oberstlieutenant v. Paczinsky noch jetzt
die Geschäfte des Regiments-Kommandos geführt.

**) Grenadier Melchior der 1. Kompagnie an der Hand, Grenadier Runge
derselben Kompagnie an der rechten Lende verwundet, Soldat Grünig der
3. Kompagnie in den linken Arm geschossen und durch einen Streifschuß an der
rechten Hand verwundet.

***) Zwei Kugeln aus dänischen Riffelbüchsen-Patronen waren dicht neben
einander an seiner rechten Schläfe eingedrungen, so daß eine Hälfte des Groß-
hirns vollständig zerschmettert war. Bei einer solchen Verwundung konnte auch
die vortreffliche Behandlung des General-Stabsarztes der schleswig-holsteinischen
Armee, Professors Dr. Langenbeck aus Kiel, keine Rettung bringen. Fricke
starb am 7. Mai, gepflegt von seinen herbeigeeilten Angehörigen, zu Schleswig
im Hause des Etatsrathes Schmidt.

†) Wenigstens versichert das dänische Generalstabswerk, daß es zum Nah-
kampf gekommen sei.

zu überwältigen, als die Deutschen mit lautem Hurrah in die Stellung einbrachen.

Die 2. und 4. Kompagnie des Helsingörer Jägerkorps waren aufgerieben. Todt blieben freilich außer dem Bataillons-Kommandeur nur 1 Unteroffizier, 4 Jäger. Dagegen fielen nicht weniger als 5 Offiziere, 35 Unteroffiziere, 187 Jäger in Kriegsgefangenschaft, darunter 3 Offiziere, 3 Unteroffiziere, 18 Mann verwundet. Ferner wurden in den Häusern und Ställen von Bilschau noch 13 Dragoner aufgegriffen. General v. Wrangel sprach dem ältesten unverwundeten Offizier der Dänen, Kapitän v. Scharffenberg, persönlich seine Anerkennung aus und gab allen gefangenen Offizieren ihre Säbel zurück, nachdem sie durch Ehrenwort versprochen hatten, sich nicht zu entfernen. Eine beträchtliche Beute fiel in die Hände der Sieger; aber die von der Infanterie eroberten Stücke lassen sich nur schwer von denen trennen, die der mecklenburgischen und hannoverschen Reiterei zugefallen waren. Indessen sind 169 Gewehre, 154 Hirsch-fänger, 201 Patrontaschen sicher zu derjenigen Beute zu rechnen, auf die das Braunschweiger und das Goslarer Bataillon gerechten Anspruch hatten. Es war auch in der That beabsichtigt, sie zwischen beiden zu theilen; aber im Drange der Ereignisse kam es nicht dazu. Major Thorbeck ließ die Waffen am Morgen nach dem Gefecht auf einen Wagen laden und, um das Gepäck nicht zu vermehren, vorläufig beim Ortsvorsteher von Oeversee niederlegen. Von dort sind sie zu Anfang Mai über Flensburg nach Rendsburg gebracht worden. Ihr weiterer Verbleib war trotz aller Nachforschungen nicht mehr festzustellen, als Herzog Wilhelm seinen Anspruch auf einen Theil der Beutewaffen geltend machen wollte.

Die siegreichen Truppen waren im höchsten Grade erschöpft, als sie sich am Abend des 24. April, wiederum bei Kälte und Regen, zur Ruhe legten. Vier Bataillone der preußischen Garde-Brigade biwakirten im Idstedter Holz; die mecklenburgisch-oldenburgische Brigade blieb nebst der hannoverschen Reserve-Kavallerie bei Frörup, die Avantgarde bei Oeversee, dem Nachtquartier der Generale Wrangel und Halkett; nur die Vorposten, deren Zusammen-setzung nirgends verzeichnet ist, wurden bei Bilschau belassen. Das kleine Gefecht, das den Verbündeten insgesammt nur 1 Offizier, 2 Unteroffiziere, 11 Pferde als todt bezw. tödtlich verwundet und 1 Offizier, 1 Unteroffizier, 17 Soldaten, 11 Pferde als ver-

wundet*) gekoftet hatte, blieb nicht ohne wichtige Folgen. Das Eintreffen der Versprengten, namentlich der von Bilschau noch glücklich ent-
kommenen 1. Jäger-Kompagnie, verursachte in der dänischen Armee eine
unbeschreibliche Verwirrung. General v. Hedemann mußte sich entschließen, den Rückzug nach der Insel Alsen in aller Eile, zum Theil
noch während der Nacht, auszuführen und nur einem vorzugsweise
aus Reiterei zusammengesetzten Flankenkorps Wedel-Wedelsborg
die Richtung nach Jütland anzuweisen. Von der mangelhaften Verfaffung der dänischen Streitmacht konnten aber die Verbündeten,
denen nur der einer bedeutenden Uebermacht entgegengesetzte, überaus
achtungswerthe Widerstand der Helfingörer Jäger begegnet war, nichts
ahnen. Sie hielten vielmehr einen erneuten Angriff mit versammelter
Kraft noch für erforderlich, um den Feind völlig niederzuwerfen.

Am endgültigen Erfolge zweifelte Niemand. General Halkett
schrieb dem Herzoge von Braunschweig noch am Abend des Gefechtes:
„Die Truppen haben sich zu meiner Freude bei dieser ersten Gelegenheit mit lobenswerther Entschlossenheit benommen, und ich habe
baraus die Ueberzeugung gewonnen, daß, wenn sich ihnen größere
Veranlassungen darbieten werden, sie dem Namen des 10. Bundes-
Armeekorps Ehre machen werden". Das braunschweigische Bataillon
war in einer so hervorragend festen Haltung gegen den Feind vorgegangen, daß Major v. Specht späterhin, als Ordensvorschläge
für den Tag von Bilschau eingefordert wurden, mit Recht berichten
konnte: jeder Mann des Bataillons habe so sehr im vollsten Maße
seine Schuldigkeit gethan, daß Gelegenheit zu besonderer Auszeichnung
sich dem Einzelnen nicht geboten habe. Dem ganzen Truppentheil
aber wurde eine hohe Anerkennung durch das folgende Schreiben des
Herzogs vom 28. April an den Major v. Specht zu Theil: „Mein
lieber Major! Aus einem Berichte des Oberst v. Specht ersehe Ich
mit Vergnügen, daß das 2. Bataillon unter Ihrer Anführung am
24. Abends bei dem Gefecht bei Bilschau durch einen Bajonett-An-
griff den Sieg erringen half. Indem es Mir zur besonderen Zufriedenheit gereicht, Ihnen hierfür Meinen Orden zu verleihen, bitte

---

*) Der braunschweigische Antheil an diesen Verluftziffern wurde schon er-
wähnt; auf das hannoversche 3. leichte Bataillon entfielen neben einem gebliebenen
Unteroffizier an Verwundeten: 1 Offizier (Lieutenant Brauns), 1 Unteroffizier,
7 Mann; der Rest gehörte der Kavallerie an.

Ich Sie zugleich, dem Bataillon bekannt zu machen, wie sehr Ich Mich über dessen Führung gefreut. Ihr wohlgeneigter Wilhelm".

Am 25. war der Geburtstag Sr. Hoheit des Herzogs, welcher erst am Abend dieses Tages, von ungeheurem Volksjubel und einem Fackelzuge begrüßt, vom Kriegsschauplatze wieder in Braunschweig eintraf. Die Parade des Leibbataillons und Husaren-Regiments auf dem Schloßhofe hatte daher ohne die Anwesenheit des hohen Landesherrn abgehalten werden müssen. Die im Felde stehenden Truppen feierten den festlichen Tag durch ihren Einzug in die wegen der Ankunft der deutschen Befreier freudig bewegte Stadt Flensburg. Der Aufbruch des Gros der Armee war auf Wunsch des Prinzen Friedrich von Noer etwas verzögert worden. Die Avantgarde aber, an deren Spitze sich wieder der General v. Wrangel befand, traf schon zwischen 8 und 9 Uhr vor Flensburg ein. Ebenso sollte die Gefechtsformation eingenommen werden, als die Spitze meldete: die Stadt sei bereits in befreundeten Händen. In der That hatte die dänische Nachhut unter Oberst v. Bülow Flensburg schon um 6½ Uhr früh geräumt, worauf Major v. Zastrow mit Freischaaren eingerückt war. Da aber die Kriegsdampfer Hekla und Geyser nebst drei Kanonenbooten noch in der Flensburger Föhrde lagen, so mußten die braunschweigische und die 9pfündige hannoversche Batterie auf= fahren und die Schiffe durch Beschießung zum Rückzuge zwingen, während der Versuch einer preußischen reitenden Batterie, dieselben bei Holnis abzuschneiden, nicht zum Ziele führte. Die Infanterie der Verbündeten wurde von der durch die feindlichen Schiffsgeschütze gefährdeten Apenrader Chaussee abgelenkt und schlug den westlicheren Ochsenweg ein, auf dem sie um 3 Uhr Bau erreichte. Aber auch von da waren die Dänen längst abmarschirt, ohne daß von den hier dänisch gesinnten Einwohnern auch nur die Richtung ihres Rückzuges zu ermitteln war. Die deutsche Reiterei klebte offenbar noch zu sehr an den andern Waffen; denn die Fühlung mit dem Feinde war voll= ständig verloren, und General v. Wrangel mußte sich entschließen, die Truppen in enge Ortsunterkunft zu entlassen. Doch wurde die Avantgarde noch an die Chaussee heran, ihre Spitzen sogar östlich darüber hinausgeschoben. Vorwärts der in Kielstrup und Ostergeil unterkommenden mecklenburgischen und hannoverschen Jäger belegten die Braunschweiger nebst der Neunpfünder=Batterie Holebüll, wo= selbst auch der Divisionsstab unterkam. Die Königin=Husaren gingen

auf dem Gravensteiner Wege bis Hockerup vor. Die Brigade Ranzow
und die Holsteiner sicherten den Ochsenweg. Die Preußen, ein Theil
der Mecklenburger und die Brigade Marschalk blieben in Höhe
von Flensburg.

Für den 26. April war der Aufbruch nach Gravenstein zu
12 Uhr Mittags angeordnet. Aber als ein Theil der Truppen
schon auf dem Sammelplatze bei Holebüll stand, kam Gegenbefehl.
Der Oberbefehlshaber hatte in Erfahrung gebracht, daß das Gros
des dänischen Heeres den schützenden Alsensund bereits hinter sich
hatte. Da unter diesen Umständen dem Feinde nichts mehr anzu-
haben war, beschloß Wrangel, seinen sehr angestrengten Truppen
einen Ruhetag zu gewähren. Er sprach in dem betreffenden Tagesbefehle aus: „Gestern war es meine Absicht, den Feind noch vor
seinem Abzuge zu erreichen. Es ist mir jedoch ungeachtet der bedeutenden Märsche, durch welche allein dies noch möglich geworden
wäre, nicht gelungen, da der Feind bald nach dem Gefecht am Nachmittag des 24. schon seinen Rückzug angetreten und ihn nach eingezogenen Nachrichten unaufhaltsam fortgesetzt hatte. Für die Hingebung, welche die Truppen bei diesen Anstrengungen bewiesen
haben, die noch durch schlechtes Wetter und zum Theil auch auf-
geweichte Wege gesteigert werden mußten, sage ich denselben sehr
gerne meinen Dank".

Der unverhoffte Ruhetag wurde bei endlich eingetretener sonni-
ger Witterung zur Ergänzung der Munition und der Verpflegung
benutzt, zumal endlich der Hardesvogt Pauli mit der schon in Holstein gebildeten Divisions = Verpflegungs = Kolonne eintraf. Dieser
Umstand war sehr erfreulich; denn die Gegend, in der man lagerte,
gehörte zu den ärmeren der meerumschlungenen Halbinsel. Auch
trugen die zerstreute Bauart der Ortschaften und die mißgünstige
Gesinnung ihrer Bewohner nicht eben zu den Annehmlichkeiten des
Feldlebens bei. Ebensowenig der Umstand, daß in den Bauern-
häusern meist ein unerträglicher Rauch herrschte. Die mit mächtigem,
grün bemoostem Strohdach versehenen alterthümlichen Häuser, in
denen außer den Stallungen auch der offene Herd seinen Platz im
Hintergrunde der Tenne hatte, besaßen nämlich keinen Schornstein.
In den dahinter liegenden Wohnzimmern, deren Wände meist mit
bunten Kacheln bekleidet waren, wohnte es sich freilich ganz angenehm;
aber auf ein solches Unterkommen konnten die gemeinen Soldaten

bei so enger Belegung, wie hier in Holebüll, nicht rechnen. — Noch sei erwähnt, daß an diesem Ruhetage die Infanterie-Brigade der Avantgarde die Nummer 4 erhielt, während ihre bisherige Brigadenummer 3 an eine unter dem Generalmajor v. Rettberg in Rendsburg neu gebildete hannoversche Brigade überging.

Am 27. April nahm General v. Wrangel die Operationen wieder auf. Er hielt eine schleunige Beendigung des Krieges für durchaus nothwendig, da die Dänen sonst auswärtige Hilfe, besonders von Schweden, erhalten könnten. Das richtige Mittel zur Erreichung dieses Zweckes schien ihm die Eroberung Jütlands zu sein. Er setzte dazu die preußische und holsteinische Division am 27. nach Norden hin in Marsch. Zur Deckung dieser Operation sollte die Bundesdivision die Halbinsel Sundewitt besetzen, möglichst nach Alsen übergehen, jedenfalls aber ein Vorbrechen des Feindes von Sonderburg her verhindern. Als sich die Einnahme von Alsen als zunächst unthunlich herausstellte, fügte der Oberbefehlshaber dieser Instruktion die geheime Weisung hinzu, zur Täuschung des Gegners scheinbar Vorbereitungen zum Uebergange nach der Insel zu treffen. Ferner hatte die Bundesdivision durch Besatzungen in Kiel, Rendsburg, Eckernförde, Schleswig und Flensburg die ganze Ostküste der Halbinsel gegen Landungsversuche zu sichern.

Der folgende Abschnitt wird zeigen, in welcher Weise General Halkett seinen Auftrag erfüllte. Hier finde nur noch Erwähnung, daß General v. Wrangel mit dem Gros des Heeres, ohne Widerstand zu finden, über Apenrade und Hadersleben vordrang, am 2. Mai bei Kolding in Jütland einrückte und am Tage darauf die Festung Fredericia besetzte. Ein entsprechender Fortgang des so glücklich begonnenen Krieges wurde durch die Einmischung der Großmächte, an deren Spitze Rußland und England standen, leider vereitelt. Die bisherigen Erfolge aber, welche auch die Deutsche Bundesversammlung am 5. Mai zu einer anerkennenden Kundgebung veranlaßten, wurden vom Oberbefehlshaber den siegreichen Truppen durch folgenden Erlaß verkündigt: „Soldaten der deutschen Bundesarmee! Seit Eurem Siege bei Schleswig ist der Feind unaufhaltsam zurückgewichen, und nur einmal gelang es noch, einen Theil desselben an dem Bilschauer Krug vor Flensburg zu erreichen, wo er eine neue Niederlage erlitt. Groß waren seitdem Eure Anstrengungen. Ihr habt sie überwunden mit einer Ausdauer, die Eurem Muthe im

Kampfe gleichkommt, und wenn Ihr auch keine neuen Gefechte zu
bestehen hattet, weil der Feind sich durch Schnelligkeit Euch entzog,
so sind doch schon die Früchte jener beiden Siege bedeutend. Schles=
wig und Holstein sind vom Feinde geräumt, bis auf einige Inseln,
welche wir wegen Mangel an Kriegsschiffen nicht betreten können.
In Jütland sind wir eingedrungen, und die Festung Fredericia ist
unser! Dort weht jetzt die deutsche Fahne, und so lange diese auf=
gepflanzt ist, soll kein Schiff mehr bei seiner Durchfahrt durch den
Kleinen Belt einen Zoll entrichten. Nach diesen Erfolgen will ich
Euch jetzt Ruhe geben, damit Ihr Kräfte zu neuen Siegen sammelt;
denn nicht eher darf der Krieg enden, als bis die Rechte unseres
gemeinsamen Vaterlandes vollkommen gesichert sind und jeder durch
denselben entstandene Schaden ersetzt ist. Bis dahin bleiben wir
zusammen.

Fredericia, den 3. Mai 1848.   v. Wrangel."

25. Im Sundewitt.

Am 27. April 1848 besetzte die mobile Division des 10. Bundes=
korps die Halbinsel Sundewitt,*) um von da Rücken und Flanke der
nach Jütland operirenden preußisch=holsteinischen Hauptarmee zu
sichern. General Halkett vermied bei seinem Anmarsch die chaussirte
Straße von Hockerup nach Gravenstein, da sie nach den eingegangenen
Meldungen durch die mit zwei Kanonenbooten vor Rinkenis liegende
dänische Korvette Najade gefährdet war. Die Division wurde deshalb
bei Quars versammelt und marschirte von hier um 9 Uhr früh in
einer Kolonne auf dem von Knicks eingeschlossenen Feldwege nach
Gravenstein, um erst von hier an die große Straße über Atzbüll und
Rübel zu benutzen. Da die Anlage dänischer Verschanzungen auf
den Düppeler Höhen bereits bekannt geworden war, stellte General
Halkett die Division eine kleine halbe Stunde östlich von Rübel
in und bei der Büffelkoppel auf, ließ von diesem Gehölze aus
Patrouillen vorschleichen und nahm die feindliche Stellung persönlich
in Augenschein.

In der That waren auf dem halbkreisförmigen Höhenzuge
zwischen Düppel und dem Alsensunde auf starker, zu beiden Seiten
an die See gelehnter Stellung seit längerer Zeit vier dänische

---

*) Vergl. Karte Nr. 9.

Schanzen im Bau begriffen; aber nur eine davon war annähernd
fertig. General v. Hedemann nahm um ſo mehr davon Abſtand,
in dieſer Stellung Widerſtand zu leiſten, als bereits die Ueberführung eines Theiles der däniſchen Streitmacht nach Fünen erwogen wurde. Die Bewachungspoſten zogen ſich bei Annäherung
der Bundestruppen unter Aufſtellung eines Signals zurück, worauf
die Höhe deutſcherſeits beſetzt wurde. Als mit der Abtragung der
däniſchen Werke begonnen wurde, kamen zwar bald ſchwere Geſchoſſe
von den Baadsagger-Batterien auf Alſen, ſowie von den Kanonenbooten vor der Sonderburger Fähre und zwei im Wenningbunde
befindlichen Kriegsſchiffen geflogen, aber ohne Schaden zu thun. An
einen Angriff auf Alſen war bei der maritimen und artilleriſtiſchen
Ueberlegenheit des Feindes offenbar nicht zu denken. General Halkett
entließ daher das Gros ſeiner Diviſion nach Zerſtörung der Schanzen
in Ortsunterkunft. Im Allgemeinen kam die 1. Brigade nach Graven-
ſtein, die 2. nach Satrup, die 4. nach Düppel, Nübel und Broacker.
Der letztgenannte Ort und das benachbarte Schmoel wurden vom
3. leichten Bataillon, das Diviſions-Stabsquartier Nübel von den
mecklenburgiſchen Jägern belegt. Düppel verblieb den Braunſchweigern,
ſoweit ſie nicht auf Vorpoſten waren.

Dem braunſchweigiſchen Infanterie-Regiment fiel zunächſt die
Beſetzung der befeſtigten Stellung zu. Es verwendete dazu täglich
ein aus allen Kompagnien gemiſchtes Detachement von 1 Hauptmann,
4 Lieutenants, 16 Unteroffizieren, 4 Tambours, 200 Mann. Die
Ablöſung dieſes, in ein Hauptpiket und zwei vorgeſchobene Feldwachen
eingetheilten Detachements geſchah täglich um 2 Uhr Mittags. Bei
Rackebüll war Anſchluß an die Vorpoſten des mecklenburgiſchen
2. Musketier-Bataillons; die Verbindung mit den öſtlich Schmoel
am Wenningbunde ſtehenden Vorpoſten des 3. leichten Bataillons
wurde durch Patrouillen gehalten. Der Reſt des braunſchweigiſchen
Regiments lag in enger Unterkunft in Weſter- und Kirchdüppel,
woſelbſt der Brigadeſtab ein ſchlechtes Quartier bei dem ganz däniſch
geſinnten Pfarrer innehatte. Bei Düppel, wo auch die Batterie
Orges lag, wurde eine Parkwache von 1 Offizier, 4 Unteroffizieren,
1 Tambour, 80 Mann gegeben, welche von 7 Uhr Abends bis 5 Uhr
Morgens nach beiden Seiten Flankenwachen hinausſchob.

In dieſem ſchwierigen und verantwortungsvollen Vorpoſtendienſte
verblieben die Braunſchweiger faſt eine Woche hindurch. Sie ver-

säumten nicht, die Mannschaft durch Exerzirdienst und Appells
(„Propreté-Paraden“) in Zucht zu halten und betrieben, da ihnen
keinerlei Kavallerie zugetheilt war, den Patrouillendienst gegen den
Feind ganz allein. Dies war um so nothwendiger, als von der
bis zu 68,2 m aufsteigenden Höhe bei der Düppelmühle der Strand
leider nicht einzusehen war. Dagegen genoß man von oben einen
umfassenden und schönen Ausblick weit über das Meer und über die
feindliche Insel, wo mit dem Fernglase das militärische Treiben
der Dänen gut erkennbar war. Zusammenstöße mit dem Gegner
fanden in dieser Zeit nicht statt, zumal Neckereien der dänischen
Kanonenboote durch die Vorposten vom Divisions-Kommandeur untersagt wurden. Die in diesen Tagen durch die Artillerie und Pioniere
bewirkte Anlage einer Batteriestellung bei der Düppelmühle wurde
vom Feinde, abgesehen von einigen unschädlichen Schiffsgeschossen,
nicht ernstlich gestört.

Erst in der Nacht vor der Ablösung der Braunschweiger wurde
es vor den Vorposten lebendig. Man hörte deutlich das Abfahren
schwerer Fuhrwerke und Geschütze von Sonderburg und schloß daraus
mit Recht auf einen theilweisen Abzug der feindlichen Truppen. In
der That wurden an den ersten vier Tagen des neuen Monats
5 Bataillone, 1 Eskadron, 2 Batterien nach Fünen überführt, wohin
bald darauf auch General v. Hedemann folgte. Auf Alsen blieben
unter dem Kommando des Generals Hansen zurück: 9 Bataillone,
1 Dragoner-Eskadron, 3 Feldbatterien, 1 Espignol-Batterie und
1 Pionier-Abtheilung nebst Brückentrain. Die Infanterie war der
Hauptsache nach in drei Brigaden gegliedert, deren Stärke aber nur
der unserer Regimenter entsprach. Während die 1. und 2. Brigade
den nördlichen, östlichen und südlichen Theil der Infanterie zu schützen
hatten, war dem Oberstlieutenant Rye mit der 3. Brigade die unmittelbare Sicherung des Alsensundes übertragen. Seine drei Bataillone
lagen in den Baracken von Rönhof und Kjär und in Sonderburg
selbst, wo sich außerdem das selbständige 6. Linien-Bataillon als
Garnison befand. Wie gesagt, verhielten sich die Dänen während der
Besetzung der Düppeler Schanzen durch die Braunschweiger durchaus unthätig.

Am 3. Mai fand ein Ortswechsel innerhalb der mobilen Bundesdivision statt. Deren Hauptquartier ging nach Ulderup; die hannoversche Brigade Marschalk belegte Nübel und Düppel und übernahm

bald nach 9 Uhr die bisher von den Braunschweigern besetzte Vor=
postenstellung. Von der Avantgarde blieb das 3. leichte Bataillon
in Broacker und erhielt einen Rückhalt in den nach Schottsbüll und
Ekensund verlegten mecklenburgischen Jägern. Die Braunschweiger
kamen nach Gravenstein und Umgebung. Der Brigade= und Regiments=
stab, beide Bataillonsstäbe, beide Grenadier=Kompagnien und die
Ehrenkrook'sche Kompagnie des 1. Bataillons erhielten mit der
Batterie Gravenstein selbst zum Standort. Der Rest des 1. Bataillons
verblieb nördlich des Rübel=Noors, die 4. Kompagnie in Holbek,
die 3. mit der oldenburgischen Batterie in Atzbüll. Dagegen fiel
dem Rest des 2. Bataillons der Küstenschutz an der Flensburger
Föhrde zu: die 2. Kompagnie lag in Alnoor, die 3. und 4. in
Treppe. Beides waren ärmliche Stranddörfer und bestanden aus
vielen einzelnen, über die ganze Küstenstrecke zerstreuten Fischer=
häusern.

Weitaus das beste Quartier war Gravenstein, wo die Stäbe
das an einem See reizend gelegene, mit einem schönen Park versehene
Augustenburgische Schloß bewohnten. Hier war häufig Militärmusik,
einmal auch eine Abendfestlichkeit der Offizierkorps der ganzen Brigade,
und am 14. Mai Feldgottesdienst durch den hannoverschen Militär=
pfarrer Nöller, wozu alle in der Nähe befindlichen Truppentheile
der Avantgarde (etwa 1800 Mann) in feldmarschmäßiger Ausrüstung
versammelt wurden. Vortheilhaft war es, daß in Gravenstein auch
das Divisionsmagazin und das Lazareth eingerichtet waren, letzteres
unter Leitung des eben aus Braunschweig eingetroffenen Stabsarztes
Dr. Knocke. Auch ein Trainpark befand sich in Gravenstein; er
war aus allen bei der Division irgend entbehrlichen Fuhrwerken ge=
bildet, wurde vom hannoverschen Artillerie=Lieutenant Eggers be=
fehligt und durch eine braunschweigische Wache gesichert. Das Graven=
steiner Magazin lieferte vom 7. Mai an die bis dahin von den
Quartierwirthen gegebene Verpflegung. Sie war durchaus zufrieden=
stellend; nur fehlte es an Kartoffeln, an deren Stelle Gemüse geliefert
wurde. Mit besonders lebhaftem Danke wurde die Maßregel Wrangels
begrüßt, wonach jeder Soldat der ganzen Armee täglich fünf, vom
eroberten Jütland zu liefernde Cigarren erhielt.

Die schwierigen Verhältnisse der Bundesdivision auf der rings
von feindlichen Kriegsschiffen umschwärmten Halbinsel, deren eigen=
thümliche Bodenbebauung den Ueberblick und die Verbindung sehr

erschwerte, nöthigten den General Halkett zu Vorsichtsmaßregeln
verschiedener Art. Dazu gehörte die Entwaffnung der dänisch ge=
sinnten Bauernschaft. Der ganze vorgefundene Waffenvorrath, darunter
244 Piken, wurde im Gravensteiner Schloß niedergelegt. Ferner
gehörte dazu die Anlage mehrerer, auf Karte 9 verzeichneter Kolonnen=
wege unter Durchbrechung der Knicks, zu welchem Zweck jedes Bataillon
eine Sappeursektion formirte. Endlich ist hier die Errichtung von
Fanalen an folgenden Punkten zu nennen: 1. am Kirchhofe von
Broacker; 2. auf den Hünengräbern westlich der Düppelmühle; 3.
südlich der Kirche von Wester=Satrup; 4. auf der Höhe 44,5 nördlich
Nübelmühle; 5. zwischen Atzbüll und Gravenstein. Diese Fanale
bestanden aus hohen, strohumwickelten Stangen mit Theertonnen.
Bei Dunkelheit sollte deren Abbrennen als Leuchtsignal dienen,
während bei Tage Rauchsignale durch Anstecken feuchten Strohs be=
stimmt waren, die Division nach der Nübeler Windmühle zusammen
zu berufen. An jedem Fanal stand ein Doppelposten, und nicht
weit dahinter eine Wache, deren Befehlshaber das Anzünden anzu=
ordnen hatte, sobald ein Nachbarfanal brannte. Bei jedem Unter=
kunftsorte wurde eine Wache derart aufgestellt, daß sie ein Fanal
sehen konnte. Die Richtung dorthin wurde, um Irrthümer während
der Nacht auszuschließen, durch eine kleine Laternenvorrichtung fest=
gelegt.

Am 6. Mai gegen Mittag verbreitete sich in Gravenstein das
Gerücht von einer dänischen Landung am Sundewitt. Es war zwar
übertrieben, aber nicht ganz unbegründet. Ein von Sonderburg her
übergesetztes Arbeitskommando von 80 Mann hatte unter dem Schutz
einiger Jäger=Kompagnien den Bau eines Brückenkopfes dicht vor
den Fährhäusern begonnen. Die deutschen Vorposten verhielten sich
erhaltener Weisung gemäß streng defensiv. Die durch die Fanale
bewirkte Alarmirung scheint sich bis auf die weit rückwärts gelegenen
braunschweigischen Quartiere nicht erstreckt zu haben. Dagegen hielt
General Halkett am 7. früh seine ganze Division zwei Stunden
lang unter den Waffen, um für alle Fälle bereit zu sein, und an
den folgenden Tagen kam es vorn bei Düppel fast täglich zu kleinen
Scharmützeln gegen die dänischen Schützenketten, welche die fleißig
fortgesetzten Arbeiten am Brückenkopf zu sichern hatten. Braun=
schweigische Truppen waren nicht daran betheiligt, während ihre
Brigadegenossen vom Goslarer Bataillon in ein größeres Gefecht der

Brigade Marschalk am 8. Mai einzugreifen Gelegenheit fanden. Das rein vertheidigungsweise Verfahren des Generals Halkett fand die volle Billigung des am 9. Mai im Sundewitt anwesenden Ober= befehlshabers der Armee.

Die Mitte des Monats brachte einigen Ortswechsel, der im Wesentlichen durch die vom General Wrangel veranlaßte Verlegung namhafter hannoverscher Kräfte nach Apenrade und Hadersleben ver= anlaßt wurde, wo sie der preußisch=holsteinischen Armee als Rückhalt dienen sollten. Es waren dies die Infanterie=Brigade Marschalk, die Dragoner=Brigade Poten, die neunpfündige Batterie und die hannoverisch=braunschweigische Pionier=Kompagnie. Der Divisionsstab folgte einige Tage später nach Apenrade. Man schien eine Unter= nehmung der Dänen gegen jenen nördlichen Küstenstrich zu argwöhnen, zumal ihr Bündniß mit Schweden seit einigen Tagen abgeschlossen und ein schwedisches Hülfskorps bei Malmö in der Versammlung begriffen war. Im Sundewitt blieb die Brigade Ranzow in der vorgeschobenen Stellung von Düppel-Satrup; ferner die Avantgarde, und zwar in folgender Vertheilung: Stab Fischbek; 3. leichtes Bataillon Schnabek; mecklenburgische Jäger Blans; Königin=Husaren Auenbüll, Beuschau und Stenderup; braunschweigisches 1. Bataillon und Batterie Gravenstein. Abgezweigt waren: die hannoversche reitende Batterie nach Nübel zur 2. Brigade; die mecklenburger Dragoner nach Feld= stedt zur Verbindung mit der 1. Brigade; das braunschweigische 2. Bataillon nach Flensburg als Besatzungstruppe. Dort hatte bis= her das mecklenburgische Grenadier=Garde=Bataillon gelegen, aber jetzt, um ebenfalls an den Feind zu kommen, seine Ablösung durch= gesetzt. General Halkett hatte dazu ausdrücklich eine Truppe be= stimmt, die schon eine besondere Leistung gezeigt hatte.

Der Regimentsstab begleitete das 2. Bataillon am 15. Mai nach Flensburg, woselbst Oberstlieutenant v. Paczinsky die Komman= dantur=Geschäfte vom mecklenburgischen Oberstlieutenant v. Plessen übernahm. Das 2. Bataillon verlebte mehr als zwei Wochen des friedlichen Garnisonlebens in der hübschen, malerisch auf Terrassen gelegenen Hafenstadt, in der sich auch das zur Aufnahme der Schwer= kranken der Division bestimmte Hospital Gotthard und Anna befand. Auch dieser Umstand konnte dem Bataillon nur erwünscht sein; denn es hatte stets einen hohen Krankenstand, durchschnittlich doppelt so viel als das andere Bataillon des Regiments. Am 21. Mai glückte

es Grenadieren der 1. Kompagnie, in einem einige Stunden von
Flensburg gelegenen Dorfe, und zwar entweder in Harrislee oder
in Fröslee, ein feindliches Feldzeichen in ihren Besitz zu bringen.
Es wurde am 22. Abends in Gravenstein an den Oberst v. Specht
abgeliefert und zwar mit der Meldung, daß es eine dänische Dragoner=
Standarte sei. In Wahrheit war es ein sogenannter Danebrog, die
Schwadronsflagge der 4. Eskadron des 6. (Finnischen) Dragoner=
Regiments. Es besteht aus einer fast 3 m langen Stange, an
welcher ein kleines, 0,65 m im Geviert messendes, rothes Flaggen=
tuch mit dem weißen dänischen Kreuz sitzt, in dessen vier Ecken sich
Inschrift VI. Dr. 4 Es. befindet.*) Das genannte Regiment hatte
am 24. April in Harrislee und Fröslee gelegen und, als die Schreckens=
kunde von Bilschau die früher erwähnte Panik in der dänischen
Armee bewirkte, in größter Eile und Verwirrung zur Besetzung
des Schäferhauses ausrücken müssen. Jedenfalls war der Danebrog
damals liegen geblieben. Oberst v. Specht berichtete über das
werthvolle Beutestück an den Herzog, der es nach Braunschweig
bringen ließ.**)

Die Abzweigung des 2. Bataillons übte ihren Einfluß auch
auf die Unterkunfts=Verhältnisse des Bataillons Brömbsen aus.
Nachdem es zunächst zwei Tage lang die bisherigen Quartiere des
abmarschirten Bataillons innegehabt hatte, wurden am 17. Mai die
3. und 4. Kompagnie nach Schloß Gravenstein, die 2. Kompagnie
nach dem gleichnamigen Flecken verlegt, von wo der Wagenpark nach
Klipleff übersiedelte. Die Kompagnie des Hauptmann Ahrberg be=
setzte mit je einem Zuge Alnoor und Ekensund, um den dazwischen
liegenden Zugang zum Nübel=Noor zu bewachen. Nach Fischbek
wurde mit täglichem Wechsel eine Wache gestellt, welche das Stabs=
quartier des Generals Schnehen sicherte und den Dienst am Aß=
büller Fanal versah. Es wurde in diesen Tagen auf Vorsicht in
der Anwendung der Alarmsignale hingewiesen. Wie nöthig dies
war, wird durch die Thatsache gekennzeichnet, daß einmal die Außen=

---

*) Die Regimentsstandarten der dänischen Kavallerie hatten ein erheblich
anderes Aussehen. Sie zeigten auf rothseidenem Flaggentuch den königlichen
Namenszug C VIII in Goldstickerei.

**) Nachdem es lange Jahre hindurch im Brigadebureau aufbewahrt war,
hat es neuerdings einen würdigen Platz im Treppenhause des Infanterie=Offizier=
kasinos gefunden.

wache von Gravenstein den Brigadestab mit der Meldung wecken ließ, daß Düppeler Fanal brenne, während sich bei näherem Zusehen herausstellte, daß es nichts als der aufgehende Mond war.

Am 22. Mai wurde die Bundesdivision durch das bisher Kroghsche, jetzt dem Major v. Jenssen-Tusch unterstellte Freikorps verstärkt, welches von Warnitz aus an der Bewachung der Apenrader Föhrde theilnahm. Die vom Oberbefehlshaber dringend geforderte Verstärkung des 10. Armeekorps durch seine noch immobilen Theile war dagegen nicht durchzusetzen, da die Bundesversammlung nicht zu energischen Schritten in dieser Richtung zu bewegen war, Wrangels direkte Anträge bei den betheiligten Regierungen aber keinen Erfolg hatten. Feldmarschall Graf Moltke bezeichnet die damalige Lage sehr treffend mit den Worten: „Deutschland war nie zwiespaltiger in seinem Innern, als zur Zeit, wo seine Einheit mit hohen Worten von Frankfurt aus verkündigt wurde". Von den Staaten des 10. Armeekorps antworteten einige gar nicht, andere ablehnend; die wenigsten verstanden sich zu geringfügigen Leistungen. Braunschweig versprach die Mobilmachung seiner übrigen Truppen und ordnete in der That am 20. Mai die Einberufung aller Großurlauber des Leibbataillons an, erklärte aber, mit der Absendung der Verstärkungen bis auf eine erneute Aufforderung warten zu wollen, da ein baldiger Friedensschluß zu erhoffen sei, und ließ es, auch als diese Hoffnung trog, beim Versprechen bewenden. Man war dort zur Zeit unter dem Einfluß des Kriegs-Kollegiums sehr auf Sparsamkeit bedacht, so daß selbst der Antrag des Oberst v. Specht auf Ersatz einer Anzahl in den Dornhecken der schleswigschen Knicks beschädigter Tschakots auf Schwierigkeiten stieß. Das Einzige, was zu Gunsten der im Felde stehenden Truppen geschah, war die Anordnung, daß die eingestellten Rekruten schon nach dreiwöchentlicher Ausbildungszeit nachgesendet werden sollten, — eine Wohlthat, über deren Werth sich streiten läßt!

Der schon so lange währende Stillstand der Operationen hatte seinen Grund, abgesehen vom Ausbleiben der nothwendigen Verstärkungen, hauptsächlich in der schwierigen politischen Stellung Deutschlands zu den ihm mißgünstig gesinnten Großmächten. Diese war daran Schuld, daß General v. Wrangel am 23. Mai den niederschlagenden Befehl zur Räumung Jütlands erhielt. Er beschloß, seine Armee in den Tagen vom 25. bis 29. Mai in den

Bezirk Sundewitt-Flensburg-Tondern zurückzuführen. Letztere Stadt
war das Marschziel der Holsteiner, Tingleff das der Brigade Bonin,
Flensburg der Brigade Möllendorff. Die Bestimmung der Bundes=
division war: unter Belassung einer Vorhut in Apenrade mit dem
durch das 2. Freikorps (Graf Rantzau) zu verstärkenden Gros öst=
lich der Flensburger Chaussee zu bleiben. Die Division sollte also
durch die Heranziehung der hannoverschen Brigade eine konzentrirtere
Stellung im Sundewitt erhalten. Den damit nothwendig werdenden
Unterkunftswechsel wollte Halkett mit der Ablösung der schon seit
dem 12. vorn am Feinde befindlichen 2. Brigade verbinden. Er
bestimmte die Avantgarden=Brigade für die erste Linie. Das 1. braun=
schweigische Bataillon sollte mit seinen nicht auf Vorposten ziehen=
den Theilen Satrup, das 3. leichte Bataillon Düppel belegen, die
Schweriner Jäger aber nach Blans rücken, um im Anschluß an die
weiter westlich aufgestellten beiden Freikorps den Küstenschutz an der
Apenrader Föhrde zu übernehmen. Das Bataillon Brömbsen rüstete
sich demgemäß für den 28. Mai zum Abmarsch von Gravenstein, wo es
eine angenehme Zeit verlebt hatte. Noch in der letzten Woche hatte der
Herzog von Augustenburg mit seinem Sohne*) mehrere Tage lang
auf seinem Schlosse geweilt und das ganze Offizierkorps mit einer
Einladung zu einer Abendfestlichkeit beehrt. Die Verlegung nach
Satrup und die übrigen zum 28. getroffenen Anordnungen konnten
nicht in der geplanten Weise zur Durchführung gelangen, da sie durch
einen heftigen Angriff des Feindes auf sehr unliebsame Art · gestört
wurden.

Der mit einem Blockhause ausgerüstete nördliche Brückenkopf
war seit Mitte Mai fertig und mit einer Besatzung von 100 Mann
versehen. Bis zum 20. war südlich davon ein zweites Feldwerk
hergestellt, ohne daß es die deutschen Feldbatterien hindern konnten,
da der tiefliegende Strand ihrer Einsicht entzogen war. An den
Tagen vom 25. bis 27. wurde eine Schiffbrücke geschlagen, die gleich
dem Brückenkopfe unter dem Schutze der schweren 84pfündigen Bomben=
kanonen der Alsener Küstenbatterien lag. Alles dieses verfolgte offen=
bar offensive Zwecke, und in der That war dänischerseits seit dem
21. Mai ein Vorbrechen von Alsen her in Vorbereitung, wobei man
allerdings auf die weite Entfernung der nach Jütland eingerückten

---

*) Prinz Friedrich, Vater Ihrer Majestät der Kaiserin Auguste Viktoria.

deutschen Heerestheile rechnete. Im Laufe des 27. führte General v. Hedemann von Assens und Svendborg auf Fünen 7 Bataillone nach der Insel Alsen, nämlich die Infanterie-Brigaden Blom, Federspiel und Wickede. Am 28. gegen Mittag brach er mit seiner ganzen, etwa 14 000 Mann zählenden Streitmacht in zwei Kolonnen unter den Generalen Hansen und v. Schleppegrell nebst einer starken Reserve über den Alsensund vor.

Deutscherseits ahnte man von dem bevorstehenden Angriff nicht das Mindeste. Die Braunschweiger marschirten um 7 Uhr früh von Gravenstein nach ihren neuen Quartieren ab und ließen nur den in Ekensund befindlichen Zug der 1. Kompagnie so lange stehen, bis er durch die 3. Kompagnie des zeitig von Düppel aufgebrochenen 1. oldenburgischen Bataillons abgelöst war. Er war angewiesen, im Abmarsch die Wache von Fischbek mitzunehmen. Die Braunschweiger erreichten ihren Unterkunftsort Satrup zu früher Stunde, richteten sich, da der Gepäckwagen dem Bataillon gefolgt war, sogleich häuslich ein und empfingen ihre Lebensmittel. Die Unterbringung war durch den Tags zuvor zum Quartiermachen vorausgegangenen Lieutenant v. Münchhausen II derart geregelt, daß die 3., 2., 4., 1. Kompagnie in dem über eine Stunde weit zerstreuten Orte von Osten nach Westen auf einander folgten. Die Ablösung der Vorposten war eigentlich erst auf 3 Uhr Nachmittags angesetzt. Doch bewirkte die zunächst zu den Vorposten bestimmte 2. Kompagnie des braunschweigischen Bataillons die Ablösung der oldenburgischen 7. Kompagnie bei Vogel- sang*) und Sandberg schon gegen Mittag. Hier hatte kurz vorher eine kleine dänische Abtheilung von 20 Mann in zwei Booten die Landung versucht, war aber durch das wirksame Feuer eines olden- burgischen Unteroffizierpostens gezwungen worden, sich von einem schnell herbeieilenden Kanonenboot ins Schlepptau nehmen und in Sicherheit bringen zu lassen. Nachdem die Braunschweiger den Dienst übernommen hatten, wurde der Landungsversuch weiter nördlich wiederholt; die Feldwache Nr. 4 trat ihm jedoch erfolgreich ent- gegen. Uebrigens fiel dabei von dem dänischen Schiff auch ein Kanonenschuß.

---

*) Das Eichart'sche Buch und andere gleichzeitige Berichte nennen einen Ort Reventlew, den es aber thatsächlich nicht giebt! Da die Geerz'sche Karte den Namen Reventlow bei Vogelsang einsetzt, haben wir angenommen, daß dieses Dörfchen gemeint ist.

Da ähnliche Neckereien bei den Vorposten täglich vorkamen, legte man diesen Vorfällen durchaus keine Bedeutung bei und ließ sich auch durch das seit 12 Uhr Mittags von Düppel herüber=schallende Gewehr= und Geschützfeuer anfänglich nicht stören. Nach und nach nahm es freilich einen beunruhigenden Umfang an; aber noch immer brannte das Düppeler Fanal nicht, und somit lag zu besonderen Maßregeln eigentlich weder Verpflichtung, noch Berechtigung vor. Endlich um 2¼ Uhr sah man das Fanal aufflammen. Schnell standen zwei der schon vorher in Bereitschaft gesetzten Satruper Kompagnien mit der Batterie Orges auf dem Alarmplatz bei der Kirche. Der noch nicht überall durchgeführte Ortswechsel verursachte an vielen Stellen Zweifel über das, was nun zu geschehen habe. General v. Schnehen entsandte, als das bei Düppel entbrannte Gefecht eine ungünstige Wendung nahm, Ordonnanzoffiziere, um möglichst viele Truppen der Division zur Nübeler Windmühle zu dirigiren. Als der nach Düppel gesandte Adjutant v. Seckendorff mit diesem Befehle in Satrup eingetroffen war, brach das aus Schnabek herangerückte 2. Bataillon des hannoverschen 4. Regiments sofort auf. Der braunschweigische Bataillons=Kommandeur verzögerte seinen Abmarsch ein wenig, da er seine verspätet anlangende 3. Kom=pagnie abwarten mußte, auch gern die von den Vorposten zurück=gerufene 2. Kompagnie mitgenommen hätte. Schließlich mußte er sich auf Veranlassung des persönlich eingetroffenen Generals v. Schnehen entschließen, ohne diese Kompagnie abzurücken, zumal er selbst das Herannahen feindlicher Abtheilungen von Rackebüll her bemerkt hatte, die er anfänglich für seine 2. Kompagnie hielt. Eine Feldwache von 1 Unteroffizier, 17 Mann der oldenburgischen 8. Kompagnie, die sich von Rackebüll fechtend auf Satrup zurückgezogen hatte, dürfte sich dem braunschweigischen Bataillon angeschlossen haben. Dessen Marsch nach der Nübelmühle war anfänglich von feindlichen Ab=theilungen in der Flanke bedroht, so daß Major v. Brömbsen ihnen einen Zug der 4. Kompagnie entgegenwerfen mußte, um die mit ihm marschirende Artillerie zu schützen.

Während diese Abtheilungen den Sammelplatz der Division ohne ernstlicheren Zwischenfall erreichten, sollte dies der 2. Kom=pagnie nicht mehr gelingen. Wir sahen sie gegen Mittag bei Vogelsang und Sandberg die Vorposten übernehmen. Major v. Sichart berichtet über ihre Aufstellung nur, daß von dem bei

der Schmiede*) befindlichen Gros der Kompagnie vier Feldwachen
längs des Alfensundes ausgesetzt waren. Wir dürfen als deren Auf=
stellungsorte Randershof, die Ravenskoppel, die Sandbergmühle und
Sandberg=Normark vermuthen. Jedoch scheinen kleine Postirungen sich
weit nach Norden in der Richtung auf Warnitz erstreckt zu haben. Die
von der 2. Schwadron des hannoverschen Königin=Husaren=Regiments
gestellten 7 Meldereiter waren an das Piket und die Feldwachen
vertheilt. — Die neuen Vorposten mochten kaum zwei Stunden ge=
standen haben und hatten längst den Gefechtslärm von Düppel her
vernommen, auch das Uebersetzen dänischer Infanterie und Artillerie
über den Sund bemerkt,**) als sich überlegene feindliche Abtheilungen
von Surlycke her ihrer rechten Flanke näherten. Es war die vom
Oberstlieutenant Rye als Flankenschutz für das angreifende Korps
hierher entsandte 2. Kompagnie des 3. Jägerkorps mit einer Ab=
theilung des aus Freiwilligen der Inselbevölkerung gebildeten be=
rittenen Jägerkorps. Gleichzeitig wurde auch ein feindliches Vor=
gehen von Rackebüll gegen Wester=Satrup bemerkbar. Hauptmann
v. Ehrenkrook, der von seinem Bataillon den Befehl zum Rück=
zuge nach Satrup erhalten hatte, traf ungesäumt die Anordnungen
zum Einziehen der Vorposten. Die drei Feldwachen des rechten
Flügels zogen sich ungefährdet auf das Piket zurück; aber der Kom=
pagnie=Kommandeur trat den Abmarsch noch nicht an, um die nördlich
des Mühlenteiches stehende Feldwache, die er über Oster=Satrup er=
wartete, nicht im Stich zu lassen. Sie zog sich jedoch direkt über
Schnabek ab, und mußte sich ebenfalls durch den Feind durchschlagen,
um sich später an die von Blans zurückgezogenen mecklenburger Jäger
anzuschließen. Hauptmann v. Ehrenkrook mußte nach längerem
Warten ohne sie abziehen und traf in Wester=Satrup sehr über=
raschend auf eine feindliche Abtheilung.

Außer der schon erwähnten 2. Kompagnie des 3. Jägerkorps
hatte der Kommandeur dieses Bataillons, Oberstlieutenant Kauff=
mann, auch seine 1. Kompagnie nach Norden entsendet, zunächst
nur nach Rackebüll. Von hier war Hauptmann Lillenschjold selbst=
ständig nach Satrup vorgegangen, in der vergeblichen Hoffnung,
dort noch braunschweigische Truppenfuhrwerke vorzufinden. Die

---

*) Es muß die Schmiede von Vogelsang (Reventlow) gemeint sein.

**) Lieutenant v. Holy, der die Feldwache bei Sandberg befehligte, schickte
über diese Beobachtungen eine Meldung ab, die aber nicht rechtzeitig eintraf.

dänische Kompagnie wurde durch den Zusammenprall mit deutscher
Infanterie ebensosehr überrascht, als diese. Die Stellung der Dänen
im Augenblicke des Zusammenstoßes war so, daß eine Division der
Kompagnie unter der Führung ihres Chefs noch am Wege Rackebüll-
Satrup hielt, während nur die andere Hälfte in das Dorf eingerückt
war. Aber auch diese Division war getheilt, indem Lieutenant
Wildenradt mit einem Peloton den Kirchhof besetzt hielt und vom
Fanal nach Westen ausspähte, während das andere Peloton unter
Lieutenant Klein nördlich des Dorfes, wohl am Wege nach Wester-
Schnabek, aufgestellt war. Mitten im Dorfe aber befand sich eine
von der 2. Kompagnie abgekommene Abtheilung unter Lieutenant
Wernich, welche sich der Nachbarkompagnie angeschlossen hatte.
Diese Abtheilung war es, die zuerst von der aus Osten anrückenden
braunschweigischen Kompagnie angetroffen und vollkommen über-
fallen wurde.

Hauptmann v. Ehrenkrook schob, als er seine gefährliche Lage
erkannte, in jeder Flanke einen Schützenschwarm unter Führung der
Lieutenants v. Holy und v. Frankenberg vor und stürzte sich,
während nur wenige Schüsse fielen, mit dem Rest der Kompagnie
auf die dänische Abtheilung, entschlossen, jeden Widerstand mit dem
Bajonett niederzuwerfen. Es wurde kaum Gegenwehr geleistet. Ein
Däne blieb todt; der gerade in ein Haus getretene Lieutenant Wernich
wurde mit 8 Mann gefangen genommen; das Uebrige zerstreute sich.
Die Kompagnie setzte ihren Marsch ohne Aufenthalt fort, die Ge-
fangenen mit sich führend. Sobald sie aber die Dorfstraße hinter
sich hatte, erblickte sie in einer Entfernung von kaum 100 m das
Peloton Wildenradt vor sich auf der Kirchhofshöhe. Ohne eine
Minute zu verlieren, schritt der tapfere Ehrenkrook auch hier zur
Bajonettattacke, die wiederum zu einem vollen Erfolge führte. Der
kleinere Theil der Kompagnie, wohl die Abtheilung Frankenberg,
gewann südlich des Kirchhofes beim Fanal das Freie, der größere
Theil nördlich, wo sich der Sturmkolonne der Schützenschwarm des
Premier-Lieutenants v. Holy anschloß, der bis dahin das Klein'sche
Peloton im Schach gehalten hatte.

Die bereits abgeschnittene Kompagnie hatte sich im letzten, noch
dazu möglichen Augenblick ruhmvoll durchgeschlagen. Gleich darauf
traf das 3. Linien-Bataillon von der hierher dirigirten dänischen
Reserve-Brigade Wickede in Satrup ein. Das Gefecht der 2. Kom-

pagnie hatte sich blitzschnell, in wenigen Minuten abgespielt. Ueber
seinen Zeitpunkt findet sich eine Angabe, deren Zuverläßigkeit aber
fraglich ist, in der Verlustliste des Bataillons. Es heißt dort, der
gefallene Soldat Ahrens habe seinen Tod um $5\frac{1}{2}$ Uhr Nachmittags
bei Satrup gefunden. Der Zusammenstoß dürfte aber etwas früher
erfolgt sein. Der Verlust der braven Kompagnie war sehr gering:
gefallen waren nur der Soldat Ahrens (Flintenschuß in die Stirn)
und der Bediente des Lieutenants v. Holy; Soldat Diedel war in
feindliche Gefangenschaft gerathen, Tambour Bosse (ein Kriegsfreiwilliger) an der rechten Schulter verwundet. Das tapfere Benehmen der Kompagnie fand allseitig die größte Anerkennung. Auch
der hohe Landesherr verabsäumte nicht, späterhin, nachdem ihm die
Einzelheiten des Vorganges vorlagen, seiner Zufriedenheit durch reichliche Gnadenbeweise Ausdruck zu geben. Hauptmann v. Ehrenkrook,
Premier-Lieutenant v. Holy und Sekond-Lieutenant v. Frankenberg erhielten das Ritterkreuz des Ordens Heinrichs des Löwen, die
Sergeanten Vahlberg und Biel das Verdienstkreuz 1. Klasse, die
Soldaten Bremer II, Presuhn, Räcke, Höppner, Plumen-
bohm und Maibaum das Verdienstkreuz 2. Klasse, zu welcher Aus-
zeichnung sie durch ihre Kameraden empfohlen waren. Nachdem er
Satrup hinter sich hatte, zog Hauptmann v. Ehrenkrook über
Lundsgaard, wo Rittmeister Gudewill mit der 2. Eskadron der
Osnabrücker Husaren stand und noch eine Zeit lang verblieb, in der
Richtung auf Nübelmühle ab, erreichte aber sein Bataillon erst am
Abend bei Atzbüll, wohin er vermuthlich nur auf Umwegen, südlich
an Auenbüll vorbei, gelangt sein kann.

Wir müssen nun den Verlauf des 28. Mai an den anderen
Stellen des Gefechtsfeldes nachholen, soweit Braunschweiger betheiligt
waren. Der tapferen, aber der dänischen Uebermacht gegenüber aus-
sichtslosen Vertheidigung des Fanalberges bei Düppel sei nur mit
wenigen Worten gedacht; denn obwohl dort ein braunschweigischer
Offizier den Befehl führte, waren nur oldenburgische, mecklenburgische
und hannoversche Truppen im Feuer. Dieses eigenthümliche Verhältniß war durch besondere Umstände herbeigeführt worden. Oberst
v. Specht, dessen hannoversches Bataillon um 3 Uhr Nachmittags
die Vorposten vor Düppel übernehmen sollte, war nämlich zu seiner
eigenen Orientirung als Vorposten-Kommandeur schon vor 10 Uhr
früh bei den Schanzen eingetroffen, während umgekehrt der olden-

burgische Vorposten-Kommandeur Graf Ranzow bereits zu gleichem
Zweck nach Gravenstein abgeritten war, als der dänische Angriff begann. Als Oberst v. Specht in seinem Quartiere zu Kirchdüppel
den Lärm des draußen entbrennenden Gefechtes vernahm, begab er
sich sofort an Ort und Stelle und übernahm die Gefechtsführung
mit einer Entschlossenheit und Umsicht, die ihm später auf General
v. Wrangels Vorschlag das Kommandeurkreuz 1. Klasse Heinrichs
des Löwen eintrug. Aber zum Guten wenden konnte er das Gefecht
unter den obwaltenden ungünstigen Umständen und bei der bereits
eintretenden Flankirung durch Schiffsgeschütze nicht. Er befahl, nachdem er die übrigen Theile der Division durch Abbrennen des Fanals
alarmirt hatte, um $2\frac{1}{2}$ Uhr den Rückzug über Stenderup zur
Nübeler Windmühlenstellung, nicht ohne dabei einen persönlichen
Verlust zu erleiden, indem sein alter Bedienter Gödecke mit seinem
besten Pferde, einem wunderschönen Fuchs, den Dänen in die Hände
fiel.*) Ferner gerieth Dr. Lippelt von der braunschweigischen Ambulance, der sich zu lange beim Verbinden Verwundeter in Düppel
aufhielt, in dänische Kriegsgefangenschaft.

Der vorausbestimmte Sammelplatz der Division war die von
Erdwällen und Hecken durchschnittene Höhe der Nübelmühle, die sich
von 44,5 m Erhebung sanft gegen Stenderup hin abdacht. Doch
wurden hier im Laufe der Nachmittagsstunden kaum 6 Bataillone,
2 Schwadronen und 16 Geschütze vereinigt, da das gleichzeitig entbrannte Gefecht bei Alnoor und der in der Ausführung begriffene
Quartierwechsel zahlreiche Teile der Division zurückhielt. Auch
General Halkett, der bis zu Wrangels Ankunft in Apenrade verblieben war, traf nicht vor 5 Uhr bei seinen Truppen ein. Die
Vertheidigung der Stellung wurde derart geordnet, daß die drei
Batterien rechts und links der Windmühle auffuhren, während nördlich davon die zur Stelle befindlichen Hannoveraner, im Süden aber,
vorwärts des Vorwerks Nübelfeld, die mecklenburgischen Bataillone
eingesetzt wurden. Die bald danach eintreffende braunschweigische und
oldenburgische Infanterie wurden als Rückhalt hinter dem Centrum,
etwa am Auenbüller Feldwege, aufgestellt. Da vom Bataillon

---

*) Am 5. Juni erfuhr man durch dänische Gefangene, daß Gödecke auf
einem Kanonenboote rudern müsse; das Pferd wurde am 27. Juni vom General
v. Hedemann seinem Besitzer wieder zugestellt, unter Ablehnung des von Specht
angebotenen Lösegeldes.

Brömbsen, wie wir wissen, die halbe 1. und ganze 2. Kompagnie fehlte und vom oldenburgischen Regiment der größere Theil bei Alnoor focht, betrug diese Infanterie=Reserve nur 5½ Kompagnien, hinter denen 2 Schwadronen hannoverscher Husaren hielten.

In dieser Reservestellung verharrten die Braunschweiger zunächst auch während des heftigen Geschützkampfes, der sich neben dem Schützengefecht der Mecklenburger und Hannoveraner unter lebhafter Betheiligung der Batterie Orges vor der Rübeler Mühlenstellung abspielte. Aber der Augenblick sollte nicht ausbleiben, wo auch sie in die erste Linie gezogen wurden. Die unter General Hansens Führung von Stenderup her in das Gefecht getretene, aus der ganzen 1., 2. und 3. Brigade bestehende dänische Uebermacht vermochte gegen die tapferen Vertheidiger in der Front nichts auszurichten; aber von Süden her drohte eine gefährliche Ueberflügelung. Die Flankenbrigade des Oberstlieutenants Federspiel war dazu ausersehen, über Rübel vorzudringen und unter General v. Schleppegrells oberer Leitung gegen die rechte Flanke der Verbündeten zu wirken. Der Widerstand der mecklenburgischen Grenadier=Garde stellte sich dem Angriffe der von einer Abtheilung der freiwilligen berittenen Insel=Jäger begleiteten dänischen Infanterie (1. Jägerkorps und 10. Linien=Bataillon) gegenüber als unzureichend heraus, besonders als die 12pfündige Batterie Bruun nordwestlich von Rübel mit flankirender Wirkung ins Gefecht trat.

General Halkett verstärkte daher diesen Flügel aus seiner Reserve, zunächst durch die anwesenden Theile des braunschweigischen Bataillons, welches nach rechts abmarschirte und südwestlich der Rübelmühle in die Feuerlinie einrückte. Premier=Lieutenant v. Wachholtz begleitete das Bataillon und bemühte sich, die Verbindung mit den Hannoveranern an der Windmühle zu erhalten. Aber dies war nicht leicht, da die Ueber=sicht durch Hecken und Steinaufwürfe sehr erschwert wurde. Hinter dem Bataillon nahm später die 7. Kompagnie des Regiments Oldenburg als Unterstützungstrupp in einer Koppel Aufstellung und ließ ein Haus von Rübelfeld durch den Zug des Lieutenants Morell besetzen. Die in der vordersten Linie befindlichen Braunschweiger machten hier die Bekannt=schaft der dänischen Riffelbüchsen=Patronen, sowie der berühmten Espig=nol=Geschosse;*) denn eine mit diesen merkwürdigen Schnellgeschützen

---

*) Die Espignolen feuerten aus einem gezogenen eisernen Rohr 30 auf einander geladene Bleikugeln ab und zwar derart, daß sich, nachdem eine Kugel zur Entzündung gebracht war, die übrigen 29 in Pausen von 12 Sekunden selbstthätig entluden.

ausgerüstete Halbbatterie unter Lieutenant Fallesen gehörte ebenfalls
zum Flankenkorps. Die Braunschweiger bestanden ihre Feuertaufe
sehr gut und nicht ohne Verluste. Dem Bataillons-Adjutanten
v. Seckendorff wurde das Pferd unter dem Leibe erschossen; Premier-
Lieutenant Dedekind der 3. Kompagnie wurde von einer Kugel
niedergeworfen, die ihn mitten auf die Brust traf, aber an seinem
gerollten Paletot matt wurde; er erholte sich bald wieder und kam
mit braunen und blauen Flecken davon. An Mannschaften wurden
verwundet: 1. Komp.: Gren. Huchthausen schwer am Kopf; Gren.
Ohse leicht am linken Oberarm; 3. Komp.: Sold. Krickemeyer
schwer am rechten Oberarm; 4. Komp.: Sold. Ehsmann schwer
am linken Unterschenkel; Sold. Huxmann schwer in der Brust;
Sold. Rojahn gen. Lange Schuß durch den Hals. Von diesen
sechs Verwundungen verlief nur die des Grenadiers Huchthausen
tödtlich; er starb noch in derselben Nacht in der Ambulance und wurde
am andern Morgen bei Quars beerdigt.

Gegen 7 Uhr Abends entschloß sich General Halkett zur
Räumung der Fanalhöhe. Der Grund dazu lag hauptsächlich in der
Gefährdung seiner Rückzugsstraße und des Gravensteiner Magazins
durch die in das Nübel-Noor eingedrungenen feindlichen Schiffe.
Schon um 3 Uhr Nachmittags war Kommandeur-Kapitän Paludan
mit dem Kriegsdampfer Geyser, der Korvette Najade und einem
Kanonenboot vor Ekensund erschienen und hatte, verstärkt durch den
Kriegsdampfer Skirner, den Eintritt in das Nübel-Noor trotz des
Widerstandes der hier aufgestellten Oldenburger erzwungen. Der
braunschweigische Grenadierzug war bereits von Ekensund abmarschirt.
Seine Ablösung, die oldenburgische 3. Kompagnie des Hauptmann
Schlarbaum, gerieth, wie kurz erwähnt sein möge, in große Gefahr,
bahnte sich aber einen Weg östlich um das Noor herum und schlug sich
durch die ihr bei Schottsbüll den Weg verlegenden Theile des 5. Linien-
Bataillons ebenso glücklich durch, wie es auf dem andern Flügel die
braunschweigische Kompagnie Ehrenkrook bei Satrup gethan hatte.

Das Gros der Division zog vom Nübeler-Mühlenberge zunächst
mit der Artillerie und Kavallerie, sodann mit den Mecklenburgern,
dem größeren Theile der hannoverschen Infanterie und zwei oldenburger Kompagnien nach Atzbüll ab. Die Braunschweiger gehörten
zu den Abtheilungen, die den Rückzug zu decken hatten. Sie nahmen
eine Aufnahmestellung in dem mit einem Wall versehenen Ostrande

des Runkierholzes ein,*) um den noch näher am Feinde verbliebenen Abtheilungen, nämlich der oldenburgischen 7. Kompagnie und der 5. und 7. Kompagnie des 4. hannoverschen Regiments, als Rückhalt zu dienen. Dies erwies sich als sehr zweckmäßig; denn die drei eben genannten Kompagnien leisteten in den einzelnen Gehöften von Nübelfeld einen so hartnäckigen Widerstand gegen die überlegenen Angriffe der Brigade Federspiel, daß sie bei ihrem Rückzuge zum Runkierholz der Aufnahme durch befreundete Truppen dringend bedurften. Nach einem kurzen, aber heftigen Gefechte wurde der Waldrand geräumt. Gedeckt durch den 8. Zug unter Premier-Lieutenant Rittmeyer, der selbst einen Streifschuß am rechten Oberarm davontrug, wurde langsam, jedoch in größter Ordnung nach Atzbüll zurückgegangen, wo das Gefecht gegen 9½ Uhr Abends erstarb.

Auf der großen Koppel zwischen Atzbüll und Gravenstein sammelte sich nach und nach die ganze Division. Südlich des Fanals standen die bei Alnoor im Gefecht gewesenen oldenburgischen und hannoverschen Truppen. Dem linken Flügel der Stellung schlossen sich die aus Blans kommenden mecklenburgischen Jäger mit der zu ihnen gestoßenen braunschweiger Feldwache an. Späterhin traf aus Auenbüll die tapfere Kompagnie Ehrenkrook, und zuletzt aus Südosten die ruhmbedeckte, schon für verloren gehaltene Kompagnie Schlarbaum ein. Auch der am Morgen in Ekensund zurückgelassene 2. Zug der Kompagnie Ahrberg fand sich hier an. Die Nacht hindurch blieb nur eine aus dem 2. Bataillon des hannoverschen 6. Regiments, den Schweriner Jägern und der 1. Schwadron Königin-Husaren gebildete Nachhut unter General v. Schnehen bei Atzbüll. Die bei Alnoor im Feuer gewesenen fünf Kompagnien nächtigten bei Gravenstein. Das Gros der Division wurde noch um 11 Uhr Nachts über Fischbek nach Quars in Marsch gesetzt. Dieser Nachtmarsch am Schluß eines ohnehin sehr anstrengenden Tages war überaus beschwerlich und von zahlreichen Stockungen begleitet. Einmal mußte das Bataillon Brömbsen sogar 1½ Stunden lang halten, um das Flottwerden eines in den Knickgraben gefallenen Geschützes der davor marschirenden Batterie abzuwarten. So kam es, daß die Braunschweiger das Biwak bei Quars, wohin die Gepäckwagen schon um Mittag vorausgesendet waren, nicht vor 2 Uhr Nachts erreichten.

---

*) Siehe Karte 9.

16*

Am 29. Mai traf General v. Wrangel schon um 7 Uhr früh in Gravenstein ein. Er hatte die unerwarteten Ereignisse im Sundewitt in später Abendstunde durch den von Halkett an ihn entsandten Grafen Görtz-Wrisberg erfahren und sofort die preußische Division zur Unterstützung der bedrängten Bundesgenossen herbeigerufen. Der sonst so unwillkommene Rückzug aus Jütland kam den Verbündeten jetzt zu Statten. Bereits in der ersten Morgendämmerung setzten sich alle preußischen Bataillone in Marsch. Aber sie waren zumeist noch sehr weit zurück und hätten eine direkte Unterstützung erst in vorgeschrittener Nachmittagsstunde bringen können. Glücklicherweise war sie nicht nothwendig; denn die über Wrangels Anmarsch aus Jütland unterrichteten Dänen waren nicht über Nübelmühle hinaus gefolgt. Wrangel befahl, nachdem er den von den Vortruppen zurückkehrenden Halkett gesprochen hatte, das Vorgehen der Bundesdivision behufs Aufklärung. Demgemäß wurde um 8 Uhr der Vormarsch von Quars wieder angetreten. General v. Schnehen hatte mit den ihm am Abend unterstellten Abtheilungen die Vorhut und nahm die Nübeler Windmühle nach leichtem Gefecht wieder in Besitz; das 3. leichte Bataillon bemächtigte sich aus eigenem Antriebe des Dorfes Nübel. Das braunschweigische Bataillon gehörte zu dem ziemlich weit zurückgehaltenen Gros, welches nicht in das Gefecht eingriff, aber unter der Hitze und dem zwischen den Knicks herrschenden Staube nicht unerheblich litt, zumal am Tage vorher nicht hatte abgekocht werden können.

Zwischen 3 und 4 Uhr Nachmittags befahl General v. Wrangel das Abbrechen des Gefechtes und das Abrücken der ermüdeten Truppen in die schon am Morgen festgesetzten Unterkunftsorte. Er hatte sich entschlossen, den durch die feindliche Flotte stets gefährdeten Sundewitt vorläufig aufzugeben und die ganze Armee in dem Bezirke Flensburg-Tingleff-Quars versammelt zu halten. Die Preußen hatten bei Bau und Flensburg den südlichen Theil dieses Dreiecks inne; die Schleswig-Holsteiner bildeten bei Tingleff die Reserve; die mobile Division des Bundeskorps erhielt die östlichsten Quartiere. Ihre Unterbringung wurde derart geregelt, daß die mecklenburgisch-oldenburgische Brigade am weitesten rückwärts bei Klipleff und Seegard, die hannoversche Brigade bei Quars und Laygaard unterkam, die Avantgarde aber in ihre alten Quartiere an der Flensburger Föhrde und dem Nübel-Noor zurückging. Das 1. Bataillon Braun-

schweig belegte Atzbüll, Gravenstein, Alnoor und Treppe. Da dies
die dem Feinde zunächst gelegenen aller Quartiere waren, erforderte
der Sicherheitsdienst viel Kräfte. Im Süden, von Rinkenis ab,
versah das 3. leichte Bataillon den Küstenschutz. Zwischen Alnoor
und Atzbüll standen sechs kleine Feldwachen der Braunschweiger, und
in Atzbüll eine halbe Kompagnie zur Verbindung mit den in Fischbek
stehenden mecklenburgischen Jägern. Die weitere Vorpostenlinie hatte die
Front nach Nordosten und erstreckte sich von Fischbek über Grüngrift
nach Feldstedt und weiter bis Enstedt unweit der Apenrader Föhrde.

In Gravenstein ging es unruhig genug her; denn es verlautete,
daß die dänisch Gesinnten der Einwohner den Wink erhalten hatten,
ihre Häuser zu räumen, da das Schloß am folgenden Tage bom=
bardirt werden würde. In der That entstand am 30. Mai schon
um 3 Uhr Morgens der erste Alarm. Die Vorposten von Alnoor
meldeten, die Najade habe bemannte Schaluppen ans Land gesetzt,
die aber, sobald das Alarmsignal ertönte, sofort wieder abgefahren
seien. Gegen 9 Uhr erscholl der Generalmarsch zum zweiten Male,
jedoch diesmal aus Atzbüll. In der That nahte von Rübel her die
dänische Brigade Hagemann zu einer größeren Aufklärung. Sie
drang kräftig vor, und die Schützen des 7. Linien=Bataillons be=
setzten sogar vorübergehend den Ort Atzbüll. Oberst v. Specht
eilte sofort herbei und übernahm das Kommando. Er schickte die
braunschweigische 4. Kompagnie zum Tirailliren vor, ließ die beiden
Haubitzen der Orges'schen Batterie mit Shrapnels schießen und be=
reitete dadurch dem Gefecht ein schnelles Ende. Atzbüll wurde wieder
besetzt, und die Dänen gingen in das Runkierholz zurück. Gegen
3 Uhr war das kleine Scharmützel, ohne Verluste gebracht zu haben,
beendigt; doch wurde der Vorsicht halber ein Ortsbiwak dicht beim
Schlosse bezogen. Zwar schlief Alles unter Dach, aber völlig ange=
kleidet. Ein Piket von 1 Offizier, 50 Mann hatte auch in den
früheren Nächten beim Amtshofe an der Straße biwakirt.

Am 31. Mai kehrte das 2. Bataillon aus Flensburg zurück.
Oberstlieutenant v. Paczinsky hatte sein Amt als Kommandant
dieser Stadt zufolge Anordnung des Oberbefehlshabers am 30. dem
preußischen Major v. St. Paul übergeben. Gleichzeitig war ein
Bataillon des Kaiser Alexander=Grenadier=Regiments zur Ablösung
der Braunschweiger in Flensburg eingerückt. Diese stießen am 31.
Mittags 3½ Uhr wieder zum Regiment und wurden im Graven=

steiner Schloß einquartiert. Die Verstärkung kam sehr willkommen;
denn der Ekensund war feindlicherseits bedroht, und Oberst v. Specht
hatte schon am Vormittag die Strandwachen und Pikets bedeutend
verstärkt, so daß eine fortlaufende Postenkette entstand. Nachdem
um Mittag der dänische Hauptmann Dodt mit der 4. Kompagnie des
7. Linien-Bataillons in Ekensund eingerückt war, entspann sich sofort ein Scharmützel mit den Posten der Kompagnien Ehrenkrook
und Dedekind, die von Alnoor aus die Wachen am Fährhause
und bei der Ziegelei Pelzerhof gegeben hatten. Das eben erst durch
ein Kanonenboot verstärkte Geschwader griff ebenfalls durch einige
Schüsse in das Gefecht ein; doch waren Verluste nicht zu beklagen.

Ernster gestaltete sich die Lage am folgenden Tage, dem 1. Juni.*)
Auf Veranlassung des die Korvette Najade befehligenden Kapitäns
Krenchel wurde an diesem Tage die Beschießung des Schlosses
Gravenstein thatsächlich ins Werk gesetzt. Zwei Kanonenboote er-
zwangen unter heftigem Feuer den Eintritt in das Nübel-Noor und
eröffneten um 7½ Uhr früh das Feuer auf das Schloß des ver-
haßten Augustenburgers. Da sie sich aber in respektvoller Entfernung,
wohl 1000 m von der Küste, in der Sildekule vor Anker gelegt
hatten, erreichten sie nichts. Ihre Bomben flogen bis dicht an das
Schloß, aber keine einzige schlug ein. Immerhin sah sich das
2. Bataillon, dessen 4. Kompagnie unter Hauptmann Stutzer den
Strand vor dem Schlosse besetzt hielt, durch die Kanonade so ernstlich bedroht, daß es vorzog, seinen Posten auf dem Schloßhofe mit
einer gedeckteren Stellung im Schloßgarten zu vertauschen. Die
beiden Haubitzen der braunschweiger Batterie wurden, durch das Gehölz gedeckt, bis an den Badeplatz vorgeschoben und bewirkten durch
einige Shrapnelschüsse in der That, daß das eine Kanonenboot sich
nach kurzer Gegenwehr hinter die schützende Landzunge von Fisnis
zurückzog. Major Orges trug eine leichte Verwundung durch Baum-
splitter infolge einer nahe platzenden dänischen Bombe davon. Nun
versuchte das kaum 200 m vom Strande befindliche Kanonenboot
die Feldwache bei der Dittmar'schen Ziegelei durch Kartätschenfeuer
zu vertreiben und dort Truppen zu landen. Aber Major v. Brömbsen, dessen Bataillon wieder biwakirt hatte, verstärkte das gefährdete

---

*) Der dem 1. Bande dieses Buches beigefügte Gefechtskalender ist für
diese Tage nicht ganz genau. Es muß heißen: 30. Mai Scharmützel bei Atzbüll
31. Mai und 1. Juni Gefechte bei Alnoor.

Piket schleunigst durch einige Züge, so daß die Dänen von ihrem
Unternehmen ablassen mußten. Nachdem sie über 200 Schuß vergeblich verfeuert hatten, gaben die Kanonenboote nach 11 Uhr die
Beschießung von Gravenstein auf und ruderten dem Ekensunde zu,
ohne ihn freilich fürs Erste passiren zu können.

Es war auch dort die ganze Zeit hindurch sehr lebhaft herge-
gangen. Die Najade unterhielt aus ihren 20 Geschützen ein heftiges
Feuer; die Schützen des 7. Linien=Bataillons betheiligten sich an
dem Kampfe, und auch zwei in Ekensund ans Land gesetzte Schiffs=
geschütze schossen über den Sund hinüber. Dem gegenüber hielten
sich die braunschweiger 2. und 3. Kompagnie bei Alnoor anfänglich
in guter Deckung zurück und ließen nur schießen, wenn ein Schiff
des feindlichen Geschwaders sich unvorsichtig näherte, während umgekehrt die Hauptleute v. Bockelmann und Stutzer mit ihren
Kompagnien vom 2. Bataillon, die zur Ablösung des 1. Bataillons
nach Treppe sollten und irrthümlich zu nahe an den Strand geriethen, heftiges Schiffsfeuer aushalten mußten. Bald nach Mittag
kam aus Gravenstein der Befehl, Schützen an den Strand vorzuschieben, um den aus dem Nübel=Noor zurückkehrenden Kanonen=
booten die Durchfahrt durch den Sund zu verwehren. Im Sinne
dieses Auftrages gingen die Lieutenants Dedekind und v. Holy
mit ihren Zügen vor, und gleichzeitig die zur Ablösung bestimmten
Züge des 2. Bataillons. Durch das Beispiel ihrer Offiziere angespornt,
besetzten die Leute im heftigsten Kugelregen ein vorgeschobenes Haus
und die anstoßenden Erdwälle. Kaum hatten sie von hier das Feuer
gegen die am andern Ufer eingenistete feindliche Kompagnie aufgenommen, als die Korvette zwei Breitseiten (Kartätschsalven) hinter
einander abgab und damit das erwähnte Haus förmlich wegfegte.
Wunderbarer Weise wurde auch hierbei Niemand getroffen;*) aber
es war klar, daß diese ausgesetzte Stellung nicht länger haltbar war.
Die Leute arbeiteten sich aus dem Schutt heraus, krochen auf dem
Bauche zurück und suchten einige 100 Schritt dahinter eine andere
Stellung auf, wo die Offiziere dem zwecklosen Schießen Einhalt geboten. Auch die Najade, von der man 105 Schüsse gezählt hatte,
stellte nun ihr Feuer ein, und das Gefecht war vorläufig beendigt,

---

*) Bei der 3. Kompagnie des 2. Bataillons thaten sich Korporal Walter,
Soldat Libau und namentlich Soldat Esche durch große Kaltblütigkeit rühm-
lichst hervor.

so daß das 2. Bataillon die Stellung allein besetzt behalten konnte. Freilich kamen zwischen 6 und 7 Uhr Abends nochmals etwa 90 Schuß von der kampfeslustigen Korvette geflogen, veranlaßt durch zwei Schweriner Dragoner, die ihre liegen gebliebene Fourage aus einem verlassenen Hause vor Alnoor holen wollten. Aber auch diesmal hatte es bei der Zerstörung des betreffenden Hauses, hinter welchem übrigens ein Doppelposten der 3. Kompagnie des 2. Bataillons stand, sein Bewenden. Auch nach diesem Schießen wurden mehr als 100 dänische Kugeln, theils 24=, theils 48=Pfünder, von den Soldaten am Strande gefunden. Nach 9 Uhr Abends gelang es den Kanonenbooten aus dem Rübel=Noor, durch den Sund hindurch glücklich das Freie zu gewinnen, wo inzwischen das Dampfschiff Geyser eingetroffen war und die Nacht hindurch verblieb. Im braunschweigischen Regiments=Biwak, das diesmal in einiger Entfernung vom Schlosse an der Straße nach Quars aufgeschlagen wurde, erschien am Abend General=Lieutenant Halkett, um die Lage an dieser gefährdeten Stelle persönlich in Augenschein zu nehmen. Er befahl, unbedingt bis zu der am folgenden Tage zu erwartenden Ablösung durch die Preußen Stand zu halten.

General v. Wrangel hatte angeordnet, daß die Bundesdivision am 2. Juni im Sundewitt durch die Division Radziwill abgelöst werden solle, um nördlich und westlich von Flensburg Ruhequartiere zu beziehen, während die Schleswig=Holsteiner den Bezirk südlich und östlich dieser Stadt innehatten. Die Braunschweiger bei Gravenstein erwarteten die Bundesgenossen in einer wohl vorbereiteten Vertheidigungsstellung, vor welcher aber an diesem Morgen alles ruhig blieb. Nach 11 Uhr langten zunächst die 3. Kompagnie der Garde=Schützen und ein Zug Zieten=Husaren, später auch das Füsilier=Bataillon des 31. Infanterie=Regiments in Gravenstein an. Oberstlieutenant Wiesner übernahm mit diesen Truppen die Vorposten und hatte die Ablösung gegen $2^1/_2$ Uhr beendigt. Ehe das braunschweigische Regiment nach seiner neuen Unterkunft um Bau abrückte, händigte Oberst v. Specht vor versammeltem Regiment seinem Bruder das Kommandeurkreuz des ihm für Bilschau verliehenen braunschweigischen Ordens ein und brachte dem Herzoge ein Lebehoch. Gegen 6 Uhr wurden die neuen Quartiere erreicht.

In Bau selbst lagen die Stäbe der Avantgarde und der 4. Infanterie=Brigade, die Batterie und zwei Kompagnien des

1. Bataillons mit dem Bataillonsstabe. Da diese Belegung für die Verhältnisse des Dorfes sehr stark war, hatten die in Waldemars-toft*) und Niehuus untergekommenen anderen beiden Kompagnien das bessere Loos gezogen. Das 2. Bataillon fand seinen an der Straße nach Tondern gelegenen Unterkunftsort Weibek vom Pase-walker Kürassier-Regiment besetzt; doch wurde eine Verständigung erzielt; das Bataillon belegte auch die Krüge Frydendal und Rödebek. Nach Anordnung des Oberkommandos wurde von Wassersleben an der Flensburger Föhrde bis nach Bau eine Vertheidigungsstellung unter Leitung des Chefs des Generalstabes der verbündeten Armee, Generalmajors v. Stockhausen, befestigt. Die hannoversch-braun-schweigischen Pioniere wurden dazu nach Niehuus verlegt. Die beiden Ruhetage kamen den Truppen sehr gelegen, da sich in den letzten Tagen zur Körper- und Sachenreinigung kaum Zeit gefunden hatte. Es hatte den Anschein, als solle jetzt eine längere Ruhezeit eintreten, zumal auf den 5. Juni eine friedliche Parade zur Feier des Geburtstages des Königs von Hannover angesetzt wurde.

Nur für das 2. Bataillon traf ein Auftrag kriegerischer Art ein. Von der auf Alsen und im Sundewitt versammelten dänischen Hauptarmee war nämlich ein sogenanntes Jütisches Flankenkorps von 6 Bataillonen, 4 Reiter-Regimentern und 3 Batterien abgezweigt, welches um die Monatswende unter Oberst v. Juels Kommando mit den Hauptkräften über Hadersleben gegen Apenrade vorrückte und eben jetzt durch ein vom Sundewitt fortgezogenes Reserve-Jäger-korps vermehrt wurde. Die durch 1 Bataillon und 6 Geschütze ver-stärkte Kavallerie-Brigade des Oberstlieutenants Pfaff begleitete dieses Vorgehen in der rechten Flanke und ließ am 2. Juni von Jersdal aus durch den Rittmeister v. Würtzen mit der 1. Eskadron des 6. Dragoner-Regiments eine Aufklärung über Arrild gegen Lügum-kloster ausführen und diesen ansehnlichen, deutschgesinnten Flecken unter Gefangennahme seiner kleinen Besatzung (2 Unteroffiziere, 20 Mann Schleswig-Holsteiner) besetzen. Auch am 3. Juni fühlte die Pfaff'sche Reiterei nach mehreren Seiten vor, nämlich nach Apenrade, nach Rothenkrug und nach Hellewatt. Am letztgenannten Orte traf Rittmeister v. Barneckow mit der 4. Eskadron des

*) In Waldemarstoft lag der zur 2. Kompagnie gehörige 4. Zug unter Lieutenant v. Holy.

6. Dragoner-Regiments, — derselben, deren Danebrog sich in braun-
schweigischem Besitze befand —, ein und patrouillirte nach Jordkirch,
Bredewatt und Lügumkloster.

Diese bedrohlichen Nachrichten waren dem General v. Wrangel
nicht verborgen geblieben und veranlaßten ihn, auch seinerseits am
4. Juni größere Aufklärungen gegen Apenrade und Lügumkloster ins
Werk zu setzen. Das erstere Unternehmen führte Oberstlieutenant Graf
v. Waldersee mit zwei preußischen Garde-Bataillonen und einer
Kürassier-Schwadron aus. Mit der Leitung des Zuges gegen Lügumkloster wurde Oberstlieutenant v. Paczinsky betraut und ihm Premier-
Lieutenant Wyneken vom hannoverschen Generalstabe beigegeben.
Unter seinen Befehl wurden das 2. Bataillon Braunschweig unter
Major v. Specht und das statt der Königin-Husaren seit dem
2. Juni zur Avantgarde gehörige hannoversche 1. Dragoner-Regiment
unter Major Reinecke gestellt. Der am 3. eingehende Auftrag für
den Detachementsführer lautete: „Da wiederholte Nachrichten hier
eingegangen sind, daß feindliche Detachements bis Lügumkloster und
gegen Tondern vorgedrungen sind und die von dorther stattfindenden
Zufuhren erschwert haben, so ersuche ich, das Nöthige zu veranlassen,
damit morgen in aller Frühe ein Detachement von einem Bataillon
und einem Kavallerie-Regiment (wohl am geeignetsten die aus Weibek
und Bommerlund) eine Rekognoszirung über Tingleff und Rapstedt
bis gegen Alsleben mache, den schwächeren Feind, wo es ihn finde,
angreife und zurückwerfe, womöglich Gefangene einbringe, genaue
Nachrichten über den Feind einziehe und dann über Tondern den
Rückweg zur Armee nehme. Es werden, — wenn nicht unvorher-
gesehene Fälle eintreten, die den Kommandeur dieses Detachements
entweder veranlassen, in der Gegend von Tondern zu bleiben oder
einen früheren Rückzug anzutreten —, zwei bis drei Tage auf diese
Expedition zu verwenden sein. In Tondern befindet sich noch heute eine
Kompagnie und eine Eskadron holsteinischer Truppen; jedoch ist nicht
gewiß, ob dieselben sich auch morgen noch dort befinden werden".
Am 4. Juni brach Oberstlieutenant v. Paczinsky zu sehr
zeitiger Stunde zu dem befohlenen Streifzuge nach dem westlichen
Schleswig auf. Das 2. Bataillon verließ Weibek schon um 1 Uhr
Nachts; die Dragoner, deren Quartiere von Bommerlund bis nach
Ostergeil zurückreichten, werden kaum viel später abmarschirt sein.
Bei Baistrup sammelte sich das gegen 700 Mann zählende Detache-

ment. Das Bataillon Specht erschien mit 509 Streitbaren,[*] das Dragoner-Regiment mit drei Eskadrons zu 60 Pferden. Um 5 Uhr begann der gemeinsame Vormarsch; die Tornister der Infanterie wurden gefahren. Die Straße war ein tiefer Sandweg, dessen Staub bei dem herrschenden Winde den Marsch des Detachements leicht hätte verrathen können, wenn ihn nicht ein leichter Regen niedergeschlagen hätte. Um 1½ Uhr machte Paczinsky in Rapstedt Halt und ließ, während die Truppen aßen, durch Dragoner-Patrouillen gegen Quorp, Arendorf, Alsleben und Hoist aufklären. Kaum hatten die Mannschaften sich einquartiert, als die Meldung einlief, bei Bedstedt sei eine dänische Dragoner-Schwadron bemerkt worden, die eben beim Futtern begriffen sei. Sofort befahl der Oberstlieutenant den weiteren Vormarsch. Zwei Kompagnien blieben zur Besetzung des Defilees von Rapstedt zurück; das Uebrige rückte über Heisel vor. Bald genug sollte die voraustrabende Reiterei auf den Feind stoßen. Rittmeister v. Würtzen war an diesem Tage von Galstedt aus wieder zu einer größeren Aufklärung entsendet worden. Er hatte drei Schwadronen unter sich, deren eine sich nach Hellewatt gewendet hatte, während die andern beiden, — die 1. und 2. des 6. Dragoner-Regiments —, seit 11 Uhr Vormittags bei Bedstedt hielten, gedeckt durch eine bei der Arendorfer Mühle aufgestellte Feldwache der 2. Eskadron. Die Stader Dragoner gingen auf Paczinskys Befehl vor, nahmen den Arnau-Uebergang bei der Mühle nach wenigen Schüssen in Besitz, verfolgten den weichenden Feind und holten ihn beim Sieverkruge ein, wo sie mit bemerkenswerthem Schneid zur Attacke anritten und 2 Offiziere, 25 Mann, 23 Pferde gefangen nahmen. Auch der tapfere Würtzen, der sich am Tage von Schleswig durch eine verwegene Attacke einen Namen gemacht hatte, war unter den Gefangenen. Außer dem Detachementsführer hatte auch der seinem Bataillon vorausgeeilte Major v. Specht dem schönen Reiterangriff der Hannoveraner beigewohnt. Die beiden vorgezogenen Kompagnien waren kaum über Heisel hinaus, als die siegreichen Waffengefährten mit ihrer Beute zurückkehrten.

Um 5 Uhr Nachmittags war das ganze Detachement wieder in Rapstedt vereinigt, wo Mannschaft und Pferde gehörig verpflegt wurden.

---

[*] Jedoch ohne seine Fahne, die für die Zeit des Streifzuges zum 1. Bataillon gesendet war.

Oberstlieutenant v. Paczinsky verhörte die Gefangenen und erfuhr
von ihnen die ganz richtige, ihm aber unglaubwürdig erscheinende
Nachricht, daß in Galstedt 9 Schwadronen und 3 Bataillone mit
Artillerie ständen. Durch seine Patrouillen hatte er ferner erfahren,
daß Tondern noch von den Holsteinern, Lügumkloster dagegen von
den Dänen besetzt sei.*) Rapstedt war sehr wenig zur Vertheidigung
geeignet, dagegen Angriffen sowohl von Galstedt als auch von Lügumkloster her ausgesetzt; auch ging die Nachricht von der Rechtsziehung
des preußischen 2. Küraffier=Regiments aus Tingleff nach Weibek
und Bommerlund ein, so daß die Flankendeckung von dieser Seite
aufhörte. Unter diesen Umständen hielt der Oberstlieutenant es für
geboten, sein Detachement noch um 9 Uhr Abends nach Bülderup
zurückzuführen, wo es nach zweistündigem Marsche eintraf und in
großer Alarmbereitschaft, die Pferde gesattelt, in enge Unterkunft ging.
Die Gefangenen wurden in der Kirche untergebracht und am andern
Morgen durch 1 Offizier 10 Mann vom 1. Dragoner=Regiment nach
Flensburg abgeführt. Während der Nacht traf der Vorschlag des in
Tondern befehligenden Rittmeisters v. Holstein zu einer gemeinsamen
Unternehmung gegen Lügumkloster ein. Paczinsky mußte seine
Mitwirkung wegen zu großer Ermüdung seiner Leute und Pferde
versagen, versprach aber, nach Tondern zu rücken, wohin sein
Auftrag ihn wies, und von hier aus den Holsteinern als Rückhalt
zu dienen, falls sie allein das Unternehmen versuchen sollten. Am
Tage darauf wollte er einen Handstreich gegen den Feind ausführen
und gab den Plan erst auf, als Holstein ihm meldete, die Dänen
seien überall abgezogen. Das Unternehmen hätte sich übrigens als
ein Luftstoß erweisen müssen, da Lügumkloster nur am 4. Juni von
11 Uhr Vormittags bis gegen Abend von einer halben Schwadron
der Fünischen (6.) Dragoner unter Lieutenant v. Löwenhjelm besetzt
gewesen, zur Zeit aber schon wieder in holsteinischen Händen war.

Am 5. Juni brach das Paczinsky'sche Streifkorps um 5 Uhr
früh von Bülderup auf, erhielt nach fünfstündigem Marsche gute Quartiere in Tondern und konnte in dieser kleinen Stadt ein wenig der Ruhe
genießen. Weder von den Einwohnern, noch von den hier befindlichen
Theilen des Schleswigschen 5. Linien=Bataillons und 1. Dragoner=Regi-

---

*) Eine nach Alsleben entsandte hannoversche Patrouille war mit einer aus
Tondern kommenden holsteinischen Patrouille zusammengetroffen.

ments*) waren weitere als die oben erwähnten Nachrichten über den
Feind in Erfahrung zu bringen. Am 6. Juni trat das Detachement daher den Rückmarsch über Heistrup an. Unterwegs erfuhr Oberstlieutenant v. Paczinsky durch einen preußischen Kürassier-Offizier
die überraschende Neuigkeit, daß im Sundewitt statt der zum 5. erwarteten Parade ein blutiges Gefecht stattgefunden habe, dessen Erneuerung für den 6. als wahrscheinlich galt. Er glaubte nun im Sinne
seines Auftrages zu handeln, wenn er eine Aufstellung zur Flanken-
sicherung der Armee gegen Lügumkloster einnähme. Er blieb deshalb
mit 3 Kompagnien und 2 Schwadronen in Tingleff, um gegen
Bredewatt zu sichern, ließ eine Eskadron von Kraulund aus gegen
Heistrup beobachten und legte als Rückhalt für sie eine Kompagnie
nach Gaarde. In der That war General v. Wrangel nicht ohne
Sorge nach dieser Seite hin. Er hatte am 6. dem Oberstlieutenant
Poten befohlen, von Holebüll aus mit der vereinigten hannoverisch-
preußisch-holsteinischen Kavallerie den Rücken der Armee gegen Tondern
und Apenrade zu sichern und nöthigenfalls das Streifkorps des Oberstlieutenants v. Paczinsky an sich zu ziehen. Am 7. Juni aber
ging dem letztgenannten Offizier der Befehl zu, mit seinen Truppen
zur Avantgarde zurückzukehren. Gleichzeitig wünschte General Halkett
dem Detachement und seinem Führer Glück zu der Art, wie sie ihren
Auftrag erfüllt hätten. Wenige Tage darauf sprach sich General
v. Wrangel in ähnlichem Sinne aus. Auf seinen Vorschlag verlieh Herzog Wilhelm dem verdienten Peninsulastreiter das Kommandeurkreuz 2. Klasse des Ordens Heinrichs des Löwen, weil er sich
bei seinem Streifzuge ausgezeichnet benommen und seines Auftrages
mit großer Umsicht, Entschlossenheit und entschieden günstigem Erfolge entledigt habe. Als General Halkett am 20. September
die Beutegelder vertheilte, sprach er die Summe von 1050 Thalern,
21 Sgr., die auf den Paczinsky'schen Streifzug entfielen, zu gleichen
Theilen dem 1. Dragoner-Regiment und dem 2. braunschweigischen
Bataillon zu. Nachdem dieses am 7. Juni um 7 Uhr Abends in
Fröslee ins Quartier gegangen war, erfuhr es nach und nach von

---

*) Wenige Tage später lagen unter des Majors v. Fürsen-Bachmann
Befehl das ganze 5. Linien-Bataillon und 1. Dragoner-Regiment nebst 4 Geschützen in Tondern; am 5. Juni betrug die Besatzung aber wohl nur eine Kompagnie und eine Schwadron.

den in Bau liegenden Kameraden, was sich inzwischen im Sundewitt
begeben hatte.

Wie wir früher hörten, sollte der Geburtstag des Königs Ernst
August am 5. Juni durch ein militärisches Schauspiel festlich begangen
werden. Diese Anordnung fiel bei der damals herrschenden Bundes=
freundschaft nicht auf. Fuhr doch auch der Herzog von Braunschweig
an diesem Tage zur Gratulation nach Hannover, wo er den eben
aus England zurückkehrenden Prinzen von Preußen zu dem gleichen
Zweck anwesend fand! So erschien es Jedem natürlich, daß auch
die verbündete Armee, von der ein so großer Bruchtheil aus Han=
noveranern bestand, den Tag feiern sollte. Der am 3. ausgegebene
Paradebefehl bestimmte, daß die Truppen mit Ausschluß der Vor=
postenbrigade um 10 Uhr früh so stark und sauber als möglich,
jedoch feldmarschmäßig gepackt, und mit eintägigem Proviant und
Futter versehen, bei Holebüll auf den vom Hauptmann v. Fransecky
näher zu bezeichnenden Plätzen bereit stehen sollten. Am 4. Juni
fand ein emsiges Putzen und Verpassen statt; denn Major v. Brömbsen
hatte der Erwartung Ausdruck gegeben, daß sein Bataillon in jeder
Hinsicht, namentlich auch im gleichmäßigen Sitze des Lederzeuges, so
vortheilhaft als möglich zur Parade erscheinen werde. Es versprach
ein anstrengender Tag zu werden; denn der Divisionsbefehl, wonach
die Truppen der Division um 9 Uhr früh am Wirthshause von
Holebüll bereitstehen sollten, wurde am späten Abend des 4. zu all=
gemeiner Verwunderung dahin abgeändert, daß dies schon um 3 Uhr
der Fall sein solle. Nur die nothwendigsten Wachen durften in den
Unterkunftsorten zurückbleiben. Auch sollte zur Feier des Tages und
wegen der zu gewärtigenden Anstrengungen, eine doppelte Zwiebacks=
portion zur Ausgabe gelangen und als eiserner Bestand in den
Tornister verpackt werden. Der Aufbruch aus Bau erfolgte am
5. Juni schon um 1½ Uhr Nachts. Der Marsch setzte sich aber,
abweichend von den bekannt gegebenen Befehlen, über Quars nach
Gravenstein fort, wo auf dem alten Biwaksplatze der Braunschweiger
von 8 bis nach 11 Uhr geruht wurde. Nachdem hier der arg ver=
kürzte Nachtschlaf ein wenig nachgeholt war, ging es vorwärts, aber
— gegen den Feind, zu der sogenannten blutigen Parade!

General v. Wrangel wollte den Dänen durch ein entschiedenes
Zurückwerfen auf ihren Brückenkopf den Wahn nehmen, als beruhe
der Rückzug aus Jütland und aus dem Sundewitt auf der Ueber=

legenheit ihrer Waffen. Nur um eine vorzeitige Warnung des Feindes durch Landeseinwohner zu verhindern, war der Paradebefehl erlassen worden. Den drei Divisions=Kommandeuren ging am Nachmittag des 4. Juni der Angriffsbefehl zu, in dessen Einleitung es hieß: „Für den Soldaten im Felde giebt es keine bessere Parade, als den Angriff des Feindes; die Parade am 5. d. M. wird also darin be= stehen, daß wir den Feind gemeinschaftlich angreifen, da wo wir ihn in unserm Bereiche finden, und ihn dort vom Festlande Schleswigs bis unter den Schutz seiner Kanonenböte zurückwerfen". Während die Brigade Möllendorff gegen Apenrade vorging und die Brigade Ranzow mit der hannoverschen Kavallerie und den Holsteinern bei Holebüll in Reserve blieb, sollte der Angriff selbst durch zwei Kolonnen erfolgen: links die Brigade Bonin über Ulderup und Satrup, rechts die Brigaden Marschalk und Schnehen über Atzbüll und Nübel. Es waren also zum Angriff gegen 14 000 Dänen nur 11 000 Mann bestimmt, während fast die gleiche Zahl zurückgelassen oder ander= weitig verwendet wurde! Diese ungünstige Kräftebemessung und der Mangel einer einheitlichen Zeitbestimmung für den Angriff hatten zur Folge, daß die blutige Parade lange nicht den großen Erfolg hatte, den der Oberbefehlshaber sich davon versprach. Freilich waren beide Angriffskolonnen angewiesen, um 10 Uhr vorzurücken, aber die rechte von Gravenstein, die linke von einem „hinter ihrem Vortrupp" selbständig festzusetzenden Sammelplatze! Bei der Stellung seiner Vorposten konnte General v. Bonin nicht wohl anders, als den Vortrupp bei Fischbek, das Gros bei Laygaard versammeln. Um aber von dort auf dem schwierigen Zickzackwege über Grüngrift, Kieding, Beuschau und Ulderup an den Feind zu gelangen, bedurfte es offenbar einer wesentlich längeren Zeit, als sie die Bundesdivision ihrerseits brauchte.

Dem erfahrenen Blicke des Generals Halkett entging dieser Mangel in der Gefechtsanordnung keineswegs, und er beschloß, auf eigene Verantwortung seinen Aufbruch zu verzögern. Erst nach 11 Uhr*) marschirte er von seinem Sammelplatz bei Gravenstein durch die preußischen, gleich darauf nach Fischbek abrückenden Vor=

---

*) Major v. Sichart sagt freilich: 10½ Uhr; aber gleichzeitige Aufzeich= nungen machen es sehr wahrscheinlich, daß mindestens das Gros nicht vor 11½ Uhr abgerückt ist, was auch in dem Moltke'schen Werke angegeben ist.

posten*) hindurch, ab und — stieß dennoch drei Stunden vor den
Preußen auf den Feind! Die für diesen Tag durch das 1. olden=
burgische Bataillon verstärkte Avantgarde Schnehen folgte bis Atzbüll
der Brigade Marschalk; denn die Hannoveraner sollten am Ehren=
tage ihres Kriegsherrn vorzugsweise verwendet werden. Bei Atzbüll
aber trennten sich die Wege: während die hannoversche Brigade der
Straße nach Rübel folgte, bog die Avantgarde nach links auf den
zur Rübelmühle führenden Kolonnenweg aus und bemühte sich ver=
gebens, durch starkes Ausschreiten mit der Nachbarbrigade auf gleiche
Höhe zu kommen. Als die Brigade Specht bei der Rübelmühle auf
den Feind stieß, war das Gefecht bei den Hannoveranern längst mit
Heftigkeit entbrannt.

Von den drei dänischen Brigaden, die unter General v. Schleppe=
grells Kommando auf dem Sundewitt verblieben waren, hatte die
Brigade Federspiel die Vorposten gegeben. Die 2. und 3. Kom=
pagnie des 5. Linien=Bataillons lagen an der Rübeler Windmühle
und hatten 4 Espignolen und 2 Geschütze bei sich. Die das ebenfalls
besetzte Dorf Rübel angreifenden Hannoveraner hatten den Oberst=
lieutenant v. Elern mit der 7. und 8. Kompagnie des 4. Regiments
gegen die Mühlenhöhe einschwenken lassen und ließen vom Gehöfte
Peter Petersen (nördlich des Runkierholzes) ihre 9pfündige Batterie
den Geschützkampf gegen die erwähnten vier dänischen Kanonen auf=
nehmen, während umgekehrt die braunschweigische Batterie mit den
mecklenburgischen Jägern und einem Dragonerzuge nach rechts den
Hannoveranern zu Hülfe gesendet wurden, bei denen auch das Jenssen=
Tusch'sche Freikorps focht.

Als die Avantgarde sich der Mühlenstellung näherte, waren die
beiden Kanonen der Batterie Bruun eben zum Abfahren genöthigt
worden; dagegen hielten die Espignolen noch bei den beiden Linien=
Kompagnien aus; auch trafen vom Vorpostengros aus Stenderup
die eigentlich zur Ablösung bestimmten drei Kompagnien des 1. Jäger=
korps ein. Als Oberst v. Specht hiergegen das 3. leichte Bataillon
zum Angriff vorschickte und dahinter seine braunschweigischen und
oldenburgischen Reserven sichtbar werden ließ, räumten die Dänen
die Mühlenhöhe und zogen auf Stenderup ab. Die Avantgarde be=
setzte die verlassene Stellung, von wo ihr Führer mit Besorgniß

_____

*) Nur zwei Kompagnien Garde=Schützen wurden in Ekensund belassen.

wahrnahm, daß von einer Gleichzeitigkeit des Angriffs keine Rede
war. Während rechts die Hannoveraner aus dem eroberten Rübel
hitzig zur Büffelkoppel nachdrängten, war links noch nirgend etwas
vom Anmarsche der Preußen bemerkbar. Um ihnen Zeit zum Heran=
kommen zu lassen, verweilte General v. Schnehen eine Zeit lang
auf der Mühlenhöhe, auf der die Batterie Prizelius ihre zweite
Feuerstellung einnahm. Aber General Halkett, dem es vielleicht
gerade recht war, wenn er ohne preußische Hülfe Erfolge erzielen
konnte, wünschte keine Verzögerungen in dem einmal begonnenen
Angriff und befahl das weitere Vorrücken, zumal im Armeebefehl
des Oberkommandirenden ausdrücklich empfohlen war, lange Feuer=
gefechte zu vermeiden, den Erfolg vielmehr im energischen Vordringen
zu suchen.

In Stenderup waren die von der Mühle gewichenen dänischen
Abtheilungen durch das 10. Linien=Bataillon und drei Kompagnien
des Odenser Freikorps aufgenommen worden. Letzteres hatte zuvor
ein aussichtsloses Vorgehen gegen die Mühlenstellung versucht und
war bei Begegaard mit Verlust geworfen worden. Ein Offizier
dieses Bataillons, Lieutenant Frh. v. Löwenskjold, ein Sohn des
Statthalters von Norwegen, wurde von den Premier=Lieutenants
v. Wachholz und Isendahl schwer verwundet aufgefunden und
ärztlicher Pflege übergeben, die sich übrigens als erfolglos erweisen
sollte. Beim Angriff auf Stenderup wurden wiederum in erster
Linie die Hannoveraner verwendet. Major Thorbeck ließ seine
2. Kompagnie das Dorf nördlich umfassen und ging selbst, die 4. Kom=
pagnie im zweiten Treffen zurückhaltend, mit dem Rest des Bataillons
gegen den nördlichen Theil des Dorfes vor. Dessen Südwestecke
wurde von den früher genannten beiden Kompagnien des 4. Regi=
ments angegriffen. Dazwischen, wahrscheinlich ebenfalls gegen die
Südhälfte von Stenderup, wurden auch Theile des braunschweigischen
Bataillons im Vordertreffen des Angriffs verwendet.*) Erheblich
scheint ihr Antheil nicht gewesen zu sein, denn sie erlitten nur un=
bedeutende Verluste. Soldat Velke der 4. Kompagnie blieb mit
einem Schuß in den Kopf sofort todt; Grenadier Becker II. der
1. Kompagnie wurde leicht am linken Unterschenkel verwundet.

---

*) Siehe Karte 9. — Erwähnung möge finden, daß sich die Fahne des
2. Bataillons, getragen vom Sergeanten Claes, ebenfalls beim 1. Bataillon befand.

Uebrigens belief sich auch der Verlust des 3. leichten Bataillons nur auf 1 Offizier und 2 Soldaten als verwundet. Das Dorf wurde von der Brigade Federspiel, obgleich ihr rechter Flügel rechtzeitig durch das 4. Linien-Bataillon von der Brigade Blom verstärkt wurde, vor dem kräftigen Angriff der Deutschen langsam, von Knick zu Knick weichend, geräumt und war etwa um 1 Uhr im unbestrittenen Besitz der Avantgarde. Fünf dänische Nachzügler und einige Truppen- fahrzeuge fielen dabei in die Hände der Sieger.

Am Ostrande von Stenderup machte die Avantgarde abermals Halt, um zunächst die südlich des Dorfes aufgefahrenen Batterien Prizelius und Orges durch Verfolgungsfeuer gegen die nach Düppel weichenden feindlichen Abtheilungen wirken zu lassen. Auch zwei preußische Haubitzen unter Lieutenant Petzel betheiligten sich von Nordwesten her an diesem Verfolgungsfeuer. Sodann nahm General v. Schnehen das Vorgehen gegen Düppel wieder auf, hielt aber jetzt das bisher stets vorn gewesene hannoversche Bataillon zurück und nahm dafür das oldenburgische Bataillon Tahsen ins Vortreffen. Nordöstlich des Stenderuper Holzes erhielt er vom Divisions-Kommandeur den Befehl zum Halten, da die preußischen Spitzen erst um $1\frac{1}{2}$ Uhr bei Satrup angelangt waren und nun Zeit zum Herankommen brauchten. Auch hatten die drei Bataillone Spechts bereits die verschanzten und stark besetzten Düppeler Höhen zu Gesicht bekommen und wurden von Rackebüll her durch Theile der Brigade Blom in der Flanke bedroht. Nach dieser Richtung schaffte freilich eine östlich von Stenderup auffahrende 9pfündige Halbbatterie unter Lieutenant Hartmann schnell Luft, aber eine Be- setzung von Düppel mußte zunächst unterbleiben. General v. Wrangel hatte dem General Halkett den bestimmten Befehl übersandt, zu halten, bis die Brigade Bonin in gleicher Höhe sei; „bis jetzt habe er allein gefochten; er möge nun auch die Preußen heranlassen".

Die durch den langen Marsch bei drückender Hitze auf staubigen Wegen sehr erschöpfte Brigade Bonin hatte nach einem kurzen Ruhe- halt bei Satrup ihr Vorgehen gegen Rackebüll und Düppel zwischen 2 und 3 Uhr begonnen. Die Füsiliere des 31. Regiments schlugen, gefolgt von denen des 20. und dem 1. Bataillon des 12. Regiments, unter Zurücktreibung der dort noch befindlichen dänischen Abtheilungen den Kolonnenweg ein, der von der Satruper Kirche direkt zur Düppeler Kirche führte. Sowie General v. Schnehen dies bemerkte,

nahm er auch seinerseits den Vormarsch nach dem von Abtheilungen
der Brigade Federspiel und dem 3. Jägerkorps besetzten Kirchdüppel
wieder auf. Der Ort wurde von den Dänen nach leichtem Widerstande aufgegeben. Ihnen nach rückten zuerst die 1. und 2. olden-
burgische Kompagnie ein und besetzten den Kirchhof; die andern
Theile der Brigade folgten. Oberst v. Specht selbst ritt mit seinem
Stabe nach seinem früheren Quartier, dem Pfarrhofe; aber Pastor
Kastens war mit seinen dänischen Freunden entwichen und sein
Haus leer. Jedoch fand man das am 28. Mai hier zurückgebliebene
Gepäck des Lieutenants Sympher vom 3. leichten Bataillon noch
vor. Inzwischen war auch Oberstlieutenant Wiesner mit den vier
Füsilier-Kompagnien der 31er in die Nordwestspitze des Dorfes eingedrungen, gefolgt von den 20ern unter Oberstlieutenant Schmidt.
Da erhielten die Bundestruppen den Befehl: Düppel den Preußen
zu überlassen und sich an die Straße Nübel-Sonderburg heranzuziehen. Dies geschah, und die Brigade Specht nahm eine Stellung
am Wege von Kirchdüppel nach dem eben erst von der Brigade Rye
geräumten Kruge Wielhoi, um der Brigade Marschalk bei ihrem nun
wieder aufgenommenen Vorgehen als Rückhalt zu dienen. Daß
während der geschilderten Vorgänge auf der Halbinsel Broacker eine
große Menge dänischer Pferde durch Bundestruppen entdeckt und
fortgeführt wurden, möge nicht unerwähnt bleiben; denn auch das
Bataillon Brömbsen erhielt nachmals seinen Antheil an den Beute-
geldern in Höhe von 134 Thalern 6 Sgr. ausbezahlt. Ueber das
Gehöft Alt-Frydendal hinaus setzte sich das Vorgehen der Hannoveraner
und der mecklenburgischen Jäger, die hier mit den 20ern und 31ern
Fühlung gewannen, nicht mehr weit fort. Die dänische Armee war
jetzt vollzählig in den Düppeler Schanzen versammelt, und ihre
Artillerie zeigte sich in der nun beginnenden heftigen Kanonade den
leichten deutschen Batterien entschieden überlegen, zumal jetzt auch
die Alsener Strandbatterien, sowie Kanonenboote vom Wenningbunde
her in den Kampf eingriffen. Um 4½ Uhr entschloß sich der Oberbefehlshaber, der von der Höhe 42 bei Rackebüll das Gefecht leitete,
den Kampf abzubrechen. Da er seine Garde-Brigade, die Mecklenburger, ein oldenburgisches Bataillon und die gesammte holsteinische
Division 20 km hinter den fechtenden Truppen stehen gelassen hatte,
fehlte es ihm in der That völlig an den zu einem Sturme auf die
Schanzen nothwendigen Reserven. Das zunächst beabsichtigte Liegen-

bleiben in den eroberten Stellungen zeigte sich den beherrschenden Schanzen gegenüber bald als undurchführbar, und um 5 Uhr mußte Wrangel den Befehl zum Zurückgehen in die Stellung Rübelmühle- Satrup erlassen. General Halkett erhielt diesen Befehl um 5¼ Uhr und brachte ihn pünktlich zur Ausführung, was bei der derzeitigen Stellung seiner Brigaden keinen Schwierigkeiten unterlag; übrigens wurde Oberst v. Marschalk noch in diesem Stadium des Gefechtes am Kopfe verwundet. Dem General v. Bonin aber ging der Rück- zugsbefehl erst später zu; er konnte ihn nur langsam bei seinen in den Dorfstraßen von Düppel und Surlycke zerstreuten Truppen ver- breiten, und diese waren, als eben jetzt dänische Gegenstöße und An- griffe auf Düppel begannen, nicht zum Zurückgehen zu bewegen, dehnten sich vielmehr auch nach rechts bis zum Strande des Wenning- bundes aus. Während die Bundestruppen zur Rübelmühle zurück- marschirten, entbrannte vorn bei der Brigade Bonin ein neuer heftiger Kampf! Der Mangel an Einheitlichkeit, der dieses Gefecht von vorn herein kennzeichnete, brachte es mit sich, daß jetzt die Preußen ohne die Hülfe der Bundesgenossen fechten mußten, so wie vorher diese ohne die preußische Unterstützung! Es war, als sollte der unbefriedigende Verlauf dieses Gefechtes, — des einzigen, welches Preußen und Norddeutsche gleichzeitig an den Feind brachte —, die zerfahrenen Zustände des deutschen Bundes wiederspiegeln!

Gegen 7 Uhr Abends, während die Preußen noch immer Düppel vertheidigten, bezog die mobile Bundesdivision ihr Biwak in der von Wrangel befohlenen Stellung. Als Vorposten lagen bei Rübel das Freikorps Jenssen-Tusch und eine hannoversche Husaren-Feld- wache, bei Begegaard das 3. leichte Bataillon und die beiden meck- lenburgischen Dragoner-Schwadronen. Das Gros beider Brigaden lagerte in Kolonnenlinie auf der Höhe neben der Windmühle. Die Gepäckwagen waren zurückgelassen, die Lebensmittel-Reserve nach Holebüll dirigirt. Man mußte also vom eisernen Bestande zehren, und es war längst dunkel, als die Leute zum Abkochen kamen. Auch blieb man stets in der Erwartung neuer Verwendung; denn der Gefechtslärm dauerte bei den Preußen bis nach 9 Uhr fort, und die Bundesdivision sollte den Dänen, falls sich ihr Angriff bis Satrup fortsetzen würde, in die Flanke stoßen. Dies wurde nicht nothwendig: die Brigade Bonin lag zur Nacht unbehelligt im Ortsbiwak zu Satrup; ihre Vorposten nahmen von Lundsgaard her Verbindung

mit denen des Bataillons Thorbeck. Zwischen 10 und 11 Uhr schreckte
ein blinder Alarm die ermüdeten Truppen aus dem Schlafe empor.
Er war durch eine mecklenburgische Dragoner-Patrouille, die in
Stenderup zwischen die dänischen Vorposten gerathen war, herbeigeführt. Der Schreckensruf: „Die Dänen sind zwischen uns" rief
eine große Verwirrung hervor; die Artillerie wurde bis Gravenstein
zurückgeschickt; bei den Vorposten fand ein blindes Schießen statt und
verbreitete sich auch auf die benachbarten Brandenburger vom 20. Regiment. Aber es dauerte nicht lange; bald konnten die Gewehre wieder
zusammengesetzt werden, und der Rest der Nacht verlief ruhig. Von
der braunschweigischen 1. Kompagnie wurden zwei Mann, Korporal
Heine und Hornist Karsten, nach dem nächtlichen Alarm vermißt.

Den 6. Juni hindurch verblieben die Verbündeten in ihren
Biwaks, in denen die Lebensmittelwagen leider nicht vor 5 Uhr
Abends eintrafen. Die Brigade Ranzow, die der Oberbefehlshaber
durch einen Nachtmarsch herangezogen hatte, stieß bei Tagesanbruch
zur Division. Die Dänen verhielten sich an diesem Tage völlig
abwartend, zogen ihre Vorposten sogar am frühen Morgen nach dem
Düppeler Berge zurück, und auch Wrangel erneuerte die Feindseligkeiten nicht. Er verlegte sein Hauptquartier nach Ulderup und
erließ von hier aus folgenden Armeebefehl: „Den Offizieren und
Soldaten der Armee sage ich hierdurch meinen wärmsten Dank,
spreche ich meine vollste Anerkennung aus, nicht allein für den Muth
und die Tapferkeit, mit welcher sie bei der Rekognoszirung des
gestrigen Tages den Feind in seinen verschanzten Brückenkopf zurück-
geworfen, sondern ebenso sehr für die Ausdauer und die Ordnung,
mit welcher sie die Schwierigkeiten des Terrains überwunden haben,
das dem Vorgehen im höchsten Grade hinderlich ist. Wir werden
heute auf dem gewonnenen Terrain bivouakiren und morgen in die
näher an den Feind vorgeschobenen Kantonnements abrücken. Diese
werde ich noch im Laufe des Tages den Truppen anweisen. Es
haben die betreffenden Kommandeure dafür Sorge zu tragen, daß
sie ihre Bagage und die Bedürfnisse für den heutigen Bivouak an sich
heranziehen oder, wo dies nicht möglich ist, die letzteren durch Re-
quisition aus dem Lande entnehmen. Wo es den Truppen an Brot
oder Branntwein fehlen sollte, sind diese von 12 Uhr ab in Quars
von dem Intendanturrath Loos zu empfangen". General Halkett,
der sein Hauptquartier am Abend nach Atzbüll verlegte, fügte hinzu:

„Wenn das hannoversche Kontingent an diesem Tage vorzugsweise
verwendet wurde, so hatte dies seinen natürlichen Grund darin, daß
Se. Excellenz der Oberbefehlshaber der Armee beschlossen hatte, den
Geburtstag Sr. Majestät des Königs von Hannover durch einen
Angriff des Feindes zu feiern, und ich freue mich, hinzufügen zu
können, daß die Truppen dem Tage Ehre gemacht haben". Am
7. Juni früh 8 Uhr brach General v. Schnehen, der am Abend
das Kommando der Division übernommen hatte, aus dem Lager auf
und führte die Truppen in ihre frühere Ortsunterkunft zurück. Das
braunschweigische 1. Bataillon traf bald nach Mittag in seinen alten
Quartieren Bau, Waldemarstoft und Niehuus wieder ein, und gegen
Abend langte, von Tondern kommend, auch das 2. Bataillon in
Fröslee, dem früheren Quartier des jetzt nach Flensburg verlegten
3. leichten Bataillons, an. Für das bisher meist getrennt gewesene
Regiment hob jetzt eine Periode der Vereinigung und verhältniß-
mäßiger Ruhe an.

26. Waffenruhe.

Nachdem die Scharte vom 28. Mai durch das siegreiche Vor-
bringen der Deutschen bis unter die Kanonen der Düppeler Schanzen
am 5. Juni ausgewetzt war, geriethen die Operationen für geraume
Zeit ins Stocken und kamen nie wieder recht in Fluß. Die strate-
gische Lage des deutschen Heeres war keineswegs günstig. Der
Mangel einer Flotte erwies sich bei dem Kampfe um die meer-
umschlungene Halbinsel mehr und mehr als verhängnißvoll. Auch
blieb es nicht verborgen, daß ein schwedisches Hülfskorps unter General
v. Löwenhjelm in Schonen versammelt und seit dem 8. Juni in
Kjerteminde und Nyborg auf Fünen in der Ausschiffung begriffen
war.*) Seit Mitte Juni stand es in der Stärke von 10 Bataillonen,
2 Eskadrons, 1 Batterie zwischen Middelfart und Affens an der
Küste des kleinen Belt in bedrohlicher Nähe von Nordschleswig und
konnte jederzeit durch eine in Schonen bereitgehaltene noch zahlreichere
Reserve verstärkt werden. General v. Wrangel erhielt zwar um
diese Zeit ebenfalls Verstärkungen, von denen bald näher zu sprechen
sein wird; aber er mußte sich bei der drohenden Haltung Rußlands

---

*) Schon am 5. Juni hatten mehrere schwedische Offiziere freiwillig in den
dänischen Reihen gefochten.

fortan mit einer streng defensiven Kriegführung begnügen, und da auch von dänischer Seite nichts Ernsthaftes mehr geschah, so schlief der Feldzug bis auf eine kurze Episode am Monatsschluß nach und nach ein. Gleichzeitig ging auch die Diplomatie wieder ans Werk, und wenn auch noch fast ein Vierteljahr bis zum amtlichen Abschluß des Waffenstillstandes verstreichen sollte, so kann doch der auf die Kämpfe vom 5. Juni folgende Zustand thatenlosen Feldlebens bereits als eine Art thatsächlicher Waffenruhe angesehen werden.

Es wurde schon erwähnt, daß das verbündete Heer im Laufe des Juni einige Verstärkungen erhielt. Sie bestanden aus dem hannoverschen 2. leichten Bataillon, einem oldenburgischen, einem mecklenburg-strelitzer, zwei hanseatischen Bataillonen, der preußischen 3. Jäger-Abtheilung, zwei hanseatischen Schwadronen, einer hannoverschen 6pfündigen Batterie, zwei oldenburgischen Geschützen und einer halben preußischen Raketenbatterie. Mit Einrechnung der aus allen Heimathsstaaten eintreffenden Ersatztransporte erhielt die Division Halkett bis zur Mitte Juni 2239 Mann, 8 Geschütze, bis zum Ende des Monats insgesammt 3615 Mann, 106 Pferde, 12 Geschütze Verstärkung. Diese überstieg den Abgang an Kranken u. s. w. nur um ein Geringes. Der Gesundheitszustand in der Bundesdivision wäre übrigens ein recht günstiger gewesen, wenn nicht die Krätze neuerdings in unerwünschtem Maße um sich gegriffen hätte. Da die oben erwähnten Verstärkungen nur sehr allmählich anlangten, verstrich der ganze Monat, bis die daraus sich ergebenden Abänderungen in der Eintheilung des Bundeskorps befohlen werden konnten.

Braunschweigischerseits waren weitere geschlossene Truppenkörper nicht zur Nachsendung gelangt. Nach den Ausschreitungen, die in den letzten Tagen des April vor dem Veltheim'schen Hause in Braunschweig stattgefunden hatten, mochte es dem Herzoge nicht gerathen erscheinen, ganz allein der Bürgergarde den Schutz der öffentlichen Ordnung zu überlassen. Er ließ den General Halkett benachrichtigen: daß er es vorziehe, die etwaigen Verstärkungen bis zu erneuter Anforderung in Braunschweig zu behalten, da jeder Tag ihres Dortseins ihrer Ausbildung förderlich sei. Sie sollten übrigens am Tage nach eintreffender Aufforderung mit der Eisenbahn zur Armee abgehen. Für jetzt wurden nur die am 30. April in Braunschweig eingestellten Rekruten abgesendet, deren Besichtigung bereits am 1. Juni stattgefunden hatte. Unter Führung der Lieutenants

Jäger, Hörstel, Schultz und v. Hüllessem trafen sie am 5. Juni in Rendsburg ein. Vier Tage darauf wurden 125 Mann dem 1., 1 Spielmann und 131 Mann dem 2. Bataillon als Ersatz über= wiesen, welche dadurch auf eine Dienststärke von 713 und 694 Köpfen gebracht wurden. Da die Ausbildung der Rekruten naturgemäß nur eine nothdürftige war, wurde sie in der nun folgenden ruhigen Kan= tonirungszeit durch täglich zweistündiges Exerziren nach Möglichkeit verbessert. Eine Entlassung der zur 5., 6. und 7. Altersklasse ge= hörigen älteren Mannschaft fand, den kriegerischen Verhältnissen Rechnung tragend, nicht statt. Ein durch die Braunschweigischen Anzeigen veröffentlichtes Gesetz vom 18. Mai bestimmte darüber: „Die im stehenden Truppenkorps und in der Reserve dienenden Soldaten, deren Dienstzeit am 1. Mai d. J. beendigt war, sollen verpflichtet sein, bis zum 1. Mai 1849 fortzudienen. Auf Stell= vertreter findet diese Bestimmung keine Anwendung". Mit Rücksicht auf die durch den Rekrutennachschub entstandene Stärke der Kompagnien befahl der Herzog am 19. Juni, daß jeder Feldkompagnie zur Entlastung des Feldwebels im Verwaltungsdienst ein Fourier hinzu= treten solle. Ein Antrag auf Gewährung einer Feldzulage, wie sie die hannoversche Mannschaft bezog, wurde mit der Begründung ab= gelehnt, daß der braunschweigische Soldat sich mit allen Bezügen einschl. der Kleinmontirungs= und der Mobilmachungs=Reparaturgelder auf 2 Thaler, 12 Gutegroschen, 11 Pfennige monatlich, also nur um einen Pfennig schlechter als sein hannoverscher Kamerad stehe. Dagegen wurden den bisher sehr schlecht gestellten Offizieren Ver= pflegungsgelder bewilligt, die für den Stabsoffizier 17, für den Hauptmann 16, für den Lieutenant 12 Gutegroschen täglich betrugen.

Von den Offizieren, welche die Rekruten gebracht hatten, reisten die Premier=Lieutenants Jäger und Hörstel am 10. Juni wieder ab; die andern beiden Herren blieben als über den Etat zugetheilt beim mobilen Regiment. Lieutenant v. Hüllessem wurde dem 1., Lieutenant Schultz dem 2. Bataillon überwiesen. Der Letztere war vor Jahresfrist verabschiedet und Steuerbeamter geworden, aber am 22. Mai auf seinen Antrag wieder angestellt; Hüllessem war im April als krank beim 3. Bataillon zurückgelassen worden. Am 13. Juni wurde dem Hauptmann v. Koch, der schon seit längerer Zeit fieber= krank im Hospital lag, der erbetene Abschied bewilligt. Die Grenadier= Kompagnie des 2. Bataillons ging an den neu beförderten Haupt=

mann Dedekind über; Lieutenant v. Münchhauſen II rückte zum
Premier=Lieutenant auf. Die bisher vom Premier=Lieutenant Dede=
kind geführte 3. Kompagnie des 1. Bataillons wurde der Führung
des Premier=Lieutenants v. Holy anvertraut. Im Anſchluß an dieſe
Perſonalien möge Erwähnung finden, daß der Stabsauditeur Graf
Görß=Wrisberg*) beim mobilen Korps eingetroffen war, und daß
Bataillonsarzt Dr. Lippelt am 16. Juni durch Auswechſelung aus der
Kriegsgefangenſchaft zurückkehrte. Er war im däniſchen Lazareth zu
Auguſtenburg als Arzt verwendet und mit 16 Speziesthalern beſoldet
worden, aber bei der Rückkehr beinahe preußiſchen Kugeln zum Opfer
gefallen, da von einem Poſten bei Ekenſund irrthümlich auf den
däniſchen Parlamentär und ſeinen Begleiter geſchoſſen wurde.

Die Zeit vom 7. bis 17. Juni war für die in Bau, Niehuus,
Waldemarstoft und Fröslee liegenden Braunſchweiger, wie ſchon be=
merkt, eine Zeit der Ruhe. Der Sundewitt blieb den Dänen über=
laſſen. Die preußiſche Diviſion hatte die Vorpoſtenlinie von Aßbüll
bis Stübbek und Arsleben beſetzt und den Bezirk öſtlich der Flens=
burg=Apenrader Straße belegt. Hinter ihrem linken Flügel lagen die
Schleswig=Holſteiner mit dem Hauptquartier in Bommerlund, und
hinter dieſen, weſtlich von Flensburg und rückwärts bis Handewitt,
die Truppen der Bundesdiviſion. Als Sammelpunkt der Armee war
Holebüll beſtimmt. Dahinter wurde als zweite Vertheidigungsſtellung
die Linie Kruſau=Bau befeſtigt bezw. weiter ausgebaut. Die
Bundestruppen waren zur Beſetzung der Stellung von Kruſau be=
ſtimmt, während die Preußen bei Bau die Mitte, die Holſteiner
weſtlich davon den linken Flügel bilden, die Reſerven an Kavallerie
und Artillerie bei Waldemarstoft Stellung nehmen ſollten. General
Halkett beſtimmte den Sammelplatz der Avantgarde nördlich von
Bau neben dem Ochſenwege, der 1. Brigade bei Kitſchelund, der
2. Brigade weſtlich von Harrislee. Zur Beſchleunigung der Alar=
mirung wurden zwiſchen Hönſchnap und Langberg ſechs Fanale er=
richtet. Das Fanal Nr. 3 am Südausgange von Bau wurde durch
eine Wache des Bataillons Brömbſen geſichert.

Am 14. Juni wurde die gewählte Vertheidigungsſtellung probe=
weiſe beſetzt. Am Tage vorher war dies durch einen Tagesbefehl
angekündigt worden; aber angeſichts der Erfahrungen vom 5. Juni

---

*) Geſtorben 22. Februar 1889 als Herzoglich Braunſchw. Staatsminiſter.

nahm die Truppe diese Mittheilung mit Mißtrauen auf und hielt
sich nachtüber gefechtsbereit. Der Befehl zum Ausrücken kam aber
erst um 7 Uhr Morgens, und es handelte sich wirklich nur um eine
Uebung. Die 4. Infanterie-Brigade besetzte den Nordrand des
Waldes bei Krusau, um den von diesem Dorfe nach Wassersleben
fließenden Bach zu vertheidigen. Bei der Morastigkeit seines Thales
konnte es sich nur um die drei Uebergänge handeln. Das 2. Bataillon
der Braunschweiger besetzte den Krusauer Mühlensteg und sicherte
nach rechts bis zur Chaussee, das 1. Bataillon die Chausseebrücke
und die Furt bei dem kleinen Orte Krusau. Hieran schlossen sich nach
rechts bis zur Kupfermühle das 3. leichte Bataillon und die Mecklenburger der Avantgarde an. Der überhöhende Rücken nördlich des
Krusaubaches wurde als vorgeschobene Stellung ebenfalls besetzt.
Die Hauptstellung südlich des Baches war durch die Pioniere künstlich verstärkt. Um 11 Uhr wurde die besetzte Stellung vom Oberbefehlshaber der Armee in Augenschein genommen; zwei Stunden
darauf wurde nach den Quartieren abgerückt.

Am 18. Juni kamen wieder die Bundestruppen und Schleswig-
Holsteiner in die erste Linie. Die Division Halkett nahm unter
Ablösung der Brigade Bonin den rechten Flügel, die Avantgarde
wieder ihre alte Stellung zwischen Atzbüll und Beken. Sie hatte
die mecklenburger Jäger und Dragoner an die 2. Brigade abgegeben und dafür das vom Oberstlieutenant v. Brandis befehligte
2. leichte Bataillon erhalten. Die beiden hannoverschen Bataillone
kamen jetzt nach Beken und Rinkenis, von wo sie die nach Munk-
mühle, Treppe und Alnoor zu gebenden Kompagnien stellten.
Das Regiment Braunschweig rückte Mittags nach 12 Uhr bei
drückender Hitze in Gravenstein ein, wo bis dahin die preußischen
Garde-Schützen und drei Kompagnien 20er gelegen hatten. Das
ganze 1. Bataillon und die Laue'sche (2.) Kompagnie des
2. Bataillons blieben in Gravenstein. Major v. Specht ging mit
seiner Grenadier-Kompagnie nach Fischbek, die Hauptleute v. Bockelmann und Stutzer mit ihren Kompagnien lösten in Atzbüll die
preußischen Vorposten vom 2. Bataillon des 20. Regiments ab.
Die Vorposten, an denen auch die in Gravenstein und Fischbek vertheilte Schwadron der Königs-Dragoner theilnahm, blieben nicht unverändert stehen, sondern wurden alle 24 Stunden in festem Turnus
abgelöst, so daß alle acht Kompagnien gleichmäßig am Vorpostendienste

theilnahmen. Wenn Kompagnien aus Gravenstein auf Vorposten zogen, so wurde ihnen das Gepäck mit den Kochkesseln und Lebensmitteln hingefahren. Die Stabsoffiziere wechselten im Dienst als Vorposten-Kommandeur ab; ein anderer Stabsoffizier leitete den Dienst der in und bei Gravenstein zu stellenden Pikets und Wachen.

Da die braunschweigischen Unterkunftsorte in der ersten Linie lagen, wurde von 9 Uhr Abends an streng auf Ruhe gehalten. Der Fanaldienst wurde wieder in alter Weise gehandhabt und ein neuer Kolonnenweg vom Südausgange von Gravenstein nach der Kirche von Rinkenis ausgebaat. Mit dem Feinde fand keine Berührung statt; denn General v. Hedemann hatte das Gros seines Heeres inzwischen nach der Gegend von Hadersleben überführt und nur ein Detachement von etwa 5000 Mann auf Alsen zurückgelassen, dessen Hauptbestandtheil die 2. Brigade (Hagemann) bildete. Die Halb-insel Broacker war von den Dänen geräumt, der Ekensund durch die 20er mit zusammengeketteten und versenkten Booten gesperrt, das letzte vor Alnoor zurückgebliebene Kanonenboot durch die Geschosse der preußischen Artillerie vertrieben. So gestaltete sich die jetzige Unterkunft bei Gravenstein bedeutend friedlicher als die frühere.

Am 20. Juni traf der Flügeladjutant des Herzogs, Hauptmann v. Hohnhorst, in Gravenstein ein, um die vom Herzoge verliehenen Orden für den Oberst v. Specht, den Oberstlieutenant v. Pac-zinsky und die für den 28. Mai dekorirten Offiziere, Unteroffiziere und Mannschaften der Ehrenkrook'schen Kompagnie zu überbringen. Das 1. Bataillon trat dazu um 7 Uhr Abends beim Graven-steiner Schloß an. General Hugh Halkett, bekanntlich ein alter Waffengefährte der Braunschweiger von Spanien her, erschien mit seinem ganzen Stabe aus Hockerup, händigte die Orden und Ver-dienstkreuze den damit Begnadigten unter entsprechender Ansprache selbst ein und brachte dem Herzog Wilhelm ein stürmisch aufgenom-menes Lebehoch. Der Herzog von Augustenburg wohnte mit seinem Sohne der Feier bei und brachte ein Hurrah auf den zwei Tage vorher zum General der Infanterie beförderten Halkett aus. Am folgenden Tage reiste Hohnhorst, nachdem er die braunschwei-gischen Vorposten abgeritten hatte, wieder ab und nahm die Dank-sagung des Offizierkorps, das vom Herzoge durch die Uebersendung von 2000 Cigarren erfreut worden war, mit. Am 27. nahmen das 1. Bataillon und die Batterie an der Einweihung eines kleinen

Grabdenkmals theil, welches sechs Soldaten aus vier verschiedenen
Kontingenten, worunter ein braunschweiger Kanonier, errichtet worden
war. Am gleichen Tage kehrten der ausgewechselte Soldat Diedel
und der Bediente des Regiments = Kommandeurs mit dessen Pferd
aus der Kriegsgefangenschaft zurück. Erwähnung möge noch finden,
daß das braunschweigische Regiment in diesen Tagen seinen höchsten
Krankenstand erreichte, indem das 1. Bataillon 27 Mann als
lazarethkrank, 15 Mann als revierkrank, das 2. Bataillon sogar 53
Mann im Lazareth, 1 Offizier, 7 Mann im Revier führte.
Inzwischen waren die von den norddeutschen Bundesstaaten bewilligten
Verstärkungen fast vollzählig eingetroffen. Am 25. Juni nahm da=
her die mobile Division auf Befehl des Königs von Hannover die Be=
zeichnung 10. Bundes=Armeekorps an. Eine Eintheilung desselben
in Divisionen unterblieb aber, da der Stab der 2. Division nach
der Korps=Schlußakte vorzugsweise vom holsteinischen Kontingent zu
stellen gewesen wäre, und von Oldenburg und Mecklenburg allein
nicht aufgebracht werden konnte. Das Bundeskorps zerfiel jetzt in
fünf Infanterie=Brigaden; eine Kavallerie= und eine Artillerie=Bri=
gade. Die jetzt vom Oberst v. Ludowig befehligte 1. Brigade
und die noch immer in Rendsburg und Kiel zurückgehaltene 3. Bri=
gade (Rettberg) bestanden gleich der Kavallerie= und Artillerie=
Brigade nur aus Hannoveranern; doch war das Bataillon Bremen=
Lübeck der Brigade Rettberg zeitweilig unterstellt. Die 2. Brigade
(Graf Ranzow) bestand jetzt aus dem oldenburgischen Kontingent, dem
Bataillon Hamburg und einer hanseatischen Dragoner=Schwadron,
die 5. Brigade (Generalmajor v. Elderhorst) aus allen Mecklen=
burgern, 2½ Bataillone, 2 Eskadrons, 1 Halbbatterie. Die 4. Bri=
gade (Oberst v. Specht), deren neue Zusammensetzung wir bereits
kennen lernten, bildete mit dem 1. hannoverschen Dragoner=Regiment
und der Batterie Orges die Avantgarde unter General v. Schnehen.

Man wußte, daß in Malmö der preußische Diplomat Graf
Pourtalès mit den dänischen Bevollmächtigten auf der Grundlage
einer einzusetzenden gemeinschaftlichen Regierung der von den deutschen
Truppen besetzt zu haltenden Herzogthümer über einen Waffenstill=
stand verhandelte. Für den Erfolg dieser Unterhandlungen mußte
es von Werth sein, die gegenwärtig bei Christiansfeld und Haders=
leben versammelte dänische Armee vom Boden Schleswigs zu ver=
treiben. General v. Wrangel trat zu diesem Zweck am 28. Juni

in zwei Kolonnen den Vormarsch nach Norden an. Die rechte
Kolonne bestand aus dem holsteinischen Korps und einem Theile
des 10. Armeekorps, die linke aus der durch zwei holsteinische Batterien
verstärkten Division Radziwill und einer aus preußischen Königin=
Kürassieren und hannoverschen Kronprinz=Dragonern zusammen=
gestellten Kavallerie=Brigade. Den Holsteinern und Bundestruppen
war die Haderslebener Chaussee, den Preußen die alte Straße über
Osterlügum und Jersdal zugewiesen. Da das 10. Korps ein Be=
obachtungskorps gegen den Sundewitt stehen ließ, brach es nur in
der Stärke von 9 Bataillonen, 1 Freikorps, 2 Kavallerie=Regimentern
und 5 Batterien nach Norden auf. Es waren im Wesentlichen die
1., 4. und 5. Brigade, die zur Theilnahme an dem Zuge gegen
Hadersleben bestimmt wurden.

Das braunschweigische Regiment wurde wieder getheilt, indem
das 1. Bataillon beim Detachement Ranzow zurückblieb, während
der Regimentsstab und das 2. Bataillon mit dem General v. Wrangel
abmarschirte. Wir begleiten zunächst das letztere auf seinem Zuge
nach Hadersleben. Es brach am 28. Juni um 5 Uhr früh bei
Kälte, Wind und heftigem Regen aus Fröslee auf. Da es
gerade Siebenschläfer war, sah man darin nicht eben eine günstige
Vorbedeutung. Als gleichzeitig eine Windmühle aufbrannte, glaubte
Jedermann, daß dies ein Signal für die Dänen sei; aber wohl mit
Unrecht, denn das feindliche Heer wurde thatsächlich überrascht. Der
Marsch war nicht weit; Halkett war angewiesen, seine Truppen an
diesem Tage nur bei Aarup, Stübbek und Enstedt zu versammeln.
Im Walde von Aarup bezogen die drei Bataillone der Avantgarde
ihr Biwak, und zwar schon vor 12 Uhr Mittags. Der voraus=
gesandte Premier=Lieutenant v. Wachholtz hatte in der dortigen
Domäne Stallungen für 360 Pferde besorgt, so daß selbst die
Dragonerpferde größtentheils unter Dach standen. Mannschaft und
Pferde lebten von der eisernen Portion, die am Abend aus dem
Magazine von Seegaard ergänzt wurde. Die Biwaksbedürfnisse
waren schon am Tage vorher in Quars empfangen und wurden der
Truppe nachgefahren. Ueber den Feind wurde an diesem Tage durch
die in Linie Bodum-Lunderup-Arrild*) auf Vorposten befindlichen

---

*) Auf Arrild hatte sich das Detachement v. Fürsen=Bachmann aus
Tondern gewendet.

Schleswig-Holsteiner ermittelt, daß seine Vorposten längs der Haderslebener Föhrde und von da westlich bis Stryhdstrup standen.

Der 29. Juni führte die Armee bis dicht vor Hadersleben. Die
Avantgarde des Bundeskorps verließ ihr Biwak um 6 Uhr früh.
Sie brauchte nicht gleich den Holsteinern Apenrade auf dem schwierigen
Kolonnenwege zu umgehen, sondern konnte, nachdem der Divisions-
Kommandeur um 7 Uhr ihren Vorbeimarsch abgenommen hatte,
durch die Stadt rücken, weil sich inzwischen herausgestellt hatte, daß
feindliche Schiffe nicht in der Bucht lagen. Bei Gjenner wurde die
Chaussee verlassen und auf durchweichten Landwegen über Skovby
nach Ustrup, dem Tagesziele des Gros, gerückt. Die Avantgarde
sollte in der Linie Hadersleben Damm-Ladegaard auf Vorposten
ziehen. Nach der Anordnung des Oberbefehlshabers waren diese
Vorposten bis zur Ankunft des 10. Korps von den Preußen zu
geben. Aber diese, die gar keine Chaussee zu ihrer Verfügung hatten,
langten später an, als die Bundestruppen, welche den über 4 Meilen
betragenden Marsch zur großen Zufriedenheit des Höchstkommandirenden
überraschend schnell zurückgelegt hatten. Durch die hannoverschen
Dragoner-Patrouillen wurde festgestellt, daß hinter dem Woyensbek
feindliche Vorposten standen. In der That war Oberstlieutenant
Kauffmann mit vier zum 3. Jägerkorps und 4. Reserve-Bataillon
gehörigen Kompagnien und einer Husaren-Abtheilung zur Sicherung
dieses Abschnittes in Hammeleff aufgestellt.

Es galt nun zunächst, den zwischen Ustrup und dem sonder-
barerweise Haderslebener Damm benannten See gelegenen Pamhoeler
Wald abzusuchen. Zu diesem Zweck gingen die drei Bataillone der
Avantgarde in der Reihenfolge 2. leichtes, 3. leichtes, 2. braunschweigisches in Kolonnenlinie nebeneinander mit 1000 Schritt Zwischenraum vor. Jedes Bataillon hatte zwei Kompagnien als Schützenlinie aufgelöst. Der Wald wurde unbesetzt gefunden und jenseits
desselben die dänische Feldwache vom 4. Reserve-Bataillon unter
Wechselung weniger Schüsse durch die Eimbecker Jäger zurückgedrückt.
Das Aussetzen der Vorposten geschah nicht ganz ohne Reibungen,
indem das Bataillon Specht, bei dem sich der Oberstlieutenant
v. Paczinsky als überzähliger Regimentsführer befand, auf höhere
Weisung nach der Südseite des Waldes zurückgenommen war und,
nachdem das Biwak bereits aufgeschlagen war, wieder vorgeholt
wurde. Der Abend war herangekommen, als gegenüber Törning-

mühle die Feldwachen im nördlichen Waldrande, die Pikets dahinter
im Walde, glücklich aufgestellt waren. Die Mecklenburger lagerten
mit dem General-Kommando bei Uftrup, die hannoversche Brigade
und die Königin-Husaren bei Högelund, die Artillerie weiter rückwärts.
Die Holsteiner waren an diesem Tage unter Gefecht siegreich bis
hart südlich von Hadersleben vorgedrungen; die preußischen Garde-
Vorposten hatten bei Ladegaard Anschluß an die Braunschweiger und
dehnten sich westwärts bis nach Strydstrup aus.

General v. Wrangel hoffte, daß der Feind in seiner befestigten
Stellung standhalten würde und befahl für den 30. den Angriff,
der sich hauptsächlich gegen die dänische rechte Flanke richten sollte.
Zu dieser Umgehung war außer der auf Maugstrup dirigirten preu-
ßischen Division auch die Kolonne Halkett bestimmt. Ihr war die
Marschlinie Jernhütte-Stüding und der erste Angriff auf die feindliche
Stellung zugewiesen. Das 3. leichte Bataillon blieb vor Christians-
thal und Törningmühle stehen. Die andern beiden Vorposten-
Bataillone sammelten sich am Morgen und rückten nach dem Divisions-
Sammelplatz Högelund. Eben wurde um 7 Uhr von hier aus der
Marsch begonnen, als vom Oberbefehlshaber die Mittheilung ein-
traf: der Feind habe seine Stellung während der Nacht unbemerkt
geräumt; die Armee solle sofort im Geiste und nach Anleitung des
Angriffsbefehles zur Verfolgung aufbrechen. Derselbe hatte für diesen
Fall der Kolonne Halkett die Richtung auf Moltrup, der Kolonne
Radziwill die Richtung über Simmerstedt angewiesen, um direkt
gegen die Rückzugsstraße des Gegners zu drücken. Die Marschrichtung
wurde daraufhin geändert; wenigstens sind die Bataillone der Avantgarde nicht über Jernhütte, sondern auf dem näheren Wege über
Törningmühle geleitet worden.*) Sie nahmen auf dem Wege nach
Hammeleff mit Staunen und aufrichtiger Bewunderung die groß-
artigen, zu stockwerkartiger Besetzung wahrhaft kunstvoll hergerichteten
dänischen Verschanzungen in Augenschein und waren recht zufrieden,
daß sie diese Schanzen nicht zu stürmen brauchten. Nachdem auf
dem verlassenen dänischen Lagerplatze bei Hammeleff ein wenig geruht
worden war, wurde der Marsch in der befohlenen Richtung im Korpsverbande fortgesetzt; der Oberbefehlshaber der Armee begleitete ihn.

---

*) Dies stimmt zwar nicht mit den Angaben bei Sichart und Moltke,
geht aber aus dem Tagebuche des Augenzeugen v. Wachholz mit Sicherheit hervor.

Von Moltrup aus ging es unter Benutzung eines hinter Raugstrup
beginnenden dänischen Kolonnenweges nach der Bjerning-Kirche an
der Chaussee Hadersleben-Christiansfeld. Hier gaben sich drei dänische
Ueberläufer, gebürtige Schleswiger, gefangen. Auch wurde ein großes
Kesseltreiben auf eine angeblich im Korn versteckte feindliche Abtheilung veranstaltet, aber kein Mann gefunden.

Bjerning-Kirche war der nördlichste Punkt, den die Braunschweiger im Verlaufe des Krieges 1848/49 erreichten. Nach zwei
Stunden des Wartens kam der Befehl zum Rückmarsch nach Hadersleben. Die holsteinischen Truppen waren dem Feinde bis nach
Wonsild hart südlich der jütischen Grenze gefolgt. Die Preußen
hatten von Christiansfeld und Fröbrup ihre Vortruppen bis nach
dem Grenzdorfe Ödis vorgeschoben. Auf allen Seiten war festgestellt,
daß der letzte Däne die Grenze hinter sich hatte; der Hauptzweck
des Zuges war also erreicht. „Jedenfalls," sagt Feldmarschall Moltke,
„war vor der Welt konstatirt, daß die Dänen nicht vermochten, das
Land mit den Waffen zu behaupten, dessen Besitz sie beanspruchten."
Ein Weiteres war nicht zu erreichen; denn das Einrücken in Jütland
war vom russischen Kaiser als Kriegsfall bezeichnet; auch hatte der
schwedische General Löwenhjelm sich sofortige Mittheilung über die
kleinste Grenzüberschreitung erbeten, um dann ohne Weiteres die
Feindseligkeiten zu eröffnen. Der deutsche Obergeneral hütete sich
wohl, ihm dazu Gelegenheit zu geben; aber er blieb, um seine Eroberung zu sichern, mit den preußischen und holsteinischen Truppen
in Nordschleswig dicht gegenüber der Grenze stehen und sandte nur
den General Halkett mit seinen Truppen nach dem Sundewitt zurück,
wo seine Anwesenheit nach den vom Grafen Ranzow eingegangenen
Meldungen bald nothwendig werden konnte. Die von der Bjerning-
Kirche zurückgesandten Bundestruppen rückten um 6 Uhr Abends in
Hadersleben ein und wurden hier einquartiert. Für den folgenden
Tag wurden für die Avantgarde Wagen angefordert, da noch am
Abend ein Befehl vom Oberkommando einlief, wonach die gesammte
Kavallerie und reitende Artillerie, sowie eine auf Wagen zu be-
fördernde Infanterie-Brigade noch im Laufe des 1. Juli am Sunde-
witt eintreffen mußten.

Es wird Zeit festzustellen, worin diese Besorgniß für die Halbinsel ihren Grund hatte. Das dort zurückgelassene Beobachtungskorps, mit dem die Besatzungen von Flensburg und Glücksburg unter

dem gemeinsamen Kommando des Oberst Graf Ranzow vereinigt
wurden, bestand aus zwei oldenburgischen, einem mecklenburgischen,
einem hannoverschen, einem braunschweigischen, einem hamburger und
einem holsteinischen Bataillon, sowie einer preußischen Jäger-Abtheilung,
ferner aus zwei mecklenburgischen und einer hanseatischen Schwadron,
einer mecklenburgischen und einer holsteinischen Batterie. Die drei
neuen, mit schwerem Geschütz armirten Strandbatterien bei Flensburg
wären den Befehlen des Grafen Ranzow gleichfalls unterstellt. Die
Truppen der vorderen Linie waren am 28. Juni derart vertheilt,
daß das 2. Bataillon des hannoverschen 6. Regiments in Baurup
den linken Flügel, das mecklenburgische 2. Musketier-Bataillon in
Beuschau die Mitte innehatte, während in und um Gravenstein der
rechte Flügel in folgender Art vertheilt war: in Gravenstein selbst
lagen zwei Kompagnien des 1. oldenburgischen, eine Kompagnie
des 1. braunschweigischen Bataillons und die mecklenburgische Halbbatterie mit einem halben Zuge Dragoner; in Alnoor eine braunschweigische Kompagnie, in Atzbüll zwei braunschweigische Kompagnien
mit einem halben Zuge (20 Mann) mecklenburgischer Dragoner.
Der Rest der Oldenburger stand in Fischbek und Trasbüll, die
übrigen Truppen weiter rückwärts in Wassersleben, sowie in Flensburg und Glücksburg.

Am 29. siedelte Graf Ranzow mit seinem Stabe nach Gravenstein über und ließ den vorgeschobenen Theil seines Korps eine ver-
sammeltere Stellung einnehmen. Die Postirungen in Gravenstein,
Alnoor und Atzbüll blieben davon unberührt, mußten aber die Vorpostenlinie nach links bis gegen Beuschau ausdehnen, wo sich der
Sicherungsbezirk der mecklenburgischen Dragoner anschloß. Die
übrigen Truppen wurden zumeist bei Rinkenis-Kirche versammelt; nur
die mecklenburger Muskettere kamen nach Quars, die hamburgischen
Dragoner nach Hockerup. Um sich vor Verrath sicherzustellen, ließ
der Graf den als Aufwiegler bekannten Gerichtschreiber Sörensen
zu Broacker durch den Premier-Lieutenant Rittmeyer mit 20 Freiwilligen nächtlicherweile festnehmen und nach Flensburg bringen.
Am 29. ging bei dem Obersten die Nachricht ein, daß der Feind
für den folgenden Tag einen Angriff beabsichtige. Indem er diese
von ihm für zutreffend gehaltene Kunde dem General v. Wrangel
meldete, fügte er hinzu, er werde einem Angriffe nördlich der Flensburger Föhrde in seiner Stellung oder nöthigenfalls bei Krusau

Widerstand entgegensetzen, sei jedoch einer bei Glücksburg erfolgenden
Landung gegenüber in schwieriger Lage. Indessen verstrich der Vor=
mittag des 30. ruhig, und erst gegen 6 Uhr Nachmittags lief die
Meldung des bei Atzbüll kommandirenden Majors v. Brömbsen
ein, daß eine dänische Kolonne aller Waffen im Anmarsch auf Nübel
sei. Es war ein um 12 Uhr Mittags durch den General Hansen
von Sonderburg vorgesendetes Aufklärungs=Detachement, bestehend
aus dem 6. Linien=Bataillon, dem 2. Jägerkorps, dem 2. Reserve=
Bataillon, der 3. Batterie und einer halben Espignol=Batterie. So=
bald aber die beiden braunschweigischen Kompagnien, in eine Schützen=
kette aufgelöst, in Stellung gegangen waren, traten die Dänen, ohne
sich in ein Gefecht einzulassen, sofort den Rückzug an. Als Graf
Ranzow eintraf, konnte er nur noch die Verfolgung durch einen
Theil der Vorposten anordnen, die sich bis nach Nübel fortsetzte.

Am Abend um 9 Uhr traf ein Ordonnanz=Offizier des Generals
v. Wrangel mit dem Befehle ein: Oberst Graf Ranzow solle so=
fort mit seiner gesammten Infanterie und Artillerie nach Flensburg
aufbrechen und dort das Kommando übernehmen. Nur die beiden
mecklenburgischen Eskadrons sollten im Sundewitt verbleiben. Noch
am 1. Juli würde ein Theil des Bundeskorps aus Hadersleben zur
Unterstützung eintreffen; die Besatzung von Glücksburg sei zu ver=
stärken, Krusau und die Kupfermühle möglichst zu halten. Diese
Anordnungen waren die Wirkung der am 29. vom Oberst Ranzow
erstatteten alarmirenden Meldung, der zwar eine wirkliche Gefahr
gar nicht zu Grunde lag, die aber dem Oberbefehlshaber nicht un=
glaubhaft erscheinen konnte; denn der unerwartete, eilige Abzug der
Dänen von Hadersleben hatte die Befürchtung nahe gelegt, daß sie,
ihrer amphibienartigen Natur entsprechend, das Gros ihrer Kräfte
wieder nach Alsen überführt haben könnten. Graf Ranzow brach,
dem Befehle Folge leistend, um $12\frac{1}{2}$ Uhr Nachts auf und kam um
6 Uhr früh in der Stellung von Krusau an. Er ließ sie durch
beide oldenburgische Bataillone, die preußische 3. Jäger=Abtheilung,
die hamburger Schwadron und die mecklenburgische Batterie besetzen
und übertrug dem Oberstlieutenant v. Raven das Kommando an
diesem Punkte. Er selbst ging mit dem braunschweigischen und dem
hannoverschen Bataillon nach Flensburg zur Verstärkung des schon
dort befindlichen Bataillons Hamburg unter Major Stern. Das
holsteinische 3. Bataillon legte er nach Glücksburg.

Noch im Laufe des 1. Juli wäre jede Gefahr für den Sunde-witt, wenn sie überhaupt bestanden hätte, geschwunden; denn wir wissen, daß der Rest der Bundestruppen im Eilmarsch anrückte. Die drei Bataillone der Avantgarde wurden um 5 Uhr früh in Haders-leben auf 2—300 Wagen verladen und fuhren um 6 Uhr ab. Ob-gleich die Wagen nicht mehr als 9—10 Mann faßten und die Dänen gegen 500 Fuhrwerke zu Vorspanndiensten entführt hatten, waren dennoch so viele herbeigeschafft worden, daß noch von mehreren Bataillonen der auf den Fußmarsch angewiesenen Brigaden die Tornister mitgenommen werden konnten. Die Wagenkolonne hatte eine Stunde Weges Ausdehnung. Das Regiment Königin-Husaren, welches das 1. Dragoner-Regiment bei der Avantgarde wieder ab-lösen sollte, die hannoversche reitende und die braunschweigische Batterie schlossen sich dem Marsche an. So ging es rasch über Gjenner südwärts und durch Apenrade hindurch, ohne an dieser ausgesetzten Stelle von feindlichen Kriegsschiffen belästigt zu werden. Südlich von Apenrade wurde aufgefahren und geruht; General Halkett hatte Sorge getragen, daß den Truppen hier ein Frühstück von Brot, Schinken und Branntwein, den Offizieren auch etwas Wein verabreicht wurde. Noch vor 6 Uhr Abends war der An-schluß an das Detachement Ranzow erreicht, und gleich darauf wurden die Vorposten wieder besetzt. In Kieding und Beuschau, dem Sicherungsbezirk der 3. mecklenburgischen Schwadron, wurde das 2. leichte, in Fischbek und Atzbüll, wo die 4. Schwadron stand, das 3. leichte Bataillon belassen. Das 2. braunschweigische Bataillon kam nach Gravenstein und stellte Strandwachen bis nach Beken hin-unter. Die Husaren waren in und bei Feldstedt, die reitende Batterie in Laygaard geblieben. General v. Schnehen und Oberst v. Specht mit ihren Stäben kamen gleich der Batterie Orges nach dem wohl-bekannten Gravenstein.

Am 2. Juli trafen aus Apenrade die 1. und 5. Brigade, aus Flensburg die Bataillone Brömbsen, Rupstein und Stern beim Korps wieder ein. Apenrade blieb durch ein hannoversches Detache-ment aus allen Waffen besetzt. In der Gegend Warnitz-Baurup kam die 1. Brigade, in Kieding-Beuschau die mecklenburgische Brigade, in dem gewohnten Bezirk an der Föhrde die Avantgarde, in Kitsche-lund-Kollund-Flensburg die oldenburgische Brigade unter, während das mit einer Batterie in Quars untergebrachte mecklenburgische

18*

Musketier-Bataillon als allgemeine Reserve diente und die 3. Brigade (hannoversches 2. Regiment, Bataillon Strelitz und Bataillon Lübeck-Bremen) nach wie vor die holsteinische Küste sicherte. Die Avant-garde war wie folgt vertheilt: 2. leichtes Bataillon in Atzbüll; 3. leichtes Bataillon und braunschweigische Batterie in Gravenstein; 1. braunschweigisches Bataillon und Königin-Husaren in Rinkenis; 2. braunschweigisches Bataillon in Beken. Dessen Strandwachen hatten nach rechts mit denen der bei Kollund stehenden Hamburger Verbindung zu halten. Mit dem Feinde fand keinerlei Berührung statt; denn beide Theile verhielten sich durchaus ruhig, und der Krieg versumpfte auf beiden Theilen des Kriegsschauplatzes mehr und mehr.

Das dänische Korps auf Alsen hatte auf den Besitz des Sunde-witt vollständig verzichtet. Es hielt tagüber eine kleine Besatzung in den Düppeler Schanzen, zog sie aber täglich beim Dunkelwerden auf den Brückenkopf zurück. Unter diesen Umständen beabsichtigte Wrangel, die Schanzen wieder zu besetzen und durch einige weitere Befestigungen sichern zu lassen. In der Nacht zum 8. Juli sollte diesem Befehle entsprochen werden und demnächst das ganze 10. Armee-korps nahe hinter den Höhen in Biwaks oder enger Ortsunterkunft vereinigt bleiben. 24 Stunden vorher kam Gegenbefehl mit der Be-gründung, daß ein Waffenstillstand nahe bevorzustehen scheine. Am 12. Juli wurde die Avantgarde in ihrer bisherigen, vorgeschobenen Unterkunft durch die 2. Brigade abgelöst. In Rinkenis und Beken übernahmen das 3. und 2. oldenburgische Bataillon den bisherigen Sicherungsbezirk der Braunschweiger. Das ganze Regiment der Letzteren kam mit dem 3. leichten Bataillon, einer Eskadron Husaren und den Stäben nach Flensburg selbst; das 2. leichte Bataillon nach Kollund, Wassersleben, Krusau, die braunschweigische Batterie nach Bau, der Rest der Husaren weiter nördlich. Ferner wurde das in Glücksburg befindliche 3. holsteinische Bataillon der Avantgarde unterstellt.

In Flensburg, wo das 2. Bataillon bereits am 11., das 1. mit den Stäben am 12. Juli einrückte, gewährte außer der lieblichen Umgegend das überaus bewegte Hafentreiben den Hauptreiz des Aufenthaltes. Es war von hohem Interesse, zu beobachten, wie die großen Kauffahrer aller Nationen sich vor der Einfahrt angesichts der mit 12-, 24- und 84-Pfündern armirten deutschen Hafenbatterien

nach der Flaggenordnung ausweisen mußten, und andernfalls durch
scharfe Schüsse zurechtgewiesen wurden. Zur Sicherung dieser schweren
Batterien wurden in regelmäßigem Wechsel Wachen gegeben. Im
Uebrigen war es ein wahres Ruheleben, das in Flensburg geführt
wurde. Am 15. Juli fand ein gemeinsames Liebesmahl aller Offizierkorps der Avantgarde statt, an welchem auch die Spitzen der Behörden und der Stadtkommandant v. St. Paul, zusammen etwa
70 Personen, theilnahmen. Am 19. war nordöstlich der Krusauer
Kornmühle eine Parade der Avantgarde, wobei sich an den zwei-
maligen Vorbeimarsch vor dem General Halkett einige Exerzir-
manöver anschlossen. Am selben Tage erließ die Ständeversammlung
der Herzogthümer zu Rendsburg eine in warmen Worten abgefaßte
Dankeskundgebung an die verbündete Armee.

Inzwischen war die seit dem Beginn des Monats thatsächlich
bestehende Waffenruhe auch amtlich eingetreten. Da die zwischen
Graf Pourtalès und dem dänischen Kammerherrn v. Reedtz zu
Bellevue bei Kolding geführten Waffenstillstands-Unterhandlungen
dem Abschlusse nahe waren, vereinbarten die beiden Oberbefehlshaber
eine Waffenruhe vom 15. bis 18. Juli und verlängerten sie zunächst
um einen Tag, dann bis zum 22., zuletzt bis zum 24. Abends.
Thatsächlich wurde am 19. zu Bellevue ein Waffenstillstands-Vertrag
für drei Monate unter durchaus sachgemäßen Bedingungen unterzeichnet. Schleswig sollte von 3000 Deutschen, Alsen von 3000 Dänen,
Holstein von der schleswig-holsteinischen Armee besetzt bleiben und
eine gemeinschaftliche Regierung beide Herzogthümer verwalten. Schon
waren im Wrangel'schen und im Halkett'schen Hauptquartier die
Vorbereitungen für den Rückmarsch des größten Theiles der Armee
im vollen Gange. Da zerschlug sich das ganze Uebereinkommen;
denn leider versagten beide Theile dem Vertrage ihre Bestätigung:
Preußen, weil inzwischen ein deutscher Reichsverweser, der Erzherzog
Johann, erwählt war, welchem König Friedrich Wilhelm IV.
nicht vorgreifen wollte; Dänemark, weil es mit dieser, noch von
keiner auswärtigen Macht bestätigten deutschen Centralgewalt nicht
abschließen zu können erklärte.

Wenn auch durch diese Verkettung unglücklicher Umstände die
Waffenruhe mit dem 24. Abends 10 Uhr ablief, so sollte es doch
zu einer ernst gemeinten Wiederaufnahme der Operationen nicht mehr
kommen. Es blieb beim eintönigen Sicherungs- und Vorpostendienst.

Am 20. Juli kam die 4. Brigade unter Ablösung der Mecklenburger ins Vortreffen: das 2. leichte Bataillon nach Beuschau; das 1. braunschweigische nach Baurup. Dahinter lagen: das 3. leichte im Fischbekholz, Kieding, Baurupfeld; das 2. braunschweigische in Trasbüll, Schweirup, Schobüllgaard. Die Königin-Husaren wurden in alle genannten Orte vertheilt; die Batterie und Ambulance kamen nach Langaard; Oberst v. Specht nahm sein Stabsquartier in Kieding. Am Tage des Quartierwechsels mußte das Bataillon Brömbsen schon um 1 Uhr Nachts aufbrechen; denn die Verlängerung der Waffenruhe war noch nicht bekannt, und die Vorpostentruppen sollten schon um 10½ Uhr ihre Plätze erreicht haben. . Man befürchtete offenbar, daß die Dänen den Geburtstag ihres Todfeindes, des Herzogs von Augustenburg, durch einen Angriff feiern würden. Aber die Waffenruhe wurde, wie wir wissen, verlängert, und auch nach ihrem Ablaufe ging der thatenlose Feldzug in alter Weise fort. Eine Kompagnie des 2. leichten Bataillons stellte durch eine nächtliche Aufklärung, welcher sich Premier-Lieutenant v. Wachholtz anschloß, fest, daß alles Gelände diesseits der Düppeler Schanzen vom Feinde frei sei. Am 30. wechselten die beiden braunschweigischen Bataillone unter sich die Quartiere. Jedoch übernahm das 1. Bataillon noch für einige Stunden die Vorposten des Nachbarbataillons bei Beuschau, da für alle hannoverschen Truppen eine Parade zwischen Quars und Feldstedt stattfand. Es wurden dabei viele Orden vertheilt, und auch die zu den Stäben kommandirten braunschweigischen Offiziere, Hauptmann v. Girsewald, Hauptmann Graf Görtz-Wrisberg und Premier-Lieutenant v. Kalm, trugen die 4. Klasse des Guelphen-Ordens davon.

In der Zeit der Kantonirung zu Baurup und Schweirup spielte sich ein Zwischenfall ab, der in allen militärischen und nichtmilitärischen Kreisen des Volkes, besonders aber innerhalb der Regierungen eine ungeheure Aufregung hervorrief. Wie schon erwähnt, war am 15. Juli der Erzherzog Johann von Oesterreich von der deutschen Nationalversammlung zum Reichsverweser erwählt und von allen Bundesstaaten anerkannt worden. Die tiefe Sehnsucht der Deutschen nach Wiederherstellung des Reiches unter dem Szepter eines starken Oberhauptes verfehlte nicht, an dieses Ereigniß die weitgehendsten Hoffnungen zu knüpfen, die in Braunschweig am 16. Juli bei Gelegenheit einer großen, vom Herzoge selbst besuchten Volksfeier auf

dem Kleinen Exerzirplatze ihren enthusiastischen Ausdruck fanden.
Auch die Offiziere und Mannschaften der kleinstaatlichen Kontingente
theilten diese hoffnungsfrohe Stimmung im vollsten Maße. Sie
fanden durchaus kein Arg darin, als vom Reichs-Kriegsminister,
General-Lieutenant v. Peucker, eine vom 16. Juli datirte Weisung
des Inhalts erging: alle deutschen Truppen sollten am 6. August
Mittags 12 Uhr dem Reichsverweser nach Vorlesung des von ihm
erlassenen Aufrufes an das deutsche Volk durch ein dreimaliges
Hurrah huldigen. Eine wesentlich andere Auffassung von der Sache
hatten aber die Regierungen. Sie geriethen allesammt in die größte
Besorgniß wegen ihrer bedrohten Souveränität, zu deren Grund-
pfeilern sie die möglichst unumschränkte Militärhoheit zählten. Herzog
Wilhelm reiste am 27. zu einer Berathung mit seinem königlichen
Vetter nach Hannover und erließ am folgenden Tage den Befehl,
daß die geforderte Huldigung seitens seiner Truppen nicht stattfinden
solle. Unter dem Drucke der öffentlichen Meinung, die sich in Volks-
versammlungen und Deputationen nachdrücklich kundgab, gab er
schließlich insoweit nach, als er am 6. August um 12½ Uhr auf dem
Großen Exerzirplatze am Nußberg eine Parade über das Husaren-
Regiment und Leibbataillon nebst den Stämmen des 3. Bataillons
und gleichzeitig über die Bürgerwehr und die staatenweise aufgestellten Meßfremden abhielt. Nachdem er die Linien abgeritten hatte,
ließ er einen schon fünf Tage vorher vollzogenen Erlaß verlesen,
der den Truppen von ihrer Unterstellung unter den Reichsverweser
Kenntniß gab. Ein Vorbeimarsch beschloß das militärische Schauspiel,
aus Anlaß dessen den Unteroffizieren und Mannschaften eine Tages-
zulage von 6 bezw. 4 Gutegroschen ausgezahlt wurde. Alle Offiziere
waren zum Diner ins Schloß geladen und nahmen am Abend an
einer Volksfeier auf dem Kleinen Exerzirplatze Theil.

Der Erlaß des Herzogs vom 1. August war einer ähnlichen
Kundgebung des Königs Ernst August nachgebildet und lautete:
„Seiner Kaiserlich Königlichen Hoheit dem Erzherzoge Johann von
Oesterreich ist zu kräftiger Förderung der Einheit und der gemeinsamen Interessen Deutschlands die Ausübung der Centralgewalt provisorisch übertragen. Indem Ich dieser Wahl Meine volle Zustimmung ertheile, habe Ich die Verwendung der bewaffneten Macht
des Herzogthums in derselben Weise und Ausdehnung, wie solche
bisher dem hohen deutschen Bunde unterstellt gewesen, Seiner

Kaiserlich Königlichen Hoheit dem Erzherzog Reichsverweser unter=
geordnet und hege das feste Vertrauen, daß Meine Truppen für die
deutsche Sache den stets bewährten Ruhm der Vaterlandsliebe und
echt kriegerischen Eigenschaften auch fernerhin bewähren und aufrecht
erhalten werden". Dieser Erlaß ging auch dem Kontingents=Kom=
mando im Sundewitt zu, wo einige Tage hindurch, wie bei allen
Kommandostellen, große Rathlosigkeit geherrscht hatte. Da Oberst
v. Specht angewiesen war, in Uebereinstimmung mit den hannover=
schen Truppen zu handeln, so wollte er den Erlaß am 6. bataillons=
weise zur Vorlesung bringen lassen. Am Vorabend des mit so
großer Spannung erwarteten Tages lief ein Schreiben des Generals
v. Wrangel ein, wonach für den 6. ein dänischer Angriff in Aus=
sicht stehe und alle Vorsichtsmaßregeln dagegen zu treffen seien.
Halkett befahl daher, daß alle Truppen auf ihren Alarmplätzen
versammelt stehen und die zu verstärkenden Vorposten einen regen
Patrouillengang gegen den Feind unterhalten sollten.

Der 6. August, ein Sonntag, begann unter Sturm und Regen.
Die um 9 Uhr ausgerückten Truppen mußten Unterkunft in Alarm=
häusern suchen. Alle Patrouillen=Meldungen lauteten friedlich, und
gegen Mittag gestattete der persönlich im Sundewitt eingetroffene
Oberbefehlshaber den Abmarsch der nach Nordschleswig bestimmten,
aber zur Vorsicht zurückgehaltenen Brigaden Elberhorst. Der Erlaß
vom 1. August wurde den einzelnen Abtheilungen, wo sie gerade
standen, in sehr wenig feierlicher Art mitgetheilt. An der Mittags=
tafel des Divisionsstabes in Hockerup aber wurde zwar das Wohl
des anwesenden Generals v. Wrangel, nicht aber das des Erz=
herzogs Johann ausgebracht! Man war noch sehr weit von der
deutschen Einheit entfernt; es bedurfte anderer Zeiten und anderer
Männer, um dem nationalen Sehnen Verwirklichung zu schaffen.

Man hat damals gemuthmaßt, daß die Angriffsbesorgnisse nach
Verabredung der Generale Wrangel und Halkett nur vorgeschützt
worden seien. Indessen ist aus den Feldakten des Oberkommandos
zu entnehmen, daß sie thatsächlich gehegt wurden. Sie waren aber
unbegründet: auch nachdem am 25. Juli ein neuer Oberbefehls=
haber, der General v. Krogh, an die Spitze der dänischen Armee
getreten war, blieb diese durchaus unthätig und beschränkte sich, ab=
gesehen von einzelnen Unternehmungen des kleinen Krieges, durch=
aus auf die Vertheidigung von Jütland und Alsen. Die vom

General Halkett an das Oberkommando gemeldeten Verstärkungen des Alsener Korps waren in Wirklichkeit sehr geringfügig. Sie bestanden nur in vier gegen Ende Juli aus Kopenhagen und Nyborg eingetroffenen Kompagnien Freigelooster (Frilodsmaend). Aber wurden dem General Hansen auch ganz mit Unrecht offensive Absichten zugeschrieben, — am 8. August wurden wieder alle Truppen der vorderen Linie gefechtsbereit gehalten und Vorposten-Aufklärungen angeordnet, — so genügte doch schon dieser Argwohn,*) um Einfluß auf die Vertheilung der deutschen Streitkräfte auszuüben. Am 1. August durfte General Halkett seine noch bei Apenrade befindlichen hannoverschen Truppen an sich ziehen. Dafür traf aus Nordschleswig die preußische Garde-Brigade mit den ihr zugetheilten beiden Schwadronen des hannoverschen (4.) Kronprinz-Dragoner-Regiments in Apenrade ein, wohin auch das Armee-Oberkommando kam. Von hier konnte sowohl das 10. Korps, das angewiesen war, sich vor überlegenem Angriff auf Holebüll zurückzuziehen, als auch gegebenen Falles die bei Hadersleben belassene, durch die mecklenburgische Brigade und fünf holsteinische Eskadrons verstärkte Brigade Bonin rechtzeitig unterstützt werden. Das Gros der schleswigholsteinischen Armee marschirte nach dem südlichen Schleswig ab und ermöglichte so die Heranziehung der Brigade Rettberg zum Armeekorps im Sundewitt.

Am 12. August verließen die Braunschweiger ihren länger als drei Wochen innegehabten Unterkunftsbezirk bei Baurup und Schweirup und marschirten nach der Gegend westlich von Apenrade. Es wurde aus allerlei Anzeichen auf eine dänische Offensive aus Jütland gerechnet. Halkett hatte daher Befehl erhalten, eine Brigade zur etwaigen Unterstützung der Mecklenburger in den Bezirk westlich von Apenrade zu senden, und eine zweite südlich dieser Stadt bereitzustellen. Er bestimmte dazu die Brigaden Specht und Rettberg und setzte gleichzeitig eine neue Eintheilung des Armeekorps fest. Die Brigade Specht trat dabei aus dem Verbande der aufgelösten Avantgarde und gab das 3. leichte Bataillon an die Brigade Rettberg ab. Sie bestand fortan aus dem braunschweigischen Regiment,

---

*) Mit ihm stand es auch wohl im Zusammenhange, daß Premier-Lieutenant Rittmeyer mit seinem 8. Zuge am 11. August abermals ausgesandt wurde, um den inzwischen freigegebenen Gerichtsschreiber Sörensen aufzuheben, welcher Anschlag wiederum gelang.

dem 2. leichten Bataillon, der 2. Eskadron des 1. oder Königs-
Dragoner-Regiments und der braunschweigischen Batterie nebst Ambulance. Zu dem Ortswechsel wurde um 11 Uhr nach dem Abkochen
abmarschirt, beim Durchmarsch durch Apenrade Lebensmittel empfangen
und von hier nach Anweisung des Generals Wrangel, dem die Brigade
unmittelbar unterstand, in die neuen Quartiere gerückt. Vom braunschweigischen Regiment ging das 1. Bataillon mit dem Brigadestabe
nach Soes, das 2. Bataillon nach Riesjarup; das hannoversche
Bataillon kam nach Ries. Aber diese Unterbringung war nur eine
vorläufige, da der Oberbefehlshaber seinen Sicherungsbezirk nach
Nordwesten bis zur Arnau ausdehnen wollte. Der Brigadestab ging zu
den Hannoveranern nach Ries; das braunschweigische 1. Bataillon
blieb zur Hälfte in Soes, und kam zur Hälfte nach Enleben. Vom
2. Bataillon wurde der Stab mit zwei Kompagnien in Hellewatt
und je einer Kompagnie in Orsleff und Klautoft untergebracht, ganz
nahe der Gegend, die das Bataillon schon auf dem Streifzuge nach
Tondern kennen gelernt hatte. Nicht weit davon lag in Hübewatt
die Dragoner-Schwadron der Brigade Specht. Die diesen Veränderungen zu Grunde liegenden alarmirenden Nachrichten waren wiederum
grundlos. Weit entfernt, offensive Pläne zu hegen, zog General
v. Krogh in diesen selben Tagen seine 1. Infanterie-Brigade und
die Reiterei nach Veile zurück. Von jener Seite war eine Wiederaufnahme der Operationen nicht mehr zu befürchten.

Deutscherseits wäre dies eher zu rechtfertigen gewesen; denn
eben jetzt standen sehr bedeutende Verstärkungen in Aussicht und
trafen vom 16. August an nach und nach ein. Das Reichs-Kriegsministerium hatte die Mobilmachung von nicht weniger als 33000 Mann,
4000 Pferden, 90 Geschützen verfügt, nahm aber von der Absendung
der österreichischen und bayerischen Division, sowie der sächsischen
Brigade infolge der widerstrebenden Haltung dieser Staaten vorerst
Abstand und ließ nur die mobil gemachten Theile des 8. Bundes-
Armeekorps nach den Elbherzogthümern abgehen. Sie bestanden aus
einer württembergischen Brigade, einer badisch-hessischen Brigade und
einer nassauisch-weimarisch-frankfurter Brigade,*) zusammen 15 Bataillone, 4 Eskadrons, 4 Batterien. Es gehört zu den seltsamsten

---

*) Das Weimarer Bataillon hatte vom 10. zum 11. August in Wolfenbüttel
Nachtquartier.

Widersprüchen dieses merkwürdigen Feldzuges, daß eine so erhebliche
Verstärkung, die freilich ohne die Unterstützung einer Flotte noch
immer nicht zur völligen Niederwerfung Dänemarks ausreichte, erst
anlangte, als der nie sehr kräftige Krieg bereits in den letzten Zügen
lag. Am 7. August, gleichzeitig mit dem Absendungsbefehle für das
8. Armeekorps, erging aus Frankfurt der Auftrag an Preußen, die
Waffenstillstands-Verhandlungen wieder aufzunehmen. Beides war verspätet! Die Verstärkungen konnten nichts mehr am Ausgange des
Krieges ändern; die Verhandlungen aber führten leider zu einem
erheblich schlechteren Ergebniß, als die vor vier Wochen ohne die
Mitwirkung der deutschen Centralgewalt gepflogenen.

Unter solchen Umständen lebten auch die Braunschweiger in
Soes, Hellewatt u. s. w. in so stiller und friedlicher Weise, daß
nichts davon zu berichten ist, zumal es an Ordrebüchern und Tage-
büchern für diesen Zeitraum völlig gebricht. An Personalveränderungen ist zu erwähnen, daß Premier-Lieutenant v. Kalm am
23. August für den verstorbenen Rittmeister Materne zum Hauptmann und Kriegskommissar ernannt wurde, und daß statt seiner
der Sekond-Lieutenant Osthoff zum Premier-Lieutenant aufrückte.
Oberstlieutenant v. Paczinsky stürzte gegen Ende des Monats mit
dem Pferde, und lag an den Folgen einige Zeit darnieder. Der
sonstige Krankenstand des Regiments betrug um diese Zeit: 2 Unteroffiziere, 50 Mann im Lazareth, 33 Mann im Revier. Der Stärkerapport vom 30. August wies eine Dienststärke des Regiments von
33 Offizieren, 112 Unteroffizieren, 65 Spielleuten und Hoboisten,
1319 Soldaten, 5 Bedienten und 19 Pferden nach, was einer durch-
schnittlichen Kompagniestärke von 186 Unteroffizieren und Mannschaften entspricht. Seit dem 19. war die kombinirte nassauische
Brigade des Generalmajors Alefeld dem 10. Bundeskorps mit
unterstellt. Um die Kontingente für den bevorstehenden Heimmarsch
zu sondern, wurde am 29. das hannoversche 2. leichte Bataillon zur
Brigade Rettberg, die 2. Eskadron der Königs-Dragoner zur
Brigade Schnehen versetzt; denn der Krieg ging jetzt thatsächlich
zu Ende.

Am 26. August wurde zu Malmö vom preußischen Generalmajor v. Below und dem dänischen Kammerherrn v. Bille ein
siebenmonatlicher Waffenstillstand unterzeichnet. Diesmal war die
Räumung der Herzogthümer durch die Truppen beider kriegführender

Mächte vereinbart worden. Nur blieb auf Alfen eine kleine dänische
Besatzung, in Schleswig ein Bundesdetachement von einem württem=
bergischen und einem badischen Bataillon, zwei hanseatischen Schwadronen
und einer großherzoglich heffischen Batterie, in Holstein die holsteinische
reguläre Truppenmacht zurück. Unter dem gemeinsamen Oberbefehle
des Generals v. Bonin standen diese deutschen Truppen zur Verfügung
der aus fünf Notablen gebildeten gemeinschaftlichen Regierung. Das
Beschämendste war, daß die grundsätzliche Aufhebung aller von der
provisorischen Regierung erlassenen Gesetze und Verordnungen zu=
gestanden wurde! Mehrere Tage vergingen noch darüber, bis die
Ratifikationen dieses traurigen Vertrages einliefen und er am
3. September in Wirksamkeit trat. Aber schon am 31. August be=
gann thatsächlich die Waffenruhe. Die Brigade Specht ging noch
am selben Tage nach Klipleff und Umgegend, am 1. September
nach Flensburg, am 2. nach Sieverstedt und Gegend. Hier traf der
Befehl ein, die Gewehre abzuschießen und nicht wieder zu laden.
Zum weiteren Abmarsch wurde die Armee in acht Marschkolonnen
eingetheilt, von denen das braunschweigische Kontingent die Kolonne
Nr. 3 bildete. Indessen erlitt der Weitermarsch noch einen zwei=
tägigen Aufschub, indem die Kieler provisorische Regierung angesichts
der Aufregung in der Bevölkerung der Herzogthümer Verwahrung
gegen den Malmöer Vertrag einlegte und Berufung an den Reichs=
verweser anmeldete. Auch die Frankfurter Nationalversammlung
drohte, der Uebereinkunft ihre Anerkennung zu versagen, und Prinz
Friedrich von Holstein=Noer forderte entrüstet seinen Abschied. Unter
solchen Umständen verließ das deutsche Heer das unter so schönen
Hoffnungen betretene Land. Feldmarschall Moltke's Schlußurtheil
über den Krieg von 1848 lautet: „Mit Erfolg begonnen, matt fort=
geführt und ruhmlos geendet, ließ er eine Macht dritten Ranges als
ebenbürtigen Gegner des angeblich geeinigten Deutschlands aus dem
Kampfe hervorgehen".

Die Operationsarmee sollte während des Waffenstillstandes nach
einer Verfügung des Reichs=Kriegsministeriums nicht als aufgelöst,
sondern nur als in weitere Kantonnements zurückgezogen gelten.
Die preußischen Truppen und die des 10. Armeekorps sollten in ihrer
Heimath in einer Bereitschaft gehalten werden, aus der sie im
Kündigungsfalle innerhalb eines Monats wieder in ihre gegenwärtigen
Stellungen in Nordschleswig und am Sundewitt einrücken konnten.

Die Rückkehr in die Heimath hatte ursprünglich nicht für alle Kontingente im Plane des Oberbefehlshabers gelegen. Noch am 16. Juli hatte er die Erlaubniß der hannoverschen Regierung dazu erbeten, daß außer dem hannoverschen auch das oldenburgische und braunschweigische Kontingent unweit Harburg verbleibe. Gleich darauf war für die Oldenburger die Enklave Eutin in Aussicht genommen, und nur die Braunschweiger sollten außer Landes bleiben. Indessen war es den Bemühungen des Hauptmanns Graf Wrisberg bald gelungen, auch für sie die Heimkehr zu erwirken, zumal ein ähnlicher Vorschlag auch von hannoverscher Seite erging. Der weitere Heimmarsch gestaltete sich derart, daß am 5. September Schleswig, am 6. Rendsburg erreicht und von hier am 7. mit der Eisenbahn nach Altona gefahren wurde. Diese Stadt, in der zwei Ruhetage gehalten wurden, fand man in böser Stimmung wegen der unbefriedigenden Waffenstillstands-Bedingungen. Nur mit Mühe konnte der Kommandirende der hier vereinigten Division des 8. Bundeskorps, General-Lieutenant v. Miller, ernstere Unruhen verhüten. Auch General Halkett hatte zur Zeit sein Hauptquartier in Altona. Major v. Specht und 7 Mann mußten hier als krank zurückbleiben, diese der Ueberrest der 17—19 braunschweigischen Soldaten, die schon seit längerer Zeit im Altonaer Lazareth lagen.

In Altona wurde der Armeebefehl bekannt gemacht, durch welchen General der Kavallerie Frh. v. Wrangel vor seiner Abreise nach Potsdam dem Heere Lebewohl sagte. „Der Waffenstillstand ist eingetreten," begann er, „und soll nun die Feder, nicht mehr das Schwert, den Frieden vermitteln. Als ich Euch die letzten Gewaltmärsche vom Süden nach dem Norden machen ließ, gab ich mich der Hoffnung hin, den Feind in seiner verschanzten Stellung bei Hadersleben zum Treffen zu bringen, und die Freudigkeit, mit der Ihr die Beschwerden jener Märsche ertruget, war mir ein Beweis dafür, wie gern Ihr Alle noch einmal an den Feind gekommen wäret. Aber ein wohlausgeführter Flankenmarsch und ein leichter Angriff auf Hadersleben waren ausreichend, Eure Gegner zu einem eilig-unaufhaltsamen Rückzug und zur Räumung von Nordschleswig zu zwingen, und so giebt es für uns hier Nichts mehr zu thun." Nachdem er seinem Danke für die Leistungen der Armee, besonders auch für ihre stets bewiesene Mannszucht, warmen Ausdruck gegeben und hervorgehoben hatte, das deutsche Vaterland könne stolz auf eine Armee

sein, in der im Sinn wie im Handeln die deutsche Einigkeit zur
Wahrheit wurde und die Weihe der Bluttaufe empfing, schloß der
General mit dem Rathe: „Bewahrt das Selbstvertrauen, das Ihr in
diesem kurzen Kriege gewonnen, und die schönen Erfahrungen, die
Ihr darin gemacht; übt Euch fleißig mit der erprobten Waffe, sendet
oft die Kugel nach fernem Ziel und laßt das wohlgeschliffene Schwert
nicht rosten an Eurer Seite, damit Ihr kampfbereit bleibet und seid,
wenn Ihr wieder ausziehen sollt zum Kampf." Wrangel's Haupt=
quartier sollte nach Stettin verlegt werden. Doch kehrte er auf seinen
dortigen Posten nicht wieder zurück, sondern blieb als Oberbefehls=
haber in den Marken zu Berlin, wo er zunächst mit Energie die
Ordnung wieder herstellte.

Das braunschweigische Regiment fuhr, nachdem es Tags zuvor
über die Elbe gesetzt worden war, am 10. September früh 6 bezw.
6¹⁄₂ Uhr mit der Eisenbahn von Altona ab und wurde um 3 Uhr
Nachmittags in Broitzem ausgeschifft, jubelnd empfangen von einer
zahlreichen Menschenmenge und dem zur Begrüßung entgegengerückten
Leibbataillon, sowie den Husaren. Die vier Truppentheile nahmen
in Kolonnenlinie Aufstellung und erwarteten so ihren Kriegsherrn.
Bald nahte, vom Hurrah der Truppen empfangen, der Herzog. Er
begrüßte die Truppen, ließ sich die dekorirten Leute der 2. Kompagnie
vorstellen und führte selbst, an der Spitze des mit doublirten Gliedern
rechts abmarschirten 1. Bataillons reitend, die Truppen nach der
Hauptstadt. Vor dem Hohen Thor nahm er den Vorbeimarsch ab und
begab sich sodann nach Richmond. Der Einzug des Korps setzte sich
über den Altstadtmarkt und die Fallersleber Straße nach der reich
geschmückten Kaserne fort. Hier ließ Oberst v. Erichsen die Husaren
und das Leibbataillon dem Infanterie=Regiment gegenüber Aufstellung
nehmen und brachte ein Hoch auf die Rückkehrenden aus. Oberst
v. Specht antwortete mit einem solchen auf die Daheimgebliebenen,
und im Hintergrunde ließ das Volk die Soldaten leben. Am
folgenden Morgen erschien der Herzog zu Pferde in der Kaserne und
sprach mit vielen Leuten. Um 3 Uhr gab er ein Gastmahl von
96 Gedecken, wozu das gesammte Offizierkorps des aktiven Korps
geladen war. Am Abend verweilte der Landesherr 1¹⁄₂ Stunden
lang in der Kaserne bei der Speisung und dem Tanzfest der Soldaten,
bei denen eine sehr fröhliche Stimmung herrschte. Als besonderen
Gnadenbeweis bestimmte der Herzog, daß den Familien der aus=

gerückt gewesenen Unteroffiziere und Mannschaften das Garnison=
Verpflegungsgeld von 1 Gutengroschen 9 Pfennigen vom Tage des
Ausmarsches an nachzuzahlen sei. Als Anerkennung für die Leistungen
des Regiments konnte es auch gelten, daß Oberst v. Specht im
Spätherbst 1848 durch Verleihung des preußischen Rothen Adlerordens
3. Klasse mit Schwertern und des Kommandeurkreuzes 2. Klasse des
hannoverschen Guelphen=Ordens ausgezeichnet wurde.

Einige Tage nach der Rückkehr wurde den Truppen ein aus Hannover den 19. September datirter Korpsbefehl bekannt gemacht, worin
General Halkett von seinen Truppen Abschied nahm. Er lautete
im Auszuge: „Ein langer Waffenstillstand hat unserer Thätigkeit im
Herzogthum Schleswig vorläufig ein Ziel gesetzt, und mit Ausnahme
der hanseatischen Dragoner=Division seid Ihr, meine braven Truppen,
jetzt auf dem Marsche in die Heimath. Zwar ruht noch die endliche
Entscheidung dieses Krieges im Dunkel der Zukunft, und durch Unter=
handlungen sucht man herbeizuführen, was uns mit den Waffen zu
Ende zu bringen nicht vergönnt war. Kann Euch darum jetzt auch
nicht das stolze Gefühl beseelen, der Sache, für die wir aufgerufen
und in den Krieg geführt wurden, durch große Thaten den Sieg er=
trotzt zu haben, so könnt Ihr doch mit Selbstgefühl und Zufriedenheit
in den jubelnden Kreis Eurer Heimath und Eurer Lieben zurück=
kehren. Ihr könnt es mit vollem Rechte; Ihr waret brav an den
Tagen der Gefechte, frisch und ausdauernd auf den stärksten Märschen,
thätig und wachsam auf den Vorposten in dem ungünstigsten Terrain,
freundlich und mit geringen Ausnahmen bescheiden gegen Eure Wirthe,
selbst da, wo man sie gelehrt hatte, Euch für Feinde zu halten, und
endlich waret Ihr gehorsam und folgsam den Befehlen und Weisungen
Eurer Vorgesetzten und Oberen. Seid versichert, daß es mich glück
lich macht, bei der Trennung des Korps Euch dies Lob ausdrücken
zu können. Aber eine Warnung will ich ihm hinzufügen. Vergeßt
nie, daß Ihr gute und brave Soldaten nur seid, weil Ihr treu und
gehorsam waret dem militärischen Gesetze der Zucht und Ordnung,
und folgsam Euren ehrenhaften Vorgesetzten, die für Euch sorgten,
Euch führten und Euch voranleuchteten am Tage des Gefechts. Ver=
geßt es namentlich nicht in dieser Zeit der Aufregung und Ver=
wirrung, in der sich leider Leute finden, die darauf ausgehen, jede
militärische und bürgerliche Ordnung zu untergraben oder gar ge=
waltsam anzutasten. Bewahrt auch in der Heimath die Zucht und

Sitte, die Ihr unter meinem Befehle gezeigt habt". Am 26. September
folgte ein Erlaß des Herzogs Wilhelm, des Inhalts: es gereiche ihm
zum Vergnügen, in einem Schreiben des Generals Halkett eine
rühmende Anerkennung für die braunschweigischen Truppen ausgesprochen zu sehen, und hege er die sichere Ueberzeugung, daß die
Truppen den längst bewährten Ruf ihrer Tapferkeit und Mannes-
zucht auch bei künftigen kriegerischen Ereignissen glorreich sich zu erhalten wissen würden.

Nachdem am 15. September auch die Batterie wieder eingerückt
war, wurde noch am selben Tage die befohlene Dislokationsliste nebst
Stärkerapport an den noch in Altona befindlichen Generalstabschef
der Operationsarmee, Oberst v. Hahn, eingesandt. Der Rapport
wies für die Infanterie einschl. Brigadestab 36 Offiziere, 114 Unteroffiziere, 65 Spielleute, 1303 Soldaten, 16 Bediente, 47 Pferde
als zum Dienst verfügbar nach. Er ließ also, dem Zweck des
Rapports und der einmonatlichen Mobilmachungsfrist entsprechend,
die am 13. erfolgten umfangreichen Beurlaubungen, durch die der
Dienststand des 1., 2. und Leibbataillons auf 177 bezw. 176 Mann
verringert worden war, außer Betracht. Die Einreichung solcher,
mit dem 15. und letzten jeden Monats abschließenden Rapporte setzte
sich den ganzen Waffenstillstand hindurch fort. Im Uebrigen war
vom kriegsbereiten Verhältniß nicht eben viel zu merken; der Friedens-
dienst trat wieder in seine vollen Rechte. Der Ermahnung des
Generals Wrangel, häufig die Kugel nach fernem Ziel zu entsenden,
wurde wenigstens insoweit entsprochen, als die heimgekehrten Bataillone
ihr Prämienschießen noch nachträglich abhielten. Der Wachtdienst
wurde durch Abschaffung aller Posten vor Gewehr und Einziehung
der bisher für Zwecke der Zoll- und Steuerverwaltung gestellten
Mannschaft erheblich ermäßigt. Es zogen täglich nur noch 1 Lieutenant,
4 Unteroffiziere, 9 Gefreite, 4 Spielleute, 60 Mann auf Wache,
wozu noch das um 9 Mann verringerte Wolfenbütteler Detachement
kam. Erwähnung finde noch, daß die dreigliedrige Aufstellung am
9. Dezember auch auf das Leibbataillon ausgedehnt wurde, und daß
am 15. Oktober auf Grund des neuen Wehrgesetzes 240 Rekruten
als Vermehrung des Feldkorps eingestellt wurden und gleichzeitig
eine Landwehrübung begann.

Die Frankfurter Nationalversammlung hatte am 15. Juli in
den Tagen des Aufschwunges beschlossen, daß künftig 2 Prozent der

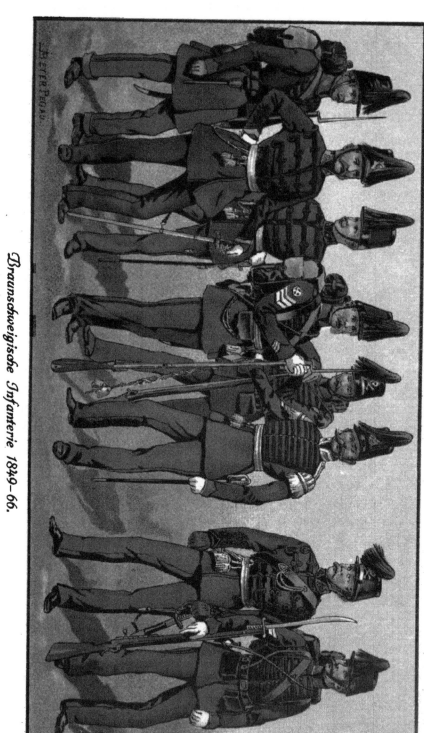

Uniform-Tafel III.

Braunschweigische Infanterie 1849–66.

Soldat
v. Inf.-Regt.
1849

Oberst
v. Inf.-Regt. 1859

Sek.-Lieut.
vom Inf.-Regt. 1859

Sergeant
v. Leib-Bat.
1859

Jäger
v. Leib-Bat.
1859

Bat.-Tamb.
v. Inf.-Regt.
1859

Hauptmann
vom Leib-Bat.
1866

Korporal
vom Inf.-Regt.
1866

Bevölkerung als Kriegsmacht aufzubringen seien. Das Herzogthum Braunschweig zählte nach der letzten Volkszählung 269000 Seelen. Von seinem hiernach auf 5380 Streitbare berechneten Kontingent sollten nach den Ausführungsbestimmungen Peuckers 1¹/₂ Prozent in vier Wochen, ¹/₂ Prozent in zehn Wochen nach ausgesprochener Mobilmachung schlagfertig sein. Auf die Infanterie entfielen für die erste Aufstellung 2099 aktive, 1031 Landwehrmannschaften, für die zweite Aufstellung 1067 Landwehrleute. Am 11. September erging mit Zustimmung der Stände ein Gesetz, wonach neben dem stehenden Truppenkorps und statt der Reserve eine Landwehr errichtet wurde, der Hauptsache nach aus der 6.-10. Altersklasse; gleichzeitig wurden Stellvertretung und Nummerntausch abgeschafft. Die bei den Fahnen zurückbehaltenen Leute der 6., 7. und 8. Altersklasse wurden am 1. Dezember zur Landwehr überführt und dem 3. Bataillon des Infanterie-Regiments überwiesen. Dieses Bataillon bestand im Frieden nur aus einem Stamm von 24 Unteroffizieren, und 8 Spielleuten, während 24 Unteroffiziere, 12 Spielleute, 956 Soldaten als beurlaubt geführt wurden. Der gewöhnliche Dienstthuerstand der aktiven Bataillone wurde zu 192 Mann ohne die Unteroffiziere und Spielleute festgesetzt. Der Feldetat aller vier Bataillone betrug 14 Offiziere, 1 Arzt, 45 Unteroffiziere,*) 13 Spielleute, 628 Soldaten. In dieser Stärke befanden sich bei den drei aktiven Bataillonen auch die 1031 Landwehrleute der niedrigsten Loosnummern, die zur Ergänzung der aktiven Infanterie bestimmt waren. Die noch nicht gedienten Landwehrleute machten vom 15. Oktober bis 24. Dezember eine Uebung behufs nothdürftiger militärischer Ausbildung durch.

Eine andere wichtige Neuerung aus dieser Zeit war die veränderte Bekleidung und Ausrüstung des Korps. Die mehr als 24 Jahre getragene Uniform nach preußischem Schnitt wurde abgeschafft und durch die in den glorreichen Jahren 1809 und 1815 getragene schwarze Tracht ersetzt.**) Am 29. September 1848 erging, nachdem zehn Tage vorher für das Leibbataillon Polröcke statt der Dolmans eingeführt worden waren, der herzogliche Erlaß, wonach künftig sämmtliche Infanterie-Abtheilungen dieselbe Uniform wie das Leibbataillon anlegen sollten, jedoch mit schwarzgrauen Beinkleidern und

---

*) Beim Leibbataillon ferner ein Fechtmeister.
**) Vergl. das Uniformbild Nr. III.

dem Stern am Tschakot. Die hellblauen Achselklappen der Polröcke
wurden bald darauf mit der schwarzen Bataillonsnummer versehen.
Mit der schwarzen Bekleidung wurde auch ein neues Lederzeug ein=
geführt, bestehend aus Leibriemen mit Koppelschloß und Tornister-
trageriemen; am Leibriemen wurde hinten die Patronentasche, vorn
eine kleine Zündhütchentasche getragen. Die Offiziere des Infanterie=
Regiments erhielten einen grauen Paletot mit hellblauem Kragen,
weiße Handschuhe, als Gradabzeichen silberne Achselstücke mit Sternen
nach den preußischen Normen und bald darauf Schleppkoppel für
ihre Säbel; die Schärpe blieb vorläufig ungeändert. Am 7. Januar
wurde den Unteroffizieren vom Sergeanten aufwärts die beim Leib=
bataillon übliche Wollschärpe verliehen, dagegen die bisherigen Säbel-
trobbel abgeschafft und der Schleppsäbel auch für die Feldwebel und
Stabssergeanten des Regiments eingeführt. Am 14. März endlich,
nicht lange vor dem Ablauf des Waffenstillstandes, erhielten die
Spielleute und Hoboisten des Regiments die Hornistenabzeichen des
Leibbataillons. Für die Offiziere gelangten schwarze Schabracken
mit blauer Borte zur Einführung; die Aerzte und Zahlmeister
erhielten karmoisinrothe und dunkelrothe Kragen an den Polrock. Die
Bekleidungs= und Ausrüstungsstücke alter Probe waren von Offizieren
und Mannschaften aufzutragen. An der neuen Uniform wurde von
den Oekonomie=Kommissionen unter Leitung der Hauptleute Schmidt
und v. Holwede emsig gearbeitet, da sie bei der Erneuerung des
Krieges angelegt werden sollte. Für diesen Zweck wurden auch die
Seehundstornister kriegsbrauchbar ausgebessert und inzwischen die alten
gelben Tornister getragen. Die Schirmmützen des Leibbataillons wurden
nur noch aufgetragen und durch die schon gebräuchlichen Lagermützen
ersetzt. Auch gab das Bataillon im Oktober die bisher als Exerzirgewehr
benutzten, zur Perkussion umgeänderten Büchsen ab, um fortan die
langen siebenzügigen Büchsen zu allem Dienste zu verwenden.

Eine dritte wichtige Aenderung dieses bedeutsamen Herbstes war
die Verlegung des Leibbataillons nach Blankenburg, der zweiten
Residenz des Herzogs. Bisher war während der häufigen Besuche
des Landesherrn auf seinem dortigen Schlosse eine Wache von
1 Korporal und 12 Mann hinkommandirt worden. Dies genügte um
so weniger, als sich auch in Blankenburg die Aufregung des wilden
Jahres in einzelnen Anzeichen bemerkbar gemacht und zur Errichtung
einer Bürgergarde geführt hatte. Am 11. Oktober erging daher der

Befehl, daß das ganze Leibbataillon am 14. abmarschiren sollte, um dauernd in Blankenburg theils kasernirt, theils in Bürgerquartieren untergebracht zu werden. Seine Dienststärke wurde auf 160 Jäger verringert, da in der neuen Garnison nicht mehr unterzubringen waren. Am 15. Oktober rückte Major Ludovici mit dem Bataillon von Hessen her in Blankenburg ein, wo die Kompagnien die ihnen durchs Loos zugefallenen, zu Kasernen bestimmten Gebäude und Stadtquartiere bezogen. Nachdem der in Braunschweig zurückgebliebene Hauptmann Ahrens mit den Rekruten und Landwehrleuten eingetroffen war, wurde am 20. Oktober ein Kommando von 3 Offizieren, 4 Unteroffizieren, 3 Hornisten, 80 Jägern zeitweilig nach Zorge verlegt. Um Mitte Dezember wurde die Unterkunft des Bataillons und das auf dem Thie stattfindende Exerziren vom Herzoge und bald darauf vom Kommandeur des Feldkorps besichtigt.

Außer diesen wichtigen sachlichen Neuerungen brachte die in der Heimath verlebte Waffenstillstandszeit auch eine große Anzahl Personalveränderungen. Alle drei Bataillone des Infanterie=Regiments wechselten die Kommandeure. Oberstlieutenant v. Paczinsky und Major v. Specht wurden am 2. Oktober, Oberstlieutenant v. Klencke am 23. Oktober, Oberstlieutenant v. Brömbsen erst am 3. April, dem Tage des Wiederausbruchs des Krieges, pensionirt. Statt dieser Herren, mit denen wieder zwei der letzten noch übrigen Theilnehmer des berühmten Zuges von 1809 aus den Reihen der braunschweigischen Infanterie schieden, wurden die Majors Ahrens, Ahrberg und Haberland an die Spitze des 1., 2. und 3. Bataillons gestellt, während Major v. Bockelmann die Stellung des etatsmäßigen Stabsoffiziers übernahm. Die sonstigen Veränderungen innerhalb des 1. und 2. Bataillons sind aus der im nächsten Abschnitt enthaltenen Kriegsrangliste des mobilen Regiments ersichtlich. Hier sei nur hinsichtlich der 1849 nicht mit ins Feld rückenden Bataillone bemerkt: daß Premier=Lieutenant v. Wachholtz zum Kompagnie=Kommandeur im Leibbataillon, die Premier=Lieutenants Wittich und Haberland zu Kompagnie=Kommandeuren im 3. Bataillon, Lieutenant Riehne zum Adjutanten dieses Bataillons ernannt wurden, und daß Hauptmann Graf v. Görtz=Wrisberg als Korps=Adjutant zum Stabe des Feldkorps übertrat.

Dem Infanterie=Regiment hatte die Versetzung des Leibbataillons etwas bessere Kasernirungs=Verhältnisse gebracht, indem es am

15. Oktober einen Theil der Burgkaserne belegen und dort eine Menageküche einrichten konnte. Das jetzt lebhaft hervortretende Streben nach einer materiellen Aufbesserung der Lage der Unteroffiziere und Mannschaften sprach sich in dem neuen Menage=Reglement vom 18. November ebensosehr aus, wie in der jetzt erfolgenden Wiederaufnahme eines schon 1836 ausgearbeiteten Planes zu einer Wittwenkasse für Unteroffiziere, und in der gleichfalls jetzt in Angriff genommenen Umarbeitung des Pensions=Regulativs. Den Anstoß gab wohl die geringe Pension der an ihren Wunden vom 28. Mai erwerbsunfähig gewordenen Soldaten Rojahn gen. Lange und Krickemeyer. Sie erhielten anfänglich 3 Thaler, 2 Gutegroschen und konnten auch, nachdem ihnen sehr bald der höchste zulässige Satz bewilligt wurde, nicht mehr als 5 Thaler, 4 Gutegroschen monatlich erhalten. Hier sollte, den veränderten Zeitumständen entsprechend, die bessernde Hand angelegt werden. Erwähnung finde endlich in diesem Zusammenhange, daß das Frontmachen der Unteroffiziere und Mannschaften auf die Person Seiner Hoheit beschränkt worden war. So war es in jeder Hinsicht ein bemerkenswerthes Halbjahr, welches das Regiment zwischen den beiden Feldzügen des Schleswig=Holsteinischen Krieges in der heimathlichen Garnison verlebte. Gegen Schluß desselben, am 28. Februar 1849, erging noch eine erwähnenswerthe Verordnung, indem die Benennung Grenadiere für die ersten Kompagnien der beiden Infanterie=Bataillone abgeschafft wurde. Mit dem beginnenden Frühjahr rüstete das Regiment sich zum Wiederausmarsch; denn die bald nach dem Abschluß des Malmöer Vertrages in London eröffneten Friedensunterhandlungen führten bei den stets wachsenden Ansprüchen der dänischen Regierung zu keinem Ergebniß, und diese kündigte am 26. Februar 1849 den Waffenstillstand auf.

27. Feldzug 1849.

Da im Artikel 1 des Malmöer Vertrages eine einmonatliche Kündigungsfrist für den Waffenstillstand festgesetzt war, und Dänemark von diesem Rechte Gebrauch gemacht hatte, so mußten die Feindseligkeiten mit dem 26. März 1849 wieder beginnen. Die Zusammensetzung der für den neuen Feldzug aufgestellten Reichsarmee wich von der des Vorjahres völlig ab. Die Generale v. Wrangel und Halkett gingen nicht wieder ins Feld. Zum Bundesfeldherrn wurde diesmal der preußische General=Lieutenant v. Prittwitz er=

nannt. Ihm unterstanden nach den Beschlüssen des Reichs-Kriegs-
ministeriums vom Monat Februar außer der schleswig-holsteinischen
Division vier Bundes-Divisionen und eine Reserve-Brigade, insgesammt 68½ Bataillone, 42 Eskadrons, 21½ Batterie oder 50 700
Mann, 5000 Pferde, 155 Geschütze. Die Eintheilung der Armee
war in großen Zügen folgende:

Schleswig-Holsteinische Division: Gen.-Maj. v. Bonin.

Avantgarde - Brigade: Ob.-Lt. v. Zastrow.
1. Infanterie-   „   „   v. St. Paul.
2.   „   „   Oberst Sachau.
Reserve-Kavallerie-„   Ob.-Lt. v. Fürsen-Bachmann.

1. kombinirte Division: Gen.-Lt. Prinz Eduard v. Altenburg.

1. (bayerische) Brigade: Gen.-Maj. v. Schmalz.
2. (gemischte*)   „   „   v. Spangenberg.

2. kombinirte Division: Gen.-Maj. Wyneken.

1. (hannoversche) Brigade: Gen.-Maj. v. Ludowig.
2. (sächsische)   „   „   v. Heintze.

3. (preußische) Division: Gen.-Maj. v. Hirschfeld.

1. Infanterie-Brigade: Oberst Stein v. Kaminsky.
2.   „   „   „   v. Chamier.
Kavallerie-   „   Gen.-Maj. v. Ledebur.

Reserve-Division):** Gen.-Lieut. Bauer.

1. kombinirte Brigade: Gen.-Maj. Herzog Adolf v. Nassau.
2.   „   „   „   Graf v. Ranzow.

Reserve-Brigade: Gen.-Lt. Herzog Ernst v. Koburg-Gotha.
Bataillone Koburg-Gotha, Sachsen-Meiningen, Reuß, Baden und Württemberg;
2 Eskadrons Hanseaten; kurhessische und nassauische Batterie.

Von diesen Heereskörpern wurde die Reserve-Division, die eigentlich zum zweiten Aufgebot gehörte, zuletzt aufgestellt. Die Bestimmung,
daß fernerhin noch 12 000 Preußen und 24 000 Oesterreicher als
zweites Aufgebot bereitgehalten werden sollten, blieb nur auf dem
Papier stehen. In Wirklichkeit stellte Oesterreich nur zwei Raketen-
Batterien zu dem Bundeskriege, während fast alle andern Bundesstaaten mehr oder minder stark belastet waren! Von den Staaten

---

*) Sie war von Kurhessen, Sachsen-Weimar, Sachsen-Altenburg und
Schaumburg-Lippe aufgebracht.

**) Ihre Zusammensetzung ist auf Seite 298 im Einzelnen angegeben.

des 10. Armeekorps war nur Mecklenburg, dessen Kontingent zum Niederhalten aufständischer Bewegungen gebraucht wurde, von Truppengestellungen für Schleswig-Holstein befreit. Hannover war nur schwach betheiligt; Oldenburg und Braunschweig aber genügten ihrer Bundespflicht im vollsten Maße.

Beim Ablauf des Waffenstillstandes stand die Division Bonin bei Flensburg und sicherte mit Avantgarden Apenrade und den Sundewitt. Dahinter sammelten sich bei Schleswig, Rendsburg und Neumünster die 1., 2. und 3. Division, während die Reserve-Brigade zur Sicherung von Kiel und Eckernförde bestimmt wurde. Das Bundesheer war noch lange nicht vollzählig, als die Feindseligkeiten am 3. April durch den Einmarsch der Dänen von Sonderburg in den Sundewitt eröffnet wurden. Der Krieg begann gleich dem des Vorjahres nicht ungünstig. Es gelang, am 5. April im Eckernförder Hafen zwei dänische Kriegsschiffe mit über 1000 Mann Besatzung fortzunehmen bezw. in die Luft zu sprengen, und am 13. April die nur noch leicht besetzten Düppeler Schanzen zu erobern. Zur Sicherung der so gewonnenen Sundewitt-Halbinsel wurde nachmals die Reservedivision 2. Aufgebots verwendet, deren Aufstellung am 8. April vom Reichs-Kriegsministerium angeordnet wurde. Sie sollte nach dieser ersten Regelung folgende Zusammensetzung haben: 1. Brigade: 2 Bataillone und $\frac{1}{2}$ Batterie Kurhessen, 3 Bataillone Nassau, 1 Bataillon Luxemburg, 2 Eskadrons und 1 Batterie Limburg; 2. Brigade: 3 Bataillone und 1 Batterie Oldenburg, 2 Bataillone und 2 Eskadrons Braunschweig, 1 Bataillon Lippe-Detmold, 1 Bataillon Waldeck, 1 Kompagnie Hessen-Homburg. Später wurden, da Luxemburg und Limburg ihre Kontingente nicht stellten, dafür zwei anhaltische Bataillone und die braunschweigische Batterie herangezogen.

Braunschweig stellte zu diesem merkwürdigen, aus neun verschiedenen Staaten mit den abweichendsten Organisationen, Bewaffnungen und Reglements zusammengewürfelten Heereskörper wieder die beiden Bataillone des Infanterie-Regiments, jedoch ohne den Regimentsstab, ferner die 1. und 3. Eskadron des Husaren-Regiments mit dem Regiments-Kommandeur Major v. Mansberg, und die Batterie. Diese war zunächst nicht zur Reserve-Division, sondern zur 2. Division bestimmt, mit der sie vom 20. März an vereinigt war und zum Sundewitt vorrückte. Um Mitte April sollte sie zur preußischen Division stoßen; doch wurde dies noch rückgängig gemacht und ſie bei der Reſerve-Diviſion mit den andern Waffengattungen des Herzogthums vereinigt. Die letzteren verließen ihre Garniſon erheblich ſpäter: das 1. Bataillon fuhr am 18. April, einen Tag nach den Huſaren, um 6¼ Uhr früh, das 2. Bataillon am 19. um 7½ Uhr früh von Braunſchweig nach Harburg ab. Der Kriegskommiſſar v. Kalm hatte mit dem in Lehrte eingeſetzten Reichs-Kriegskommiſſar, Oberſt Liehl, das Nähere darüber vereinbart. Die Fahrſtärke war beim 1. Bataillon: 13 Offiziere, 60 Unteroffiziere, 16 Spielleute, 611 Soldaten, 12 Zimmerleute, 41 Nichtſtreitbare, 24 Pferde; beim 2. Bataillon: 15 Offiziere, 56 Unteroffiziere, 15 Spielleute, 693 Soldaten, 12 Zimmerleute,*) 19 Nichtſtreitbare, 24 Pferde. Es fehlten den Bataillonen zur planmäßigen Ausrückeſtärke noch 88 bezw. 9 Mann, welche bereits in den nächſten Tagen nachfolgten.

Von Harburg aus wurde unmittelbar nach der Ausladung über die Elbe geſetzt und nach Altona gerückt, wo das 1. Bataillon Blankeneſe, Dockenhuden, Sülldorf und Osdorf, das einen Tag ſpäter eintreffende 2. Bataillon Nienſtedten, Flottbek und Övelgönne belegte. Doch blieben die Schwarzen hier nur eine Nacht, um ſofort nach ihren vorläufigen Kantonirungsorten im öſtlichen Holſtein abzurücken. Der Oberbefehlshaber, General v. Prittwitz, hatte der Reſerve-Diviſion eine weit ausgedehnte Unterkunft im ſüdlichen Holſtein angewieſen und benachrichtigte den am 19. in Altona eintreffenden Diviſions-Kommandeur, General-Lieutenant Bauer: dieſe Vertheilung ſei ebenſoſehr durch die Sorge für die gute Unterkunft und Verpflegung der Truppen, als auch durch die Rückſicht begründet, etwaigen Landungen und Streifzügen der Dänen im Herzogthum Holſtein ſchnell und kräftig entgegenzutreten. Die 1. Brigade nahm den Weſten des Landes ein, die 2. Brigade den Oſten. Die Braunſchweiger kamen in die lieblichen Gegenden der holſteiniſchen Seenplatte. Das 1. Bataillon erreichte von Altona aus in zwei Märſchen am 20. April Segeberg und Umgegend, das über Oldesloe ausholende 2. Bataillon in drei Märſchen am 22. Rohlsdorf und die Umgebung des Warderſees. Noch war man ſehr im Unklaren über die Zuſammenſetzung der Diviſion; von den Luxemburgern und Limburgern fehlte jede Nachricht. Am 25. übernahm der oldenburgiſche

---

*) Die Bildung der Zimmermanns-Sektion war am 13. März angeordnet worden.

Generalmajor Graf v. Ranzow das Kommando der 2. Brigade, deren Stabsquartier sich beim 1. Bataillon Braunschweig in Sege- berg befand, während der Divisions-Kommandeur das seinige in Neumünster hatte.

Im Stabe des Generals Graf Ranzow befand sich als 2ter Brigade-Adjutant der braunschweigische Premier-Lieutenant v. Secken- dorff, der während des Waffenstillstandes Regiments-Adjutant ge- worden war. Die Kriegsrangliste der beiden Bataillone lautete:

1. **Bataillon:** Komm.: Maj. Ahrens; Adj. Pr.-Lt. Jäger; Bat.-Arzt Dr. Baum- garten; Stabs-Aud. Graf v. Görtz-Wrisberg.

1. Komp.: Hptm. Isendahl; Pr.-Lt. v. Erichsen; Sek.-Lt. v. Griesheim; Port.-Fähnr. Siemens.

2. „   Hptm. v. Ehrenkrook; Pr.-Lt. v. Frankenberg; Sek.-Lt. Stutzer; Port.-Fähnr. Pricelius.

3. „   Hptm. v. Girsewald; Pr.-Lt. v. Holy; Sek.-Lt. v. Trauwitz.

4. „   Hptm. v. Bernewitz; Pr.-Lt. Rittmeyer; Sek.-Lt. Koch; Port.- Fähnr. Breithaupt.

2. **Bataillon:** Komm.: Maj. Ahrberg; aggr. Maj. v. Bockelmann; Adj. Sek.-Lt. Schulz; Bat.-Arzt Dr. Helmbrechts.

1. Komp.: Hptm. Dedekind; Pr.-Lt. v. Specht; Sek.-Lt. Hartmann.

2. „   Hptm. Laue; Pr.-Lt. v. Holstein; Sek.-Lt. v. Hüllessem.

3. „   Hptm. v. Roeder; Pr.-Lt. Liebing; Sek.-Lt. v. Förster.

4. „   Hptm. Stutzer; Pr.-Lt. v. Förster; Sek.-Lt. v. Lauingen; Port.- Fähnr. v. Lauingen.

Im Anschlusse hieran sei erwähnt, daß Lieutenant v. Praun vom Leibbataillon zeitweilig zur Dienstleistung zur Batterie kommandirt war, deren Chef Major Orges zunächst noch bei der 2. Division zurückgehalten wurde, um den erkrankten Kommandeur der Artillerie, Oberst Dehnel,*) zu vertreten.

Die Ruhe in den holsteinischen Quartieren war von kurzer Dauer; denn bereits am Abend des 24. April traf bei der Reserve- Division der Befehl zum Vormarsch nach Flensburg ein. Er war durch die Ereignisse an der Jütischen Grenze veranlaßt. Die politischen Wirren in Deutschland übten bereits ihre unheilvolle Rückwirkung auf die Kriegführung aus. Während die deutsche Centralgewalt in Frankfurt den Bundesfeldherrn zum Einrücken in Jütland ermunterte, wurde ihm dieser Schritt von seiner Regierung in Berlin auf das Entschiedenste verboten. Inzwischen rückte General v. Bonin, durch

---

*) Einen Theilnehmer des braunschweigischen Zuges von 1809.

die schleswig-holsteinische Statthalterschaft und seinen eigenen Soldaten-
sinn vorwärts getrieben, am 19. April ohne die Erlaubniß des
Generals v. Prittwitz in Jütland ein. Er wurde am 23. bei
Kolding und Eistrup durch den General v. Bülow, der vor Kurzem
dem General v. Krogh im Kommando der dänischen Armee gefolgt
war, angegriffen, schlug ihn zwar erfolgreich zurück, war aber doch
der Unterstützung dringend bedürftig. Daher befahl Prittwitz am
24. das Vorrücken der Preußen, sowie der bis dahin im Sundewitt
befindlichen bayerischen Brigade, und zog die Reserve-Division heran.

Am 26. April trat General Bauer auf mehreren Straßen den
Vormarsch an. Die Braunschweiger benutzten im Gros der Division
die große Chaussee. Der erste Marsch führte das 1. Bataillon nach
Husberg, Gadeland und Brachenfeld, das 2. Bataillon nach Neu-
münster; am folgenden Tage erreichte das Regiment die Gegend von
Nortorf-Bargstedt-Borgdorf; dem dritten Marsche folgte ein Ruhetag,
den das Bataillon Ahrens in Rönfeld, Schacht, Schülldorf ꝛc.,
das Bataillon Ahrberg in Rendsburg verlebte. Am 30. kam das
ganze Regiment nach Schleswig, am 1. Mai nach Sieverstedt,
Schmedeby und Umgegend; am 2. lag das 1. Bataillon in Wedding,
Barderup und Jarplund, während das 2. Bataillon in Bilschau,
Munkwolstrup, Sankelmark und Juhlschau Erinnerungen an das Vor-
jahr auffrischen konnte. Mit den Unterkunftsorten des 3. Mai, Tors-
büll, Laygaard, Grüngrift, Kieding, Luntoft und Baurup, war der
Sundewitt erreicht, der nach den in Flensburg erhaltenen Weisungen
des Oberkommandos das Ziel der Reserve-Division bildete. Zur Zeit
war die Halbinsel durch die hannoverisch-sächsische Division und
die Brigade Spangenberg, zusammen 16 Bataillone, 8 Eskadrons,
7 Batterien unter dem Kommando des Generals Wyneken, besetzt.
Der General sollte jede Offensivbewegung von Sonderburg her und alle
Landungsversuche verhindern, die Düppeler Höhen weiter verschanzen
und thunlichst behaupten; auch sollte er Batterien am Alsensunde
herstellen. Nach dem Eintreffen der Reserve-Division folgte die bereits
am 3. Mai abzulösende Brigade Spangenberg ihrer Division nach
Norden, während die Sicherung des Sundewitt den Divisionen Bauer
und Wyneken zufiel, von denen die Reserve-Division im ersten
Treffen lag, während die 2. Division ihr als Rückhalt diente.

Gleichzeitig mit diesem Auftrage hatte die Reserve-Division am
30. April endlich ihre nunmehrige, endgültige Zusammensetzung er-

fahren. Sie lautete unter Mitberücksichtigung einiger erst später eintretender Veränderungen:

Div.-Komm.: Kurfürstl. Heß. Gen.-St. Bauer.[*]

1. Brigade: Se. Hoheit Herzog Adolf von Nassau.

Kombinirtes Nassauisches Infanterie-Regiment: Ob. Gerau.

1. Bataillon: Ob.-St. Weiz.
2.   „   Major Rau.
3.   „   „   Goedecke.

Bataillon Anhalt-Dessau: Ob. Stockmarr.
   „   Anhalt-Bernburg-Köthen: Ob.-St. v. Davier.
Jäger-Kompagnie Hessen-Homburg: Hptm. v. Raunfels.
Braunschweig. 3. Husaren-Eskadr.:   Rittm. v. Cramm.
Braunschweig. 6pfünd. Fußbatt.:   Maj. Orges.

2. Brigade: Gen.-Maj. Graf v. Ranzow.

Oldenburgisches   1. Bataillon:[**]   Ob.-St. v. Tapsen.
   „   2.   „   Major Bobecker.
   „   4.   „   „   Lehmann.
Braunschweigisches   1.   „   „   Ahrens.
   „   2.   „   „   Ahrberg.
Lippe-Detmoldisches   „   Ob. Prinz Woldemar zur Lippe.
Waldeckisches   „   Major v. Diringshofen.
Braunschweig. 1. Husaren-Eskadr.:   Rittm. v. Bülow.
Oldenburgische Batterie: Hptm. Rüder.

Festungs-Artillerie:[**] Kurheff. Ob. Normann.

Preußische mob. Festungs-Artill.-Komp.: Hptm. Wittje.
Schlesw.-Holst. 3.   „   „   „   Pr.-Lt. Canabäus.

Nachdem die 1. Brigade bereits am 3. Mai bei Düppel den Dienst in erster Linie übernommen hatte, wurde am 5. auch die 2. Brigade um 9 Uhr früh bei Stenderup versammelt, um vom Oberst v. Süßmilch, Kommandeur des sächsischen 2. Linien-Regiments Prinz Max, die Vorposten zu übernehmen, welche an diesem Tage den beiden braunschweigischen Bataillonen nebst einer halben Batterie zufielen. Sie bezogen daher ihre Unterkunftsorte erst am folgenden Tage; es waren Staugaard für das 1., Satrup für das 2. Bataillon. General Bauer, der sein Hauptquartier in Rübel nahm, vertheilte die ihm unterstellten Truppen im Allgemeinen in folgender Weise: die Division Wyneken bezog unter Abzweigung eines hannoverisch-sächsischen Detachements nach Tondern Quartiere

---

[*] Eigentlich schrieb er sich Bauér.
[**] Erst später zur Division gekommen.

von Flensburg bis Apenrade und übernahm den Küstenschutz westlich
von Ballegaard. Von der Reserve-Division belegte die 1. Brigade
den südlichen Theil des Sundewitts; sie beließ das bernburg-köthener
Bataillon bei Gravenstein, sperrte mit den homburger Jägern und
der 3. braunschweigischen Schwadron den Zugang von Broacker und
legte die Nassauer und Dessauer nach Stenderup, Düppel und Wielhoi;
die braunschweiger Batterie kam nach Kirchdüppel. Der nördliche
Sundewitt fiel der 2. Brigade zu. In Rackebüll richtete sich das
2. oldenburgische Bataillon mit der Batterie Rüder ein, in Staugaard, wie wir wissen, das 1. braunschweigische. Satrup nebst Lundsgaard wurden von drei Bataillonen belegt: dem walbecker, dem
2. braunschweiger und dem 4. oldenburgischen. Den Küstenschutz von
Sandberg bis Ballegaard versah das Bataillon Lippe, bei dem sich
auch der in Wester-Schnabek untergekommene Brigadestab und die in
Ulberup einquartierte 1. braunschweigische Schwadron befanden.

Schon lange vor der Ankunft der Reserve-Division war durch
die preußischen und sächsischen Pioniere unter Major v. Dechen mit
einer starken Befestigung der Düppeler Höhen begonnen worden.
Die ganze Anlage[*]) war zunächst für 37 schwere Geschütze und
26 Mörser berechnet und umfaßte ein Kernwerk bei den Hünengräbern südöstlich von Oster-Düppel, drei Batterien bei der ab-
gebrannten Düppelmühle und weiter nördlich, eine Batterie westlich
von Steinhöft und zwei Reihen Schützengräben, deren rückwärtige
durch eine Mörserbatterie und zwei Flügelredouten verstärkt war.
Diese Werke waren beim Eintreffen der Reserve-Division ihrer Vollendung so nahe, daß die preußischen und sächsischen Pioniere schon
am 11. Mai aus ihrem Unterkunftsort Oster-Düppel zu ihren Divisionen abrücken konnten. Auch die Armirung mit schleswig-hol-
steinischem und preußischem Festungsgeschütz, wozu später noch eroberte
dänische Schiffskanonen aus Eckernförde kamen, nahm rüstig ihren
Fortgang. Am 15. Mai waren 20 schwere Geschütze zur Stelle;
aber es fehlte noch an Bedienungsmannschaft, weshalb zunächst die
Infanterie aushelfen mußte, die Braunschweiger mit 1 Unteroffizier,
13 Mann. Aber bald trafen eine holsteinische und eine preußische
Festungs-Artillerie-Kompagnie in den Schanzen ein, worauf die In-
fanterie-Mannschaft zu ihren Bataillonen zurücktrat. Mehr als ein

---

[*]) Eingezeichnet in Karte 9.

Drittel der Sonderburger Pontonbrücke konnte von den Werken auf
der Höhe eingesehen und beschossen werden. Doch lag andrerseits
das ganze Gelände der Düppelstellung im Feuerbereich der 59 schweren
Geschütze, die bei den Dänen zwischen Sonderburg und Arnkiels-Öre
in 17 Batterien und 25 Geschützeinschnitten vertheilt waren; und
das vom Oberst de Meza befehligte dänische Flankenkorps auf
Alsen (1., 2. und 6. Brigade) zählte 15000 Mann. Unter diesen Umständen war den Deutschen ein Angriff auf den Sonderburger Brückenkopf ebenso zur Unmöglichkeit gemacht, wie den Dänen ein solcher auf
die Düppeler Höhen. Beide Theile waren also zur Defensive verurtheilt und mußten sich auf einen regen Sicherungsdienst beschränken.

General Bauer hatte den Vorpostendienst seiner Division derart geordnet, daß die Truppen in Gravenstein, Broacker und
Schnabek-Ballegaard ihren Küstendienst selbständig versahen, von den
übrigen neun Bataillonen aber täglich um 4 Uhr Nachmittags drei
auf den Düppeler Höhen auf Vorposten zogen, und zwar eines aus
Düppel bezw. Wielhot, das andere aus Satrup, das dritte aus Stenderup, Rackebüll oder Staugaard. Vorposten-Kommandeur war ein für
alle Mal der nassauische Oberst Gerau. Von den drei Vorposten-
Bataillonen bildete eines die Reserve; es biwakirte mit zwei Kompagnien östlich von Oster-Düppel, mit dem Rest vor dem Kernwerk.
Dabei befand sich bis zum Eintreffen der schweren Geschütze eine
halbe Batterie; später wurde sie nur noch in der Ortsunterkunft bereit gehalten. Die andern beiden Bataillone befanden sich in erster
Linie und hatten wieder jedes eine Reserve-Kompagnie ausgeschieden,
die beim rechten Flügelbataillon südlich des Kernwerks an der Nübeler
Straße, beim linken Flügelbataillon 500 m östlich von Oster-Düppel
lagerte. Die übrigen sechs Kompagnien waren in dem Gelände
von der Südseite der Nübeler Straße bis zur Apenrader Straße unweit Surlycke vertheilt, theilweise auch zur unmittelbaren Besatzung
der Schanzen verwendet. Sie stellten im Ganzen: eine Strandwache
gegen den Wenningbund, sieben Feldwachen, deren Linie sich über
die Düppelmühle bis nach Steinhöft hinzog und ein Nachtpiket am
Alsensunde östlich dieses Gehöftes. Das rechte Flügelbataillon hatte
4 Offiziere, 12 Unteroffiziere, 4 Spielleute, 140 Mann, das linke
Flügelbataillon 4 Offiziere, 15 Unteroffiziere, 4 Spielleute, 167
Mann auf Feldwache. Hier mußte jede Nacht um 2 Uhr alles auf-
stehen und mit Gepäck und Gewehr im Arm in Bereitschaft liegen,

bis es hell war. Dann durfte wieder in den Strohhütten geruht
werden. Die Vorpostentruppen stellten auch die zum weiteren Ausbau der Schanzen erforderlichen Arbeiter, deren Ablösung alle 2½
Stunden erfolgte.

Im Falle eines Angriffs hatte der Herzog von Nassau mit den
drei Vorposten-Bataillonen und den in Düppel und Wielhoi liegenden Truppen als „Avantgarde" den ersten Widerstand zu leisten.
Bei den Hünengräbern waren zwei Fanale errichtet; beim ersten
Signal mußten die vier noch in Satrup, Staugaard, Rackebüll und
Stenderup befindlichen Bataillone marschfertig antreten und sich beim
zweiten Signal unter Ranzows Befehl als „Reserve" bei Kirchdüppel versammeln. Bis zum 12. Mai mußten alle Truppen
jeden Tag bei der Morgendämmerung marschbereit antreten. Abgesehen hiervon war am Tage nach der Wache kein Dienst, während am folgenden Tage exerzirt wurde. Die im Vorstehenden geschilderte enge Unterbringung und angestrengte Verwendung im
Sicherungsdienst waren durch die ausgesetzte Lage der unüber-
sichtlichen Halbinsel und die Seemittel des Feindes, welche man aus
Beobachtungsstationen bei Ballegaard, Düppelmühle und auf dem
Scheersberge in Angeln im Auge behielt, geboten. Graf Ranzow
schrieb dem Herzog Wilhelm: er denke bei dieser Sachlage mit
Bedauern daran, daß er die braunschweigischen Truppen nicht wieder
in dem ernst-glänzenden Aeußern werde zurückführen können, wie er
sie empfangen habe. Auch Premier-Lieutenant v. Seckendorff hob
in einem seiner regelmäßigen Berichte an den Landesherrn hervor,
daß die neue Uniform allgemein gefalle, aber in den fortwährenden
Biwaks und engen Quartieren sehr leiden werde. In der That
waren die Quartiere wenig mehr als Ortsbiwaks; daß 4—5 Offiziere in einem Stübchen, 40—50 Mann auf einer Tenne nächtigen
mußten, war die Regel.

Dänischerseits befand sich immer ein Bataillon auf der Westseite des Alsensundes. Es hielt das nördliche Werk des Brückenkopfes mit zwei, das südliche mit einer Kompagnie besetzt. Ein
Drittel dieser Besatzung war stets auf der Brustwehr; ein Drittel
lagerte mit zusammengesetzten Gewehren im Freien; ein Drittel ruhte
in den Blockhäusern. Eine Kompagnie war auf Piket und hatte
in den vorliegenden Gehöften, z. B. Langbro und Snei, ihre Feldwachen stehen. Deren Postenkette, die sich vom Alsensunde über den

Gabelpunkt der Apenrader und Gravensteiner Straße bis zum
Wenningbunde erstreckte, lag durchweg im wirksamen Schußbereiche
der deutschen Posten, stellenweise kaum 200 m von ihnen entfernt;
doch ließen beide Theile einander hergebrachter Weise unbehelligt.
Eine werthvolle Unterstützung für die dänischen Truppen waren die
Kriegsschiffe. Der nördliche Theil des Alsensundes war am Stegwig
und Sandwig durch den Dampfer Waldemar, 6 Schaluppen und
4 Jollen bewacht; bei Sonderburg selbst lag das Dampfschiff Skirner
mit 4 Schaluppen; weiter südlich im Höruphaff 2 Jollen. Zur Verbindung mit ihnen schob das dänische Vorpostenbataillon allnächtlich
kleine Strandwachen an den Alsensund und den Wenningbund hinaus.

In solchen Verhältnissen verstrich bei rauhem, kaltem Wetter
und ohne feindliche Zusammenstöße die erste Hälfte des Mai. Am
17. setzte es das erste kleine Scharmützel. Die beiden braunschweigischen Bataillone, die immer gleichzeitig auf Vorposten zogen, hatten
wieder diesen Dienst. Das 2. Bataillon bildete die Reserve, das
1. Bataillon hatte den linken Flügel, das Bataillon Anhalt-Dessau
den rechten Flügel der Vorposten. Auf dem zuletztgenannten Flügel
entspann sich nach 5 Uhr Nachmittags eine Kanonade. Am Abend
vorher war 800 m südwestlich der Düppelmühle eine am 12. Mai
begonnene Strandbatterie fertiggestellt und mit zwei 24-Pfündern
armirt worden. Aus ihr eröffnete Oberst Gerau auf Anordnung
des Divisions-Kommandos das Feuer auf ein dänisches Kanonenboot,
das seine gewohnte Patrouillenfahrt durch den Wenningbund aus-
führte; denn es hatte unzulässige Beziehungen mit den Bewohnern
der Broacker-Halbinsel angeknüpft. Das Boot dampfte, nachdem es
die ihm zugesandten acht Kugeln mit drei Schüssen erwidert hatte,
nach Sonderburg zurück, und der Zwischenfall wäre erledigt gewesen,
wenn nicht der holsteinische Artillerie-Fähnrich Jessen aus der linken
Flügelredoute ohne Befehl und Veranlassung eine Beschießung der
dänischen Küstenbatterien auf Alsen begonnen hätte, die von diesen
sofort erwidert wurde und sich nun nicht mehr abstopfen ließ, vielmehr schnell auf alle Batterien der Düppelstellung ausdehnte. Während des $5/4$stündigen Geschützkampfes wurden deutscherseits 61 Schuß
mit guter Wirkung verfeuert, dänischerseits etwa ebensoviel. Der
ungewohnte Kanonendonner erregte allgemeine Aufmerksamkeit; alle
drei Vorposten-Bataillone hielten sich gefechtsfertig, und die dänischen
Bomben schlugen in ihrer nächsten Nähe ein, so daß ihre Splitter

außer einem holsteinischen Artilleristen auch den Soldaten Bremer des 1. braunschweigischen Bataillons (3. Komp.) verwundeten, diesen tödtlich in der linken Schulter. Als General Bauer dem Herzog von Braunschweig über dieses, gegen 7 Uhr Abends auf Befehl des Herzogs von Nassau abgebrochene Gefecht berichtete, fügte er hinzu, die braunschweigische Infanterie habe sich bei ihrem ersten Auftreten durch Ruhe und Kaltblütigkeit vortheilhaft ausgezeichnet. Der Herzog erwiderte, daß er es nicht anders erwartet habe, und ließ beiden Bataillonen seine Anerkennung für ihr braves Verhalten aussprechen.

Obgleich dieses kurze Gefecht nur durch die Voreiligkeit eines jungen Mannes eine mit den defensiven Absichten der oberen Leitung nicht übereinstimmende Ausdehnung erlangt hatte, war es doch für die Reserve-Division vom größten Nutzen. Es hob das Selbstvertrauen der Festungs-Artillerie und wirkte auch bei der Infanterie den einschläfernden Folgen des friedlichen Gegenüberstehens entgegen. General Bauer, der seit zwei Tagen eine auffällige Zunahme der dänischen Truppen auf Alsen bemerkt zu haben glaubte, zog am 18. die 2. Division etwas näher an die Reserve-Division heran, so daß beispielsweise Warnitz und Baurup noch von den Hannoveranern, Auenbüll und Fischbek von den Sachsen belegt waren. Die Reserve-Division erfuhr einige Tage darauf durch das Eintreffen des bislang noch fehlenden 1. oldenburgischen Bataillons die erwünschte Ergänzung. In Wirklichkeit war bei den Dänen alles unverändert geblieben. Zwar wurde eine nächtliche Unternehmung gegen Düppel bei den in dieser Zeit stattfindenden Berathungen des Oberbefehlshabers v. Bülow mit dem Kriegsminister Hansen und dem Kommandirenden des Flankenkorps de Meza erwogen; aber sie gelangte nie auch nur in das Stadium der Vorbereitung.

Fast drei Wochen des ungestörten Stilllebens folgten dem Zwischenfall vom 17. Mai. Es bildete sich sogar eine nicht ganz unbedenkliche Vertraulichkeit zwischen den beiderseitigen Vorposten heraus. Beispielsweise kam es allmählich zu einer ganz regelrecht organisirten, aber von oben her nicht angeordneten Auswechselung Gefangener, nach Charge und Waffengattung genau übereinstimmend. General Bauer konnte später nicht umhin, durch strenge Verbote dem allzu vertraulichen Verkehr der Vorposten entgegenzuarbeiten. Dagegen gestattete er jetzt das Spielen der Musiken bei den Vorposten-Bataillonen. Der Gesundheitszustand war nicht zum Besten; Fieber,

Ruhr und Lungenkrankheiten nahmen überhand. Das braunschweiger
Regiment hatte schon am 7. Mai 78 Lazarethkranke, 11 Quartier-
kranke, die sich dann freilich im Laufe des Monats nur unbedeutend
vermehrten. Am 24. Mai trat endlich warmer Sonnenschein ein,
der allerdings schon in der ersten Juniwoche wieder durch Nässe und
Kälte abgelöst wurde, unter dessen Einfluß sich aber schnell die schönste
Obstblüthe entwickelte. Am 25. hielt der Divisions-Kommandeur bei
Kirchbüppel eine Parade über die nicht auf Vorposten befindlichen
Truppen ab. Es waren sieben Bataillone und zwei Batterien, aufgestellt in geschlossenen Bataillons-Kolonnen mit vorgezogenen Spitzen.
Das Regiment hatte seinen Platz zwischen dem oldenburgischen und
lippischen Kontingent; der Vorbeimarsch erfolgte in Zügen. Die
Schanzarbeit wurde ununterbrochen fortgesetzt; eben in diesen Tagen
wurde Batterie Nr. III fertig und am äußersten linken Flügel eine
Strandbatterie zur Bestreichung des südlich von Baadsagger gelegenen Theils des Alsensundes erbaut. Das 1. Bataillon Braunschweig vertauschte am 24. Mai sein bisheriges Quartier Staugaard,
wo es von den Detmoldern abgelöst wurde, mit Ulderup. Dieser
Ort war seit der Ankunft des Bataillons Tahsen mit in den
Unterkunftsbereich der Division gezogen. Die beiden braunschweigischen Bataillone zogen künftig nicht mehr zusammen auf Vorposten,
sondern das 1. Bataillon einen Tag später als das 2. Bataillon.

Am 6. Juni kam es zum einzigen, einigermaßen lebhaften Gefecht dieses thatenlosen Feldzuges. Die Vorposten wurden an diesem
Tage vom 1. Bataillon Braunschweig, dem Bataillon Waldeck und
dem 1. Bataillon Nassau gegeben und zogen zum ersten Mal zu
veränderter Stunde, nämlich um 4 Uhr früh, auf. Die schon um
2 Uhr Nachts von Ulderup abgerückten Braunschweiger hatten den
rechten, die Waldecker den linken Flügel. Um 7 Uhr schritt ein vom
nassauischen Bataillon gestelltes Arbeitskommando von 40 Mann zum
Ausheben einer zwischen Batterie II und III anzulegenden Ver-
bindungsbrustwehr, und zwar, infolge der Vertrauensseligkeit, die sich
allmählich herausgebildet hatte, unbewaffnet. Aber sie wurden von
den Dänen, deren Aufmerksamkeit schon durch die ungewohnt frühe
Bewegung bei ihren Gegnern erregt worden war, darin gestört.
Major Henckel, der Kommandeur des auf Vorposten befindlichen
dänischen 1. Reserve-Bataillons, mochte das weitere Vorrücken der
deutschen Verschanzungsarbeiten nicht dulden und schickte zu deren

Beschießung ein Kommando von 22 Mann nebst 2 Wallbüchsen vor, wodurch ein nassauischer Soldat verwundet wurde. Sofort gingen zur Aufnahme der weichenden Nassauer braunschweigische und waldeckische Abtheilungen von den Bataillonen der Majore Ahrens und v. Diringshofen*) in Stellung. Jedoch bemerkte der hannoversche Generalmajor v. Ludowig, der den nach Wiesbaden beurlaubten Herzog von Nassau im Kommando der Avantgarde vertrat, von Batterie Nr. III aus, daß die feindliche, bald verstärkte Abtheilung sich hinter Knicks in sehr guter Deckung zu halten vermochte. Er befahl daher dem Vorposten-Kommandeur, die waldeckische Feuerlinie durch eine Abtheilung ausgesuchter Schützen zu verstärken. Die Braunschweiger stellten dazu 24 Mann von ihrer im Reserve-Verhältniß befindlichen 1. Kompagnie, die Nassauer 12 Scharf-schützen. Hauptmann Isendahl übernahm das Kommando über diese gemischte Abtheilung, welche von der linken Flügelredoute aus mit vortrefflichem Erfolge in das Gefecht eingriff, im Laufschritt über die Koppeln vordrang, die Erdwälle übersprang und, als die Waldecker, sowie andere Braunschweiger sich diesem tapferen Vorgehen anschlossen, den Feind bald zum Weichen gebracht hatte. Nicht nur die vorgeschobene Abtheilung, die das Gefecht begonnen hatte, sondern die gesammten dänischen Vorposten zogen sich aus dem bedeckten Gelände, wo sie sonst standen, in das freie Land vor ihrem Brückenkopfe zurück. Die Deutschen folgten ihnen mit Energie, bis General v. Ludowig, der einen Angriff des von den Alsener Batterien gedeckten Brückenkopfes nicht wünschen konnte, sie gegen 11 Uhr in die Vorpostenstellung zurücknahm. Die Arbeiter traten wieder an, und der ganze Vorfall schien damit beendigt.

Aber nun wurde das Gefecht von den Dänen wieder aufge-nommen. Sie brachen mit einer neuen Kompagnie und 6 Espignolen aus dem Brückenkopfe vor, setzten sich in Sney, Langbro und den andern vorgelegenen Gehöften fest und nahmen den Kampf gegen die deutsche Postenlinie neu auf. Major Ahrens verstärkte nunmehr seine Feldwachen, drang bis zu einem Knick vor, der sich von der Gravensteiner Straße geradlinig zum Wenningbunde hinunterzieht,

---

*) Major v. Diringshofen sollte die am 6. Juni 1849 geschlossene Waffenbrüderschaft mit den Braunschweigern noch in weit ernsteren Verhältnissen zu bewähren Gelegenheit haben; denn er war während des Krieges 1870—71 deren hochverehrter Brigade-Kommandeur.

und mußte angesichts neuer dänischer Verstärkungen auch seine Unter=
stützungstrupps vorziehen, so daß nach und nach fast das ganze
Bataillon ins Gefecht kam. Dem gegenüber vermochten die Dänen
keine Fortschritte zu machen. Zwar versuchten sie, mit Kanonenbooten
vom Wenningbunde her flankirend zu wirken; doch wurde dies durch
die Batterie Nr. I mit drei 24pfündigen Kanonenschüssen bald ver=
eitelt. Inzwischen hatte sich nämlich auch der Artilleriekampf ent=
sponnen. Die dänischen Batterien auf Alsen hatten ihn begonnen,
indem sie gegen 12 Uhr das Feuer auf die nassauische Infanterie
eröffneten, die neben Batterie III vorbei den bedrängten Waldeckern
Hülfe bringen wollte. Die deutschen Geschütze antworteten, und nun
tobte der Artilleriekampf 2—3 Stunden lang mit Heftigkeit. Deutscher=
seits wurden 218 schwere Geschosse mit recht guter Wirkung ver=
schossen und unter Anderem das Dampfschiff Glücksburg zum Sinken
gebracht und die Schloßkaserne zu Sonderburg durchschlagen. Nach=
dem die dänischen Batterien schwiegen, befahl um 3 Uhr auch General
Bauer die Einstellung des Feuers, um die seit dem Brande der
Rendsburger Eisengießerei schwer ersetzbare Munition zu schonen.
Bald nachdem der Geschützkampf in aller Heftigkeit entbrannt war,
hatte der Divisions=Kommandeur das erste der beiden Fanalsignale
abgeben lassen und dadurch die drei dienstfreien Bataillone der
Avantgarde nebst der braunschweigischen Batterie nach dem Fuße
des Kernwerkes berufen, während die übrigen Truppen, darunter
das Bataillon Ahrberg, sich nur marschfertig machten. Auch General
Wyneken wurde benachrichtigt und traf seine Vorkehrungen.

Als der Geschützkampf eingestellt war, wurde der Versuch gemacht,
auch das Infanteriegefecht abzubrechen. Er scheiterte an mangelnder
Feuerdisziplin, obwohl dänischerseits ein ernster Angriff ebensowenig
beabsichtigt war, wie von Seiten der Deutschen. Sobald das Feuer
auf einer Seite aufhörte und auf der andern noch fortdauerte, begann
es stets sehr bald auch dort wieder. Nach 3½ Uhr belebte sich das
Gefecht auf dem braunschweigischen Flügel sogar von Neuem. Die
Batterie Orges, die ihren eigentlichen Kommandeur lange wieder
an ihrer Spitze sah, hatte es unternommen, das an der Sonderburger
Straße westlich von Langbro gelegene, vom Feinde besetzte Gehöft
unter Feuer zu nehmen. Als Major Orges nun sah, daß er mit
seinen leichten sechspfündigen Geschossen nichts ausrichtete, griff er
zu dem ungewöhnlichen Mittel, das Gehöft zu Fuß angreifen zu

laffen! Er fandte dazu eine mit Zündern verfehene Kanonier-Ab-
theilung unter Führung des Lieutenants Wild vor. Ohne Zögern
fchloffen fich die Lieutenants v. Frankenberg und Koch mit ihren
Schützenzügen von der 2. und 4. Kompagnie an und hatten das
fragliche Gehöft bald im heftigften feindlichen Feuer genommen und
angezündet. Die preußifchen Feftungs-Artilleriften in den Schanzen
fprangen, als fie das kecke Vorgehen der Schwarzen*) fahen, auf die
Bruftwehren und ftimmten in das Hurrah der Stürmenden ein.
Hiermit fchien gegen 4 Uhr Nachmittags auch das Infanteriegefecht
beendet zu fein; das feindliche Feuer fchwieg faft ganz, und nur
dann und wann fiel ein einzelner Schuß. Die feit acht Stunden
im Kampfe begriffenen Vorpoften-Bataillone hatten noch nicht gegeffen,
und es wurden eben die Anftalten zum Ablöfen und Abkochen getroffen, als das fchon faft erftorbene Gefecht gegen 5½ Uhr Nachmittags unerwarteter Weife nochmals auflebte.

Um diefe Zeit fchickte Oberft Krabbe, der Kommandeur der
dänifchen 1. Brigade, feinem fchon fehr erfchöpften 1. Referve-Bataillon
Unterftützung. Es war Major Lorentzen, der mit dem 3. Referve-
Bataillon und der Espignol-Batterie von der Schiffbrücke her den
Sundewitt betrat und fofort das erneute Vorgehen über den Brückenkopf hinaus begann. Man wollte deutfcherfeits zuerft nicht daran
glauben, daß der Feind wirklich einen abermaligen, zwecklofen Anfall
der Vorpoften beabfichtige. Als die dänifchen Verftärkungen aber
das Gehöft Snen und den nördlich davon zum Alfenfunde fließenden
Bach erreicht hatten, begann das Feuer fofort auf der ganzen Linie
mit erneuter Kraft. Major Ahrens war nicht ohne Beforgniffe;
denn fein Bataillon litt bereits empfindlich an Munitionsmangel.
Zwei Züge, die fich völlig verfchoffen hatten, hatte er fchon früher
durch zwei frifche, in den Blockhäufern der Redouten befindliche Züge
ablöfen laffen. Jetzt hatte aber infolge des unverftändigen Schießens
faft das ganze Bataillon keine Patronen mehr, und der Major mußte
beim Vorpoften-Kommandeur Verftärkung beantragen. Ein Gleiches
gefchah von Seiten des Bataillons Waldeck. Oberft Gerau ließ
daher den Major Weiz mit dem 1. Bataillon Naffau eingreifen.
Eine Kompagnie kam dem braunfchweigifchen Flügel zu Hilfe, ließ

---

*) Die fchwarze Uniformirung war am 19. November 1848 auch auf die
Artillerie und die Pioniere ausgedehnt worden.

einen Theil ihrer Mannschaft in die Schützen der Ehrenkrook'schen Kompagnie einschieben und bildete mit dem Rest den Unterstützungs= trupp. Der Angriff des Major Lorentzen wurde abgeschlagen, in= dem seine Espignolen durch ein Paar wirksame Kartätschschüsse der linken Flügelredoute zum eiligen Abfahren genöthigt wurden, und die geschlossenen Kompagnien sich infolge einiger Kugeln aus Batterie III in Auflösung und einzeln in die Gehöfte retteten, deren südlichstes und größtes aber, das Gehöft Sney, in Flammen aufging. Die Batterie Nr. II hatte es mit glühenden Kugeln beschossen; es wurde aber auch durch Schützenschwärme der kampfesfrohen Braunschweiger mit dem Bajonett angegriffen und angezündet. Nun zog der Feind, der keine Artillerie wieder in Thätigkeit gebracht hatte, schleunigst nach seinem Brückenkopfe ab und stellte gegen 8 Uhr sein Feuer ein. Auch General v. Ludowig ging in die frühere Vorpostenstellung zurück. Jedoch ließ er den rechten Flügel der Stellung, zwischen Wenningbund und Düppelmühle, von zwei nassauischen Kompagnien besetzen, während die betreffenden beiden braunschweigischen Kompagnien als Reserve vor dem Kernwerk biwakirten.

Major Ahrens und sein Bataillon ernteten für ihr Verhalten an diesem Tage viel Lob. Der Bataillons=Kommandeur selbst ver= sicherte: „Jeder, vom Offizier bis zum Soldaten, hat seine Schuldig= keit im höchsten Grade gethan". Die Generale Ludowig und Ranzow stellten das Bataillon ihren Truppen im Tagesbefehl als Muster hin. Dem Herzog Wilhelm schrieb Graf Ranzow: „Ueber= haupt schlug sich das braunschweigische 1. Bataillon so brav, so frisch und keck, daß ich es in jeder Beziehung sehr loben muß". Der Graf sprach übrigens als Augenzeuge; obwohl er nur die Reserve befehligte, war er mit seinem Stabe vorn und wiederholt das Ziel der feind= lichen Schützen gewesen. An seiner Seite wurde dem Premier= Lieutenant Wyneken, der eine Bestellung vom General v. Ludowig ausrichtete, das Pferd am Kopfe getroffen. In demselben Sinne wie Graf Ranzow erklärte auch General Bauer, er könne sich glücklich schätzen, ein so braves Bataillon bei der ihm unterstellten Division zu besitzen und sandte gleichzeitig dem über diese Lobsprüche sehr erfreuten Herzoge die Verlustliste ein, die glücklicherweise nicht lang war.

Im Ganzen waren 5 Todte, 10 Schwerverwundete und 8 Leicht= verwundete zu beklagen. Davon waren Braunschweiger: Der gefallene Soldat Haase der 2. Kompagnie und 9 Verwundete, nämlich:

Vizekorporal Krüger tödtlich im Unterleib, die Soldaten Fischer I und Heidecke der 1. Kompagnie, Bruns und Bortfeld der 3. Kompagnie schwer, Premier-Lieutenant Rittmeyer, Tambour Philipps und die Soldaten Schreiber und Nicolai der 3. Kompagnie leicht. Außerdem waren viele Mannschaften durch Schrammschüsse ganz leicht verletzt. Die Wunde des Lieutenants Rittmeyer, stellvertretenden Führers der 3. Kompagnie, bestand in einer schmerzhaften, aber ungefährlichen Kontusion am Schulterblatt durch das Stück eines durch eine Bombe zerschmetterten Steines. Den Schwerverwundeten legte Stabsarzt Dr. Goldschmidt von der oldenburgischen Ambulance den ersten Verband an und ließ sie nach dem Gravensteiner Lazareth zurückfahren. Unter den Opfern des Tages war auch der zur Beobachtung Sonderburgs angestellte Schleswiger Schiffer Petersen. Der dänische Verlust war etwas größer; er betrug 10 Gefallene bezw. tödtlich Getroffene, 1 Offizier, 15 Mann und 2 Sonderburger Bürger an sonstigen Verwundeten; der verwundete Offizier war Hauptmann Graf Baudissin vom 1. Reserve-Bataillon.

Die beiderseitigen Verluste standen in keinem Verhältniß zu dem ungeheuren Munitionsaufwande, selbst wenn die gute Deckung infolge der Knicks mit in Rechnung gezogen wird. Hatte doch die deutsche Infanterie nicht weniger als 44 500 Patronen verschossen! Hiervon entfielen auf das braunschweiger Bataillon 34 514 Schuß (12 041 Pflasterkugeln, 22 473 Rollkugeln), was auf die damalige Ausrückestärke von 65 Unteroffizieren und 615 Gemeinen vertheilt, fast 51 Schuß für jedes Gewehr ausmacht. Ganz verschossen kann sich das Bataillon hiernach wohl nicht haben. Es waren für den Mann 185 Patronen mit ins Feld genommen; davon waren 70 im Depot zu Flensburg bezw. den beiden dort verbliebenen unbespannten Munitionswagen; 43 wurden auf dem bei der oldenburgischen Munitionskolonne befindlichen bespannten Wagen mitgeführt; 72 Patronen führte der Mann bei sich, nämlich 24 Paß-, 48 Rollkugeln. Das Bataillon besaß hiernach am Abend des Gefechtes nur noch 21 Patronen auf den Mann; es mußte schleunigst beim Kommando des Feldkorps Ersatz beantragen, der am 20. Juni in der Stärke von 27 792 Patronen und 33 352 Zündhütchen eintraf, aber im Reserve-Depot zu Flensburg belassen wurde. Nachdem dieses Gefecht vorüber war, welches immerhin den kriegerischen Geist und das gegenseitige Vertrauen in der Reserve-Division merklich ge-

hoben hatte, folgte kein blutiger Zwischenfall weiter; der Feldzug
ging fortan völlig thatenlos zu Ende. Wäre nicht mit dem Vor=
postendienst ein so häufiges Biwakiren verbunden gewesen und
dieses oft durch starke Regengüsse erschwert worden, so hätte man
diese Art der Kriegführung kaum für einen schwierigeren Dienst an=
sehen können, als den der Bataillone in der Heimath, auf die wir
nun einen kurzen Blick werfen wollen.

Nach dem Ausmarsch des 1. und 2. Bataillons hatte das
3. Bataillon unter Major Haberland den Wacht= und Garnison=
dienst in Braunschweig allein zu versehen und mußte daneben die
am 1. Mai zur Einstellung gelangten etwa 500 Rekruten für die
beiden Feldbataillone ausbilden, was bei dem herrschenden Unter=
offiziermangel keine leichte Aufgabe war. Beim Leibbataillon machte
sich dagegen Mangel an Offizieren geltend, da von seinen sieben
Lieutenants einer zeitweilig bei der Artillerie im Sundewitt und
zwei in Wolfenbüttel kommandirt waren, und dennoch 300 Rekruten
ausgebildet werden mußten. Natürlich konnte das Bataillon in dieser
Stärke nicht in Blankenburg unterkommen; Major Ludovici hatte
daher die 3. Kompagnie in Heimburg, die 4. in Börnecke unterge=
bracht. Noch viel schwieriger wurden die Unterkunftsverhältnisse, als
am 20. Mai für das Leibbataillon die Einziehung der Beurlaubten
behufs Verstärkung auf den Stand von 800 Streitbaren befohlen
wurde. An eine Verwendung des Bataillons in Schleswig=Holstein
war dabei nicht gedacht. Der Schauplatz seiner etwaigen Thätigkeit
konnte nur im Inneren Deutschlands liegen, wo die allenthalben
ausbrechenden Tumulte ein bewaffnetes Einschreiten erheischten, wo
eben erst der Dresdener Aufstand durch preußische Waffen nieder=
geschlagen war und jetzt der große Aufruhr in Baden einen besonderen
Feldzug nothwendig machte. Indessen sollte das Leibbataillon keine
Gelegenheit finden, seine soeben zum Schießdienst empfangene vier=
zügige Dornbüchse nach Thouvenin'schem Systeme vor einem äußeren
oder inneren Feinde zu erproben. Es kam nur zu einem friedlichen
Ausmarsch der 2. und 3. Kompagnie nach Braunschweig. Sie wurden
am 27. Mai von Halberstadt mit der Eisenbahn dorthin befördert,
entlasteten das 3. Bataillon in dem schwierigen Wachtdienst und
kehrten, als dort Alles ruhig blieb und das Exekutionskorps für
Baden ohne braunschweigische Betheiligung gebildet worden war
schon nach kaum dreiwöchiger Abwesenheit unter ihrem Führer,

Hauptmann Jäger, nach Blankenburg zurück, wo der Dienststand am 11. Juni durch Entlassung der einberufenen Mannschaft auf 232 Mann verringert wurde.

Nicht viel feindseliger ging es, wie schon bemerkt, in Schleswig-Holstein her. Der Feldzug in Jütland schleppte sich ohne erheblichere Zwischenfälle träge dahin. Aarhuus wurde von den Preußen besetzt, Fredericia von den Holsteinern blokirt. Zu energischem Vorwärts-schreiten konnte sich der Bundesfeldherr, dessen vorgesetzte Central-gewalt in Frankfurt von seiner einheimischen Regierung in Berlin schon nicht mehr anerkannt wurde, unter diesen Umständen nicht mehr entschließen, zumal im Hafen von Reval eine den Dänen befreundete russische Flotte bereit lag, um bald danach zum Kleinen Belt abzu-fahren. Die Reserve-Brigade lebte zu Eckernförde und Kiel in völlig friedlichen Verhältnissen, die Reserve-Division mit der 2. Division im Sundewitt ohne weitere Zusammenstöße mit dem Feinde, viel mit dem Ausbau der Verschanzungen beschäftigt. Die Verbindungs-brustwehr zwischen Batterie II und III, um die das Gefecht vom 6. Juni entbrannt war, wurde am Tage darauf fertiggestellt. Am 8. fand zu Atzbüll die feierliche Bestattung der Opfer des Gefechtes statt. General-Lieutenant Bauer, Generalmajor v. Ludowig und Abordnungen aller Truppentheile, auch von der sächsischen Brigade, erwiesen ihnen die letzte Ehre. An Braunschweigern ruhen dort*) der gefallene Soldat Haase und der am 7. seiner Wunde erlegene Vizekorporal Krüger. Das Quartierleben setzte sich in dem ewigen Wechsel von Vorposten, Dienstfreiheit und Exerziren ohne weitere Zwischenfälle fort. Das schlechte Trinkwasser wirkte ungünstig auf den Gesundheitszustand ein; am 21. Juni meldete das 1. Bataillon 61, das 2. Bataillon 55 Kranke. Die Verpflegung wurde aus dem Gravensteiner Magazin nach den vom Reichs-Kriegsministerium ein-geführten Sätzen verabreicht. Erwähnt sei noch, daß ein begabter Freiwilliger der 1. Kompagnie des 2. Bataillons, der spätere wohl-bekannte Bassist der Berliner Oper, Anton Fricke, der sich damals noch vorwiegend den zeichnerischen Künsten widmete, die reichlich vor-handene Muße zu sechs hübschen, farbigen Skizzen benutzte, die das Landschaftliche dieser Gegend und ihrer Verschanzungen mit der be-

---

*) Das Bild des Grabes zu Atzbüll, gezeichnet von Waldschmidt, er-schien später als Lithographie im Buchhandel.

lebenden Staffage des Lagerlebens zur Darstellung brachte.*) Ab
und zu fand ein Ortswechsel statt; so kam das 1. Bataillon am
7. Juni nach Kirchsatrup, das 2. am 9. nach Rackebüll und Staugaard.
Solche Verlegungen schlossen sich in der Regel an die Vorposten an,
deren Ablösung jetzt um 7 Uhr früh erfolgte.

In der zweiten Hälfte des Juni ging beim Feinde eine folgen=
reiche Truppenverschiebung vor sich. Um der von der Division Bonin
belagerten Festung Fredericia Entsatz zu bringen, wurden mehrere
dänische Brigaden im westlichen Fünen bereitgestellt. Dazu gehörte
auch die 6. Brigade (v. Räder), die am 23. Juni mit einer Halb=
batterie (v. Jonquières) von Mummark an der Ostküste Alsens
abfuhr. Die Schiffer=Beobachtungs=Stationen bemerkten die Ab=
fahrt sehr wohl; aber man kannte das Ziel nicht und bereitete sich
darauf vor, einer Landung im nördlichen Sundewitt, die jedenfalls
mit einem direkten Vorstoß von Sonderburg her verbunden gewesen
wäre, zu begegnen. In der Absicht, Gefangene zu machen und auf
diese Weise Aufschluß über die beobachteten Flottenbewegungen zu
erlangen, überfiel Oberst Gerau in der Nacht zum 24. mit einer
nassau=waldeck=anhaltischen Abtheilung eine dänische Feldwache in
einem einzelnen Hause an der Sonderburg=Apenrader Straße. Das
Haus wurde eingeäschert, aber die Feldwache entkam, und die erstrebte
Aufklärung wurde durch das Unternehmen nicht gewonnen. Am 24.
wurde den dienstfreien Truppen die Anfertigung von Faschinen auf=
getragen; jedes Bataillon sollte deren 32 nebst 144 Pfählen liefern.
Bei Gelegenheit eines größeren Ortswechsels am 26. Juni erhielten
beide Bataillone des schwarzen Regiments besondere Verwendungen,
die sie vom Vorpostendienst auf den Düppeler Höhen fernhielten und
ihnen wohlhabendere und bessere Quartiere brachten. Das 1. Ba=
taillon übernahm in Gemeinschaft mit der 3. Husaren=Schwadron
des Rittmeisters v. Cramm die Sicherung der Halbinsel Broacker,
welche seit dem 18. in den deutschen Sicherungsbereich hineingezogen
war. Hier belegte die 1. Kompagnie Scheide, die 2. Gammelgab
und Brunsnis, die 3. Broacker, Ekensund und Rönnberg, die 4.
Scheidegaard. Das 2. Bataillon dagegen kam nach Blans und
Wester=Satrup, um den Küstenschutz von Sandberg bis nach Balle=

---

*) Die Bilder hängen gegenwärtig im Offizierkasino des Infanterie=Regi=
ments zu Braunschweig.

gaard hin zu übernehmen. Sein Sicherungsbereich theilte sich: in den von zwei Kompagnien gebildeten rechten Flügel, wo von Oster-Satrup aus Feldwachen nach Sandberg und dem Satrupholz gestellt wurden, in das Centrum bei Oster-Schnabek mit zwei Feldwachen, und den linken Flügel bei Blans mit einer Fanalwache und einer Feldwache bei Ballegaard. Diese hatte Anschluß an die Hannoveraner, die aber am 30. durch ein sächsisches Bataillon abgelöst wurden; denn General v. Prittwitz zog infolge der erhaltenen Meldungen über die dänische Truppenansammlung auf Fünen die hannoversche Brigade nach Apenrade heran.

Eine Ablösung der Reserve-Division auf ihrem anstrengenden Posten durch die 2. Division war vom Oberbefehlshaber nicht genehmigt worden. Dagegen fand innerhalb der Reserve-Division am 2. Juli ein umfassender Ortswechsel statt. Die 1. Brigade lag hinfort im nördlichen, die 2. Brigade im südlichen Theile des Sundewitt. Die Stellung des Avantgarde-Kommandeurs ging auf den Grafen Ranzow, die des Reserve-Führers auf den Herzog von Nassau über. Der Stab der 2. Brigade lag mit dem 2. oldenburgischen Bataillon in Stenderup, der Rest des oldenburgischen Kontingents in Düppel, das 1. Bataillon Braunschweig in Wilhoi, Freudenthal, Schmoel und Schmoelfeld, das 2. Bataillon in Broacker und Schottsbüll. Beide Bataillone zogen von hier aus, und zwar das 2. einen Tag nach dem 1., alle drei Tage auf Vorposten auf den Düppeler Höhen, jetzt unter dem Kommando des Oberstlieutenants v. Tahsen und mit etwas vorgerückter Lage der Feldwachen. Die braunschweigische Batterie lag mit einem nassauischen Bataillon in Rackebüll; ein anderes versah mit der 3. Eskadron den Küstenschutz im Norden der Halbinsel, die Waldecker mit der 1. Schwadron im südlichen Broacker; die Lipper schützten Gravenstein, Sandacker, Alnoor und Nübel. Anhaltender Regen, der erst am 5. Juli aufhörte, machte diese Zeit zu einer sehr unangenehmen.

Am 6. Juli unternahmen die Dänen, nachdem sie die Besatzung Fredericias unbemerkt auf die ansehnliche Stärke von 4 Infanterie-Brigaden, 1 Kavallerie-Regiment und 6 Batterien gebracht hatten, einen heftigen Ausfall aus dieser Festung, schlugen die schleswig-holsteinische Division völlig aufs Haupt und drängten sie mit einem Verlust von über 3000 Mann nach Veile zurück. Obgleich die vom General Bauer erstatteten Berichte deutlich genug auf ein derartiges Unternehmen hingewiesen hatten, kam der Schlag der Heeresleitung unerwartet und war sehr fühlbar. Er verfehlte nicht, seine Rückwirkung auch auf die Lage im Sundewitt auszuüben. General v. Prittwitz zögerte nicht, die geschlagene Division mit allen verfügbar zu machenden Heerestheilen zu unterstützen. Auch General Wyneken erhielt Befehl, sofort nach Kolding vorzurücken, durfte aber die sächsische Brigade schon am 8. nach Apenrade und Feldstedt zurückschicken, zur Sicherung der dortigen Bucht und er= forderlichenfalls zur Unterstützung der Reserve=Division. Die Wichtig= keit der Düppelstellung, in der sich jetzt 72 schwere Geschütze befanden, forderte lebhaft dazu auf, sie einer Ueberraschung, wie sie den Hol= steinern widerfahren war, nicht bloßzustellen. Daher gelangten sofort einige schon früher beschlossene Maßregeln zur Ausführung, die bis jetzt der stürmischen Witterung wegen verschoben worden waren. Es wurde mit Eifer auf möglichste Sturmfreiheit der Schanzen hingearbeitet und deren artilleristische Besatzung erheblich verstärkt, indem 6 Unteroffiziere, 99 Mann Infanteristen, aus allen Bataillonen der Division gemischt, dazu kommandirt wurden. In Batterie Nr. II wurden stets glühende Kugeln bereitgehalten, um nöthigenfalls die Sonderburger Brücke schnell in Brand schießen zu können. Den Vorposten wurde die größte Wachsamkeit eingeschärft; das zur Reserve bestimmte Bataillon mußte stets schon um 2 Uhr Nachts aus seinem Unterkunftsort abrücken, während das abzulösende Bataillon erst um 7 Uhr seinen Standort zwischen dem Kernwerk und den Hünen= gräbern verlassen durfte.

Thatsächlich war kein Anlaß zu Besorgnissen. Das Flanken= korps auf Alsen bestand zur Zeit nur aus zwei Brigaden*) unter

---

*) **1. Infanterie=Brigade:** Ob. Krabbe.
10. leichtes Bataillon: Ob.=Lt. v. Räder.
 1. Reserve=   „   Maj. Henckel.
 3.   „   „   Ob.=Lt. Lorentzen.
 3. Jägerkorps: Maj. Gosch.
     2. Infanterie=Brigade: Ob. Thestrup.
Leibgarde zu Fuß: Ob.=Lt. v. Kirchhoff.
 4. Linien=Bataillon: „   Blom.
13.   „   „   „   Trepka.
 2. Reserve=   „   „   v. Schow.
   3. Kavallerie=Division: Maj. Sauerbrey.
      Artillerie: Ob.=Lt. Bruun.
1., 5., 7. Batterie; schwere Batterie; 2. Espignol=Batterie.

Oberst Krabbe und konnte daher keine Angriffspläne hegen. Dies blieb auch so, als am 11. Juli General de Meza wieder das Kommando auf der Insel übernahm; doch schritt dieser General auch seinerseits zur Anlage von Schützengräben und begann mit Herstellung einer neuen Fähre. Man war aber auf deutscher Seite unruhig geworden und ließ es nicht unbemerkt, daß fünf dänische Kanonenboote, die bisher stets ruhig bei Arnkiels-Öre gelegen hatten, sich seit dem 5. Juli mitunter dem Sundewitt näherten und die nassauischen Strandwachen beschossen. General Bauer ließ sie in der Nacht zum 8. vom Satrupholz her durch sechs halbschwere Geschütze unter Leitung des oldenburgischen Hauptmanns Rüder überraschend beschießen, was mit 130 Kugeln und unbedeutendem Erfolge geschah. Der Krankenstand war nach wie vor hoch; zu den sehr häufigen Fieberfällen kamen jetzt auch einige beunruhigende Pockenerkrankungen innerhalb der Division. Die streitbare Ausrückestärke der braunschweigischen Bataillone erreichte am 11. Juli ihren niedrigsten Stand. Bei einem Abgange von 1 Offizier, 8 Unteroffizieren, 2 Spielleuten, 124 Mann betrug sie an diesem Tage: 1. Bataillon: 13 Offiziere, 67 Unteroffiziere, 37 Hoboisten und Spielleute, 595 Soldaten; 2. Bataillon: 15 Offiziere, 58 Unteroffiziere, 15 Spielleute, 657 Soldaten.

Es war gut, daß von jetzt an eine Erleichterung des Dienstes insofern eintrat, als künftig nur noch jeden vierten Tag auf Vorposten gezogen wurde. Dies wurde dadurch erreicht, daß die sächsische Brigade Heintze fortan an diesem Dienste theilnahm. Da die Dänen keine Miene machten, ihren Erfolg von Fredericia zu einer weiteren Offensive auszunutzen, ließ General v. Prittwitz am 11. Juli seine Armee sich etwas weiter nach Süden ausdehnen. Kolding fiel den Holsteinern zu; die Hannoveraner gingen nach Hadersleben und Apenrade; die Sachsen wurden nach Satrup, Ulderup, Auenbüll u. s. w. vorgeschoben, übernahmen auch die Sicherung der bisher von den homburger Jägern und braunschweiger Husaren gehüteten Nordspitze des Sundewitt. Vom 12. an nahm General v. Heintze mit seiner Brigade (2. Infanterie-Regiment Prinz Max, 3. Infanterie-Regiment Prinz Georg, Schützen-Bataillon, zwei Batterien nebst Pionier-Detachement) am Vorpostendienst auf den Düppeler Höhen regelmäßig Theil. Die Braunschweiger waren am 10. nach Düppel verlegt worden, dem mangelhaftesten aller Sundewitt-Quartiere. Das 1. Bataillon behielt

seine Ortsunterkunft Oster-Düppel bei, als das in Wester-Düppel untergekommene 2. Bataillon am 17. nach Stenderup übersiedelte.

Inzwischen erreichte der unerquickliche Feldzug durch einen ebenso
unerfreulichen Friedenschluß sein Ende. Die politische Leitung der
schleswig-holsteinischen Verwickelung war bereits zu Ende Mai auf
Preußen übergegangen, nachdem sich die Frankfurter Centralgewalt
ihrer Aufgabe in keiner Weise gewachsen gezeigt hatte. Unter lebhafter Einwirkung der britischen und russischen Diplomatie, aber unter
Protest der immer noch ein kümmerliches Dasein fristenden deutschen
Centralgewalt und der von ihr eingesetzten Statthalterschaft der Elbherzogthümer, wurde am 10. Juli in Berlin ein überaus trauriger
Präliminarfrieden unterzeichnet. Das „up ewig ungedeelt" des Land-
rechtes von 1460, das recht eigentlich der Kernpunkt des ganzen
Zwistes war, wurde durch die Artikel 1 und 3 des Berliner Vertrages preisgegeben. Sie lauteten: „Das Herzogthum Schleswig soll,
was seine gesetzgebende Gewalt und seine innere Verwaltung betrifft,
eine abgesonderte Verfassung erhalten, ohne mit dem Herzogthume
Holstein vereinigt zu sein, und unbeschadet der politischen Verbindung,
welche das Herzogthum Schleswig an die Krone Dänemark knüpft.
Die Herzogthümer Holstein und Lauenburg werden fortfahren, Mitglieder des Deutschen Bundes zu sein". In militärischer Hinsicht
wurde vereinbart, daß bis zum Jahresschluß Waffenstillstand herrschen
und dieser dann, so lange keine Kündigung erfolge, fortdauern solle.
Auf den Inseln Alsen und Arrö sollten dänische Truppen bleiben,
Nordschleswig bis zur Linie Flensburg-Tondern schwedische, der Süden
des Herzogthums Schleswig preußische Garnisonen erhalten.

General v. Prittwitz erhielt schon am 12. Juli vertrauliche
Mittheilung von dem abgeschlossenen Vertrage, der aber erst durch
die am 19. erfolgte Ratifikation Gültigkeit erhielt. Die Feindseligkeiten wurden erst mit diesem Tage eingestellt. Freilich dauerten Vorpostendienst und Strandbewachung noch fort, aber mit verringerten
Kräften. Das am 19. von den Vorposten abgelöste Bataillon Ahrens
kam nicht wieder dazu heran, das Bataillon Ahrberg zog noch einmal am 20. auf und wurde am folgenden Tage in sieben kleine
Dörfer auf Broacker verlegt. Am 21. gab der Oberbefehlshaber
mit der Marschtafel für den Rückmarsch einen Tagesbefehl heraus,
der das Nähere für den Waffenstillstand festsetzte. Wieder wie im
Vorjahre sollte das Dienstverhältniß der Truppen zum Oberkommando

vorläufig aufrecht erhalten bleiben und die Eingaben und Rapporte
wie bisher eingereicht werden. Die Reserve=Division sollte am 24.
in ihrer Stellung im Sundewitt durch die 2. Division abgelöst werden
und dann ungesäumt den Heimmarsch antreten. Aus diesem Anlaß
bemerkte Premier=Lieutenant v. Seckendorff treffend: „Somit wäre
der Abmarsch vom Kriegsschauplatze vorbereitet, von dem die Truppen
leider nichts weiter mitnehmen, als das Bewußtsein treuer Pflicht=
erfüllung".

Gleichzeitig mit den obenerwähnten Befehlen für den Rückmarsch
nahm General=Lieutenant v. Prittwitz, der seine Absicht, die Truppen
im Sundewitt zu sehen, nicht hatte verwirklichen können, mit be=
zeichnenden Worten von der Armee Abschied. Er dankte den Truppen
für das ihm bewiesene Vertrauen, für die Pflichttreue, den Dienst=
eifer und die Einigkeit unter einander, gab der Hoffnung auf Manns=
zucht und zuvorkommendes Betragen gegen die Landeseinwohner
auf dem Rückmarsche Ausdruck und fuhr dann fort: „Endlich muß
ich darauf aufmerksam machen, daß während des Rückmarsches
möglicher= und wahrscheinlicherweise den Truppen ungünstige Urtheile
über die Entschließungen und Betheiligungen ihrer Regierungen an
den zur Beendigung des Krieges ergriffenen Maßregeln bekannt
werden dürften. Der Soldat vom höchsten Offizier bis zum letzten
Grade herab hat aber die Verpflichtung, dergleichen Erörterungen zu
vermeiden, Urtheile über die Maßregeln seiner Regierungen durchaus
außerhalb der Grenzen seines Wirkungskreises zu halten und die
Kardinaltugend des Soldaten, unbedingten Gehorsam, auch hier zu
bewähren".

Die Vermuthung des Oberbefehlshabers bestätigte sich im vollsten
Maße. Ueberall zeigte sich die deutschgesinnte Bevölkerung der durch
den Berliner Vertrag im Stich gelassenen Herzogthümer im höchsten
Maße entrüstet über den traurigen Ausgang ihrer gerechten Sache,
und es wurde an manchen Orten nothwendig, durch Wachtverstärkungen
und ähnliche Mittel auf die Vermeidung von Streitigkeiten hinzuwirken.
Der Rückmarsch begann am 24. Juli, an welchem Tage die beiden
braunschweigischen Bataillone nach Quars und Tombüll kamen. Am
folgenden Tage nächtigte das 1. Bataillon in Ellund und Gottrupel,
das 2. in Clus und Niehuus. Am 26. wurde aus Flensburg die
letzte Magazinverpflegung empfangen und dann bald von der Chaussee
abgebogen; denn während die 1. Brigade der großen Hauptstraße

über Schleswig und Rendsburg folgte, marschirte die 2. Brigade
durch das westliche Angeln. Nach einem in Havetoft, Thumbh und
Umgegend verlebten Ruhetage wurde am 28. die Schlei auf der
Missunder Fähre passirt; diese faßte 120 Mann oder 4 zweispännige
Wagen und brauchte zur Hin= und Rückfahrt nur zehn Minuten.
Das 1. Bataillon blieb in Missunde, Ornum und Eschelsmark, das
2. Bataillon ging nach Kosel. Der folgende Tagemarsch führte zum
Eiderkanal nach Kluvensiek, Steinwehr, Kronsburg, Bovenau u. s. w.,
der 30. nach der bekannten Gegend von Nortorf, Thienbüttel, Borg=
dorf, Dätgen u. s. w. Nachdem hier ein Ruhetag gehalten war,
kam am 1. August das 1. Bataillon nach Neumünster, das 2. nach
Wittorf und Gadeland. Hier zweigten sich die Oldenburger ab, um
in das Fürstenthum Eutin zu marschiren. Die Braunschweiger hatten
noch drei Märsche; am 2. August lagen sie in Bramstedt (1. Bataillon),
Lentföhrden, Nützen und Kampen, am 3. in Quickborn und Renzel
bezw. Hasloh und Winzeldorf. Nachdem hier ein Ruhetag statt=
gefunden hatte, wurde am 5. August in Altona eingerückt, wo der
Divisions= und Brigadeverband aufgelöst wurde.

Die seitherigen Vorgesetzten spendeten den braunschweigischen
Truppen in ihren Berichten an den Herzog warmes Lob. „Ich schätze
mich glücklich," schrieb Graf Ranzow, „daß so brave und tüchtige
Truppen, wie die Eurer Hoheit sich hier abermals im Gefecht, als
auch in dem oft recht anstrengenden Dienste bewährt haben, meinem
Kommando anvertraut waren und bedaure nur, daß die nunmehr
beendigte Kampagne nicht mehr Gelegenheit bot, dem glänzenden
braunschweigischen Kriegsruhm die Waffenthaten hinzuzufügen, welche
man mit Sicherheit von dem vortrefflichen Geiste und der vorzüg=
lichen Ausbildung, die diese Truppen auszeichnet, erwarten durfte."
Und General Bauer erklärte: „Unter den Kontingenten der Reserve=
Division haben sich die Herzoglich Braunschweigischen Truppentheile
aller Waffen durch Disziplin, echt militärischen Geist, vortreffliche
Haltung und treue Pflichterfüllung ganz besonders ausgezeichnet,
und fühle ich mich verpflichtet, dieses zu Eurer Hoheit Kenntniß
unterthänigst gelangen zu lassen, damit so braven Truppen die wohl=
verdiente Gnade und der Beifall ihres gnädigsten Landesherrn nicht
entgehen möge".

Sein letzter Tagesbefehl lautete: „Am 5. August hört mit dem
Eintreffen zu Altona und Gegend der seitherige Brigade= und

Divisionsverband der Reserve-Division auf und haben die Kontingente nach den ihnen gewordenen Weisungen den Rückmarsch in ihre respektiven Garnisonen zu bewerkstelligen. Es war der Reserve-Division in dem nunmehr beendigten Reichskriegsdienste die Aufgabe ertheilt worden, die vorläufig nur zu rein defensiven Zwecken befestigte Position bei Düppel zu vertheidigen, um dadurch die Operationslinie der Hauptarmee gegen Angriffe von Alsen her zu sichern und feindliche Invasionen auf Sundewitt und an den benachbarten Küsten zu verhindern. Diese ihr gestellte Aufgabe hat die Division in allen Beziehungen ehrenvoll erfüllt. Die Schanzen bei Düppel sind größtentheils das Werk des Fleißes und der Anstrengungen der Soldaten der Reserve-Division, welche nächstdem zur Bewachung und Sicherstellung der Position und Beobachtung einer bedeutenden Küstenstrecke einen sehr angestrengten Vorpostendienst während elf Wochen mit pflichttreuer Hingebung versehen hat. Die Vorpostengefechte und Geschützkämpfe am 17. Mai, 6. und 24. Juni und 8. Juli haben außerdem ein so rühmliches Zeugniß der kriegerischen Tüchtigkeit der dabei verwendeten Truppentheile geliefert, daß ich es mir zur ganz besonderen Ehre schätze, so brave Truppen kommandirt zu haben, und sage ich hiermit allen Offizieren, Unteroffizieren und Soldaten der Reserve-Division meinen Dank und das herzlichste Lebewohl. Möge das kurze Zusammenwirken der Division dazu beigetragen haben, die Waffenbrüderschaft, Einigkeit und kameradschaftliche Hochachtung aller in derselben repräsentirten deutschen Stämme zu befestigen und jeden Soldaten das Bewußtsein treu erfüllter Pflicht in seine Heimath geleiten".

Die weitere Rückkehr nach der Heimath geschah nach Anordnung des mit der Durchführung der Truppen durch Altona betrauten preußischen Generalstabs-Majors Leo. Am 5. und 6. war das ganze braunschweigische Kontingent bei Altona vereinigt; denn am gleichen Tage, wie das Infanterie-Regiment aus Quickborn, trafen auch die über Schleswig marschirten anderen Waffen bei Altona ein. Die Husaren lagen in Ottensen, wo seinerzeit Herzog Karl Wilhelm Ferdinand der tödtlichen Wunde von Auerstädt erlegen war, die Batterie vom 5. bis 8. in Bahrenfeld und Othmarschen. Die berittenen Waffen bewirkten ihre weitere Heimkehr nach Braunschweig mit Fußmarsch und rückten erst am 13. bezw. 16. in ihre Garnison ein. Die Infanterie-Bataillone wurden am 7. August bei Harburg

über die Elbe gesetzt und noch am selben Tage mit der Eisenbahn
nach Braunschweig zurückbefördert, wo ihrer ein ähnlich ehrenvoller
Empfang harrte, wie im Vorjahre. Der Einzug in Braunschweig war
der Abschluß der Thätigkeit des Oberst v. Specht im Regiment; denn
er hatte nur den Friedenschluß abgewartet, um seine Pensionirung
nachzusuchen. Im Namen des Herzogs begrüßte Oberst v. Erichsen die
Truppen durch folgenden Tagesbefehl: „Seine Hoheit haben Allergnädigst geruht, mich zu beauftragen, den aus Schleswig-Holstein zurückkehrenden Truppen Höchstihre Anerkennung über das im Allgemeinen
bewiesene gute Verhalten auszusprechen. Wenngleich die Gelegenheit zu
ehrenvollen Thaten sich nur selten geboten hat, so ist solche jedoch, wo sie
sich zeigte, auf das Rühmlichste ergriffen und benutzt worden, und haben
die braunschweigischen Truppen auch dieses Mal wieder ihren alten Ruf
der Ehrenhaftigkeit und Tapferkeit bewährt, so daß sich auch bei
größeren, dem Vaterlande drohenden Gefahren mit Sicherheit auf die
Zuverlässigkeit, Treue und Bravour solcher Truppen zählen läßt".

Mehr als vier Jahrzehnte sollten vergehen, bis den braunschweigischen Mitkämpfern am Schleswig-Holsteinischen Kriege von
1848—49, soweit sie noch am Leben waren, eine sichtbare Anerkennung ihrer pflichttreuen Theilnahme an den Kämpfen um die
Unabhängigkeit der Elbherzogthümer zu Theil wurde. Am 8. Mai 1891
erließ Seine Königliche Hoheit der Prinz Albrecht von Preußen
als Regent des Herzogthums eine Verordnung, deren Hauptparagraph
wie folgt lautete: „Von Gottes Gnaden Wir, Albrecht Prinz von
Preußen 2c., Regent des Herzogthums Braunschweig, haben auf den an
Uns aus betheiligten Kreisen gebrachten Wunsch Uns bewogen gefunden, ein Erinnerungszeichen für die Theilnahme von Offizieren,
Aerzten, Beamten, Unteroffizieren und Mannschaften braunschweigischer
Truppentheile an den Feldzügen von 1848 und 1849 in Schleswig-
Holstein zu stiften und verordnen, was folgt: § 1. Das Erinnerungs-
zeichen besteht in einer bronzenen Denkmünze, auf der Vorderseite
den Namenszug Seiner Hoheit des Hochseligen Herzogs Wilhelm,
umgeben von Lorbeerzweigen, auf der Rückseite die Worte Schleswig-
Holstein und die Jahreszahlen 1848 und 1849 tragend. Die Denk-
münze wird an blau-gelbem Bande getragen. Das Band ohne die
Denkmünze zu tragen ist unstatthaft".

Die einzige kriegerische Unterbrechung eines mehr als fünfzig-
jährigen Friedenslebens der braunschweigischen Truppen hatte leider

zu keinem siegreichen Ausgange geführt. Aber für die daran be=
theiligten Truppentheile blieben die beiden Feldzüge nicht ohne Frucht.
Sie hatten praktische Erfahrungen gesammelt, die in der folgenden
Zeit mit Nutzen verwerthet wurden. Feldzüge nach dem Herzen des
echten Soldaten waren es freilich nicht gewesen, und es blieb ein be=
schämendes Gefühl, daß die einzige Aktion des verbündeten Deutsch=
land so kläglich im Sande verlaufen war. Die ihrem traurigen
Schicksale überlassenen stammverwandten Herzogthümer wehrten sich
in einem dritten Feldzuge mannhaft gegen den Ansturm des jetzt
übermächtigen Feindes. Die einzige Unterstützung, die ihnen Deutsch=
land noch bot, lag darin, daß zahlreiche Angehörige aller deutschen
Staaten, darunter auch eine entsprechende Anzahl Braunschweiger,*)
in ihren Reihen dienten. Leider schlug der Unglückstag von Idstedt
am 24./25. Juli 1850 alle Hoffnungen des tapferen Volkes nieder,
nachdem schon am 2. Juli durch den endgültigen Friedenschluß
Preußens die Einheit der ganzen dänischen Monarchie mit Einschluß
Schleswigs besiegelt worden war. Einer größeren und besseren Zeit
blieb es vorbehalten, den Rechten der Herzogthümer mit siegreichen
Waffen Geltung zu verschaffen und zur Erfüllung zu bringen, wo=
nach 1848 und 1849 tapfer, aber vergeblich gerungen worden war.

---

*) Von der braunschweigischen Infanterie traten der Premier=Lieutenant
v. Holy, Sekond=Lieutenant v. Specht, Portepee=Fähnrich Schäffer, Avan=
tageur v. Brömbsen und Landwehr=Sergeant Seeliger in das schleswig hol=
steinische Offizierkorps über; ferner erhielten in der Zeit vom Juni bis August 1850
zu dem gleichen Zwecke Sergeant Lenz und acht Soldaten des Infanterie=Regiments
die erbetene Entlassung. Die meisten von ihnen traten im Februar und März 1851
in den braunschweigischen Dienst zurück.

VI. Zwei Jahrzehnte Frieden.

28. Militär-Konvention mit Preußen.

Ebenso wenig Erfolg wie der kriegerischen Unternehmung Deutschlands von 1848—49 war den innerpolitischen Bestrebungen
dieser wilden Jahre beschieden. Nachdem die ursprünglich nationale
Bewegung in ein gefährliches radikales Fahrwasser gerathen war,
mußte die Ordnung an vielen Stellen mit Waffengewalt hergestellt
werden, und das Ende war die Neubefestigung der alten Gewalten.
Eines aber hatte sich in dem Wirrwarr der Revolutionszeit augenfällig erwiesen: die Vortrefflichkeit der preußischen Armee! Während
so Vieles, an dessen Bestand man geglaubt hatte, schwankte, hatte
sie gleich einem Felsen im brandenden Meere unverrückbar bei ihrer
Pflicht gestanden und unter keinen Verhältnissen versagt: weder im
Kriege gegen die Dänen, noch beim Niederschlagen der Aufstände in
Baden und Dresden, noch auch in Berlin, wo ihrer Mannszucht
das schwerste Opfer zugemuthet worden war. Unter dem frischen
Eindruck dieser Thatsachen brach sich die Erkenntniß, daß solche
Leistungen im Wehrsystem und Ausbildungsgange dieses Heeres
wurzeln müßten, in weiten Kreisen Bahn. Unter den Fürsten,
welche daraus die Konsequenzen für ihre eigenen Truppen zu ziehen
entschlossen waren, stand Herzog Wilhelm von Braunschweig in
erster Linie. Er war auch in politischer Hinsicht ein warmer An-
hänger der preußischen Vorherrschaft und eine der treuesten Stützen
der 1849 von Friedrich Wilhelm IV. begründeten Union der
norddeutschen Staaten. Dieser politischen Stellung des Herzogs entsprach es durchaus, daß er den Wunsch hegte, auch sein Militär in
eine organische Verbindung mit dem preußischen Heere zu bringen.

Bald nach der Heimkehr seiner Truppen aus dem Feldzuge 1849 ging er an die Verwirklichung dieses Wunsches, indem er, dem Beispiele Mecklenburg=Schwerins folgend, bei der Krone Preußen eine Militär=Konvention beantragte.

Dieser Schritt, der nicht lange Geheimniß bleiben konnte, ver= fehlte nicht, Aufsehen zu erregen und namentlich den stammverwandten hannoverschen Hof in große Aufregung zu versetzen. Aber vergeblich schrieb König Ernst August in dieser Sache persönlich an den Herzog; vergeblich sandte er den Major v. Hedemann zu münd= licher Aufklärung nach Braunschweig; vergeblich ergingen amtliche Verwahrungen der hannoverschen Staatsregierung und eine bezüg= liche Denkschrift, — die allerdings selbst zu dem Schlusse gelangte, daß sich gegen die Berechtigung Braunschweigs zum Abschluß der Konvention auch der Celler Hausvertrag von 1636 nicht geltend machen lasse! Schwieriger war die von Hannover aufgeworfene Frage zu beantworten, wie eine derartige Uebereinkunft sich mit der Bundes=Kriegsverfassung vertrüge, und wie sie auf die zwischen den Abtheilungen des 10. Bundeskorps obwaltende Verbindung zurück= wirken solle. Minister v. Schleinitz begegnete diesen Einwürfen mit der Erwiderung: der Bund stehe ganz in der Schwebe, und das 10. Korps sei durch den Austritt von Mecklenburg schon so gut wie aufgelöst; auch sei bei der gegenwärtigen politischen Lage allein in einem aufrichtigen und entschiedenen Anschluß an Preußen und dessen Bestrebungen zur Begründung eines Bundesstaates wahres Heil und dauernde Befriedigung zu finden. Solchen Anschauungen gegenüber*) blieben auch die Bemühungen der österreichischen Diplomatie um so erfolgloser, als die allgemeine Stimmung in Braunschweig zur Zeit sehr scharf gegen Hannover gerichtet war, weil die hart= näckige Weigerung dieses Staates, in den Zollverein einzutreten, dem Nachbarlande großen Nachtheil brachte. Die Militär=Konvention wurde, obwohl Hannover dagegen bei der Bundes=Central=Kom= mission ausdrücklich Verwahrung einlegte, am 1. Dezember 1849 zu Berlin auf fünfzehn Jahre abgeschlossen und trat am 1. April 1850 in Kraft.

Hinsichtlich der Wehrpflicht galten folgende Festsetzungen: Die gesammte Dienstzeit zerfiel in: a) eine dreijährige aktive Dienstperiode,

---

*) Fürst Schwarzenberg nannte sie: „Voir les choses à la Prussienne".

wovon für die Infanterie zwei Jahre bei der Fahne; b) eine zwei=
jährige Reservezeit ohne regelmäßige Friedensübungen; c) eine fünf=
jährige Dienstzeit in der Landwehr 1. Aufgebots mit solchen.*) In
organisatorischer Beziehung waren die Artikel 7 bis 9 der Konvention
die wichtigsten. Wir lassen sie der Hauptsache nach im Wortlaut
folgen: „Artikel 7: Die Herzoglich Braunschweigischen Truppen
bilden eine in sich geschlossene Brigade von allen Waffen unter dem
Befehle des braunschweigischen Brigade=Kommandeurs. Artikel 8:
Besondere Bestandtheile dieser Brigade sind die nach den neuesten
gesetzlichen Bestimmungen des deutschen Bundes von dem Herzog=
thum Braunschweig zum Bundesheere zu stellenden 4198 Mann
Infanterie u. s. w., zusammen 5380 Mann. Dieselben werden
formirt in: 2 Linien=Infanterie=Bataillone à 4 Kompagnien, zu 900
Mann in der Kriegsstärke; 2 Landwehr=Bataillone à 4 Kompagnien
(wie vor); 1 Jäger=Abtheilung à 2 Kompagnien, zu 500 Mann in der
Kriegsstärke; 1 Kavallerie=Regiment à 4 Schwadronen; 2 Fußbatterien
zu 6 Geschützen; 1 Pionier=Abtheilung à 54 Mann; bei welcher Stärke
die Offiziere nicht mitgerechnet sind. Artikel 9: Die Herzoglich
Braunschweigische Brigade wird der in Magdeburg stationirten
Königlich Preußischen Division angeschlossen".

Dem Artikel 8 waren als Anlage die Grundzüge der Formation
der braunschweigischen Truppen mit dem Vorbehalte angefügt, daß
das Erscheinen eines allgemeinen deutschen Wehrgesetzes keine andere
Norm angeben würde. Es war darin unter anderem festgesetzt:
Den Stab des Regiments bilden der Regiments=Kommandeur, der
Regiments=Adjutant, der Regiments=Schreiber und 20 Hoboisten.
Jedes Linien=Bataillon ist stark:

im Frieden	im Kriege
1 Bataillons=Kommandeur	1 Bataillons=Kommandeur
4 Hauptleute	4 Hauptleute
4 Premier=Lieutenants	4 Premier=Lieutenants
9 Sekond=Lieutenants	13 Sekond=Lieutenants
1 Rechnungsführer	1 Rechnungsführer
1 Quartiermeister	1 Quartiermeister
1 Bataillons=Tambour	1 Bataillons=Tambour
4 Feldwebel	4 Feldwebel

*) Das Gesetz über die Verpflichtung zum Kriegsdienste vom 21. Juli 1851
entsprach den hier angegebenen Grundsätzen; es bestätigte auch die 1848 erfolgte
Aufhebung der Stellvertretung und des Nummerntausches.

4 Portepee-Fähnrichs	4 Portepee-Fähnrichs
12 Sergeanten	12 Sergeanten
28 Unteroffiziere	60 Unteroffiziere
16 Spielleute	16 Spielleute
400 Soldaten	802 Soldaten
1 Bataillonsarzt	1 Bataillonsarzt
	2 Unterärzte

Jedes Landwehr=Bataillon hat dieselbe Stärke; die angegebene Friedensstärke ist hier die Uebungsstärke; von derselben bilden den besoldeten Stamm: 1 Bataillons=Kommandeur, 1 Adjutant, 1 Rechnungsführer, 4 Feldwebel, 4 Kapitain d'armes (kommandirt von der Linie), 1 Bataillonsschreiber, 1 Bataillonsarzt (kommandirt von der Linie). Die Jäger=Abtheilung hat im Frieden folgende Stärke:

1 Kommandeur	2 Feldwebel
2 Hauptleute	2 Portepee-Fähnrichs
2 Premier-Lieutenants	6 Sergeanten
5 Sekond-Lieutenants	14 Oberjäger
1 Rechnungsführer	6 Hornisten
1 Quartiermeister	180 Jäger
1 Stabshornist	1 Bataillonsarzt.

Im Kriege erhöht sich die Zahl der Sekond=Lieutenants auf 7, der Oberjäger auf 30, der Hornisten auf 8, der Jäger auf 450, der Aerzte auf 1 Bataillons= und 1 Unterarzt.

Die Konvention wurde erst kurz vor ihrem Inkrafttreten veröffentlicht. Am 14. März 1850 ergingen die ersten Ausführungsbestimmungen, aus denen die folgenden Punkte angeführt seien: 1.) An die Stelle der Benennung Feldkorps wird dasselbe künftig als Herzoglich Braunschweigische Brigade bezeichnet. 2.) Der Stab des bisherigen Feldkorps geht über in den Brigadestab. 3.) Das bisherige Infanterie=Regiment besteht künftig aus zwei Linien= und zwei Landwehrbataillons zu gleicher Stärke. 4.) Das Leibbataillon bildet die Abtheilung Jäger zu 500 Mann und formirt mit Beibehaltung der Benennung Leibbataillon die zwei Kompagnien dieser Abtheilung, wozu die 2. und 4. Kompagnie des Bataillons den Stamm formirt. Der Stab des Bataillons bleibt unverändert; die 1. und 3. Kompagnie werden dem Infanterie=Regiment zugetheilt.

Diesen Festsetzungen gemäß erfolgte am 1. April 1850 die Umformung der braunschweigischen Infanterie. Das am meisten dadurch betroffene Leibbataillon behielt die zum Jägerdienst geeig=

netsten 120 Mann und gab den ganzen Ueberschuß, namentlich die
entbehrliche Mannschaft der bisherigen 1. und 3. Kompagnie, an
das Infanterie=Regiment ab. Am 1. Mai wurde es durch Rekruten
auf die vorgeschriebene Friedensstärke ergänzt. Das verkleinerte
Bataillon rückte am 1. April abermals nach Blankenburg ab, wäh=
rend das 1. Bataillon wieder Braunschweig zur Garnison erhielt.
In Blankenburg bezog die 1. Kompagnie des Leibbataillons die
Kaserne beim kleinen Schloß und den Waldhof, die 2. Kompagnie
die zur Kaserne eingerichtete Faktorei. In Braunschweig beschränkte
sich die Umformung im Wesentlichen auf die Vergrößerung der
Dienststärken und die Einrichtung der Landwehr=Bataillone, von denen
das 1. Braunschweig, das 2. aber Seesen als Formirungsort und
Stabsquartier hatte.

Die erste Offiziervertheilung nach der Reorganisation von 1850
war die folgende:

Brigade-Stab.

Kommandeur: Generalmajor v. Erichsen, Adjutant: Hauptmann Graf v. Görtz=
Wrisberg, Generalstab: Oberst Morgenstern und Hauptmann v. Girsewald.

Infanterie-Regiment.

Komm.: Ob.=Lt. Ludovici; Adj.: Pr.=Lt. v. Seckendorff.

<table>
<tr><td>

1. Bataillon.

Kdr.: Major Ahrens.
　Adj.: Pr.=Lt. Jäger.
　Bat.=Arzt: Baumgarten.
1. Komp.: Hauptm. Isendahl.
　　Pr.=Lt. v. Erichsen.
　　Sek.=Lt. v. Griesheim.
2. Komp.: Hauptm. v. Ehrenkrook.
　　Pr.=Lt. v. Frankenberg.
　　Sek.=Lt. Meyer.
3. Komp.: Hauptm. v. Girsewald.
　　Pr.=Lt. v. Förster.
　　Sek.=Lt. v. Trauwitz.
4. Komp.: Hauptm. v. Bernewitz.
　　Pr.=Lt.v.MünchhausenII.
　　" v. Hüllessem.
　　Sek.=Lt. Koch.

</td><td>

2. Bataillon.

Kdr.: Major Ahrberg.
　Adj.: Sek.=Lt. Schultz.
　Bat.=Arzt: Dr. Helmbrechts.
1. Komp.: Hauptm. Dedekind.
　　Pr.=Lt. v. Brömbsen.
　　Sek.=Lt. Hartmann.
　　" " Reuter.
2. Komp.: Hauptm. Laue.
　　Pr.=Lt. v. Specht.
　　Sek.=Lt. Stutzer.
3. Komp.: Hauptm. v. Rosder.
　　Pr.=Lt. Liebing.
　　" Telge.
　　Sek.=Lt. v. Förster.
4. Komp.: Hauptm. Wittich.
　　Pr.=Lt. Osthoff.
　　Sek.=Lt. v. Lauingen.

</td></tr>
</table>

1. Landwehr-Bataillon.

Kdr.: Major Haberland.

  Adj.: Sek.-Lt. Kiehne.

  Bat.-Arzt: Krüger.

1. Komp. (Braunschweig):

    Hauptm. v. Brehmer.

2. Komp. (Braunschweig):

    Hauptm. Rätzel.

3. Komp. (Helmstedt):

    Pr.-Lt. v. Holy.

4. Komp. (Blankenburg):

    Hauptm. Ludovici.

2. Landwehr-Bataillon. *)

Kdr.: Major Stutzer.

  Adj.: Pr.-Lt. v. Holstein.

  Bat.-Arzt: —

1. Komp. (Wolfenbüttel):

    Hauptm. Damm.

2. Komp. (Lutter a. Barenberge):

    Hauptm. Haberland.

3. Komp. (Gandersheim):

    Pr.-Lt. v. Holwede.

4. Komp. (Stadtoldendorf):

    Pr.-Lt. Rittmeyer.

Leib- oder Jäger-Bataillon.

Kdr.: Major v. Bockelmann.

Adj.: Pr.-Lt. v. Praun.

Bat.-Arzt: Dr. Frank.

1. Kompagnie.

Hauptm. Jäger.

Pr.-Lt. v. Münchhausen I.

Sek.-Lt. Heuer.

  „ „ v. Paczinsky.

2. Kompagnie.

Hauptm. v. Holwede.

Pr.-Lt. v. Schrader.

Sek.-Lt. Grove.

    „ Reinecke.

Die braunschweigische Brigade wurde dem preußischen 4. Armee-korps zugetheilt, an dessen Spitze damals General-Lieutenant v. Hedemann stand, während die Stellung des Generalstabschefs kein Geringerer als Major Freiherr v. Moltke innehatte. Innerhalb dieses Armeekorps war die Brigade der 7. Division unterstellt, bei deren Stab Hauptmann v. Wachholtz dauernd in Magdeburg kom-mandirt war.**) Ihr Kommandeur, General-Lieutenant v. Hirsch-feld, hieß die Brigade in einem Erlaß vom 5. April im Verbande der Division herzlich willkommen und bot ihr unter schmeichelhaftem Hinweise auf den guten Ruf des braunschweigischen Korps seinen kameradschaftlichen Gruß. General v. Hedemann kam selbst nach Braunschweig und ließ sich das Offizierkorps am 12. April im Langen Saale des Herzoglichen Residenzschlosses vorstellen.

----

*) Vom 1. April 1851 an wurde die Eintheilung des 2. Landwehr-Bataillons dahin geändert, daß die 5. und 6. Kompagnie Wolfenbüttel, die 7. Gandersheim, die 8. Eschershausen hieß.

**) Als er im Sommer 1851 in den Generalstab versetzt wurde, trat Lieute-nant v. Schorlemer von den Husaren an seine Stelle.

In welchem Sinne der Willkommensgruß der preußischen
Kameraden erwidert wurde, erhellt aus dem nachfolgenden Erlaß des
Generals v. Erichsen vom 2. April: „Einem höchsten Reskript vom
18. März zufolge ist zwischen den Regierungen Sr. Majestät des
Königs von Preußen und Sr. Hoheit des Herzogs von Braunschweig
der den Abtheilungen durch Zirkular vom heutigen Tage zugehende
Vertrag in Betreff eines Anschlusses des Braunschweigischen Kontin=
gents an die Königlich Preußische Armee abgeschlossen worden. Der
Kommandeur der Brigade giebt der Erwartung Ausdruck, daß
sämmtliche Abtheilungen nach allen Kräften dahin streben werden,
dem stets bewährten guten Namen der braunschweigischen Truppen
im Bunde mit der Königlich Preußischen Armee unter allen Um=
ständen Ehre zu machen. Treue, Gehorsam und Tapferkeit sind
die hervorragendsten Tugenden des Soldaten. In der Königlich
Preußischen Armee sehen wir dieselben auf das Trefflichste vereint,
ihr den hohen Ruhm verleihend, welchen sie unzweifelhaft überall
genießt. Der Wetteifer, ihr darin nicht nachzustehen und mit gleicher
Liebe und Hingebung wie sie an den angestammten Fürsten zu
hängen, kann nur zu unserm Ruhme gereichen und wird uns die
ungetheilte Zuneigung und Achtung unserer Kameraden im engeren
Verbande erhalten. Eine große Armee gewährt Vertrauen auf die
eigene Kraft; der Verein mit ihr erweckt Zuversicht für den Erfolg
der Handlungen jedes Einzelnen. Von diesem Bewußtsein geleitet,
werden unsere Anstrengungen erleichtert und gehoben, und unser
eifriges Streben nach militärischer Tüchtigkeit belohnt werden".

Das erste Dienstjahr unter den neuen Verhältnissen begann
mit der diesmal noch wie bisher am 30. April erfolgenden Ein=
stellung der Rekruten. Sie wurden um Mitte Juli besichtigt, gleich=
zeitig mit den im Sinne der Konvention zu einer ersten Uebung
zusammengetretenen Landwehr=Kompagnien. Im Uebrigen zeigte
der Verlauf des Dienstjahres noch keine erheblichen Abweichungen
von der sonstigen Gewohnheit. Während ein Artillerie=Detachement
bereits an der Schießübung des 3. Artillerie=Regiments bei Magde=
burg theilnahm, war eine Heranziehung der Infanterie und Kavallerie
zum Manöver der 7. Division für dieses Jahr noch nicht beabsichtigt.
Ihre Herbstübungen beschränkten sich auf gegenseitige Felddienst=
übungen der Garnisonen Braunschweig und Wolfenbüttel am 26.
und 27. September. Sie wurden vom Kommandeur des Infanterie=

Regiments, Oberstlieutenant Ludovici, geleitet, welchem neuerdings auch das monatlich wechselnde Wolfenbütteler Wachtkommando
unterstellt worden war. In Blankenburg widmete das Leibbataillon
sich mit regstem Eifer seiner Ausbildung im Jägerdienste. Es hielt
stete Fühlung mit dem in Halberstadt stehenden preußischen 4. Jäger-
Bataillon und hielt wiederholt Gefechtsübungen gegen dasselbe ab.
Die Schießstände auf dem Thie und bei Helsungen standen selten
leer, und das am 24. September 1850 eingeführte Schützenabzeichen
nach preußischem Muster, eine weiß-blaue Litze an den Aermelauf-
schlägen, belebte den Eifer der Mannschaft. Erwähnung verdient
noch, daß General v. Hirschfeld am 23., 24. und 25. Mai in
Braunschweig, und daran anschließend in Blankenburg eingehende
Besichtigungen über alle Dienstzweige mit Einschluß des Feld- und
Vorpostendienstes und Scheibenschießens abhielt, auch die Kasernen
und Bekleidungs-Kammern einer gründlichen Prüfung unterzog.

Der Dienstbetrieb wurde sowohl in der Exerzir- und Gefechtsausbildung, wie auch in unwesentlicheren Einzelheiten nach und nach
immer mehr den preußischen Bestimmungen und Gewohnheiten an-
gepaßt. Beispielsweise wurde dem Dienstunterricht der in Preußen
gebräuchliche Leitfaden, der sogenannte „kleine Waldersee", zu Grunde
gelegt. Auch gelangte der Zapfenstreich und die Reveille der
preußischen Armee zur Einführung. Am 16. Oktober 1851 trat
auch das preußische Garnisondienst-Reglement mit ganz unwesentlichen,
durch die örtlichen Verhältnisse bedingten Aenderungen in Kraft. In
diesen Zusammenhang gehört auch der Höchste Erlaß vom 2. Mai 1840,
wonach die Nummern der Kompagnien „wie in den Königlich Preußischen
Regimentern" durch beide Bataillone bezw. Landwehr-Bataillone von
1 bis 8 durchlaufen und auch die Knöpfe der Achselklappen mit
diesen Nummern versehen werden sollten. Wichtiger war, daß die
Vorbildung und Weiterbildung des Offizierkorps nur auf den
preußischen Militär-Bildungsanstalten*) geschah und für das Fähn-
richs- und Offizierexamen die preußischen Anforderungen maßgebend
wurden. Nachzuholen bleibt ferner eine schon am 6. August 1849 ergangene Ministerial-Verordnung, welche die schon im Sommer 1848
zur Einführung gelangte bewährte preußische Einrichtung der Ein-

---

*) Die Fähnrichs besuchten die Divisionsschulen des 4. Armeekorps; die
Offiziere hatten Zutritt zur Allgemeinen Kriegsschule zu Berlin, wovon z. B.
Premier-Lieutenant v. Erichsen und Sekond-Lieutenant Rese Gebrauch machten.

jährig=Freiwilligen für Braunschweig gesetzlich festgelegt hatte. Sie trugen eine blau=weiße Schnur um die Achselklappen. Als am 30. April 1851 die Charge der Gefreiten und Obergefreiten (bei jeder Kompagnie 4 Gefreiten, 2 Obergefreiten) eingeführt wurde, erhielten die Obergefreiten als Abzeichen eine blau=weiße Borte an der Achsel=klappe. Als ein dem preußischen Vorbilde entnommener wichtiger Fortschritt darf die erheblich vergrößerte Dienstthuerstärke nicht übergangen werden, beispielsweise wurde sie für den Winter 1852—53 auf 89 Mann pro Kompagnie festgesetzt.

Fast hatte es den Anschein, als sollte die neue Waffenbrüder=schaft mit dem preußischen Heere sehr bald auf eine ernste Probe gestellt werden; denn die Nebenbuhlerschaft Preußens und Oester=reichs um die Vorherrschaft in Deutschland schien sich zu einer Krisis zuspitzen zu wollen. Schon am 9. Juni 1850 fühlte General v. Erichsen sich veranlaßt, folgenden Brigadebefehl zu erlassen: „In den gegenwärtigen ernsten Zeiten ist es nöthig, daß von Jedermann mehr geleistet werde, als unter gewöhnlichen Umständen. Jeder Tag, jede Stunde muß daher benutzt werden, um keine Ge=legenheit vorübergehen zu lassen, sich allerseits die größte Kriegs=tüchtigkeit anzueignen". Die Zwistigkeiten der beiden deutschen Mächte, welche so ernste Muthmaßungen rechtfertigten, hatten mancher=lei Ursachen; und Preußen vertrat in jeder Hinsicht so offenkundig die bessere Sache, daß Herzog Wilhelm auch ohne die Union und die Militär=Konvention nicht geschwankt haben würde, wem er seine Unterstützung leihen solle. Oesterreich berief zum 1. September den Bundestag zusammen, um die Misère der vormärzlichen Zustände in ihrem vollen Umfange wiederherzustellen; Preußen und die ihm ver=bündeten Regierungen, darunter Braunschweig, beschickten ihn nicht, da sie im Erfurter Parlament den Grundstock zu einer besseren Ge=sammtvertretung des deutschen Volkes sahen. Oesterreich schloß sich ungesäumt dem Londoner Protokoll der außerdeutschen Großmächte an, welches die Regierung Schleswig=Holsteins für unrechtmäßig erklärte, und ließ späterhin sogar Truppen zu deren Niederwerfung in die Elbherzogthümer einrücken;*) Preußen dagegen sträubte sich, so lange es konnte, den durch die Niederlage von Idstedt schwer

---

*) Am 6. März 1851 erhielt aus diesem Anlaß auch Braunschweig öster=reichische Einquartierung; ebenso ein Jahr später beim Rückmarsch der k. k. Truppen.

heimgesuchten Bruderstamm im Stiche zu lassen. Oesterreich setzte Bundesexekution nach Hessen zur Unterstützung des reaktionären Ministeriums Hassenpflug durch; Preußen kam ihm zuvor und ließ am 26. September zum Schutz der bedrohten Verfassung ein Korps unter General Graf v. d. Groeben in das Kurfürstenthum ein= rücken. Der kurhessische Zwist drohte den deutschen Krieg zu ent= fesseln; zu Anfang November rückte auch ein österreichisch=bayerisches Korps unter dem Fürsten Thurn und Taxis in Hessen ein; und nachdem am 8. November bei Bronzell Kugeln gewechselt worden waren, schien der Krieg unvermeidlich.

In Braunschweig war die Anfertigung von 32000 Rollkugel= Patronen pro Bataillon schon vorher verfügt worden, und wurde nun auf 108000 erhöht. Am 23. befahl Herzog Wilhelm die Einberufung der Beurlaubten und zwar bei den Linien=Bataillonen bis zu 600 Mann, beim Leibbataillon bis zu 300 Mann. Die in der Hauptstadt Wohnhaften trafen am 28. November, die aus dem Lande am 2. Dezember ein. Vorzugsweise waren die Kriegs= reserve und die im preußischen Exerzitium noch nicht geübten Leute zur Einziehung gewählt worden. Wiewohl bereits am 23. November mit der Führung der Kriegstagebücher begonnen worden war und bis zum 17. Dezember damit fortgefahren wurde, verwirklichten sich die Kriegsaussichten nicht. Der Unglückstag von Olmütz, durch welchen Preußen am 29. November auf alle seine gerechten Forderungen verzichtete, beseitigte die Kriegsgefahr, und am 16. und 17. De= zember wurden in Braunschweig die Einberufenen wieder entlassen, nachdem Bataillons=Besichtigungen und eine Parade vor dem Herzoge ihre Einziehung abgeschlossen hatten. Preußen hatte den traurigen Olmützer Vertrag unter dem Druck der ihm in jeder Hinsicht un= günstigen europäischen Lage unterzeichnet. Aber sein Ansehen erhielt dadurch auf lange hinaus einen Stoß, und wir greifen wohl nicht fehl, wenn wir auch eine gewisse Abkühlung der braunschweigisch= preußischen Beziehungen, die nach und nach bemerkbar wird, in ursächlichen Zusammenhang mit der diplomatischen Niederlage Preußens vom Spätherbste 1850 bringen.

Wir können nicht umhin, ein Symptom dieser Abkühlung in dem Umstande zu sehen, daß es während der ganzen Dauer der Konvention mit Preußen zu keiner Betheiligung der braunschweigischen Brigade an den preußischen Manövern gekommen ist! 1851 wurde

das betreffende Anerbieten der 7. Division „für diesmal" abgelehnt,
da das Korps sich noch in einer Uebergangsperiode befinde, welche
eine so wesentliche Störung noch nicht gestatte. Auch müsse zur
Gleichstellung der braunschweigischen mit den preußischen Truppen
der Einfluß der beabsichtigten Verlegung des Einstellungstermines
der Rekruten auf den 1. Oktober abgewartet werden, da sonst ein
Dritttheil der Mannschaft zur Manöverzeit erst vier Monate gedient
hätte. Endlich mußten die Kosten der diesjährigen zweiten Rekruteneinstellung herausgespart werden. Indessen wohnte General
v. Erichsen mit dem Oberstlieutenant Ludovici, Major Ahrens
und anderen Offizieren dem Divisionsmanöver bei Oschersleben und
Gröningen bei und beantragte nach dessen Abschluß dringend für
künftig die Betheiligung an diesen Uebungen, „indem ohne dieselben
eine hinlängliche kriegstüchtige und felddienstmäßige Ausbildung der
Truppen niemals erreicht werden können". Auch bestrebte sich der
General, das Gesehene bei Gelegenheit der vom 26. bis 30. September unter theilweiser Heranziehung des Leibbataillons abgehaltenen
größeren Uebungen bei Braunschweig zum Nutzen der ihm unterstellten Brigade zu verwerthen.

Im Jahre 1852 wurde die preußischerseits vorgeschlagene Theilnahme der Braunschweiger am Manöver der 7. Division wiederum
abgelehnt, da im Militärbudget nur die Mittel zu einer einmaligen
Betheiligung daran während der ganzen Finanzperiode bereitgestellt
seien. Es sei daher vorzuziehen, lieber erst im folgenden Jahre in
voller Stärke mit Einschluß der Landwehr am Königsmanöver theilzunehmen. Nur das Pionier-Kommando rückte zur Belagerungs-
übung nach Magdeburg. Für das übrige Korps fanden die Herbstübungen wieder bei Braunschweig statt. Dabei gelangten zum
ersten Mal die im April versuchsweise eingeführten preußischen
Manövervorschriften zur Anwendung, namentlich die konventionellen
Bestimmungen für die Manöver und der Leitfaden für die Truppenübungen. Vom 10. bis 25. August wurde die Brigade im Alarm-
zustande gehalten. Am 17. und 18. September besichtigte General
v. Hirschfeld die Bataillone in Blankenburg und Braunschweig;[*])
vom 23. bis 25. folgten die Feldmanöver unter Betheiligung des
Leibbataillons.

---

[*]) Die Kompagnie-Besichtigungen im Monat April waren ebenfalls durch
diesen hohen Vorgesetzten abgehalten worden.

Im Jahre 1853 ist es aus nicht näher bekannten Gründen wieder nicht zu der beabsichtigten Theilnahme der Braunschweiger am Manöver des 4. Armeekorps gekommen. Doch herrschte diesmal im Heimathlande eine sehr rege militärische Thätigkeit. Die beiden Landwehr-Bataillone übten vom 8. September an auf vier Wochen in der Stärke von je 18 Offizieren, 458 Mann und nahmen am Regiments-Exerziren, der Parade und dem Feldmanöver theil. Sie waren mit Linienoffizieren besetzt, während die Landwehroffiziere bei den Linien-Bataillonen Dienst thaten, deren Stärke ebenfalls um je 88 Mann erhöht war. Um die Landwehr in den Kasernen unter- bringen zu können, war wieder wie früher ein Zeltlager auf dem Kleinen Exerzirplatze*) mit der Front gegen die Spielmannstraße aufgeschlagen, worin das 1. und Leibbataillon untergebracht wurden. Jede Kompagnie hatte 11 Zelte in zwei Reihen; für das Mittag- essen der Offiziere war ein Speisesaal im Walkerling'schen Garten eingerichtet. Beim Manöver dieses Jahres wurde auch einmal in zwei Parteien bei Wendessen und Gr.-Denkte biwakirt.

Wahrscheinlich war diesmal die Bundes-Inspektion daran Schuld, daß das braunschweigische Kontingent im heimischen Lande bleiben mußte. Sie erfolgte vom 27. bis 29. September zum ersten Male wieder seit dem Kriege, und zwar durch den preußischen kommandirenden General des 4. Armeekorps, General-Lieutenant Fürst Radziwill, sowie den badischen General-Lieutenant Frh. v. Gayling und den niederländischen Generalmajor Storm vans Gravesande. Sie war ein untrügliches Anzeichen, daß die alten Verhältnisse von der siegreichen österreichischen Partei langsam, aber sicher auch hinsichtlich des Kriegs- wesens wieder hergestellt wurden. Sie war sogar ausdrücklich zur Be- kräftigung eines Bundestagsbeschlusses vom 10. März angesetzt worden, welcher die alte Bundes-Kriegsverfassung als noch zu Recht bestehend anerkannte. Die Bundes-Inspektoren sahen nicht nur das Exerziren, Fechten und Schießen, sondern sie besichtigten auch die Kasernen und Zeltlager und wohnten am 29. mit dem Herzoge bei sehr schlechtem Wetter dem Manöver bei Gr.-Denkte bei. Denn es war angeordnet, daß die diesmalige Musterung sämmtlicher Bundestruppen**) sich auf

---

*) Hierdurch sollten übrigens auch die kurz vorher bestrittenen Rechte des Militärs an diesem Platze gewahrt werden.

**) General v. Erichsen ging in diesem Herbst als Bundes-Inspektor nach Kurhessen, Nassau 2c.

die gesammte Ausbildung und Organisation erstrecken, auch die Mobil-
machungs-Vorbereitungen einer Prüfung unterziehen solle, um den
Einfluß der Bundes-Militär-Kommission augenfällig zum Ausdruck
zu bringen. Wurde auf diesem Wege fortgeschritten, so ließ sich schon
absehen, daß die Militär-Konvention mit Preußen, die sich damit
schlechterdings nicht vertrug, über kurz oder lang wieder werde gelöst
werden müssen.

Wir kommen nun zu den bemerkenswertheren Vorkommnissen
aus der Zeit ihres Bestehens und beginnen mit den Personalien.
Am 16. Februar 1851 rief der als General der Kavallerie in den
Ruhestand versetzte kommandirende General v. Hedemann der
braunschweigischen Brigade sein Lebewohl zu. Sein Nachfolger
wurde, wie schon erwähnt, General-Lieutenant Fürst Radziwill,
den Schwarzen vom Schleswig-Holsteinischen Kriege her bereits wohl-
bekannt. Die Stelle des Stadtkommandanten von Braunschweig
erhielt im Herbst 1851 der General v. Normann, nachdem General
v. Brandenstein auf einer Urlaubsreise in Dresden verstorben
war. Das Brigade-Kommando verblieb während der hier besprochenen
Jahre unverändert in den Händen des Generals v. Erichsen.
Zum Regiments-Kommandeur war am 31. August 1849, als Oberst
v. Specht in den Ruhestand trat, der Oberstlieutenant Ludovici
ernannt worden, der dann im April 1852 zum Oberst aufrückte.
Der Kommandeur des 1. Bataillons, Major Ahrens, wurde zu
Herzogs Geburtstag 1854 zum Oberstlieutenant befördert. An die
Spitze des 2. Bataillons trat im Frühjahr 1852 bei Ahrbergs Pensionirung der Major v. Roeder. Das 1. Landwehr-Bataillon,
zunächst vom Major Haberland befehligt, sah 1851 den Major
v. Bernewitz, 1852 den Major v. Bockelmann an seine Spitze
treten; das anfänglich vom Major Stutzer kommandirte 2. Landwehr-Bataillon 1852 den Major Jäger. Im August 1854 wurde
auch die Stelle eines etatsmäßigen Stabsoffiziers im Infanterie-
Regiment wieder besetzt und zwar mit dem Major v. Girsewald.
Endlich ist noch zu erwähnen, daß auch das Leibbataillon in dieser
Zeit einen Kommandeurwechsel durchmachte, indem im April 1852
Major v. Bernewitz statt des zur Landwehr versetzten Majors
v. Bockelmann an seine Spitze trat.

Aus dem Gebiete des Bekleidungswesens ist zunächst anzuführen,
daß die Uniformirung der Offiziere merkwürdigerweise gerade in

dieſer Zeit der preußiſchen Freundſchaft zwei unverkennbare Schritte
nach der öſterreichiſchen Seite hin that, indem am 2. Mai 1851 die
Gradabzeichen und am 2. Auguſt deſſelben Jahres das Mützenmodell
nach öſterreichiſchem Muſter geändert wurde. Die neuen Abzeichen
ſaßen vorn am Kragen, woſelbſt der Sekond=Lieutenant einen, der
Premier=Lieutenant zwei, der Hauptmann drei goldene Sterne an=
legte. Ebenſo war es mit den drei Stabsoffiziers=Graden; nur daß
deren Sterne von Silber waren, und daß ſie dazu goldene Treſſen
auf Kragen und Aufſchlägen trugen. Die neue Mütze war ſchwarz
und trug außer einem blauen National mit goldenem Namenszuge
beim Infanterie=Regiment einen blau=goldenen Schnurbeſatz, beim
Leibbataillon einen blauen Tuchrand. Das Schärpenmodell des
Leibbataillons war gleich nach dem Kriege auch für die Offiziere
des Infanterie=Regiments maßgebend geworden und gleichzeitig
(31. Auguſt 1849) verfügt, daß an Stelle der ſilbernen Achſelſtücke
für die Hauptleute und Lieutenants ſolche von ſchwarzer Schnur
traten. Die Achſelſtücke wurden aber für ſämmtliche Offiziere ganz
abgeſchafft, als 1851 die neuen Gradabzeichen nach öſterreichiſcher
Vorſchrift zur Einführung gelangten. Endlich war durch den
erwähnten Erlaß vom 31. Auguſt 1849 das preußiſche Paletot=
Modell auch für die braunſchweigiſchen Offiziere maßgebend ge=
worden.

In der Uniformirung der Mannſchaft beſtand die weſentlichſte
Aenderung aus dieſem Zeitraum darin, daß ſowohl bei der Linie
als auch bei der Landwehr im Mai 1850 die Bataillonsnummer
auf den Achſelklappen angebracht wurde. Einen etwas politiſchen
Beigeſchmack hatte ein am 27. März 1851 ergangener Bekleidungs=
befehl. Er lautete: „Seine Hoheit haben gleich der von Seiner
Majeſtät dem Könige von Preußen für die Armee erlaſſenen
Kabinetsordre ebenfalls das Ablegen der deutſchen Kokarde zu be=
fehlen geruht". Hinſichtlich der Ausrüſtung iſt die 1852 ausge=
gebene neue Probe des Lederzeuges zu erwähnen. Sie ſchloß ſich
gleich dem zur Einführung gelangten Kalbfell der Tambours der
preußiſchen Probe an und beſtand aus einem Leibriemen mit Koppel=
ſchloß und zwei kleinen Patrontaſchen. Ebenſo entſprach die im
Juli 1853 erfolgte Einführung badiſcher Faſchinenmeſſer mit Meſſing=
griff im Allgemeinen dem preußiſchen Vorbilde. Die bisherigen
Säbel wurden an die Landwehr abgegeben. Gleichzeitig wurden auf

Grund der an den schleswigschen Knicks gesammelten Erfahrungen die von den Mannschaften zu tragenden Handbeile neuen Modells (40 per Kompagnie) nebst fahrbarem Schanzzeuge eingeführt. In den Schußwaffen erfolgten, nachdem das Leibbataillon bereits 1849 mit einer langen, vierzügigen Büchse Thouvenin'schen Systems ausgerüstet worden war, während des Konventions-Verhältnisses mit Preußen keine weiteren Neuerungen. Die ebengenannte Büchse kennzeichnete sich durch den in der Kammer der Patentschwanzschraube sitzenden Dorn, auf welchen die Spitzkugel fest aufgetrieben wurde, um sich beim Abfeuern desto dichter in die Züge zu pressen und deren Drall zu folgen.

Im Spätherbst 1852 gelangte aus England die Trauerkunde von dem zu Walmer-Castle erfolgten Ableben des Herzogs v. Wellington nach Braunschweig. Herzog Wilhelm ordnete am 1. Oktober eine von den Offizieren in Form eines Flors um den linken Oberarm anzulegende sechstägige Trauer an und begründete diesen Befehl mit folgenden Worten: „Mit dem am 14. v. Mts. erfolgten Tode des großen Feldherrn Feldmarschalls Herzog v. Wellington erneuern sich zugleich für die herzoglichen Truppen die denkwürdigsten Erinnerungen an jene glorreichen Zeiten, wo der Feldmarschall sowohl auf der Pyrenäischen Halbinsel, als auf den Feldern von Quatrebras und Waterloo unter siegreicher Theilnahme der braunschweigischen Truppen unvergängliche Lorbeeren erfocht". Der Brigade-Kommandeur Generalmajor v. Erichsen und der Flügel-Adjutant Oberst Bause begaben sich im Höchsten Auftrage nach London, um sich bei der Beisetzung des verewigten Feldmarschalls in der St. Pauls-Kathedrale am 18. November der vom General-Lieutenant Halkett geführten Abordnung der hannoverschen Armee anzuschließen.

Inzwischen lockerten sich die Beziehungen des braunschweigischen Militärs zum preußischen Heere mehr und mehr. Im Jahre 1853 kam es auch nicht mehr zu den bis dahin stattgehabten Besichtigungen durch die preußischen Vorgesetzten. Fürst Radziwill hat, soweit die Ordrebücher es erkennen lassen, überhaupt nur in seiner Eigenschaft als Bundes-Inspektor die braunschweigischen Truppen gesehen. Zuletzt wurden diese gar nicht mehr zur Theilnahme an den Herbstübungen aufgefordert. Die Konvention bestand nur noch auf dem Papiere, und der braunschweigische Bundestagsgesandte hatte schon im April 1852 seinem hannoverschen Kollegen gegenüber geäußert: die braunschweigische Regierung werde zur Beseitigung der Uebereinkunft unbedenklich die Hand bieten; nur liege dem Herzoge daran, die jetzige Formation und Stärke seines Militärs beizubehalten. Da es zur Theilnahme an den preußischen Manövern nicht gekommen war, die gerade den Hauptvorzug des preußischen Heerwesens bildeten, so hatte die Konvention ihre volle Wirksamkeit nicht ausüben können. Sie ging langsam, aber sicher ihrer Auflösung entgegen, zumal nicht nur die hannoversche Regierung unaufhörlich in dieser Richtung thätig war, sondern auch Mecklenburg-Schwerin im Sommer 1853 den gleichen Schritt gethan hatte und die von der Militär-Kommission des wiederhergestellten Bundestages seit 1853 aufgenommene rege Einwirkung auf die Bundeskontingente einen anderen Ausweg kaum noch zuließ. Als das braunschweigische Ministerium am 16. September 1854 der hannoverschen Regierung Anzeige von der Aufhebung der braunschweigisch-preußischen Uebereinkunft machte, lautete die charakteristische Antwort: „Seine Majestät dankten Gott für diese frohe Nachricht, die Sie mit lebhafter Freude erhalten hätten". So endete, von Preußens Gegnern mit Jubel, und von den beiden betheiligten Parteien ohne Trauer zu Grabe getragen, die erste Militär-Konvention Braunschweigs mit Preußen. Es hatte kein rechter Segen auf dieser Verbindung geruht, da es nicht ernst genug mit ihr genommen wurde. Dennoch blieben viele Einrichtungen aus dieser Epoche, die größere Dienststärke der Linie, die Organisation der Landwehr, der allgemeine Gang des Ausbildungsjahres und die meisten der von Preußen übernommenen Dienstvorschriften, dem braunschweigischen Militär unverloren. Und ihre Einführung sollte sich dereinst noch als sehr werthvoll erweisen: als nämlich das Herzogthum nach 18 Jahren eine zweite, festere, dauerhaftere und, so Gott will, unlösliche Verbindung mit dem von den frischen Lorbeeren eines glorreichen Krieges gekrönten preußischen Heere einging.

29. Wieder selbständig.

Die vor den Stürmen des Revolutionsjahres wie ein Kartenhaus zusammengebrochene Bundes-Kriegsverfassung stand wieder aufrecht da, aber glücklicherweise nicht in ihrer ganzen ursprünglichen Unzulänglichkeit. Wie immer, war es wieder die Gefahr eines

Krieges, welche die Stimmung am Bundestage einer strafferen Zu=
sammenfassung der deutschen Wehrkraft geneigt machte. Seit dem
Frühjahr 1854 tobte in der Krim und an der Donau der Krieg der
Westmächte und der Pforte gegen das Russische Reich, und Oester=
reich bestrebte sich fortgesetzt, den Deutschen Bund in diesen, seinen
eigentlichen Interessen völlig fernliegenden Krieg hineinzuziehen.
Nachdem die Bundes=Militär=Kommission schon am 9. Dezember 1854
anläßlich der bedrohlichen Lage mit den erforderlichen Vorbereitungen
beauftragt worden war, setzte Oesterreich am 8. Februar 1855 gegen
Preußens Willen die Kriegsbereitschaft des Bundesheeres durch, wor=
auf am 27. Februar auch für die braunschweigischen Truppen die
entsprechenden Ausführungsbefehle ergingen. An Infanterie wurde
das Regiment in der Stärke von 1803 Mann, sowie die 1. Kompagnie
des Leibbataillons zu 129 Mann für die Kriegsbereitschaft bestimmt
und aus der Landwehr ein Ersatz=Bataillon zu 6 Kompagnien oder
1248 Köpfen gebildet. Bei demselben thaten außer den von der
Linie kommandirten Herren 17 Landwehr=Offiziere Dienst; Oberst=
lieutenant Ahrens befehligte es. Die Vorbereitungen wurden so
getroffen, daß das Kontingent in 14 Tagen nach Eingang des
Mobilmachungsbefehls marschbereit sein konnte. Gleich allen anderen
Mobilmachungen, die vom Deutschen Bunde ausgingen, verlief auch
die von 1855 im Sande. Diesmal drang die preußische Auffassung
durch, welche nur eine bewaffnete Neutralität darin sehen wollte.
Nach und nach wurde wieder abgerüstet*) und am 15. Mai 1856
nach erfolgtem Friedenschluß der kriegführenden Mächte die Kriegs=
bereitschaft förmlich wieder aufgehoben. Immerhin blieb aber die
unmittelbar aus dem österreichischen Kriegsdrängen hervorgegangene
Verbesserung der Bundes=Kriegsverfassung als dauernder Niederschlag
aus dem Kriegsgewölk von 1854—55 zurück.

Am 4. Januar 1855 stimmte die Bundesversammlung den
revidirten Abschnitten der Bundes=Kriegsverfassung zu. Die Haupt=
kontingente wurden zu $1\frac{1}{6}$ Prozent der Bevölkerung von 1842,**)
die Reserve zu $\frac{1}{3}$, das Ersatz=Kontingent zu $\frac{1}{6}$ Prozent derselben
festgesetzt. Die etwaige Landwehr durfte auf das Reserve=Kontingent

---

*) Die berittenen Waffen wurden in Braunschweig am 30. Juli 1855 auf
den Friedensstand zurückgeführt.

**) Sie betrug für das Herzogthum Braunschweig 209 600 Seelen.

in Anrechnung kommen. Die Kompagniestärke sollte 120—250, die Bataillonsstärke 800—1200 Streitbare betragen. Jederzeit sollten $3/4$ der Mannschaft, $5/6$ der Offiziere im Dienst sein. Die Dauer der Dienstverpflichtung wurde zwar durch einen besonderen Bundesbeschluß zu 6 Jahren überhaupt und 2 Jahren bei der Fahne geregelt; jedoch richteten sich die Einzelstaaten nach solchen Normen nur wenig, und auch Braunschweig hatte abweichende Bestimmungen, nämlich: 3 Jahre bei der Fahne, 2 Jahre in der Kriegsreserve, 3 Jahre in der Landwehr 1. Aufgebots, endlich 3 Jahre Landwehr 2. Aufgebots. Als völlige und sehr segensreiche Neuerung erließ der Bund im Januar 1855 auch Bestimmungen über die Ausbildung, die früher ganz gefehlt hatten. Die Dauer der Rekruten-Ausbildung sollte mindestens 6 Monate betragen und keine Beurlaubung vor Erledigung von zwei Schießübungen erfolgen. Der jährliche Munitionssatz wurde zu 30 Patronen für den Infanteristen, 90 für den Jäger festgesetzt. Zu größeren Uebungen sollten das Haupt- und Reserve-Kontingent alljährlich mindestens vier Wochen lang auf halber Kriegsstärke versammelt werden. Zu Uebungen im Brigade- oder Divisionsverbande mußte jeder taktische Körper mindestens alle zwei Jahre herangezogen werden; alle sechs Jahre sollte Korpsmanöver stattfinden. Mit der Ausführung dieser Vorschriften wurde es freilich stellenweise nicht genau genommen; aber ihr Bestehen an sich bedeutete doch einen Fortschritt gegenüber dem bisherigen Zustande. Hinsichtlich der Dienstreglements begnügte sich die revidirte Kriegsverfassung mit einem erneuten Hinweise auf die Nothwendigkeit der Einheitlichkeit innerhalb der Armeekorps. Daß man mindestens in Braunschweig geneigt war, es mit den angeregten Schritten zu besserer Organisation der gemeinsamen Wehrkraft ernst zu nehmen, erhellt daraus, daß das braunschweigische Ministerium am 23. Februar 1855 bei der hannoverschen Regierung eine kommissarische Durchsicht der Schlußakte der 1. Division beantragte.

Die Militär-Konvention mit Preußen war am 23. September 1854 durch beiderseitiges Uebereinkommen aufgehoben worden. Herzog Wilhelm hatte somit Freiheit, den Bundesbeschlüssen nachzukommen und erließ am 11. Februar 1855 einen ihnen angepaßten neuen Formations-Etat für den aktiven Theil der Brigade. Da er jedoch schon nach einem Vierteljahr durch einen neuen ersetzt wurde, dürfen wir von seiner Wiedergabe absehen. Dagegen möge der

22*

Etat eines Infanterie-Bataillons in Friedensstärke, wie er am 11. April 1855 festgesetzt wurde, hier folgen:

	Kombattanten		Nonkombattanten		Bediente	Pferde
	Offiziere	Mann-schaften	Offiziere	Unter-offiziere		
Kommandeur	1	—	—	—	1	2
Adjutant	1	—	—	—	1	1
Bataillons-Tambour . . .	—	1	—	—	—	—
Bataillons-Arzt	—	—	1	—	—	—
Rechnungsführer	—	—	—	1	—	—
Bataillons-Schreiber . . .	—	—	—	1	—	—
Büchsenmacher	—	—	—	1	—	—
Hauptleute	4	—	—	—	—	1
Premier-Lieutenants . .	4	—	—	—	—	—
Sekond-Lieutenants . . .	8	—	—	—	—	—
Feldwebel	—	4	—	—	—	—
Portepee-Fähnrich . . .	—	4	—	—	—	—
Sergeanten	—	12	—	—	—	—
Korporale *)	—	32	—	—	—	—
Spielleute	—	16	—	—	—	—
Obergefreite	—	12	—	—	—	—
Gefreite	—	20	—	—	—	—
Soldaten	—	336	—	—	—	—
Summa	18	437	1	3	2	4

Das ganze Infanterie-Regiment zählte 39 Offiziere, 874 Kom-battanten, 2 Aerzte, 7 nichtstreitbare Unteroffiziere, 20 Hoboisten, 8 Bediente, 15 Pferde. Jede Kompagnie war ohne die Unteroffiziere und Gefreiten 84 Mann stark, hatte also einen ganz brauchbaren Mannschaftsstand. Dazu wurden 77 Mann alljährlich auf vier Wochen zum Infanterie-Regiment eingezogen. Im Uebrigen wurde das Regiment durch die Umformung nur wenig berührt. Zu der sofort zu besprechenden Vermehrung des Leibbataillons mußte es 57 Mann abgeben, und zwar vorzugsweise solche Mannschaften, die sich zum Jägerdienste eigneten.

Für das Leibbataillon bedeutete die Umformung vom Februar 1855 eine erfreuliche Verstärkung, indem es wieder auf vier Kom-

---

*) Durch diese Benennung war die bei der Militär-Konvention mit Preußen eingeführte Bezeichnung Unteroffiziere am 15. März wieder ersetzt worden.

pagnien gebracht wurde. Sein neuer Etat entsprach dem oben mit=
getheilten der Linien=Bataillone; nur daß alle vier Hauptleute be=
ritten waren, daß die Zahl der Sekond=Lieutenants 4, der Ober=
jäger 20, der Hornisten 12, der Jäger 240 betrug. Uebrigens wurde
die Vermehrung des Bataillons nur nach und nach durchgeführt.
Der Höchste Erlaß vom 17. Februar besagte, daß der Dienstbestand
der vier Kompagnien einstweilen zu 45 Mann per Kompagnie an=
zunehmen und die bisherige vorschriftsmäßige Anzahl der Unter=
offiziere gleichmäßig auf sie zu vertheilen sei. Hierbei erfolgten die
Abgaben der 1. Kompagnie an die 3te, die der 2. Kompagnie an
die 4te. Eine Woche darauf wurden Vorbereitungen zur Besetzung
der neuen Kompagnien mit den etatsmäßigen Unteroffizieren und
Hornisten angeordnet und am 4. April die Ausführung dieser
Chargenbesetzung verfügt. Daraufhin wurden 4 Sergeanten, 4 Kor=
porale des Infanterie=Regimentes zum Leibbataillon versetzt. Am
12. April endlich wurde befohlen, daß die Vermehrung der Mann=
schaft des Leibbataillons zu den etatsmäßigen 240 Mann*) nach und
nach, je nach dem Fertigwerden der angeordneten Kasernenbauten,**)
erfolgen solle. Schließlich sei noch erwähnt, daß die Verstärkung
des Leibbataillons insgesammt einen Kostenaufwand von 7377 Thalern
verursachte, und ferner, daß jedes Jahr 42 Jäger eine vierwöchige
Uebung beim Bataillon durchzumachen hatten.

Ueber die Neuformation der Landwehr sei, da sie fortan vom
Regimente abgezweigt blieb, nur kurz erwähnt, daß sie nach dem
Höchsten Erlaß vom 1. März in ein Bataillon zusammengezogen
wurde, welches 1248 Köpfe zählte und in sechs Kompagnien zerfiel,
die nach den Kreisen des Landes benannt und zunächst von den
Hauptleuten v. Münchhausen, Osthoff, v. Erichsen und Hörstel,
sowie den Lieutenants Hartmann und Breithaupt befehligt wurden.
Das Bataillon bestand im Frieden nur im Kadre in einer Stärke
von 8 Offizieren, 8 Unteroffizieren, 6 Gefreiten. Die regelmäßigen

---

*) Der niedrigere Mannschaftsstand des Jäger=Bataillons entsprach den
Normen der Bundes=Kriegsverfassung.

**) Der Bau einer Kaserne in Blankenburg war bereits am 7. September
1853 angeordnet; doch verzögerte sich ihr Fertigwerden bis zum 15. November
1861. Zwei Jahre darauf wurde ihr Frontispiz mit dem von der Bürgerschaft
Blankenburgs geschenkten, den herzoglichen Namenszug haltenden Löwen ge=
schmückt.

Uebungen der Landwehr, die der preußischen Organisation entlehnt waren, wurden leider wieder abgeschafft.*) Einen noch größeren Rückschritt wird man darin sehen müssen, daß am 11. Mai 1855 auch die Stellvertretung und der Nummerntausch wieder eingeführt und damit in das Prinzip der allgemeinen, persönlichen Wehrpflicht gewissermaßen Bresche gelegt wurde. Immerhin war es ein Glück, daß die Landwehr überhaupt bestehen blieb und zwar im Wesentlichen in ihrer bisherigen, durch die Landwehr-Ordnung vom Jahre 1854 festgesetzten Gestalt. Erwähnung verdient ferner, daß die preußischen Vorschriften für das Fähnrichs- und Offizier-Examen beibehalten wurden.

Die für den Kriegsfall in Aussicht genommene Organisation der Brigade wich von deren Friedenseintheilung nicht unerheblich ab und war im Laufe des Jahres 1855 mehrfach in der Schwankung begriffen. Noch im Mai wurde ein Formations-Etat veröffentlicht, der außer dem Infanterie-Regiment nur eine Jäger-Kompagnie von 132 Köpfen den Feldtruppen zuwies, während der Rest des Leibbataillons mit drei Kompagnien zu den Garnisontruppen zählte. Diese ungewöhnliche Verwendung der Elitetruppe, welche allerdings dem Verfahren 1848—49 und 1866 entsprach, war in dem endgültig eingeführten Kriegsetat vom 24. November 1855 aufgegeben worden. Er unterschied zwischen mobilen Truppen (Haupt- und Reserve-Kontingent), Depots und Ersatz- und Landesreserve. An Fußtruppen gehörten zu dem mobilen Theile: das Infanterie-Regiment (47 Offiziere, 154 Unteroffiziere, 1602 Mann, 2 Aerzte, 33 nichtstreitbare Unteroffiziere, 28 Trainsoldaten, 14 Bediente, 92 Pferde,** 11 Wagen) und das ganze Leibbataillon (18 Offiziere, 57 Unteroffiziere, 607 Mann, 1 Arzt, 6 nichtstreitbare Unteroffiziere, 12 Trainsoldaten, 36 Pferde, 11 Wagen). Unter dem Namen eines Depots wurden für das Regiment und das Leibbataillon zusammen nur 3 Offiziere, 3 Unteroffiziere, 12 Mann zur Bewachung der Kammern und Handwerkstätten bestimmt, da die Landwehr für ausreichend sowohl für den Nachschub im Felde, als auch zur Besetzung des Landes erachtet wurde. Sie war für diesen Zweck in ein Bataillon

---

*) Die letzte derselben hatte im Juni 1854 stattgehabt, wobei das 2. Landwehr-Bataillon, dessen Formationsort Seesen war, theilweise in Zelten auf dem Kasernenhofe unterkam.

**) Darunter 8 Packpferde.

formirt, deſſen Kriegsetat 26 Offiziere, 68 Unteroffiziere, 688 Mann, 2 Bediente, 3 Pferde zählte; hierzu trat noch das Landwehr-Jäger-Kommando von 1 Offizier, 4 Unteroffizieren, 59 Mann.*)

Es war ein eigenes Zuſammentreffen, daß gleichzeitig mit der Löſung der braunſchweigiſchen Brigade von ihrer Verbindung mit der preußiſchen Armee der Brigade-Kommandeur, der dieſe Verbindung ſeinerzeit ſo freudig begrüßt hatte, das Kommando in andere Hände abgab. Aber es war ein zufälliges Zuſammentreffen, verurſacht durch den am 26. Januar 1855 erfolgten Tod des Kommandanten von Braunſchweig, General-Lieutenants v. Normann, dem das Regiment am 28. auf dem St. Katharinen-Friedhofe die drei Ehrenſalven über das Grab gab. Generalmajor v. Erichſen wurde zu ſeinem Nachfolger ernannt und übergab das Kommando der Brigade am 15. Februar an den Generalmajor Ludovici, mit welchem zum erſten Male ein nicht mehr zu den Theilnehmern des Zuges von 1809 zählender Offizier an die Spitze des Korps trat. Sein Nachfolger im Regiments-Kommando wurde Major v. Berne-witz, der nach wenigen Wochen zum Oberſtlieutenant aufrückte. Gleichzeitig mit dieſem Kommandowechſel traten noch andere um-faſſende Perſonalveränderungen ein, ſo daß ſich die Rangliſte nun-mehr wie folgt geſtaltete:

Infanterie-Regiment.

Kdr.: Maj. v. Bernewitz; etatsm. Stabsoffz.: Maj. Laue; Adj.: Pr.-Lt. Telge; Rgts.-Arzt: Dr. Krüger.

1. Bataillon.	2. Bataillon.
Kdr.: Maj. Jäger.	Kdr.: Maj. v. Roeder.
Adj.: Sek.-Lt. v. Trauwitz.	Adj.: Sek.-Lt. Kubel.
Hptm. Damm.	Hptm. Dedekind.
" v. Ehrenkrook.	" Wittich.
" Iſendahl.	" v. Holy.
" Rittmeyer.	" v. Brömbſen.
Pr.-Lt. v. Erichſen.	Pr.-Lt. Oſthoff.
" v. Förſter.	" v. Frankenberg.
Sek.-Lt. Hartmann.	" v. Lauingen.
" Schultz.	" Koch.
" Meyer.	Sek.-Lt. Reuter.
" Reſe.	" Wegener.

*) Die Kriegsetats ſind in „B. Jacobi, Das 10. Armee-Korps des deut-ſchen Bundesheeres" (Hannover 1858) auf Seite 220—230 im Einzelnen abgedruckt.

Sek.-Lt. Pricelius.	Sek.-Lt. Jsendahl.	
„ Siemens.	„ Brandes II.	
„ v. Specht.	„ van Semmern.	
„ Brandes I.	„ Schleiter.	
„ Haberland.	„ Lenz.	
„ v. Bernewitz.	„ Kalbe.	
Bat.-Arzt Dr. Reck.	Bat.-Arzt Dr. Helmbrechts.	

Leib-Bataillon.

Kdr.: Maj. v. Girsewald; Adj.: Sek.-Lt. v. Paczinsky; Bat.-Arzt: Dr. Scholz.

Hptm. Haberland.	1	Pr.-Lt. v. Griesheim.	1
„ Jäger.	1	„ Heuer.	4
„ v. Praun.	3	Sek.-Lt. Grove.	1
„ Liebing.	4	„ Gerloff.	2
Pr.-Lt. v. Münchhausen.	2	„ v. Broizem.	4
„ v. Hüllessem.	3	„ Peters.	3

Diese Rangliste blieb auch in den oberen Chargen nicht lange
unverändert, da schon im Herbst 1856 Major v. Roeder in Pension
ging, Major Laue dessen Bataillon übernahm und Hauptmann
Damm etatsmäßiger Stabsoffizier wurde. Im Frühjahr 1858
wurde bei der Pensionirung des Oberst Ahrens der Oberstlieutenant
Jäger an die Spitze des Landwehr-Bataillons gestellt, Major Damm
zum Kommandeur des 1. Bataillons ernannt und Major Graf Görtz-
Wrisberg vom Kriegs-Kollegium als etatsmäßiger Stabsoffizier in
das Infanterie-Regiment einrangirt.

Da das Leibbataillon 1855 ebensowenig wie im Vorjahre zu
den Herbstübungen der Brigade herangezogen wurde, so war es eine
festliche Veranlassung, welche zur ersten Vereinigung des Korps nach
seiner Loslösung vom preußischen Heere führte. Herzog Wilhelm
beging am 25. April das Doppelfest des 50. Geburtstages und des
25jährigen Regierungsjubiläums. Das Leibbataillon rückte am 23.
in der Stärke von 12 Offizieren, 1 Arzt, 29 Unteroffizieren,
211 Jägern zur Theilnahme an diesem vom ganzen Lande jubelnd
gefeierten Doppelfeste in Braunschweig ein. Am Vorabend des Festtages war großer Zapfenstreich. Der 25. April wurde durch Glockengeläut, Kanonendonner und große Reveille um 6 Uhr früh eingeläutet.
Vorträge der vereinigten Gesangvereine setzten ihn fort; unter Anderem
wurde eine Festhymne von Franz Abt und ein Triumphmarsch vom
Musikdirektor Zabel vorgetragen. Um 8 Uhr war Festgottesdienst
im Dom unter Betheiligung des gesammten Offizierkorps nebst Ab-

ordnungen aller Truppentheile. Es folgte ein großartiger Festzug
der Bürgerschaft, dessen würdigen Beschluß der Verein ehemaliger
Krieger aus den Jahren 1809—15 bildete. Nachdem der Herzog
sodann die verschiedenen Abordnungen empfangen und die von ihnen
überbrachten Adressen entgegengenommen hatte, nahm er um 12 Uhr
die Parade der Brigade auf dem Schloßhofe ab. Sie wird von
einem Augenzeugen*) wie folgt geschildert: „Der Generalmajor
Ludovici machte mit kurzen, kräftigen Worten die Mannschaft auf
die Wichtigkeit des hohen Festtages aufmerksam und brachte ein Hoch
auf ein ferneres langes, glückliches und wie bisher segenbringendes
Leben Seiner Hoheit des Herzogs aus. Die Säbel der Offiziere
blinkten in den Strahlen der Sonne, die Fahnen wehten, und aus
den Herzen der Soldaten tönte ein freudiges, inniges Hoch auf das
Leben des geliebten Kriegsherrn. Dann schritt der Herzog die Front
entlang, musternd die strammen Reihen seiner schwarzen Schaar".
Die in der Front stehenden Schleswig-Holstein-Kämpfer erblickten unter
den den Herzog begleitenden Gratulanten auch die wohlbekannte Gestalt des General-Feldmarschalls v. Wrangel. Erwähnung verdient
ferner, daß das braunschweigische Offizierkorps seinem Kriegsherrn
zu seinem Ehrentage einen kostbaren Ehrensäbel mit der Inschrift
Nunquam retrorsum schenkte. Scheidenbeschläge und Griff waren
von mattem Golde, der Griff mit Elfenbein überdeckt und mit einem
silbernen Löwen geschmückt. Am Korbe saß ein Schildchen, welches
in getriebener Silberarbeit fünf braunschweigische Soldaten der verschiedenen Truppentheile, sowie die Jahreszahlen 1806, 1831, 1856
und die Widmung zeigte. Ein Festessen des Offizierkorps, Festvorstellung im Hoftheater und eine prächtige Illumination beschlossen
den festlichen Tag, zu welchem jeder Unteroffizier 10, jeder Gemeine
8 Gutegroschen Zuschuß erhalten hatte. Am 27. April trat das Leibbataillon den Rückmarsch in seine Garnison an, woselbst das National-
fest ebenfalls in würdiger Weise begangen worden war.

Schon im Herbst desselben Jahres marschirte das abgezweigte
Bataillon wiederum nach Braunschweig, diesmal zur Theilnahme an
den Herbstübungen. Wie schon bemerkt, hatten diese in den beiden
letzten Jahren nur geringen Umfang gehabt und sich 1854 auf vier,
1855 sogar nur auf drei Feldmanöver der Garnison Braunschweig

---

*) Teichmüller in seiner Geschichte des Leibbataillons.

in zwei Abtheilungen, sowie einige selbständige Uebungen des Leib=
bataillons beschränkt. 1856 wurde dieses Bataillon dazu herangezogen
und nahm in der Zeit vom 13. bis 21. September an den Feld=
manövern, Brückenschlags= und Marschübungen durch den Elm, dem
Biwak bei Lucklum und der großen Parade Theil. Auch 1857
wurde die Brigade bei Braunschweig vereinigt. Außer den gewöhn=
lichen gegenseitigen Uebungen fand auch ein größerer Marsch mit
Biwak bei Salder statt; hierbei hatten die lagernden Soldaten die
Ehre, ihren Kriegsherrn inmitten ihres munteren Treibens verweilen
zu sehen. Das Jahr 1858 sollte den braunschweigischen Truppen
wieder die Gelegenheit zum Manövriren im größeren Verbande
bringen, und diese Aussicht bewirkte erhöhtes Leben und Bewegung
im Dienstbetriebe, so daß wir uns zunächst darnach umsehen müssen,
was in solcher Hinsicht in diesen Jahren geschah.

Indem wir der am 11. Mai 1855 erfolgten Ausdehnung der
Militär=Gerichtsbarkeit auf die Civilvergehen der Soldaten nur kurz
Erwähnung thun, sei hinsichtlich der gymnastischen Ausbildung an=
geführt, daß der 1850 pensionirte Fechtmeister Köhler jetzt wieder in
seinen Posten eingesetzt wurde, um ihn bis zu seinem 1858 er=
folgten Tode zu versehen.*) Beim Leibbataillon wurde die Aus=
bildung im Turnen und Voltigiren durch den Oberstlieutenant
v. Girsewald nach Linsingen'schem System geordnet. Wegen ein=
gehenderer Nachrichten über den ganzen Dienstbetrieb dieses Bataillons
sei auf das Schlußkapitel des mehrerwähnten Teichmüller'schen
Buches verwiesen, während über die Ausbildung des Regiments in
W. Otto's Regimentsgeschichte Näheres enthalten ist.**) Viel Fleiß
wurde dem Schießen und der damit zusammenhängenden Munitions=
und Bewaffnungsfrage zugewendet. 1855 fanden eingehende Ver=
suche mit dem Miniégeschoß und dem Dorngewehr statt; auch stand
in Erwägung, das zweizügige Ovalgewehr des Infanterie=Regiments
auf vier Züge zu bringen. Das Schlußergebniß war die Einrichtung
des Ovalgewehres nach Thouvenin'schem System und die Einführung
einer Verbundpatrone, deren mit einem Faden verschnürte Papier=
hülse sowohl das Geschoß (eine Lütticher Spitzkugel), als auch in be=

---

*) Am 1. August 1864 wurde der neue Brigade=Fechtmeister Wendt angestellt.
**) Teichmüller, Geschichte des Leibbataillons (Braunschweig 1858)
Seite 123—127; W. Otto, Geschichte des Infanterie=Regiments Nr. 92, 1. Auf=
lage (Braunschweig 1878), Seite 12—15.

sonderer Hülse die Pulverladung enthielt. **Im Sommer 1858** ge=
langte sie auch beim Leibbataillon zur Einführung, so daß damit
eine Einheitspatrone für die braunschweigischen Fußtruppen endlich
hergestellt war. Die beständig fortgesetzten Versuche zur Ermittelung
einer verbesserten Büchse für das Leibbataillon führten einstweilen zu
keinem Ergebniß; 1856 wurde eine neue Garnitur der bisherigen
Büchsen beschafft. Uebrigens führten die Sergeanten und Oberjäger
eine kürzere Büchse von nur ½ Drall. Im Schießdienste wurden
die Anforderungen immer mehr gesteigert und 1858 auch durch
Scharten geschossen. Das Exerziren und die Gefechtsausbildung be=
hielten die bewährten preußischen Normen bei. Demselben Vorbilde
waren die im Sommer 1857 eingeführten Drillichanzüge für den
Sommerdienst entlehnt. Endlich finde noch Erwähnung, daß die
nichtberittenen Offiziere des Regiments den Säbel seit dem 1. März
1855 nicht mehr am Schleppkoppel, sondern in lackirter Scheide als
Durchstecker trugen, und daß die Offiziere des Leibbataillons im
Mai 1858 dieselben Gradabzeichen wie die des Infanterie=Regiments,
also nach österreichischer Probe am Kragen, anlegten.

Im Herbst 1858 wurde das 10. deutsche Bundes=Armeekorps wieder
zu einem Korpsmanöver bei Nordstemmen vereinigt, wie es die revidirte
Bundes=Kriegsverfassung für gewisse Perioden verlangte. Im Januar
und Februar fanden in Hannover die Berathungen der Bevoll=
mächtigten statt. Holstein=Lauenburg war dabei unvertreten, da die
dänische Regierung sich von vornherein der Waffenübung versagte,
unter dem Vorwande, daß eine in der Ausführung begriffene Re=
organisation die Theilnahme unthunlich mache. Die Vertreter der
übrigen Staaten geriethen übrigens in solche Meinungsverschieden=
heiten, daß das Zustandekommen der Vereinigung zeitweise ernstlich
in Frage gestellt war. Namentlich vertrat Mecklenburg unter dem
Einflusse seines aus preußischen Diensten übernommenen Befehls=
habers, Generals v. Witzleben, entschlossen den Standpunkt, daß
das Manöver nach preußischer Art in der freien Durchführung ge=
stellter Aufgaben mit Schiedsrichtern bestehen solle. Obwohl von
den übrigen Staaten der 2. Division unterstützt, drang Mecklenburg
nicht durch, da Hannover hartnäckig an seinem System der voraus=
bestimmten Uebungen festhielt und darin vom braunschweigischen
Bevollmächtigten, Kriegsdirektor Gille, unterstützt wurde. Ferner
beantragte Mecklenburg die Außerkraftsetzung des Felddienst=Reglements

von 1843, an das Niemand mehr gewöhnt war. „Leider," hieß es in der Begründung dieses Antrages, „ist der innere Zusammenhang zwischen den Kontingenten des 10. Armeekorps durch die politischen Vorgänge der Jahre 1848 und 1849 sehr gelockert worden und haben einige Bundesstaaten ihre inneren militärischen Verhältnisse einzeln, jeder für sich, ordnen müssen." Dem ließ sich kaum widersprechen; aber um so mehr hielt die Mehrzahl am Reglement von 1843 fest.*) Es ist bezeichnend für die Wehrverhältnisse des Deutschen Bundes, daß die am 2. März 1858 glücklich zu Stande gekommene Uebereinkunft ausdrücklich jedem Kontingente innerhalb der angenommenen Grenzen (1—1$^1/_6$ Prozent der matrikelmäßigen Bevölkerung) überließ, in welcher Stärke es ausrücken werde. Nur daß an der Zahl der Bataillone, Schwadronen und Batterien nichts fehlen dürfe, wagte die Uebereinkunft vorzuschreiben.

Das braunschweigische Infanterie-Regiment marschirte zum Korpsmanöver in der Stärke von 31 Offizieren, 1300 Mann, 15 Pferden, das Leibbataillon mit 14 Offizieren, 500 Mann, 7 Pferden aus. Außerdem gehörten 3 Aerzte, 33 Nichtstreitbare, 10 Bediente und 8 Truppenfahrzeuge zu den Fußtruppen. Den Garnisondienst in Braunschweig und Wolfenbüttel übernahm das auf 12 Offiziere, 506 Mann verstärkte Landwehr-Bataillon unter Oberstlieutenant Jäger; für Blankenburg wurden 26 Landwehr-Jäger zur Verstärkung des in der Stärke von 1 Offizier, 48 Mann zurückbleibenden Wachtkommandos eingezogen. Die mitgeführte Munition bestand für die Infanterie aus 226440, für das Leibbataillon aus 115920 Exerzirpatronen. Nachdem der Felddienst im Monat Juli zum Gegenstande der Besichtigung gemacht und im August das Regiments-Exerziren bei Braunschweig abgehalten worden war, erschien die Brigade (ohne Leibbataillon) am 5. September vor ihrem Kriegsherrn in Parade und bereitete sich sodann zum Ausmarsch vor. Die Infanterie wurde am 12. September mit der Eisenbahn nach Nordstemmen befördert. Das 1. Bataillon fuhr gegen 7 Uhr früh von Braunschweig ab; das 2. schloß sich Nachmittags dem Leibbataillon an, welches um 10 Uhr von Halberstadt abgefahren war. Dieser Zug erreichte um 6 Uhr Nachmittags Nordstemmen.

*) Dessen Alarmsignal und vier sogenannte Korpssignale waren in Braunschweig schon im August 1855 wieder eingeführt und gleichzeitig die preußischen Signale Zapfenstreich und Reveille abgeschafft worden.

Das 10. Armeekorps war dem Befehle des hannoverschen General-Lieutenants Jacobi unterstellt und zerfiel, seiner Grundgliederung entsprechend, in zwei Korps-Divisionen unter dem hannoverschen General-Lieutenant v. Dachenhausen und dem mecklenburgischen Generalmajor v. Witzleben. Die 1. Korps-Division war in eine Infanterie-Division und eine Kavallerie-Division eingetheilt. Erstere, vom General-Lieutenant v. Berger befehligt, bestand aus vier Brigaden, von denen die 1., die 2. und die 4. oder nicht eingetheilte Brigade nur hannoversche Truppen enthielten, während die 3. oder gemischte Brigade aus dem braunschweigischen Kontingent und dem hannoverschen 5. Infanterie-Regiment aus Lüneburg zusammengesetzt war. Generalmajor Ludovici befehligte sie und hatte als Stab den Generalstabs-Hauptmann v. Wachholtz und den Brigade-Adjutanten Hauptmann v. Seckendorff bei sich. Die braunschweigischen Fußtruppen waren in folgender Offizierbesetzung ausgerückt:

Infanterie-Regiment.
Oberst v. Bernewitz

Maj.	Laue (Kdr. II)	Sek.-Lt.	Pricelius
"	Damm (Kdr. I)	"	Kubel (Adj. II)
"	Gr. Görtz-Wrisberg	"	v. Specht
Hptm.	Debekind	"	Bodemann (Adj. I)
"	Isendahl	"	Isendahl
"	Wittich	"	Schleiter
"	v. Holy	"	Lentz
"	Rittmeyer	"	v. Bernewitz I
"	v. Brömbsen	"	v. Kalm
"	v. Münchhausen	"	Wolff
"	Osthoff	"	v. Bernewitz II
Pr.-Lt.	Koch	"	Spengler
"	v. Trauwitz (Rgts.-Adj.)	"	Kobus
"	Hartmann	"	v. Bernewitz III
"	Meyer		
"	v. Paczinsky		

Leib-Bataillon.
Ob.-Lt. v. Girsewald.

Hptm.	Haberland	Sek.-Lt. v.	Broizem
"	Jäger	"	Peters (Adj.)
"	v. Praun	"	van Semmern
"	Liebing	"	Teichmüller
Pr.-Lt.	v. Hüllessem	"	Otto
"	v. Griesheim		
"	Grove		

Das Hauptquartier des Armeekorps, zu welchem Hauptmann
v. Erichsen, ferner für den Kommissariats= und Magazindienst die
Kriegskommissare v. Unger und v. Mosqua, sowie das zur Stabs=
wache zu stellende Kommando von 1 Oberjäger, 6 Mann des Leib=
bataillons gehörten, befand sich gleich dem Stabsquartier der 1. Korps=
Division in Elze, das Stabsquartier der Infanterie=Division in
Poppenburg, das der 3. Infanterie=Brigade in Wülfingen. Während
die braunschweiger berittenen Truppen in Escherde und Mahlerten
einquartiert waren, lagen die Fußtruppen gleich der gesammten
Infanterie des Armeekorps mit Ausnahme der Mecklenburger im Zelt=
lager nördlich von Wülfingen. Unmittelbar bei diesem Dorfe war
das prächtige Zelt des Herzogs Wilhelm aufgeschlagen, umgeben von
einem künstlich geschaffenen Tannenwäldchen. Etwa 100 Schritte
rechts davon begann das Truppenlager. Das Leibbataillon bildete
seinen südlichen Abschluß; sodann folgten das 2. und 1. Bataillon.
An sie schlossen sich das 5. Infanterie=Regiment und die übrigen
hannoverschen Truppen. Weiter nordwestlich bei Adensen lag das
Hüttenlager der oldenburgisch=hanseatischen Brigade. Das braun=
schweigische Lager bestand aus 202 runden Zelten und einem großen
Offizier=Speisezelt. Jede Kompagnie besaß 9 Mannschaftszelte,
1 Feldwebelzelt und 2 Offizierzelte. Es waren 41 Zelte zu diesem
Manöver neu beschafft worden. Das Aufschlagen des Lagers hatte
am 28. August begonnen. Braunschweigischerseits war es vom
Lieutenant Gerloff mit dem durch 18 Infanteristen verstärkten
Pionier=Kommando vortrefflich hergerichtet worden. Eine Druckschrift
über das Lager bei Nordstemmen*) hebt besonders hervor, daß die
Einrichtung bei den braunschweigischen Bataillonen am meisten ge=
rühmt worden sei, sowie daß deren weiße Zelte mit den blauen
Knöpfen „unstreitig den äußerlich hübschesten Theil des Lagers ge=
bildet hätten". Eine sehr zweckmäßige Einrichtung, um die unsere
Leute von den Hannoveranern viel beneidet wurden, waren die in
den Kompagniegassen aufgeschlagenen Tische und Bänke, die sowohl
dem Essen, als auch dem Putzen dienten. Pferdeställe, Kochlöcher,
Latrinen, Trinkwasser=Bassins und eine Waschbank am Deseder Bach
vollendeten das hübsche Lagerbild.

Es war ein Sonntag, an dem das Lager bezogen wurde. Der
erste Abend war der Freude geweiht, und auch Herzog Wilhelm

---

*) Von Fr. Brinckmann, erschienen 1858 in Hannover.

schaute fröhlich seinen tanzenden Schwarzen zu. Der folgende Tag war Ruhetag und diente der inneren Einrichtung im Lager. General Jacobi begrüßte die Truppen der vereinigten Kontingente in einem Korpsbefehle kameradschaftlich und gab der Hoffnung Ausdruck, daß sie sich auch unter einander mit vaterländischem Gemeingeist will= kommen heißen würden. Am 14. und 15. September manövrirte das gesammte Armeekorps in der Gegend von Poppenburg gegen einen markirten Feind. Der Verlauf dieser Korpsmanöver war bis in die Einzelheiten vorausbestimmt, so daß sie nur den Werth tak= tischer Exerzirübungen haben konnten. Aber bei der großen Ver= schiedenheit der Ausbildung dieses buntgemischten, mit sieben ver= schiedenen Gewehrkalibern ausgerüsteten Truppenverbandes war auch dies von nicht zu unterschätzendem Nutzen. Für die Ausbildung der Führer waren aber die am 17., 18., 20. und 21. September abgehaltenen Feldmanöver in zwei Abtheilungen von wesentlich höherer Bedeutung. Im Gegensatz zu 1843 hielt die Zusammensetzung der manövrirenden Parteien diesmal an der Grundgliederung fest, soweit nicht eine Verstärkung der unvollständig anwesenden und daher erheblich schwächeren 2. Korps=Division Abweichungen davon bedingte. Eine solche war es z. B., daß von den nach zusammenhängender Idee angelegten ersten beiden Manövertagen die Braunschweiger am 17. im Südkorps unter General v. Witzleben gegen die vereinigte, siegreich von Adensen gegen Elze vordringende hannoversche Armee fochten, während sie am 18. mit dem Gros der Hannoveraner im Nordkorps unter General v. Dachenhausen stritten, welches die Vinie=Höhen bei Wittenburg hartnäckig gegen das verstärkte Süd= korps vertheidigte. Auch am 20. und 21. blieben sie im Verbande ihrer Division, welche am Montag ein Vertheidigungsgefecht auf dem Schulenburger Berge und am Schlußtage ein Begegnungsgefecht mit der Gegenpartei in den Waldungen südlich von Gestorf führte. Die Manöver nahmen bei günstigem Wetter einen sehr zufriedenstellenden und belehrenden Verlauf und schlossen am 21. mit einem Vorbei= marsch vor den Fürsten.

Am Sonntag den 19. September fand für sämmtliche Truppen brigadeweise Feldgottesdienst statt. Für die 3. oder gemischte Bri= gade hielt ihn der Hof= und Domprediger Dr. Thiele aus Braun= schweig ab. Eine Stunde darauf begann vor dem Zelte des Königs von Hannover am Westfuße des Adenser Berges das große

Militärkonzert nach einem vom Könige Georg selbst entworfenen
Programm. Es dauerte bei ungeheurem Andrange des in vielen
Sonderzügen herbeigeeilten Publikums bis nach 4 Uhr. Unter den
847 Musikern und 300 Tambours, die dabei unter der Leitung des
hannoverschen Armee-Musikdirektors Gerold mitwirkten, befanden
sich auch 79 braunschweigische Hoboisten unter Führung des Musik-
direktors Zabel vom Infanterie-Regiment. Das Lager wurde an
diesem Tage von weit über 50 000 Gästen und zahlreichen Fürstlichkeiten besucht. Georg V., der blinde König von Hannover, war
wie alle Tage mit der Königin Marie von Herrenhausen herüber-
gekommen und hatte den damals 13jährigen Kronprinzen Ernst
August, sowie die Prinzessinnen Friederike und Mary mitgebracht. Auch die übrigen Souveräne der betheiligten Kontingente
waren aus ihren Stabsquartieren erschienen; das des Herzogs von
Braunschweig befand sich in der Domäne Calenberg. Ferner waren
als Gäste anwesend: der Prinz von Preußen, die Erzherzoge Leopold
und Albrecht, der Herzog von Cambridge und 72 fremdherrliche
Offiziere, unter denen die österreichische und dänische Armee unvertreten waren, während Preußen und die Niederlande je 26 Offiziere entsendet hatten. Auch General der Infanterie Fürst Radziwill gehörte zur preußischen Abordnung.

Endlich waren die Bundes-Inspektoren*) für beide Divisionen des
10. Armeekorps anwesend. Für die 1. Division bestand die Kommission in diesem Jahre aus dem österreichischen Feldmarschall-
Lieutenant Erzherzog Karl Ferdinand, dem sächsischen General-
Lieutenant v. Treitschke und dem hessen-darmstädtischen Generalmajor Frh. v. Rabenau. Die Inspektoren wohnten dem Feldmanöver
in amtlicher Eigenschaft bei, sahen am 22. Vormittags auf dem
Lehmkulenfelde bei Wülfingen das Exerziren der Braunschweiger
und waren am 23. Zuschauer der Parade, während sie das Schießen
und das Armeematerial erst am 28. in Braunschweig besichtigten. Wie
eben erwähnt, beschloß am 23. September eine große Parade auf
dem Felde zwischen Rössing und den Giesener Bergen die Zusammenziehung. Die braunschweigische Infanterie hatte ihren Platz der
Grundgliederung entsprechend zwischen dem hannoverschen 5. und

---

*) Generalmajor Ludovici ging in diesem Jahre in solcher Eigenschaft
zum sächsischen Kontingent.

2. Regiment. Die Bataillone standen in aufgeschlossener Kolonne von Kompagnien und machten den Parademarsch in Kompagnie- fronten. Durch einen anerkennenden Erlaß des Generals Jacobi verabschiedet, verließen die einzelnen Kontingente am 24. die Stätte der zweiten und letzten Vereinigung des 10. Bundeskorps. Die braunschweigischen Fußtruppen fuhren um 6 Uhr Vormittags und 3½ Uhr Nachmittags von Nordstemmen nach ihren Garnisonen ab, während die Pioniere erst nach dem Abbruch des Lagers nachfolgten. Ein huldvoller Erlaß gab am 30. nach Abschluß der Bundes-In- spektion der hohen Zufriedenheit des Herzogs mit den Leistungen seiner Truppen in diesem Herbste Ausdruck.

Das Jahr 1859 ließ sich so kriegerisch an, daß das 10. Bundes- korps auf eine baldige Wiederversammlung zu blutigem Ernste ge- faßt sein mußte. Zu Ende April mußten Oesterreichs Heere ins Feld rücken, um in den Ebenen der Lombardei den verbündeten Armeen Frankreichs und Italiens die Spitze zu bieten. Es schien von vornherein nicht unwahrscheinlich, daß der Deutsche Bund seiner schwer bedrängten Präsidialmacht werde zu Hülfe kommen müssen. In Braunschweig scheinen schon bald nach dem berüchtigten Neujahrs- gruß Napoleons III. die Vorbereitungen in der Stille begonnen zu haben. Wenigstens erstattete das Kriegs-Kollegium schon im Februar einen außerterminlichen Bericht über die erforderlichen Be- schaffungen an Tornistern, Säbelgehängen ꝛc., trat auch bereits der Ergänzung des Bestandes an scharfer Munition näher. In der zweiten Hälfte des April gelangten die beantragten Beschaffungen zur Ausführung; denn der Ausbruch des Krieges stand vor der Thür, und Erzherzog Albrecht weilte in Berlin, wo er um thätige Bundes- hülfe warb. Der Prinz-Regent Wilhelm von Preußen war aller- dings nur dann geneigt, der andern deutschen Großmacht Hülfe zu leisten, wenn ihre zum Bundesgebiet gehörigen Landestheile bedroht wurden. Aber als Kaiser Napoleon ein Beobachtungskorps bei Nancy versammelte, wurden Gegenmaßregeln unvermeidlich. Am 23. April wurde auf Preußens Antrag die Marschbereitschaft der Hauptkontingente und Bereitstellung der Ersatztruppen beschlossen, und am 13. Mai beantragte Hannover, welches schon einen Monat vorher mit den andern Staaten des 10. Bundeskorps wegen einer etwaigen Mobilmachung verhandelt hatte, die Aufstellung eines Beobachtungskorps am Oberrhein. Da Preußen diesen Vorschlag jedoch als zu weit gehend betrachtete und ihm für jetzt nicht beitrat, wurde er im Militär-Ausschuß begraben, und es blieb vorerst bei der Marschbereitschaft der Hauptkontingente. Herzog Wilhelm hatte am 30. April die Einberufung der Ergänzungs-Mannschaften und Beschaffung der Mobilmachungspferde befohlen, auch die Abgaben zu den Hauptquartieren des Bundesfeldherrn, des General-Kommandos und Divisions-Kommandos geregelt und genehmigte am 11. Mai den Etat für das sehr kleine Reserve-Kontingent (25 Infanteristen, 30 Jäger) und die Ersatztruppen, jedoch mit Vorbehalt weiterer Bestimmung für die Aufstellung dieser Abtheilungen.

Inzwischen brach der Krieg in der Lombardei thatsächlich aus; Preußen setzte seine ganze Armee in Marschbereitschaft, suchte am 25. Juni die Ermächtigung des Bundestages zu Truppenaufstellungen auf außerpreußischem Gebiete nach und beantragte die Aufstellung eines aus dem 7. und 8. Bundeskorps bestehenden Beobachtungskorps in Ober-Deutschland. Der preußische Antrag wurde am 2. Juli angenommen und zwei Tage darauf auch auf das 9. und 10. Bundeskorps ausgedehnt. Das Eintreten Deutschlands in den Krieg schien jetzt zweifellos. Wennschon über das Maß der Abhängigkeit bezw. Unabhängigkeit des Bundesfeldherrn vom Bundeskriegsrathe eine Einigung noch nicht erzielt wurde, stand doch die Person des Bundesfeldherrn bereits fest: es war der Prinz von Preußen und konnte kein Anderer sein als Er. Sogar das österreichische Kabinet, das sonst die von Preußen geforderte Selbständigkeit des Eingreifens nach Kräften zu hemmen trachtete, trat für ihn ein. Nicht minder befriedigend war die Befehlshaberfrage für das 10. Armeekorps schon zu Ende April gelöst worden. Jeder braunschweigische Soldat fühlte sich gehoben, als er am 29. Mai folgenden Erlaß verlesen hörte: „Nachdem Seine Majestät der König von Hannover Seiner Hoheit dem Herzoge das Kommando über das 10. Bundes-Armeekorps übertragen und Seine Hoheit dasselbe anzunehmen geruht haben, wird solches dem Herzoglichen Brigade-Kommando zu weiterer Bekanntmachung an die Herzoglichen Truppen hiermit eröffnet." Herzog Wilhelm ging ungesäumt an die Bildung seines Stabes, ernannte den hannoverschen General-Lieutenant Jacobi zum General-Quartiermeister, den Flügel-Adjutanten Oberstlieutenant v. Hohnhorst zum Oberadjutanten des Korpskommandos, den Rittmeister v. Lauingen zum Kommandanten des Haupt-

quartiers, und übertrug dem Major Graf Görtz-Wrisberg die
Geschäfte des Militär-Sekretärs seines Stabes. In die Brigade-
Adjutantur rückte Premier-Lieutenant Rese ein.

Am 1. Juni wurde den Offizieren ein 1½monatlicher, jedoch
vom Hauptmann zweiter Klasse aufwärts nur ein 1monatlicher Sold
als Mobilmachungsgeld ausgezahlt. Die Pferde waren sämmtlich
vorhanden, die Sanitäts-Kompagnie formirt. Die Mobilmachung
ging ohne Stockung vor sich, und schon am 4. Juni konnte der
Brigade-Kommandeur die mobilen Truppen mit Kolonnen und be-
spanntem Fuhrwerk mustern, am 9. Juni ihr Gefechtsexerziren be-
sichtigen. Inzwischen erlag Oesterreich bei Magenta und Solferino
den vereinigten Waffen seiner Feinde und schloß sodann eilig
Frieden, um der ihm unbequemen Bundeshülfe unter preußischer
Führung zu entgehen. Nochmals flog das gezogene Schwert der
Deutschen in die Scheide zurück; die Zeit war noch nicht da, wo
es in wuchtigen Schlägen seine Kraft offenbaren sollte. Aber
dennoch war die Mobilmachung von 1859 überaus folgenreich: sie
wurde die unmittelbare Veranlassung zur preußischen Armee-Re-
organisation und blieb auch für Braunschweig nicht ohne Frucht.
Ein neuer Feldetat, der am 17. November 1860 erschien und aus-
gesprochenermaßen die bei der Mobilmachung zu Tage getretenen
Mängel abstellen sollte, regelte namentlich die Trainsoldaten- und
Wagenausstattung der Bataillone ganz neu unter Abschaffung der
Packpferde, setzte die Zahl der Sergeanten und Korporale anders
fest und normirte die Stärke des Ersatz- und Landwehr-Bataillons
zu 26 Offizieren, 68 Unteroffizieren, 688 Mann (ohne das Jäger-
Kommando von 4 Unteroffizieren, 59 Mann). Auch der unmittel-
bare Nutzen durch die fleißig benutzte Uebungszeit war nicht geringe.
Als der Bund nach dem Friedenschluß von Villafranca die Kriegs-
bereitschaft aufhob, konnte Herzog Wilhelm in dem Tagesbefehl vom
16. Juli, worin er die Zurückführung der Bataillone auf den
Mannschaftsstand von 352 Soldaten bezw. 272 Jägern (ohne
Unteroffiziere und Spielleute) verfügte, der Ueberzeugung Ausdruck
geben: daß seine Truppen auch vor dem Feinde allen an sie gestellten
Anforderungen mit freudiger Hingebung entsprochen haben würden.

Ueber die nunmehr folgenden sechs stillen Jahre können wir
wieder mehr summarisch berichten. In organisatorischer Hinsicht
brachten sie nur unwesentliche Aenderungen. Im Februar 1862

beschloß der Bundestag die Erhöhung der Ersatz-Kontingente auf
1¹/₃ Prozent der Matrikel, während das Hauptkontingent 1¹/₂ Prozent betragen sollte. Die damit verbundene Verstärkung des aktiven
Stammes der Landwehr wurde in Braunschweig am 31. März 1863
durch Schaffung von zwei neuen Hauptmannsstellen, Ernennung von
18 Unteroffizieren, die bei der Linie Dienst thaten, und Ausbildung
einer Anzahl von Reserve-Spielleuten bewirkt. Daß die Besoldung
der Unteroffiziere 1861, der Offiziere 1864 eine Aufbesserung erfuhr,
sei nur im Vorübergehen erwähnt. Ebenso die Vereinbarung mit
Hannover vom Jahre 1861 über die Mitbenutzung der hannoverschen
Militär-Erziehungs-Anstalten. Auch im Bekleidungswesen verliefen
die Jahre 1859—66 nicht sehr ergiebig. Am 27. April 1859
wurde gelegentlich der Mobilmachung allen Offizieren des Leibbataillons die bisher nur vom Kommandeur und Adjutanten getragene
Giberne (Kartusche) mit der verschlungenen Chiffre F W verliehen,
welche 3 Jahre darauf auch als Schmuck der von den berittenen
Offizieren dieses Bataillons getragenen Säbeltasche bestimmt wurde.
Im Jahre 1860 wurden die Offiziere des Leibbataillons mit Revolvern
ausgerüstet, zu Ende 1864 das Paletotmodell nach österreichischem
Schnitt abgeändert. Ein am 7. November 1863 für die ganze In-
fanterie eingeführtes kleineres Tschakotmodell gelangte erst 1865 zur
Verausgabung.

Einen Fortschritt von hoher Bedeutung brachte das Jahr 1861,
indem das Zündnadelgewehr, die so lange verkannte, vortreffliche
Hinterladungswaffe des preußischen Heeres, auch für die braunschweigische Infanterie angenommen wurde. Es war ein von der
Herzberger Gewehrfabrik geliefertes kurzes Büchsenmodell mit einem
aus Solingen bezogenen geschweiften Yatagan*). Die Verausgabung
der neuen Waffe erfolgte 1863, nachdem die Schießübungen bereits
seit dem Mai ausschließlich mit den zuvor angeschossenen Zündnadelgewehren abgehalten worden waren. Doch wurden zum gewöhnlichen
Dienst noch immer die Ovalgewehre benutzt. Die Ausführung des
Ladens war schon im Herbst 1862 mit den preußischen Vorschriften

---

*) Das Gewicht der Büchse betrug 9 Pfund, 8 Loth, das des Yatagans
2 Pfund, 1 Loth. Das Kaliber war ¹/₂ rhein. Zoll, die Länge der Büchse
48 rhein. Zoll. Als im Jahre 1865 auch das Kontingent von Reuß ä. L.
mit diesem Modell ausgerüstet wurde, wurden einige braunschweigische Unteroffiziere zur Unterweisung der dortigen Mannschaft nach Greiz kommandirt.

in Uebereinstimmung gebracht worden; im August 1863 wurden auch
die Griffe nach dem preußischen Exerzir-Reglement abgeändert. Im
Frühjahr 1864 wurden die 4. und 5. Altersklasse zur Ausbildung
mit dem Zündnadelgewehr auf je 14 Tage eingezogen. Die Uebungen
mit scharfen Patronen bei St. Leonhard und auf dem Großen
Exerzirplatz am Nußberge, wie sie bisher üblich gewesen waren,
mußten nunmehr untersagt werden und wurden nach Essehof verlegt.
Auch wurde eine im Herbst 1864 durch „Fatiguen" der Infanterie
unter Leitung des Premier-Lieutenants Gerloff durchgeführte Erhöhung
der Schießstandswälle im Nußberge nothwendig. Das Leibbataillon
hatte sich 1860 bei Helsungen neue Schießstände für weite Entfernungen angelegt und sie mit einem Gedenkstein geschmückt, der
den oft gehörten Mahnruf seines Kommandeurs v. Girsewald
„Nie nalaten!" verewigte. Schließlich mag als Zeichen des gesteigerten
Schießbetriebes Erwähnung finden, daß das Infanterie-Regiment sich
für den Winter 1863/64 die Mitbenutzung der Schießstände der
städtischen Schützengesellschaft auf der Masch zu verschaffen wußte.

Die Herbstübungen wurden in den Jahren nach dem Korpsmanöver von Nordstemmen stets in der lebhafteren Art ausgeführt,
die seit dem schleswig-holsteinischen Kriege in Aufnahme gekommen
war. Freilich beschränkten sie sich 1859 in Ansehung der eben stattgehabten und militärisch gründlich ausgenützten Mobilmachung auf
viertägige Feldmanöver ohne Heranziehung des Leibbataillons. Aber
1860 wurden die Herbstübungen unter Theilnahme dieses Bataillons
mit eintägiger Einquartierung in und bei Schöppenstedt und Gr.-
Vahlberg, 1861 mit zweimaligem Biwakiren der Infanterie (am
16. September bei Zweidorf und Bortfeld, am 19. bei Brunsrode
und Lehre) abgehalten. Die Klagen des Brigade-Kommandos über
die zu geringe Ausrückestärke (9 Rotten beim Infanterie-Regiment,
12 Rotten beim Leibbataillon) führten jedoch zu keiner Abhülfe.
Die Herbstübungen des Jahres 1862 brachten eine erfrischende Ab-
wechselung, insofern sie sich nicht in dem gewohnten Gelände bei
Braunschweig, sondern im Harze abspielten. Gewissermaßen als
Vorübung wurde die Garnison Braunschweig nebst einer Abtheilung
des Wolfenbütteler Detachements am 16. August mit der Eisenbahn
nach Harzburg befördert, woselbst eine Uebung stattfand und abgekocht wurde. In Harzburg wurden dem Regiments-Kommandeur
Namens des Königs Georg V. mit dem Ausdruck der Hoffnung auf

beständige gute Kameradschaft 100 Louisdors zur Verwendung für die Mannschaft überwiesen.*) So vorgeübt, marschirte die Brigade am 12. und 13. September über Heffen nach Blankenburg, von wo aus nach einem Ruhetage ein zweitägiges Gebirgsmanöver unter Betheiligung des Leibbataillons begann. Die Quartiere vom 15. zum 16. waren für den Stab und das 1. Bataillon Hasselfelde, 2. Bataillon Allrode, Leibbataillon Stiege. Eine probeweise mit einer neuen Ausrüstung ausgestattete Kompagnie dieses Bataillons biwakirte bei Stiege. Am 16. bezog nach · dem schönen Rückmarsch über Treseburg das Infanterie-Regiment in der Garnisonstadt des Leibbataillons Quartier und hielt hier wieder einen Ruhetag ab. Am 18. war unweit des Regensteins die Parade vor dem Herzoge, und am 20. rückte das Regiment im besten Gesundheitszustande wieder in Braunschweig ein. Die Witterung war sehr günstig gewesen; als Ergebnisse der Uebung bezeichnete der Bericht des Brigade-Kommandeurs: daß sich das probeweise Tragen des Gewehrs mit abgenommenem Bajonett gut bewährt habe; daß der Tornister zu schwer befunden sei; und daß der neue Offizierstschako vielfach auf der Stirn gedrückt habe, da der Roßschweif nach vorn ziehe.

1863 war zum ersten Male ein wirkliches Manöver im Lande. In diesem Jahre war wieder, zum fünften und letzten Male, Bundes-Inspektion und zwar durch den preußischen General der Infanterie v. Wussow, den badischen General-Lieutenant v. Seutter und den luxemburgischen Generalmajor Happe. Es war ein militärisch sehr rühriges Jahr, in welchem sich ohne Ruhepause Besichtigung an Besichtigung schloß. Nachdem am 10. August die Exerzitien in größeren Verbänden begonnen hatten, wurde am 14. eine Eisenbahnfahrt nach Kreiensen mit Gefechtsübung am Selter und Abkochen unweit Greene eingeschoben. Nachdem am 8. September das Leibbataillon in Braunschweig eingerückt war, fand vom 14. bis 16. September die Bundes-Inspektion in der üblichen Weise statt. Vom 18. bis 19. folgte Manöver zwischen Schöningen und Helmstedt, am 20. Ruhetag in Süpplingen und Helmstedt, vom 21. bis 22. Manöver zwischen Königslutter und Braunschweig. Eine Parade am 24. beschloß das Manöver, worauf das Leibbataillon in zwei Märschen nach Blanken-

---

*) Diese Summe wurde, nachdem 15 Thaler zur Beschaffung von Bänken auf dem Platz vor der neuen Kaserne entnommen waren, an die Mannschaften vertheilt.

burg zurückkehrte. General v. Bernewitz konnte nur für die Tage
der Inspektion anwesend sein, da ihn im Uebrigen sein Dienst als
Bundes-Inspektor bei der hessisch-nassauisch-luremburgischen Division
von Braunschweig fernhielt. Doch holte er das Versäumte nach, indem er die Truppen bis gegen Weihnachten durch Bataillons- und
sogar Regiments-Exerzitien in Athem hielt. Vielleicht trug hierzu
bie am 1. Oktober beschlossene Bundesexekution nach Holstein bei,
welche zunächst durch sächsisch-hannoversche Truppen durchgeführt
werden sollte, woraus sich aber bekanntlich der preußisch-österreichische
Krieg gegen Dänemark entwickelte. 1864 fanden, nachdem am
1. September ein längerer Marsch von Harzburg über den Brocken
das Regiment einmarschirt hatte, die Herbstübungen in ähnlicher Weise,
jedoch in etwas geringerem Umfange statt. Das Leibbataillon traf
dazu am 13. September in der Hauptstadt ein. Nach drei Felddienstübungen in zwei Parteien bei Braunschweig wurde am 19. und
20. an der Asse gegen einen markirten Feind manövrirt und nach
eintägiger Einquartierung zu der gewohnten Schlußparade nach
Braunschweig zurückgekehrt. Das Leibbataillon benützte diesmal zur
Rückkehr die Eisenbahn bis Harzburg. Das größere Divisions-
Manöver bei Hildesheim, welches das Jahr 1865 brachte, wird späterhin eine nähere Besprechung erfahren.

Wie natürlich, gingen die hier besprochenen Jahre nicht ohne
mannigfaltigen Personalwechsel auch in den höheren Stellen vorüber.
Generalmajor Ludovici, der verdienstvolle Brigade-Kommandeur,
wurde am 12. Dezember 1861 zum Vize-Kommandanten von Braunschweig ernannt. Gleichzeitig wurde Oberst v. Bernewitz Generalmajor und Brigade-Kommandeur, Oberstlieutenant· v. Girsewald
Oberst und Regiments-Kommandeur, Major Laue Oberstlieutenant
und Kommandeur des Leibbataillons, Major Isendahl Kommandeur
des 2. Bataillons. Das 1. Bataillon sah zu Anfang 1859 den
Major Graf Görtz-Wrisberg und schon zwei Monate darauf bei der
Mobilmachung den Major Dedekind an seine Spitze treten. Das
Kommando des Leibbataillons wurde bei Laue's Pensionirung im
April 1865 dem Oberstlieutenant Grafen Görtz-Wrisberg anvertraut. Kommandeure des Landwehr-Bataillons waren, nachdem Oberstlieutenant Jäger zu Ende 1859 Kommandant von Wolfenbüttel
geworden war, nach einander: 1860 Major Isendahl, 1861 Major
v. Wachholtz, 1865 Major Haberland. Die Stellung des etats-

mäßigen Stabsoffiziers bekleideten in demselben Zeitraum folgende Majors: 1859 Dedekind, 1859 Jsendahl, 1860 v. Bachholtz, 1861 Wittich, 1864 Haberland, 1865 v. Holy.

Die Jahre 1859 bis 1865 riefen auf das Lebhafteste die Erinnerung an die Kämpfe vor 50 Jahren wach, an welche sich die stolzesten Erinnerungen der braunschweigischen Infanterie knüpften. Am 1. April 1859 ehrte Herzog Wilhelm das Andenken an die vor einem halben Jahrhundert in Nachod erfolgte Errichtung der schwarzen Schaar durch folgenden Tagesbefehl: „Heute vor 50 Jahren, am 1. April 1809, wurde durch Meinen Vater, den Herzog Friedrich Wilhelm, an Böhmens Grenzen das braunschweigische Korps neu errichtet und bald darauf zur Bekämpfung des Feindes zu unvergeßlichen Siegen geführt, die insbesondere durch den denkwürdigen Zug in das nördliche Deutschland in der Geschichte jener Zeit glorreich gezeichnet sind. Seinem Andenken und der Erinnerung an Seine tapfere Schaar sei der heutige Tag gewidmet, und rechne Ich auf Euch, den alten Lorbeeren neue hinzuzufügen und den Ruhm des Korps zu erhalten, wenn das deutsche Vaterland Eurer aufs Neue bedürfen sollte". Sowohl in Braunschweig wie in Blankenburg wurde der Gedenktag durch eine Parade und verschiedene Festlichkeiten gefeiert.*)

Beim Leibbataillon, welches nun einmal als die ursprüngliche schwarze Schaar galt, nahm die Feier des 1. April einen besonders bemerkenswerthen Verlauf. Bereits am 31. März war Herzog Wilhelm selbst in Blankenburg eingetroffen und beherbergte die Hervorragenderen der eingetroffenen Gäste auf dem Schloß. Am Abend war kameradschaftliche Zusammenkunft im Kasino in der Langen Straße. Am 1. April wohnte der Herzog dem Festgottesdienste in der St. Bartholomäuskirche bei und nahm die Parade auf dem Thie ab. Hierbei erschien Bürgermeister Löbbecke mit den Stadtverordneten und übergab Namens der Stadt unter einem Hoch auf das Bataillon einen silbernen, mit dem Todtenkopf und Schlachtnamen sinnig geschmückten Pokal von 35 cm Höhe, dessen Deckel die Figur eines Jägers in der historischen Uniform des Bataillons schmückte.

---

*) Am 31. Mai wurde in Braunschweig eine stille Schillfeier begangen, auf Anregung des Oberstlieutenants v. Brömbsen; auch der alte Schillianer Geheime Kammerrath v. Eschwege war daran betheiligt.

Oberstlieutenant v. Girsewald versprach in seinem Dankeswort, daß der Pokal bei feierlichen Gelegenheiten an der Offiziertafel kreisen solle; und so ist es seitdem auch jederzeit gehalten worden. Während nach der Parade der Herzog mit dem Offizierkorps im alten Schützenhause frühstückte, wurden von den Unteroffizieren die von Sr. Hoheit und den alten Offizieren gestifteten Preise ausgeschossen, deren erster, eine goldene Uhr mit Kette, dem Oberjäger Prag zufiel. Festtafel und Feuerwerk im Schloß, sowie die üblichen Kompagniebälle beschlossen den festlichen Tag. Aus diesem Anlaß erschien die vom Lieutenant Teichmüller verfaßte Bataillonsgeschichte, als erster und darum schwierigster Schritt zu einer Geschichtschreibung der braunschweigischen Fußtruppen von allen Freunden der vaterländischen Geschichte freudig begrüßt.

Neue Erinnerungstage brachte der Hochsommer. Am 31. Juli fand um 10 Uhr Abends, zu derselben Stunde, wo vor einem halben Jahrhundert das schwarze Korps in Braunschweig eingezogen war, ein großartiger Fackelzug statt. Am 1. August war um 10 Uhr Vormittags Feldgottesdienst mit Kirchenparade vor dem Oelper-Denkmal. Während die Garnisonen Blankenburg und Wolfenbüttel durch Abordnungen dabei vertreten waren, nahm die Besatzung von Braunschweig vollzählig an der Feier Theil. Auch Herzog Wilhelm wohnte inmitten seiner im Viereck aufgestellten Truppen dem vom Hofprediger Dr. Thiele abgehaltenen Gottesdienste bei, führte demnächst das Korps zur Stadt zurück und ließ es im Parademarsch vor der Friedrich-Wilhelms-Eiche defiliren, welche des Heldenherzogs Lagerplatz in der Nacht vor dem Gefecht von Oelper kennzeichnet. Major Isendahl fehlte bei der Oelperfeier in den Reihen seines Regiments, da er am selben Tage mit dem Rittmeister v. Schorlemer und dem Premier-Lieutenant der Artillerie Ebeling das braunschweigische Korps bei der Hundertjahrfeier auf dem Schlachtfelde von Minden*) vertrat, woselbst ein dem Herzog Ferdinand von Braunschweig errichtetes Denkmal in Anwesenheit der preußischen Garnison von Minden und aller dortigen Behörden feierlich eingeweiht wurde. Eine letzte Feier ähnlicher Art war die am 7. August stattgehabte Grundsteinlegung zu einem Friedrich Wilhelms-Denkmal

---

*) Ueber die Theilnahme der braunschweigischen Fußtruppen an dieser Schlacht im Jahre 1759 vergleiche 1. Band, Anmerkung zu Seite 286.

bei Elsfleth. Dort war Braunschweig durch den General v. Erichsen und den Oberstlieutenant v. Brömbsen vertreten. Sie konnten dabei mehrere alte Kriegsgefährten begrüßen, darunter einen 75jährigen Veteranen aus dem Jeverlande, der in seiner alten Uniform von 1809 erschienen war. Eine gemeinsame Fahrt nach Brake beschloß den festlichen Tag, dessen Anordnung in oldenburgischen Händen lag.

Während Gedenkfeiern an die Ruhmestage von der Peninsula nicht oder doch nur in den Privathäusern der wenigen noch lebenden Mitkämpfer stattfanden, wurde der 22. Dezember 1863 als Jahrestag des Einzuges weiland Herzog Friedrich Wilhelms in seine vom Joch der Fremdherrschaft befreite Hauptstadt durch einen Festgottesdienst im Dom um 9¹/₂ Uhr nebst nachfolgender Parade auf dem Schloßplatze festlich begangen. Nun folgten in kurzer Frist auf einander die 50jährigen Dienstjubiläen einer Anzahl von Veteranen, die dazu von ihrem Landesherrn durch Gnadenerweisungen verschiedener Art geehrt wurden. Aus solchem Anlaß erhielt Kriegsdirektor Gille am 4. Januar 1864 den Rang als Generalmajor, Platzmajor Dormeyer am 16. März bei gleichzeitiger Versetzung in den Ruhestand den Charakter als Oberstlieutenant, Sergeant Behrens vom Polizei-Militär ein Gnadengeschenk von 100 Thalern.

Auf das Großartigste beging ganz Braunschweig die 50jährigen Gedenktage der Junischlachten von 1815. Die Feier begann am 16. Juni 1865 Abends mit einem Trauergottesdienst im Dom. Die ganze Garnison war dazu vor dem Gotteshause aufgestellt; das Infanterie-Regiment stand in Kolonnenlinie mit Zugfronten zwischen dem Vieweg'schen Hause und dem Löwen. Das Offizierkorps und Abordnungen aller Truppentheile rückten durch das nordwestliche Portal ein, um dem vom Propst Dr. Thiele abgehaltenen Gottesdienste beizuwohnen; die Fahnenträger standen mit den ehrwürdigen Feldzeichen von Quatrebras beiderseits der Kanzel. Auch in Blankenburg fand auf dem Markt vor dem Rathhause ein ergreifender Trauergottesdienst statt, welchen Stadtprediger Sallentien in Anwesenheit des Leibbataillons abhielt. — Den Waterlootag leitete in Braunschweig am 18. Juni um 6 Uhr früh eine große Reveille auf dem Monumentplatze unter dem Donner von 100 Kanonenschüssen ein. Sie wurde von dem eigentlich schon vor Jahr und Tag zur Hofkapelle übergetretenen Musikdirektor Zabel dirigirt,

während das Musikkorps des Infanterie-Regiments seinen vortreff=
lichen neuen Stabshoboisten Köchy an seiner Spitze sah. Um 9½
Uhr Vormittags setzte sich vom Altstadtmarkte aus der Festzug der
Veteranen nach dem Dom in Bewegung. Es waren ihrer 938, von
denen Manche ihre alten Uniformen trugen, geordnet nach ihren
Truppenverbänden von 1815; man sah auch eine 81jährige Marke=
tenderin mit bekränztem Faß in ihren Reihen. Als der Zug vom
Kohlmarkte her den Burgplatz erreichte, wurde er von der neben dem
Löwen aufgestellten Garnison unter präsentirtem Gewehr empfangen.
Bei dem vom Domprediger Thiele abgehaltenen Festgottesdienste
standen wiederum die Fahnen neben dem Altar, welchen die im
Kriege 1815 verwendete Decke schmückte. Um 12½ Uhr war Parade
auf dem Kleinen Exerzirplatz. Nach einer Ansprache, mit welcher
General v. Erichsen die vom Wilhelmsplatze her anmarschirenden
Veteranen mit klangvoller Stimme begrüßte und die in ein drei=
maliges Hurrah der Truppen ausklang, führten letztere einen flotten
Vorbeimarsch vor den alten Kriegern aus. Um 2½ Uhr begann
für 1063 Personen, meist Waterlookämpfer, das Festessen in der
Egidienkirche, deren herrlicher, dem Gottesdienst längst nicht mehr
dienender Raum durch Lieutenant Gerloffs geschickte Hand in eine
Ruhmeshalle verwandelt war. Nach dem Mahl, welches unter
packenden Ansprachen des Professors Aßmann, des Generaldirektors
v. Amsberg*) und des Generalmajors v. Bernewitz in gehobenster
Stimmung glänzend verlief, begaben sich die Veteranen nach der
festlich geschmückten und erleuchteten Infanterie-Kaserne, auf deren
Hof sie nebst der jungen Mannschaft unter Militärmusik und Feuer=
werk nochmals auf Kosten des Herzogs bewirthet wurden. Ganz
Braunschweig war glänzend illuminirt, und ein von der Stadt ver=
anstaltetes Freudenfeuer beim Olfermann=Denkmal leuchtete dem
unvergeßlichen Erinnerungstage zur Rüste.

Bald nach diesen, dem Andenken einer glorreichen Vergangenheit
gewidmeten, erhebenden Festtagen forderte die Gegenwart ihr Recht:
das braunschweigische Kontingent rückte zum Manöver der 1. Division
des 10. Bundeskorps nach Hildesheim. Sieben Jahre waren· seit
dem Nordstemmener Manöver verflossen; das nach den Bundesvor=

---

*) Der Generaldirektor der Herzoglichen Eisenbahnen und Posten v. Amsberg
hatte den Feldzug 1815 als Zahlmeister der Avantgarde mit Kapitänsrang mit=
gemacht.

schriften schon 1864 fällige Korpsmanöver war aber unterblieben. Es konnte auch nicht stattfinden, da ein großer Theil der hannoverschen Armee zum sächsisch-hannoverschen Bundesexekutions-Korps in Holstein gehörte, welches dort bekanntlich zur Rolle des unthätigen Zuschauers verurtheilt war. Nachdem es infolge des Bundesbeschlusses vom 5. Dezember 1864 aus den Elbherzogthümern zurückgezogen war, beantragte Hannover für 1865 eine Zusammenziehung der 1. Korps-Division, und Herzog Wilhelm ging wenigstens insoweit darauf ein, als er die Theilnahme seiner Truppen an zwei Manövertagen zusagte.*) Zur Vorbereitung fanden im Juli zahlreiche Felddienstübungen statt und wurde einige Tage nach Schluß des Regiments-Exerzirens am 6. September wieder ein Uebungsmarsch im Harz ausgeführt. In der folgenden Zeit wurde fleißig manövrirt und sodann in die vom hannoverschen Generalstabe bestimmten Unterkunftsorte marschirt. Während das Leibbataillon seinen Standort bereits am 16. September verließ und über Wolfenbüttel und Lichtenberg seine Quartiere Einum und Achtum am 20. erreichte, rückte das Infanterie-Regiment erst am 19. von Braunschweig ab und traf am 20. mit seinen beiden Bataillonen in Dinklar und Farmsen bezw. Ottbergen und Wendhausen ein. Das Regiment zählte dabei 33 Offiziere, 619 Mann, 29 Pferde, 2 Gepäckwagen; das Leibbataillon 15 Offiziere, 289 Mann, 13 Pferde, 1 Gepäckwagen. Zum Stabe der Armee-Division, an deren Spitze General-Lieutenant Gebser stand, war braunschweigischerseits der Adjutant des Husaren-Regiments, Premier-Lieutenant v. d. Mülbe, kommandirt. Die braunschweigische Brigade befehligte Generalmajor v. Bernewitz, das Infanterie-Regiment Oberst v. Girsewald, seine beiden Bataillone Oberstlieutenant Dedekind und Major Isendahl, das Leibbataillon Oberstlieutenant Graf Görtz-Wrisberg.

Die braunschweigischen Truppen wurden zu den Feldmanövern am 22. und 23. September auf die beiden feindlichen Parteien vertheilt. Das Avantkorps Braunschweig wurde vom Generalmajor v. Bernewitz geführt, welchem außer seinem Adjutanten Premier-Lieutenant Jäger der Major v. Wachholtz, Rittmeister v. Arentsschildt und Hauptmann Rese vom braunschweigischen bezw. hannoverschen

---

*) Hannoverscherseits waren zwei Tage Korpsmanöver, eine Parade und zwei Feldmanöver in Vorschlag gebracht worden.

Generalstabe, sowie als Ordonnanz-Offiziere die Lieutenants v. Reden und v. Kalm vom hannoverschen Garde du Corps- und Garde-Kürassier-Regiment beigegeben waren. Es zählte 7 Bataillone, 5 Schwadronen*) und 2 Batterien; die Fußtruppen bestanden aus der hannoverschen 4. Infanterie-Brigade und dem braunschweigischen Infanterie-Regiment und waren dem Generalmajor v. Bothmer unterstellt. Dieses Avantkorps brach am 22. September von seinem Sammelplatz bei Sorsum gegen das vom Generalmajor v. Arentsschildt befehligte Arrierekorps Minden vor, unter dessen Truppen das braunschweigische Leibbataillon mit der hannoverschen 2. Infanterie-Brigade unter Oberstlieutenant v. Strube's Kommando vereinigt war. Das Avantkorps nahm am 22. die beherrschende Höhe Donnerschlag und führte seinen Angriff bis gegen Burgstemmen durch, worauf das Infanterie-Regiment Quartiere um Nordstemmen, das Leibbataillon solche in Alferde und Hallerburg unweit des Lagerplatzes von 1858 bezog. Das Gefecht des 23. spielte sich auf dem Poppenburger und Lehder Felde ab und schloß bei Niederfeld. Beide Manövertage waren ziemlich anstrengend, da die Truppen bei großer Hitze jedesmal zehn Stunden unterwegs waren. Das braunschweigische Regiment erntete für seine geschickte Benutzung des durchschnittenen Geländes auf dem Escher und Heyersumer Berge viel Lob. Die Zündnadelgewehre erregten den Neid der hannoverschen Kameraden, da seit Düppel und Alsen jeder Zweifel an der Ueberlegenheit dieser Waffe verstummt war.

Herzog Wilhelm wohnte dem Manöver nicht in Person bei. Er entschuldigte sein Verbleiben in Sybillenort mit einer Grippe, entsendete aber den Oberst v. Hohnhorst in das Hauptquartier des Königs Georg. Es wurden zahlreiche Aufmerksamkeiten ausgetauscht. Zur Parade der Hannoveraner, die am 21. September bei Drispenstedt zu Ehren des Geburtstages des Kronprinzen Ernst August stattfand, waren die meisten berittenen Offiziere der Braunschweiger, die an diesem Tage Ruhetag hatten, herbeigeeilt. Viele von ihnen wurden schon an diesem Tage zur königlichen Tafel gezogen; ebenso am folgenden Tage. Am 23. erbat sich General v. Bernewitz nach dem Manöverschluß die Ehre, dem blinden Könige

---

*) Darunter das hannoversche Garde-Kürassier-Regiment, dessen Inhaber Herzog Wilhelm war.

die Brigade im Parademarsch vorführen zu dürfen. Darauf hielt König Georg an das in Kolonne aufgestellte braunschweigische Kontingent eine Ansprache, welche dem Wunsche einer recht häufigen Wiederholung dieser gemeinsamen Waffenübungen Ausdruck gab und mit einem dreimaligen Hurrah auf den Herzog schloß. An diesem Tage war das ganze braunschweigische Offizierkorps zu Tisch auf die Marienburg befohlen, woselbst König Georg einen herzlichen Trinkspruch auf seinen braunschweigischen Stammesvetter, General v. Bernewitz einen solchen auf das hannoversche Königshaus ausbrachte. An jedem der drei Tage führte eines der drei braunschweigischen Musikkorps die Tafelmusik aus. Ein reicher Ordenssegen bekräftigte die stattgehabten Freundschaftserklärungen.

Nach einem Ruhetage in Nordstemmen, Burgstemmen und Umgegend sammelte sich das braunschweigische Regiment am 25. September früh vor Hildesheim zum Heimmarsch, welcher das Infanterie-Regiment am 27. in seine Garnison zurückführte, während das Leibbataillon an diesem Tage von Börßum bis Harzburg die Eisenbahn benutzte und seine Garnison erst am 28. erreichte. Am 7. Oktober wurden die Truppen durch folgenden Tagesbefehl belohnt: „Seine Hoheit haben mittelst Allerhöchster Verfügung vom 5. d. Mts. geruht, der Herzoglichen Brigade Allerhöchstihre Anerkennung und Allerhöchstihren freudigen Dank für die während der Uebungen bei Hildesheim bewiesene Ausdauer und Haltung, sowie für die gute Manövrirfähigkeit der Herzoglichen Truppen, wovon die Armee-Divisions-Ordre des General-Lieutenants Gebser Seiner Hoheit das beste Zeugniß geliefert hat, Allergnädigst auszusprechen". Der hier erwähnte Erlaß des Divisions-Kommandeurs war am 24. September ergangen, hatte der braunschweigischen Brigade bei ihrem Scheiden aus dem „leider nur zu kurzen Verbande der Armee-Division" ein herzliches Lebewohl gesagt und unter lebhafter Anerkennung ihrer militärischen Eigenschaften dem Wunsche Ausdruck gegeben, daß eine solche Vereinigung sich wiederhole und die so erfreuliche Kameradschaft der beiderseitigen Truppen für immerfort bestehen möge. In der Ueberzeugung, daß eine solche Truppe bei ernster Veranlassung Großes leisten werde, schloß der hannoversche General mit den Worten: „So scheiden wir denn von den Herzoglich Braunschweigischen Soldaten mit dem Zurufe: Auf baldiges Wiedersehen!"

Diesem Wunsche war keine Erfüllung beschieden. Das Manöver bei Hildesheim war die letzte Lebensäußerung des 10. Deutschen Bundeskorps; die Tage der Bundes-Kriegsverfassung waren gezählt. Zwar ließ eben jetzt der Abschluß des Gasteiner Vertrages die beiden deutschen Großmächte wieder in äußerlichem Einvernehmen erscheinen. Aber schon nach kurzer Zeit begannen die Wolken sich erneut zusammenzuziehen, aus denen das große Gewitter von 1866 sich krachend entladen sollte, um den Deutschen Bund in seiner alten, morschen Form zu zerschmettern. Unter seinen Trümmern sollte auch die brave hannoversche Armee ihren Untergang finden; die braunschweiger Schwarzen hatten ihre niedersächsischen Stammesbrüder bei Hildesheim zum letzten Male als selbständiges Korps gesehen!

30. Das Entscheidungsjahr 1866.

Als die Thurmuhr von St. Blasii Dom den Bewohnern Braunschweigs den Beginn des Jahres 1866 verkündete, da ahnten wohl Wenige, daß ein Entscheidungsjahr deutscher Geschichte angebrochen war, das an Wichtigkeit und Folgenschwere kaum hinter dem Jahre 1813 zurückstand. Die ehernen Würfel sollten über Deutschlands Zukunft rollen und die Frage der Vorherrschaft in Deutschland entscheiden, die schon von Friedrich dem Großen aufgeworfen und seitdem ein volles Jahrhundert hindurch in der Schwebe erhalten worden war. Sie gehörte zu den Fragen, die nach des Ministerpräsidenten v. Bismarck berühmten Ausspruche nicht durch Reden und Beschlüsse gelöst werden konnten, sondern nur durch Eisen und Blut. „Der Krieg von 1866 zwischen Preußen und Oesterreich," sagt General v. Moltke, „war eine weltgeschichtliche Nothwendigkeit; er mußte früher oder später einmal zum Ausbruch kommen." Deutschland konnte nur dann innerlich gesunden und den ihm gebührenden Platz im Rathe Europas einnehmen, wenn die Leitung seiner Geschicke in eine einzige, aber kraftvolle und zielbewußte Hand gelangte, wie es durch die Gewaltkur von 1866 geschah.

In einer schwierigen Lage waren aber bei dieser segensreichen Wandlung die Fürsten der deutschen Kleinstaaten. Ohne Verringerung ihrer seit dem Wiener Kongreß fast unumschränkten Souveränität konnte es dabei nicht abgehen, und in eine solche Schmälerung gesetzlich erworbener Rechte gern und freudig zu willigen, war nur

vereinzelten, für Deutschlands Einheit begeisterten Charakteren auf den
deutschen Fürstenstühlen gegeben. In einen besonders peinlichen
Zwiespalt gerieth der Herzog von Braunschweig, welchen die Verhältnisse mitten zwischen die ausgesprochenen Hegemonie=Bestrebungen
seines althergebrachten, übermächtigen preußischen Verbündeten und
die schroff abweisende Haltung des befreundeten, stammverwandten
eben erst durch die gemeinsamen Truppenübungen neu verbundenen
hannoverschen Hofes stellten. Aber das Entscheidungsjahr verlangte
gebieterisch auch von den kleineren Staaten entschiedene Stellungnahme,
und es sollte Braunschweig nicht gelingen, sich dieser Nothwendigkeit
zu entziehen.

Daß die Verhältnisse einen so ernsten Gang gehen würden,
ließ sich beim Beginn des Jahres 1866 unmöglich übersehen, zumal
der um Schleswig=Holstein entbrannte Zwist der deutschen Großmächte
seit dem Gasteiner Vertrage äußerlich geschlichtet schien und sie die
beiden Elbherzogthümer durch ihre Statthalter v. Manteuffel und
v. Gablenz freundnachbarlich verwalten ließen. So nahm denn
auch die erste Hälfte des Dienstjahres 1865/66 in Braunschweig ohne
auffällige Besonderheiten ihren herkömmlichen Verlauf. Die Rekruten
wurden am 5. Oktober 1865 eingestellt und am 24. November besichtigt. In der dritten Märzwoche (in Blankenburg erst im April)
erfolgten die Kompagnie=Besichtigungen nebst der Prüfung der Unter-
offizier=Instruktion und des Bajonettfechtens. Auf die gleich darauf
beginnende Schießübung mochte aber der vorsorgliche Kompagnie=Chef
sich schon veranlaßt fühlen, besondere Sorgfalt zu verwenden; denn
inzwischen war die Aussicht, die erworbene Schießfertigkeit vor dem
Feinde zu verwerthen, erheblich näher gerückt. Lagen doch bereits
die Rundschreiben des österreichischen und des preußischen Kabinets
vom 16. und 24. März vor, von denen das Erstere schon einen Antrag auf Mobilmachung des Bundesheeres mit Ausschluß der preußischen Korps in Aussicht stellte, während Preußen eine Reform des
Bundes verlangte und die Frage aufwarf, ob und in welchem Maße
es gegebenenfalls auf die Unterstützung seiner deutschen Bundesgenossen
zählen könne. Zweifellos lauteten die braunschweigischen Antworten
gleich denjenigen anderer norddeutscher Kleinstaaten beiden Großmächten gegenüber vorsichtig zurückhaltend und den formellen Bundes-
standpunkt wahrend. Von einer irgend ausgesprochenen Parteinahme
oder gar von militärischen Vorbereitungen war jedenfalls noch in

einem weit vorgeschritteneren Stadium des preußisch-österreichischen Streites in Braunschweig durchaus keine Rede.

Während die süddeutschen Königreiche und Großherzogthümer bereits in der ersten Hälfte des Mai, unmittelbar nach der österreichischen und preußischen Mobilmachung, ihre Kontingente in Kriegsbereitschaft versetzten, hofften die norddeutschen Mittel- und Kleinstaaten noch lange, neutral bleiben zu können. Braunschweig blieb im Punkte der militärischen Rüstungen sogar noch erheblich hinter Hannover zurück; und auch dieser Staat machte nicht mobil, sondern beschränkte sich auf halbe Maßregeln, wie die Nichtentlassung des ältesten (7.) Jahrganges der Reserve und die Verlegung der Exerzirzeit bei erhöhtem Mannschaftsstande auf den Monat Mai. In Braunschweig geschah nichts dergleichen; alles ging seinen gewohnten Gang, und nur die zu Ende März mit Hannover verabredete gemeinsame Brückenschlagsübung bei Liebenau (17.—27. September) schien bereits ausgeschlossen, da die hannoversche Pionierübung schon im Mai verfrüht abgehalten wurde.

In politischer Hinsicht war die braunschweigische Regierung in den entscheidenden Wochen bestrebt, wenn nicht den inneren Bundeskrieg, so doch die thätige Theilnahme der braunschweigischen Truppen daran zu vermeiden, „um einem Kampfe gegen deutsche Vaterlandsgenossen fern zu bleiben, welche unsere bisherigen Bundesgenossen und zum Theil unsere nächsten Nachbarn waren". Die herzogliche Regierung betheiligte sich am Abrüstungsantrage der süddeutschen Staaten vom 19. Mai, welcher fünf Tage darauf von der Bundesversammlung einhellig angenommen wurde, aber durchaus keine Wirkung ausübte. In der denkwürdigen Sitzung vom 14. Juni 1866 aber mußte Braunschweig Farbe bekennen. Oesterreich hatte drei Tage vorher den Antrag gestellt: sämmtliche nichtpreußische Bundes-Armeekorps mobil zu machen und über deren Oberbefehl Beschluß zu fassen, da Preußen durch die Besetzung Holsteins den Gasteiner Vertrag gebrochen habe. Der Antrag wurde, unter Beschränkung auf das 7. bis 10. Bundeskorps, mit einer Mehrheit von drei Stimmen angenommen. Unter der für Preußen stimmenden Minderheit befand sich auch der Vertreter Braunschweigs. Dieser Staat trennte sich damit von dem zu Oesterreich haltenden Herzogthum Nassau, mit dem gemeinsam er die sogenannte 13. Kurie bildete. Das braunschweigische Sondervotum besagte: die Begrün-

dung des österreichischen Antrages sei ebensowenig wie seine geschäft=
liche Behandlung als zutreffend zu erachten; der Bund als solcher
kenne die österreichisch=preußische Verwaltungs=Gemeinschaft in den
Elbherzogthümern rechtlich nicht, habe sich also auch mit ihrer an=
geblichen Verletzung nicht zu befassen. Herzog Wilhelm trennte sich
durch seine Entschließung auch von seinem hannoverischen Vetter.
Sicherlich ist ihm dies nicht leicht geworden; aber er hatte sehende
Augen und mußte die nothwendige Schlußfolgerung aus der geo=
graphischen Lage seines Landes zu den streitenden Großmächten zu
ziehen. Auch würde er sich durch eine andere Entschließung mit
seinen früher stets bezeugten politischen Anschauungen in Widerspruch
gesetzt haben.

Zu Preußens Gegnern zählte Braunschweig also nicht und ver=
hielt sich demgemäß auch dem hannoverschen Liebeswerben gegenüber
ablehnend. Das benachbarte Königreich war bekanntlich weder auf
den ihm früher von Preußen angebotenen Neutralitätsvertrag, noch
auf die verhältnißmäßig günstigen Vorschläge der Sommation vom
15. Juni eingegangen. Es hatte mit dieser Haltung den Krieg ge=
wählt und bemühte sich nun in größter Hast, seine unvorbereiteten
Truppen bei Göttingen zu versammeln. In der Nacht zum 16.
wurde Hauptmann Reichard vom 6. Infanterie=Regiment*) mit
einem königlichen Handschreiben nach Braunschweig gesandt, worin
Georg V. vorschlug, die braunschweigischen Truppen bei Göttingen
zum hannoverschen Heere stoßen zu lassen. Da die Eisenbahn
Hannover - Braunschweig soeben durch hannoversche Pioniere unter=
brochen worden war, erreichte der genannte Offizier Braunschweig
von Peine aus zu Wagen. Aber fast gleichzeitig traf ein Bündniß=
antrag Preußens mit der Aufforderung ein: die braunschweigischen
Truppen ungesäumt auf den Kriegsfuß zu setzen und sie gegen Ge=
währleistung der Selbständigkeit und Unverletzlichkeit des braunschweiger
Gebietes dem Könige Wilhelm zur Verfügung zu halten. So weit
wollte der Herzog in Uebereinstimmung mit dem darüber gehörten
Ausschuß der Landesversammlung und den städtischen Behörden frei=
lich zunächst nicht gehen; aber er erklärte am 18. Juni seinen An=
schluß an die von Preußen vorbereitete Neuordnung der Bundes=
verhältnisse, gab die ausdrückliche Zusage, sich nicht auf die Seite

---

*) Damals Lehrer des Kronprinzen Ernst August in der Waffenkunde.

der Feinde Preußens stellen zu wollen und versicherte, daß demgemäß eine Aenderung in der bestehenden Friedensstärke seiner Truppen in keiner Weise vorgenommen werden solle. Dem hannoverschen Unterhändler, der in seinem Jagd- und Reiseanzuge von dem Fürsten empfangen wurde, ertheilte Herzog Wilhelm einen ablehnenden Bescheid. In diesem Sinne und unter ausdrücklicher Berufung auf die gegen Preußen eingegangenen Verpflichtungen war auch das Antwortschreiben abgefaßt, mit welchem Hauptmann Reichard am 17. in Göttingen bei seinem Könige eintraf.

Noch erfolgte in Braunschweig keinerlei Rüstung, und vom 22. Juni an, — während nahe an den Grenzen des Herzogthums, zum Theil auch unter Berührung braunschweigischen Gebietes, die preußischen Heerestheile sich bei Northeim, Göttingen, Nordhausen ꝛc. zum vernichtenden Kesseltreiben gegen die um Mühlhausen versammelte, unfertige hannoversche Armee anschickten*) —, hielt das braunschweigische Infanterie-Regiment ruhig sein gefechtsmäßiges Schießen bei Essehof ab**) und übte dabei zum ersten Male auch das Schnellfeuer. Mit den Märschen nach und von Essehof wurden Feldbienstübungen verbunden. Nicht lange, so trafen die Nachrichten von den verschiedenen Kriegsschauplätzen in Braunschweig ein, und kaum ein Tag verging ohne eine wichtige Neuigkeit. Zuerst kam die Kunde von dem am 27. Juni bei Langensalza erstrittenen taktischen Erfolge der hannoverschen Waffenbrüder. Aber schon zwei Tage darauf änderte die Botschaft von der Kapitulation der von allen Seiten umstellten Hannoveraner die Sachlage vollständig. Herzog Wilhelm entsandte am 4. Juli den Bataillonsarzt Dr. Reck vom Infanterie-Regiment mit vierzehntägigem Urlaube nach Langensalza behufs ärztlichen Beistandes für die beiderseitigen Verwundeten, deren Pflege an den ersten Tagen nach dem Treffen viel zu wünschen übrig ließ. Es bedarf nicht der Erwähnung, daß das unglückliche Geschick der Hannoveraner in dem benachbarten und befreundeten Herzogthum

---

*) Ueber Northeim und Göttingen rückten die Divisionen Manteuffel und Goeben an; von Bleicherode ging ein Landwehr-Detachement aus Magdeburg unter General v. Seckendorff vor. Am 21. hatte das Detachement v. Korth auf der Eisenbahn von Hannover nach Seesen den Bahnhof Braunschweig passirt.

**) 5 Schuß Salvenfeuer auf 200 und 300 Schritt, 5 Schuß Schnellfeuer, 5 Schuß Schützenfeuer mit Geländebenutzung, und zuletzt noch 5 Schuß Schnellfeuer.

24*

große Theilnahme erregte. Herzog Wilhelm erfüllte eine selbstver=
ständliche, verwandtschaftliche Pflicht, indem er seinem landflüchtigen
Vetter ein Asyl in seiner Villa zu Hietzing bei Wien anbot, welche
König Georg auch zu Ende August bezog.

Inzwischen war bei Königgrätz die Entscheidung des Krieges
gefallen, unwiderruflich, über alles Erwarten großartig! Nun war
die Lage mit einem Schlage so überwiegend zu Preußens Gunsten
verschoben, daß ein ferneres Widerstreben gegen seine Forderungen
thöricht gewesen wäre, zumal von einem Staate, der die preußischen
Bestrebungen seit 20 Jahren jederzeit unterstützt hatte. Die Einigung
mit Preußen über die aktive Theilnahme der braunschweigischen
Truppen am Kriege war jetzt schnell erzielt. Die herzogliche Re=
gierung erbat sich am 16. Juli die Zustimmung der Landesver=
sammlung zum sofortigen Abschluß des Bündnisses mit Preußen,
„welches an der Spitze der intellektuellen und materiellen Entwickelung
Deutschlands zugleich auf allen Punkten durch seine energische und
erfolgreiche Aktion die Festigkeit seines Baues unbestreitbar bewiesen
und durch sein entschlossenes Auftreten in der deutschen Verfassungs=
sache seinen ernstlichen Willen zur Lösung derselben dargethan habe".
Die Landesversammlung trat dem Vorschlage der Regierung in ihrer
Sitzung vom 20. Juli einstimmig bei und bewilligte 170248 Thaler
für die feldmäßige Aufstellung des Truppenkorps und monatlich
50974 Thaler für seine Unterhaltung. Indessen hatte Herzog
Wilhelm schon am 8. Juli befohlen: daß das Infanterie=Regiment,
das Leibbataillon, eine halbe Batterie zu 4 Geschützen und das
Pionier=Kommando sofort in Gemäßheit des Formations=Etats vom
29. November 1860 auf Kriegsstärke gebracht werden sollten. Auf
die Ergänzung der Chargen war bei der Einberufung der beurlaubten
Mannschaft noch nicht zu rücksichtigen und auf die 6. Altersklasse
zunächst nicht zurückzugreifen.

Nachdem die Urlauber eingetroffen waren, wurde mit Eifer an
ihrer kriegsgemäßen Einübung gearbeitet. Vom 12. Juli an wurde
täglich im Nußberge geschossen, und zwar erledigten die Einberufenen
im Schulschießen die Vorbedingungen der 3. Klasse, im gefechts=
mäßigen Schießen 5 Patronen Schützenfeuer, 10 Patronen Schnell=
feuer und fernere 10 Schuß in den vom Bataillon geleiteten Uebungen.
Dabei wurde auch das kriegsmäßige Laden geübt: sobald nämlich
die in den beiden vorderen Patrontaschen enthaltenen 20 Schuß ver=

feuert waren, sollte der durch den Nebenmann geöffneten Seitentasche des Tornisters der darin enthaltene Blechkasten mit 40 Patronen entnommen und daraus die geleerten Taschen wieder gefüllt werden. Mit dem 14. Juli begannen auch die Exerzitien und Gefechtsübungen im Regimentsverbande. Bald danach wurde die Mobilmachung, die als solche erst am 21. Juli amtlich ausgesprochen war, abgeschlossen, indem am 24. Juli die gefüllten Munitions- und Medizinwagen und bespannten Bagage- und Brotwagen*) zu den Truppentheilen traten, die Sanitätskompagnie gebildet wurde**) und die Verbandstücke zur Verausgabung gelangten, auch die Mobilmachungsgelder gezahlt, der Feldpostverkehr und die theilweisen Soldzahlungen an die zurückbleibenden Familien geregelt wurden. Am 28. Juli wurde das Infanterie-Regiment in vollständiger Ausrüstung gemustert und hatte am folgenden Tage Fußparade auf dem Kasernenhofe. Das Leibbataillon kam hierbei nicht mehr in Frage; denn es war wiederum zum Daheimbleiben verurtheilt und besetzte vom 1. August ab sämmtliche Wachen. Das kleine Depot des Infanterie-Regiments trat am 25. Juli zusammen; das 2. Bataillon gab dazu den Feldwebel Brennecke, das 1. Bataillon den Vizefeldwebel Meierding ab; ferner jedes Bataillon 4 Schneider. Die als Landwehr-Kompagnie-Führer in Braunschweig stehenden Hauptleute Meyer und v. Paczinsky übernahmen die Aufsicht über die Depots der beiden Bataillone. Am 27. Juli wurden vier Landwehroffiziere eingezogen, welche nach einer kurz zuvor ergangenen, die Landwehr-Uniform abändernden Verfügung statt der bisherigen dunkelgrünen Kragen ꝛc. solche von blauer Farbe, jedoch ohne den von den Linien-Offizieren getragenen schwarzen Vorstoß, anlegten. Nach Erledigung aller dieser Vorbereitungen war das Infanterie-Regiment bereit zum Ausrücken ins Feld.

Am 8. Juli war es in Braunschweig noch zweifelhaft gewesen, ob die Truppen nicht als Festungsbesatzungen verwendet werden würden. Einige Tage darauf war diese Gefahr bereits abgewendet; aber erst am 23. erfuhr General v. Bernewitz, zunächst mündlich

---

*) Vorher waren die Bezeichnungen „10. A.-C., 1. Div." auf den Wagen durch Uebermalung beseitigt werden.

**) Das Infanterie-Regiment gab dazu den Sekond-Lieutenant v. Kalm, sowie 7 Unteroffiziere und 53 Mann ab; die Sanitäts-Kompagnie legte weiße Roßschweife an.

durch den Staatsminister v. Campe, daß die Brigade einen Theil
des neu zu schaffenden 2. Reserve-Armeekorps bilden werde, was erst
am 15. Juli von Brünn aus vom Könige Wilhelm verfügt worden
war. Der Schauplatz seiner Thätigkeit lag im bayerischen Ober-
und Mittelfranken. Mitten zwischen den blutgetränkten Gefilden
Böhmens und des unteren Maingebietes gelegen, waren diese
blühenden und wohlhabenden Lande bisher von des Krieges Stürmen
so gut wie unberührt geblieben. Zwar waren sie gleich nach der
Mobilmachung der Schauplatz des ersten Aufmarsches der bayerischen
Armee gewesen, welche von dort in der letzten Juni-Woche ihren
Vorstoß auf Meiningen unternommen hatte, um den Hannoveranern
die Hand zu bieten. Seit sie sich aber zu Anfang Juli zur Vereinigung mit dem 8. Bundeskorps nach Westen gewandt hatte, war
es in Franken still geworden und geblieben. Der Schutz der
bayerischen Nordostgrenze war zwei in der Gegend von Hof und
Bayreuth vertheilten Bataillonen des 13. und 14. Infanterie-Regiments anvertraut worden, und sie hatten diesem Auftrage leicht entsprechen können, da preußischerseits nichts Ernstliches gegen diese
Provinzen unternommen wurde.

Gegen Ende Juli sollte dies anders werden. König Wilhelm
befahl von Gitschin aus am Morgen vor der Schlacht von Königgrätz
die Aufstellung eines 2. Reserve-Armeekorps von 20000 Mann,
2000 Pferden und 66 Geschützen. Es sollte einerseits durch Beun-
ruhigung der Bayern in Flanke und Rücken die an Zahl ziemlich
schwache Main-Armee entlasten und andererseits den Besitzstand der
preußischen Waffen vergrößern, was dem Grafen Bismarck für die
bevorstehenden Friedensverhandlungen von Werth war. Auch mochte
es dem Könige ein Herzenswunsch sein, auf dem Schloß der Burggrafen von Nürnberg und in den altpreußischen Markgrafschaften
Ansbach und Bayreuth die schwarz-weiße Fahne zu entfalten. Er
übertrug das Oberkommando des 2. Reserve-Korps durch die Allerhöchste Kabinets-Ordre vom 3. Juli 1866 Seiner Königlichen Hoheit
dem Großherzoge Friedrich Franz von Mecklenburg-Schwerin.
Indessen dauerte es noch bis zum 15. Juli, bis die Zusammensetzung des in Leipzig zu errichtenden Korps geregelt wurde. Es
sollte aus den Kontingenten von Mecklenburg-Schwerin, Braunschweig, Anhalt und Sachsen-Altenburg, sowie einer zusammengestellten
preußischen Division gebildet werden.

Am 16. Juli erging aus Brünn eine Denkschrift des Generals Frh. v. Moltke über die weiteren Operationen des 2. Reserve-Korps und der Main-Armee, deren gleichzeitige Offensive das beste Mittel zum Schutze der Rheinprovinz, der Provinz Sachsen und der besetzten norddeutschen Länder sei. Dem 2. Reserve-Korps werde deshalb in Verbindung mit der Main-Armee die Aufgabe zufallen, die an und südlich der Mainlinie aufgestellten Reichstruppen aus dem Felde zu schlagen. Um die Verbindung mit der Main-Armee herzustellen, sei sofort der Marsch nach Hof anzutreten. Bei der jetzigen Lage könne dies unbedenklich geschehen, obgleich einzelne Kontingente und die neu zu formirenden preußischen Eskadrons und Batterien noch nicht sogleich verfügbar seien. Die weitere Marsch-richtung von Hof ab werde sich aus den Verhältnissen bei der Main-Armee ergeben. Beide Heeresverbände sollten suchen, den süddeutschen Gegnern die innere Linie abzugewinnen.

Im Sinne dieser Weisungen trat der Großherzog von Mecklen-burg mit den bis dahin versammelten Theilen seines Korps am 20. Juli*) von Leipzig aus den Vormarsch nach Oberfranken an, nachdem er am Tage vorher durch folgenden Korpsbefehl, — welcher den Braunschweigern übrigens erst nach ihrer Ankunft in Nürnberg bekannt gegeben wurde —, das Kommando angetreten hatte: „Seine Majestät der König haben Mir den Befehl über das 2. Reserve-Armeekorps übertragen, und habe Ich denselben heute übernommen. Ich bin gewiß, daß ein und derselbe Geist uns Alle beseelt: der, uns würdig, an die Seite unserer Kameraden zu stellen, die ihre Fahnen bereits mit Sieg und Ruhm gekrönt haben. Feste Disziplin und freudige Hingabe von Leib und Leben in Mühe und Gefahr haben ihnen zum Siege verholfen, — das soll auch unser Weg sein! Gott mit uns und unsern Fahnen!" In der Nacht zum 23. Juli wurde Hof durch Ueberfall genommen, am 28. nach schwacher Gegenwehr Bayreuth besetzt. Am 29. kam es bei Seibottenreuth zu einem leichten Gefecht, und am 1. August zog Großherzog Friedrich Franz in Nürnberg ein, woselbst er auf der alten Hohenzollern-

---

*) Am folgenden Tage nahm auch General v. Manteuffel von Frankfurt aus die Operationen über Darmstadt gegen Tauberbischofsheim wieder auf. Die Oldenburger waren am 20. zur Main-Armee gestoßen; die Hanseaten trafen bald darauf ebenfalls bei ihr ein.

Burg das schwarz-weiße Banner hissen ließ. Am 2. August trat der Nikolsburger Waffenstillstand in Kraft. Das 2. Reserve-Korps hatte seine kriegerische Aufgabe gelöst, ehe noch das braunschweigische Kontingent hatte zu ihm stoßen können; denn erst an demselben 2. August begann dessen Abtransport aus Braunschweig.

Herzog Wilhelm hatte am 30. Juli durch das Staatsministerium den förmlichen Befehl ergehen lassen, daß das Infanterie-Regiment, das Husaren-Regiment mit zwei Schwadronen, eine halbe Batterie, das Pionier-Kommando und die Sanitäts-Kompagnie als Bestand- theile des 2. Königlich Preußischen Reserve-Armeekorps am Feldzuge theilnehmen und am 2. bezw. 4. und 5. August mit der Eisenbahn nach Hof abfahren sollten; auf der dortigen Etappen-Kommandantur sei Auskunft über die weitere Marschrichtung einzuholen. Das Infanterie-Regiment wurde als erster ausrückender Truppentheil am 2. August abbefördert. Es fuhr in der Stärke von 38 Offizieren, 4 Aerzten, 153 Unteroffizieren, 30 Spielleuten, 1465 Gemeinen, 25 Trainsoldaten, 16 Bedienten, 91 Pferden und 19 Fahrzeugen ab und war somit noch nicht ganz vollzählig. Erst am 28. war an- geordnet worden, daß es noch 87 Mann aus der 6. Altersklasse ein- zuziehen habe, zu deren Empfangnahme, Einkleidung und Nach- beförderung ein Offizier zurückzulassen sei. Herzog Wilhelm konnte seine Truppen vor der Abfahrt nicht mehr sehen, da er sich in Sibyllenort befand. Die Abreise geschah am 2. August vom Güter- bahnhofe gegenüber der Seele'schen Fabrik wie folgt: Regimentsstab, 1. Bataillon und Pioniere um 8 Uhr früh, 2. Bataillon und Sanitäts-Kompagnie um $9^1/_2$ Uhr früh. Die lange Fahrt ging zunächst über Magdeburg und Halle nach Leipzig. Diese Stadt wurde nach zweistündigem Verpflegungshalt mit der Verbindungs- bahn umfahren und sodann die Reise über Altenburg und Plauen nach Hof fortgesetzt. Hier erfuhr Oberst v. Girsewald am 3. August früh vom Etappen-Kommandanten, daß die Fahrt nach Einnahme des Morgenkaffees sofort über Neuenmarkt nach der Ziel- station Bayreuth fortzusetzen sei. Hier langten die beiden Truppen- züge um $4^1/_2$ bezw. 7 Uhr Nachmittags an. Von Bayreuth aus wurde das Regiment mit Fußmarsch in der Richtung auf Nürnberg vorgezogen. Ein eigener Zufall fügte es so, daß seine Märsche genau an dem Punkte begannen, wo im Juli 1809 der Vorstoß des schwarzen Korps im Verbande des österreichischen 11. Armeekorps

geendet hatte.*) Der erste Marsch, der von sechs Kompagnien des
Regiments noch am 3. August vom Bahnhofe auszuführen war,
ging durch die Stadt Bayreuth am Denkmal des Markgrafen
Christian Ernst vorüber, und dann in südlicher Richtung nach
Gesees und Umgegend. Die in Bayreuth selbst untergekommenen
1. und 8. Kompagnie marschirten am 4. August von dort auf der
Straße nach Kreußen ab. Das Fortkommen an diesem Tage war
durch heftigen Regen auf den zum Theil grundlosen Wegen sehr
erschwert. Das Regiment sammelte sich bei Schnabelwaid und
marschirte geschlossen bis in die Gegend von Pegnitz, in der es
Ortsunterkunft bezog. Am folgenden Tage hielt es sich mehr westwärts und erreichte die Gegend von Gräfenberg. Oberst v. Girsewald fuhr von hier nach Nürnberg, meldete dem Großherzog von
Mecklenburg und dem Generalmajor v. Bilguer den Anmarsch der
Braunschweiger und schob infolge der erhaltenen Befehle die Bataillone
am 6. nur um wenige Kilometer bis in die Gegend von Forth und
Eschenau vor. Am 7. August wurde das Regiment zum letzten
dieser Marschtage um 7 Uhr früh bei Heroldsberg versammelt und
rückte bis etwa auf eine halbe Meile an Nürnberg heran. Hier
wurde das Regiment, welchem das Pionier-Kommando und die
Sanitäts-Kompagnie angeschlossen waren, auf der Chaussee in Linie
aufgestellt, um seinem fürstlichen Kommandirenden General vorgestellt
zu werden. Großherzog Friedrich Franz sprengte, in die gewohnte
Uniform des 4. Brandenburgischen Infanterie-Regiments Nr. 24
gekleidet, heran, ritt die Front ab und nahm hierauf den Vorbeimarsch der in Sektionen abgeschwenkten Braunschweiger ab. Nach
einem längeren Ruhehalt wurde sodann, Nürnberg rechts liegen
lassend, in die östlich der Stadt im Pegnitzthale gelegenen Unterkunftsorte Oberburg, Schwaig, Malmsbach, Rückersdorf, Röttenbach,
Letten, Himmelgarten rc. marschirt.

Damit waren die Braunschweiger in die Reihen des 2. Reserve-
Armeekorps eingerückt, und es wird Zeit, dessen Gliederung mitzutheilen, wie sie am 7. August unter gleichzeitiger Ernennung des
Oberst v. Girsewald zum Führer einer neugebildeten braun-
schweigisch-altenburgischen Brigade befohlen wurde:

---

*) Wir müssen für das Folgende auf die Ueberfichtskarte 1 des 1. Bandes
verweisen.

2. Reserve-Armeekorps.

Komm. Gen.: Großherzog Friedrich Franz II. von Mecklenburg-Schwerin, Kgl. Hoheit. Generalst.: Ob.-Lt. Beith (preuß.); Ob.-Lt. v. Bessel (preuß.); Maj. v. Brandenstein (mecklb.); Hptm. Rese (brschw.).

1. (Mecklenburgische) Division.

Komm.: Gen.-Maj. v. Bilguer; Generalst.: Hptm. v. Koppelow.

1. (Mecklenburgische) Brigade.
Oberst v. Jasmund.

Mecklenb. 1. Infant.-Regt.: Ob.-Lt. v. Lützow.
Gren. Garde (1.) Bat.: Major v. Amsberg.
2. Bataillon: „   v. Pressentin.
Mecklenb. 2. Infant.-Regt.:   „   Mecklenburg.
3. Bataillon: „   v. Zülow.
4.   „   Hptm. v. Schmidt.
Mecklenb. Jäger-Bataillon: Major v. Klein.

2. (Braunschw.-Altenburg.) Brigade.
Oberst Frh. v. Girsewald.

Braunschweig. Infant.-Regt.: Ob.-Lt. Dedekind.
1. Bataillon: Major v. Holy.
2.   „   „   Isendahl.
Sächs.-Altenb. Füsilier-Regt.: Oberst v. Wartenberg.
1. Bataillon: Hptm. v. Buttlar.
2.   „   Ob.-Lt. von u. zu Gilsa.

Kavallerie.

Mecklenb.Drag.-Regt.(4 Esk.): Major v. Kahlden.
Braunschw.Hus.-Regt.(2 Esk.):   „   v. Strombeck.

Artillerie: Oberst v. Müller.

2 mecklenb. und $1/_2$ braunschw. Batterie, komb. Pion.-Abth., Feldlaz., Sanit.-Komp., Prov.-Kol.

2. (Preußische) Division.

Komm.: Gen.-Lt. v. Horn; Generalst.: Maj. v. Bassewitz.

Kombinirte Garde-Brigade.
Oberst v. Tresckow.

4. Garde-Regiment zu Fuß: Oberst Bar. v. d. Osten-Sacken.
1. Bataillon: Major v. Grawert.
2.   „   Ob.-Lt. v. Conta.
3.   „   Major v. Loos.
4.   „   Hptm. v. Schachtmeyer.

Komb. Garde-Res.-Infanterie-Regt.: Ob.-Lt. Beyer v. Karger.
   4. Bat. 1. Garde-Regts. z. F.:   Hptm. v. Gayl.
   4. „ 2. „   „   „   Ob.-Lt. v. Helldorff.
   4. „ 3. „   „   „   Hptm. v. Bangels.
   4. „ Rgts. Kön. Augusta: Major des Barres.

Kombinirte Linien-Brigade.
Oberst Baron Schuler v. Senden.

Anhaltisches Infanterie-Regiment: Oberst Frh. v. Heimrod.
   1. Bataillon . . . . . . Major v. Rauschenplat.
   2.   „ . . . . . . Ob.-Lt. Formey.
   Scharfschützen-Abtheilung . . Major Werner.

Komb. Pommersches Res.-Inf.-Regt.: Oberst v. Schlopp.
   4. Bataillon Gren.-Regts. Nr. 2: Major v. Schmeling.
   4. „   „   „   „ 9: Hptm. Seelmann.
   4. „ Inf.- „ „ 14: „   Liebe.
   4. „   „   „ „ 42: „   Frh. v. Steinäcker.
   4. „   „   „ „ 61: Major Kaßner.

Kavallerie.*)
1. Reserve-Landw.-Ulan.-Regt.: (4. Esk.): Ob.-Lt. v. Tiedemann.
1.   „   „ Husaren „ („):   „ Ursin v. Baar.

Artillerie.
2. Reserve-Feld-Artill.-Regt.**): Ob.-Lt. v. Lilienthal.
   1. Abtheilung: Major Laur.
   2.   „   „ Collmann.
     1. und 2. leichtes Feldlaz.

Die thatsächliche Stärke des 2. Reserve-Korps betrug, da einzelne der preußischen Neuformationen noch fehlten, nach dem Eintreffen der Braunschweiger: 24½ Bataillone, 6 Eskadrons, 4½ Batterien. Innerhalb dieses Heeresverbandes blieben sämmtliche braunschweigische Truppen in wirthschaftlicher und disziplinarer Hinsicht dem Oberst v. Girsewald unterstellt, welchem die Strafgewalt eines Brigade-Kommandeurs verliehen worden war. Diese entsprach auch der ihm vom Großherzoge übertragenen Dienststellung, zu welcher Herzog Wilhelm am 13. seine landesherrliche Genehmigung ertheilt hatte.

---

*) War nicht zur Stelle; das Husaren-Regiment traf erst am 15. August in Leipzig ein und wurde dort belassen.

**) Nur der Regimentsstab, die beiden Abtheilungsstäbe, die 1. und 5. gezogene vierpfündige Batterie befanden sich in Franken, die übrigen sechs Batterien in Dresden, Leipzig und sogar in Hannover.

Die Geschäfte des Brigade-Adjutanten hatte Lieutenant Gerloff unter Beibehalt seines Verhältnisses zum Pionier-Kommando über-nommen.   Außerdem hatte Girsewald sich einen Ordonnanz-Offizier vom altenburgischen Regiment stellen lassen.   Endlich gehörten der Kriegskommissar Hauptmann v. Mosqua und als Auditeur der Assessor v. Braun zum Brigadestabe.   Nachdem der Wechsel in der Führung des Regiments und des 1. Bataillons vor sich gegangen war, ge-staltete sich die Offiziervertheilung beim braunschweigischen Regiment wie folgt:

Regimentsstab:

Führer: Ob.-Lt. Debekind; Adj.: Pr.-Lt. Teichmüller.

1. Bataillon: Führer: Maj. v. Holy.

Bat.-Stab: Adj.: Sek.-Lt. Winter; Bat.-Arzt: Dr. Reck; Ass.-Aerzte: Dr. Weigell
  und Dr. Schween; Rechnungsführer: Feldw. Lampe.
1. Komp.: Hptm. v. Förster, Pr.-Lt. v. Broizem, Sek.-Lts. v. Bernewitz
  und Debekind, Port.-Fähnr. v. Bernewitz.
2. Komp.: Hauptm. v. Lauingen, Pr.-Lt. Bobemann, Sek.-Lt. Scholz,
  Sek.-Lt. d. Ldw. Winkler, Port.-Fähnr. Schmidt.
3. Komp.: Hptm. Rittmeyer, Pr.-Lt. Ribbentrop, Sek.-Lts. Stutzer und
  Caspari.
4. Komp.: Hptm. v. Münchhausen, Pr.-Lt. v. Bernewitz, Sek.-Lt. v. Veltheim, Sek.-Lt. d. Ldw. Strümpell.

2. Bataillon: Komm.: Maj. Isendahl.

Bat.-Stab: Adj.: Sek.-Lt. v. Hantelmann; Bat.-Arzt: Dr. Heuer; Ass.-Aerzte:
  Dr. Lüders und Dr. Blasius; Rechnungsführer: Feldw. Grahl.
5. Komp.: Hptm. Hörstel, Sek.-Lts. Schmidt und Schütze, Sek.-Lt. d. Ldw.
  Frühling, Port.-Fähnr. Geller.
6. Komp.: Hptm. Liebing, Pr.-Lt. Peters, Sek.-Lts. Spengler und Otto.
7. Komp.: Hptm. v. Griesheim, Pr.-Lt. Kubel, Sek.-Lt. Bauer, Sek.-Lt.
  d. Ldw. Hieronymi.
8. Komp.: Hptm. v. Erichsen, Pr.-Lt. Isendahl, Sek.-Lts. Kobus und
  v. Hantelmann II, Port.-Fähnr. v. Strombeck.

Den Braunschweigern war nach ihrem fünftägigen, recht an-strengenden Marsche durch das ungewohnte Bergland ein Ruhetag noch nicht beschieden.   Denn der Großherzog von Mecklenburg hatte für den 8. August eine große Parade angesetzt, zu welcher ein Theil der Truppen sogar mit der Eisenbahn herangeführt wurde.   Das 2. Reserve-Armeekorps nahm auf der Petersheide zwischen Thulnau

und Mögeldorf Aufstellung. Die Infanterie stand feldmarschmäßig
mit „Gewehr" über in Bataillons-Kolonnen und bot einen eigenthüm-
lichen Anblick durch das Fehlen der Helme, welche von den preußischen,
anhaltischen und altenburger Truppen in Leipzig bezw. daheim zurückgelassen waren, da die Mecklenburger nur eine käppi-ähnliche Feldmütze nach schweizer Art*) besaßen. Punkt 10 Uhr nahte Großherzog Friedrich Franz, sprengte in sausendem Galopp an der
ganzen Linie herunter und ritt sodann vom linken Flügel ab lang-
samer nochmals die Front der Bataillone ab, die dazu das Gewehr
anfassen und präsentiren ließen. Hierauf brachte der Großherzog ein
Hoch auf Seine Majestät den König von Preußen aus, ließ die
Mannschaften vorziehen, die sich bei Hof, Bayreuth und Seibottenreuth ausgezeichnet hatten, verlieh ihnen persönlich das Mecklenburgische Militär-Verdienstkreuz und behielt sie während des nun
folgenden Parademarsches in seiner Umgebung. Die Infanterie
marschirte mit Gewehr über und aufgepflanztem Bajonett bezw.
Yatagan in Zugfronten vorbei. Bei großer Hitze und dichtem Staube
war der Paradetag überaus anstrengend. Oberst v. Girsewald
wurde an diesem Tage zur Großherzoglichen Tafel gezogen, an welcher
auch die dekorirten Mannschaften theilnahmen.

Am 9. August sollte in die bereits einige Tage vorher bestimmte, weiter nach Nordosten ausgedehnte Waffenstillstands-Unter-
kunft abgerückt werden. Aber als das Regiment schon unterwegs
war, kam Gegenbefehl, und der Ortswechsel ging erst am folgenden
Tage vor sich. Das Regiment wurde wie folgt untergebracht:
1. Kompagnie Schnaittach; 2. Kompagnie Schönberg und Weigen-
hofen; 3. und 4. Kompagnie mit Bataillonsstab Lauf; 5. Kompagnie
Ottensoos; 6. Kompagnie mit Bataillonsstab Hensenfeld; 7. Kompagnie
mit Regimentsstab Reichenschwand; 8. Kompagnie Engelthal. Die
Altenburger kamen zunächst nach Nürnberg, siedelten aber eine Woche
später nach Hersbruck und Umgegend unweit des braunschweigischen
Unterkunftsbezirkes über. Dieser bequemeren Unterbringung, welche
vorzugsweise die im Pegnitzthale an der Eisenbahn gelegenen

---

*) Diese Mütze wurde den Truppen als das besondere Kennzeichen der
Mecklenburger eingeprägt, während sie die Anhaltiner an den pfirsichrothen
Kragen, die Altenburger am grünen Waffenrock mit gelber Stickerei erkennen
sollten.

Orte berücksichtigte, lagen die am 4. August zwischen dem Oberstlieutenant Veith und dem bayerischen General-Lieutenant v. Hartmann getroffenen Vereinbarungen zu Grunde, welche im Allgemeinen die Flußläufe des Main, der Regnitz, der Rednitz und der Schwarzach als Trennungslinie festsetzten und die Orte Fürth, Schwabach, Feucht, Altdorf als südlichste preußische Quartiere bestimmten.

Auch für die dienstlichen Verhältnisse während dieses Quartierlebens war die genannte Uebereinkunft maßgebend, deren § 2 besagte: „Um den Truppen während der Zeit des Waffenstillstandes möglichste Ruhe zu gewähren, und da überdies zwischen die beiden Demarkationslinien neutrales Gebiet gelegt ist, so werden weder von Seiten der Königlich Preußischen Armee, noch von Seiten der Königlich Bayerischen Armee Vorposten aufgestellt, sondern lediglich aus militär-polizeilichen Gründen in den Kantonnements die auch im Frieden üblichen Kantonnementswachen etablirt". Das Gleiche war hinsichtlich der Bahnhöfe vereinbart und der Eisenbahn-, Post-, Telegraphen- und Schifffahrtsverkehr von beiden Seiten völlig freigegeben worden. So gestaltete sich das Ganze sehr friedlich, zumal die Bevölkerung sich überall höchst wohlgesinnt und entgegenkommend zeigte. Der bayerischen Gendarmerie wurde der Zutritt zu dem besetzten Gebiete nicht gestattet; aber im Unterkunftsbezirk der Braunschweiger wurde es nicht nöthig, von der Befugniß zur Entsendung kleiner Strafkommandos Gebrauch zu machen.

Die Magazinverpflegung wurde vom Feld-Haupt-Proviantamt in Nürnberg empfangen. Jedes Bataillon richtete in seinem Stabsquartier eine Krankenstube für Leichtkranke ein, während in schwereren Fällen der Krankenwagen den Transport nach dem in der Deutschhaus-Kaserne zu Nürnberg eingerichteten Hauptlazareth vermittelte. Am 11. August mußte die Mannschaft wegen mehrfach vorgekommener Durchfall-Erkrankungen ernstlich auf die erforderliche Vorsicht im Obst- und Biergenuß hingewiesen werden. Bald darauf wurde zur Vorsicht die Kaserne in der Bärenschanze zu Nürnberg als Cholera-Lazareth eingerichtet; auch gelangten Leibbinden, Choleratropfen und dergl. zur Vertheilung. Jedoch hielt sich der Krankenstand auf mäßiger Höhe; am 19. August betrug er beim 1. Bataillon 1 Unteroffizier, 12 Mann; beim 2. Bataillon 1 Unteroffizier, 24 Mann. Zum Dienst waren an diesem Tage: 38 Offiziere, 139 Unteroffiziere,

47 Spielleute, 1534 Mann, 12 Aerzte und Beamte, 40 Trainsoldaten, 87 Pferde. Am zweiten Tage nach dem Einrücken in die
neuen Quartiere fand darin, soweit es Kirchdörfer waren, Gottesdienst für die Truppen statt, welchem in Reichenschwand auch Oberst
v. Girsewald beiwohnte, der mit seinem Stabe im dortigen Schlosse
einquartiert war. Bald darauf trafen die 87 Mann der 6. Altersklasse ein, die unter der Führung des zu diesem Zwecke zurück-
gebliebenen Lieutenants Stutzer am 11. August von Braunschweig
abgefahren waren. Die Muße des Waffenstillstandes wurde von den
Truppen des 2. Reserve-Korps nach der Weisung ihres fürstlichen
Führers fleißig zu Marsch- und Felddienstübungen, sowie zum Exerziren, zum Ziel- und Anschlagdienst rc. ausgenutzt; auch wurde in der
Kenntniß des Geländes unterrichtet. Da alle andern Kontingente
des Armeekorps ihre Landeskokarden an der Feldmütze trugen und
das Fehlen derselben bei den Braunschweigern mehrfach zu kleinen
Reibereien führte, so regte Oberst v. Girsewald auch für die
braunschweiger mobilen Truppen die Einführung blau-gelber Kokarden
an. Der bezügliche Antrag des Generals v. Bernewitz wurde am
19. August vom Herzog Wilhelm unter Uebernahme der An-
schaffungskosten auf die herzogliche Kriegskasse genehmigt.

Die Einführung der Mützenkokarde, welche indessen von Soldaten
der Strafklasse nicht getragen werden durfte, wurde am 22. August
auch auf das Leibbataillon ausgedehnt. Dieses Bataillon lebte inzwischen in der Heimath gewissermaßen in anstrengenderer Weise, als
die mobilen Kameraden im Felde. Es war am 30. Juli nach
Braunschweig verlegt worden und hatte in Blankenburg nur ein
Wachtkommando und die Oekonomie-Handwerker unter dem gemeinsamen Kommando des Landwehr-Kompagnie-Führers Hauptmanns
Wegener zurückgelassen. Zur Beaufsichtigung der Handwerker war
ferner der Premier-Lieutenant Haberland zurückgeblieben. Das
Bataillon stellte das Wolfenbütteler Wachtkommando unter Lieutenant
Helmcke und mußte außerdem in Braunschweig allen Wacht- und
Garnisondienst versehen. Waren auch die Thorwachen sämmtlich ein-
gegangen und die Schloßwache dem Kommando eines Sergeanten
unterstellt, so war doch dafür diese Wache um 9 Mann verstärkt
und immer noch ein erheblicher Mannschaftsaufwand mit diesem
Dienstzweige verbunden. Die in Braunschweig stationirten Landwehr-
Kompagnieführer Meyer und v. Paczinsky waren dem Leibbataillon

zur Dienstleistung zugetheilt.   Dessen Rangliste gestaltete sich während
der Abwesenheit der anderen Bataillone wie folgt:

Komm.: Ob.-Lt. Graf Görtz-Wrisberg; Adj.: Sek.-Lt. Diesing; Bat.-Arzt:
   Dr. Scholz; Rechnungsführer: Feldw. Klingemann.
1. Komp.: Hauptm. v. Frankenberg, Pr.-Lt. Haberland, Sek.-Lt. Otto I.
2. Komp.: Hauptmann v. Meerscheib-Hüllessem, Pr.-Lt. Kalbe, Sek.-Lt.
   v. Schütz.
3. Komp.: Hauptm. v. Praun, Pr.-Lt. Pricelius, Sek.-Lt. Helmcke.
4. Komp.: Hauptm. Telge, Pr.-Lt. v. Specht, Sek.-Lt. Ribbentrop II.

   War das braunschweiger Kontingent auch erst mit Beginn des
Waffenstillstandes auf dem Kriegsschauplatze eingetroffen, so war doch
um diese Zeit noch keineswegs zu übersehen, ob die Feindseligkeiten
schon dauernd abgeschlossen seien.   Gegenüber dem Unterkunftsbezirke
des 2. Reserve-Korps lag in ausgedehnten Quartieren mit dem Stabs-
sitze Schwandorf das sogenannte bayerische Ostkorps*) unter Generalmajor Fuchs, welches vor Kurzem in Eile zusammengestellt und
dem Großherzog von Mecklenburg entgegengeworfen worden war.
Auch versammelte sich die ganze bayerische Armee unweit davon an der
Donau; Prinz Karl selbst befand sich am 12. August in Ansbach.   Aber
mehr als von Bayern drohte von einer weit mächtigeren Seite her
Gefahr: das Eingreifen Frankreichs in den deutschen Krieg schien
zeitweilig sehr ernstlich in Aussicht zu stehen!   General v. Moltke
fühlte sich schon am 8. August veranlaßt, diesen Fall in einer Denkschrift zu erörtern.   Er führte darin aus: die Main-Armee und das
2. Reserve-Korps könnten in 8—10 Tagen bei Mainz versammelt
sein, wozu das letztere entweder von Nürnberg aus die Eisenbahn
zu benutzen habe oder, um näher zur Hand zu sein, schon jetzt nach
Würzburg zu ziehen sei.   Dazu sollte dann die Elb-Armee von Pilsen
und Eger**) durch Süddeutschland nach Mannheim, zwei Armeekorps
von Oderberg nach Köln und ein Korps als Reserve von Dresden
nach Kassel befördert werden.   Dies blieben indessen Pläne, da es
Bismarcks unvergleichlicher Staatskunst gelang, die Einmischung
Frankreichs abzuwenden.   Dennoch erschien die Wiederaufnahme der

---

*) 3. Bataillon 13. Inf.-Regts., Res.-Bat. des 11. Inf.-Regts., 4. Bataillone
des Leib-, 7. und 14. Inf.-Regts., 2 Res.-Jäg.-Kompagnien, 1 Zug Chevaulegers,
½ Bat. des 4. Art.-Regts.
   **) Sie war bereits seit dem 31. Juli aus der Gegend von Ladenburg nach
dem westlichen Böhmen in Marsch gesetzt.

Feindseligkeiten um die Mitte des Monats noch wahrscheinlich. Dies erhellt aus einer am 15. August an den Großherzog von Mecklenburg gerichteten, allerdings vier Tage darauf wieder zurückgenommenen Weisung aus Berlin folgenden Inhalts: da nur Bayern bei den gegenwärtigen Friedensunterhandlungen Schwierigkeiten erhöbe, sei es wünschenswerth, noch innerhalb des Waffenstillstandes eine militärische Kundgebung gegen diesen Staat auszuführen. Das General-Kommando des 2. Reserve-Korps solle deshalb in Oberfranken für 50000 Mann Quartiere vorbereiten, da die Elb-Armee über Eger hinaus nach Bayreuth rücken werde. Andererseits sei General v. Manteuffel angewiesen, die Division Flies schon jetzt auf bayerisches Gebiet zu verlegen.

So herrschte beim 2. Reserve-Armeekorps noch volle Unklarheit über den weiteren Verlauf der Dinge, als der Waffenstillstand mit dem 22. August ablief. Auf alle Fälle waren in der Zeit vom 13.—18. durch Generalstabsoffiziere und ausgesuchte Offiziere aus der Front Erkundungsritte in der Umgegend ausgeführt worden. Als der seit dem 10. zu wichtigen Regierungsgeschäften nach Schwerin beurlaubte Großherzog am 22. August wieder in Nürnberg eintraf, fand er dort Alles zur Wiederaufnahme der Feindseligkeiten gerüstet vor, was einer Weisung des Generals v. Moltke vom 20. entsprach. Am 22. sollte das Gros des Korps sich bei Nürnberg versammeln, woselbst die Pioniere Verschanzungen anlegen sollten. Die braunschweigisch-altenburgische Brigade war mit einer Husaren-Schwadron und den vier braunschweiger Geschützen zur Vorhut für den Bezirk südwestlich von Nürnberg bestimmt. Sie sollte bei einem feindlichen Angriff den ersten Widerstand am Redniß-Abschnitt leisten. Das Vorpostengros war bei Schweinau gedacht; starke Feldwachen sollten die Brücken von Altenberg und Stein sichern. Rittmeister Bosse sollte mit seiner Schwadron vorwärts der Redniß bei Ober-Büch Stellung nehmen, eine Feldwache nach Gutzberg vorschieben, durch eine andere, deren Standort Reichelsdorf an der Redniß war, Verbindung mit den bei Katzwang anschließenden mecklenburger Jägern halten und auf den Straßen nach Ammerndorf, Ansbach und Schwabach durch Patrouillen aufklären. Die Rednißbrücken von Fürth bis Katzwang waren gleich den Schwarzachbrücken im Sicherungsbezirk des Bataillons Klein sämmtlich zum Abbruch vorzubereiten. Da alle Stellungen am 22. August um 3 Uhr Nachmittags eingenommen sein sollten, so ordnete Oberstlieutenant Dedekind die Versammlung des Regiments zu 12 Uhr Mittags auf dem Exerzirplatze zwischen Glaishammer und St. Peters an. Die Tornister sollten bis dahin gefahren werden; Brot und Fleisch waren mitzuführen; der Gepäck= park sollte bei Mögeldorf auffahren.

Die thatsächlichen Verhältnisse auf bayerischer Seite boten übrigens zu besonderer Vorsicht keine Veranlassung; denn das schon erwähnte Ostkorps war gleich einer in Bamberg aufgestellt gewesenen fliegenden Kolonne in den Bezirk Donauwörth=Regensburg an der Donau zurückgenommen worden, woselbst Prinz Karl von Bayern seine ganze Armee unter dem Schutz des befestigten Lagers von Ingolstadt zusammenzog. Uebrigens traf noch am 21. in Nürn= berg ein Telegramm aus Berlin ein, wonach die Vorbereitungen zur Wiederaufnahme der Feindseligkeiten unterbleiben sollten, da die Unterzeichnung des Friedens mit Bayern unmittelbar bevor= stehe. Daraufhin wurden die Truppen sofort telegraphisch ange= wiesen, in ihren Unterkunftsorten zu bleiben, aber Sicherheitsmaß= regeln zu treffen. Dies geschah in der Weise, daß die Ortswachen von 8 Uhr Abends bis zum Wecken durch kleine Pikets zu 4—6 Mann verstärkt wurden, welche einen regelmäßigen Patrouillengang in der Richtung auf den Feind zu unterhalten hatten.

Indessen wurden schon am folgenden Tage auch diese gering= fügigen Sicherungsmaßregeln wieder aufgehoben, da im Laufe des 22. eine dreitägige Verlängerung des Waffenstillstandes verabredet wurde und schon am folgenden Morgen eine Depesche des Grafen Bismarck den zu Berlin erfolgten Abschluß des Präliminarfriedens mit Bayern mittheilte. Jedoch herrschte nun einige Tage lang mehr Unsicherheit als zuvor über die nächste Zukunft des 2. Reserve=Armeekorps. Die vorbereitende Mittheilung vom 21. hatte nämlich den Abmarsch des Korps nach Hof und Eger für die allernächste Zeit in Aussicht gestellt. Aber schon am folgenden Tage wurde weiterer Befehl über den Marsch nach dem westlichen Böhmen vorbehalten. Eine dritte Depesche ver= langte den Marsch in zwei Kolonnen nach Hof und Lichtenfels behufs Weiterbeförderung mit der Eisenbahn. Erst am 25. erging die endgültige Bestimmung über den Rückmarsch der Armee, welche unter Anderem festsetzte: „Das 2. Reserve=Korps setzt sich von Nürnberg auf Hof in Marsch, um von hier über Leipzig-Magdeburg-Hagenow (Mecklenburger) und auf anderen Linien in die Heimath zu fahren."

Die ersten zur Abbeförderung gelangenden Truppentheile waren die preußischen Garde-Bataillone, welche im Laufe des 29. August von Nürnberg abfuhren. Die preußisch-anhaltische Linien-Brigade ging in den nächsten Tagen mit Fußmarsch nach Hof, um dort ebenfalls verladen zu werden.

Nunmehr sollte auch einem Theile der braunschweiger Infanterie noch das bevorzugte Standquartier Nürnberg zu Theil werden. Das Regiment verließ am 30. August früh seine bisherigen, drei Wochen lang innegehabten Unterkunftsorte und sammelte sich Mittags 1 Uhr bei St. Jobst zum gemeinsamen Weitermarsch. Indessen bogen das 1. Bataillon und die Sanitäts-Kompagnie, denen Fürth zum Standort angewiesen war, sehr bald von der Nürnberger Straße ab und rückten nördlich um diese Stadt herum nach Fürth. Das 2. Bataillon zog mit dem Brigade- und Regimentsstabe, der Regimentsmusik und dem Pionier-Kommando durch das mittelalterliche Laufer Thor in die malerischen Gassen der alten Reichsstadt Nürnberg ein, um bei den Bürgern des um die St. Lorenzkirche belegenen Stadttheiles eine sehr freundliche und ausgezeichnete Aufnahme, sowie vortreffliche Verpflegung zu finden. Mit Eifer wurden nun die zahlreichen Sehenswürdigkeiten der Stadt in Augenschein genommen, vor Allem die Sebaldus- und Lorenzkirche, sowie das Germanische Museum und das hochragende Schloß der Burggrafen von Nürnberg. Und die im Essigbrätlein am Weinmarkte eingerichtete Feldpost hatte allabendlich zahlreiche Schilderungen der Herrlichkeiten Nürnbergs nach Braunschweig zu befördern.

Der Großherzog von Mecklenburg, der noch am 28. Abends in seinem Hauptquartier im Bayerischen Hof einen großen Zapfenstreich entgegengenommen hatte, reiste schon am 31. August 8¼ Uhr früh ab, auf dem Bahnhofe von sämmtlichen Offizieren und einer vom mecklenburgischen 2. Infanterie-Regiment gestellten Ehrenkompagnie verabschiedet. Vor seinem Scheiden erließ er folgende Kundgebung an die Bewohner Frankens: „Das unter Meinem Befehl stehende Königlich Preußische 2. Reserve-Armeekorps verläßt jetzt nach Herstellung des Friedens das bayerische Gebiet. Ich spreche es gern öffentlich aus, daß sowohl die Königlich Bayerischen Behörden als die Einwohner überall gewußt haben, die Treue gegen ihren König mit den Meinen Truppen schuldigen Rücksichten in Einklang zu bringen. Möge das freudige Erkennen echt deutschen Wesens bei allen Stammesgenossen aus Nord und Süd, die sich hier begegneten, ein dauerndes Band gegenseitiger Achtung und Eintracht begründet haben! Das ist Unser Aller Abschiedsgruß." An den Herzog von Braunschweig richtete Großherzog Friedrich Franz unter dem 31. August folgendes Schreiben: „Euer Hoheit Truppen kehren nach Herstellung des Friedens mit Bayern aus dem Verbande des Mir untergebenen Königlich Preußischen 2. Reserve-Armeekorps nach beiliegendem Tableau in ihre Heimath zurück. Wenn sich auch keine Gelegenheit bot, die anerkannte Tüchtigkeit der Truppe im Feuer zu bewähren, so gab die ganze Haltung des Offizierkorps, die Disziplin und taktische Durchbildung der Mannschaften das feste Vertrauen, mit solchen Truppen den höchsten Anforderungen des Krieges entsprechen zu können, und wird es Mir stets eine Ehre und eine angenehme Erinnerung bleiben, diese trefflichen Truppen unter Meinem Befehl gehabt zu haben".

Mit der Beurlaubung des Großherzogs von Mecklenburg ging der Oberbefehl über das 2. Reserve-Armeekorps zufolge Allerhöchster Kabinetsordre auf den General-Lieutenant v. Horn über, nach dessen Wohnung sämmtliche Fahnen und Standarten am 31. früh durch eine mecklenburgische Garde-Grenadier-Kompagnie überführt wurden. Mit dem 3. September übernahm Oberstlieutenant Dedekind wieder das Kommando des 1. Bataillons, Oberst v. Girsewald das des Regiments und gleichzeitig den Befehl über die andern Waffen des Kontingents, indem der braunschweigisch-altenburgische Brigadeverband mit diesem Tage aufgelöst wurde. Dagegen behielt General v. Bilguer das Kommando der Division zunächst noch bei.

In Nürnberg hatte in der letzten Augustwoche ein sehr reges militärisches Leben geherrscht, da Großherzog Friedrich Franz die Truppen der verschiedenen Kontingente mehrfach zu gemeinsamen Exerzitien zusammenstellte. Auch die braunschweigische Kavallerie und Artillerie waren zu solchen Uebungen herangezogen worden. Die Infanterie konnte sich daran nicht mehr betheiligen; denn mit dem Abmarsch der preußischen Truppen hörten diese Uebungen auf. Dagegen nahm der Wachtdienst ziemlich viel Kräfte in Anspruch. Außer der Hauptwache wurden Wachen im Marienthor, im Alt-Frauenthor, der Deutschhaus-Kaserne und der alten Johanniskaserne gestellt, welche zusammen 1 Offizier, 5 Unteroffiziere, 4 Spielleute und

98 Mann erforderten. Vom 6. an trat eine Bahnhofswache von
1 Offizier, 2 Unteroffizieren, 24 Mann hinzu. Auch wurde während
der Tage des Jahrmarktes zur Nacht ein Alarmkommando von
2 Unteroffizieren, 24 Mann gegeben, da es mehrfach zu Schlägereien
mit entlassenen bayerischen Reservisten gekommen war. Einmal war
eine Trauerparade für einen am Typhus verstorbenen Mecklenburger,
ein andermal für einen bayerischen Soldaten zu stellen. An braunschweigischen Kranken enthielt das schon früher erwähnte Lazareth
in der Deutschhaus-Kaserne glücklicherweise nur eine geringe Zahl, darunter keinen, dessen Zustand sein Zurückbleiben in Nürnberg erheischt
hätte. Für die von den Quartierwirthen gelieferte Verpflegung
traten am 4. September die Friedenssätze des bisherigen Bundes-
Verpflegungs-Reglements wieder in Kraft. Am 2. September war
Militär-Gottesdienst in der Sebalduskirche, wozu jedes Bataillon
eine Kompagnie entsendete.

Die interessante Zeit des Aufenthalts in Nürnberg und der
nahe gelegenen, durch die älteste deutsche Eisenbahn mit der Haupt-
stadt Mittelfrankens verbundenen Stadt Fürth war nur von kurzer
Dauer. Am 2. September marschirte die unweit von Nürnberg in
Glaishammer und Dutzendteich liegende braunschweiger Batterie unter
Hauptmann Ribbentrop ab, um gleich den in Rückersdorf unter-
gebrachten Husaren mit Fußmarsch über Berneck und Gefrees nach
Hof zu gehen. Die mecklenburgischen Bataillone fuhren am 5. von
Nürnberg ab; am 7. folgte ihnen das 2. Bataillon der Altenburger,*)
und in der folgenden Nacht die braunschweigische Infanterie.
Der erste Zug, welchen das 2. Bataillon mit den Stäben und
dem Pionier-Kommando benutzte, fuhr um 1½ Uhr früh von
Nürnberg ab, der zweite Zug mit dem 1. Bataillon und der
Sanitäts-Kompagnie um 4 Uhr früh von Fürth. Die Mittagskost
wurde an diesem 8. September in Hof verabreicht, die Abendkost in
Leipzig, wo der Cholera wegen Vorsicht zu beobachten war. Den
nächsten Frühkaffee gab es in Buckau bei Magdeburg. Die Ankunft
des Infanterie-Regiments in Braunschweig erfolgte am 9. September
um 10½ bezw. 2 Uhr Mittags, die der berittenen Waffen am
folgenden Tage.

---

*) Deren 1. Bataillon blieb als letzter Truppentheil in Nürnberg und fuhr
erst am 10. ab.

Ein Siegeseinzug konnte der Einmarsch in die Heimathstadt unter den bewandten Umständen nicht sein; und wenn den sich zum Einrücken formirenden Bataillonen von einer Maschinenbau-Anstalt in der Bahnhofstraße die grünumkränzte Inschrift „Den heimkehrenden Siegern" entgegengrüßte, so wußten sie recht gut und fühlten es tief, daß diese Ehrung den preußischen Truppen galt, die in denselben Tagen durch Braunschweig fuhren.*) Immerhin konnten sie mit dem Bewußtsein erfüllter Pflicht in ihre Kasernen zurückkehren; denn sie waren nur durch Umstände, die sie nicht ändern konnten, der Gelegenheit beraubt worden, dem alten braunschweigischen Ruhmeskranze neue Blätter hinzuzufügen. Am 10. September wurde ihnen die Anerkennung ihres Kriegsherrn durch einen besonderen Brigadebefehl bekannt gegeben. Herzog Wilhelm hatte hiernach aus dem ihm zugegangenen Schreiben des Großherzogs von Mecklenburg ersehen, welches Lob ihr fürstlicher Führer der Haltung, Mannszucht und Ausbildung der braunschweigischen Truppen gespendet hatte, „und haben Seine Hoheit der Herzog Allergnädigst zu befehlen geruht, daß Obiges den herzoglichen Truppen bekannt gemacht und Allerhöchstihre Zufriedenheit und dankende Anerkennung dafür ausgesprochen werde". Einer Höchsten Verfügung vom 4. September entsprechend wurden die heimgekehrten Truppenabtheilungen ungesäumt demobil gemacht und auf den Friedensstand von 18 Offizieren, 431 Mann per Bataillon zurückgeführt. Ebenso nahm das am 11. September unter theilweiser Benutzung der Eisenbahn nach Blankenburg zurückbeförderte Leibbataillon die zur Wiedergewinnung seiner Friedensstärke von 14 Offizieren, 319 Mann erforderlichen Entlassungen vor. Die Sanitäts-Kompagnie und die Depots wurden am 11. aufgelöst, die Landwehr-Offiziere am 12. entlassen, die Mobilmachungspferde am 17. durch das Husaren-Regiment versteigert.

Nochmals waren die braunschweigischen Truppen in die alten Verhältnisse zurückgekehrt. Nochmals wurde am 6. Oktober 1866 ein neuer Formations-Etat erlassen, dem der Kriegsetat von 1860 zu Grunde lag; nur daß die schon im Jahre 1863 vorläufig verfügten kleinen Etatsverringerungen bei den aktiven Abtheilungen

---

*) In der Zeit vom 2. bis 10. September gingen 24 Militär-Sonderzüge aus Sachsen und Franken durch Braunschweig, meist nach Hannover und Westfalen bestimmt.

und Vermehrungen bei der Landwehr darin Berücksichtigung gefunden
hatten. Aber nicht mehr lange sollten die alten Verhältnisse in
Geltung bleiben; denn große Veränderungen standen bevor, die auf
das Militärwesen Braunschweigs auf das Einschneidendste einwirken
sollten. Diesmal war das kostbare deutsche Blut, das die Felder
Böhmens und der Mainlande tränkte, nicht umsonst geflossen: die
Früchte der großen Krisis ließen nicht lange auf sich warten. Freilich
trug Preußen, auf dem die Last und das Risiko des gefährlichen
Kampfes vorzugsweise geruht hatte, wie billig den Löwenantheil
davon. Aber die Errichtung des Norddeutschen Bundes, der die gesammelte Kraft eines fest organisirten Bundesstaates an die Stelle
der chronischen Ohnmacht des bisherigen lockeren Verbandes souveräner
Einzelstaaten setzte, kam wahrlich den nichtpreußischen Staaten nördlich der Mainlinie nicht minder zu Gute und legte den festen Grund
zu dem großen Bauwerk, dessen Krönung vier Jahre später im
Spiegelsaale zu Versailles erfolgen sollte.

31. Im Norddeutschen Bundesheere.*)

Am 25. Juni 1867 wurde in Braunschweig die Verfassung des
Norddeutschen Bundes veröffentlicht. Ihre Artikel 57—68 bedingten eine
tief in das Bestehende eingreifende Veränderung im braunschweigischen
Militärwesen. Die Leistungen des Staates wie des Einzelnen wurden
wesentlich erhöht. Der auf Braunschweig fallende Antheil an der
Friedens-Präsenzstärke des Bundesheeres überstieg den bisherigen
Bestand um ein Bedeutendes. Jeder Landeseinwohner wurde unter
endgültiger Beseitigung der im Jahre 1855 wieder zugelassenen
Stellvertretung und des Nummerntausches für wehrpflichtig erklärt;
alle waffenfähigen Männer hatten im Kriege die Einstellung in das
Heer zu gewärtigen; im Bedarfsfalle waren Landeskinder auch in
anderen norddeutschen Kontingenten einzustellen. Die preußische
Militärgesetzgebung, namentlich bezüglich der Strafrechtspflege, der
Aushebung und Dienstzeit, des Servis-, Quartier- und Verpflegungs-
wesens, der Mobilmachung rc., war im gesammten Bundesgebiete einzuführen, so daß die entsprechenden braunschweigischen Bestimmungen
außer Kraft traten. Auch Formation und Bewaffnung sahen einer

---

*) Dieser Abschnitt ist W. Otto's „Geschichte des Herzoglich Braunschweigischen
Infanterie-Regiments Nr. 92 (1867—1877)" mit Erlaubniß Seiner Excellenz des
Herrn Verfassers im Wesentlichen wörtlich entlehnt.

Umwandlung entgegen, da das Kontingent ein Bestandtheil des Bundesheeres wurde, dessen Einheit in Organisation und Eintheilung, in Bewaffnung und Kommando, in der Ausbildung der Mannschaften und Offiziere verfassungsmäßig vorgeschrieben war. Die Entwickelung der politischen Lage Deutschlands ließ es nicht zweifelhaft erscheinen, daß dieser Theil der Bundesverfassung sofort in seinem vollen Umfange zur Ausführung gelangen würde. Man durfte vom Könige Wilhelm I. von Preußen erwarten, daß er als Bundesfeldherr in Uebereinstimmung mit den verbündeten Fürsten das Bundesheer nicht nur dem Namen, sondern auch dem Geiste nach als ein Ganzes organisiren werde.

Der erste Schritt zur Umänderung der braunschweigischen Militärverhältnisse im Sinne der Bundesverfassung geschah durch einen Höchsten Erlaß vom 15. August 1867, welcher anordnete: daß in Bezug auf die Dauer der Dienstzeit für die gegenwärtig im stehenden Heere und in der Landwehr dienenden Unteroffiziere, Spielleute und Gemeinen schon der § 59 der Bundesverfassung in Anwendung kommen solle. Es hatten somit alle zur Zeit der herzoglichen Brigade angehörenden, sowie die neu eintretenden Mannschaften 7 Jahre im stehenden Heere (3 Jahre bei der Fahne und 4 Jahre in der Reserve), sowie 5 Jahre in der Landwehr zu dienen. Die bereits nach den früheren braunschweigischen Gesetzen nach fünfjähriger Dienstzeit zur Landwehr versetzten Leute hatten daher folgerichtig ihre gänzliche Verabschiedung erst zu gewärtigen, wenn sie 12 Jahre insgesammt ihrer Militärpflicht genügt hatten. Dagegen fand der § 59 der Bundesverfassung weder auf die bereits dienenden Stellvertreter und Nummerntauscher, noch auf die Militärpflichtigen, welche sich durch Stellvertretung oder Nummerntausch hatten vertreten lassen, Anwendung, so daß diese Mannschaften noch nach dem braunschweigischen Gesetze nach fünfjähriger Dienstzeit zur Landwehr versetzt und nach neunjähriger Dienstzeit verabschiedet wurden.

Nach diesem ersten Erlasse sah man von Seiten der Truppen mit wachsender Spannung der endgültigen Regelung der braunschweigischen Militärverhältnisse entgegen. Der Dienst war seit der Rückkehr der Brigade aus Nürnberg so regelmäßig seinen gewohnten Gang gegangen, daß, abgesehen von einigen Personalveränderungen,*) schlechterdings nichts über diesen Zeitraum zu berichten ist. Jeder

---

*) z. B. wurden die Majors Isendahl und v. Wachholtz vom InfanterieRegiment bezw. Generalstabe am 28. Februar 1867 zu Oberstlieutenants befördert.

Einzelne arbeitete mit Eifer darauf hin, die Truppe in eine solche dienstliche Verfassung zu bringen, daß sie ihren Eintritt in das Norddeutsche Bundesheer mit Ehren bewirken könne. Aber mit Spannung harrte man der Veränderungen, welche die nächste Zukunft bringen sollte. Sie mußten naturgemäß erheblich sein; denn die bisherigen Normen für die Zusammensetzung der herzoglichen Brigade waren aus dem Gesichtspunkte gegeben, den braunschweigischen Truppen eine gewisse Selbständigkeit auch für kriegerische Operationen zu sichern. Diese Rücksicht fiel jetzt fort; auch zeigte der nunmehr in Kraft tretende preußische Kriegs- und Friedens-Verpflegungs-Etat in allen Einzelheiten wesentliche Verschiedenheiten von dem früher mitgetheilten braunschweigischen Formations-Etat.

Ein Erlaß des Herzogs vom 3. Oktober 1867 regelte den Uebergang in die für das Kontingent vorgeschriebene Organisation, nachdem durch einen Brigadebefehl vom 17. September den Truppen die zu erwartende Formation schon vorläufig bekannt gemacht war. Das braunschweigische Kontingent sollte fortan aus einem Infanterie-Regiment, einem Husaren-Regiment, einer Batterie und zwei Landwehr-Bataillonen bestehen und eine Gesammt-Friedensstärke von 2465 Mann haben. Das Infanterie-Regiment sollte aus dem bisherigen 1. und 2. Bataillon und dem Leibbataillon gebildet werden und in dem Verhältnisse zum Norddeutschen Bundesheere den Namen: „Herzoglich Braunschweigisches Infanterie-Regiment Nr. 92" führen. Das Leibbataillon verlor damit seine bisherige Selbständigkeit, indem es zum „Füsilier-Bataillon des Herzoglich Braunschweigischen Infanterie-Regiments Nr. 92 (Leibbataillon)" wurde. Die Friedensstärke an Mannschaften war für den Regimentsstab 11 Mann, für jedes der drei Bataillone 534 Mann. Das Pionier-Kommando wurde aufgelöst und die zweckentsprechende Vertheilung der Chargen und Mannschaften an die verschiedenen Truppenabtheilungen in Aussicht gestellt. Aus dem bisherigen Landwehr-Bataillon wurden zwei Landwehr-Bataillone gebildet und Braunschweig als Standort für die Stäbe der entsprechenden, je 15 Mann starken Bezirks-Kommandos bestimmt. In den Garnison-Verhältnissen der aktiven Infanterie trat keine Aenderung ein; der Regimentsstab, das 1. und 2. Bataillon blieben in Braunschweig, das zum Füsilier-Bataillon gewordene Leibbataillon, dessen Kompagnien die Nummern 9, 10, 11 und 12 annahmen, in Blankenburg.

Das Braunschweigische Infanterie-Regiment Nr. 92 bildete fortan mit dem in Celle und Lüneburg stehenden 4. Westfälischen Infanterie-Regiment Nr. 17 zusammen die 40. Infanterie-Brigade des Bundesheeres. Durch Brigadebefehl vom 4. Oktober wurde den Truppen bekannt gemacht, daß infolge Befehls Seiner Majestät des Bundesfeldherrn der Königlich Preußische Generalmajor v. Beeren zum Kommandeur dieser Brigade ernannt worden sei und gleichzeitig als Kontingents-Kommandeur der herzoglichen Truppen fungiren würde. Er übernahm die bezüglichen Dienstgeschäfte an demselben Tage. Die 40. Infanterie-Brigade gehörte zur 20. Division, befehligt durch den General-Lieutenant v. Bose, welche gemeinsam mit der 19. Division das durch die Erwerbung der Provinz Hannover neu entstandene 10. Armeekorps unter den Befehlen Sr. Exzellenz des Generals der Infanterie v. Voigts-Rhetz bildete. Die neue Armeekorps-Nummer war somit die gleiche, wie unter der Herrschaft der alten Bundes-Kriegsverfassung.

Die so befohlene Formation fand zwar hinsichtlich des Infanterie-Regiments an dem Regimentsstabe und den drei Bataillonen eine feste Unterlage. Aber alle übrigen, den früheren Landesverhältnissen entsprechenden Friedensformationen paßten nicht in den durch die einheitliche Organisation des Norddeutschen Bundesheeres vorgezeichneten Rahmen und mußten daher völlig aufgehoben werden: so das Brigade-Kommando mit der Adjutantur und dem Generalstabe; so auch die Kommandanturen zu Braunschweig und Wolfenbüttel. Als Folge der neuen Formation brachte daher der Tagesbefehl vom 4. Oktober 1867, der die Umformung vorschrieb, für alle jene Offiziere, die sich in solchen nicht mehr aufrecht erhaltenen Stellungen befanden, die Enthebung von ihren Obliegenheiten. So verloren die braunschweigischen Truppen den von Offizieren und Mannschaften gleich verehrten Brigade-Kommandeur Generalmajor v. Bernewitz, der dem Regiment auch in seiner höheren Stellung das alte Interesse treu bewahrt hatte. Gleichzeitig wurden auch der bisherige Kommandant und Vizekommandant von Braunschweig, General-Lieutenant v. Erichsen und Generalmajor v. Ludovici, in den Ruhestand versetzt. Der Kommandeur des Landwehr-Bataillons, Major Haberland, trat mit seinem Adjutanten und den sechs Kompagnieführern in das Infanterie-Regiment zurück. Ebenso die beiden Generalstabsoffiziere, der Brigade-Adjutant, der Platzmajor von Wolfenbüttel und der

Kommandeur des Pionier=Kommandos. Dadurch wurden viele Offiziere, namentlich Hauptleute, überzählig; und wenn auch gleich=zeitig die Oberstlieutenants Dedekind und v. Wachholz zu Kommandeuren der Bezirks=Kommandos Braunschweig I und II er=nannt und ein Landwehr=Kompagnie=Führer (Hauptmann Breit=haupt) zur Disposition gestellt und später Adjutant des Bezirks=Kommandos Braunschweig I wurde, so blieben doch die Aussichten auf ein angemessenes Avancement für die Offiziere des Infanterie=Regiments höchst ungünstig.

Die erste Rangliste des Braunschweigischen Infanterie=Regiments Nr. 92 lautete:

Oberst	Frh. v. Girsewald	Regts.=Kdr.
Ob.=Lt.	Graf Görtz=Wrisberg	Füs. (Leib.)
„	Isendahl	II
Major	Haberland	I
„	v. Holy	etatsm. Stabsoff.
Hauptm.	v. Praun	11
„	Rittmeyer	3
„	Liebing	6
„	v. Münchhausen	4
„	v. Erichsen	8
„	Hörstel	5
„	v. Förster	1
„	v. Frankenberg=Ludwigsdorf	9
„	Telge	12
„	v. Griesheim	7
„	v. Lauingen	2
„	Koch	10
Pr.=Lt.	v. Broizem	5
„	Bodemann	2
„	Peters	6
„	Isendahl	8
„	Haberland	12
„	Frh. v. Bernewitz I	4
„	Ribbentrop I	3
„	Kalbe	10
„	Teichmüller	Regts.=Adj.
„	v. Kalm	11
„	Spengler	9
„	Otto I	7
Sek.=Lt.	Kobus	Adj. II
„	Frh. v. Bernewitz II	1
„	Stutzer	3

Sek.-Lt. Schmidt I		5
„	Diesing	Adj. Füs. (Leib.)
„	Helmcke	2
„	Winter	Adj. I
„	Caspari	10
„	Bauer	7
„	Frh. v. Veltheim	4
„	Otto II	6
„	v. Hantelmann	8
„	Ribbentrop II	12
„	Dedekind	1
„	Schütze	10
„	v. Schütz	5
„	Scholz	9
„	v. Damm	7
„	Frh. v. Bernewitz III	3
„	v. Strombeck	6
„	Geller	11
„	Schmidt II	12

Aggregirt:

Maj. Jäger, kdt. zur Abwickelung der Geschäfte als Adjutant der Braunschw. Brigade.

Hptm. Meyer, früher Platzmajor in Wolfenbüttel.

„ Grove, kdt. zur einstweiligen Fortführung der Geschäfte als Etappen-Kommandant in Eschershausen.

„ v. Paczinsky, früher Landwehr-Kompagnie-Führer.

„ Rese, kdt. zur einstweiligen Fortführung der Geschäfte als General-stabs-Offizier der Braunschw. Brigade.

„ Wegener ⎫
„ Kubel ⎬ früher Landwehr-Kompagnie-Führer.
„ v. Specht ⎭

Tit. Hptm. Gerloff, früher Kommandeur des Pionier-Kommandos.

Pr.-Lt. Schleiter, kdt. zur einstweiligen Fortführung der Geschäfte als Adjutant beim Braunschw. Landw.-Bataillon.

Aerzte:

Dr. Scholz, Bat.-Arzt. des Füs.-Bats.

Dr. Reck, „ „ „ I. Bats.

Dr. Bäse (aggr.), Arzt der Garnison Wolfenbüttel.

Zahlmeister:

Rechnungsführer Lampe, fung. Zahlm. des I. Bats.

„ Grahl, „ „ „ II. Bats.

„ Klingemann, fung. Zahlm. des Füs.-Bats.

Waren die erforderlichen Aenderungen im Offizierkorps gleich=
zeitig mit der Umformung der Organiſation verfügt worden, ſo
ſollte die weitere Ueberführung in die norddeutſchen bezw. preußiſchen
Militärverhältniſſe ſich nur allmählich vollziehen. Die Stellung der
dem Regimente angehörenden Aerzte wurde durch Kontingentsbefehl
vom 19. Februar 1868 geregelt. Dr. Scholz, der Bataillonsarzt des
Leibbataillons, wurde zum Oberſtabsarzt, Aſſiſtenzarzt Dr. Ehlers
zum Bataillonsarzt des 2. Bataillons ernannt. Die Tüchtigkeit der
ehemaligen Bataillons=Rechnungsführer wurde nach kurzer Probe=
dienſtleiſtung anerkannt und ihre vom Herzoge befohlene Beförderung
zu Zahlmeiſtern durch Kontingentsbefehl vom 21. Juli 1868 be=
kannt gemacht. Ebenſo wurden die Bataillons=Büchſenmacher in
ihren Stellungen belaſſen, nachdem ſie am 21. März 1868 eine
Prüfung beſtanden hatten; der Prüfung war eine dreiwöchentliche
Ausbildung in der Gewehrfabrik zu Sömmerda vorhergegangen.

Die Verſchiedenheit der braunſchweigiſchen und preußiſchen
Soldverhältniſſe rief keine großen Schwierigkeiten hervor, da die
Soldſätze nicht bedeutend von einander abwichen; einzelne Chargen
erhielten Erhöhung, andere wieder Verminderung. Bis zum 1. Januar
1868 wurde der braunſchweigiſche Sold gezahlt. Dieſer verblieb auch
den von ihren Stellungen entbundenen, dem Regiment aggregirten
Offizieren ſo lange, bis ſie in etatsmäßige Stellen einrückten. Die
bis zum Eintritt in den Norddeutſchen Bund nach den günſtigeren
braunſchweigiſchen Geſetzen erworbenen Penſions=Anſprüche verblieben
den Offizieren und Unteroffizieren; denn es wurde beſtimmt, daß im
Falle ſpäterer Penſionirung der zu jenem Zeitpunkte erreichte Penſions=
ſatz gewährt werden ſollte, auch wenn die Penſion nach den neuen,
für das Bundesheer maßgebenden Vorſchriften niedriger ſein würde.
Die von Offizieren und Unteroffizieren erworbenen Anſprüche an
die braunſchweiger Militär=Wittwen= und Waiſenkaſſe wurden durch
einen Staatsminiſterial=Erlaß vom 10. Januar 1868 geregelt und
das Verbleiben in der Kaſſe gegen weitere Beitragszahlung freigeſtellt.

Die Garniſonanſtalten wurden zu Ende 1867 in Braunſchweig
und Blankenburg durch eine preußiſche Kommiſſion von einem Stabs=
offizier und einem Intendanturrath übernommen, um mit Neujahr 1868
in die preußiſche Verwaltung überzugehen. Gleichzeitig hiermit er=
folgte für Kaſernen und Lazarethe die Einführung der preußiſchen
Dienſtvorſchriften. Mit demſelben Zeitpunkte trat die Eintheilung

in niedere und höhere Gerichtsbarkeit in Kraft. Für die Regiments-
gerichte begann die Thätigkeit der untersuchungführenden Offiziere,
die wegen ihrer Einarbeitung auf den Rath des Kontingents-Auditeurs
Ritter in Hannover verwiesen wurden. Das Kontingentsgericht übte
die höhere Gerichtsbarkeit mit den Gerechtsamen eines Divisions-
gerichtes aus. Endlich traten durch Kontingentsbefehl vom 22. Juli
1868 die preußischen Bestimmungen über die Ehrengerichte mit Genehmigung Sr. Hoheit des Herzogs auch für die braunschweigischen
Offizierkorps in Kraft.

Einige Schwierigkeiten bereitete der Uebergang der Regimentsmusik in die neuen Verhältnisse. Es mußten außer den Hoboisten des
früheren Infanterie-Regiments (20 etatsmäßige Hoboisten, 24 Eleven)
auch die 13 Hornisten des Leibbataillons in Betracht gezogen
werden, während nach dem preußischen Friedens-Verpflegungs-Etat
nur 10 etatsmäßige Hoboisten und 32 Hülfshoboisten zulässig waren.
Außerdem wurde die Regelung durch den großen Gehaltsunterschied
erschwert; so waren für die älteren Hoboisten, die bisher monatlich
12 Thaler Sold und 3 Thaler Alterszulage bezogen hatten, nur
noch 5 Thaler zuständig. Der enge Zusammenhang der braunschweiger Militärmusik mit der herzoglichen Hoftheater-Kapelle schaffte
hier einen Ausweg. Es gelang den Bemühungen des Kontingents-
Kommandos, eine Vereinbarung mit der Hoftheater-Intendantur
dahin zu treffen, daß die schon länger in der Theaterkapelle be-
schäftigten Hoboisten zu Ende März 1868 endgültig dort angestellt
wurden. Freilich lag die Befürchtung nahe, daß die Regimentsmusik von ihrer anerkannten künstlerischen Höhe herabsteigen könnte,
da die besten Kräfte das Korps verließen und der jüngere Nachwuchs
seinen Geschmack nicht mehr durch das Spielen in der von Franz Abt
geleiteten Hofkapelle bilden konnte. Aber die Schwierigkeiten der
veränderten Organisation waren nur so zu umgehen. Den wenigen
übrig bleibenden älteren Hoboisten und Hornisten wurde der Gehalts-
ausfall durch die von den Beiträgen der Offiziere gebildete Musik-
kasse ersetzt. Auch wußte Musikdirektor Köchy die Regimentsmusik
trotz allem auf ihrer Höhe zu erhalten.*)

---

*) In diesem Zusammenhange sei, da sich bisher eine Gelegenheit dazu
nicht fand, des alten, eigenartigen und kostbaren Schellenbaums gedacht. Er
besteht aus einem Stiele mit Glocke und einem großen, nach unten gebogenen
Halbmonde, dessen Enden die rothen Roßschweife tragen. Glocke und Halbmond

Ferner ist der am 31. Dezember des genannten Jahres erfolgten Einführung der Kapitulationen mit allen über drei Jahre dienenden Mannschaften Erwähnung zu thun, durch welche Einrichtung hinfort der Ersatz an Unteroffizieren und Hoboisten bewirkt werden sollte. Befreit davon blieben nur jene Unteroffiziere, die über neun Jahre gedient und sich nach dem braunschweigischen Gesetz schon das Recht auf Civilversorgung erworben hatten. Den festgesetzten Mannschaftsstand sollte das Regiment am 1. November erreichen. Nachdem zunächst die schwächeren Jahrgänge 1865 und 66 des Leibbataillons durch Versetzungen von den anderen Bataillonen ausgeglichen waren, — (das 1. Bataillon gab 17 Mann, das 2. Bataillon 8 Spielleute und 31 Mann ab) —, brachte die am 1. November 1867 in den Kreisen erfolgende Gestellung der Rekruten das Regiment auf die vorgeschriebene Friedensstärke. Der Ersatz bestand nach dem in Kraft getretenen militärischen Freizügigkeits-Gesetze nicht mehr ausnahmslos aus Braunschweigern, da sich auch die im Lande befindlichen Angehörigen anderer norddeutscher Staaten bei den braunschweigischen Kreis-Ersatz-Kommissionen zur Aushebung stellten. Doch war ihre Zahl nicht groß und erreichte kaum 15 Prozent der Gesammteinstellung. Im Wesentlichen blieb es nach wie vor beim einheimischen Ersatz und ergab es sich von selbst, daß die Harzbezirke vorzugsweise den geeigneten Füsilierersatz stellten, während die ebeneren Gegenden und größeren Städte das naturgemäße Material für die beiden Musketier-Bataillone lieferten.

Als ein besonders beachtenswerthes Element traten den beiden in Braunschweig stehenden Bataillonen eine große Anzahl Einjährig-Freiwilliger hinzu. Ihre Vermehrung war die natürliche Folge einerseits der Aufhebung der Stellvertretung, andererseits des Zusammenflusses von vielen dienstpflichtigen, gebildeten Leuten in der Landeshauptstadt. Am 1. Januar 1869 betrug ihre Zahl beim

sind mit kleinen, silbernen Glöckchen verziert. Die Spitze des Schellenbaums besteht aus einem ausgeschnittenen Schilde mit dem massiv silbernen braunschweigischen Pferde; oben auf dem Schilde sitzt ein Löwenkopf mit einem kleinen, nach oben gebogenen Halbmond. Die Herstammung des Schellenbaums ist nicht genau bekannt. Man spricht davon, er sei ein Geschenk der Königin von England. Da aber schon in den Freiheitskriegen nachweislich ein Schellenbaumträger zum braunschweiger Korps gehört hat, so verdient die andere Lesart mehr Glauben, wonach er ein Geschenk der Kaufmannschaft Braunschweigs aus dem Jahre 1814 wäre.

1. und 2. Bataillon zusammen 122, beim Leibbataillon meist nur 4. Um der Ueberführung in die allgemeine Wehrpflicht die Härte zu nehmen, waren allerdings in Braunschweig wie in den anderen nicht-preußischen Kontingenten die Ansprüche an die wissenschaftlichen Kenntnisse der Einjährig-Freiwilligen bis zum Jahre 1871 bedeutend ermäßigt. Es war daher unvermeidlich, daß sich darunter Manche befanden, die für diese bevorzugte Stellung nicht völlig geeignet erschienen. Aber das Regiment erkannte richtig die Wichtigkeit dieses, im großen Ganzen doch gebildeten Elementes und verwandte viele Sorgfalt auf seine militärische Erziehung. Es sei schon hier bemerkt, daß dem Regiment diese Mühe im Kriege 1870/71 reichlich vergolten wurde; denn die ehemaligen Einjährig-Freiwilligen entsprachen fast ausnahmslos, sei es als Chargirte, sei es in Reih und Glied, den an sie im Felde gestellten hohen Anforderungen und trugen kräftig zur Erhaltung eines sittlich guten Tones und echt kameradschaftlichen Sinnes bei.

Hinsichtlich der Offiziere und Mannschaften war somit die vollständige Umwandlung der Organisation rasch und ohne persönliche Nachtheile erreicht. Gleichsam als Besiegelung ihres Eintrittes in das Bundesheer erfolgte die dem Artikel 64 der Bundesverfassung entsprechende Ergänzung des Fahneneides durch die Verpflichtung: „den Befehlen des Bundesfeldherrn unbedingte Folge zu leisten". Auf Höchsten Spezialbefehl vom 8. Oktober 1869 leisteten die braunschweigischen Abtheilungen den mit der preußischen Regierung vereinbarten Eid. Am 10. Oktober schwuren das 1. und 2. Bataillon, Offiziere und Mannschaften gemeinsam in Gegenwart ihrer alten, ruhmgekrönten Fahnen auf dem Kleinen Exerzirplatze zu Braunschweig, am folgenden Tage Offiziere und Mannschaften des Leibbataillons vor der Kaserne zu Blankenburg mit Begeisterung und aus treuem Herzen, unter Anrufung Gottes als Zeugen: „den Befehlen Seiner Majestät des Bundesfeldherrn jederzeit willig und getreu Folge zu leisten". Ueber die Vereidigung der Offiziere wurde eine Verhandlung aufgenommen und von jedem Einzelnen unterschrieben.

Die im Verlaufe des Dienstjahres 1867/68 sich vollziehende rasche und sichere Einführung des Regiments in den preußischen inneren und äußeren Dienstbetrieb war zum größten Theile den rastlosen und erfolgreichen Bemühungen des Brigade-Kommandeurs,

Generalmajors v. Beeren, zu verdanken. Freilich brachte die Energie, mit welcher der General dabei verfuhr, manche scheinbar zu vermeidende Härten. Aber nach kurzer Zeit zeigte der Erfolg, wie richtig diese durchgreifende Thätigkeit des von umfassender Dienstkenntniß unterstützten Vorgesetzten für die Ueberführung in die neuen Verhältnisse war. Es war gewiß nicht leicht für langgediente Offiziere und Unteroffiziere, die altgewohnten und liebgewonnenen braunschweigischen Dienstvorschriften zu vergessen und sich neue zu eigen zu machen; aber eben weil die Kenntniß der preußischen Reglements rücksichtslos gefordert wurde, waren sie thatsächlich bald von Jedermann gekannt. Daß dies höherenorts auch anerkannt wurde, bezeugt folgender am 1. Januar 1868 ergangene Neujahrswunsch des Generals v. Beeren: „Zu dem beginnenden neuen Jahre sage ich allen Herren Offizieren, Unteroffizieren und Soldaten des braunschweigischen Kontingents meinen kameradschaftlichen Glückwunsch. Ich ergreife die Gelegenheit, meinen Dank auszusprechen für das bereitwillige Entgegenkommen, welches mir in meiner neuen Stellung zu Theil geworden ist, sowie ich den regen Eifer für den Dienst und die treue Pflichterfüllung lobend anerkenne, die ich überall gefunden habe. Möge ein Jeder mit mir in seinem Wirkungskreise fortfahren, nach dem Ziele zu streben, dem Herzoglich Braunschweigischen Kontingente den alten, geschichtlich begründeten, guten Ruf zu erhalten und in dem Verbande der Norddeutschen Armee neu zu begründen und als eine tüchtig ausgebildete Truppe Achtung und Anerkennung zu suchen. Dann wird uns die Allerhöchste Zufriedenheit Sr. Hoheit des Herzogs und Sr. Majestät des Bundesfeldherrn nicht fehlen."

Während das Streben der oberen Leitung sonst in jeder Hinsicht darauf gerichtet war, das braunschweigische Infanterie-Regiment als ein im Aeußeren und Innern den übrigen Regimentern gleiches Glied der norddeutschen Armee einzufügen, behielt dasselbe doch in einem Punkte eine Sonderstellung: in dem der Bekleidung. Zwar hatte der Brigadebefehl vom 17. September 1867 nur bestimmt, daß die bisherige Uniformirung „bis auf Weiteres" beizubehalten sei, und dies schien auch zunächst als eine sparsame Verwaltungs-Maßregel natürlich. Aber die bald verfügten Neuanfertigungen und namentlich der Kontingentsbefehl vom 15. Mai 1868, welcher betonte, daß das 1854 genehmigte Kleiderreglement ohne jede Aenderung in Gültigkeit bliebe, bewiesen, daß durch Uebereinkunft zwischen dem Bundes-

feldherrn und dem Herzoge das Fortbestehen der braunschweigischen
Uniform auf unbestimmte Zeit gesichert war.   Mit großer Freude
begrüßten alle Landesbewohner und besonders das Infanterie-Regiment die Beibehaltung der schwarzen Uniform.   Galt sie ihnen doch
als ein heiliges Erinnerungszeichen an die schwere Zeit der Entstehung, an einen ruhmreichen Theil der Geschichte des Regiments,
und an dessen Gründer, den geliebten Herzog Friedrich Wilhelm!
Zugleich mußte jedoch dem Regimente klar sein, daß es durch die
abweichende Uniform eine schwierige Aufgabe erhielt und jedem
Einzelnen fest einimpfen mußte: daß er sich stets der Ehre würdig
zeige, eine in der großen Armee besonders hervorstechende Uniform
zu tragen.

Blieb die Bekleidung des Regiments ungeändert, so war dies
nicht so mit seiner Bewaffnung.   Wir wissen, daß seine Zündnadelgewehre kürzer waren, als die preußischen, und daß die Schußwaffen
des Leibbataillons sich durch ihren eisernen Beschlag von denen der
Musketier-Bataillone, die mit Messinggarnitur versehen waren, unterschieden, sowie daß als blanke Waffe geschweifte Yatagans dienten.
Daher wurde durch kriegsministerielle Verfügung vom 12. März 1868
befohlen, das ganze Regiment mit Zündnadelgewehren Modells 62
und mit Seitengewehren preußischer Probe auszurüsten.   Die neuen
Gewehre wurden für die Kriegsstärke der drei Bataillone und das
Ersatz-Bataillon im April aus dem Artillerie-Depot Magdeburg, die
Seitengewehre im Sommer und Herbst desselben Jahres aus der
Gewehrfabrik Suhl und dem Artillerie-Depot Spandau empfangen,
die alten Gewehre und Yatagans im August 1868 nach Spandau
abgegeben.   Zur Bewaffnung von zwei Besatzungs-Bataillonen kaufte
Braunschweig 993 Zündnadelgewehre Modells 41 von der preußischen
Regierung und 1000 in der Herzberger Gewehrfabrik für Kurhessen
angefertigte, aber von Preußen als Kriegsbeute nach Minden über-
führte Zündnadelgewehre, welche zunächst noch von Krause in Herzberg fertiggestellt werden mußten.

Mit den angegebenen Waffen und seiner herkömmlichen schwarzen
Uniform hat das Regiment die denkwürdigen Jahre 1870—1871
mitgemacht.   Nur Kleinigkeiten wurden inzwischen im Bekleidungs-
wesen noch geändert.   Am 5. Dezember 1867 wurden die bisherigen
Gradabzeichen der Offiziere an den Rockkragen abgeschafft.   An ihre
Stelle traten Achselstücke von schwarzer Schnur mit den entsprechenden

Sternen nach preußischer Vorschrift, wie sie schon früher getragen worden waren. Daneben behielten die Stabsoffiziere die Goldlitzen an den Kragen und Aufschlägen bei. Durch den gleichen Erlaß wurde Offizieren und Mannschaften der herzogliche Namenszug W mit Krone auf Achselstücke und Schulterklappen verliehen. Am 31. Juli 1868 wurden blau=gelbe Kokarden an Stelle der am Tschakot sitzenden schwarzen Nationals eingeführt. Am 7. Januar 1869 er= hielten die Adjutanten über die Schulter zu tragende Schärpen nach preußischer Art, mit denen zugleich jedoch die Schnurschärpe angelegt wurde. Als fernere Annäherung an die preußischen Einrichtungen brachte der Frühling 1868 die Säbeltroddel für Unteroffiziere und Mannschaften, den schwarzen Kalbfelltornister mit Lederzeug nach preußischer Probe und den Fortfall der bisher von den Unteroffizieren und Mannschaften des Leibbataillons getragenen Schuhe und Gamaschen, welche durch Stiefel ersetzt wurden. Alles dieses änderte am Charakter der braunschweigischen Uniform nichts Erhebliches.

Wenn somit auch das alte braunschweigische Kleider=Reglement hinsichtlich des Anzuges und der äußeren Erscheinung der Uniform ganz unverändert blieb, so trat doch vom 1. Januar 1868 ab selbst= verständlich betreffs der Beschaffung und Verwaltung das preußische Bekleidungs=Reglement in Kraft. Am 5. Dezember 1867 wurden die Regiments= und Bataillons=Bekleidungs=Kommissionen gebildet und übernahmen von den bislang bestandenen Oekonomie=Kommissionen die Bestände der Bataillone. Um den Uebergang in die preußische Verwaltung zu ermöglichen, mußte zunächst der augenblickliche Stand der Bekleidung und Ausrüstung des Regiments festgestellt werden. Die zu diesem Zweck im Januar 1868 abgehaltene ökonomische Musterung stellte leider ein sehr ungünstiges Ergebniß im Vergleich zum Bekleidungsstande der preußischen Regimenter fest und zeigte namentlich, daß die Verwaltung nicht immer von dem jetzt als Hauptzweck hingestellten Gesichtspunkte ausgegangen war, stets eine völlig untadelhafte Bekleidung und Ausrüstung für die Kriegsstärke der aktiven und Ersatztruppen für den Fall einer Mobilmachung bereit zu halten. Da außerdem die Bekleidung nur nach der früher bedeutend geringeren Friedens= und Kriegsstärke bemessen war, so lag dem Regimente die Pflicht ob, noch für mehrere Jahre mit größter Sparsamkeit und Sorgfalt zu wirthschaften. Und als im Mai 1869 wieder ökonomische Musterung stattfand, da ergab sich

zwar noch immer ein vergleichsweise ungünstiger Stand der Be=
kleidung und Ausrüstung, aber doch zugleich das zweifellose Ergebniß,
daß es inzwischen gelungen war, die Kriegsstücke in richtiger Zahl
und untadelhaftem Zustande für das Regiment und die Besatzungs=
Bataillone niederzulegen.

Durch Brigadebefehl vom 29. November 1867 wurden die
Bezirks=Kommandos der beiden braunschweigischen Landwehr=Bataillone
ihren Kommandeuren, den Oberstlieutenants Dedekind und v. Wach=
holtz, endgültig übergeben. Die bisher von den Truppentheilen
kontrolirten Reservisten wurden den Bezirks=Kommandos überwiesen
und die Bezirke der beiden Landwehr=Bataillone geregelt. Es ge=
hörten fortan zum Braunschweigischen Landwehr=Bataillon
Nr. 1: Stadt und Kreis Braunschweig (1. und 2. Komp.), Kreis
Helmstedt (3. Komp.), Kreis Blankenburg (4. Komp.); zum Braun=
schweigischen Landwehr=Bataillon Nr. 2: Kreis Wolfenbüttel
(5. und 6. Komp.), Kreis Gandersheim (7. Komp.), Kreis Holzminden
(8. Komp.). Die Versetzung der als Stammpersonal der beiden Land=
wehr=Bataillone aus dem Infanterie=Regiment ausscheidenden Unter=
offiziere und Soldaten wurde am 1. Dezember 1867 verfügt.

Als besonderer Hebel, um das preußische System in kürzester
Frist durchzuführen, galt wohl mit Recht die durch Vereinbarung
schon seit dem 1. Oktober 1865 wieder eingeführte Erziehung der
Offizier=Aspiranten auf preußischen Kriegsschulen und die praktische
Belehrung der Kommandirten, welche von nun an auf der Militär=
Schießschule, beim Lehr=Infanterie=Bataillon, auf der Central=Turn=
anstalt und beim Pionier=Bataillon Nr. 10 in Minden ausgebildet
wurden. Sobald die dort von Einzelnen gesammelten Erfahrungen
allen Offizieren und Unteroffizieren zugängig wurden, mußte der
Ausbildungsgang des Infanterie=Regiments Nr. 92 sich bald völlig
im preußischen Fahrwasser befinden. Erleichtert wurde der Ueber=
gang, wie dies schon im 28. Abschnitt angedeutet wurde, durch den
Umstand, daß die preußischen Dienstvorschriften größtentheils noch
von der Zeit der Militär=Konvention her beibehalten worden waren.
So bestand namentlich das preußische Exerzir=Reglement beim 1. und
2. Bataillon ohne jede Aenderung, beim Leibbataillon hinsichtlich
der Elementar=Ausbildung. Doch mußte das letztgenannte Bataillon
von der zweigliedrigen Jäger=Aufstellung als nunmehriges Füsilier=
Bataillon zur dreigliedrigen Aufstellung übergehen, auch die im

Jahre 1860 durch den Oberstlieutenant v. Girsewald aufgestellten
Vorschriften für das Kompagnie-Kolonnen-Gefecht abschaffen. Auf
diese erst nach den Erfahrungen von 1866 zu ihrer hohen Bedeutung
herangewachsene Kampfesart war überhaupt, sowie auf die Erziehung
des einzelnen Mannes für das zerstreute Gefecht ein größeres Gewicht
zu legen, als bisher geschehen war. Dagegen entsprachen die
Bataillone den an sie gestellten Anforderungen im strammen Exerziren
vollkommen. In diesem Sinne sprachen sich schon im Oktober und
November 1867 die Generale v. Beeren und v. Bose bei den
von ihnen vorgenommenen Besichtigungen der Kompagnien und
Bataillone aus.

Die Ausbildung im Schießen war braunschweigischerseits stets
mit großer Sorgfalt betrieben worden. Beim Leibbataillon stellten
die bisher erfüllten Bedingungen sogar größere Anforderungen als
die nunmehrigen Festsetzungen der preußischen Schieß-Instruktion.
Unter diesen Umständen durfte das Regiment der ihm neuen Ein=
richtung des alljährlich abgehaltenen Prüfungsschießens ohne Be=
sorgniß entgegensehen. Im Turnen erforderte die nun verlangte
systematische, auf die ganze Mannschaft gleichmäßig ausgedehnte Aus=
bildungsweise eine erhöhte Thätigkeit. Die Leistungen im Fechten
waren, wie wir wissen, durch besondere Einrichtungen sehr in die
Höhe geschroben worden. Aber leider zeigte die preußische Fecht=
Instruktion so große Verschiedenheiten gegen die in Braunschweig be=
triebene sächsische Methode, daß auch die alten, bewährten Vorfechter
wieder mit den Anfangsgründen beginnen mußten. Für den Dienst=
unterricht konnte das seit Jahren benutzte Waldersee'sche Lehrbuch
beibehalten werden.

Der Garnisondienst wurde schon seit Anfang Oktober 1867 unter
Fortfall der bisherigen geringen Unterschiede streng nach dem preußi=
schen Garnisondienst-Reglement betrieben. Er wurde mit Genehmi=
gung des Landesherrn wesentlich eingeschränkt, da der damit ver=
bundene, noch immer unverhältnißmäßig starke Mannschaftsaufwand
sich beim 1. und 2. Bataillon als ein Hemmniß für den eifrigen
Dienstbetrieb in anderen, als wichtiger erkannten Ausbildungszweigen
erwies. Die Thorwachen Braunschweigs fielen sämmtlich fort, soweit
sie nicht zugleich als Kasernen= oder Arrestwachen dienten; die
Posten wurden vermindert. Die größte Wirkung übte aber die An=
ordnung aus, wonach das bisher monatlich wechselnde Wolfenbütteler

Wachtkommando, dessen Stärke 2 Offiziere, 8 Unteroffiziere, 3 Spiel=
leute, 80 Soldaten betrug, vom 1. Januar 1868 durch eine täglich
mit der Eisenbahn dorthin beförderte Gefängnißwache von 2 Unter=
offizieren, 1 Gefreiten, 1 Spielmann, 13 Gemeinen ersetzt wurde.

Die Beschäftigungen regelten sich hauptsächlich nach den in Aus=
sicht gestellten Besichtigungen. Es gelang dem Regiment schon bei
der ersten Rekruten= und Kompagnie=Besichtigung, die Anerkennung
seines Brigade=Kommandeurs zu erringen. Mit besonderem Stolz
und Freude aber empfing es im Mai 1868 auch das Lob des
Divisions=Kommandeurs und des Kommandirenden Generals ge=
legentlich der Bataillons=Besichtigungen. Dies gab die volle Ge=
wißheit, daß der Dienstbetrieb in richtige Bahnen gelenkt war. Am
7. und 8. Juni 1869 hatten das 1. und 2. Bataillon die Ehre, von
Seiner Königlichen Hoheit dem Großherzog Friedrich Franz von
Mecklenburg=Schwerin, ihrem Führer vom Jahre 1866, besichtigt zu
werden, als er in seiner Eigenschaft als Armee=Abtheilungs=In=
spekteur nach Braunschweig kam. Das Dienstjahr begann damals
später als jetzt; denn die Tage der Rekruten=Einstellungen waren der
5. November 1867, der 2. Januar 1869 und der 17. Dezember 1869.
Schon vorher aber wurde mit dem Scheibenschießen und dem theore=
tischen Unterricht begonnen. Die Kompagnie=Besichtigung war ver=
hältnißmäßig spät, 1869 erst im Mai. Die der Bataillonsausbildung
folgende Felddienstperiode erhielt ein erhöhtes Interesse dadurch, daß
die Uebungen nach Anordnung der Division im Monat Juli gemein=
sam mit dem Braunschweigischen Husaren=Regiment Nr. 17 in Form
von Garnisonübungen stattfanden.

Nun sollten die Braunschweiger auch den Segen größerer Herbst=
manöver kennen lernen. Im Jahre 1867 wurde zum letzten Male
die sogenannte Exerzirzeit nach alter Art abgehalten. Sie umfaßte
das Gefechtsschießen bei Essehof vom 14. bis 23. August, das Ba=
taillons = Exerziren und die vom 27. August bis 13. September
während Regiments=Ausbildung, wobei das Exerziren mit gegen=
seitigen Felddienstübungen und Marschübungen abwechselte. Am
5. September fand ein größerer Uebungsmarsch nach dem Reitling
mit Abkochen statt, wobei zum letzten Male die altgewohnten Signale
„Regiment Ruf" und „Regiment mit Sack und Pack" die Truppen
unter das Gewehr riefen. — Mit dem Jahre 1868 begannen die
Manöver im preußischen Verbande und nach preußischen Grundsätzen.

Sie verschafften durch ihre vorzügliche Anlage und Leitung in un=
geahnter Fülle Anregung und Belehrung, welche Offizieren und
Unteroffizieren im Kriege 1870/71 einen außerordentlichen und mit
dem aufrichtigsten Danke für ihren Leiter, General v. Bose, anerkannten
Nutzen brachten. Auch waren die gemeinsamen Herbstübungen in
hohem Maße der Kameradschaft förderlich. Die Aufnahme, welche
den Braunschweigern nicht allein vom Brigade=Regiment, sondern
von allen Abtheilungen der 20. Division zu Theil wurde, ließ das
Regiment bald vergessen, daß es als ein neues und fremdes Glied
in den großen, allgemeinen Verband eingetreten war.

Die Herbstübungen begannen mit dem Regiments=Exerziren,
welchem das Exerziren der 40. Infanterie=Brigade folgte. 1868 nahmen
das Hannoversche Jäger=Bataillon Nr. 10 und die 6. sechspfündige
(Braunschweigische) Batterie hieran Theil. Das Regiments= und
Brigade=Exerziren fanden in diesem Jahre auf dem Großen Exerzir=
platze bei Braunschweig statt; der Kommandirende General v. Voigts=
Rhetz hielt beide Besichtigungen selbst ab. Am 30. August mar=
schirte die Brigade von Braunschweig ab, um bei Salzgitter die vom
General v. Beeren geleiteten Detachements=Uebungen abzuhalten
und darauf bei Hildesheim am Manöver der 20. Division unter
Leitung Sr. Exzellenz des General=Lieutenants v. Bose theilzunehmen.
Aus dem Gelände bei Hildesheim, wo sie erst vor drei Jahren unter
so ganz anderen Verhältnissen manövrirt hatten, rückten die Ba=
taillone am 15. bezw. 17. September in ihre Garnisonen Braun=
schweig und Blankenburg wieder ein, woselbst am folgenden Tage
die Entlassung der zur Disposition zu beurlaubenden oder zur Reserve
übertretenden Mannschaften erfolgte. — Im Jahre 1869 wurde das
Regiments=Exerziren wieder bei Braunschweig, das Brigade=Exerziren
jedoch, abermals unter Zutheilung der Wolfenbütteler Batterie, auf
dem Steinfelde zwischen Oker und Vienenburg abgehalten. Die
Detachements=Uebungen in der Gegend von Seesen leitete diesmal
der Kommandeur der 20. Kavallerie=Brigade, Generalmajor v. Redern.
Das Divisions=Manöver fand vom 6. bis 11. September zwischen
Einbeck und Göttingen statt. Am 16. September erreichte das
Regiment nach viertägigem Rückmarsche seine heimischen Garnisonen.

Im Jahre 1870 sollten laut einer Allerhöchsten Kabinetsordre
vom 3. März das 9. und 10. Armeekorps große Herbstübungen vor
Sr. Majestät dem Bundesfeldherren abhalten, und der

Kommandirende General gab der Erwartung Ausdruck, daß Straffheit und Unverdrossenheit einen Unterschied zwischen älteren und neueren Truppentheilen nirgends werde erkennen lassen. Leider wurde die Aus= bildung des 1. und 2. Bataillons in diesem Jahre dadurch erschwert, daß seit dem Oktober 1869 an der Anlage neuer Schießstände für die weiteren Entfernungen auf dem sogenannten Moorberge bei der Vieweg'schen Ziegelei gearbeitet wurde. Zu dieser vom Hauptmann Gerloff geleiteten Arbeit, welche erst kurz vor der Mobilmachung vollendet war, mußten täglich drei abwechselnd arbeitende Kommandos von je 60 Mann gestellt werden. Dennoch zeigten die Kompagnie= und Bataillons=Besichtigungen ein zufriedenstellendes Ergebniß, und man sah dem Königsmanöver mit freudiger Spannung entgegen. Schon waren das Manövergelände, die Zeiteintheilung, der Tag der großen Parade bekannt gegeben. Die Gestellungsordres für die statt der Kommandirten und Kranken einzuberufenden Reservisten waren vorbereitet. Alles arbeitete und freute sich auf die Zeit, wo das Er= lernte dem Allerhöchsten Kriegsherrn vorgeführt werden konnte. Aber es sollte nicht dazu kommen: in anderer, schönerer Weise sollte es dem Regiment vergönnt sein, in diesem Jahre den Beweis seiner Tüchtigkeit zu liefern.

Noch ist einer eigenartigen Kommandirung nach außerhalb Er= wähnung zu thun, welche bereits in das Jahr 1868 fällt. Die 40. Infanterie=Brigade hatte in dem gedachten Sommer ein Kom= mando zur Besetzung des Jahdegebietes zu stellen. Dazu gab jedes der beiden Regimenter 3 Unteroffiziere, 45 Mann, das Infanterie= Regiment Nr. 17 außerdem 1 Offizier als Führer. Das Kommando ging am 1. Juli 1868 nach Heppens am Jahdebusen, traf aber schon am 24. August wieder in Braunschweig ein, da die 1. See= Artillerie=Kompagnie ständig nach Heppens verlegt und inzwischen dort eingetroffen war. Es hatte dies Kommando den Nutzen für das Regiment, daß hierdurch praktisch jedem Einzelnen zur Erkenntniß gebracht wurde, wie die gemeinsamen Interessen des Norddeutschen Bundes auch gleiche Anforderungen an alle Bundesstaaten stellten, und daß besondere Bundeszwecke sehr wohl die Verwendung außerhalb des engeren Vaterlandes zur Folge haben konnten.

Die Jahre 1868 und 1869 brachten dem Offizierkorps des Regiments viele und wichtige Personalveränderungen. Manche Offi= ziere hatten schon bald nach dem Eintritt des Kontingents in den

Norddeutschen Bund theils aus Gesundheitsrücksichten, theils zum
Uebertritt in Civilstellungen oder in preußische Dienste den erbetenen
Abschied erhalten. So verlor das Regiment im Januar und Februar
1868 den etatsmäßigen Stabsoffizier Major v. Holy, sowie 4 Hauptleute und 2 Premier-Lieutenants. Gleichzeitig wurde der auf der
Kriegsakademie zu Berlin dazu vorgebildete Hauptmann Rese auf
ein Jahr zur Dienstleistung zum großen Generalstabe kommandirt
und trat noch in demselben Jahre in die preußische Armee über.
Aber auch die höheren Kommandostellen im Regiment sollten vom
Wechsel nicht verschont bleiben. Mit aufrichtiger Trauer erfuhr das
Regiment im Sommer 1868, daß sein Kommandeur, Oberst Frh.
v. Girsewald, zu dem es mit Verehrung und Vertrauen auf-
blickte, seine Pensionirung erbitten wolle, nachdem er seine militärische
Thätigkeit durch das schwierige Werk der Ueberleitung des Regiments
in die neuen Verhältnisse würdig beschlossen hatte. Er wurde am
24. Juni 1868 unter Verleihung des Charakters als Generalmajor
in den erbetenen Ruhestand versetzt. Sein Andenken aber war im
Regiment noch lange lebendig, und es blieb unvergessen, wie er bei
aller Strenge im Dienst doch mit unverwüstlichem Humor alle Anstrengungen gemeinsam mit den Leuten zu ertragen und diese durch
kleine Scherze, oft in platter Sprache, sowie durch seinen häufig ge-
brauchten Zuruf „Nie nalaten!" jederzeit aufzufrischen wußte. Zu
seinem Nachfolger wurde am 9. Juli der bisherige Kommandeur des
Leibbataillons, Oberstlieutenant Graf Görtz-Wrisberg, ernannt.
Aber auch er trat schon am 5. Februar 1869 in den Ruhestand,
worauf abermals der Kommandeur des Leibbataillons, Major Haberland, am 12. März unter Beförderung zum Oberstlieutenant an die
Spitze des Regiments gestellt wurde. Auch alle drei Bataillone
machten in dieser Zeit einen, zum Theil sogar mehrere Kommandeurwechsel durch. Oberstlieutenant Isendahl, der Kommandeur des
2. Bataillons, trat im Juni 1868 in den Ruhestand, und sein Nachfolger, Major Jäger, folgte ihm schon im Januar 1869. Der
Kommandeur des 1. Bataillons, Major v. Praun, erhielt im April
1869 gleichfalls den Abschied bewilligt. Daß auch das Leibbataillon
zwei seiner Kommandeure durch Beförderung abgab, hörten wir
bereits. Als die Friedenszeit zu Ende ging und der blutige Ernst
des Krieges begann, sahen die drei Bataillone folgende Kommandeure an ihrer Spitze: 1. Bataillon Major v. Erichsen, 2. Ba-

tailon Major Rittmeyer, Füsilier-(Leib-)Bataillon Major v. Münchhausen. Die Stellung des etatsmäßigen Stabsoffiziers hatte
Major v. Förster inne. Dieser zahlreiche Wechsel hatte die anfänglich sehr nahe liegende Befürchtung, daß das Offizierkorps auf
ein angemessenes und dem der anderen norddeutschen Regimenter
annähernd gleiches Avancement werde verzichten müssen, gehoben.
Aber wenngleich dieser Vortheil nicht verkannt wurde, sah das Offizierkorps doch einen so großen Theil älterer, durch langjährige Erfahrung
vorzugsweise tüchtiger Elemente mit Bedauern aus seiner Mitte
scheiden.

Am 25. April 1869 verlieh Herzog Wilhelm zu Allerhöchst-
seinem Geburtstage dem Füsilier-(Leib-)Bataillon die bislang infolge
seiner früheren Eigenschaft als Jäger-Bataillon schmerzlich entbehrte
Fahne. Es war eine Schwesterfahne der von den beiden Musketier-
Bataillonen geführten und hatte gleich diesen schon an den heißen
Schlachttagen von Quatrebras und Waterloo der braunschweigischen
Infanterie vorangeweht. Es war die im Jahre 1814 dem damaligen
3. Linien-Bataillon verliehene Fahne mit dem braunschweigischen
Roß und der Inschrift Nunquam retrorsum, die schon auf Seite 42
dieses Buches näher beschrieben ist. Um die Tage von Quatrebras
und Waterloo und zugleich mit ihnen die von den Vorfahren bewiesene Tapferkeit und Ausdauer dem Bataillon in ernster Stunde
stets in das Gedächtniß zurückzurufen, wurde die Fahne durch den
Herzog bei ihrer Verleihung an das Bataillon mit einem blauen,
mit Gold eingefaßten Bande geschmückt, welches die Inschrift erhielt: „Quatrebras und Waterloo den 16. und 18. Juni 1815,
Verliehen den 25. April 1869". An den Ecken des Fahnenbandes
war der Namenszug F W eingestickt und erinnerte somit an den
an der Spitze des damaligen Leibbataillons glorreich gefallenen Herzog
Friedrich Wilhelm. Die Fahne war zunächst von Braunschweig nach
dem herzoglichen Schlosse in Blankenburg überführt worden. Von
hier am Morgen des 25. April 1869 durch eine Kompagnie ab-
geholt, wurde sie dem Bataillon in entsprechender Feier übergeben.
Mit ernsten Worten weihte General-Superintendent Kalbe von einem
auf dem Kasernenplatze erbauten Altare herab die Fahne zu ihrem
erneuten, schönen Berufe ein. Darauf übergab der Bataillons-
Kommandeur Major v. Münchhausen das Feldzeichen dem Bataillon
im Namen Seiner Hoheit mit begeisternden Worten, und das Bataillon

gab unter der Versicherung, sich der neuen Ehre würdig zeigen zu wollen, durch ein dreimaliges Hurrah seinem Dankgefühle gegen den hohen Verleiher Ausdruck. Die Bewohner Blankenburgs, welche ein enges und freundschaftliches Band mit der Garnison vereinigte, bezeugten auch an diesem Ehren- und Freudentage des Leibbataillons durch rege Betheiligung an der Feier ihre aufrichtige Theilnahme. Nicht viel mehr als ein Jahr sollte vergehen, bis auch das Leibbataillon nach Verlauf einer 55jährigen Friedenszeit ins Feld rücken durfte, und die drei ehrwürdigen Fahnen, welche schon mit den glorreichen Anfängen des Braunschweigischen Regiments eng verknüpft sind, dem Infanterie-Regiment Nr. 92 zu neuen Kämpfen und Siegen voranflatterten, in denen auch der stets bewährte Waffenruhm der Schwarzen zu neuen Ehren gelangen sollte!

Offizier-Stammliste

1813—1869.

Vorbemerkungen.

1. Diejenigen Offiziere dieses Zeitraumes, welche schon dem englisch-braunschweigischen Infanterie-Regiment angehört hatten, sind in dieser Stammliste nicht erneut aufgenommen; vielmehr wird ihretwegen auf die Stammliste des 1. Bandes (Seite 335—361) verwiesen.

2. Aus der Zeit vor dem Schleswig-Holsteinischen Kriege haben der Raumbeschränkung wegen nur solche Offiziere Aufnahme gefunden, die mindestens die Hauptmannscharge erreicht haben.

3. Für den Zeitraum von der Kriegserklärung 1848 bis zur Kriegserklärung 1870 sind sämmtliche Offiziere der braunschweigischen Fußtruppen aufgenommen.

4. Die Reihenfolge ist alphabetisch, der Lebensgang von der Geburt (*) bis zum Tode (†) gebracht. Der Eintritt und Austritt aus dem aktiven braunschweigischen Infanteriedienst sind durch stärkeren Druck hervorgehoben; Patente sind nur angegeben, wenn sie wesentlich vom Ernennungstage abweichen; Feldzüge nur, wenn die Betheiligung daran nicht schon aus Verwundungen 2c. hervorgeht.

1. Herzog zu **Braunschweig und Lüneburg**, Karl II.

* $^{30}/_{10}$ 1804 zu Braunschweig; $^{30}/_{10}$ 1821 hannov. Oberst; $^{30}/_{10}$ 1823 Regier.-Antritt; 1825 großbritann. General; $^{7}/_{9}$ 1830 aus Braunschw. vertrieben; $^{1}/_{2}$ 1831 für regierungsunfähig erklärt; † $^{18}/_{8}$ 1873 zu Genf.

2. Herzog zu **Braunschweig und Lüneburg**, Wilhelm.

* $^{25}/_{4}$ 1806 zu Braunschweig; $^{30}/_{10}$ 1821 Rittm. à. l. s. des hannov. Garde-Huf.-Rgts.; $^{13}/_{1}$ 1824 Herzog zu Oels; $^{17}/_{2}$ 1826 als Rittm. dem preuß. Garde-Landw.-Ulan.-Rgt. aggr.; $^{22}/_{10}$ 1828 Major daselbst; $^{10}/_{9}$ 1830 einstweiliger Regent in Braunschw.; $^{20}/_{4}$ 1831 regierender Herzog; $^{1}/_{1}$ 1831 hannov. Feld-marschall; $^{14}/_{5}$ 1831 Absch. aus preuß. Diensten mit Gen.-Unif.; $^{31}/_{5}$ 1835 à. l. s. der preuß. Armee gest.; $^{6}/_{3}$ 1843 Chef des 10. Huf.-Rgts.; $^{27}/_{4}$ 1843 Gen.-Maj. (Pat. $^{14}/_{5}$ 31); $^{30}/_{3}$ 1844 Char. als Gen.-Lieut.; $^{22}/_{8}$ 1844 Prädikat „Hoheit" angen.; $^{25}/_{3}$ 1845 Gen.-Lieut. (Pat. $^{30}/_{3}$ 44); 1848 Kr. geg. Dänem.; $^{27}/_{6}$ 1848 Gen. d. Kav.; Anf. 1852 Inhaber des hannov. Garde-Kür.-Rgts.; $^{29}/_{6}$ 1854 Inhaber des österr. 7. Kür.-Rgts.; $^{29}/_{5}$—$^{31}/_{7}$ 1859 Komm. Gen. des mob. 10. Bundes-Armeekorps; † $^{18}/_{10}$ 1884 zu Sibyllenort.

3. **Ahrberg**, Karl.

* $^{31}/_{1}$ 1791 zu Braunschweig; $^{15}/_{9}$ 1811 in westfäl. Dienste getr.; Korp. u. Sgt.-Maj.; 1812—14 Kr. geg. Rußl. u. Preußen; $^{1}/_{2}$ 1813 Unter-Lieut. im 4. Lin.-Rgt.; $^{4}/_{4}$ 1814 Fähnr. im braunschw. 1. Lin.-Bat. (Pat. $^{5}/_{11}$ 13); $^{8}/_{4}$ 1814 zur Avantg. für den Zug nach Brabant; $^{2}/_{2}$ 1815 zum Bat. v. Pröstler; $^{8}/_{4}$ 1815 als Lieut. zur Avantg. (Pat. $^{10}/_{8}$ 15); $^{16}/_{8}$ 1815 bei Quatrebras verw.; $^{3}/_{2}$ 1816 zum Res.-Bat. Wolfenbüttel; $^{29}/_{7}$ 1817 zum 2. leicht. Bat.; $^{27}/_{1}$ 1831 als Prem.-Lieut. zum 1. od. Leib-Bat.; $^{1}/_{2}$ 1824 als Adj. zum Garde-Gren.-Bat.; $^{8}/_{5}$ 1822 als Rgts.-Adj. zum Inf.-Rgt.; $^{2}/_{1}$ 1833 (bis Herbst 1846) außerdem Kdt. des Kadett.-Instit.; $^{26}/_{10}$ 1835 Hauptm. (Pat. $^{7}/_{9}$ 35); $^{8}/_{2}$ 1837 Komp.-Chef im 2. Bat., $^{15}/_{10}$ 1843 im 3. Bat., $^{7}/_{4}$ 1846 im 1. Bat. (Gren.-Komp.); 1848—49 Kr. geg. Dänem.; $^{12}/_{11}$ 1848 Major u. Komm. des 2. Bats. (Pat. $^{1}/_{11}$ 43); $^{13}/_{4}$ 1849 Präs. der Mil.-Stud.-Kommiss.; $^{19}/_{4}$ 1852 in den Ruhestand; $^{19}/_{11}$ 1853 Präs. der Mil.-Gesundh.-Kommiss.; † $^{18}/_{9}$ 1854 zu Braunschweig.

4. **Ahrens**, Otto.

* $^{25}/_{10}$ 1794 zu Wolfenbüttel; $^{10}/_{3}$ 1811 in der westfäl. Jäg.-Garde eingetr.; 1813 als Uffz. Kr. geg. die Verbünd.; $^{26}/_{10}$ 1813 Sergt., bald darauf Feldweb. im brschw. 1. leicht. Bat.; $^{14}/_{4}$ 1815 Fähnr. in der Avantgarde; Kr. geg. Frankr.; $^{3}/_{2}$ 1816 auf Wartegeld; $^{15}/_{4}$ 1818 zum Res.-Bat. Weser; $^{8}/_{5}$ 1822 als Sek.-Lieut. auf Wartegeld (Pat. $^{16}/_{12}$ 21); $^{26}/_{1}$ 1824 zum Lin.-Inf.-Rgt.; $^{21}/_{10}$ 1830 als Prem.-Lieut. zum Leib-Bat.; $^{26}/_{8}$ 1834 Bat.-Adj.; $^{11}/_{1}$ 1839 Hauptm. im 3. Bat. (Pat. $^{19}/_{9}$ 35); $^{29}/_{9}$ 1841 Komp.-Chef im Leib-Bat. (3. Komp.); $^{3}/_{4}$ 1849 Major u. Komm. des 1. Bats. (Pat. $^{1}/_{10}$ 47); 1849 Kr. geg. Dänemark; $^{25}/_{4}$ 1854 Char. als Ob.-Lt.; $^{16}/_{2}$ 1855 zur Verfüg. des Brig.-Kdrs.; $^{19}/_{3}$ 1855 Ob.-Lt. (Pat. $^{1}/_{3}$ 55); $^{4}/_{4}$ 1855 Komm. des Landw.-Bats.; $^{20}/_{9}$ 1856 Char. als Oberst; $^{24}/_{4}$ 1858 in den Ruhestand; † $^{1}/_{9}$ 1870 zu Braunschweig.

5. **v. Aurich**, August.

* $^{12}/_{10}$ 1784 zu Hirschsprung (Sachs.); 1805 als Bombardier in die sächs. Art.; $^{14}/_{10}$ 1806 bei Jena verw.; 1808 als Offiz. in österr. Dienste (Zeichnungskanzlei); $^{6}/_{7}$ 1809 bei Wagram verw.; 1813 dem preuß. Hauptqu. zugeth.; $^{16}/_{10}$ 1813 bei Möckern verw.; $^{14}/_{2}$ 1814 Lieut. im brschw. 3. leicht. Bat.; $^{11}/_{3}$ 1814 als Adj. zum 1. Lin.-Bat.; $^{16}/_{3}$ 1814 Adj. der Res.-Brig.; $^{18}/_{6}$ 1814 Rang als Kap.; $^{7}/_{8}$ 1814 Komp.-Chef im 3. Lin.-Bat.; $^{27}/_{1}$ 1815 Adj. der Res.-Brig.; $^{1}/_{2}$ 1815 Kap. (Pat. $^{21}/_{3}$ 14); $^{14}/_{4}$ 1815 Adj. der Lin.-Brig.; $^{16}/_{6}$ 1815 bei Quatrebras verw.; $^{8}/_{5}$ 1822 dem Inf.-Rgt. aggr.; $^{5}/_{2}$ 1824 pensionirt; $^{13}/_{6}$ 1828 Postverwalter zu Eschershausen; $^{1}/_{2}$ 1830 von dieser Stellung enthoben; † $^{21}/_{2}$ 1831 zu Eschershausen.

6. **Barthel**, Richard.

* $^{5}/_{8}$ 1847 zu Braunschweig; $^{1}/_{10}$ 1865 Einj.-Freiw. bei der braunschw. Artill.; 1866 Zug nach Bayern; $^{1}/_{10}$ 1866 Bombardier;

$^9/_{10}$ 1866 Unteroff.; $^{12}/_2$ **1868** zum Inf.-Rgt. versetzt; $^{11}/_7$ 1868 Port.-Fähnr.; $^5/_2$ 1869 Sek.-Lieut.; 1870—71 Kr. geg. Frankr.; $^5/_9$ 1875 Prem.-Lieut.; $^{30}/_{10}$ **1880** Abschied; $^{17}/_{11}$ 1880 Prem.-Lieut. im Kgl. Sächs. 8. Inf.-Rgt. Pr. Johann Georg Nr. 107 (Pat. $^5/_2$ 75); $^1/_4$ 1881 Hauptm. u. Komp.-Chef (11. Komp.); $^3/_2$ 1889 Absch. mit Rgts.-Unif.; $^{13}/_2$ 1889 Bürgermeister in Alfeld.

7. Bauer, Bruno. * $^{27}/_2$ 1843 zu Braunschweig; $^1/_4$ **1860** Einj.-Freiw. beim Inf.-Rgt.; $^1/_{12}$ 1860 Vize-Korp.; $^6/_4$ 1861 Port.-Fähnr.; $^5/_{11}$ 1862 Sek.-Lieut.; 1866 Zug nach Bayern; 1870—71 Kr. geg. Frankreich; $^5/_1$ 1871 Prem.-Lieut.; $^{30}/_4$ 1877 Hauptm. u. Komp.-Chef (1. Komp.); $^{29}/_1$ 1883 dem Rgt. aggr.; $^3/_{10}$ **1883** Absch. mit Rgts.-Unif.; $^8/_5$ 1890 Char. als Major; † $^{15}/_9$ 1897 zu Oeynhausen.

8. v. Bause, Friedrich. * $^{23}/_5$ 1789 zu Mastricht; $^{31}/_5$ 1806 in kais. franzöf. Dienste getreten; 1807 Feldz. an der Adriat. Küste; 1808—9 Kr. in Neapel; $^4/_{11}$ 1809 in westfäl. Dienste als Sergt. im 5. Lin.-Rgt.; $^5/_{11}$ 1809 Sergt.-Maj.; $^{11}/_2$ 1810 Sous-Adj.; $^{11}/_{10}$ 1810 Unt.-Lieut.; $^2/_7$ 1811 als Lieut. zum 1. leicht. Bat; $^{28}/_3$ 1813 Capit. d'habillement; 1813 Feldz. in Norddeutschl. als Ordonn.-Offiz. in der Adjutantur des Gen. Wallmoden; $^{14}/_{11}$ **1813** in braunschw. Dienste als Tit.-Kapit. im leicht. Inf.-Rgt. (Pat. $^{18}/_4$ 14); $^{18}/_{11}$ 1813 Komm. des Werbe-Depots zu Dömitz; $^6/_{12}$ 1813 als Aide-Gen.-Adj. zum Stabe des Feldkorps; $^{13}/_4$ 1815 Adjut. des Herz. Friedr. Wilh.; 1815 Kr. geg. Frankreich; $^3/_2$ 1816 Aide-Gen.-Adj. beim Stabe des Feldkorps; $^{18}/_5$ 1818 dem 1. ob. Leib-Bat. aggr.; $^8/_5$ 1822 dem Inf.-Rgt. aggr.; $^5/_{11}$ **1823** Adjut. des Herz. Karl; $^1/_1$ 1826 Flügel-Adjut.; $^7/_1$ 1827 zum Kriegs-Koll.; $^{29}/_8$ 1828 Mitgl. der Mil.-Stud.-Komm.; $^{21}/_{10}$ 1830 Flügel-Adjut. des Herz. Wilhelm; $^{25}/_4$ 1831 Major; $^{28}/_9$ 1845 Ob.-Lt. der Kav.; $^{25}/_4$ 1851 Oberst der Kav.; $^{29}/_4$ 1854 Gen.-Adj.; $^5/_{10}$ 1854 Adelstand; $^{15}/_2$ 1855 Gen.-Maj.; $^{28}/_4$ 1865 mit Char. als Gen.-Lieut. z. Disp.; † $^{16}/_{12}$ 1867 zu Braunschweig.

9. Frh. v. Bernewitz, Wilhelm. * $^{10}/_{10}$ 1808 zu Braunschweig; $^7/_3$ 1825 als Kadet eingetr.; $^1/_5$ **1826** Port.-Fähnr. im Garde-Gren.-Bat.; $^2/_5$ 1827 Fähnr.; $^{24}/_5$ 1827 zum 2. Lin.-Inf.-Rgt.; $^{29}/_9$ 1830 Unt.-Lieut. (Pat. $^1/_5$ 27); $^{21}/_{10}$ 1830 zum 2. Bat.; $^{12}/_2$ 1834 Prem.-Lieut. (Pat. $^{30}/_{12}$ 32); $^{28}/_{10}$ 1835 Bat.-Adj.; $^{29}/_9$ 1841 Hauptm. im 3. Bat. (Pat. $^4/_1$ 40); $^{15}/_{10}$ 1843 als Komp.-Chef zum 1. Bat. (4. Komp.); 1848—49 Kr. geg. Dänemark; $^{15}/_2$ 1851 Major u. Komm. des 1. Landw.-Bats.; $^{23}/_4$ 1852 Komm. des Leib-Bats.; $^{16}/_2$ 1855 Komm. des Inf.-Rgts.; $^{19}/_3$ 1855 Ob.-Lt. (Pat. $^5/_3$ 55); $^{23}/_4$ 1856 Kammerherr; $^{20}/_9$ 1856 Char. als Oberst; $^{25}/_4$ 1858 Oberst; $^{12}/_{12}$ **1861** Gen.-Maj. u. Brig.-Komm.; $^3/_{10}$ 1867 in den Ruhestand; † $^{15}/_{12}$ 1878 zu Braunschweig.

10. Frh. v. Bernewitz, Otto. * $^{16}/_1$ 1834 zu Blankenburg; $^1/_{10}$ **1851** Freiw. im Inf.-Rgt.; $^{26}/_6$ 1852 Vize-Unteroff.; $^{11}/_3$ 1853 Port.-Fähnr.; $^{12}/_1$ 1855 Sek.-Lieut.; $^1/_1$ 1858 Hofjunker; $^{11}/_6$ 1861 zum Leib-Bat. verf.; $^{24}/_4$ 1865 als Prem.-Lieut. zum Inf.-Rgt.; $^1/_1$ 1866 Kammerjunker; 1866 Zug nach Bayern; $^{17}/_7$ 1870 Führer der 3. Komp.; $^{27}/_7$ 1870 Char. als Hauptm.; 1870—71 Kr. geg. Frankr. (Eif. Kr. 1. Kl.); $^7/_{11}$ 1871 Hauptm. u. Komp.-Chef (7. Komp.); $^{31}/_{12}$ 1871 Kammerherr; $^1/_8$ 1875 Major u. Flügel-Adjut.; $^{25}/_4$ 1879 Ob.-Lt. (Pat. $^{27}/_9$ 81); $^{20}/_9$ 1880 Hofmarschall; $^{25}/_4$ 1884 Char. als Oberst; $^{15}/_{12}$ 1885 Char. als Gen.-Maj.; † $^{20}/_{10}$ 1886 zu Braunschweig.

11. Frh. v. Bernewitz, Adolf. * $^2/_{11}$ 1834 zu Minden; $^1/_5$ 1846 bis $^1/_2$ 1849 im Kadettenhause Bensberg; $^3/_4$ **1853** als Einjähr.-Freiw. beim braunschw. Inf.-Rgt. eingetr.; $^{24}/_{10}$ 1853 Vize-Uffz.; $^{28}/_9$ 1854 Port.-Fähnr.; $^{24}/_{12}$ 1855 Sek.-Lieut.; $^9/_5$ 1859 Adjut. des 2. Bats.; $^{16}/_{11}$ **1862** Abschied; $^{25}/_{11}$ 1862 als Sek.-Lieut. zum 8. Westfäl. Inf.-Rgt. Nr. 57 (Pat. $^{24}/_{12}$ 56); $^9/_1$ 1864 Prem.-Lieut.; $^{26}/_7$ 1864 als Insp.-Offiz. u. Lehrer zur Kriegsschule Erfurt; 1866 Kr. geg. Oesterr.; $^{12}/_9$ 1866 Büreau-Chef u. Rendant der Kriegssch. Erfurt;

¹⁴/₉ 1867 zum Rgt. zur.; ⁸/₆ 1869 Hauptm. u. Komp.-Chef (3. Komp.); ¹⁶/₈ 1870 bei Vionville verw.; ¹²/₉ 1878 überzähl. Major; ¹³/₅ 1880 etatsm. Stabsoff.; ¹⁵/₅ 1883 als Bat.-Komm. zum 5. Rhein. Inf.-Rgt. Nr. 65 (2. Bat.); ¹³/₉ 1884 Abſch. mit Unif. des Inf.-Rgts. Nr. 57; ¹³/₄ 1886 Char. als Ob.-Lieut.; † ¹⁰/₁ 1894 zu Braunſchweig.

12. Frh. v. Bernewitz, Oskar.

* ²⁷/₂ 1839 zu Blankenburg; ⁶/₂ 1856 Einj.-Freiw. im Inf.-Rgt.; ¹/₁₀ 1856 Vize-Korp.; ⁷/₅ 1857 Port.-Fähnr.; ⁴/₈ 1858 Sek.-Lieut.; ¹¹/₆ 1861 zum Leib-Bat. verſ.; ²⁸/₁₂ 1863 zum Inf.-Rgt. zur.; 1866 Zug nach Bayern; ¹²/₂ 1869 Prem.-Lieut.; ¹⁷/₇ 1870 Führer der 5. Komp.; 1870—71 Kr. geg. Frankr. (Eiſ. Kr. 1. Kl.); ⁴/₁₂ 1873 Hauptm. u. Komp.-Chef (5. Komp.); ¹/₁ 1884 überzähl. Major; ²¹/₁₁ 1884 zur Dienſtl. zum Leib-Gren.-Rgt. (1. Brand.) Nr. 8; ³/₁₂ 1885 a. l. s. des Herz. Brſchw. Inf.-Rgts. Nr. 92 geſt.; ¹⁵/₄ 1886 als Bat.-Komm. zum Leib-Gren.-Rgt. (1. Brand.) Nr. 8 verſ. (Füſ.-Bat.); ¹⁶/₄ 1889 Abſch. mit Char. als Ob.-Lieut. und Unif. des Inf.-Rgts. 92; wohnt in Blankeneſe.

13. Frh. v. Bernewitz, Ludwig.

* ¹⁵/₉ 1847 zu Braunſchweig; ¹/₄ 1865 Einj.-Freiw. im Inf.-Rgt.; ²⁸/₉ 1865 Vize-Korp.; ¹/₄ 1866 Port.-Fähnr.; 1866 Zug nach Bayern; ¹²/₈ 1867 Sek.-Lieut.; ¹⁷/₇ 1870 zum Erſ.-Bat.; † ³⁰/₁₀ 1870 zu Braunſchweig.

14. Bielitz, Karl.

* ³⁰/₈ 1794 zu Wolfenbüttel; ²⁴/₁₁ 1813 Dienſt-eintr. beim leicht. Inf.-Rgt.; ²/₁ 1814 Korp.; ⁷/₂ 1814 Sergt.; ¹⁵/₄ 1815 Fähnr. im 3. leicht. Bat.; 1815 Kr. geg. Frankr.; ³/₂ 1816 auf Wartegeld; ²⁹/₁ 1819 zum Reſ.-Bat. Wolfenbüttel; ⁸/₅ 1822 als Sek.-Lieut. auf Wartegeld (Pat. ¹⁹/₁₂ 22); ²⁸/₁ 1824 zum Lin.-Inf.-Rgt.; ¹¹/₉ 1826 zur Dienſtleiſt. z. Garde-Gren.-Bat.; ²⁵/₄ 1828 zum 1. Lin.-Inf.-Rgt. zurück; ²¹/₁₀ 1830 als Prem.-Lieut. zum Reſ.-Kadre; ³¹/₈ 1839 Hauptm. (Pat. ²⁰/₉ 35); ²⁸/₉ 1841 penſionirt; † ²²/₂ 1864 zu Berlin.

15. v. Bockelmann, Karl.

* ²⁶/₈ 1795 zu Emden; ²⁰/₁₁ 1813 Dienſt-eintr. bei der Elite-Komp.; ¹/₁ 1814 Sergt.; ²³/₂ 1814 Fähnr. im 2. Lin.-Bat. (Pat. ²⁸/₁ 14); 1815 Kr. geg. Frankr.; ⁸/₅ 1822 als Sek.-Lieut. zum 1. od. Leib-Bat. (Pat. ²⁴/₁₁ 21); ¹/₂ 1824 zum Garde-Gren.-Bat.; ¹⁸/₈ 1826 Prem.-Lieut. (Pat. ²⁹/₁ 26); ⁸/₁ 1837 als Hauptm. zum 3. Bat. (Pat. ¹⁴/₉ 35); ¹⁰/₄ 1840 als Komp.-Chef zum 2. Bat. (3. Komp.); 1848—49 Kr. geg. Dänemark; ²⁴/₁₁ 1848 Maj. u. etatsm. Stabsoff. (Pat. ²⁴/₁₁ 43); ¹⁴/₄ 1849 dem 2. Bat. attach.; ³¹/₈ 1849 Komm. des Leib-Bats.; ²³/₄ 1852 Komm. des 1. Landw.-Bats.; ²⁵/₄ 1854 Char. als Ob.-Lt.; ¹⁶/₉ 1855 mit Penſ. à. l. s. geſtellt u. Präſ. der Mil.-Stud.-Komm.; ²⁴/₇ 1860 außerdem Präſ. der Mil.-Geſundh.-Komm.; auch Präſ. des Gen.-Kriegsgerichts; ³/₁₀ 1867 von dieſen Stellungen entbund.; † ⁸/₅ 1871 zu Würzburg.

16. Bode, Louis.

* ¹⁶/₆ 1848 zu Schöppenſtedt; ⁶/₁₁ 1867 beim Braunſchw. Inf.-Rgt. Nr. 92 eingetr.; ¹¹/₁₀ 1868 Port.-Fähnr.; ¹⁵/₅ 1869 Sek.-Lieut.; 1870—71 Kr. geg. Frankr.; † ²⁴/₈ 1877 zu Pfalzburg.

17. Bodemann, Robert.

* ¹⁰/₆ 1831 zu Ohrum (Hannov.); ²⁴/₁₀ 1848 Einjähr.-Freiw. im Inf.-Rgt.; ²⁷/₁ 1849 Tit.-Korp.; 1849 Kr. geg. Dänem.; ²⁶/₉ 1849 Vize-Sergt.; ⁷/₄ 1850 Port.-Fähnr.; ⁵/₈ 1852 Sek.-Lieut.; ¹⁹/₁₂ 1854 Adjut. des 1. Landw.-Bats.; ¹⁹/₃ 1855 als Adjut. des 1. Bats. zum Rgt. zur.; ³⁰/₁₀ 1861 als Prem.-Lieut. in die Front zur. (Pat. ¹/₁₂ 60); 1866 Zug nach Bayern; ²²/₄ 1869 Hauptm. u. Komp.-Chef (12. Komp.); 1870 Kr. geg. Frankr.; ⁵/₈ 1871 Abſch. mit Penſ.-Unif.; 1879 Stadtrath, Ende 1886—1889 Bürgermeiſter von Blankenburg u. 1890 Stadtverordn., ¹/₄ 1895 Stadtverordn.-Vorſitzender; ¹⁶/₁₂ 1895 Char. als Major; iſt ſeit 1893 Landtags-Abgeordn. für Blankenburg.

18. Böcking*), Julius. * $^{17}/_8$ 1766 zu Kassel; $^1/_1$ 1780 als Fahnen-junker in brabant. Dienste; $^{22}/_5$ 1782 Fähnr.; 1781—84 Kr. in Amerika; $^{21}/_{10}$ 1785 Lieut.; 1788 Kapit.; 1790 Feldz. in Brabant; 1791 in holländ. Dienste; 1792 Lieut.; 1793—94 Kr. geg. Frankr.; 1804 Kapit.; 1805—7 Kriege geg. Oesterr. u. Preußen; $^{13}/_1$ 1808 in westfäl. Dienste; $^{18}/_1$ 1808 Kbt. v. Bielefeld; $^{18}/_2$ 1809 als Kapit. zum 3. Lin.-Rgt.; $^8/_3$ 1809 als Ob.-Lt. u. Bat.-Chef zum 5. Lin.-Rgt.; 1809 Berth. v. Halberstadt; $^{10}/_8$ 1809 Kbt. v. Stade; 1811 Kbt. v. Peine; $^{21}/_1$ 1814 Kapit. im braunschw. Res.-Bat. Helmstedt; $^{12}/_4$ 1814 Major; 1814 Zug nach Brabant als Kbt. des Feld-Hospit.; $^{21}/_7$ 1814 Komm. des Res.-Bat. Braunschweig; $^3/_2$ 1816 auf Wartegeld; $^{22}/_5$ 1818 Adjunkt des Platzmaj. in Wolfenbüttel; $^1/_5$ 1824 Platzmaj. in Wolfenbüttel; † $^5/_{11}$ 1838 zu Wolfen-büttel.

19. v. Bohlen, Heinrich. * 1778 zu Campen; $^{16}/_{11}$ 1799 Fähnr.; im preuß. Inf.-Rgt. Pr. Heinr. v. Preußen Nr. 35; $^9/_1$ 1803 Sek.-Lieut.; 1806 Kr. geg. Frankr.; „nach dem Kriege nicht wieder vorgekommen"; $^4/_1$ 1814 in braunschw. Dienste als Lieut. bei den gelernten Jäg.; $^{12}/_3$ 1814 als Kapit. zum 2. Lin.-Bat.; 1815 Kr. geg. Frankr.; $^{28}/_3$ 1816 Forstmeister in Helmstedt; † $^{14}/_{10}$ 1822 zu Helmstedt.

20. Brandes, Urban. * $^{26}/_5$ 1832 zu Offleben; $^{14}/_7$ **1848** Einj.-Freiw. im Inf.-Rgt.; $^{12}/_{10}$ 1848 Vize-Korp.; 1849 Kr. geg. Dänemark; $^{24}/_6$ 1849 Vize-Sergt.; $^{22}/_9$ 1850 Port.-Fähnr.; $^5/_8$ 1852 Sek.-Lieut.; $^7/_4$ 1855 Adj. des Landw.-Bats.; † $^9/_{10}$ **1855** zw. Lehndorf u. Braunschweig durch Sturz mit dem Pferde.

21. Brandes, Leopold. * $^7/_7$ 1833 zu Offleben; $^{26}/_{11}$ **1848** Einj.-Freiw. im Leib.-Bat.; $^8/_3$ 1849 Vize-Korp.; $^{13}/_{11}$ 1849 Vize-Sergt.; $^1/_4$ 1850 zum Inf.-Rgt. verf.; $^9/_4$ 1852 Port.-Fähnr.; $^7/_9$ 1853 Sek.-Lieut.; $^4/_4$ **1855** zum Hus.-Rgt. verf.; † $^8/_{11}$ 1860 zu Offleben.

22. Brauer, Karl. * 1779 zu Braunschweig; 1797—1800 in österreich. Diensten; $^{26}/_3$ 1799 bei Verona verw.; $^{15}/_8$ 1799 bei Novi verw.; 1801 in spanische Dienste; Lieut. im Inf.-Rgt. Almeria; $^{21}/_7$ 1808 bei Baylen verw.; $^{13}/_7$ 1810 Kapit.; $^{15}/_5$ 1811 bei Tarragona verw.; Anf. 1813 in französ. Kriegsgefangensch. u. Kapit. im westfäl. 9. Lin.-Rgt.; $^{25}/_{11}$ **1813** Lieut. im braunschw. 1. leicht. Bat.; $^1/_1$ 1814 Kapit. (Pat. $^{31}/_3$ 14); $^2/_1$ 1814 zum 2. leicht. Bat.; $^{14}/_1$ 1814 als Komp.-Chef zum 3. leicht. Bat.; $^{15}/_8$ 1814 zum 2. Lin.-Bat.; $^{27}/_1$ 1815 zum Res.-Bat. Braunschw.; $^3/_2$ 1816 zum Res.-Bat. Wolfenbüttel; $^8/_5$ 1822 zum Res.-Bat.; $^8/_{11}$ 1824 zum 2. Lin.-Inf.-Rgt.; $^{21}/_{10}$ **1830** pensionirt; † $^{25}/_7$ 1835 zu Braunschweig.

23. Braunes, Karl. * $^{23}/_5$ 1846 zu Berlin; $^1/_4$ 1868 Einj.-Freiw. im Braunschw. Inf.-Rgt. Nr. 92; $^1/_4$ 1869 Uffz.; $^{22}/_4$ 1869 Port.-Fähnr.; $^6/_3$ 1870 Sek.-Lieut.; 1870—71 Kr. geg. Frankr.; $^2/_5$ 1878 Prem.-Lieut.; $^3/_8$ 1883 Hauptm. u. Komp.-Chef (6. Komp.); $^{15}/_4$ 1886 zum 1. Schles. Gren.-Rgt. Nr. 10 (2. Komp.); $^{19}/_1$ 1888 z. Disp. gest.; $^{16}/_2$ 1889 Abschn. m. Unif. des Inf.-Rgts. Nr. 92; $^{31}/_3$ 1891 wieder z. Disp.; $^{22}/_3$ 1891 Bez.-Offiz. in Oppeln; $^{27}/_9$ 1891 besgl. in Beuthen; $^{16}/_1$ 1894 Char. als Major.

24. v. Brehmer, Georg. * $^{26}/_3$ 1796 zu Wesel; $^{30}/_3$ 1811 westfäl. Kadet in der Mil.-Schule zu Braunschweig; $^{15}/_3$ 1814 Sergt. im brschw. 2. leicht. Bat.; $^{17}/_4$ 1815 als Fähnr. zum 2. Lin.-Bat.; 1815 Kr. geg. Frankreich; $^3/_2$ 1816 auf Wartegeld; $^1/_2$ 1820 zum Res.-Bat. Wolfenbüttel; $^8/_5$ 1822 auf Warte-geld; $^{12}/_5$ 1822 Pat. als Sek.-Lieut. vom $^{20}/_{12}$ 21; $^{28}/_1$ 1824 zum Inf.-Rgt.;

---

*) Während seiner westfälischen Dienstzeit v. Böcking; doch wurde sein Adel in Braun-schweig nicht anerkannt.

⁴/₆ 1826 zum Garde-Gren.-Bat.; ²¹/₁₀ 1830 als Prem.-Lieut. zum 2. Bat.; ¹⁰/₄ 1840 als Hauptm. zum 3. Bat. (Pat. ²¹/₉ 35); ¹⁵/₁₀ 1843 als Komp.-Chef zum 1. Bat.; ⁷/₄ 1846 zum 3. Bat.; ¹⁸/₃ 1850 als Komp.-Führ. zum 1. Landw.-Bat.; ²⁷/₃ 1851 in den Ruhestand; † ²⁴/₅ 1857 zu Boppard.

25. Breithaupt, Rudolf. • ⁸/₉ 1816 zu Meerdorf; ¹⁵/₄—²¹/₆ **1848** Kriegsfreiwilliger im Inf.-Rgt.; ⁵/₁₂ 1848 wieder eingetr.; ²⁹/₁₂ 1848 Tit.-Korp.; ²¹/₄ 1849 Port.-Fähnr.; Kr. geg. Dänemark; ⁸/₅ 1850 Sek.-Lieut. im 2. Bat.; ²⁴/₃ 1853 als Adj. zum 2. Landw.-Bat.; ¹⁹/₃ 1855 ins 1. Bat. einrang. u. Führ. der 1. Landw.-Komp.; ²⁰/₉ 1856 Prem.-Lieut.; ¹⁹/₃ 1855—²⁴/₄ 1858 zur Dienstleist. beim Kriegs-Koll.; ²⁷/₁₁ 1865 als Hauptm. u. Komp.-Führ. zum Landw.-Bat. (Pat. ²/₁₁ 60); ³/₁₀ **1867** in den Ruhestand; ¹/₁₂ 1867 Adj. des Bez.-Kdos. Braunschweig I; ²⁴/₃ 1870 von dieser Stellung entbund.; ¹/₇ 1870—³¹/₅ 1871 Adj. des Bez.-Kdos. Oldenburg; lebt in Braunschweig.

26. v. Breymann, August. • 178·; ¹¹/₁₀ 1797 Fähnr. im preuß. Inf.-Rgt. Prinz Heinrich v. Preußen Nr. 35; ⁹/₁ 1803 Sek.-Lieut.; 1806—07 Kr. geg. Frankr.; ¹⁸/₁ 1814 Lieut. im brschw. 3. leicht. Bat.; ¹/₂ 1814 als Kapit. ohne Pat. zum 1. Lin.-Bat.; ¹⁰/₃ 1814 mit Pat. zum 3. Lin.-Bat.; ¹⁵/₇ 1814 Absch.; ³/₄ 1815 als Kapit. im 3. Lin.-Bat. (Pat. ¹⁰/₃ 14) wieder angestellt; 1815 Kr. geg. Frankr.; ³/₉ 1816 zum Res.-Bat. Weser; ⁸/₁₀ **1816** Absch. als Major; 1821 Forstmeister in Helmstedt; † ¹³/₄ 1854 zu Wolfenbüttel.

27. v. Brömbsen, Emil. • ¹¹/₉ 1821 zu Holzminden; ¹⁹/₄ **1838** als Kadet eingetr.; ²⁰/₄ 1839 Port.-Fähnr.; ²⁵/₄ 1840 als Sek.-Lieut. zum Leib-Bat.; ⁷/₄ 1848 Prem.-Lieut.; ¹⁵/₃ 1850 zum 2. Bat.; ¹⁷/₄ 1855 Hauptm. u. Komp.-Chef (Pat. ⁹/₁₁ 52); ⁹/₁₂ **1860** Kdr. des Poliz.-Milit.; ⁴/₂ 1869 Major; ¹/₄ 1884 Char. als Ob.-Lieut.; ¹²/₅ 1888 Absch.; lebt in Braunschweig.

28. v. Broizem, Rudolf. • ⁹/₆ 1823 zu Schöppenstedt; zuerst im Forstfach; ¹/₅ **1848** als Freiwill. beim Leib-Bat. eingetr.; ¹/₈ 1848 Vol.-Korp.; 1849 Kr. geg. Dänemark; ²⁶/₉ 1849 Vize-Sergt.; ⁷/₄ 1850 Port.-Fähnr.; ²⁴/₄ 1852 Sek.-Lieut.; ⁹/₁₂ 1860 als Prem.-Lieut. zum Inf.-Rgt. (Pat. ²¹/₁₁ 60); 1866 Zug nach Bayern; ¹²/₃ 1869 Hauptm. u. Komp.-Chef (9. Komp.); ¹¹/₁ 1871 bei Le Mans verwund.; ³/₅ 1874 Absch. mit Char. als Major u. Rgts.-Unif.; wohnt in Blankenburg.

29. v. Bülow, Hans. • ³/₇ 1784 zu Kritzow (Mecklenb.); 1799 Junker im brschw. Inf.-Rgt. v. Riedesel; ¹³/₁₁ 1800 Fähnr.; ⁸/₁ 1803 Lieut.; ²⁶/₁₀ 1806 durch Auflös. des Korps außer Dienst; ¹/₁ 1814 Kapit. im 1. leicht. Bat. (Pat. ¹⁹/₁₂ 13); ¹⁸/₆ 1815 schließ. Maj. der Avantgarde und bei Waterloo verw.; ³/₂ 1816 auf Wartegeld; ⁵/₇ 1816 Major (Pat. ³⁰/₅ 16); ¹/₈ **1820** Pächter der Domäne Ribbagshausen; ⁹/₇ 1832 die Pachtung aufgegeb. u. pensionirt; † ⁹/₁₂ 1869 zu Braunschweig.

30. v. Bülow, Friedrich. • ¹⁵/₅ 1788 zu Kritzow; ¹⁴/₄ **1803** Fähnr. im brschw. Inf.-Rgt. v. Griesheim; ²⁶/₁₀ 1806 außer Dienst; trat in mecklenb. Dienste, 1813 als Kapit. in die Hanseat. Legion; ¹²/₅—⁷/₇ 1813 Führer des 1. Bats. dieser Legion; ²³/₂ 1814 Kapit. im brschw. 2. leicht. Bat. (Pat. ¹/₁ 14); ²⁷/₁ 1815 zur Dienstleist. zum Res.-Bat. Harz; ²³/₄ 1815 zum 2. Lin.-Bat.; † ¹⁶/₆ **1815** bei Quatrebras.

31. Treusch v. Buttlar, Wilhelm. • ²⁴/₆ 1762 zu Altenfeld (Hessen); 1773 als Fahnenjunker in kurhess. Dienste; ¹²/₉ 1777 Lieut. der Garde; 1782—83 Kr. in Amerika im Rgt. v. Ditfurth; ⁴/₂ 1783 Prem.-Lieut.; ²⁷/₂ 1787 Rittm. u. Flüg.-Adj. des Prinzen Friedrich v. Hessen; 1793—94 Kr. geg. Frank-

27*

reich; ²⁵/₉ 1797 Komp.-Chef; ¹⁸/₉ 1799 Gren.-Major; ¹⁸/₁₀ 1805 Ob.-Lieut., 2ter Komm. des Rgts. Kurprinz u. Flüg.-Adj. des Kurprinzen v. Hessen; ¹⁴/₁₀ 1806 Schl. bei Jena; ²⁶/₁₁ 1806—³/₁ 1808 kriegsgef. in Frankreich; ²⁹/₁ 1808 als Oberst u. Musterungs-Insp. in westfäl. Dienste; 1809 Palast-Präfekt u. Kdt. der Nationalgarde; 1813 westfäl. Gesandter in Karlsruhe; ¹⁵/₃ 1814 Ob.-Lieut. u. Komm. der brschw. Res.-Bataillone; ¹²/₄ 1814 Komm. der leicht. Brig.; ¹⁸/₆ 1815 bei Waterloo verw.; ³/₂ 1816 Komm. der Lin.-Brig.; ²²/₅ 1821 Oberst u. Kommandant v. Wolfenbüttel; ³¹/₁₀ 1828 Gen.-Maj.; † ²/₃ 1847 zu Wolfen-büttel.

32. v. Byers, Karl. * 1769 zu Seesen; 1784 Diensteintritt beim Inf.-Rgt. v. Riedesel; ¹²/₁₂ 1787 Fähnr.; ²/₁₂ 1792 Lieut.; 1795 Kr. geg. Frank-reich; ³/₁₂ 1801 Kapit.; ²⁶/₁₀ 1806 außer Dienst; ¹³/₁₁ 1813 Kapit. im leicht. Inf.-Rgt.; ⁶/₁₂ 1813 zur Jäg.-Komp.; ¹/₁ 1814 zum 1. leicht. Bat.; ¹⁴/₁ 1814 Major u. Komm. des 1. Lin.-Bats.; ¹²/₄ 1814 Komm. der Res.-Brig.; Zug nach Brabant; ²¹/₇ 1814 Drost in Schöningen; † ²⁰/₁₁ 1833 zu Schöningen.

33. v. Campe, August. * 1760 zu Stadtoldendorf; 3 Jahre im Pagen-Instit. zu Braunschweig; ¹⁷/₉ 1782 Fähnr. im preuß. Inf.-Rgt. v. Braun Nr. 13; ²⁶/₅ 1786 Sek.-Lieut.; ²⁷/₁₀ 1794 Prem.-Lieut.; ¹⁵/₅ 1798 Stabskap.; ²⁴/₅ 1799 Abschied; 1808—13 westfäl. Kapit. u. Rekrutir.-Offiz.; ²⁸/₂ 1814 Kapit. im braunschw. Res.-Bat. Braunschw.; 1814 Zug nach Brabant; ⁷/₈ 1814 auf Warte-geld; ¹⁴/₄ 1815 in dasselbe Bat. wieder einrang.; ³/₂ 1816 auf Wartegeld; ¹/₂ 1819 pensionirt; † ²⁵/₁₀ 1848 zu Braunschweig.

34. v. Campe, Friedrich. * 1766 zu Deensen; 1780 als Junker beim brschw. Art.-Bat. eingetr.; ²⁶/₇ 1787 als Lieut. zum Inf.-Rgt. Prinz Friedrich; 1793 Vertheid. von Mastricht; 1795 Kr. geg. Frankreich; ²⁴/₁₂ 1798 als Kap. zum Inf.-Rgt. v. Griesheim; ²⁶/₁₀ 1806 außer Dienst; ²¹/₂ 1814 Major u. Komm. des Res.-Bats. Blankenburg; ²¹/₇ 1814 Komm. der Res.-Brig.; ¹⁷/₁ 1815 Ob.-Lieut.; † ²⁷/₁₁ 1820 zu Deensen.

35. Caspari, Heinrich. * ²⁴/₁₂ 1841 zu Blankenburg; ¹⁸/₅ 1859 Volontär im Inf.-Rgt.; ⁴/₁₁ 1859 Vize-Korp.; ²⁶/₁ 1860 Vol.-Sergt.; ³⁰/₁₀ 1861 Sek.-Lieut.; 1866 Zug nach Bayern; ¹⁷/₄ 1870 Prem.-Lieut. (Pat. ²⁵/₄ 70); ³¹/₁₂ 1870 bei Vendôme verw.; ⁵/₉ 1875 Hauptm. u. Komp.-Chef (7. Komp.); ¹³/₁ 1885 à l. s. des Rgts. u. zum Kön.-Gren.-Rgt. (2. Westpr.) Nr. 7 kdt. (11. Komp.); ¹⁵/₄ 1886 in dieses Rgt. vers. (Pat. ¹⁷/₃ 75); ²²/₃ 1887 dem Rgt. als überzähl. Major aggr.; ⁵/₁₁ 1887 in die 1. Hauptm.-Stelle; ¹⁹/₉ 1888 als Bat.-Komm. zum 3. Hannov. Inf.-Rgt. Nr. 79 (3. Bat.); ¹⁷/₁₁ 1891 Komm. des Pomm. Jäg.-Bats. Nr. 2; ¹⁸/₆ 1892 Ob.-Lieut.; ²²/₃ 1895 Oberst u. Komm. des Inf.-Rgts. Frhr. v. Sparr (3. Westf.) Nr. 16; ¹⁸/₈ 1897 Absch. mit der Rgts.-Unif.; wohnt in Berlin.

36. Damm, Karl. * ¹⁷/₃ 1796 zu Braunschweig; ¹⁷/₂ 1812 Frei-williger im westfäl. 3. Lin.-Rgt.; ²³/₅ 1812 Vize-Korp.; ¹¹/₈ 1812 Korporal; ²¹/₁₀ 1812 Fourier; 1813 Kr. geg. Preußen u. Rußl.; ²¹/₁₀ 1813 Sergt.-Maj.; ²⁶/₁₁ 1813 als Sergt. ins brschw. leicht. Inf.-Rgt.; ¹⁵/₁ 1814 Feldw.; ¹⁰/₁ 1814 Fähnr. im 3. leicht. Bat.; 1815 Kr. geg. Frankr.; ³/₂ 1816 zum Res.-Bat. Wolfenbüttel; ⁹/₂ 1820 z. leicht. Bat.; ⁸/₅ 1822 als Sek.-Lieut. zum Res.-Bat. (Pat. ²/₁₂ 21); ²⁸/₁ 1824 zum Lin.-Inf.-Rgt.; ²¹/₁₀ 1830 als Prem.-Lieut. zum Leib-Bat.; ³¹/₁₂ 1838 als Hauptm. zum 3. Bat. (Pat. ¹⁷/₉ 35); ³¹/₈ 1839 als Komp.-Chef zum Leib.-Bat.; ²⁰/₅ 1843 zum 3. Bat.; ⁷/₄ 1848 pensionirt; 1850 Präs. der Montir.-Komm.; ²⁴/₄ 1856 Char. als Major; † ¹³/₅ 1861 zu Braunschweig.

37. Damm, Hermann. * ¹³/₆ 1811 zu Wolfenbüttel; ¹/₅ 1827 als Expekt. ins Kadetten-Inst.; ²⁰/₄ 1828 wirkl. Kadet; ²⁰/₅ 1829 Fahnenjunker;

²¹/₄ 1831 als Sek.-Lieut. zum Leib-Bat.; ⁸/₂ 1837 Prem.-Lieut. (Pat. ²⁵/₉ 35) ¹⁰/₃ 1847 als Hauptm. u. Komp.-Chef zum 8. Bat. (Pat. ¹⁶/₁₀ 43); ²²/₃ 1848 zum Leib-Bat. (1. Komp.); ¹⁸/₃ 1850 als Komp.-Führ. zum 2. Landw.-Bat.; ¹/₂ 1851 als Komp.-Chef zum 1. Bat. (4. Komp.); ²⁰/₉ 1856 Major u. etatsm. Stabsoffiz. (Pat. ¹⁹/₇ 51); ²⁹/₄ 1858 Komm. des 1. Bats.; ²⁷/₂ 1859 zur Dispos. gestellt; † ¹⁹/₂ 1893 zu Braunschweig.

38. v. Damm, Kurt. * ²⁶/₈ 1832 zu Helmstedt; Landwirth; ¹/₄ 1853 Einj.-Freiw. im Inf.-Rgt.; ²⁴/₁₀ 1853 Vize-Korp.; ²¹/₅ 1854 Landwehr-Korp.; Oekonomie-Verwalter; ¹⁸/₄ 1859 Sek.-Lieut. der Landw.-Inf.; ²⁸/₆ 1860 als aktiver Sek.-Lieut. zum Inf.-Rgt. (Pat. ¹⁹/₇ 59); ¹⁷/₂ 1863 Abschied; kaufte das Rittergut Dzubiellen in Ostpreußen; † ·/₉ 1881 daselbst.

39. v. Damm, Ludolf. * ¹/₅ 1839 zu Braunschweig; ¹/₉ 1855 in die österr. Pion.-Korps-Schule zu Tulln; ¹/₉ 1858 als Kadet zum 2. Pion.-Bat.; ²⁴/₄ 1859 als Unt.-Lieut. zum 18. Inf.-Rgt. Großf. Konstantin v. Rußl.; 1859 Kr. geg. Frankr.; ¹/₅ 1866 Ober-Lieut.; 1866 Kr. geg. Preußen; ²⁸/₂ 1867 Abschied; ²⁰/₃ 1867 Sek.-Lieut. im braunschw. Inf.-Rgt. (Pat. ²⁰/₆ 66); 1870—71 Kr. geg. Frankr.; ¹⁸/₄ 1873—¹/₃ 1881 Adj. des Füs.-(Leib-)Bats.; ²/₁ 1874 Prem.-Lieut.; ²⁵/₄ 1882 überz. Hauptm.; ³¹/₁₂ 1882 Komp.-Chef (8. Komp.); ¹³/₁₂ 1887 mit Rgts.-Unif. z. Disp. gest.; ²⁴/₃ 1890 Bez.-Offiz. in Celle; ¹⁷/₁₁ 1891 Char. als Major.

40. Dedekind, Ludwig. * ²⁹/₈ 1786 zu Salzdahlum; ·/₁₂ 1811 Student in Göttingen; ¹⁸/₁₁ 1813 Volontär der Elite-Komp.; ·/₁₂ 1813 Sergt.; ²⁵/₂ 1814 Fähnr. im 1. leicht. Bat. (Pat. ¹³/₁₁ 13); ¹²/₃ 1814 Bats.-Adj.; ²⁷/₁ 1815 zum 3. Lin.-Bat.; ⁸/₄ 1815 Lieut. (Pat. ¹⁴/₃ 15); 1815 Kr. geg. Frankr.; ⁸/₂ 1816 auf Wartegeld; ²⁰/₁ 1816 zum Res.-Bat. Weser; ¹⁵/₄ 1818 zum Res.-Bat. Wolfenbüttel; ⁸/₅ 1822 Res.-Bat.; ²⁴/₆ 1823 Abschd. als Kapit.; wurde Pächter des Ritterguts Twülpstedt; † 1836 als Domänenpächter zu Dohndorf bei Dessau.

41. Dedekind, Adolf. * ¹⁶/₄ 1814 zu Wolfenbüttel; ¹⁶/₄ 1830 als Kadet eingetr.; ²⁴/₄ 1832 Port.-Fähnr.; ¹⁸/₈ 1834 als Sek.-Lieut. zum 3. Bat.; ²/₅ 1835 zum 2. Bat.; ²²/₂ 1839 Prem.-Lieut.; 1848—49 Kr. geg. Dänemark; ¹³/₆ 1848 Hauptm. u. Komp.-Chef im 2. Bat. (Gren.-Komp.); ⁶/₃ 1859 Major u. etatsm. Stabsoffiz. (Pat. ⁸/₆ 58); ⁵/₅ 1859 Komm. des 1. Bats.; ⁷/₅ 1865 Char. als Ob.-Lieut.; 1866 Zug nach Bayern (⁷/₈—³/₉ 1866 Rgts.-Führer); ²⁸/₂ 1867 Ob.-Lieut. (Pat. ¹⁰/₃ 65); ³/₁₀ 1867 zur Dispos. u. Bez.-Kdr. des 1. Bats. Brschw. Landw.-Rgts. Nr. 92; ²⁵/₄ 1872 Char. als Oberst; ⁸/₃ 1880 von seiner Stellung entbund.; † ¹⁷/₄ 1891 zu Braunschweig.

42. Dedekind, Max. * ²⁹/₇ 1845 zu Braunschweig; ¹/₄ 1863 Einj.-Freiw. im Inf.-Rgt. verf.; ⁴/₅ 1863 zum Leib-Bat. verf.; ²⁰/₂ 1864 Oberjäger; ³⁰/₃ 1864 Port.-Fähnr.; ²⁶/₆ 1865 als Sek.-Lieut. zum Inf.-Rgt. (Pat. ¹⁸/₆ 65); 1866 Zug nach Bayern; 1870—71 Kr. geg. Frankreich; ⁹/₁₀ 1871 Abschied; ¹³/₁₁ 1871 Sek.-Lieut. im 1. Württemb. Inf.-Rgt. (Gren.-Rgt. Kön. Olga) Nr. 119 (Pat. ¹⁸/₆ 65); ¹⁷/₃ 1873 als Prem.-Lieut. zum 4. Inf.-Rgt. Nr. 122 (Pat. ³⁰/₁₂ 70); ³⁰/₄ 1877 Hauptm. u. Komp.-Chef (6. Komp.); ⁶/₄ 1889 als Major z. Disp. gest. u. Bez.-Komm. in Rottweil; ⁷/₄ 1890 mit der Unif. des Inf.-Rgts. 122 von dieser Stellung entb.; ¹⁴/₁₂ 1897 zur Disp. gestellt; wohnt in Rottweil.

43. Degener, Kurt. * ¹⁸/₇ 1849 zu Braunschweig; ¹⁵/₁₂ 1867 Diensteintr. beim Braunschw. Inf.-Rgt. Nr. 92; ¹¹/₇ 1868 Port.-Fähnr.; ¹²/₃ 1869 Sek.-Lieut.; ¹⁷/₇ 1870 zum Ers.-Bat.; ¹²/₂ 1871 zum mob. Rgt.; ³⁰/₄ 1877 Prem.-Lieut.; ⁹/₆ 1883 Abschied; befindet sich in der Heilanstalt zu Königslutter.

44. Degener, Karl. * 1786 zu Braunschweig; ²⁹/₆ 1808 ins westfäl. 2. Lin.-Rgt. eingetr.; ²⁵/₁₀ 1808 Korp.; ¹³/₁₁ 1808 Sergt.; 1809 Kr. in Spanien;

$^{14}/_7$ 1809 Unt.-Lieut.; $^{20}/_{10}$ 1810 Lieut.; $^{15}/_8$ 1812 als Kapit. zur Füs.-Garde versj.; 1813 Kr. geg. d. Verbünd.; $^{25}/_{11}$ 1813 Lieut. im brschw. leicht. Inf.-Rgt.; $^1/_1$ 1814 zum 2. leicht. Bat.; $^{14}/_1$ 1814 als Kapit. u. Komp.-Chef zum 3. leicht. Bat. (Pat. $^{16}/_3$ 14); $^{28}/_2$ 1814 zum 4. Res.-Bat.; $^{11}/_8$ 1814 auf Wartegeld; $^{16}/_{12}$ 1814 Zahlm. im 3. leicht. Bat.; 1815 Kr. geg. Frankr.; $^3/_2$ 1816 Zahlm. im Leib-Bat.; $^{22}/_5$ 1822 auf Wartegeld; $^5/_6$ 1827 Zahl- u. Quartierm. im 2. Lin.-Inf.-Rgt.; $^2/_{10}$ 1830 Rgts.-Zahlm. im Inf.-Rgt.; $^4/_{11}$ 1831 pensionirt; † $^{17}/_4$ 1836 zu Braunschweig.

45. Diesing, Heinrich.
* $^{26}/_8$ 1841 zu Blankenburg; $^1/_4$ 1859 Einj.-Freiw. im Inf.-Rgt.; $^1/_{10}$ 1859 Vize-Korp.; $^{26}/_4$ 1860 Port.-Fähnr.; $^{11}/_6$ 1861 Sek.-Lieut. (Pat. $^1/_6$ 61); $^{31}/_{10}$ 1861 zum Leib-Bat.; $^{24}/_3$ 1863—$^{18}/_9$ 1868 Adjut. desselben; $^{23}/_4$ 1869 Prem.-Lieut.; $^{17}/_7$ 1870 Komp.-Führ. im Ers.-Bat.; $^2/_9$ 1870 zum mob. Rgt.; $^3/_{12}$ 1870 bei Neuville-aux Bois verw.; $^{21}/_6$ 1871—$^1/_{10}$ 1872 Adj. beim Bez.-Kdo. Braunschweig I; $^2/_1$ 1874 Hauptm. u. Komp.-Chef (11. Komp.); $^{15}/_4$ 1886 überzähl. Major (Pat. $^{15}/_4$ 85); $^{17}/_9$ 1887 Bat.-Komm. im Pomm. Füs.-Rgt. Nr. 34 (2. Bat.); $^{16}/_6$ 1891 Ob.-Lieut. u. etatsm. Stabsoff. im Füs.-Rgt. Pr. Heinrich v. Preußen (Brandenb.) Nr. 35; $^{14}/_5$ 1894 Oberst u. Komm. des Inf.-Rgts. Gr. Schwerin (3. Pomm.) Nr. 14; $^4/_4$ 1896 z. Disp. gest. u. Kombt. des Trupp.-Uebungspl. Lockstedt; $^{18}/_8$ 1897 Char. als Gen.-Maj.

46. Douy, Lambertus.
* $^{20}/_{12}$ 1766 zu Oldenburg; 1788 Diensteintr. beim Inf.-Rgt. v. Riedesel; $^{20}/_{11}$ 1790 Fähnr.; 1793 Vertheid. v. Mastricht; $^{19}/_{10}$ 1794 Lieut.; $^4/_8$ 1804 Kapit.; $^{26}/_{10}$ 1806 durch Auflös. des Korps außer Dienst; $^{13}/_{11}$ 1813 Kapit. im leicht. Inf.-Rgt.; $^1/_1$ 1814 Komp.-Chef im 3. leicht. Bat.; $^{15}/_1$ 1814 Major u. Komm. des 3. leicht. Bats.; $^{21}/_2$ 1814 desgl. des Res.-Bats. Braunschweig; 1814 Marsch nach Brabant; $^{21}/_7$ 1814 Drost in Salzdahlum; † $^{18}/_4$ 1830 zu Salzdahlum.

47. Ebeling, Ludwig.
* 1787 zu Braunschweig; 1799 als Junker ins Inf.-Rgt. v. Riedesel; $^{29}/_{12}$ 1800 als Fähnr. zum Inf.-Rgt. Prinz Friedrich; $^{10}/_1$ 1808 Lieut.; $^{26}/_{10}$ 1806 bei Auflös. des Korps kriegsgef.; 1808 in westfäl. Dienste als Lieut. im 1. Lin.-Rgt.; 1809 Adj.-Maj.; 1811 Kapit. u. Adj.-Maj.; 1812 Kr. geg. Rußland; $^{11}/_2$ 1814 Kapit. im braunschw. 3. leicht. Bat.; $^4/_3$ 1814 Maj. u. Bat.-Komm. (Pat. $^{21}/_{12}$ 13); $^{18}/_6$ 1815 bei Waterloo tödtlich verw.; † $^8/_8$ 1815 zu Laeken.

48. v. Ehrenkrook, Gustav.
* $^{20}/_8$ 1812 zu Wesseln; $^2/_5$ 1827 als Expektant ins braunschw. Kadetten-Inst.; $^{30}/_4$ 1828 wirkl. Kadet; $^{21}/_4$ 1831 Port.-Fähnr.; $^{24}/_4$ 1832 als Sek.-Lieut. zum 3. Bat.; $^9/_{10}$ 1837 Prem.-Lieut.; $^{29}/_9$ 1841 Bats.-Adj.; $^7/_4$ 1848 als Hauptm. u. Komp.-Chef zum 1. Bat. (2. Komp.), Pat. $^4/_{12}$ 44; 1848—49 Kr. geg. Dänemark; $^{13}/_4$ 1858 Char. als Major u. Kommandant v. Wolfenbüttel; † $^{17}/_{12}$ 1859 zu Wolfenbüttel.

49. Eigner, August.
* 1782 zu Braunschweig; 1797 in braunschw. Mil.-Dienste; 1801 in preuß. Dienste; 2 Jahre auf Art.-Akad. in Berlin; $^6/_{11}$ 1806 bei Lübeck verw.; 1808 ins westfäl. 1. Chevaurleg.-Rgt.; 1808—11 Krieg in Spanien; 1810 Unter-Lieut.; 1813 als Lieut. zur Chevaurleg.-Lanc.-Garde; 1813 Kr. geg. die Verbünd.; $^{13}/_9$ 1813 als Volontär in russ. Dienste; Feldz. geg. Frankr.; $^1/_{11}$ 1813 ausgeschieden; $^{27}/_{11}$ 1813 Lieut. im braunschw. Hus.-Rgt. (Pat. $^{17}/_{12}$ 13); 1815 Kr. geg. Frankr.; $^{18}/_6$ 1815 Stabsrittm.; $^3/_1$ 1816 auf Wartegeld; $^5/_7$ 1816 Rittm. (Pat. $^{30}/_5$ 16); $^3/_5$ 1829 dem 1. Lin.-Inf.-Rgt. aggr.; $^9/_{11}$ 1829 als Kapit. u. Komp.-Chef ins 2. Lin.-Inf.-Rgt.; $^{21}/_{10}$ 1830 auf Wartegeld; 1833 pensioniert; † $^{27}/_7$ 1838 zu Braunschweig.

50. Erich, August.
* $^1/_{11}$ 1788 zu Wolfenbüttel; zuerst Kaufmann; $^2/_{11}$ 1811 beim westfäl. 1. Kürass.-Rgt. eingetr.; $^1/_1$ 1812 Fourier; $^{10}/_5$ 1812

Abj.-Sous-Offic.; ¹²/₇ 1813 Unter-Lieut.; 1813 Feldz. in Sachsen; ¹⁴/₁₁ 1813 Lieut. im braunschw. Huf.-Rgt. (Pat. ²³/₃ 14); ¹⁴/₄ 1815 zum Kav.-Depot; ·/₁₀ 1815 zum Feldkorps nach Frankr.; ³/₉ 1816 auf Wartegeld; ¹⁴/₄ 1820 ins Res.-Bat. Helmstedt einrang.; ¹⁵/₈ 1821 zum 1. Lin.-Bat. verf.; ⁸/₅ 1822 zum Inf.-Rgt.; ¹/₉ 1835 in den Ruhestand verf.; ²⁰/₄ 1837 Char. als Kapit.; † ¹¹/₅ 1837 zu Braunschweig.

51. v. Erichsen, Gustav. • ⁸/₇ 1824 zu Braunschweig; ¹/₅ 1840 als Kadet eingetr.; ²¹/₄ 1842 Port.-Fähnr.; ¹⁹/₄ 1843 Sek.-Lieut. im 3. Bat. des Inf.-Rgts.; ¹¹/₄ 1847 zum Leib-Bat. verf.; ¹²/₁₁ 1848 Prem.-Lieut.; ·/₄ 1849 zum Inf.-Rgt. verf.; 1849 Kr. geg. Dänem.; ¹³/₁₀ 1851—1854 zur Allgem. Kriegs-schule in Berlin kdt.; ⁴/₄ 1855 Hauptm. u. Komp.-Führer im Landw.-Bat. (Pat. ¹/₇ 53); ¹/₁ 1858 Hofjunker; ²⁴/₄ 1858 Platzmaj. in Wolfenbüttel; ²⁷/₁₂ 1858 als Komp.-Chef zum Leib-Bat. (1. Komp.); ²/₁ 1860 in den Generalstab; ¹⁹/₁₂ 1861 als Komp.-Chef zum Inf.-Rgt. (8. Komp.); ³⁰/₁₂ 1862 Kammerjunker; 1866 Zug nach Bayern; ¹⁹/₃ 1869 Major u. etatsm. Stabsoffiz.; ²²/₄ 1869 Komm. des 1. Bats.; 1870—71 Kr. geg. Frankr. (Eif. Kr. 1. Kl.); ²⁹/₁₂ 1871 Kammerherr; ²/₃ 1872 zur Disp. gest. u. Bez.-Komm. des Landw.-Bat. Braunschw. II; ²/₅ 1872 Char. als Ob.-Lieut.; ²⁴/₃ 1880 Char. als Oberst; ¹¹/₁ 1884 Bez.-Komm. des 1. Bat. Brschw. Landw.-Rgts. Nr. 92; ¹⁵/₁₀ 1889 mit der Rgts.-Unif. von der Stellg. als Bez.-Komm. entbund.; wohnt in Braunschweig.

52. v. Förster, Maximilian. • ²¹/₂ 1824 zu Blankenburg; ¹/₅ 1840 als Kadet eingetr.; ²¹/₄ 1842 Port.-Fähnr.; ¹⁹/₄ 1843 Sek.-Lieut. im 3. Bat. des Inf.-Rgts.; ⁸/₄ 1848 zur Dienstl. zum Leib-Bat.; ¹⁷/₁₂ 1848 Prem.-Lieut.; ¹²/₄ 1849 zum Inf.-Rgt.; 1849 Kr. geg. Dänemark; ²⁹/₇ 1851—¹/₁₁ 1854 Komp.-Führer beim 1. Landw.-Bat.; ¹⁰/₁ 1856 Hauptm. (Pat. ¹/₂ 54); ⁵/₃ 1859 Platzmaj. in Wolfenbüttel; ⁵/₅ 1859 als Komp.-Chef zum Inf.-Rgt. (1. Komp.); 1866 Zug nach Bayern; ²²/₄ 1869 Major u. etatsmäß. Stabsoffiz.; ²¹/₇ 1870 Komm. des Ers.-Bats.; ¹¹/₆ 1872 Komm. des 1. Bats.; ³/₁₁ 1874 Ob.-Lieut. (Pat. ¹⁹/₉ 74); ²⁰/₄ 1877 Oberst; ²¹/₄ 1878 Rgts.-Komm.; ²/₃ 1880 Abschied mit Rgts.-Uniform; lebt in Blankenburg.

53. v. Förster, Ernst. • ¹⁹/₁₁ 1827 zu Braunschweig; ²⁶/₄ 1843 als Kadet eingetr.; ¹⁶/₄ 1846 Port.-Fähnr.; ⁴/₁₀ 1846—¹⁵/₇ 1847 auf Div.-Schule in Magdeburg; ²⁸/₃ 1848 Sek.-Lieut. im Inf.-Rgt.; 1848—49 Kr. geg. Dänem.; ¹⁰/₉ 1850 Abschied; ¹⁶/₁₁ 1850 in preuß. Dienste als Sek.-Lieut. im 6. Inf.-Rgt.; ⁷/₅ 1853 „ausscheiden zu lassen"; Gutsbesitzer in der Prov. Posen; ⁸/₁₂ 1853 beim 1. Aufgeb. 1. Bats. 18. Landw.-Rgts. einrang.; ⁸/₃ 1856 zum 3. Bat. 21. Landw.-Rgts.; wohnte in Breslau; ¹¹/₁₁ 1856 Abschied; 1866 Dienste im Landw.-Res.-Bat. Posen gethan; 1868 als Prem.-Lieut. aus dem Mil.-Verhältn. ausgesch.; wohnt in Berlin.

54. v. Frankenberg u. Ludwigsdorf, Hermann. • ³⁰/₃ 1822 zu Braunschweig; ¹⁹/₄ 1838 als Kadet eingetr.; ²¹/₄ 1842 Port.-Fähnr.; ²⁵/₄ 1844 Sek.-Lieut.; 1848—49 Kr. geg. Dänemark; ·/₄ 1849 Prem.-Lieut.; ⁷/₁ 1852 Komp.-Führer beim 2. Landw.-Bat.; ⁷/₄ 1855 zum Inf.-Rgt.; ²⁰/₉ 1856 Hauptm. u. Komp.-Führer im Landw.-Bat. (Pat. ²/₂ 54) u. Etapp.-Kdt. in Eschershausen; ⁵/₅ 1859 Platzmaj. in Wolfenbüttel; ²/₁ 1860 als Komp.-Chef zum Leib-Bat. (1. Komp.); ¹⁷/₄ 1870 Abschied; † ¹/₅ 1894 zu Blankenburg.

55. Fricke, Karl. • ¹⁸/₅ 1820 zu Braunschweig; ¹/₅ 1835 als Kadet eingetr.; ²⁰/₄ 1837 Port.-Fähnr.; ¹⁹/₄ 1838 Sek.-Lieut. im Inf.-Rgt.; ²/₁₀ 1841 als Prem.-Lieut. zum 3. Bat.; ¹/₅ 1843 Komm. der Pion.-Abth.; ⁷/₉ 1847 in den Generalstab verf.; ²⁴/₄ 1848 bei Bilschau tödtlich verw.; † ⁷/₅ 1848 zu Schleswig.

56. Fritz. In westfäl. Diensten; 1808 Unter-Lieut. im 1. Lin.-Rgt.; 1810 Lieut.; ¹⁴/₂ 1814 Lieut. im braunschw. 2. Lin.-Bat.; ¹³/₃ 1814 zum 3. leicht.

Bat. verf.; ¹⁸/₃ 1814 Kapit.; 1814 Zug nach Brabant; ¹/₁₂ 1814 Abschied; ging in holländ. Dienste.

57. Fromme, Hermann. * 1769 zu Braunschweig; 1780 in Braunschw. Mil.-Dienste getr.; ²⁹/₃ 1790 Fähnr. im Inf.-Rgt. Prinz Friedrich; 1793—94 Kr. geg. Frankr.; ¹⁵/₆ 1794 Lieut.; ³/₈ 1804 Stabskapit.; ²⁶/₁₀ 1806 in französ. Kriegsgefangensch.; bezog westfäl. Pension; ¹³/₁₁ 1813 Kapit. im leicht. Inf.-Rgt.; ¹/₁ 1814 zum 2. leicht. Bat.; ¹⁵/₁ 1814 Kdt. v. Schöppenstedt; ¹⁵/₇ 1814 Rang als Major; ¹/₉ 1814 Kdt. v. Königslutter; ¹⁶/₁ 1815 Maj.-Pat. vom ²/₁₁ 1813 erhalten; ¹⁶/₂ 1816 pensionirt; ²³/₇ 1816 zur Veteranen-Komp.; † ⁷/₁ 1820 zu Wolfenbüttel.

58. Geller, Hugo. * ¹⁹/₉ 1845 zu Braunschweig; ¹/₄ 1865 Diensteintr. beim Inf.-Rgt.; ¹/₈ 1866 Port.-Fähnr.; 1866 Zug nach Bayern; ¹³/₈ 1867 als Sek.-Lieut. zum Leib-Bat.; ¹⁷/₇ 1870—¹⁴/₆ 1871 Adjut. des Besatz-Bats. Braunschw. I; ¹/₁₀ 1872 als Adjut. zum Bez.-Kdo. Braunschw. I; ⁵/₆ 1874 Prem.-Lieut.; † ²³/₇ 1874, bei Brunnen in der Schweiz abgestürzt.

59. Gerloff, Karl. * ¹²/₁₀ 1825 zu Braunschweig; ¹/₁₂ 1848 Einjähr.-Freiw. beim Inf.-Rgt.; ¹/₃ 1849 Vize-Korp.; 1849 Kr. geg. Dänem.; ²⁶/₉ 1849 Vize-Sergt.; ⁷/₄ 1850 Port.-Fähnr.; ²⁴/₄ 1852 als Sek.-Lieut. zum Leib-Bat.; ⁴/₄ 1855 zum Pion.-Kdo. verf.; ²⁰/₁₀ 1855—¹/₇ 1857 zur Mil.-Akad. in Hannover u. zur Dienstleist. beim hannov. Ingen.-Korps; ¹/₁₀ 1857 Komm. der Pion.-Abth.; ⁹/₁₂ 1860 Prem.-Lieut. (Pat. ²⁰/₁₁ 60); 1866 Zug nach Bayern; ⁷/₈—³/₉ 1866 Adj. der Braunschw.-Altenb. Brig.; ⁸/₇ 1867 Char. als Hauptm.; ³/₁₀ 1867 dem Braunschw. Inf.-Rgt. Nr. 92 aggr.; ⁸/₂ 1868 einrang.; ⁵/₂ 1869 Hauptm. u. Komp.-Chef (4. Komp.), Pat. ⁸/₇ 67; ¹⁵/₁₂ 1870 bei Vendôme verw.; ¹/₁₁ 1871 Chef der 1. Komp.; ²³/₅ 1877 überzähl. Major (Pat. ²⁵/₄ 77); ⁵/₆ 1878 etatsm. Stabsoff.; ¹²/₃ 1880 Komm. des 2. Bats.; ⁴/₆ 1881 mit Char. als Ob.-Lieut. u. Rgts.-Unif. zur Dispos.; ¹¹/₁ 1884 Bez.-Komm. des 2. Bats. Herz. Brschw. Landw.-Rgts. Nr. 92; ¹¹/₁₂ 1886 Absch. mit Rgts.-Unif.; wohnt in Braunschweig.

60. v. Gillern, Wilhelm. * ¹⁵/₁₁ 1788 zu Halle a. S.; militär. Laufbahn vom ¹⁶/₂ 1803 bis ⁶/₁₀ 1816, siehe 1. Band Seite 341; † ²/₁₁ 1857 zu Hobart auf Vandiemensland als Sergeant of arms (Polizeimeister) der Tasmanischen Volksvertretung.

61. Frh. v. Girsewald, Gustav. * ²⁰/₁₂ 1812 zu York (Irland); ¹/₅ 1827 als Kadet eingetr.; ²⁰/₄ 1828 Port.-Fähnr.; ²³/₅ 1830 als Fähnr. zum Leib-Bat.; ²¹/₁₀ 1830 Sek.-Lieut. (Pat. ¹⁵/₅ 30); ¹⁸/₁₁ 1835 als Adjut. zum 3. Bat. Inf.-Rgts.; ¹⁷/₅ 1836 Prem.-Lieut. (Pat. ²²/₉ 35); ²⁹/₉ 1841 Adjut. des Feldkorps; ¹¹/₉ 1842 Hauptm.; 1848—49 Kr. geg. Dänem.; ⁹/₁₁ 1848 als Komp.-Chef zum 1. Bat. (3. Komp.); ⁸/₈ 1854 Char. als Major u. etatsmäß. Stabsoffiz.; ¹⁶/₂ 1855 Major u. Komm. des Leib-Bats. (Pat. ¹⁷/₇ 51); ²⁰/₉ 1856 Char. als Ob.-Lieut.; ²⁵/₄ 1860 Ob.-Lieut. (Pat. ¹/₅ 58); ¹²/₁₂ 1861 Oberst und Komm. des Inf.-Rgts.; 1866 Zug nach Bayern; ⁷/₈—³/₉ 1866 Komm. der Braunschw.-Altenb. Brig.; ¹⁷/₆ 1868 Absch. mit Char. als Gen.-Maj.; † ⁹/₇ 1871 zu Braunschweig.

62. Frh. v. Girsewald, Alexander. * ¹²/₈ 1815 zu Norwich (England); ²⁰/₅ 1829 als Kadet eingetr.; ²¹/₄ 1831 Port.-Fähnr.; ¹⁹/₄ 1833 Sek.-Lieut. im Inf.-Rgt.; ²⁶/₁₂ 1834 Hofstalljunker; ¹²/₁₂ 1837 Prem.-Lieut.; ²⁹/₈ 1842 Flügel-Adj.; ¹⁵/₁₀ 1843 mit Char. als Hauptm. zur Adjutantur Sr. Hoheit verf.; ¹/₁₂ 1846 Hauptm. (Pat. ³⁰/₁₂ 44); ⁶/₁₁ 1848 als Flügel-Adj. in den Generalstab; ³/₈ 1851 Major; ²⁵/₁₂ 1851 Vize-Oberstallmstr.; ²⁵/₄ 1856 Kammerherr; ¹¹/₁₂ 1858 mit Char. als Ob.-Lieut. aus dem Mil.-Dienst ausgesch.; ²⁷/₅ 1862 Char. als Oberst; ²³/₂ 1867 Char. als Gen.-Maj.; ²¹/₄ 1872 Oberstallmstr. mit Prädik. „Exzellenz"; ²⁸/₂ 1886 in den Ruhestand; † ⁶/₁ 1890 zu Zürich.

63. Frh. v. Girsewald, Konrad. * ²⁹/₇ 1847 zu Braunschweig; ¹/₇ 1864 als Kadet-Aspirant in die Preuß. Marine; ²¹/₁₀ 1864 Volontär-Kadet; ¹⁶/₉ 1865 Seekadet; ²⁰/₁ 1868 aus der Norddeutschen Marine entlass.; ⁸/₂ 1868 als Port.-Fähnr. im Braunschw. Inf.-Rgt. Nr. 92 angestellt; ⁶/₃ 1870 Sek.-Lieut.; 1870—71 Kr. geg. Frankreich; ²¹/₁ 1876—¹/₈ 1876 Adjut. beim Bez.-Kdo. Braunschweig II; ¹/₁ 1878 Prem.-Lieut.; ¹/₉ 1882 Abſch. mit Char. als Hauptm.; machte topograph. Aufnahmen in Texas; 1891—92 Forschungsreise in Nicaragua; lebt seit 1897 in Berlin.

64. v. Glümer, Weddo. * ¹⁶/₁₁ 1767 zu Wolfenbüttel; ¹/₃ 1785 als Gefr.-Korp. beim Inf.-Rgt. Prinz Friedrich eingetr.; ¹/₃ 1786 Fähnr.; ²⁸/₂ 1788 Lieut.; 1793 Kr. geg. Frankr.; ¹⁰/₃ 1798 Abschied; als Kapitän im 5. Bat. des großbrit. 60. Jäg.-Rgts. angestellt (Pat. ³⁰/₁₂ 97); bis 1803 in diesem Bat.; ²¹/₂ 1814 in braunschw. Dienste zurück als Kapit. im 4. Reſ.-Bat.; ⁴/₃ 1814 Kdt. v. Blankenburg; ¹⁷/₃ 1814 Major (Pat. ¹⁷/₉ 14); ¹⁵/₄ 1814 Kdt. v. Holzminden; ³/₂ 1816 pensionirt; ²⁸/₇ 1816 zur Veteranen-Komp.; ¹⁶/₁₁ 1835 wieder pensionirt; † ³/₁₂ 1848 zu Wolfenbüttel.

65. Graf v. Görtz-Wrisberg, Gustav. * ²⁹/₁₂ 1815 zu Hannover; ¹⁶/₄ 1830 als Kadet eingetr.; ²⁴/₄ 1832 Port.-Fähnr.; ²⁵/₄ 1834 Sek.-Lieut. im 3. Bat. des Inf.-Rgts.; ¹¹/₁ 1839 Prem.-Lieut.; ⁷/₄ 1848 Hauptm. u. Komp.-Chef im Inf.-Rgt.; ¹⁴/₄ 1848 zum Kr. geg. Dänemark als Generalst.-Offiz. zum Stabe des 10. Deutschen Bundeskorps; ⁹/₁₁ 1848 als Adjut. zum Stabe des Feldkorps; ¹⁸/₁₀ 1852 in das Kriegs-Kollegium verf.; ¹⁷/₆ 1853 außerdem zur Verfüg. der Herzogl. Gen.-Adjutantur; ²⁵/₄ 1855 Char. als Major; ⁹/₅ 1858 wirkl. Major u. etatsmäß. Stabsoff. im Inf.-Rgt.; ⁶/₁ 1859 Komm. des 1. Bats.; ³/₅ 1859 in den Generalst. verf.; ³¹/₅—³¹/₇ 1859 mit d. Geschäft. des Mil.-Sekr. im Korps-Kdo. des mob. 10. Bundeskps. beauftr.; ²⁵/₄ 1863 Char. als Ob.-Lieut.; ²⁶/₄ 1865 Komm. des Leib-Bats.; ⁷/₅ 1865 Ob.-Lieut.; ¹¹/₇ 1868 Komm. des Braunschw. Inf.-Rgts. Nr. 92; ²⁴/₉ 1868 Oberſt; ⁵/₂ 1869 Abschied mit Pens.-Unif.; † ¹⁰/₄ 1882 zu Brunkenſen.

66. Goeze, Georg Ludwig. 1810 Unter-Lieut. im westfäl. 4. Lin.-Regt.; 1812 Lieut.; 1813 als Kapit. zum 9. Lin.-Rgt.; ²/₁₂ 1813 in braunschw. Dienste als Lieut. im leicht. Inf.-Rgt.; ¹⁴/₁ 1814 als Kapit. u. Komp.-Chef zum 2. leicht. Bat. (Pat. ²⁷/₄ 14); 1815 Kr. geg. Frankr.; ³/₂ 1816 zum Reſ.-Bat. Helmstedt; † ⁸/₇ 1816 zu Braunschweig.

67. v. d. Goltz, Rudolf Siegmund. * ²¹/₁ 1770 zu Aschersleben; ·/₁₂ 1786 Gefr.-Korp. im preuß. Inf.-Rgt. Herzog v. Braunschw. Nr. 21; ²⁰/₄ 1789 Fähnr.; ¹⁵/₁ 1792 Sek.-Lieut.; 1792—94 Kr. geg. Frankr.; ¹⁹/₁₀ 1800 Prem.-Lieut.; ²⁸/₁₀ 1806 durch Kapit. v. Prenzlau kriegsgef.; ¹/₄ 1809 ohne Abſch. entl.; ſoll angebl. 1809 im braunschw. Korps gedient haben*); ¹⁵/₁ 1814 in braunschw. Dienste als Kapit. im 1. Lin.-Bat. (Pat. ⁷/₁₂ 13); 1814 Zug nach Brabant; ¹⁷/₁ 1815 in das 2. Lin.-Bat. verſ.; ²³/₄ 1815 zum Reſ.-Bat. Wolfenbüttel; ³/₂ 1816 zum Reſ.-Bat. Harz verſ.; ²/₃ 1819 Abschied; ·/₁₂ 1820 in Untersuchung beim Kammergericht in Berlin; † als Domherr in Magdeburg.

68. Grabau (später Frh. v. Grabau), Wilh. Karl. * ¹⁷/₁₀ 1797 zu Magdeburg; 1813 drei Monate lang in Lippe-Detmoldischen Mil.-Diensten; ⁸/₁₁ 1813 Korp. im braunschw. leicht. Inf.-Rgt.; ¹⁹/₁₁ 1813 Sergt.; ¹⁰/₄ 1814 Fähnr. (Pat. ²⁴/₁ 14); ¹⁶/₆ 1815 bei Quatrebras verw.; ²/₃ 1818 zum Leib-Bat. verſ.; ⁸/₅ 1822 Pat. als Sek.-Lieut. vom ²³/₁₁ 21; ²¹/₁ 1824 zum Jäg.(Leib)-Bat.; ¹⁸/₁ 1825 Prem.-Lieut.; ⁷/₄ 1826 Ordonnanz-Offiz. des Herzogs Karl;

---

*) Deshalb schon in der Offiz.-Stamml. zum 1. Bande enthalten (Seite 341, lfd. Nr. 39); doch iſt die Angabe wahrscheinlich irrig.

1826 geadelt, später in ben Freiherrnstand erhob.; ⁶/₁₁ 1827 Adjutant des Herzogs
u. à la suite des Leib.-Bats.; ³¹/₁₀ 1828 Stabskap.; ⁶/₁₁ **1829** Flüg.-Adj.; ²¹/₁₀
1830 Adj. des Herzogs Wilhelm mit Rang als Kapit.; ²⁷/₇ 1831 Absch. mit
Korps-Unif.; lebte 184· in Hamburg; † ²⁸/₈ 1861 zu Magdeburg.

69. v. Griesheim, Gustav.   • ²⁵/₆ 1824 zu Braunschweig; ¹/₅ **1841**
als Kadet eingetr.; ²⁵/₄ 1844 Port.-Fähnr.; ¹⁸/₄ 1846 Sek.-Lieut. im Inf.-Rgt.;
1848—49 Kr. geg. Dänem.; ⁷/₁₁ 1852 Prem.-Lieut. (Pat. ¹/₇ 50); ⁷/₄ 1855 zum
Leib-Bat.; ⁶/₃ 1859 als Hauptm. u. Komp.-Führer zum Landw.-Bat. (Pat. ²²/₃ 55);
²¹/₃ 1864 Platzmaj. in Wolfenbüttel; ²⁴/₄ 1865 als Komp.-Chef zum Inf.-Rgt.
(7. Komp.); 1866 Zug nach Bayern; ²⁷/₇ 1870 Char. als Major u. Führer des
Besaß.-Bat. Braunschw. I; ⁹/₁₀ 1871 Absch. m. Pens.-Unif.; ¹²/₄ 1882 zur Disp.
gest.; ¹⁴/₁₂ 1882 Kammerherr; † ¹¹/₅ 1895 zu Dessau.

70. Groskurd, August.   • ¹/₂ 1790; ¹/₁₁ 1811 Kapit. b'Habillement im
westf. 1. Lin.-Rgt.; ¹⁴/₁₁ **1813** Kapit. im braunschw. leicht. Inf.-Rgt.; ²⁵/₁₁ **1813**
Abschied; ¹¹/₁₂ 1813 Prem.-Lieut. im Hellwig'schen Korps; 1814 Kr. geg. Frankr.;
³¹/₃ 1815 zum 27. Inf.-Rgt. als Rgts.-Adjut.; 1815 Kr. geg. Frankr.; ¹⁰/₁₁ 1815
Kapit. u. Kompagnie-Chef; ¹⁵/₃ 1823 Abschied; war 1827 Kassirer in Merseburg.

71. Grove, Friedrich.   • ¹⁸/₂ 1818 zu Lucklum; Auditor beim Kreis-
gericht Helmstedt; ¹⁵/₄ 1848 Freiwill. im Inf.-Rgt.; 1848 Kr. geg. Dänemark;
¹⁵/₇ 1848 Korporal; ²⁴/₁ 1849 Port.-Fähnr.; ¹²/₄ 1849 als Sek.-Lieut. zum
3. Bat.; ¹⁸/₃ 1850 zum Leib-Bat.; ⁴/₄ 1855 Prem.-Lieut. (Pat. ⁶/₁ 55); ²¹/₃ 1864
als Hauptm. u Komp.-Führer zum Landw.-Bat. (Pat. ²⁰/₁₀ 60); ²⁴/₄ 1866 Etapp.-
Komm. in Eschershausen; ³/₁₀ 1867 dem Braunschw. Inf.-Rgt. Nr. 92 aggr.;
⁸/₂ 1868 als Komp.-Chef einrang. (2. Komp.); 1870—71 Kr. geg. Frankr.;
⁵/₈ 1872 Major u. etatsm. Stabsoff.; ¹⁰/₇ 1873 Komm. des 2. Bats.; ²⁰/₄ 1877
Ob.-Lieut.; ⁸/₃ 1880 zur Disp. u. Bez.-Komm. des 1. Bat. (Braunschw. I) Landw.-
Rgts 92; ²⁵/₄ 1882 Char. als Oberst; ⁷/₁ 1884 unter Verleih. der Rgts.-Unif.
von seiner Stellung entb.; † ³/₂ 1890 zu Helmstedt.

72. Haberlandt, August.   • ²⁷/₉ 1789 zu Braunschweig; zuerst Landwirth; ¹/₁₀ 1808 als Soldat in westfäl. Dienste; ¹/₁₁ 1809 Korp.; ¹/₈ 1810 Fourier;
¹⁰/₆ 1812 Sek.-Lieut. in der Chevaurlegers-Lanc.-Garde; 1812—13 Kr. geg.
Rußl. u. die Verbünd.; ¹/₁₀ 1813 bei Leipzig verw.; ¹²/₁₂ 1813 Kornet im braunschw.
Hus.-Rgt.; ¹⁸/₃ 1814 Lieut. (Pat. ³¹/₁ 14); 1815 Kr. geg. Frankr.; ³/₂ 1816 auf
Wartegeld; ⁸/₈ 1818 als Lieut. zum Res.-Bat. Weser; ¹⁵/₁₀ 1818 zum Leib-Bat.;
⁸/₅ 1822 zum Inf.-Rgt.; ²⁶/₅ 1827 Adj. des 1. Bats. des 1. Lin.-Inf.-Rgts.;
²¹/₁₀ 1830 als Kapit. zum Res.-Kadre (Pat. ²⁴/₁ 25); ²⁹/₂ 1832 zum 2. Bat.
vers.; ¹⁷/₅ 1836 Komp.-Chef; † ¹⁶/₁ **1837** zu Braunschweig.

73. Haberland, Albert.   • ¹⁸/₇ 1818 zu Braunschweig; ²⁰/₄ **1835**
als Kadet eingetr.; ²³/₄·1836 Port.-Fähnr.; ²⁰/₄ 1837 Sek.-Lieut. im Inf.-Rgt.;
²⁹/₉ 1841 Prem.-Lieut. u. Adj. des 2. Bats.; 1848 Kr. geg. Dänem.; ³/₄ 1849
als Hauptm. zum 3. Bat.; ¹⁸/₃ 1850 als Komp.-Führ. zum 2. Landw.-Bat.; ⁵/₈
1852 als Komp.-Chef zum Leib-Bat. (1., dann 2. Komp.); ²¹/₃ 1864 Major u.
etatsm. Stabsoff.; ²⁴/₁ 1865 Komm. d. Landw.-Bats.; ³/₁₀ 1867 Komm. des
1. Bats. Brschw. Inf.-Rgts. Nr. 92; ¹¹/₇ 1868 Komm. des Füs.-(Leib-)Bats.;
¹²/₃ 1869 Oberst-Lieut. u. interim. Rgts.-Komm.; ⁶/₄ 1870 wirkl. Rgts.-Komm.;
²⁵/₁ 1870 Oberst; 1870—71 Kr. geg. Frankr. (Eis. Kr. 1. Kl.); ⁹/₁₂ 1870—¹/₁
1871 Führer der 39. Inf.-Brig.; ²⁴/₃ 1873 Abschied; ³¹/₃ 1873 Komm. des
Niederrh. Füs.-Rgts. Nr. 39; ¹⁵/₁₁ 1873 mit Führ. der 19. Inf.-Brig. beauftr.;
¹⁵/₁ 1874 Komm. dieser Brig.; ²/₈ 1874 Gen.-Maj.; ¹¹/₃ 1876 zur Disp. gestellt;
wohnt in Sondershausen.

74. Haberland, Ferdinand.   • ²/₄ 1834 in Braunschweig; ¹/₁₀ **1851**
Einj.-Freiw. im Inf.-Rgt.; ¹/₄ 1852 Vize-Uffz.; ¹¹/₃ 1853 Port.-Fähnr.; ¹⁵/₁ 1855

überzähl. Sek.-Lieut.; $^{17}/_9$ 1855 einrangirt; $^{26}/_{12}$ 1863 zum Leib-Bat. verf.; $^{21}/_3$ 1864 Prem.-Lieut. (Pat. $^1/_5$ 62); $^{17}/_7$ 1870 als Komp.-Führ. zum Besatz.-Bat. Braunschweig I; $^{27}/_7$ 1870 Char. als Hauptm.; $^7/_3$ 1871 Hauptm. u. Komp.-Chef (12. Komp.); $^{29}/_3$ 1880 überzähl. Major; $^6/_1$ 1881 etatsm. Stabsoff.; $^7/_7$ 1883 Komm. des 2. Bat.; $^{15}/_4$ 1886 als Ob.-Lieut. dem 2. Magdeb. Inf.-Rgt. Nr. 27 aggr.; $^1/_6$ 1886 als etatsm. Stabsoff. einrang.; $^{11}/_{10}$ 1888 mit Führ. des Rgts. beauftr.; $^{13}/_{11}$ 1888 Oberst u. Rgts.-Komm.; $^{18}/_6$ 1891 mit Char. als Gen.-Maj. zur Disp. gest.; wohnt in Braunschweig.

75. Hähn, Johann. * $^{24}/_8$ 1776 zu Horbach (Nassau); $^1/_9$ 1795 Diensteintr. in kurtrier'sche Dienste; 1797 Unteroff. u. Bat.-Schreiber; 1795 bis 1801 Kr. geg. Frankr.; $^1/_1$ 1802 in kurhessische Dienste als Capitain d'armes u. Rgts.-Schreiber; $^{30}/_{11}$ 1806 ausgeschieden; $^1/_1$ 1808 in westfäl. Dienste als Feldwebel in der Gren.-Garde; $^{18}/_5$ 1808 Sek.-Lieut.; $^4/_5$ 1809 Prem.-Lieut.; $^2/_5$ 1810 Capitaine d'habillement; 1813 als Capitaine-Adjudant-Major zur Mil.-Schule in Braunschw.; $^{10}/_1$ 1814 in braunschw. Dienst übernommen (Pat. $^3/_4$ 14); $^{28}/_1$ 1815 zum Res.-Bat. Helmstedt; $^3/_2$ 1816 Platz-Adj. in Braunschw.; $^{31}/_{10}$ 1830 Dir. des Montir.-Magaz.; $^{17}/_{10}$ 1849 mit Char. als Major in den Ruhestand; † $^{26}/_{12}$ 1854 zu Braunschweig.

76. v. Hantelmann, Theodor. * $^{10}/_{10}$ 1796 zu Wolfenbüttel; $^{10}/_5$ 1811 als Zögling in die westfäl. Mil.-Schule in Braunschw.; $^{13}/_4$ 1813 Korporal; $^5/_{10}$ 1813 ausgetr.; $^{12}/_{11}$ 1813 Sergt. im braunschw. leicht. Inf.-Rgt.; $^1/_{12}$ 1813 zur Eliten-Komp.; $^9/_{12}$ 1813 zur 2. Komp.; $^{23}/_2$ 1814 als Fähnr. zum 1. leicht. Bat. (Pat. $^{10}/_1$ 14); 1815 Kr. geg. Frankr.; $^3/_2$ 1816 zum 2. leicht. Bat.; $^8/_5$ 1822 Sek.-Lieut. im Inf.-Rgt. (Pat. $^{21}/_{11}$ 21); $^{21}/_1$ 1824 zum Res.-Bat.; $^{25}/_4$ 1824 Prem.-Lieut.; $^{11}/_9$ 1826 zum Garde-Gren.-Bat.; $^{21}/_{10}$ 1830 zum Inf.-Rgt.; $^{19}/_4$ 1833 zum 3. Bat.; $^7/_4$ 1836 mit Char. als Hauptm. in den Ruhestand; † $^{15}/_3$ 1874 zu Braunschweig.

77. v. Hantelmann, Wilhelm. * $^7/_{10}$ 1836 zu Braunschw.; Student der Rechte; $^1/_4$ 1854 Einj.-Freiw. im Inf.-Rgt.; $^1/_{10}$ 1854 Vize-Korp.; $^1/_4$ 1855 zur Res. entlass.; $^{31}/_8$ 1858 Sek.-Lieut. der Landw. (Pat. $^7/_7$ 59); $^{30}/_4$ 1859 zur Mobilmach. eingezogen; $^{28}/_6$ 1860 in das Inf.-Rgt. einrangirt (Pat. $^{19}/_7$ 59); $^{20}/_{11}$ 1862 Adj. des 2. Bats.; 1866 Zug nach Bayern; $^3/_{10}$ 1867 als Prem.-Lieut. zum Braunschw. Huf.-Rgt. Nr. 17 (Pat. $^{26}/_{11}$ 65); $^{27}/_7$ 1870 Rittm. u. Esk.-Chef (1. Esk.); 1870—71 Kr. geg. Frankr.; $^{15}/_{12}$ 1880 Major u. Esk.-Chef; $^7/_5$ 1883 Absch.; $^{15}/_5$ 1883 dem 1. Schles. Drag.-Rgt Nr. 4 aggr. (Pat. $^{15}/_{12}$ 80); $^{16}/_8$ 1883 als etatsm. Stabsoff. in das Rgt. einrang.; $^8/_8$ 1887 mit Führ. des Rhein. Drag.-Rgts. Nr. 5, à l. s. desselben, beauftr.; $^7/_7$ 1887 Komm. desselben; $^{15}/_{11}$ 1887 Ob.-Lieut.; $^{24}/_3$ 1890 Oberst; $^{29}/_5$ 1891 à l. s. des Rgts. gest. u. mit Führ. der 33. Kav.-Brig. beauftr.; $^3/_{11}$ 1891 Komm. derselben; $^{17}/_6$ 1891 Gen.-Maj. (Pat. $^{17}/_6$ 93); $^{13}/_5$ 1895 zur Disp. gest.; $^{22}/_3$ 1897 Char. als Gen.-Lieut.; wohnt in Braunschweig.

78. v. Hantelmann, Theodor. * $^8/_{11}$ 1844 zu Braunschweig; $^1/_4$ 1862 Einjähr.-Freiw. im Inf.-Rgt.; $^1/_{10}$ 1862 Vize-Korp.; $^{20}/_4$ 1863 Port.-Fähnr.; $^{30}/_6$ 1864 Sek.-Lieut.; 1866 Zug nach Bayern; $^7/_{12}$ 1868—$^9/_8$ 1871 Adj. des 2. Bats.; $^{18}/_8$ 1870 bei St. Privat verw.; $^{10}/_6$ 1872 Prem.-Lieut.; $^5/_6$ 1878 Hauptm. u. Komp.-Chef (8. Komp.), Pat. $^{31}/_1$ 78; $^1/_{12}$ 1882 à l. s. des Rgts. gestellt; $^5/_2$ 1883 Abschied mit Rgts.-Unif.; $^{13}/_4$ 1884 Kammerjunker; $^{16}/_3$ 1889 mit Char. als Major ausgesch.; $^{15}/_3$ 1889 als char. Major a. D. mit der Unif. des Brschw. Inf.-Rgts. Nr. 92 in den preuß. Armeeverband übern.; $^8/_5$ 1889 Herzogl. Kammerherr; lebt als Rittergutsbes. auf Charcic bei Wronke in Posen.

79. Hartmann, Ludwig. * $^{29}/_8$ 1789 zu Blankenburg; zuerst Landwirth; 1808 in Westfäl. Dienste getr.; $^5/_5$ 1809 bei Dodendorf verw.; 1812 Kr. in Rußl. als Unter-Lieut. im 1. Lin.-Rgt.; 1818 Lieut.; $^2/_9$ 1813 vor Danzig verw.; ³/₃ **1814** Lieut. im braunschw. Res.-Bat. Blankenburg (Pat. ¹²/₂ 14); ⁷/₈ 1814 zum 2. Lin.-Bat.; ²⁶/₅ 1815 Adj. des 2. Lin.-Bats.; 1815 Kr. geg. Frankr.; ²/₅ 1822 Adj. des 1. ob. Leib-Bats.; ¹/₂ 1824 Adj. des Jäg.-(Leib-)Bats.; ¹⁴/₃ 1828 Absch. mit Char. als Stabskap.; ⁸/₃ 1828 Administrator an der Saline Juliushall zu Harzburg mit dem Char. als Faktor; † ²¹/₇ 1862 zu Harzburg.

80. **Hartmann,** Georg. ∗ ¹¹/₂ 1810 zu Braunschweig; ¹⁶/₄ **1831** Diensteintr. beim Inf.-Rgt.; ¹/₅ 1835 Korporal; ¹/₆ 1838 Sergt.; ¹/₂ 1842 Feldwebel; ⁷/₄ 1848 Sek.-Lieut.; 1848—49 Kr. geg. Dänemark; ⁴/₄ 1855 Prem.-Lieut. (Pat. ⁴/₃ 53); ⁷/₄ 1855 als Komp.-Führer zum Landw.-Bat.; ²⁴/₄ 1858 zum Rgt. zurück; ⁶/₄ 1863 Hauptm. u. Komp.-Führer im Landw.-Bat. (Pat. ¹⁰/₁₂ 58); ²³/₉ **1866** in den Ruhestand; 1870—71 Komp.-Führ. im Garn.-Bat. Braunschw.; † ⁵/₁ 1876 zu Braunschweig.

81. **Helmcke,** Franz. ∗ ²⁶/₄ 1841 zu Wolfenbüttel; ¹/₁₀ 1858 Einj.-Freiw. im Inf.-Rgt.; ¹/₄ 1859 Vize-Korp.; ⁴/₁₁ 1859 Tit.-Korp.; ²⁶/₄ 1860 Port.-Fähnr.; ¹¹/₆ 1861 Sek.-Lieut.; ²²/₃ 1863 zum Leib-Bat. vers.; ¹/₃ 1869—¹⁵/₉ 1870 Adj. beim Bez.-Kdo. Braunschw. II; ¹⁰/₈ 1869 Prem.-Lieut.; ¹²/₁ 1871 bei Le Mans verw.; ¹/₆ 1871—¹¹/₁₁ 1873 wieder Adj. beim Bez.-Kdo. Braunschweig II; ⁵/₆ 1874 Hauptm. u. Komp.-Chef (9. Komp.); ¹⁴/₄ 1885 à l. s. des Rgts. gest. u. zum 3. Ostpreuß. Gren.-Rgt. Nr. 4 kdt. (12. Komp.); ¹⁸/₈ **1885** Absch. mit der Unif. des Braunschw. Inf.-Rgts. Nr. 92; ¹⁹/₁₁ 1885 mit Char. als Major zur Disp. gest.; wohnt in Braunschweig.

82. **Heuer,** Friedrich. ∗ ²⁵/₁₀ 1827 zu Braunschweig; ²⁶/₄ **1843** als Kadet eingetr.; ²⁵/₄ 1845 Port.-Fähnr.; ²/₁₁ 1846 Sek.-Lieut. im Inf.-Rgt.; 1848 Kr. geg. Dänem.; ¹⁷/₁₂ 1848 zum Leib-Bat.; ¹⁷/₂ 1855 Prem.-Lieut. (Pat. ⁷/₇ 50); ²/₁ 1860 Hauptm. u. Komp.-Führer im Landw.-Bat. (Pat. ²⁵/₂ 55); ¹⁵/₁₁ **1865** Abschied; 1870—71 Komp.-Führ. im Garn.-Bat. Braunschweig; † ¹/₇ 1873 zu Berlin.

83. **Heusinger,** Ernst. ∗ 1788 zu Wolfenbüttel; 1808 Diensteintr. beim westfäl. 1. Küraff.-Rgt.; 1809 Unter-Lieut.; April 1809 weg. Betheilig. am Dörnberg'schen Aufstande geflüchtet; ¹⁶/₅ 1809 zu Turnau als Sek.-Lieut. im braunschw. Hus.-Rgt. angestellt; Feldz. in Sachsen u. Zug durch Norddeutschl.; ²⁶/₉ 1809 Kornet im engl.-braunschw. Hus.-Rgt.; ¹⁹/₆ 1811 Lieut.; 1813 Kr. in Spanien; 1814 mit Url. nach Braunschw.; ²/₂ 1815 Lieut. im 2. Lin.-Bat. (Pat. ³/₁₂ 13); ¹²/₄ 1815 als Stabskap. zum Res.-Bat. Wolfenbüttel (Pat. ²⁰/₃ 15); ³/₉ 1816 auf Wartegeld; ²⁷/₈ 1816 zum Res.-Bat. Helmstedt; ¹⁹/₅ 1820 Rang als Kapit.; ⁸/₅ 1822 auf Wartegeld; ³/₁₀ 1828 Komp.-Chef im 1. Lin.-Inf.-Rgt. (3. Komp.); ²¹/₁₀ **1830** pensionirt; † ⁵/₃ 1837 zu Braunschweig.

84. **Heusinger,** Otto. ∗ ¹²/₁₁ 1843 zu Braunschweig; ²³/₂ **1867** Diensteintritt beim Inf.-Rgt.; ¹²/₅ 1867 Port.-Fähnr.; ⁸/₂ 1868 Sek.-Lieut.; ¹⁷/₇ 1870 Adj. des Besatz.-Bat. Braunschw. II; ¹⁴/₆ 1871 zum Rgt. zurück; ¹⁰/₂ **1873** entlaffen; † ³/₂ 1890 zu Blankenburg.

85. **Hörstel,** Hermann. ∗ ¹⁴/₅ 1824 zu Greene; ¹/₅ 1840 als Kadet eingetr.; ²²/₄ 1842 Port.-Fähnr.; ¹⁹/₄ 1843 Sek.-Lieut. im 3. Bat. des Inf.-Rgts.; ²⁴/₁₁ 1848 Prem.-Lieut.; ¹¹/₁₂ 1848 zur Pion.-Abth.; ⁴/₄ 1855 Hauptm. (Pat. ²/₇ 53); ⁷/₄ 1855 Komp.-Führer im Landw.-Bat. u. zur Dienstleist. zum Kriegs-Koll.; ²⁷/₁₂ 1858 Platzmaj. in Wolfenbüttel; ⁶/₃ 1859 als Komp.-Chef ins Inf.-Rgt. (5. Komp.); 1866 Zug nach Bayern; ⁸/₂ 1868 Abschied; 1870—71 Führ. einer Kriegsgefang.-Komp. in Braunschw.; ²⁵/₄ 1873 Char. als Maj.; † ²⁹/₈ 1882 zu Braunschweig.

86. **Hollandt,** Hermann. ∗ ¹⁰/₈ 1810 zu Braunschweig; ²⁷/₃ **1825** als Kadet eingetr.; ²⁰/₄ 1828 Fahnenjunker im 1. Lin.-Inf.-Rgt.; ²³/₅ 1830 Fähnr.

(Pat. $^{14}/_5$ 30); $^{21}/_{10}$ 1830 Sek.-Lieut. im Inf.-Rgt. (Pat. $^{14}/_5$ 30); $^2/_2$ 1831 Adj. des 1. od. Gren.-Bat.; $^8/_5$ 1836 Prem.-Lieut. (Pat. $^{21}/_9$ 35); $^{29}/_9$ 1841 Rgts.-Adj.; $^{20}/_5$ 1843 als Hauptm. u. Komp.-Chef zum Leib-Bat. (1. Komp.), Pat. $^{10}/_9$ 42; $^{21}/_3$ 1848 Abſch. behuis Uebernahme der Stellung als Komm. der Bürgerwehr; $^6/_4$ 1848 Char. als Major; $^{30}/_1$ 1869 Verabſch.-Unif. verliehen; † $^{29}/_{12}$ 1890 zu Braunſchweig.

87. v. Holſtein, Werner. * $^{15}/_{11}$ 1784 zu Dargun (Mecklenb.); $^1/_6$ **1799** Fähnr. im braunſchw. Inf.-Rgt. Pr. Friedr. (Pat. $^{30}/_6$ 99); $^2/_8$ 1802 Lieut.; $^{26}/_{10}$ 1806—$^{18}/_1$ **1808** in franzöſ. Kriegsgefangenſch.; $^{16}/_7$ 1808 Lieut. in der weſtfäliſchen Chaſſeur-Garde; 1809 als Kapit. zum 7. Lin.-Rgt.; 1809 Kr. geg. Oeſterr.; 1812 Kr. geg. Rußl.; $^{14}/_{11}$ 1813 als Kapit. in braunſchw. Dienſt zur.; $^{30}/_{11}$ 1813 Komp.-Chef im leicht. Inf.-Rgt.; $^1/_1$ 1814 zum 1. leicht. Bat.; $^4/_3$ 1814 Major u. Komm. des 1. leicht. Bats. (Pat. $^{15}/_{12}$ 13); 1815 Kr. geg. Frankr.; $^3/_2$ 1816 Komm. des 2. leicht. Bats.; $^8/_5$ 1822 Komm. des 2. Bats. des Inf.-Rgts.; $^{25}/_4$ 1824 Ob.-Lieut. u. dem Kdo. des 1. Lin.-Inf.-Rgts. zugeth.; $^4/_2$ 1825 Mitgl. der Mil.-Stud.-Kommiſſ.; $^{24}/_5$ 1827 Komm. des 1. Bats. 1. Lin.-Inf.-Rgts.; $^{21}/_{10}$ **1830** als Kriegsrath in das Kriegs-Koll.; $^{26}/_1$ 1831 Dirigent deſſelben; $^3/_5$ 1834 Oberſt; $^2/_8$ 1847 in den Ruheſtand; † $^{12}/_2$ 1857 zu Braunſchweig.

88. v. Holſtein, Franz. * $^{16}/_2$ 1826 zu Braunſchweig; $^{27}/_4$ **1841** als Kadet eingetr.; $^{25}/_4$ 1844 Port.-Fähnr.; $^6/_{10}$ 1845 Sek.-Lieut. im Inf.-Rgt.; 1848—1849 Kr. geg. Dänemark; $^{11}/_4$ 1849 Prem.-Lieut.; $^{18}/_3$ 1850 Adj. des 2. Landw.-Bat.; $^{11}/_3$ **1853** Abſchied; wurde Komponiſt in Leipzig (Oper „Der Haideſchacht" ꝛc.); † $^{21}/_5$ 1878 zu Leipzig.

89. v. Holwede, Askanius. * $^{30}/_{10}$ 1764 zu Grasleben; **1790** Dienſteintritt im Inf.-Rgt. Pr. Friedrich; 1793 Belag. v. Maſtricht; 1795 zum Jäg.-Bat. v. Gleißenberg; 1795 Kr. geg. Frankr.; $^{28}/_4$ 1796 Lieut. im Land-Rgt.; $^{26}/_{10}$ 1806 durch Auflöſ. des Truppenkorps außer Dienſt; $^3/_1$ 1814 Lieut. im 3. leicht. Bat.; $^{14}/_1$ 1814 zum 2. Lin.-Bat.; $^8/_2$ 1814 zum Depot; $^{28}/_2$ 1814 als Kapit. zum 3. Reſ.-Bat.; $^{29}/_3$ 1814 Abſch.; † $^5/_{10}$ 1846 zu Grasleben.

90. v. Holwede, Heinrich. * 1775 zu Grasleben; **1790** Dienſteintr.; $^{12}/_1$ 1801 Lieut. in der Depot-Komp. des Inf.-Rgts. v. Griesheim; $^{26}/_{10}$ 1806 durch Auflöſ. des Truppenkorps außer Dienſt; 1808—13 Lieut. mit Kapit.-Rang in der weſtfäl. Veteranen-Komp. des Oker-Depart.; $^{12}/_{12}$ 1813 Lieut. im braunſchw. leicht. Inf.-Rgt.; $^1/_1$ 1814 zum 2. leicht. Bat.; $^{14}/_1$ 1814 zum 1. Lin.-Bat.; $^{28}/_2$ 1814 als Kapit. zum 2. Reſ.-Bat.; 1814 Zug nach Brabant; $^7/_8$ 1814 auf Wartegeld; $^{27}/_1$ 1815 zum Reſ.-Bat. Helmſtedt (Pat. $^{21}/_{12}$ 13); $^{14}/_4$ 1815 zum Reſ.-Bat. Weſer; $^3/_2$ 1816 auf Wartegeld; $^1/_2$ **1819** penſionirt; † $^{20}/_{12}$ 1838 zu Grasleben.

91. v. Holwede, Louis. * $^{20}/_{12}$ 1812 zu Grasleben; $^{19}/_7$ **1828** Dienſteintritt beim Leib-Bat.; $^1/_{12}$ 1831 Korp.; $^{19}/_4$ 1833 Sek.-Lieut.; $^{31}/_{12}$ 1838 Prem.-Lieut.; $^{11}/_1$ 1839 Bats.-Adjut.; $^7/_4$ 1848 Hauptm. u. Komp.-Chef; $^{29}/_7$ **1852** Abſchied; † $^{13}/_{12}$ 1855 zu Braunſchweig.

92. v. Holwede, Askanius Theodor. * $^{10}/_4$ 1819 zu Grasleben; $^{29}/_4$ **1836** als Kadet eingetr.; $^{20}/_4$ 1838 Port.-Fähnr.; $^{20}/_4$ 1839 Sek.-Lieut. im Leib-Bat.; $^{10}/_3$ 1847 Prem.-Lieut.; † $^{24}/_4$ **1850** zu Braunſchweig.

93. v. Holy = Ponientz, Traugott. * $^6/_7$ 1818 zu Seeſen; $^1/_5$ **1836** als Kadet eingetr.; $^{20}/_4$ 1837 Port.-Fähnr.; $^{19}/_4$ 1838 Sek.-Lieut. im Inf.-Rgt.; $^{29}/_9$ 1841 Prem.-Lieut.; 1848—50 Kr. geg. Dänem.; $^{18}/_3$ 1850 Komp.-Führ. im 2. Landw.-Bat.; $^{27}/_5$ 1850 Abſch.; als Hauptm. u. Abth.-Chef in Schlesw.-Holſt. Dienſten; $^2/_3$ 1851 Abſch. aus dortigen Dienſten; $^{11}/_3$ 1851 als Prem.-Lieut. in braunſchw. Dienſte zur. u. Komp.-Führ. im 2. Landw.-Bat.; $^5/_8$

1852 Hauptm. u. Komp.-Chef im Inf.-Rgt. (7. Komp.); $^{21}/_5$ 1864 Char. als Major; $^{24}/_4$ 1865 Major u. etatsm. Stabsoff. (Pat. $^{24}/_3$ 64); 1866 Zug nach Bayern; $^7/_8$—$^3/_9$ 1866 Führ. des 1. Bats.; $^9/_1$ **1868 Abschied**; $^{16}/_1$ 1868 Kammerherr; 1870—71 Komm. des Garn.-Bats. Braunschweig; $^{21}/_4$ 1872 Char. als Ob.-Lieut.; $^{14}/_{10}$ 1878 zur Disp. gest. u. Flüg.-Adj.; † $^{22}/_8$ 1879 zu Braunschweig.

     94. Frhr. v. Meerscheidt-Hülleffem, Gerhard. | • $^{14}/_{10}$ 1824 zu Dresden; $^1/_5$ 1840 als Kadet eingetr.; $^{25}/_4$ 1844 Port.-Fähnr.; $^{16}/_4$ 1846 Sek.-Lieut. im Inf.-Rgt.; 1848—49 Kr. geg. Dänem.; $^6/_9$ 1849 Prem.-Lieut.; $^7/_{11}$ 1852 Komp.-Führ. im 2. Landw.-Bat.; $^7/_1$ 1855 zum Leib-Bat.; $^{27}/_{12}$ 1858 Hauptm. u. Komp.-Führ. im Landw.-Bat. (Pat. $^{21}/_2$ 55); $^2/_1$ 1860 Etapp.-Kdt. in Eschershausen; $^9/_{12}$ 1860 Platzmaj. in Wolfenbüttel; $^{21}/_1$ 1864 als Komp.-Chef zum Leib-Bat. (2. Komp.); † $^{14}/_9$ 1866 zu Braunschweig.

     95. Jäger, Wilhelm. • $^5/_{10}$ 1808 zu Braunschweig; $^7/_3$ **1825** als Kadet eingetr.; $^2/_5$ 1827 Port.-Fähnr.; $^{17}/_4$ 1828 Fähnr. im Leib-Bat.; $^{21}/_{10}$ 1830 Rang als Sek.-Lieut.; $^{18}/_{11}$ 1835 Prem.-Lieut. (Pat. $^{18}/_9$ 35); $^{29}/_9$ 1841 Hauptm. im 3. Bat. des Inf.-Rgts.; $^{20}/_5$ 1843 Komp.-Chef im Leib-Bat. (2. Komp.); $^{18}/_{10}$ 1852 Major u. Komm. des 2. Landw.-Bat. (Pat. $^{16}/_7$ 51); $^{16}/_2$ 1855 Komm. des 1. Bat.; $^{20}/_9$ 1856 Char. als Ob.-Lieut.; $^{29}/_4$ 1858 Komm. des Landw.-Bats.; $^{30}/_{12}$ **1859** Kdt. v. Wolfenbüttel; $^{23}/_2$ 1867 Char. als Oberst; $^{27}/_{11}$ 1867 mit Pens.-Unif. in den Ruhestand; † $^{21}/_3$ 1891 zu Wolfenbüttel.

     96. Jäger, Karl. • $^{16}/_8$ 1819 zu Braunschweig; $^1/_5$ **1836** als Kadet eingetr.; $^{20}/_4$ 1837 Port.-Fähnr.; $^{19}/_4$ 1838 Sek.-Lieut. im 3. Bat. des Inf.-Rgts.; $^{20}/_5$ 1843 Prem.-Lieut. (Pat. $^{28}/_4$ 43); $^7/_4$ 1848 Adjut. des 3. Bats.; $^{24}/_{11}$ 1848 Adjut. des 1. Bats.; 1849 Kr. geg. Dänem.; $^5/_8$ 1852 Hauptm. u. Komp.-Führ. im 2. Landw.-Bat.; $^{18}/_{10}$ 1852 als Komp.-Chef zum Leib-Bat. (1. Komp.); $^{27}/_{12}$ 1858 Brig.-Adj.; $^4/_3$ 1867 Char. als Major; $^3/_{10}$ 1867 dem Brschw. Inf.-Rgt. Nr. 92 aggr.; $^8/_2$ 1868 Major u. etatsm. Stabsoffz.; $^{17}/_6$ 1868 Komm. des 2. Bats.; $^{10}/_1$ **1869** Absch. mit Unif. u. dem Char. als Ob.-Lieut.; † $^{19}/_4$ 1877 zu Braunschweig.

     97. Isendahl, Adolf. • $^{21}/_9$ 1815 zu Braunschweig; $^{21}/_4$ **1831** als Kadet eingetr.; $^{19}/_4$ 1833 Port.-Fähnr.; $^{24}/_1$ 1835 Sek.-Lieut. im Inf.-Rgt.; $^{31}/_8$ 1839 Prem.-Lieut.; $^{20}/_5$ 1843 Rgts.-Adj.; 1848—49 Kr. geg. Dänem.; $^{12}/_{11}$ 1848 Hauptm. u. Komp.-Chef (1. Komp.); Pat. $^{16}/_6$ 48; $^5/_5$ 1859 Major u. etatsm. Stabsoff.; $^2/_1$ 1860 Komm. des Landw.-Bats.; $^{19}/_{12}$ 1861 Komm. des 2. Bats.; 1866 Zug nach Bayern; $^{28}/_2$ 1867 Ob.-Lieut. (Pat. $^{11}/_3$ 65); $^{17}/_6$ **1868** Abschied; † $^7/_3$ 1877 zu Braunschweig.

     98. Isendahl, Wilhelm. • $^{20}/_3$ 1833 zu Wolfenbüttel; $^6/_4$ **1850** Einj.-Freiw. im Inf.-Rgt.; $^1/_{10}$ 1850 Vize-Uffz.; $^7/_1$ 1851 überzähl. Uffz.; $^{10}/_1$ 1852 Port.-Fähnr.; $^{29}/_{12}$ 1852 Sek.-Lieut.; $^6/_4$ 1863 Prem.-Lieut. (Pat. $^{12}/_{12}$ 60); 1866 Zug nach Bayern; $^7/_{11}$ **1868** Absch. mit Char. als Hauptm.; $^{26}/_7$ 1870 Etapp.-Kdt. in Holzminden, $^{24}/_8$ 1870 in Kreiensen; $^1/_8$ 1871 in den Ruhestand zur.; wohnt in Braunschweig.

     99. Kalbe, Wilhelm. • $^{29}/_{12}$ 1834 zu Königslutter; $^1/_4$ **1852** Einj.-Freiw. im Inf.-Rgt.; $^1/_{10}$ 1852 Vize-Uffz.; $^{18}/_9$ 1853 Port.-Fähnr.; $^{17}/_2$ 1855 überzähl. Sek.-Lieut.; $^4/_4$ 1855 einrangirt; 1857 Mitgl. der Mil.-Stud.-Kommiss.; $^{24}/_9$ 1859 Adjut. des Landw.-Bats.; $^{24}/_4$ 1866 als Prem.-Lieut. zum Rgt. zur. (Pat. $^7/_5$ 62); $^{29}/_5$ 1866 zum Leib-Bat. vers.; $^9/_1$ **1868** Absch. behufs Uebertr. in den Eisenb.-Dienst; $^1/_7$ 1870 dem Res.-Landw.-Bat. (Hannover) Nr. 73 zugeth.; $^1/_8$ 1870 Etapp.-Kdt. in Mainz; $^1/_9$ 1870 als Komp.-Führ. zum 3. Hann. Inf.-Rgt. Nr. 79 (2. Komp.); $^{30}/_{11}$ 1870 bei Maizières verw.; $^{30}/_5$ 1871 Betr.-Insp. bei der Braunschw. Eisenb.; $^{25}/_4$ 1873 Char. als Hauptm.; $^{22}/_{10}$ 1873 braunschw. Pens.-Unif.; $^1/_4$ 1885 Bade-Kommissar in Harzburg; $^2/_9$ 1895 Char. als Major.

100. v. Kalm, Ferdinand. * $^{26}/_5$ 1808 zu Gr.-Brunsrode; $^{22}/_4$ **1829** Diensteintr. beim 2. Lin.-Inf.-Rgt.; $^1/_1$ 1830 Korp.; $^1/_{10}$ 1831 Sergt.; $^3/_5$ 1833 Feldwebel; $^1/_{10}$ 1836 Sek.-Lieut. im 3. Bat. des Inf.-Rgts.; $^{29}/_9$ 1841 Prem.-Lieut.; $^{14}/_4$ **1848** als Kriegs-Kommissar zum Stabe d. 1. Div. des 10. Arm.-Kps.; $^3/_6$ 1849 Hauptm. (Pat. $^1/_4$ 49); $^{15}/_1$ 1855 in den Ruhestand verf.; † $^{10}/_8$ 1859 zu Zerbst.

101. v. Kalm, Oskar. * $^{13}/_8$ 1835 zu Vorsfelde; $^1/_4$ 1852 Einj.-Freiw. im Inf.-Rgt.; $^1/_{10}$ 1852 Vize-Uffz.; $^{18}/_{12}$ 1853 Port.-Fähnr.; $^4/_4$ 1855 Sek.-Lieut. (Pat. $^2/_3$ 55); $^1/_2$ 1866 Komm. der Sanit.-Komp.; 1866 Zug nach Bayern; $^{11}/_9$ 1866 zum Rgt. zurück; $^{24}/_9$ 1866 als Prem.-Lieut. zum Leib-Bat. (Pat. $^{11}/_5$ 62); $^{17}/_7$ 1870—$^{14}/_6$ 1871 Komp.-Führ. beim Besatz-Bat. Braunschw. II; $^5/_7$ 1872 Hauptm. u. Komp.-Chef (10. Komp.); $^5/_{10}$ 1880 Abich. mit Rgts.-Unif. u. Char. als Major; † $^{25}/_{11}$ 1893 zu Blankenburg.

102. Kiehne, Ludwig. * $^{14}/_3$ 1814 zu Braunschweig; $^7/_7$ 1827 Diensteintritt als Pfeifer; $^1/_{10}$ 1830 Tamb.; $^6/_7$ 1831 Soldat; $^1/_5$ 1832 Korp.; $^1/_9$ 1834 Sergt.; $^1/_{10}$ 1836 Feldweb.; $^1/_5$ 1839 Quartierm.-Sergt.; $^{23}/_7$ 1845 Korps-Sekr.; $^7/_4$ 1848 Sek.-Lieut. im 3. Bat. des Inf.-Rgts.; $^{24}/_{11}$ 1848 Adj. des 3. Bats.; $^{18}/_3$ 1850 Adj. des 1. Landw.-Bats.; $^3/_{12}$ 1854 Abschied u. als Eisenb.-Kommissar angest.; $^3/_{12}$ 1859 Betr.-Insp.; 1874 Ob.-Betr.-Insp.; $^1/_7$ 1881 in den Ruhest. verf.; † $^{29}/_{12}$ 1886 zu Braunschweig.

103. v. Klencke, Dietrich. * $^3/_{11}$ 1784 zu Denigstedt; 1799 Diensteintritt beim preuß. Inf.-Rgt. v. Besser Nr. 10; $^7/_9$ 1801 Fähnr.; $^{27}/_9$ 1804 Lieut.; 1806—07 Kr. geg. Frankr. im 1. Westpreuß. Res.-Bat.; $^{26}/_7$ 1807 Absch.; $^1/_1$ 1809 Sek.-Lieut. in der westfäl. Gren.-Garde; 1810 Prem.-Lieut.; 1812—13 Kr. geg. Rußland u. die Verbünd.; $^{20}/_2$ 1813 Kapit. in der Füs.-Garde; $^{11}/_1$ 1814 Lieut. im braunschw. 3. leicht. Bat.; $^{28}/_2$ 1814 als Kapit. zum 2. Lin.-Bat. (Pat. $^{18}/_3$ 14); $^{16}/_3$ 1814 zum 3. leicht. Bat. zur.; $^{27}/_1$ 1815 zum 2. Lin.-Bat. zur.; $^{14}/_4$ 1815 zum Erj.-Bat.; $^{12}/_8$ 1815 vor Paris zum 1. Lin.-Bat.; $^3/_2$ 1816 zum Res.-Bat. Weser; $^8/_5$ 1822 auf Wartegeld; $^{21}/_1$ 1824 Komp.-Chef im Lin.-Inf.-Rgt.; $^{24}/_5$ 1827 zum 2. Lin.-Inf.-Rgt.; $^{21}/_{10}$ 1830 zum Res.-Kabre; $^{18}/_9$ 1831 dem Inf.-Rgt. attach.; $^{28}/_{10}$ 1835 als Komp.-Chef einrang.; $^{28}/_9$ 1841 Major u. Komm. des 3. Bats. (Pat. $^{22}/_4$ 31); $^{17}/_7$ 1846 Char. als Ob.-Lieut. u. etatsm. Stabsoff.; $^5/_3$ 1847 wieder Komm. des 3. Bats.; $^{23}/_{10}$ 1848 mit Rgts.-Unif. in den Ruhestand; † $^{13}/_8$ 1850 zu Braunschweig.

104. Kobus, Werner. * $^{15}/_{11}$ 1838 zu Stiege; $^{13}/_1$ **1856** Diensteintr. beim Inf.-Rgt.; $^{24}/_{11}$ 1856 Tit.-Korp.; $^3/_3$ 1857 Port.-Fähnr.; $^{23}/_9$ 1857 Sek.-Lieut.; 1866 Zug nach Bayern; $^{14}/_{10}$ 1867 Adj. des 2. Bats.; $^7/_{12}$ 1868 Prem.-Lieut.; $^{17}/_7$ 1870 Führ. der 7. Komp.; $^{12}/_1$ 1871 bei Le Mans verw.; $^4/_8$ 1873 Hauptm. u. Komp.-Chef (6. Komp.); $^3/_8$ 1883 überzähl. Major; $^1/_1$ 1884 Komm. des 1. Bats.; $^{15}/_4$ 1886 mit Patent v. $^{16}/_{12}$ 81 übernomm.; $^{11}/_{12}$ 1886 z. Disp. gest. u. Bez.-Komm. des 2. Bat. (Braunschw. II) Herz. Braunschw. Landw.-Rgts. Nr. 92; $^{18}/_8$ 1888 Absch. mit Rgts.-Unif.; wohnt in Blankenburg.

105. v. Koch, Christian. * $^{22}/_8$ 1775 zu Herrhausen; im Pagenhause zu Braunschweig; $^3/_4$ 1793 Fähnr. im Inf.-Rgt. v. Riedesel; $^{30}/_{10}$ 1794 Lieut.; $^{15}/_3$ 1795 bei Schüttorp verw.; $^{30}/_6$ 1806 Stabskapit.; $^{26}/_{10}$ 1806 bei Auflös. des Korps in Kriegsgefangensch.; $^3/_7$ 1808 Kapit. im westfäl. 2. Lin.-Rgt.; 1809—10 Kr. in Spanien; 1812 in Rußland in russ. Kriegsgefangensch.; $^7/_8$ 1814 Kapit. im braunschw. 2. Res.-Bat.; $^{17}/_1$ 1815 Major u. Komm. desselben (Pat. $^3/_{12}$ 13); $^{20}/_9$ 1815 Komm. des Res.-Bats. Harz; $^{17}/_{11}$ 1820 Komm. des 1. Lin.-Bats.; $^8/_5$ 1822 Komm. des Res.-Bats.-Kadres; $^{15}/_4$ 1824 Ob.-Lieut.; $^8/_{11}$ 1824 Komm. des 1. Bats. 2. Lin.-Inf.-Rgts.; $^{31}/_{10}$ 1828 Oberst u. Komm. dieses Rgts.; $^{31}/_{10}$ **1830** Vize-Kdt. v. Wolfenbüttel; † $^{30}/_5$ 1844 zu Wolfenbüttel.

106. v. Koch, Moritz. • $^{24}/_5$ 1812 zu Windhausen; $^2/_5$ 1827 als Kadet eingetr.; $^{23}/_5$ 1830 Fahnenjunker; $^{24}/_4$ 1832 Sek.-Lieut. im Inf.-Rgt.; $^9/_{10}$ 1837 Prem.-Lieut.; $^{25}/_3$ 1848 Hauptm. u. Komp.-Chef im 2. Bat. (Gren.-Komp.), Pat. $^3/_{12}$ 44; $^{13}/_6$ 1848 Abschied; † $^{30}/_9$ 1883 als Gutsbesitzer zu Schladen.

107. Koch, Emil. • $^{21}/_1$ 1826 zu Braunschweig; $^1/_5$ 1842 als Kadet eingetr.; $^{25}/_4$ 1845 Port.-Fähnr.; $^{11}/_4$ 1847 Sek.-Lieut. im Inf.-Rgt. (Pat. $^4/_{11}$ 46); 1848—49 Kr. geg. Dänem.; $^{17}/_2$ 1855 Prem.-Lieut. (Pat. $^8/_7$ 50); $^9/_{12}$ 1860 Hauptm. u. Komp.-Führ. im Landw.-Bat. (Pat. $^{26}/_2$ 55); $^{24}/_4$ 1866 Platzmaj. in Wolfenbüttel; $^{24}/_9$ 1866 als Komp.-Chef zum Leib-Bat. (2. Komp.); $^{17}/_7$ 1870 zum Ers.-Bat.; $^7/_6$ 1871 als Komp.-Chef ins Rgt. zur. (10. Komp.); $^{10}/_6$ 1872 Absch. mit Char. als Major u. Pens.-Unif.; † $^{22}/_4$ 1874 zu Braunschweig.

108. Köhler, Heinrich. • $^{27}/_7$ 1795 zu Braunschweig; $^{15}/_6$ 1812 Freiwill. bei der westfäl. Jäg.-Garde; $^1/_8$ 1812 Korpor.; $^1/_9$ 1812 Fourier; 1813 Kr. geg. die Verbünd.; $^{15}/_{10}$ 1813 Feldweb. im brschw. leicht. Inf.-Rgt.; $^1/_1$ 1814 Sergt.-Maj. im 1. Lin.-Bat.; $^{25}/_1$ 1814 Fähnr. (Pat. $^9/_{11}$ 13); $^8/_2$ 1814 zum 3. leicht. Bat. vers.; $^{23}/_2$ 1814 Adj. desselben; $^8/_4$ 1815 Lieut. (Pat. $^{12}/_3$ 15); 1815 Kr. geg. Frankr.; $^3/_2$ 1816 zum Res.-Bat. Helmstedt; $^6/_2$ 1816 als Bats.-Adj. zum Res.-Bat. Wolfenbüttel; $^8/_5$ 1822 zum Res.-Bat.; $^{29}/_5$ 1823 zum Inf.-Rgt.; $^1/_2$ 1824 Adj. des 2. Bats.; $^{21}/_{10}$ 1830 Adj. des 3. (Res.-) Bats. des Inf.-Rgts.; $^{18}/_{11}$ 1835 Kapit. (Pat. $^8/_9$ 35); $^{31}/_{12}$ 1838 Platzmaj. in Wolfenbüttel; $^{27}/_2$ 1844 Etapp.-Kdt. in Eschershausen; $^{27}/_{12}$ 1850 mit Char. als Major in den Ruhestand; † $^{10}/_7$ 1855 zu Schöningen.

109. Kroeber, Emmerich. • $^{15}/_4$ 1794 zu Niederurff (Hessen); $^9/_2$ 1809 in die westf. Mil.-Schule zu Braunschw.; $^{15}/_{11}$ 1810 Korp.; $^{23}/_1$ 1811 Sergt.-Maj.; $^{20}/_{11}$ 1811 Unter-Lieut. im 2. Lin.-Rgt. (Pat. $^{11}/_{11}$ 11); 1812—13 Kr. geg. Rußl. u. die Verbünd.; $^6/_5$ 1814 Fähnr. in der braunschw. Avantg. (Pat. $^3/_{11}$ 13); $^2/_2$ 1815 als Lieut. zum Bat. v. Pröstler vers. (Pat. $^8/_3$ 15); 1815 Kr. geg. Frankr.; $^3/_2$ 1816 zum Res.-Bat. Wolfenbüttel; $^{29}/_7$ 1817 zum 1. Lin.-Bat.; $^{29}/_{12}$ 1820 Absch. mit Char. als Kapit. u. Unif.; ging nach Rußland.

110. Kubel, Ludwig. • $^3/_8$ 1827 zu Braunschweig; $^2/_{11}$ 1848 Einj.-Freiw. im Inf.-Rgt.; $^{11}/_2$ 1849 Vize-Korp.; 1849 Kr. geg. Dänem.; $^{26}/_9$ 1849 Vize-Sergt.; $^7/_4$ 1850 Port.-Fähnr.; $^{10}/_9$ 1850 Sek.-Lieut.; $^{21}/_6$ 1852 Adj. des 2. Bats.; $^5/_5$ 1859 als Prem.-Lieut. in die Front (Pat. $^{11}/_{12}$ 58); $^{19}/_{12}$ 1861 bis $^7/_5$ 1866 Rgts.-Adj.; 1866 Zug nach Bayern; $^{24}/_5$ 1866 Hauptm. u. Komp.-Führ. im Landw.-Bat. (Pat. $^{11}/_{11}$ 60); $^3/_{10}$ 1867 dem Brschw. Inf.-Rgt. Nr. 92 aggr.; $^{11}/_7$ 1868 als Komp.-Chef einrang. (11. Komp.); 1870—71 Kr. geg. Frankr.; $^2/_1$ 1874 Major; $^3/_{12}$ 1874 Komm. des Füs.-(Leib-)Bats.; $^{21}/_4$ 1880 Ob.-Lieut. (Pat. $^{18}/_9$ 80); $^1/_1$ 1884 mit Char. als Oberst mit Rgts.-Unif. z. Disp. gest.; $^6/_5$ 1887 Abschied; † $^{30}/_4$ 1898 zu Blankenburg.

111. Kühne, August. • $^4/_{10}$ 1848 zu Bechelde; $^1/_{10}$ 1867 Einj.-Freiw. im Inf.-Rgt.; $^{17}/_6$ 1868 Port.-Fähnr.; $^5/_2$ 1869 Sek.-Lieut.; 1870—71 Kr. geg. Frankr.; $^6/_1$ 1874—$^9/_{12}$ 1875 Adj. beim Bez.-Kdo. II Braunschw.; $^7/_8$ 1875 Prem.-Lieut.; † $^{10}/_{12}$ 1877 zu Metz.

112. Lambrecht, Joh. Sam. Friedr. • $^{22}/_{10}$ 1769 zu Vorsfelde; $^{22}/_9$ 1787 Gefr.-Korp. im Inf.-Rgt. v. Riedesel; $^{18}/_6$ 1790 Fähnr.; $^1/_2$ 1793 vor Mastricht verwund.; $^{17}/_{10}$ 1794 Lieut.; $^6/_9$ 1799 Absch. u. zum Amtsrath ern.; $^1/_{11}$ 1813 bis $^1/_2$ 1814 hannov. Marschkommissar für Göttingen u. Grubenhagen; $^{28}/_9$ 1814 Kapit. im braunschw. 1. Res.-Bat. (Pat. $^1/_{10}$ 13); 1814 Zug nach Brabant; $^{23}/_{12}$ 1814 Marschkommissar in Braunschweig; $^8/_5$ 1822 desgl. in Wolfenbüttel; † $^{27}/_5$ 1848 zu Wolfenbüttel.

113. Laue, Emil. • $^{12}/_6$ 1810 zu Limoges (Frankr.); $^2/_5$ 1827 als Expekt. in das Kadett.-Institut; $^{20}/_4$ 1828 wirkl. Kadet; $^{20}/_5$ 1829 Fahnenjunk.;

²⁰/₄ 1831 Sek.-Lieut. im Inf.-Rgt.; ²⁶/₁₀ 1836 Prem.-Lieut. (Pat. ²⁴/₉ 35); ¹⁵/₁₀ 1843 Hauptm. im 3. Bat.; ⁶/₄ 1848 Komp.-Chef im 2. Bat. (2. Komp.); 1848—49 Kr. geg. Dänem.; ¹⁶/₂ 1855 Major u. etatsm. Stabsoff. (Pat. ¹⁸/₇ 51); ²⁰/₉ 1856 Komm. des 2. Bats.; ¹²/₁₂ 1861 Ob.-Lieut. u. Komm. des Leib-Bats.; ²⁴/₄ **1865** in den Ruhest. getr.; † ²¹/₅ 1894 zu Braunschweig.

114. **Laue,** Georg. * ²²/₁₁ 1844 zu Braunschweig; ¹/₁₀ **1861** Einj.-Freiw. im Inf.-Rgt.; ¹/₄ 1862 Vize-Korp.; ⁹/₁₀ 1862 Port.-Fähnr.; ²⁴/₆ 1863 Sek.-Lieut.; † ⁶/₇ **1865** zu Braunschweig.

115. **v. Lauingen,** Erich. * ¹⁸/₃ 1827 zu Lauingen; ²⁶/₄ **1843** als Kadet eingetr.; ²⁵/₄ 1845 Port.-Fähnr.; ²/₁₁ 1846 Sek.-Lieut. im Inf.-Rgt.; 1848—49 Kr. geg. Dänem.; ²⁴/₃ 1853 Prem.-Lieut. (Pat. ²/₇ 50); ²⁴/₄ 1858 Komp.-Führ. im Landw.-Bat.; ⁵/₅ 1859 Hauptm. (Pat. ²³/₇ 55); ²⁴/₄ 1865 Platzmaj. in Wolfenbüttel; ²⁴/₄ 1866 als Komp.-Chef in das Rgt. (2. Komp.); 1866 Zug nach Bayern; ⁹/₁ **1868** Absch.; ¹⁵/₉ 1870—¹/₆ 1871 Adj. beim Bez.-Kdo. I Braunschw.; † ²⁷/₅ 1879 zu Braunschweig.

116. **Lentz,** Gustav. * ³¹/₅ 1833 zu Halchter; ¹/₄ **1851** Freiw. im Leib-Bat.; ¹/₁₀ 1851 Vize-Oberjäg.; ⁹/₈ 1852 überz. Oberjäg.; ¹⁶/₁₂ 1852 Port.-Fähnr.; ¹²/₁ 1855 überz. Sek.-Lieut.; ¹⁷/₂ 1855 einrang.; ⁷/₄ 1855 zum Inf.-Rgt.; ²⁷/₁₂ 1858 Führ. der San.-Komp.; ¹³/₅ 1859 Komm. derselb.; ³¹/₇ 1859 zum Rgt. zur.; ²⁷/₁₀ 1859 Absch.; 1861 Kadet im österr. 9. Jäg.-Bat.; 1863 als Unterlieut. zum 25. Jäg.-Bat.; ²⁸/₆ 1866 Oberlieut.; 1866 Kr. geg. Preuß.; 1870 Bat.-Adj.; 1873 zum 8. Jäg.-Bat.; Prov.-Offiz.; 1874 Bat.-Adj.; ¹/₅ 1877 Hauptm. u. Komp.-Chef; 1878—79 Feldz. in Bosnien; Anf. 1879 pensionirt u. Verpfl.-Accessist in der Res.; 1881 Absch.; 1882 bei der Mil.-Abth. des Mil.-Kdos. zu Preßburg (5. Korps-Kdo.) angest.; † ²⁸/₈ 1885 zu Preßburg.

117. **Liebing,** Hermann. * ¹¹/₃ 1823 zu Wolfenbüttel; ¹/₅ **1838** als Kadet eingetr.; ²⁰/₄ 1839 Port.-Fähnr.; ²⁵/₄ 1840 Sek.-Lieut. im Inf.-Rgt.; ²⁵/₃ 1848 Prem.-Lieut. (Pat. ²³/₉ 47); 1848—49 Kr. geg. Dänem.; ¹⁷/₂ 1855 Hauptm. (Pat. ⁸/₁₁ 52); ⁷/₄ 1855 als Komp.-Chef zum Leib-Bat. (4. Komp.); ⁹/₁₂ 1860 zum Inf.-Rgt. verf. (6. Komp.); 1866 Zug nach Bayern; ⁹/₁ **1868** Absch.; ²⁸/₁₁ 1870—⁷/₃ 1871 Führ. einer Kriegsgefang.-Komp. in Blankenburg; ²⁵/₄ 1873 Char. als Major; wohnt in Blankenburg.

118. **Ludovici,** Friedrich. * ¹⁹/₃ 1792 zu Kassel; ¹⁷/₂ 1806 Dienst-eintr. wahrsch. im französ. leicht. Inf.-Rgt. Westfalen; ¹/₁ 1808 in westfäl. Dienst als Sergt. in der Jäg.-Garde; ²⁵/₄ 1809 Sek.-Lieut.; 1809 Kr. geg. Oesterr.; ³⁰/₁ 1811 Prem.-Lieut.; ²³/₁ 1812 als Kapit. zum 3. Lin.-Rgt.; 1812—13 Kr. geg. Rußl. u. Preuß.; ⁷/₁ 1813 zum 4. Lin.-Rgt. verf.; ²⁰/₄ **1814** Lieut. im braunschw. 3. Lin.-Bat. (Pat. ²¹/₁₂ 13); ¹⁴/₄ 1815 als Stabskap. zum 2. leicht. Bat. (Pat. ²⁴/₃ 15); ¹⁶/₆ 1815 bei Quatrebras verw.; ⁸/₂ 1816 auf Wartegeld; ¹⁹/₈ 1817 zum Res.-Bat. Helmstedt; ¹⁹/₅ 1820 Rang als Kapit.; ⁸/₅ 1822 auf Wartegeld; ¹¹/₉ 1826 dem Garde-Gren.-Bat. aggr.; ¹⁴/₁ 1829 Komp.-Chef; ²¹/₁₀ 1830 zum 3. od. Leib-Bat. verf. (2. Komp.); ¹¹/₉ 1842 Char. als Major; ²⁰/₅ 1843 Major u. etatsm. Stabsoff.; ¹⁷/₇ 1846 Komm. des Leib-Bats.; ²³/₄ 1849 Ob.-Lieut. (Pat. ⁵/₄ 49); ³¹/₈ 1849 Komm. des Inf.-Rgts.; ²⁵/₄ 1852 Oberst; ¹⁴/₂ 1855 Gen.-Maj. u. Brig.-Komm.; ¹²/₁₂ 1861 pension. u. Vize-Kdt. von Braunschweig; ⁴/₁₀ 1867 von dieser Stellung entb.; † ²⁹/₁₁ 1869 zu Braunschweig

119. **Ludovici,** Eduard. * ²⁸/₁₀ 1817 zu Helmstedt; ¹⁰/₆ 1835 Korporal in der engl. Legion in spanischen Diensten; ⁷/₁₀ 1835 Sergt.; 1835—37 Kr. geg. die Karlisten, ¹⁵/₆ 1836 Feldw.; ¹⁰/₁₀ 1836 Sek.-Lieut.; ⁷/₁₀ **1837** in braunschw. Dienste als Sek.-Lieut. im Leib-Bat. (Pat. ¹/₆ 37); ²⁹/₉ 1841 Prem.-Lieut.; ⁷/₄ 1848 Bat.-Adj.; ³¹/₈ 1849 als Hauptm. in die Front; ¹⁸/₃ 1850 Komp.-Führ. im 1. Landw.-Bat.; ²⁴/₅ 1850 Abschied; ¹/₅ 1851 Pens.-Unif.; 185· Theilhaber, dann

Inhaber der Cichorienfabr. von G. Schmidt & Co. $^{10}/_8$ 1877; auf die Unif. verzichtet; † $^{14}/_9$ 1879 zu Braunschweig.

120. Marre, Traugott. ⁎ $^1/_4$ 1849 zu Blankenburg; $^{10}/_2$ 1867 Diensteintr. beim Inf.-Rgt.; $^{19}/_8$ 1867 Port.-Fähnr.; $^{10}/_1$ 1869 Sef.-Lieut.; $^{17}/_7$ 1870 —$^{14}/_6$ 1871 zum Besatz.-Bat. Braunschw. II kdt.; $^{14}/_6$ 1873 mit dem gesetzl. Vorbehalt ausgesch.; $^6/_{10}$ 1875 zur Landw. überf.; $^{15}/_3$—$^{11}/_4$ 1877 beim Rgt. geübt; $^{10}/_6$ 1877 Prem.-Lieut.; $^{12}/_{11}$ 1885 Hauptm. der Landwehr im Ldw.-Bez. Saarburg, dann Saargemünd; lebt als Steinbruch-Besitzer zu Pfalzburg.

121. Martini, Adam. ⁎ $^{22}/_1$ 1786 zu St. Goar; 1802—7 Fahnenjunker in kurhess. Diensten; $^{13}/_3$ 1808 Unter-Lieut. im westfäl. 4. Lin.-Rgt.; 1809 als Lieut. zum 6. Lin.-Rgt.; 1809 Kr. geg. Oesterr.; $^{20}/_{10}$ 1812 Kapit.; 1812—13 Kr. geg. Rußl. u. Preuß.; $^{20}/_4$ 1814 Lieut. im braunschw. 2. leicht. Bat. (Pat. $^{19}/_{12}$ 13); $^4/_5$ 1814 Adjut. desselben; $^{12}/_4$ 1815 Stabskap. (Pat. $^{22}/_3$ 15); 1815 Kr. geg. Frankr.; $^3/_2$ 1816 Abj. des 1. leicht. (Leib-) Bats.; $^{19}/_5$ 1820 Rang als Kap.; $^8/_5$ 1822 dem Inf.-Rgt. aggr.; $^{21}/_1$ 1824 dem Jäg.-(Leib-)Bat. aggr.; $^{19}/_7$ 1826 Komp.-Chef im 1. Lin.-Inf.-Rgt.; $^{21}/_{10}$ 1830 zum Inf.-Rgt.; $^{15}/_2$ 1832 Ob.-Kriegs-Zahlm.; 1840 pensionirt; † $^{14}/_1$ 1842 zu Braunschweig.

122. v. Meibom, Karl. ⁎ $^{29}/_{11}$ 1788 zu Thune; $^{16}/_3$ 1809 Voltigeur im westf. 5. Lin.-Rgt.; $^6/_4$ 1809 Fourier; $^{15}/_4$ 1809 Sergt.; 1809 Kr. geg. Oesterr. und die Braunschw.; $^6/_9$ 1809 Abj.-Sousoffic.; $^9/_1$ 1810 Unter-Lieut.; $^{11}/_2$ 1811 Lieut. im 2. leicht. Inf.-Bat.; $^{11}/_{11}$ 1811 Kapit.; 1812—13 Kr. geg. Rußl. u. die Verbünd.; 1813 zur Füs.-Garde; $^{25}/_{11}$ 1813 Lieut. im braunschw. leicht. Inf.-Rgt.; $^1/_1$ 1814 zum 1. leicht. Bat.; $^3/_1$ 1814 Kapit. (Pat. $^9/_4$ 14); $^{14}/_1$ 1814 Komp.-Chef; 1815 Kr. geg. Frankr.; $^3/_2$ 1816 zum Res.-Bat. Harz; $^8/_5$ 1822 auf Wartegeld. † $^7/_6$ 1822.

123. Metzner, Ferdinand. ⁎ $^9/_6$ 1787 zu Achim; $^3/_{10}$ 1800 Gefr.-Korp. im Inf.-Rgt. v. Griesheim; $^3/_{12}$ 1801 Fähnr.; $^8/_4$ 1805 Lieut.; $^{26}/_{10}$ 1806 durch Auflös. des Korps in franzöf. Kriegsgefangensch.; $^1/_6$ 1808 Lieut. in der westfäl. Jäg.-Garde; 1809 Kr. geg. Oesterr.; $^1/_1$ 1811 Kapit. im Jäg.-Karab.-Korps; $^7/_9$ 1812 bei Borodino verw.; 1813 Kr. geg. Preußen; $^{27}/_{10}$ 1813 in preuß. Dienste als Prem.-Lieut. im 1. Pomm. Brig.-Garn.-Bat.; $^{30}/_1$ 1814 Abschied; war $^5/_{12}$ 1813 als Lieut. im leicht. Inf.-Rgt. in braunschw. Dienste zurückgetr.; $^1/_1$ 1814 Kapit. u. Komp.-Chef im 3. leicht. Bat.; $^{14}/_1$ 1814 zum 2. leicht. Bat.; $^{16}/_1$ 1814 zum 1. Lin.-Bat.; $^{12}/_4$ 1814 Major u. Komm. des 1. Lin.-Bats. (Pat. $^{25}/_{12}$ 13); 1815 Kr. geg. Frankr.; $^3/_2$ 1816 Komm. des Res.-Bats. Wolfenbüttel; $^8/_5$ 1822 auf Wartegeld; $^{25}/_4$ 1824 Komm. des 2. Bats. Lin.-Inf.-Rgts.; $^{21}/_{10}$ 1830 etatsm. Stabsoff. des Inf.-Rgts.; $^{17}/_{10}$ 1835 mit Char. als Ob.-Lieut. pens. u. Rekrutir.-Offiz.; † $^{20}/_1$ 1841 zu Braunschweig.

124. Meyer, Karl. ⁎ $^{23}/_9$ 1823 zu Wolfenbüttel; $^1/_5$ 1840 Freiwill. im Inf.-Rgt.; $^{11}/_2$ 1842 Korpor.; 1848 Kr. geg. Dänem.; $^8/_6$ 1848 Sergt.; $^9/_4$ 1849 Sef.-Lieut. im 3. Bat.; $^{18}/_3$ 1850 zum Rgt. zur.; $^4/_1$ 1855 Prem.-Lieut. (Pat. $^5/_1$ 55); $^6/_4$ 1863 Hauptm. u. Komp.-Führ. im Landw.-Bat. (Pat. $^{18}/_{10}$ 60); $^{24}/_9$ 1866 Platzmaj. in Wolfenbüttel; $^3/_{10}$ 1867 dem Brschw. Inf.-Rgt. Nr. 92 aggr.; $^9/_1$ 1868 Abschied; $^{15}/_9$ 1870—$^1/_6$ 1871 Abj. beim Bez.-Kdo. II Braunschw.; † $^{23}/_8$ 1894 zu Wolfenbüttel.

125. v. Meyern, Leopold. ⁎ 1767 zu Holzminden; 1782—1808 in holländ. Diensten; 1793—1804 Kriege geg. Frankr., 1805 geg. Oesterr., 1806—7 geg. Preußen; 1809 in westfäl. Dienste als Lieut. im 2. Lin.-Rgt.; 1809—10 Kr. in Spanien; 1810 Chef des 1. leicht. Bats.; war 1813 Ob.-Lieut.; $^8/_1$ 1814 braunschw. Kapit. u. Komm. des 2. leicht. Bats.; $^{14}/_1$ 1814 Major; 1814 Zug nach Brabant; $^{21}/_7$ 1814 Komm. des 4. Res.-Bats.; $^{21}/_2$ 1815 Komm. des Res.-Bats. Wolfenbüttel; $^3/_2$ 1816 auf Wartegeld; $^1/_8$ 1821 Absch. u. Domänenpächter zu Calvörde; $^1/_1$ 1834 wieder Pens. erhalt.; † $^1/_6$ 1846 zu Blankenburg.

126. v. Meyern, August. * 1773 zu Holzminden, 1787 Gefr.-Korp. im Inf.-Rgt. Pr. Friedrich; $^{16}/_1$ 1788 Fähnr.; $^4/_{12}$ 1792 Lieut.; 1793—95 Kr. geg. Frankr.; $^{12}/_3$ 1802 Kapit.; $^{26}/_{10}$ 1806 durch Auflös. des Korps in franz. Kriegsgefangensch.; $^{13}/_3$ 1808 Kapit. im westfäl. 4. Lin.-Rgt.; $^./_9$ 1808 Absch.; $^{11}/_3$ 1814 als Major u. Komm. des 2. Res.-Bats. in braunschw. Dienst zur. (Pat. $^{17}/_{11}$ 13); 1814 Zug nach Brabant; $^{14}/_1$ 1815 Kavalier u. Adjut. des Herzogs August; $^{10}/_5$ 1816 Oberst; $^./_{12}$ 1820 pensionirt; $^{10}/_7$ 1829 braunschw. Min.-Resid. in Berlin; $^{27}/_{11}$ 1832 Absch.; † $^./_2$ 1845.

127. Michelet, Eduard. * 1788 zu Berlin; 1803 Diensteintr. bei der preuß. Artill.; 1806 Kr. geg. Frankr.; $^3/_7$ 1809 zu Plauen in die braunschw. Artill. eingetr.; Zug durch Norddeutschl.; $^{31}/_7$ 1809 Wachtm. u. Port.-Fähnr.; $^{15}/_9$ 1809 als Sergt. zum engl.-braunschw. Hus.-Rgt.; $^{22}/_7$ 1813 Kornet; $^7/_9$ 1813 bei Villafranca verw.; $^{24}/_6$ 1816 in braunschw. Dienst zur. u. auf Wartegeld; $^{26}/_5$ 1818 Fähnr. im Res.-Bat. Wolfenbüttel; $^8/_8$ 1818 als Lieut. zum Res.-Bat. Weser (Pat. $^1/_5$ 18); $^8/_5$ 1822 auf Wartegeld; $^1/_1$ 1825 als Prem.-Lieut. zum Garde-Hus.-Rgt.; $^{21}/_{10}$ 1830 pensionirt; $^{30}/_1$ 1831 Char. als Rittmeister; † $^{11}/_2$ 1844 zu Braunschweig.

128. Mittendorff, Heinrich. * $^{24}/_6$ 1781 zu Langelsheim; $^./_3$ 1803 Diensteintr. beim Drag.-Rgt.; $^{26}/_{10}$ 1806 durch Auflös. des Korps kriegsgef.; $^./_1$ 1808 als Korporal in westfäl. Dienste; 1808—11 Kr. in Spanien; $^1/_{11}$ 1809 Sergt.; $^1/_1$ 1812 Sergt.-Maj.; 1812—13 Kr. geg. Rußl. u. Preuß.; $^1/_3$ 1813 Unter-Lieut. im 9. Lin.-Rgt.; $^4/_{12}$ 1813 Fähnr. im braunschw. leicht. Inf.-Rgt.; $^1/_1$ 1814 als Lieut. zum 2. leicht. Bat. (Pat. $^6/_2$ 14); 1815 Kr. geg. Frankr.; $^8/_5$ 1822 zum Inf.-Rgt.; $^{11}/_9$ 1826 zur Dienstleist. zum Garde-Gren.-Bat.; $^{21}/_{10}$ 1830 zum Res.-Kadre; $^{29}/_2$ 1832 Hauptm. (Pat. $^{25}/_1$ 25); $^9/_{10}$ 1837 in den Ruhe- stand; † $^6/_3$ 1865 zu Braunschweig.

129. Morgenstern, Friedrich. * 1786 zu Uslar; 1800 Diensteintr. beim Inf.-Rgt. Pr. Friedrich; $^5/_4$ 1801 Fähnr.; $^5/_{11}$ 1803 Lieut.; $^{26}/_{10}$ 1806 durch Auflös. des Korps kriegsgef.; 1808 Lieut. u. Adj.-Maj. im westfäl. 6. Lin.-Rgt.; 1810 Kapit.; 1812 Kr. in Rußl.; $^{25}/_{11}$ 1813 Kapit. im braunschw. leicht. Inf.-Rgt.; $^1/_1$ 1814 zum 2. leicht. Bat.; $^{14}/_1$ 1814 zum 2. Lin.-Bat.; $^{13}/_4$ 1814 zum 4. Res.- Bat.; $^{14}/_4$ 1814 Abschied; 1814 als Stabskap. im 4. Elb-Landw.-Inf.-Rgt. in preuß. Dienste; $^{19}/_3$ 1815 zum 5. Kurmärk. Landw.-Inf.-Rgt.; $^4/_4$ 1815 Kapit.; 1815 Kr. geg. Frankr.; $^8/_3$ 1816 dem 15. Inf.-Rgt. aggr.; $^{19}/_1$ 1818 einrang.; $^{21}/_1$ 1824 Absch. als Major mit Armee-Unif.; † $^8/_1$ 1855 zu Harzburg.

130. Morgenstern, Franz. * $^{11}/_{12}$ 1787 zu Uslar; $^5/_3$ 1803 Freikorp. im Inf.-Rgt. Pr. Friedrich; $^3/_2$ 1804 Fähnr.; $^{26}/_{10}$ 1806 durch Auflös. des Korps kriegsgef.; $^4/_7$ 1808 Unt.-Lieut. im westfäl. 2. Lin.-Rgt.; $^8/_7$ 1809 vor Fort Montjouy (Gerona) verw.; $^{15}/_8$ 1809 Prem.-Lieut.; $^6/_1$ 1810 Adj.-Maj.; $^{19}/_{11}$ 1810 Kapit.; 1812—13 Kr. geg. Rußl. u. die Verbünd.; $^{25}/_{11}$ 1813 Lieut. im braunschw. leicht. Inf.-Rgt.; $^1/_1$ 1814 zum 2. leicht. Bat.; $^3/_1$ 1814 Kap.; $^{14}/_1$ 1814 als Komp.-Chef zum 3. leicht. Bat.; $^6/_3$ 1814 Adj. der Lin.-Brig.; $^{21}/_7$ 1814 Adj. der leicht. Brig.; $^{27}/_1$ 1815 Adj. beim Brigadier Olfermann; $^{18}/_6$ 1815 bei Waterloo verw.; $^3/_2$ 1816 Korps-Adj.; $^3/_5$ 1822 ins Inf.-Rgt. einrang.; $^{1}/_{12}$ 1823 wieder Korps-Adj.; $^{21}/_{10}$ 1830 Major u. Komm. des 2. Bats.; $^9/_{10}$ 1837 in den Generalstab vers.; $^{28}/_9$ 1841 Ob.-Lieut.; $^{27}/_9$ 1845 Char. als Oberst; $^1/_8$ 1847 Dir. des Kriegs-Koll.; $^./_8$ 1848 Chef des Kriegs-Depart. im Staats-Min.; $^1/_8$ 1851 pensionirt; † $^6/_{12}$ 1869 zu Celle.

131. Frh. v. Münchhausen, Christian. * $^{15}/_{11}$ 1781 zu Kassel; im Pagenhause zu Braunschweig; $^{15}/_7$ 1795 Fähnr. im Inf.-Rgt. Pr. Friedrich; $^{27}/_4$ 1800 Lieut.; $^{11}/_4$ 1803 Kammerjunker; $^{26}/_{10}$ 1806 durch Auflös. des Korps kriegsgef.; $^2/_4$ 1810 Anhalt-Köthenscher Hofmarschall; $^{23}/_{11}$ 1813 Kapit. u. Chef der braunschw. Eliten-Komp.; $^{14}/_1$ 1814 Major u. Komm. des 1. leicht. Bats. (Pat. $^9/_{12}$ 13); $^4/_3$ 1814 Komm. des 3. Lin.-Bats.; $^{14}/_4$ 1815 Komm. des Ers.-

Bats.; $^{12}/_8$ 1815 vor Paris Führ. der Lin.-Brig.; $^3/_2$ 1816 Komm. des 1. Lin.-Bats.; $^{29}/_2$ **1819** Mitgl. der Mil.-Admin.-Kommiff.; $^{26}/_8$ 1822—$^?/_7$ 1826 Begleiter des Pr. Wilhelm; $^8/_{10}$ 1822 Kammerherr; $^{25}/_4$ 1824 Db.-Lieut; $^{27}/_7$ 1826 Hof-marschall; $^{20}/_1$ 1827 Rang als Gen.-Maj.; $^3/_4$ 1827 Referent der Haus- u. Hof-sachen im Geheimeraths-Koll.; $^4/_5$ 1827 Ober-Staatsrath; $^{26}/_5$ 1827 vom Mil.-Etat abgeführt; $^{10}/_8$ 1828 Geh. Ober-Staatsrath mit Prädik. „Exzellenz"; $^{13}/_{10}$ 1830 aus dem Staatsmin. entl. u. zum Db.-Hofmarschall ern.; $^{14}/_3$ 1831 Ab-schied; † $^{14}/_3$ 1832 zu Braunschweig.

132. Frhr. v. Münchhausen, August. * $^9/_4$ 1789 zu Braun-schweig; $^5/_{11}$ 1803 Fähnr. im Inf.-Rgt. v. Warnstedt; $^{26}/_{10}$ 1806 bei Auflöf. des Korps kriegsgef.; $^{31}/_1$ **1808** Sef.-Lieut. in der weftfäl. Gren.-Garde; 1809 Kr. geg. Defterr.; 1809 Prem.-Lieut.; 1811 Kapit.; 1812 in ruff. Kriegsgefangenfch.; $^7/_8$ **1814** als Kapit. im 4. Ref.-Bat. in braunschw. Dienfte zur. (Pat. $^7/_1$ 14); $^9/_8$ 1814 zum 3. Ref.-Bat.; $^{27}/_1$ 1815 zum 1. Lin.-Bat.; 1815 Kr. geg. Frankr.; $^8/_5$ **1822** zum Inf.-Rgt.; $^{28}/_1$ **1824** zum Garde-Gren.-Bat.; $^4/_2$ **1825** Mitgl. der Mil.-Stud.-Kommiff. unter Beibehalt der Komp.; $^{21}/_{10}$ 1830 mit Char. als Major zur Civilverforg. not.; $^{20}/_4$ 1831 Kammerherr; $^{23}/_4$ 1831 Intendant des Hof-theaters; † $^8/_4$ 1858 zu Braunschweig.

133. Frh. v. Münchhausen, Friedrich. * $^5/_{12}$ 1820 zu Calit (Prov. Sachf.); $^1/_5$ **1837** als Kadet eingetr.; $^{20}/_4$ 1839 Port.-Fähnr.; $^{18}/_4$ 1841 Sef.-Lieut. im Inf.-Rgt.; $^7/_4$ 1848 Prem.-Lieut.; 1848 Kr. geg. Dänem.; $^3/_4$ 1849 zum Leib-Bat. verf.; $^4/_1$ 1855 Hauptm. u. Komp.-Führ. im Landw.-Bat.; $^6/_1$ 1856 Platzmaj. in Wolfenbüttel; $^{20}/_4$ 1856 Komp.-Chef im Inf.-Rgt. (4. Komp.); 1866 Zug nach Bayern; $^5/_2$ 1869 Maj. u. etatsm. Stabsoffiz.; $^{19}/_3$ 1869 Komm. des Füf.-(Leib-)Bat.; 1870—71 Kr. geg. Frankr.; $^{25}/_4$ 1871 Db.-Lieut.; $^5/_7$ 1872 zur Disp. geft.; † $^{23}/_{12}$ 1893 zu Blankenburg.

134. Frh. v. Münchhausen, Werner. * $^{19}/_1$ 1821 zu Braun-schweig; $^1/_5$ **1838** als Kadet eingetr.; $^{20}/_4$ 1840 Port.-Fähnr.; $^{21}/_4$ 1841 Sef.-Lieut. im 3. Bat. des Inf.-Rgts.; 1843 zum 1. Bat.; 1848 Kr. geg. Dänem.; $^{15}/_8$ 1848 Prem.-Lieut.; † $^{25}/_6$ **1850** irrfinnig im St. Alexii-Pflegehaufe zu Braun-schweig.

135. Olfermann, Elias. * $^2/_9$ 1776 zu Braunschweig; 1795 Hoboift im engl.-deutschen Jäger-Rgt. des Fürften v. Löwenftein-Wertheim; 1799 Mufik-meifter im 5. Bat. des 60. Jäg.-Rgts.; $^{21}/_3$ 1801 bei Alexandria verw.; 1802 Sergt.-Maj. im 97. Königin-Rgt.; 180? Fähnrich; 1808 Lieut.; 1808—12 Kr. in Portug. u. Spanien; $^{17}/_{10}$ 1810 Brig.-Maj. (2. Abj.) bei der 2. Brig. der 4. Div.; $^{12}/_{11}$ 1810 zur 2. Brig. der leicht. Div.; $^{13}/_{12}$ 1810 Kapit.; $^{31}/_3$ 1811 zur 7. Div.; Sommer 1812 krank nach London; Anf. 1813 Aide-Adj. des Herzogs Friedr. Wilhelm; $^{23}/_7$ 1813 in die Gen.-Abjutantur des Gr. v. Wall-moben eingetr.; Kr. in Norddeutfchl.; $^?/_{10}$ 1813 Major; $^6/_{11}$ 1813 Herzogl. Statthalter in Braunschweig; $^{28}/_{12}$ 1813 Brigadier u. Flüg.-Abj.; $^?/_2$ 1814 Gen.-Abj.; $^9/_8$ 1814 Oberft; $^{16}/_6$ 1815 Komm. des Feldkorps; $^{18}/_6$ 1815 bei Waterloo verw.; $^{27}/_{12}$ 1815 Gen.-Maj. (Pat. $^2/_{11}$ 15); $^{30}/_1$ 1816 Komm. des aft. Truppenkorps; $^{26}/_3$ 1818 auf Wartegeld gef.; † $^{18}/_{10}$ 1822 zu Blankenburg.

136. Olfermann, Ernft. * $^{12}/_1$ 1808 zu Hilfea (England); $^7/_3$ 1825 als Kadet eingetr.; $^2/_5$ 1827 Port.-Fähnr.; $^{20}/_5$ 1829 Fähnr. im Leib-Bat.; $^{21}/_{10}$ 1830 Sef.-Lieut. (Pat. $^{19}/_5$ 29); $^{19}/_4$ 1836 Prem.-Lieut. (Pat. $^{20}/_9$ 35); $^{29}/_9$ 1841 als Hauptmann in den Ruheftand; † $^{21}/_{10}$ 1885 zu Hafte.

137. Ofthoff, Auguft. * $^3/_{12}$ 1822 zu Braunschweig; $^{26}/_4$ **1839** als Kadet eingetr.; $^{25}/_4$ 1841 Port.-Fähnr.; $^{21}/_4$ 1842 Sef.-Lieut. im Inf.-Rgt.; 1848 Kr. geg. Dänem.; $^{27}/_8$ 1848 als Prem.-Lieut. zum 3. Bat.; $^{18}/_3$ 1850 Komp.-Führ. im 2. Landw.-Bat.; $^4/_4$ 1885 Hauptm. u. Komp.-Führ. im Landw.-Bat.;

²⁰/₉ 1856 Platzmaj. in Wolfenbüttel; ²⁴/₄ 1858 als Komp.-Chef zum Rgt. zur. 2. Komp.); ³⁰/₄ 1866 Ob.-Kriegs-Zahlm.; † ⁹/₄ 1867 zu Braunschweig.

138. Otto, Werner. * ¹²/₁₁ 1838 zu Blankenburg; ⁸/₁₂ 1855 Dienst-eintr. beim Leib-Bat.; ²²/₁₁ 1856 Tit.-Oberjäg.; ³/₃ 1857 Port.-Fähnr.; ²³/₉ 1857 Sek.-Lieut.; ²⁹/₁₀ 1861—²/₅ 1866 zur Generalst.-Akad. in Hannover kdt.; ²⁸/₆ 1867 Prem.-Lieut. (Pat. ¹⁶/₅ 62); ¹⁷/₇ 1870 zum Kr. geg. Frankr. Führ. der 6. Komp.; ⁵/₈ 1872 Hauptm. u. Komp.-Chef (2. Komp.); ²⁵/₄ 1881 überz. Major; ⁶/₇ 1881 in die 13. Hauptm.-Stelle; ³/₈ 1883 etatsm. Stabsoff.; ¹/₁ 1884 Komm. des Füs.-(Leib-)Bats.; ¹⁵/₄ 1886 mit Pat. v. ²⁴/₉ 79 übernommen; ⁸/₃ 1887 als etatsm. Stabsoffiz. zum 1. Westpr. Gren.-Rgt. Nr. 6 verf.; ²²/₃ 1887 Ob.-Lieut.; ¹⁷/₆ 1889 Oberst u. Komm. des Inf.-Rgts. Markgr. Karl (7. Brandenb.) Nr. 60; ²⁸/₇ 1892 Gen.-Maj. u. Komm. der 60. Inf.-Brig.; ¹⁹/₄ 1896 Gen.-Lieut. u. Komm. der 7. Division.

139. Otto, Erich. * ⁸/₂ 1844 zu Blankenburg; ¹/₁₀ 1861 Einj.-Freiw. im Leib-Bat.; ⁴/₄ 1862 Vize-Oberjäg.; ⁹/₁₀ 1862 Port.-Fähnr.; ²⁴/₆ 1863 als Sek.-Lieut. zum Inf.-Rgt.; 1866 Zug nach Bayern; ²⁰/₉ 1868 Adj. des 1. Bats.; ¹⁷/₇ 1870 Rgts.-Adj.; ¹⁶/₈ 1870 bei Vionville verw.; ⁷/₁₁ 1871 Prem.-Lieut.; ³/₄ 1878 in die Front zur.; ²/₅ 1878 Hauptm. u. Komp.-Chef (4. Komp.); ¹⁵/₄ 1886 mit Pat. v. ²/₅ 77 übern.; ²²/₃ 1888 als überzähl. Major dem Rgt. aggr.; ¹⁷/₆ 1889 als Bats.-Komm. zum Inf.-Rgt. v. Courbière (2. Pos.) Nr. 19 (3. Bat.); ²⁵/₃ 1893 Ob.-Lieut. u. etatsm. Stabsoff. im Gren.-Rgt. König Friedrich II. (3. Ostpr.) Nr. 4; ¹⁸/₄ 1896 Oberst u. Komm. des Inf.-Rgts. Keith (1. Oberschl.) Nr. 22; ¹⁵/₆ 1898 Absch. mit Rgts.-Unif.; wohnt in Görlitz.

140. v. Paczinsky u. Tenczin, Hans. * ⁵/₇ 1829 zu Braun-schweig; ¹²/₄ 1848 Volontär im Inf.-Rgt.; 1848 Kr. geg. Dänem.; ¹⁸/₇ 1848 Vol.-Korp.; ²⁴/₁ 1849 Port.-Fähnr.; ¹²/₄ 1849 als Sek.-Lieut. zum Leib-Bat.; ²⁶/₁₀ 1852—²⁷/₄ 1855 Bat.-Adj.; ¹⁵/₁₂ 1855 als Prem.-Lieut. zum Inf.-Rgt.; ¹¹/₁₂ 1860—⁶/₄ 1863 Komp.-Führ. im Landw.-Bat.; ²⁴/₄ 1865 Hauptm. u. Komp.-Führ. im Landw.-Bat. (Pat. ²³/₁₀ 60); ³/₁₀ 1867 dem Brschw. Inf.-Rgt. Nr. 92 aggr.; ⁸/₂ 1868 als Komp.-Chef einrang. (6. Komp.); ¹⁶/₇ 1870 Komp.-Führ. im Besatz.-Bat. Braunschweig II; ¹/₇ 1871 zum Rgt. zur.; ⁴/₈ 1873 Major; ²/₁ 1874 Komm. des Füs.-(Leib-)Bats.; ³/₁₂ 1874 Absch. mit Pens.-Unif.; † ⁷/₁₀ 1886 zu Braunschweig.

141. v. Pallandt, Joseph. * ¹²/₁₂ 1790 zu Wismar; ¹⁰/₉ 1803 Junker im preuß. Drag.-Rgt. Ansbach-Bayreuth Nr. 5; ²¹/₉ 1805 Fähnr.; 1806 Kr. geg. Frankr.; ¹⁸/₃ 1809 Abschied; war seit ¹²/₉ 1808 in würtemb. Diensten als Prem.-Lieut. im Inf.-Rgt. Nr. 6 Kronprinz; 1809 Kr. geg. Oesterr.; 1812 Kr. geg. Rußland; ¹⁶/₂ 1813 Kapitän; ⁴/₁ 1814 preußischerseits zum Kapit. im 3. Westfäl. Landw.-Inf.-Rgt. ernannt, nahm diese Stelle nicht an, da er ¹⁶/₂ 1814 in Braunschweig als Lieut. im 2. leicht. Bat. angestellt, ²³/₂ 1814 Bat.-Adj. und ¹²/₄ 1814 Kapit. u. Komp.-Chef im 1. Lin.-Bat. (Pat. ²⁵/₃ 14) ge-worden war; ¹⁸/₆ 1815 bei Waterloo verw.; ³/₉ 1816 zum Res.-Bat. Helmstedt; ⁸/₅ 1822 auf Wartegeld; ²¹/₁ 1824 Komp.-Chef im Lin.-Inf.-Rgt.; ²⁴/₅ 1827 zum 2. Lin.-Inf.-Rgt. verf.; ²¹/₁₀ 1830 zum Inf.-Rgt.; ¹⁴/₅ 1836 in den Ruhestand; ¹⁷/₅ 1836 Char. als Major; † ¹⁴/₁ 1864 zu Braunschweig.

142. v. Pawel-Rammingen, Friedrich. * ⁸/₁₀ 1787 zu Braunschweig; 1802 Eintritt in preuß. Dienst; ⁸/₁ 1806 Sek.-Lieut. im Füs.-Bat. v. Kaiserling; ⁴/₅ 1808 Absch.; 1809 Prem.-Lieut. in der westfäl. Jäger-Karab.-Garde; 1812 à l. s. derselben u. Rekrutir.-Offiz.; ³⁰/₁₂ 1813 Lieut. im braunschw. leicht. Inf.-Rgt.; ¹/₁ 1814 zum 2. leicht. Bat.; ¹⁶/₁ 1814 Kapit. u. Komp.-Chef (Pat. ²⁶/₃ 14); ¹⁸/₇ 1814 zum 3. Lin.-Bat.; 1815 Kr. geg. Frankr.; ¹²/₈ 1815 zum 3. leicht. Bat.; ³/₂ 1816 zum Res.-Bat. Wolfenbüttel; ⁸/₅ 1822 auf Wartegeld; ²¹/₁ 1824 zum Lin.-Inf.-Rgt.; † ²⁶/₈ 1826 zu Braunschweig.

143. Peßler, Georg. * ⁷/₁₂ 1788 zu Wettlenstedt; 1808 Freiw. bei der westfäl. Garde du Corps; ¹/₈ 1810 Brigadier; ²⁷/₂ 1812 Marechal des Logis; 1812 Kr. geg. Rußland; ⁸/₆ 1813 Marechal des Logis-Chef; ¹¹/₁ 1814 Lieut. im braunschw. 3. leicht. Bat.; ¹⁴/₄ 1815 als Stabskap. zum 1. Lin.-Bat.; 1815 Kr. geg. Frankr. als Komp.-Führ.; ²⁰/₁ 1816 zum 3. Lin.-Bat.; ¹/₂ 1816 auf Warte-geld; ¹⁹/₅ 1820 Rang als Kapit. (Pat. ¹⁰/₄ 15); ¹⁷/₁₂ 1820 zum Res.-Bat. Harz; ⁸/₅ 1822 auf Wartegeld; ²⁴/₅ 1827 dem 2. Lin.-Inf.-Rgt. aggr.; ²⁴/₁ 1829 als Komp.-Chef einrang.; † ⁸/₁₁ 1829 zu Braunschweig.

144. Peters, Otto. * ²²/₃ 1830 zu Herrhausen; ¹/₄ 1849 Einj.-Freiw. im Inf.-Rgt.; 1849 Kr. geg. Dänem.; ²⁹/₉ 1849 Vize-Korp.; ²³/₁₂ 1849 Vize-Sergt.; ¹⁵/₁₀ 1850 Port.-Fähnr.; ¹⁹/₁₀ 1852 als Sek.-Lieut. zum Leib-Bat. (Pat. ¹/₁₀ 52); ³⁰/₄ 1855 Bat.-Adj.; ³⁰/₁₀ 1861 zum Inf.-Regt. verf.; ¹⁹/₁₂ 1861 Prem.-Lieut. (Pat. ⁵/₁₂ 60); ³¹/₁₀ 1861—¹⁶/₆ 1866 zur Hannov. Generalst.-Akad. kdt.; 1866 Zug nach Bayern; 1868 Adjut. des Bez.-Kdos. II Braunschw.; ¹⁷/₄ 1870 Hauptm. u. Komp.-Chef (8. Komp.); 1870—71 Kr. geg. Frankr.; ⁵/₆ 1878 überz. Major; ²⁹/₃ 1880 etatsm. Stabsoff.; ⁷/₆ 1881 Komm. des 2. Bats.; ⁴/₇ 1883 mit Char. als Ob.-Lieut. u. der Rgts.-Unif. z. Disp.; † ²⁰/₅ 1893 zu Braun-schweig.

145. Platz, Karl. * ⁹/₇ 1782 zu Berlin; 1799 Freikorp. in der preuß. Artill.; 3 Jahre auf Art.-Akad. in Berlin; 1806—7 Oberfeuerwerker in Glatz; ¹/₄ 1809 als Kornet in die braunschw. Batt.; ¹/₅ 1809 Sek.-Lieut.; Zug durch Norddeutschl.; ²⁸/₇ 1809 Prem.-Lieut.; ²⁵/₉ 1809 Kornet im engl.-brschw. Huf.-Rgt.; ¹/₁₂ 1812 zum Depot in Fermoy; ¹⁴/₁ 1813 Lieut.; 1813—14 Kr. in Spanien u. Italien; ²⁴/₆ 1816 auf Wartegeld; ⁷/₉ 1818 zum 2. leicht. Bat.; ⁸/₅ 1822 zum Inf.-Rgt.; ²³/₁ 1824 als Kapit. auf Wartegeld (Pat. ¹/₇ 20); † ¹³/₂ 1829 zu Braunschweig.

146. v. Praun, Wilhelm. * 1785 wohl zu Walkenried; ⁶/₁ 1803 Fähnr. im Inf.-Rgt. Pr. Friedrich; ²/₅ 1806 Lieut.; ²⁶/₁₀ 1806 durch Auflös. des Korps kriegsgef.; 1808 Prem.-Lieut. in der westfäl. Jäger-Garde; 1812 als Kapitän in russ. Kriegsgefangensch.; ⁷/₈ 1814 Lieut. im braunschw. 1. leicht. Bat.; ¹¹/₈ 1814 als Kap. zum 4. Res.-Bat. (Pat. ²⁸/₁₂ 13); ²⁷/₁ 1815 als Komp.-Chef zum 3. leicht. Bat.; † ¹⁸/₆ 1815 bei Waterloo gefallen.

147. v. Praun, Ferdinand. * ²/₉ 1794 zu Walkenried; im Pagen-hause zu Braunschweig, dann zu Kassel; ¹/₃ 1811 Leibpage des Königs Jerome mit Sek.-Lieuts.-Rang; 1812 Kr. geg. Rußland; ⁷/₁₁ 1812 Prem.-Lieut. im 2. Chevaurleg.-Rgt.; ¹/₁ 1813 zur Chevaurleg.-Garde; 1813 Kr. geg. die Verbünd.; ²⁹/₁₁ 1813 Lieut. im brschw. Huf.-Regt. (Pat. ¹⁴/₂ 14); 1815 Kr. geg. Frankr.; ³/₂ 1816 auf Wartegeld; ¹⁴/₉ 1818 in das Res.-Bat. Weser einrang.; ⁵/₂ 1821 zum 1. Lin.-Bat. verf.; ⁸/₅ 1822 zum Inf.-Rgt.; ²¹/₁ 1824 zum Lin.-Inf.-Rgt.; ¹/₁ 1825 zum Garde-Huf.-Rgt. verf.; ²¹/₁₀ 1830 Huf.-Rgt.; ²³/₁₀ 1830 Char. als Stabsrittm.; ²⁶/₄ 1832 Rittm. u. Esk.-Chef (1. Esk.), Pat. ²⁷/₁ 25; ²⁵/₄ 1845 Char. als Major, ²⁷/₄ 1845 etatsm. Stabsoff. des Huf.-Rgts.; † ¹⁰/₁₀ 1846 zu Braunschweig.

148. v. Praun, Bernhard. * ³/₃ 1822 zu Braunschweig; ²⁹/₄ 1836 als Kadet eingetr.; ²⁰/₄ 1838 Port.-Fähnr.; ²⁰/₄ 1839 Sek.-Lieut. im Leib-Bat.; ¹¹/₄ 1847 als Prem.-Lieut. zum 3. Bat. Inf.-Rgts. verf. u. zur Dienstl. zum Leib-Bat.; ⁶/₉ 1849 Adj. des Leib-Bats.; ¹⁸/₁₀ 1852 Hauptm. und Komp.-Führ. im 2. Landw.-Bat.; ¹⁹/₃ 1855 Komp.-Chef im Leib-Bat. (3. Komp.); ¹¹/₇ 1868 Major u. Komm. des 1. Bats. (Pat. ¹⁴/₃ 65); ²²/₄ 1869 Absch. mit Pens.-Unif.; † ⁸/₁ 1895 zu Braunschweig.

149. Pricelius, Hermann. * ¹¹/₉ 1824 zu Braunschweig; ¹⁶/₁₀ 1848 Einj.-Freiw. im Inf.-Rgt.; ¹⁷/₁ 1849 Vize-Uffz.; ²³/₄ 1849 Port.-Fähnr.; 1849 Kr. geg. Dänem.; ⁸/₆ 1850 Sek.-Lieut.; ⁴/₄ 1855 Komm. der Sanit.-Komp.;

²⁷/₁₂ 1858 als Prem.-Lieut. zum Leib-Bat. (Pat. ⁵/₁₂ 58); ²⁴/₉ 1866 Hauptm. u. Komp.-Führ. im Landw.-Bat. (Pat. ⁹/₁₁ 60); ¹⁸/₆ 1867 Kriegs-Zahlm. u. Vorst. der Kriegskasse; ·/₇ 1868 Abschied; ¹/₈ 1870 Adjut. der Etappe Kreuznach, ·/₁₀ St. Johann, ·/₁₁ Pithiviers, ·/₁ 1871 Corbeil sur Seine; ·/₃ 1871 entlassen; ²⁸/₁₀ 1875 Standesbeamter in Braunschweig.

150. Raetzel, Christoph.

* ²⁴/₁₀ 1791 zu Mönche-Schöppenstedt; ¹⁰/₁₂ 1813 Vol. bei der Eliten-Komp.; ²/₁ 1814 Sergt.; ²⁵/₂ 1814 Fähnr. im 3. Res.-Bat. (Pat. ¹⁸/₃ 14); ¹⁴/₄ 1815 zum 3. Lin.-Bat.; 1815 Kr. geg. Frankr.; ³/₂ 1816 zum Res.-Bat. Helmstedt; ²²/₇ 1816 zum 2. leicht. Bat.; ⁴/₈ 1816 zum 2. Lin.-Bat.; ⁸/₅ 1822 zum Res.-Bat.; ¹⁵/₅ 1822 Pat. als Sek.-Lieut. v. ²⁹/₁₁ 21; ²¹/₁ 1824 zum Garde-Gren.-Bat.; ²⁸/₂ 1827 Ober-Lieut.; ²¹/₁₀ 1830 zum Inf.-Rgt.; ⁹/₁₀ 1837 als Hauptm. u. Komp.-Chef zum 3. Bat. (Pat. ¹⁶/₉ 35); ¹⁹/₉ 1840 zum 1. (Gren.-) Bat.; ⁷/₄ 1848 zum 3. Bat.; ¹⁸/₃ 1850 Komp.-Führ. im 1. Landw.-Bat.; ¹⁵/₇ 1851 Abschied; † ⁶/₉ 1859 zu Mönche-Schöppenstedt.

151. v. Rauschenplat, Adolf.

* 1772 zu Blankenburg; 1788—92 preuß. Kadet; 1793 in die Armee; 1793—94 Kr. geg. die Polen; 1795 Fähnr. im österr. 50. Inf.-Rgt. Graf Stein; ¹/₉ 1805 Ober-Lieut. u. Rgts.-Adj.; 1795—97 und 1799—1800 Kr. geg. Frankr.; 1805 Kr. in Tyrol; 1807 Absch.; ²⁹/₁ 1808 Lieut. in der westfäl. Gren.-Garde; ¹⁴/₈ 1808 als Kapit. zum 2. Lin.-Rgt.; 1809—10 Kr. in Spanien; ⁷/₂ 1810 Bats.-Chef bei den Jäg.-Karab.; ⁶/₆ 1811 Komm. des 1. leicht. Bats.; 1812 Kr. geg. Rußl.; ²⁸/₉ 1812 Rang als Major; ³¹/₁₀ 1812 Komm. der Jäg.-Garde; Ende 1812 bis Juni 1814 in russ. Kriegsgefangensch.; ²¹/₇ 1814 braunschw. Major u. Komm. des 2. leicht. Bats.; ¹⁷/₁ 1815 Komm. der gel. Jäger; ⁸/₄ 1815 Komm. der Avantg.; ¹⁶/₆ 1815 bei Quatrebras verw.; ³/₂ 1816 auf Wartegeld; ⁶/₃ 1818 Postmeister in Helmstedt; als solcher verabsch.; ²⁴/₅ 1835 im Steuerfach angest.; † ¹⁰/₁₀ 1845 als Haupt-Steueramts-Assist. zu Wolfenbüttel.

152. Reinecke, Georg.

* ⁷/₁₀ 1826 zu Seesen; ¹/₅ 1848 Freiw. im Leib-Bat.; ¹/₈ 1848 Vize-Korp.; ²⁵/₁ 1849 Port.-Fähnr.; ¹²/₄ 1849 Sek.-Lieut.; ¹¹/₄ 1852 zur Landw. versch.; ¹/₅ 1856 Absch.; zunächst Gutsbes. in Seesen; seitdem Vorst. eines Mädchen-Pensionats daselbst.

153. Rese, Eduard.

* ²⁴/₂ 1825 zu Scheppau; ¹⁵/₁₀ 1848 Einj. Freiw. im Inf.-Rgt.; ¹⁷/₁ 1849 Vize-Korp.; 1849 Kr. geg. Dänem.; ²¹/₄ 1849 Port.-Fähnr.; ¹/₅ 1850 Sek.-Lieut.; ¹/₁₀ 1854—³⁰/₉ 1857 zur Allg. Kriegsschule in Berlin; ¹⁰/₁ 1856 Prem.-Lieut.; ²⁴/₄ 1858 Komp.-Führ. im Landw.-Bat. u. zur Dienstl. ins Kriegs-Koll.; ¹/₁₁ 1858—¹/₅ 1866 Lehrer d. Takt. u. Gesch. an der Korpsschule; ³¹/₅—³¹/₇ 1859 2. Adj. beim mob. Brig.-Kdo.; ²¹/₄ 1861 Rgts.-Adj.; ¹⁹/₁₂ 1861 als Hauptm. in den Generalst. (Pat. ¹/₁₁ 60); ²⁹/₇—⁹/₉ 1866 beim Generalst. des preuß. 2. Res.-Armeekorps in Bayern; ³/₁₀ 1867 dem Brschw. Inf.-Rgt. Nr. 92 aggr.; ⁷/₁ 1868 zur Dienstl. z. großen Generalst. in Berlin kdt.; ⁷/₁₂ 1868 Absch.; ²²/₁₂ 1868 Hauptm. im preuß. Generalst. u. zum Gen.-Kdo. 2. Armeekps. (Pat. ¹/₁₁ 61); ¹⁶/₃ 1869 Major; ¹⁷/₇ 1869 zum Generalst. 6. Armeekps.; 1870—71 Kr. geg. Frankr. (Eis. Kr. 1. Kl.); ²⁴/₁₀ 1871 zum Generalst. der 1. Div.; ¹¹/₂ 1873 als Bat.-Komm. zum 8. Ostpr. Inf.-Rgt. Nr. 45 (1. Bat.); ¹⁹/₉ 1874 Ob.-Lieut.; ⁶/₇ 1875 Komm. des Kadettenh. Plön; ²²/₃ 1877 Oberst; ⁵/₁₀ 1877—²⁰/₄ 1878 stellvertr. Dir.-Mitgl. der Kriegsakad.; ²²/₁ 1880 mit Rang als Rgts.-Komm. u. Unif. des Kadettenkorps zu den Offiz. v. d. Armee; ⁵/₂ 1881 mit seiner bisher. Unif. z. Disp.; wohnt in Berlin.

154. Reuter, Hermann.

* ²²/₁₀ 1823 zu Halle a./S.; ¹⁸/₄ 1848 Freiw. im Inf.-Rgt.; 1848 Kr. geg. Dänem.; ²⁰/₆ 1848 Absch.; ⁵/₁₀ 1848 nochmals freiw. eingetr.; ¹⁷/₁₁ 1848 Korp.; ²⁶/₁ 1849 Port.-Fähnr.; ¹²/₄ 1849 Sek.-Lieut. im 3. Bat.; ¹⁸/₃ 1850 zum 2. Bat.; ²⁴/₁₁ 1855 Abschied; ·/₁₂ 1855 in die britisch-deutsche Legion; war dort Prem.-Lieut.; stand im Kaplande im 3. Korps der

German Military Settlers; 1861 nach Braunschw. zur.; eröffnete daselbst ein Photograph. Atelier; † $^6/_7$ 1876 zu Braunschweig.

155. Ribbentrop, Erich. * $^{17}/_9$ 1834 zu Braunschweig; $^1/_4$ 1852 Diensteintr. bei der braunschw. Artill.; $^1/_{10}$ 1852 Vize-Uffz.; $^1/_{10}$ 1853—$^9/_4$ 1855 zur Artill. u. Ing.-Schule in Berlin; $^4/_4$ 1854 Port.-Fähnr.; $^{31}/_1$ 1855 Sek.-Lieut. der Landw.-Art.; $^4/_4$ 1855 zum Inf.-Regt. versf.; $^{30}/_{10}$ 1861 Adj. des 1 Bats.; $^{27}/_{11}$ 1865 als Prem.-Lieut. in die Front (Pat. $^5/_5$ 62); 1866 Zug nach Bayern; $^{17}/_7$ 1870 Führ. der 10. Komp.; 1870—71 Kr. geg. Frankr.; $^1/_{11}$ 1871 Führ. der 1. Komp.; $^{10}/_6$ 1872 Hauptm. u. Komp.-Chef (4. Komp.) † $^8/_4$ 1878 zu Koblenz.

156. Ribbentrop, Rennig. * $^6/_7$ 1845 zu Thedinghausen; $^1/_{10}$ 1862 Freiw. bei der braunschw. Artill.; $^1/_4$ 1863 Tit.-Korp.; $^{21}/_{10}$ 1863 Port.-Fähnr.; $^1/_7$ 1864 zum Leib-Bat. versf.; $^{30}/_{11}$ 1864 Sek.-Lieut.; $^{17}/_7$ 1870—$^{31}/_1$ 1872 Adj. des 1. Bats.; 1870—71 Kr. geg. Frankr.; $^5/_7$ 1872 Prem.-Lieut.; $^{29}/_3$ 1880 Hauptm. u. Komp.-Chef (12. Komp.); $^{15}/_4$ 1886 mit Pat. v. $^{27}/_3$ 79 übern.; $^{17}/_6$ 1889 Char. als Major; $^{21}/_9$ 1890 überz. Major; $^{22}/_3$ 1891 als Bat.-Komm. zum Füs.-Rgt. Fürst Karl Ant. v. Hohenzoll. (Hohenz.) Nr. 40 (1. Bat.); $^{16}/_4$ 1892 Absch. mit Rgts.-Unif.; $^4/_5$ 1892 Direktor der Straßenbahn-Gesellsch. in Braunschweig.

157. Rittmeyer, Gustav. * $^5/_3$ 1821 zu Braunschweig; $^1/_5$ 1837 als Kadet eingetr.; $^{19}/_4$ 1838 Port.-Fähnr.; $^{24}/_4$ 1840 Sek.-Lieut. im Inf.-Rgt.; $^{27}/_9$ 1847 Prem.-Lieut.; 1848—49 Kr. geg. Dänem.; $^6/_6$ 1849 bei Düppel verw.; $^{18}/_3$ 1850 Komp.-Führ. im 2. Landw.-Bat.; $^7/_{11}$ 1852 Hauptm.; $^{16}/_9$ 1855 als Komp.-Chef zum Rgt. zur. (3. Komp.); 1866 Zug nach Bayern; $^{11}/_7$ 1868 Major u. etatsm. Stabsoff. (Pat. $^{20}/_4$ 65); $^{17}/_1$ 1869 Komm. des 2. Bats.; 1870—71 Kr. geg. Frankr. (Eis. Kr. 1. Kl.); $^9/_{12}$ 1870—$^1/_1$ 1871 Rgts.-Führer; $^{25}/_4$ 1871 Ob.-Lieut.; $^{10}/_7$ 1873 mit Char. als Oberst u. Rgts.-Unif. z. Disp.; † $^{23}/_7$ 1897 zu Braunschweig.

158. Frh. Roeder v. Diersburg, Wilhelm. * $^3/_{10}$ 1809 zu Braunschweig; $^2/_{10}$ 1827 als überz. Fähnr. dem Garde-Gren.-Bat. aggr.; $^{30}/_{11}$ 1827 einrangirt; $^{21}/_{10}$ 1830 als Sek.-Lieut. zum Inf.-Reg. (Pat. $^{29}/_9$ 27); $^3/_5$ 1831 Hofjunker; $^{26}/_{12}$ 1834 Kammerjunker; $^9/_5$ 1835 Prem.-Lieut.; $^{19}/_9$ 1840 als Komp.-Führ. zum 3. Bat. kdt.; $^{29}/_9$ 1841 Hauptm. u. Komp.-Chef im 3. Bat.; $^{28}/_{12}$ 1846 Kammerherr; $^3/_4$ 1849 zum 2. Bat. versf. (3. Komp.); 1849 Kr. geg. Dänem.; $^{24}/_4$ 1852 Major u. Komm. des 2. Bats. (Pat. $^{15}/_7$ 51); $^{15}/_9$ 1856 mit Char. als Ob.-Lieut. in den Ruhestand; † $^{19}/_9$ 1863 zu Braunschweig.

159. Roever, Heinrich. * 1786 zu Thiede; Ökon.-Verwalter; 1808 Soldat bei der westfäl. Jäg.-Garde; 1809 Kr. geg. Oesterreich; 1811 Sek.-Lieut.; 1813 Prem.-Lieut.; 1813 Kr. geg. d. Verbünd.; $^{19}/_{12}$ 1813 Fähnr. im braunschw. leicht. Inf.-Rgt.; $^1/_1$ 1814 als Lieut. z. 1. leicht. Bat.; $^{14}/_4$ 1815 Stabskap.; $^{18}/_6$ 1815 bei Waterloo verw.; $^{20}/_1$ 1816 zum 3. leicht. Bat.; $^3/_2$ 1816 auf Wartegeld; $^{15}/_3$ 1819 zum Res.-Bat. Harz; $^{19}/_5$ 1820 Rang als Kap. (Pat. $^8/_4$ 15); $^8/_5$ 1822 auf Wartegeld; $^{24}/_5$ 1827 dem 1. Lin.-Bat. aggr.; $^{21}/_{10}$ 1830 Abschied; † $^7/_{11}$ 1842 zu Braunschweig.

160. v. Rosenberg, Karl. * $^{29}/_6$ 1788 zu Wolfenbüttel; $^1/_6$ 1801 Junker im Inf.-Rgt. Pr. Friedrich; $^{13}/_3$ 1802 Fähnr.; $^2/_9$ 1805 als Lieut. zum Inf.-Rgt. v. Griesheim; $^{26}/_{10}$ 1806 durch Auflös. des Korps kriegsgef.; $^1/_7$ 1808 außer Dienst; $^{13}/_{11}$ 1813 Kapit. im leicht. Inf.-Rgt. (Pat. $^{25}/_{12}$ 13); $^1/_1$ 1814 zum 1. leicht. Bat.; 1814 Zug nach Brabant; $^{20}/_2$ 1815 z. Dienstl. zum Res.-Bat. Wolfenbüttel; $^{27}/_4$ 1815 zum Ers.-Bat.; $^{12}/_8$ 1815 vor Paris zum 2. Lin.-Bat.; $^8/_5$ 1822 zum Inf.-Rgt.; $^{21}/_1$ 1824 zum Lin.-Inf.-Rgt.; $^{31}/_{10}$ 1828 als Major zum 2. Lin.-Inf.-Rgt.; $^{20}/_{12}$ 1829 2ter Komm. des 1. Bats. 2. Lin.-Inf.-Rgts.; $^{21}/_{10}$ 1830 Komm. des Res.-Kadres (später 3. Bat.); $^9/_{10}$ 1837 Komm. des 2. Bats.; $^{28}/_9$ 1841 als Ob.-Lieut. in Ruhest.; † $^{16}/_3$ 1851 zu Braunschweig.

161. Rouffel, Andreas. * ¹²/₁ 1769 zu Braunschweig; ²/₁ **1784** als Soldat in braunschw. Dienste; Anf. **1786** abgeg.; ²/₃ 1786 Soldat im hessendarmst. Chevaurleg.-Rgt.; ²/₉ 1786 Brigadier; ²/₃ 1787 Wachtmeister; ¹²/₁ 1789 in kurkölnische Dienste; 1790—92 Kr. geg. Frankr.; ¹²/₃ 1791 Korpor.; ¹²/₃ 1793 Sergt.; ¹²/₃ 1794 als Korpor. in holländ. Dienste; ¹²/₁ 1796 Sergt.; 1796—97 Kr. in Nordholland; ¹²/₁ 1799 Sous-Lieut.; 1805 Kr. gegen Oesterr.; ³/₁ 1806 Lieut.; 1806 Kr. geg. Preußen; ³/₃ 1808 in westfäl. Dienste als Lieut. im 4. Lin.-Rgt.; ³/₇ 1808 als Kapit. zum 2. Lin.-Rgt.; 1809—10 Kr. in Spanien; bei Gerona verw.; ⁹/₁₂ 1813 in braunschw. Dienste als Lieut. im leicht. Inf.-Rgt.; ¹/₁ 1814 als Kapit. zum 3. leicht. Bat. (Pat. ⁹/₃ 14); ¹⁴/₁ 1814 zum 2. Lin.-Bat.; ²¹/₃ 1814 zum 3. Lin.-Bat.; 1814 Zug nach Brabant; ¹⁴/₄ 1815 zum Ers.-Bat.; ¹²/₈ 1815 vor Paris zum 3. Lin.-Bat. zur.; ³/₂ 1816 zum 2. Lin.-Bat.; ⁸/₅ 1822 dem Inf.-Regt. aggr.; ²¹/₁ 1824 zum Res.-Bat.; ⁸/₁₁ 1824 2. Lin.-Inf.-Rgt.; ²¹/₁₀ 1830 Abschied; † ⁸/₂ 1844 zu Wolfenbüttel.

162. Rudolph, Gottlieb. * ²⁵/₁₂ 1787 zu Kassel; 3 Jahre auf Bauakad. in Kassel; ¹/₂ 1809 Korpor. im westfäl. 5. Lin.-Rgt.; ¹/₄ 1809 Sergt.; ¹/₅ 1809 Sergt.-Maj.; ²⁹/₇ 1809 Verth. v. Halberstadt; ⁵/₉ 1811 Unter-Lieut. im 1. Lin.-Rgt.; ¹³/₁ 1812 Lieut.; ²⁶/₅ 1813 als Kapit. zum 9. Lin.-Rgt.; Vertheid. v. Magdeburg; ³⁰/₁ 1814 Lieut. im braunschw. 3. leicht. Bat.; ⁹/₃ 1814 Kapit.; (Pat. ²/₅ 14); ⁸/₄ 1814 zum Zuge nach Brabant der Avantg. zugeth.; ²⁷/₁ 1815 zum Res.-Bat. Braunschw.; ³/₂ 1816 zum Res.-Bat. Wolfenbüttel; ⁸/₅ 1822 auf Wartegeld; ²¹/₁ 1824 zum Res.-Bat.; ⁸/₁₁ 1824 2. Lin.-Inf.-Rgt.; ²¹/₁₀ 1830 zur Civilversorg. not.; ⁴/₁₁ 1831 Rgts.-Zahlm. im Inf.-Rgt.; ¹/₈ 1848 Abschied; † ¹⁰/₉ 1855 zu Braunschweig.

163. Rudolphi, Wilhelm. * ⁹/₁₀ 1788 zu Königslutter; 1808 westfäl. Garde du Corps; 1812 Kr. in Rußl.; ⁵/₁₁ 1812 Brigadier; 1813 Feldz. in Sachsen; ¹/₉ 1813 den westf. Dienst verlaß.; ²⁰/₁ 1814 Fähnr. im braunschw. 2. Lin.-Bat.; ²³/₂ 1814 Adj. desselben; ⁸/₄ 1814 Lieut. (Pat. ¹¹/₁ 14); ¹⁴/₄ 1815 Stabskap.; ²⁶/₅ 1815 Komp.-Chef; ¹⁶/₆ 1815 bei Quatrebras verw.; ³/₂ 1816 auf Wartegeld; ³¹/₇ 1818 Stadteinnehmer in Braunschweig; 1836 Stadtkämmerer. ¹/₅ 1845 Stadtrath; ¹/₅ 1856 pensionirt; † ²/₂ 1863 zu Braunschweig.

164. Rudolphi, Theodor. * ²⁵/₄ 1793 zu Königslutter; 1810 westfäl. Garde du Corps; 1812 Kr. in Rußl.; 1813 Brigadier; 1813—14 ein Vierteljahr Lieut. in hannov. Diensten; ²⁸/₃ 1814 Lieut. im braunschw. 3. Lin.-Bat. (Pat. ²/₂ 14); 1815 Kr. geg. Frankr.; ³/₂ 1816 zum 2. Lin.-Bat.; ⁸/₅ 1822 zum Inf.-Rgt.; ²¹/₁ 1824 zum Garde-Gren.-Bat.; ⁵/₉ 1826 Kreiskassen-Gehülfe in Gandersheim; ¹¹/₉ 1826 Char. als Kapit.; † ²³/₉ 1837 zu Gandersheim.

165. Schleiter, Adolf. * 1792 zu Dedensen (Kurf. Hannover); ¹/₅ 1809 Zögl. der westf. Mil.-Schule zu Braunschweig; ¹¹/₂ 1811 Unter-Lieut. im 2. leicht. Inf.-Bat.; 1812 Kr. geg. Rußland; ²⁰/₂ 1813 als Lieut. bestätigt; ¹⁹/₅ 1813 Sek.-Lieut. in der Deutsch-Ruß. Legion; ¹⁶/₉ 1813 im Gef. an der Göhrde verw.; ¹⁰/₁₂ 1813 bei Sehestedt verw.; ¹/₂ 1814 Abschied; ⁹/₃ 1814 Lieut. im braunschw. 3. Lin.-Bat. (Pat. ⁹/₁ 14); ⁴/₅ 1814 zum 2. Lin.-Bat.; ¹⁴/₄ 1815 Stabskap.; ¹⁶/₆ 1815 bei Quatrebras verw.; ³/₂ 1816 auf Wartegeld; ¹/₄ 1819 auf Universität Göttingen; ¹⁹/₅ 1820 Rang als Kapit. (Pat. ¹¹/₄ 15); ¹⁶/₂ 1829 dem 1. Lin.-Inf.-Rgt. aggr.; ¹⁵/₅ 1829 als Komp.-Chef einrang.; ²¹/₁₀ 1830 zum Res.-Kadre; ¹⁵/₁ 1831 Lehrer der Mathematik u. Mil.-Wissensch. am Kollegium Karolinum mit Char. als Professor; ³¹/₁ 1831 Erlaubn. zum Tragen der Korps-Unif. u. Führ. des Titels Hauptmann; ²⁸/₉ 1864 in den Ruhestand; † ²⁰/₁₀ 1864 zu Braunschweig.

166. Schleiter, Wilhelm. * ¹⁰/₇ 1834 zu Braunschweig; ¹/₄ 1851 Freiw. im Inf.-Rgt.; ⁶/₆ 1851 Vize-Uffz.; ¹/₁₀ 1852—¹/₇ 1853 auf Div.-Schule in Erfurt; ⁵/₁₀ 1852 Port.-Fähnr.; ¹⁹/₁₂ 1854 Sek.-Lieut.; ²⁹/₁₁ 1859 Komm. der San.-Komp.; ⁶/₄ 1863 Prem.-Lieut. (Pat. ²⁸/₁₂ 61); ⁷/₅ 1866 Abj. des Landw.-

Bats.; ³/₁₀ 1867 dem Braunschw. Inf.-Rgt. Nr. 92 aggr.; ⁹/₁ **1868** Abich. mit Verabich.-Unif.; ¹³/₂ 1868 als Prem.-Lieut. dem 2. Oberschl. Inf.-Rgt. Nr. 23 aggr. (Pat. ¹⁰/₈ 64); ²⁵/₉ 1868 einrangirt; ⁸/₅ **1869** Hauptm. u. Komp.-Chef (9. Komp.); 1870—71 Kr. geg. Frankr.; ³⁰/₄ 1877 zum Schlesw. Inf.-Rgt. Nr. 84 (Pat. ⁸/₅ 68); ²²/₉ **1877** überz. Major; ¹⁷/₁₀ 1878 etatsm. Stabsoff.; **1881** Komm. des 1. Bats.; ¹⁴/₇ **1885** Ob.-Lieut. u. etatsm. Stabsoff. im 2. Brandenb. Gren.-Rgt. Nr. 12; ¹⁰/₇ **1888** mit Führ. des Hohenz. Füj.-Rgts. Nr. 40, à l. s. deffelben, beauftr.; ⁴/₈ **1888** Oberst u. Rgts.-Komm.; ²⁴/₃ **1890** mit Char. als Gen.-Maj. z. Disp. gest.; wohnt in Wiesbaden.

167. Schmidt, Friedrich. * ⁵/₁₀ 1789 zu Börnede; ²⁸/₁₁ **1808** in Westfäl. Dienste getr.; 1809 Kr. geg. Oesterr.; ¹⁷/₈ **1813** Sek.-Lieut. in der Jäg.-Garde; 1813 Kr. geg. die Verbünd.; ⁵/₁₂ **1813** Fähnr. im braunschw. leicht. Inf.-Rgt.; ¹/₁ **1814** als Lieut. zum 1. leicht. Bat. (Pat. ¹⁰/₉ 14); ¹⁴/₄ 1814 zum 2. leicht. Bat.; 1815 Kr. geg. Frankr.; ³/₉ 1816 zum 2. Lin.-Bat.; ⁸/₅ 1822 zum Inf.-Reg.; ²¹/₁ 1824 zum Jäg.-(Leib-)Bat.; ¹⁶/₁ **1833** Hauptm. u. Komp.-Chef im Leib-Bat. (Pat. ²⁶/₁ 25); ⁷/₄ 1848 zum 3. Bat.; ⁷/₁ **1849** mit Char. als Major in den Ruhest.; ⁴/₉ **1850** Kommandt. v. Wolfenbüttel; † ³¹/₃ 1858 zu Wolfenbüttel.

168. Schmidt, Otto. * ³¹/₁₀ 1839 zu Braunschweig; ²³/₄ **1858** Einj.-Freiw. im Inf.-Rgt.; ⁸/₁₀ 1858 Vize-Korp.; ²⁶/₄ **1859** Port.-Fähnr.; ²⁶/₆ **1860** Sek.-Lieut.; 1866 Zug nach Bayern; ²⁴/₉ 1866 Komm. der San.-Komp.; ²²/₁₀ 1867 zum Braunschw. Inf.-Reg. Nr. 92 zur.; † ¹³/₁₂ **1869** zu Blankenburg.

169. Schmidt, August. * ²²/₈ 1847 zu Hoyersdorf; ¹/₄ **1865** Dienst-eintr. beim Inf.-Rgt.; ²⁹/₆ **1866** Port.-Fähnr.; 1866 Zug nach Bayern; ¹³/₈ **1867** als Sek.-Lieut. zum Leib-Bat.; ¹⁷/₇ 1870—¹⁴/₆ 1871 zum Besat.-Bat. Braunschw. I rbt.; ²/₄ **1873** zur 4. schweren (brschw.) Batt. Hannov. Feld-Art.-Rgts. Nr. 10 verf.; ²⁹/₉ 1873 zur Artill.- u. Ingen.-Schule in Berlin; ¹/₈ 1874 zur Dienstl. zur 1. Batt. in Hannover; ⁵/₁₁ 1874 Prem.-Lieut. (Pat. ³¹/₇ 74); ¹⁷/₁₂ 1880 überz. Hauptm.; ⁷/₃ 1884 Abschied; ¹³/₃ 1884 als Hauptm. u. Batt.-Chef zum 2. Bad. Feld-Art.-Rgt. Nr. 30 (1. Batt.), Pat. ¹⁷/₁₂ 80; ²⁴/₃ **1890** überz. Maj.; ²⁰/₉ 1890 Abth.-Komm. im Feld-Art.-Rgt. Nr. 34 (2. Abth.); ²⁰/₅ 1896 Abschied mit Char. als Ob.-Lieut. u. Unif. des Feld-Art.-Rgts. v. Scharnhorst Nr. 10; wohnt in Braunschweig.

170. Scholz, Julius. * ⁴/₄ 1846 zu Helmstedt; ¹/₄ **1864** Einj.-Freiw. im Inf.-Rgt.; ²¹/₁₂ 1864 Vize-Korp.; ¹⁷/₄ **1865** Korp.; ¹³/₈ **1865** Port.-Fähnr.; ¹⁴/₆ **1866** Sek.-Lieut.; 1866 Zug nach Bayern; ²⁸/₆ 1867 zum Leib-Bat.; 1870—71 Kr. geg. Frankr.; ⁴/₁₂ **1873** Prem.-Lieut.; ¹³/₈ 1874—³¹/₇ 1876 Adj. b. Bez.-Kdo. Braunschw. I; ²⁵/₄ 1881 überzähl. Hauptm.; ⁶/₇ 1881 Komp.-Chef (2. Komp.); ¹⁵/₄ **1886** zum Inf.-Rgt. Pr. Friedrich der Niederl. (2. Westf.) Nr. 15 (3. Komp.), Pat. ²⁵/₄ 81; ¹⁴/₂ **1891** überzähl. Major; ¹⁶/₂ 1892 Abich. mit Unif. des Braunschw. Inf.-Rgts. 92; wohnt in Braunschweig.

171. v. Schrader, Ernst. * ⁴/₁₀ 1781 zu Altenau; 1798 Freiwill. im preuß. Huj.-Rgt. v. Rudorff (Leib-Huj.) Nr. 2; Uffz.; Anf. 1804 Abich.; Berg- u. Hütteneleve zu Tarnowitz, dann zu Kupferberg; ¹/₁₀ 1806 Kornet im Freikorps des Rittm. Fischer; ²⁰/₁₂ 1806 zum Sek.-Lieut. bei der Schlej. Kav. ern.; ³⁰/₁₂ 1806 bei Breslau verw.; ¹⁸/₉ 1809 Sek.-Lieut. im 2. Schlej. Huj.-Rgt.; ¹⁷/₄ 1809 Abich.; Frühj. 1809 Prem.-Lieut. im braunschw. Huj.-Rgt.; ¹/₅ 1809 Rittm.; Zug durch Norddeutschl.; ²⁴/₇ 1809 Major u. Komm. des Huj.-Rgts.; ²⁵/₉ 1809 Ob.-Lieut. u. Führer des engl.-braunschw. Huj.-Rgts.; 1813—14 Kr. in Spanien; ²⁴/₆ 1816 mit Halbjold aus engl. Diensten entl.; ²⁵/₆ 1816 in braunschw. Dienste zur. u. auf Wartegeld; ¹⁵/₄ 1818 Oberft (Pat. ¹/₅ 16); ²⁶/₃ 1822 Mitgl. der Mil.-Adm.-Kommiff.; ¹³/₄ 1826 Adelsstand; ¹/₆ 1826 Vize-Präj. des Kriegs-Koll. u. Chef en second des Gen.-Stabes; ²⁴/₅ **1827** Komm. des 2. Lin.-Inf.-Rgts. unter Beibehalt seiner bisherigen Stell.; ³¹/₁₀ **1828** Gen.-Maj. u. vom Kdo. des Rgts.

entb.; $^{18}/_{11}$ 1828 Dir. des Zeugh.; $^{21}/_{10}$ 1830 Präf. des Kriegs-Koll. u. Chef des Generalit.; $^./_{12}$ 1830 Vize-Kdt., $^{18}/_{12}$ 1835 Kdt. v. Braunschw.; $^{25}/_4$ 1839 Gen.-Lieut.; $^1/_1$ 1843 Prädikat „Exzellenz"; $^{31}/_1$ 1847 in den Ruhestand; † $^{18}/_3$ 1848 zu Braunschweig.

172. v. Schrader, Alexander. ∗ $^{27}/_5$ 1822 zu Blankenburg; $^{26}/_4$ 1838 als Kadet eingetr.; $^1/_7$ 1840 Port.-Fähnr.; $^{20}/_4$ 1841 Sek.-Lieut. im Leib-Bat.; $^7/_4$ 1848 Prem.-Lieut.; $^{16}/_4$ 1852 entlassen; 186∗ in die Armee der nord-amer. Nordstaaten eingetr.; Sezessionskrieg als Ob.-Lieut. (Ehrensäbel von der Stadt Cincinnati); zuletzt Insp.-Gen. zu Louisville; † 1867 zu New-Orleans.

173. v. Schütz, Ferdinand. ∗ $^{25}/_4$ 1846 zu Frommershausen (Kur-hessen); $^1/_{10}$ 1863 Einj.-Freiw. im Inf.-Rgt.; $^{15}/_{11}$ 1863 zum Leib-Bat. versch.; $^1/_4$ 1864 Vize-Oberjäg.; $^{11}/_{10}$ 1864 Port.-Fähnr.; $^{26}/_6$ 1865 Sek.-Lieut.; $^{20}/_{10}$ 1867 zum 2. Bat.; $^{25}/_1$ 1869—$^1/_4$ 1870 Adj. beim Konting.-Kdo.; $^{16}/_7$ 1870 Adj. des Erj.-Bats.; $^2/_1$ 1871 zum mob. Rgt.; $^{31}/_1$ 1872—$^{21}/_5$ 1876 Adj. d. 1. Bats.; $^4/_8$ 1873 Prem.-Lieut.; $^1/_{10}$ 1878—$^./_7$ 1880 zur Kriegsakad. kdt.; $^9/_8$ 1880 Abschied; $^{17}/_{11}$ 1880 Hauptm. u. Komp.-Chef im Kgl. Sächs. 10. Inf.-Rgt. Nr. 134 (2. Komp.), Pat. $^{16}/_4$ 80; $^{23}/_{11}$ 1883 Abschied mit Rgts.-Unif.; Theilhab. an einem Holzge-schäft in Köln.

174. Schütze, Philipp. ∗ $^{13}/_3$ 1846 zu Wolfenbüttel; $^1/_{10}$ 1863 Einj.-Freiw. im Inf.-Rgt.; $^1/_4$ 1864 Vize-Korp.; $^{11}/_{10}$ 1864 Port.-Fähnr.; $^{26}/_8$ 1865 Sek.-Lieut.; 1866 Zug nach Bayern; $^{16}/_{12}$ 1870 bei Vendôme verw.; $^5/_8$ 1872 Prem.-Lieut.; $^{30}/_{10}$ 1880 Hauptm. u. Komp.-Chef (10. Komp.); $^{18}/_{11}$ 1886 in das 6. Ostpr. Inf.-Rgt. Nr. 43 versch. (12. Komp.); $^{14}/_5$ 1890 dem Rgt. als überz. Major aggr.; $^4/_{11}$ 1890 einrang.; $^{29}/_3$ 1892 Bat.-Komm. im Inf.-Rgt. Hiller v. Gärtringen (4. Pos.) Nr. 59 (3. Bat.); $^{14}/_5$ 1894 Abschied mit Unif. des Braunschw. Inf.-Rgts. 92; $^6/_{10}$ 1894 zur Dispos. gestellt u. zum Bekl.-Amt 14. Armeekps. kdt.; $^{29}/_1$ 1895 Vorstand des Bekl.-Amts 9. Armeekps.; $^4/_4$ 1896 reaktivirt; $^{18}/_7$ 1897 Ob.-Lieut.

175. Schultz, Theodor. ∗ 1785 zu Braunschweig; 1804 in Alt-braunschw. Dienste, 1806 in kurhannov. Dienste, 1808 in westfäl. Dienste getr.; 1809 Kr. geg. Oesterr.; 1812 Kr. geg. Rußland; $^2/_{12}$ 1813 Fähnr. im braunschw. leicht. Inf.-Rgt.; $^1/_1$ 1814 als Lieut. zum 2. leicht. Bat.; $^1/_3$ 1814 Kapit. u. Komp.-Chef im 1. leicht. Bat. (Pat. $^{30}/_4$ 14); $^{14}/_4$ 1814 zum 1. Lin.-Bat.; 1814 Zug nach Brabant; $^{20}/_2$ 1815 zur Dienstl. zum Res.-Bat. Harz; $^{14}/_4$ 1815 zum Res.-Bat. Wolfenbüttel versch.; † $^{24}/_{11}$ 1820 zu Harzburg.

176. Schultz, Hugo. ∗ $^{23}/_{10}$ 1822 zu Bechelde; $^1/_5$ 1839 als Kadet eingetr.; $^1/_1$ 1842 Port.-Fähnr.; $^{21}/_4$ 1842 Sek.-Lieut. im 3. Bat. des Inf.-Rgts.; 1843 zum 1. Bat.; $^{21}/_8$ 1846 Abschied; $^1/_9$ 1846 Grenzaufseher; $^{22}/_5$ 1848 Sek.-Lieut. im Inf.-Rgt. (Pat. $^{22}/_5$ 48); 1848—49 Kr. geg. Dänem.; $^3/_4$ 1849—$^{21}/_6$ 1852 Adj. des 2. Bats.; $^4/_4$ 1855 Prem.-Lieut. (Pat. $^1/_1$ 55); $^6/_{12}$ 1855 Abschied; $^./_{12}$ 1855 Hauptm. u. Komp.-Chef im 6. leicht. Bat. der brit.-deutsch. Legion; mit derselben nach dem Kaplande (3. Korps der German Military Settlers); in Stutterheim angesiedelt; † $^9/_4$ 1889 als Gutsbesitzer im Kaplande.

177. v. Schwartzkoppen, Ludw. Friedr. ∗ 1775 zu Rottorf; $^{13}/_{11}$ 1793 Fähnr. im preuß. Inf.-Reg. Herzog v. Braunschw. Nr. 21; $^6/_{10}$ 1797 Sek.-Lieut.; 1806 Kr. geg. Frankr.; $^{24}/_{10}$ 1808 Absch. als Kapit.; $^4/_{11}$ 1813 Kapit. im braunschw. leicht. Inf.-Rgt. (Pat. $^4/_{12}$ 13); $^1/_1$ 1814 zum 2. leicht. Bat.; $^{14}/_4$ 1814 zum 1. Lin.-Bat.; $^{18}/_6$ 1815 (Vorm.) zum schließ. Maj. im 2. Lin.-Bat. ern.; † $^{18}/_6$ 1815 (Nachm.) bei Waterloo gefallen.

178. v. Schwartzkoppen, Albrecht. ∗ $^{24}/_9$ 1795 zu Braunschweig; $^{25}/_{10}$ 1808 Page am Hofe zu Kassel; $^1/_9$ 1813 Unter-Lieut. im westfäl. 1. Kür.-Rgt.; $^{19}/_{12}$ 1813 Kornet im braunschw. Hus.-Rgt.; 1814 Zug nach Brabant; $^{24}/_8$ 1814 als Fähnr. zum 1. Lin.-Bat.; $^{31}/_8$ 1814 Absch.; $^{16}/_4$ 1815 Lieut. im 1. Lin.-Bat.; 1815 Kr. geg. Frankr.; $^{20}/_1$ 1816 zum 1. leicht. Bat.; $^3/_2$ 1816 auf Wartegeld; $^{15}/_1$ 1817 zum Res.-Bat. Wolfenbüttel; $^8/_5$ 1822 auf Wartegeld; $^{21}/_1$ 1824 zum Lin.-Inf.-Rgt.; $^{21}/_{10}$ 1830 zum Inf.-Rgt.; $^{17}/_5$ 1836 Hauptm. im 3. Bat. (Pat. $^9/_9$ 35); $^{11}/_1$ 1839 Komp.-Chef im 1. (Gren.)Bat.; $^7/_4$ 1848 zur Disp. gest.; $^3/_5$ 1848 Unif. verl.; $^{18}/_6$ 1865 Char. als Major; † $^{24}/_5$ 1877 zu Harzburg.

179. Frh. v. Seckendorff, Gerald. ＊ $^{10}/_5$ 1819 zu Braunschweig; $^1/_5$ 1836 als Kadet eingetr.; $^{20}/_4$ 1837 Port.-Fähnr.; $^{19}/_4$ 1838 Sek.-Lieut. im Inf.-Rgt.; $^{29}/_9$ 1841 Adj. d. 1. (Gren.-)Bats.; $^{15}/_{10}$ 1843 Prem.-Lieut. (Pat. $^{29}/_4$ 43); 1848—49 Kr. geg. Dänem.; $^{12}/_4$ 1849 Adj. beim Stabe der 2. Brig. der Res.-Div.; $^5/_8$ 1852 Hauptm. u. Komp.-Führ. im 1. Landw.-Bat.; $^7/_{11}$ 1852 Brig.-Adj.; $^{23}/_{12}$ 1858 mit Char. als Major in das Kriegs-Koll.; $^1/_1$ 1867 mit Leit. desselben beauftr.; $^4/_3$ 1867 Dir. des Kriegs-Koll. mit Char. als Ob.-Lieut.; $^{21}/_{11}$ 1868 Char. als Oberst; $^{24}/_{11}$ 1868 Flüg.-Adj., beauftr. mit den Geschäft. d. Gen.-Adj.; $^{15}/_4$ 1872 in den Ruhestand; $^{19}/_4$ 1872 Flüg.-Adj.-Unif.; $^{31}/_8$ 1877 Freiherrntitel anerk.; † $^{27}/_7$ 1889 zu Braunschweig.

180. van Semmern, Clemens August. ＊ $^5/_9$ 1832 zu Benzingerode; $^1/_4$ 1850 Einj.-Freiw. im Inf.-Rgt.; $^1/_{10}$ 1850 Vize-Uffz.; $^7/_1$ 1851 Uffz.; $^5/_{10}$ 1852 Port.-Fähnr.; $^{19}/_{11}$ 1853 Sek.-Lieut.; $^4/_4$ 1855 zum Leib-Bat.; $^{30}/_{10}$ 1861 Adjut. desselben; † $^{13}/_3$ 1863 zu Blankenburg.

181. Siemens, Leopold. ＊ $^{19}/_{11}$ 1822 zu Seesen; $^{10}/_{11}$ 1848 Einj.-Freiw. im Inf.-Rgt.; $^{18}/_2$ 1849 Vize-Korp.; $^{23}/_4$ 1849 Port.-Fähnr.; 1849 Kr. geg. Dänem.; $^{10}/_9$ 1850 Sek.-Lieut.; $^6/_3$ 1859 als Prem.-Lieut. zum Leib-Bat. (Pat. $^{10}/_{12}$ 58); $^{25}/_5$ 1866 Absch.; $^{15}/_8$ 1866 als unter gesetzl. Vorbeh. ausgesch. Prem.-Lieut. (Pat. $^{15}/_6$ 66) in preuß. Dienste übern. u. dem 2. Westfäl. Landw.-Rgt. Nr. 15 zugeth.; $^{30}/_{10}$ 1866 zum Inf.-Rgt. Nr. 74 vers.; $^{11}/_9$ 1869 Hauptm. u. Komp.-Chef (3. Komp.); $^{12}/_2$ 1874 Absch. m. Rgts.-Unif.; wohnte in oder bei Frankfurt a. M. oder Wiesbaden; trieb Obstkultur und Obstweinbereitung; † $^{18}/_7$ 1890.

182. Sommer,*) Franz Josef. ＊ 1769 zu Osnabrück; Stud. d. Rechte in Münster, der Kriegswiss. in Holland; 1798 holländ. Lieut.; 1799—1800 Kr. geg. die Engl. u. Russ.; $^{19}/_9$ 1799 bei Bergen verw.; 1805 Kr. geg. Oesterr.; 1806 als Aide de Camp u. Chef d. Generalst. der 2. Brig.; Kr. geg. Preußen; 1808 Kapit. u. Aide de Camp im westfäl. Kriegs-Min.; $^{14}/_4$ 1809 Bat.-Chef u. Kdt. der Mil.-Schule zu Braunschw.; 1811 Gros-Maj.; Herbst 1813 Oberst; $^{15}/_1$ 1814 in braunschw. Dienste als Major u. Komm. des 2. Lin.-Bats.; $^4/_3$ 1814 Komm. des 4. Res.-Bats.; 1814 Zug nach Brabant; $^{20}/_2$ 1815 Komm. des Res.-Bats. Weser; $^3/_2$ 1816 auf Wartegeld; $^{19}/_{10}$ 1830 pensionirt; † $^{28}/_5$ 1832 zu Holzminden.

183. Sommer,*) Karl. ＊ $^4/_3$ 1795 zu Osnabrück; 1804 Kadet im batav. Jäg.-Bat.; 1806—8 Kadet im holländ. Kadettenh. im Haag; 1809 als Kadet zur westfäl. Mil.-Schule in Braunschweig; $^{15}/_9$ 1810 Sergt.; $^{17}/_2$ 1811 Unt.-Lieut. u. Adj. an der Mil.-Schule; $^{15}/_2$ 1812 in das 2. Lin.-Rgt. einrang.; 1812—13 Kr. geg. Rußl. u. die Verbünd.; $^7/_3$ 1813 Adj.-Maj. bei der Jäg.-Garde; $^{28}/_9$ 1813 bei Kassel verw.; $^5/_1$ 1814 in braunschw. Dienst als Fähnr. im 1. leicht. Bat.; $^{15}/_1$ 1814 Adj. des 2. Lin.-Bats.; $^{20}/_1$ 1814 Lieut.; $^{27}/_1$ 1815 Adj. des 1. leicht. Bats.; 1815 Kr. geg. Frankr.; $^3/_2$ 1816 Adj. des 2. leicht. Bats. gebl.; $^8/_5$ 1822 Adj. des 2. Bats. des Inf.-Rgts.; $^{21}/_1$ 1824 Adj. des 1. Bat. Lin.-Inf.-Rgts.; $^{24}/_4$ 1827 Adj. des 2. Bats. 2. Lin.-Inf.-Rgts.; $^7/_9$ 1830 Ordonn.-Offiz. des Herzogs Karl; $^{29}/_9$ 1830 Stabskapit.; $^{21}/_{10}$ 1830 Abschied; $^{24}/_1$ 1831 Pens.-Unif.; $^3/_1$ 1834 im Steuerfach angest. ohne Erl. zum Trag. der Unif.; $^{28}/_8$ 1848 Pens.-Unif. wieder erhalt.; zog 1854 nach Wiesbaden; 1859 nach Erbach, 1868 nach Lissabon; † $^{22}/_5$ 1876 zu Braunschweig.

---

*) Westfälischer Adel, der in Braunschweig nicht anerkannt wurde, aber wohl vom Herzog Karl bestätigt wurde, da er nach 1830 stets v. Sommer geschrieben wurde.

184. v. Specht, Friedrich. * 1760 zu Braunschweig; ⁶/₁ **1776** Fähnr. im Inf.-Rgt. Pr. Friedrich; ⁶/₄ **1785** Lieut.; 1793 Belag. v. Maſtricht; ¹⁵/₆ **1794** als Kapit. zum Inf.-Rgt. v. Riedeſel; ²⁰/₁₀ **1805** Major; ²⁶/₁₀ **1806** durch Auflöſung des Korps kriegsgef., dann außer Dienſt; ¹³/₁₁ **1813** Major u. Komm. der braunſchw. Inf.; ¹/₁ **1814** Ob.-Lieut. u. Komm. des 2. leichte. Bats. (Pat. ¹⁴/₃ 14); ²⁸/₂ **1814** Komm. der Lin.-Brig.; ²¹/₇ **1814** außer Dienſt u. Oberhauptm. zu Schöningen; ¹⁴/₄ **1815** als Komm. der Lin.-Brig. reaktivirt; 1815 Kr. geg. Frankr.; ¹⁰/₇ **1815** als krank nach Braunſchw. zur.; ¹¹/₆ **1816** ſeiner Dienſte im Korps entlaſſ.; † ⁴/₁₁ 1837 als Domänenpächter zu Sophienthal bei Fürſtenau.

185. v. Specht, Friedr. Karl. * ²⁹/₉ **1798** zu Bühne (Weſtf.); ¹/₃ **1805** Fahnenjunk. im Inf.-Rgt. v. Griesheim; ²/₅ **1806** Fähnr.; ²⁶/₁₀ **1806** durch Auflöſ. des Korps kriegsgef.; ¹⁵/₆ **1808** Unter-Lieut. im weſtfäl. 1. Lin.-Rgt.; 1809 Kr. geg. Oeſterr. u. die Braunſchw.; ¹¹/₆ **1810** Lieut.; ¹⁴/₁₁ **1810** Adj.-Maj.; ¹¹/₁₁ **1811** Kapit.; 1812—14 Kr. geg. Rußl. u. Preuß.; ¹/₂ **1813** zum 5. Lin.-Rgt. verſ.; ⁴/₄ **1814** Kapit. im braunſchw. 2. Lin.-Bat.; (Pat. ¹⁹/₁ 14); ⁸/₄ **1814** zum Zuge nach Brabant zur Avantg.; ²⁷/₁ **1815** zum 1. leicht. Bat.; 1815 Kr. geg. Frankr.; ³/₂ **1816** beim 2. leicht. Bat. verbl.; ⁸/₅ **1822** zum Inf.-Rgt.; ¹⁵/₅ **1829** Kammerherr; ²³/₉ **1830**—¹⁹/₃ **1831** mit Leit. des Ob.-Hofmarſch.-Amts beauftr.; ²¹/₁₀ **1830** Major u. Komm. des 1. (Gren.-)Bats. des Inf.-Rgts.; ²⁸/₉ **1841** Komm. des Inf.-Rgts.; ¹¹/₁ **1842** Ob.-Lieut.; ²⁷/₉ **1845** Char. als Oberſt; ²⁴/₇ **1848** Oberſt (Pat. ²⁹/₉ 45); 1848 Kr. geg. Dänem.; ²⁷/₈ **1849** mit Rgts.-Unif. in d. Ruheſtand; † ²⁹/₉ 1877 zu Braunſchweig.

186. v. Specht, Wilhelm. * ⁷/₉ **1795** zu Leyden (Holland); ¹/₆ **1810** Eintr. in weſtf. Dienſte; ²³/₅ **1811** Unter-Lieut. im 2. Lin.-Rgt.; ⁷/₉ **1812** bei Borodino verw.; ¹/₄ **1813** Lieut.; 1813 Kr. geg. die Verbünd.; ¹²/₁₂ **1813** Fähnr. im braunſchw. leicht. Inf.-Rgt.; ¹/₁ **1814** als Lieut. zum 1. leicht. Bat. (Pat. ¹⁹/₁ 14); ⁸/₄ **1814** zum Zuge nach Brabant zur Avantg.; ²⁷/₁ **1815** zum 1. leicht. Bat. zur.; 1815 Kr. geg. Frankr.; ³/₂ **1816** beim 2. leicht. Bat. verbl.; ⁸/₅ **1822** zum Inf.-Rgt.; ²¹/₁ **1824** zum Garde-Gren.-Bat.; ²⁹/₉ **1830** Stabskap.; ²/₁₀ **1830** Kapit. (Pat. ²³/₁ 25); ²¹/₁₀ **1830** zum Inf.-Rgt.; ¹/₁ **1843** Kammerherr; ¹⁵/₁₀ **1843** mit Char. als Major zum 3. Bat. verſ. u. zur Dienſtl. als 2. Staboff. zum 1. Bat. kdt.; ¹⁵/₄ **1848** Führ. des 2. Bats. während des Kr. gegen Dänem.; ²/₁₀ **1848** mit Rgts.-Unif. in d. Ruheſt.; ¹¹/₈ **1855** Char. als Ob.-Lieut.; † ¹/₂ 1869 zu Braunſchweig.

187. v. Specht, Auguſt. * ⁶/₄ **1823** zu Wolfenbüttel; ¹/₅ **1839** als Kadet eingetr.; ²¹/₄ **1842** Port.-Fähnr.; ²⁵/₄ **1844** Sek.-Lieut. im Inf.-Rgt.; ⁷/₄ **1848** zum 3. Bat. verſ.; ³¹/₁ **1849** als Prem.-Lieut. zum 2. Bat. zur. (Pat. ¹/₁ 49); 1849 Kr. geg. Dänemark; ¹⁹/₁₀ **1851** Abſch.; lebt als Gutsbeſitzer auf Szyzballen in Oſtpreußen.

188. v. Specht, Karl. * ²⁶/₈ **1830** zu Braunſchweig; ¹⁶/₄ **1848** Volont. im Inf.-Rgt.; 1848 Kr. geg. Dänem. als Vol.-Korp.; ¹⁰/₉ **1848** als Port.-Fähnr. verabſch.; ⁹/₁₀ **1848** Sek.-Lieut. im 2. Schlesw.-Holſt. Inf.-Bat. (Pat. ⁹/₉ 48); 1849—51 Kr. geg. Dänem.; ²⁶/₁ **1851** entlaſſ.; ¹⁹/₄ **1851** als Sek.-Lieut. ins braunſchw. Inf.-Rgt. zur. (Pat. ¹⁹/₄ 51); ²⁸/₁ **1853** Hofjunker; ¹¹/₇ **1859** Prem.-Lieut.; ²⁶/₆ **1860** zum Leib-Bat.; ²⁸/₁₂ **1862** Kammerjunk.; ²⁶/₁ **1867** Hauptm. u. Komp.-Führ. im Landw.-Bat. (Pat. ²⁹/₁₂ 61); ³/₁₀ **1867** dem Braunſchweig. Inf.-Rgt. Nr. 92 aggr.; ¹⁷/₇ **1868** als Komp.-Chef einrang. (3. Komp.); ¹⁷/₇ **1870** Komp.-Führ. im Erſ.-Bat.; ¹³/₉ **1871** Kdo. der mob. 3. Komp. wieder übern.; ²⁸/₁₂ **1871** Kammerherr; ¹²/₁₁ **1874** überzähl. Major; ³/₁₂ **1874** etatsm. Stabsoff.; ²⁶/₄ **1878** Komm. des 1. Bats.; ²⁵/₄ **1881** Char. als Ob.-Lieut.; ¹⁶/₉ **1881** Ob.-Lieut.; ¹/₁ **1884** etatsm. Stabsoff.; ¹⁸/₄ **1885** Oberſt u. Komm. des 1. Weſtf. Inf.-Rgts. Nr. 13; ⁴/₈ **1888** mit Char. als Gen.-Maj. z. Disp. geſt.; zog nach Hannover, wohnt ſeit 1891 in Kaſſel.

189. Spengler, Friedrich. * 21/2 1836 zu Blankenburg; 7/10 **1853** Freiw. im Leib-Bat.; 1/5 1854 Gefr.; 6/12 1854 Obergefr.; 10/9 1855 Port.-Fähnr.; 26/9 1856 als Sek.-Lieut. zum Inf.-Rgt.; 1866 Zug nach Bayern; 24/9 1866 Prem.-Lieut. (Pat. 13/5 62); 17/7 1870 Führ. d. 1. Komp.; † 31/12 **1870** bei Neuville-aux-Bois gefallen.

190. Stalmaun, Erich. * 17/10 1832 zu Weddersleben (Prov. Sachsen); 1/10 **1850** Einj.-Freiw. im Inf.-Rgt.; 1/4 1851 Vize-Uffz.; 1/7 1851 überz. Uffz.; 1/11 1853 Vizefeldw.; 31/8 1858 Sek.-Lieut. d. Landw., war Gutsverwalter; 1859 zur Mobilm. einge z.; 28/6 1860 beim Inf.-Rgt. einrang. (Pat. 19/7 59); 17/1 1862 Abschied; Gutsbesitzer auf Löpitz (Prov. Sachsen); 1870—71 Adj. beim Bez.-Kdo. I Oldenburg; † 4/4 1898 zu Braunschweig.

191. v. Steiger-Montricher, Friedrich. * 1787 zu Bern; 20/11 **1802** Fähnr. im Inf.-Rgt. Pr. Friedrich; 1/5 1806 Lieut.; 26/10 1806 durch Auflös. des Korps kriegsgef.; zog nach der Schweiz; 12/3 1814 Lieut. im 2. Lin.-Bat.; 10/4 1814 Kapit. im 3. Lin.-Bat.; 1814 Zug nach Brabant; 15/7 1814 Abschied; 1827 zu Bern vom Blitz getroffen; wohnte später in Braunschweig, dann in Stuttgart, dann in Wien; † 1846 in Wien.

192. Stern, Wilhelm. * 22/9 1829 zu Harlingerode; 16/10 **1848** Diensteintr. beim Inf.-Rgt.; 1/4 1849 Einj.-Freiw.; 1849 Kr. geg. Dänem.; 4/8 1849 Vize-Korp.; 23/12 1849 Vize-Sergt.; 15/10 1850 Port.-Fähnr.; 5/8 1852 Sek.-Lieut.; 11/1 **1853** Abschied; 1853 Kadet im österr. 16. Inf.-Rgt. Zanini; 1/4 1854 Unt.-Lieut.; 1856 Bat.-Adj.; 1859 Kr. geg. Frankr. als Brig.-Adj.; 1864—66 Adj. beim Rgts.-Inh. F. M. L. Frh. v. Wernhardt; 1/5 1866 zum Mainfeldz. geg. Preuß. Hptm. u. Komp.-Chef (7. Komp.); 1/9 1867 in den zeitl. Ruhestand u. Revisor im Stenogr. Bur. des Reichsrathes; 1871 Lehrbuch der Mil.-Stenogr. herausgeg.; 1/9 1868 definit. Ruhestand; 1869 als Hauptm. zur Landw.; jetzt Reg.-Rath u. Dir. des Stenogr.-Bur. des Reichsrathes zu Wien und Major a. D.

193. v. Strombeck, Joh. Heinr. Theod. * 30/1 1785 zu Braunschweig; 12/1 1799 Fähnr. im Inf.-Rgt. v. Riedesel; 6/12 1801 Lieut.; 26/10 **1806** durch Auflös. des Korps außer Dienst; trat in westfäl. Dienste; 26/3 1812 Unter-Lieut. im 2. Lin.-Rgt. (Pat. 13/4 12); 30/11 1812 Kapit. im Füs.-Rgt. der Königin; 29/12 **1813** Lieut. im braunschw. leicht. Inf.-Rgt.; 1/1 1814 als Kapit. zum 2. leicht. Bat.; 4/3 1814 Major u. Komm. des 2. Lin.-Bats. (Pat. 13/12 13); † 16/6 1815 bei Quatrebras gefallen.

194. v. Strombeck, Hans. * 15/1 1847 zu Braunschweig; 1/4 **1865** Einj.-Freiw. im Inf.-Rgt.; 27/9 1865 Vize-Korp.; 1/4 1866 Port.-Fähnr.; 1866 Zug nach Bayern; 13/8 1867 Sek.-Lieut.; 19/2—16/7 1870 Adj. b. Bez.-Kdo. Braunschweig I; 16/12 1870 bei Vendôme verw.; 15/11 1873—6/1 1874 Adj. b. Bez.-Kdo. Braunschw. II; 5/6 1874 à l. s. des Rgts. gest.; 5/6 **1876** Abschied; lebt geisteskrank in der Irrenanstalt zu Königslutter.

195. v. Stutterheim, Wilhelm. * 29/3 1848 zu Eschershausen; 25/4 **1867** Einj.-Freiw. im Inf.-Rgt.; 1/10 1867 Vize-Korp.; 9/1 1868 Port.-Fähnr.; 5/2 1869 Sek.-Lieut.; 1870—71 Kr. geg. Frankr.; 12/8 1871 Adj. des 2. Bats.; 9/1 1874 Prem.-Lieut.; 3/4 1878 Rgts.-Adj.; 30/10 **1880** Absch.; 17/11 1880 Prem.-Lieut. im Kgl. Sächs. 10. Inf.-Rgt. Nr. 134; 1/4 1881 Hauptm. u. Komp.-Chef (12. Komp.); 21/5 1886 zur Disp. gest.; war Bürgermeister in Hasselfelde; jetzt Bürgermeister in Harzburg.

196. Stutzer, Friedrich. * 20/11 1796 zu Braunschweig; 24/2 **1814** Diensteintr. 5/3 1814 Korp.; 16/4 1814 Sergt.; 1814 Zug nach Brabant; 18/4 1815 Fähnr. im Ers.-Bat.; 12/8 1815 vor Paris zum 1. leicht. Bat.; 3/2 1816 auf Wartegeld; 27/3 1818 zum 2. Lin.-Bat.; 6/5 1822 als Sek.-Lieut. dem Inf.-Rgt. aggr. (Pat. 21/12 21), 28/1 1824 zum Jäg.-(Leib-)Bat.; 24/6 1825 zur Artill. vers.; 28/11 1827 als Adj. zum 1. Bat. 2. Lin.-Inf.-Rgt.; 21/10 1830 Prem.-Lieut. u. Adj. des 2. Bats. Inf.-Rgts.; 28/10 1835 Rgts.-Adj.; 15/9 1840 Char. als

Hauptm.; ²⁹/₉ 1841 Hauptm. u. Komp.-Chef im 2. Bat. (4. Komp.); 1848—49 Kr. geg. Dänem.; ³¹/₈ 1849 Major u. etatsm. Stabsoff. (Pat. ¹/₃ 48); ¹⁴/₃ 1850 Komm. des 2. Landw.-Bats.; † ¹¹/₁₀ 1852 zu Seesen.

197. Stutzer, Hermann. ∗ ²⁷/₁₁ 1829 zu Wolfenbüttel; ¹/₅ **1843** als Kadet eingetr.; ²⁵/₄ 1845 Port.-Fähnr.; ¹⁰/₃ 1847 Sek.-Lieut. im Leib-Bat. (Pat. ³/₁₁ 46); ¹⁸/₄ 1849 zum Inf.-Rgt.; 1849 Kr. geg. Dänem.; † ²³/₇ **1850** zu Braunſchweig.

198. Stutzer, Richard. ∗ ²⁷/₆ 1840 zu Braunſchweig; ¹/₄ **1857** Einj.-Freiw. im Inf.-Rgt.; ¹/₁₀ 1857 Vize-Korp.; ¹¹/₄ 1858 Port.- Fähnr.; ²⁷/₆ 1859 Sek.-Lieut. (Pat. ²/₆ 59); 1866 Zug nach Bayern; † ¹³/₅ **1868** zu Braunſchweig.

199. Teichmüller, Wilhelm. ∗ ⁶/₄ **1834** zu Braunſchweig; ¹/₄ **1852** Einj.-Freiw. im Inf.-Rgt.; ¹/₁₀ 1852 Vize-Uffz.; ¹⁸/₉ 1853 Port.-Fähnr.; ⁴/₄ 1855 als Sek.-Lieut. zum Leib-Bat. (Pat. ¹/₃ 55); 1859 deſſen Bats.-Geſchichte herausgegeben; ¹¹/₆ 1861 zum Inf.-Rgt.; ⁷/₅ 1866 Rgts.-Adj.; ²⁹/₅ 1866 Prem.-Lieut. (Pat. ⁹/₅ 62); 1866 Zug nach Bayern; † ⁸/₇ **1869** zu Braunſchweig.

200. Telge, Heinrich. ∗ ⁶/₂ 1787 zu Braunſchweig; ·/₈ 1808 weſtfäliſcher Soldat; ·/₁₂ 1808 Fourier; ·/₅ 1810 Sergt.-Maj.; ·/₈ 1810 Adj.-Sous-Offz.; ·/₁₁ 1810 Sek.-Lieut. zur Jäg.-Garde verſ.; ·/₅ 1811 Prem.-Lieut. u. Adj.-Maj. im 1. leicht. Inf.-Bat.; ·/₉ 1812 bei Dorogobuſch verw.; ²⁴/₃ 1814 Lieut. im Braunſchw. 3. Lin.-Bat. (Pat. ¹/₁ 14); ¹⁰/₄ 1814 zum 3. leicht. Bat.; ¹⁴/₄ 1815 als Stabskap. zum Leib-Bat.; 1815 Kr. geg. Frankr.; ³/₂ 1816 auf Wartegeld; ²⁶/₁ 1819 zum Reſ.-Bat. Harz; ¹⁹/₅ 1820 Rang als Kapit. (Pat. ⁷/₄ 15); ⁸/₅ 1822 auf Wartegeld; ²⁴/₅ 1827 dem 1. Lin.-Inf.-Rgt. aggr.; ²⁴/₁ 1829 als Komp.-Chef einrang.; ²¹/₁₀ 1830 zum Inf.-Rgt.; † ²⁶/₃ **1840** zu Braunſchweig.

201. Telge, Hermann. ∗ ¹⁰/₁₂ 1826 zu Braunſchweig; ²⁶/₄ **1842** als Kadet eingetr.; ²⁵/₄ 1844 Port.-Fähnr.; ⁶/₁₀ 1845 Sek.-Lieut. im Inf.-Rgt.; 1848 Kr. geg. Dänem.; ¹¹/₄ 1849 als Prem.-Lieut. zum 3. Bat.; ¹⁸/₃ 1850 zum Rgt. zur.; ¹/₄ 1851 Komp.-Führ. im 1. Landw.-Bat.; ⁷/₈ 1852—⁷/₄ 1855 Rgts.-Adj.; ²⁴/₄ 1858 Hauptm. u. Komp.-Führ. im Landw.-Bat. (Pat. ¹/₂ 55); ²/₁ 1860 Platzmaj. in Wolfenbüttel; ⁹/₁₂ 1860 als Komp.-Chef zum Leib-Bat. (4. Komp.); ¹⁷/₇ 1870 Führ. des Beſatz.-Bats. Braunſchw. II; ²⁷/₇ 1870 Char. als Major; ·/₈ 1871 dem Füſ.-(Leib-)Bats. attach.; ¹⁰/₆ 1872 Major; ⁵/₈ 1872 Komm. des Füſ.-(Leib-)Bats.; ⁴/₁₂ **1873** Abſch. m. Penſ.-Unif.; lebt in Braunſchweig.

202. v. Trauwitz, Otto. ∗ ¹/₁₁ 1829 zu Braunſchweig; ¹/₅ **1845** als Kadet eingetr.; ⁴/₁₀ 1846—¹⁵/₇ 1847 zur Div.-Schule in Magdeb.; ⁷/₁₁ 1846 Port.-Fähnr. im Leib-Bat.; ¹²/₃ 1848 als Sek.-Lieut. zum Inf.-Rgt.; 1848—49 Kr. geg. Dänem.; ⁷/₈ 1852 Adj. des 1. Bats.; ⁴/₄ 1855 Prem.-Lieut. (Pat. ¹/₂ 53); ⁷/₄ 1855—²¹/₄ 1861 Rgts.-Adj.; † ²/₁₀ **1861** zu Braunſchweig.

203. Uetzfeld, Wilhelm. ∗ ²⁸/₂ 1785 zu Süpplingenburg; ¹/₁₀ 1802 Dienſteintr. beim Drag.-Rgt.; ¹/₃ 1804 aus braunſchw. Dienſt entlaſſ.; ¹⁵/₃ 1804 Soldat im preuß. Inf.-Rgt. Herzog v. Braunſchw. Nr. 21; ²⁸/₁₀ 1806 durch Kapitul. v. Prenzlau in franzöſ. Kriegsgefangenſch.; ¹⁵/₃ 1807 Gren. in der weſtfäl. Gren.-Garde; ¹/₆ 1808 Korp.; 1809 Kr. geg. Oeſterr.; ¹⁹/₇ 1809 Sergt.; ⁵/₁₂ 1810 Feldweb.; ¹⁸/₁₁ 1811 als Unt.-Lieut. zum 7. Lin.-Rgt.; ⁷/₉ 1812 bei Borodino verw.; ¹⁷/₁₂ 1813 Fähnr. im braunſchw. leicht. Inf.-Rgt.; ¹/₁ 1814 als Lieut. zum 2. leicht. Bat.; ¹⁴/₁ 1814 zum 1. Lin.-Bat.; ⁴/₅ 1814 Kapit.; 1814 Zug nach Brabant; ²⁰/₂ 1815 zum Reſ.-Bat. Helmſtedt kbt.; ¹⁴/₄ 1815 in daſſelbe einrang.; ⁸/₅ 1822 auf Wartegeld; ⁸/₆ 1827 dem 2. Lin.-Inf.-Rgt. aggr.; ¹¹/₈ 1828 als Komp.-Chef zum 1. Lin.-Inf.-Rgt.; ²¹/₁₀ 1830 zum Reſ.-Kadre; ²⁸/₁₀ **1835** penſionirt; † ⁶/₁₀ 1837 zu Braunſchweig.

204. Frh. v. Veltheim, Karl. ∗ ³/₅ 1842 zu Braunſchweig; ¹/₁₀ **1860** Einj.-Freiw. im Inf.-Rgt.; ²⁷/₁₀ 1860 zum Leib-Bat. verſ.; ¹/₄ 1861 Vize-Oberjäg.; ¹⁰/₁₀ 1861 Port.-Fähnr.; ¹/₇ 1862 zum Inf.-Rgt. zur.; ²⁴/₁₂ 1862 Sek.-Lieut.; 1866 Zug nach Bayern; ¹⁷/₇ 1870 zum Erſ.-Bat.; ¹²/₂ 1871 zum mob. Rgt.; ⁷/₉ 1871 Prem.-Lieut.; ²²/₆ **1875** entlaſſen; lebt in Dresden.

205. v. Wachholtz, Robert. * $^{26}/_{11}$ 1816 zu Braunschweig; $^{20}/_4$ **1833** als Kadet eingetr.; $^{25}/_4$ 1834 Port.-Fähnr.; $^{23}/_4$ 1836 Sek.-Lieut. im Jäg.-(Leib-)Bat.; $^{11}/_4$ 1840 Prem.-Lieut.; $^1/_{10}$ 1846—$^1/_6$ 1847 zur Generalst.-Akad. in Hannover kbt.; $^3/_4$ 1848 als 2. Adj. zum Stabe des Feldkorps; $^{29}/_4$—$^{10}/_{11}$ 1848 Generalst.-Offz. im Stabe der mob. 3. Inf.-Brig. des 10. Bundes-Korps; 1848 Kr. geg. Dänem.; $^{25}/_{11}$ 1848 Hauptm. u. Komp.-Chef im 2. Bat. (3. Komp.), Pat. $^{18}/_6$ 48; $^3/_4$ 1849 zum Leib-Bat. verf. (3. Komp.); $^{18}/_3$ 1850 dem Inf.-Rgt. aggr.; $^1/_4$ 1850—$^8/_8$ 1851 zum Stabe der 7. Div. in Magdeb. kbt.; $^8/_8$ 1851 in den Generalst. der Brig. verf.; $^3/_1$ 1860 Major u. etatsm. Stabsoff.; $^{19}/_{12}$ 1861 Komm. des Landw.-Bats.; $^{24}/_1$ 1865 in den Generalst. zur.; $^{28}/_2$ 1867 Ob.-Lieut. (Pat. $^{12}/_5$ 65); $^3/_{10}$ 1867 zur Disp. gest. u. Bez.-Komm. des 2. Bats. Herz. Brschw. Landw.-Rgts. Nr. 92; $^{15}/_4$ 1872 Flüg.-Adj., beauftr. mit den Geschäft. der Gen.-Adj. u. mit Insp. des Gend.-Korps; $^{24}/_4$ 1873 Char. als Oberst; $^{25}/_4$ 1881 Char. als Gen.-Maj.; $^8/_5$ 1889 Gen.-Adj. mit Char. als Gen.-Lieut.; † $^{27}/_{12}$ 1897 zu Braunschweig.

206. Wagenknecht, August. * $^{16}/_5$ 1797 zu Salzdahlum; $^{28}/_{12}$ 1813 Freiw. im leicht. Inf.-Reg.; $^1/_1$ 1814 Sergt.; $^{25}/_2$ 1814 Fähnr. im 2. Res.-Bat. (Pat. $^{16}/_3$ 14); $^7/_8$ 1814 zum 1. leicht. Bat.; $^{18}/_6$ 1815 bei Waterloo verw.; $^3/_2$ 1816 zum Res.-Bat. Wolfenbüttel; $^{20}/_2$ 1816 zum 2. leicht. Bat.; $^8/_5$ 1822 als Sek.-Lieut. zum Inf.-Regt. (Pat. $^{28}/_{11}$ 21); $^{21}/_1$ 1824 zum Jäg.-(Leib-)Bat.; $^{30}/_9$ 1826 Ober-Lieut.; $^9/_{10}$ 1837 Kapit. und Komp.-Chef (1. Komp.), Pat. $^{15}/_9$ 35; $^{10}/_8$ **1839** pensionirt; † $^{16}/_9$ 1866 zu Kolberg.

207. Walter, Friedrich; hatte in waldeckischen u. westfäl. Diensten gestanden, zuletzt als Kapit.; $^5/_{12}$ 1813 Lieut. im braunschw. leicht. Inf.-Rgt.; $^1/_1$ 1814 zum 1. leicht. Bat.; $^{14}/_1$ 1814 Kap. im 2. leicht. Bat.; $^{10}/_3$ 1814 Abschied; Weiteres unbekannt.

208. v. Waltersdorff, Joh. Heinr. Wilh. * $^{12}/_{11}$ 1780 zu Berlin; preuß. Kadet u. Page; $^{28}/_9$ 1798 Fähnr. im Inf.-Rgt. v. Grawert Nr. 47; $^{31}/_{12}$ 1799 zum Inf.-Rgt. v. Reinhard Nr. 52 verf. (Pat. $^{16}/_2$ 99); $^{11}/_4$ 1801 ohne Absch. entl.; $^1/_{10}$ 1803 Absch. mit Erlaubn., in fremde Dienste zu gehen; ging in brit. Dienste; 1813 Kr. in Norddeutschl. als Lieut. u. Adj. im lüneburg. Inf.-Rgt.; $^{20}/_1$ 1814 Lieut. im braunschw. 1. Lin.-Bat.; $^9/_3$ 1814 als Kapit. zum 3. Lin.-Bat.; 1815 Kr. geg. Frankr.; $^3/_2$ 1816 zum Res.-Bat. Harz; $^{10}/_2$ 1819 zum 2. leicht. Bat.; $^8/_5$ 1822 dem Inf.-Rgt. aggr.; $^{21}/_1$ 1824 zum Res.-Bat., später 2. Lin.-Inf.-Rgt.; $^{21}/_{10}$ 1830 pensionirt; † $^{27}/_8$ 1836 zu Wolfenbüttel.

209. v. Wedell, Ernst. * $^1/_3$ 1790 zu Danzig od. in der Neumark; $^1/_1$ 1804 Gefr.-Korp. im Inf.-Rgt. Prinz Heinr. v. Preußen Nr. 35; $^5/_2$ 1806 Fähnr.; 1806—7 beim Schill'schen leicht. Inf.-Bat.; $^{18}/_4$ 1807 Sek.-Lieut.; $^{20}/_8$ 1808 zum Leib-Inf.-Rgt.; $^{25}/_8$ 1809 entwichen; $^{26}/_9$ 1811 als Desert. erkl.; 1810—14 Kr. in Spanien, angebl. in der Deutsch-Engl. Legion; $^{12}/_3$ **1814** Lieut. im braunschw. 3. leicht. Bat.; $^{12}/_4$ 1814 Kapit. (Pat. $^{23}/_3$ 14); 1814 Zug nach Brabant; $^{20}/_2$ 1815 zum Res.-Bat. Braunschw. kbt.; $^{14}/_4$ 1815 zum Ers.-Bat.; $^{12}/_8$ 1815 vor Paris zum 3. leicht. Bat. zur.; $^3/_2$ 1816 zum Res.-Bat. Helmstedt; $^{31}/_8$ **1817** Abschied; wurde portugiesischer Major; lebte 1826 als Major a. D. in Berlin.

210. Wegener, Hermann. * $^{30}/_{11}$ 1828 zu Braunschweig; $^1/_{10}$ **1848** Vol. im Inf.-Rgt.; $^9/_1$ 1849 Vize-Korp.; 1849 Kr. geg. Dänem.; $^{26}/_8$ 1849 Vize-Sergt.; $^7/_4$ 1850 Port.-Fähnr.; $^5/_5$ 1850 Sek.-Lieut.; $^{17}/_{10}$ 1855—$^{24}/_4$ 1859 Adj. des Landw.-Bats.; $^{24}/_4$ 1858 Prem.-Lieut.; $^{24}/_4$ 1866 Hauptm. u. Komp.-Führ. im Landw.-Bat.; $^{22}/_{10}$ 1867 dem Braunschw. Inf.-Rgt. Nr. 92 aggr.; $^6/_3$ 1868 als Komp.-Chef einrang. (5. Komp.); $^{17}/_7$ 1870 Komp.-Führ. im Besatz.-Bat. Braunschw. I; $^{14}/_6$ 1871 die 5. Komp. wieder übern.; $^2/_{11}$ **1873** Absch. mit

Char. als Major u. Penf.-Unif.; seit 1874 Konservator am Städt. Museum zu Braunschweig.

211. v. Westphalen, Hans. * ⁷/₃ 1769 zu Braunschweig; ·/₁ **1785** Fahnenjunk. im Inf.-Rgt. v. Riedesel; ⁹/₃ 1785 Fähnr.; ²²/₂ 1788 Lieut.; 1793—95 Kr. geg. Frankr.; ²¹/₃ 1799 Kapit.; ²⁶/₁₀ 1806 durch Auflöf. des Korps in Kriegsgefangenfch.; ²⁵/₇ **1808** Kapit. im weftf. 2. Lin.-Rgt.; 1809—10 Kr. in Spanien; ⁸/₁₀ 1810 Abfch.; ²⁶/₃ **1814** als Major in Penf. in braunfchw. Dienft zur. (Pat. ⁶/₁₁ 13); ¹⁷/₄ 1815 Komm. des Ref.-Bats. Harz; ³/₂ **1816** penfionirt; † ¹²/₇ 1818 zu Seefen.

212. Winter, Auguft. * ⁴/₁₀ 1839 zu Braunfchweig; ⁵/₅ **1859** Vol. im Inf.-Rgt.; ⁴/₁₁ 1859 Vol.-Korp.; ⁵/₄ 1860 Vol.-Sergt.; ¹¹/₆ 1861 Sek.-Lieut.; ²/₁₂ 1865 Adj. des 1. Bats., 1866 Zug nach Bayern; ¹⁸/₉ 1868—¹⁸/₄ 1873 Adj. des Füf.-(Leib-)Bats.; ⁷/₁ 1870 Prem.-Lieut.; ¹⁴/₁ 1871 bei Chaffillé verw.; ³/₁₂ 1874 Hauptm. u. Komp.-Chef (3. Komp., seit 1883 1. Komp.); ¹⁸/₉ 1886 als überz. Major dem Rgt. aggr.; ¹⁷/₉ 1887 in die 1. Hauptm.-Stelle; ²²/₃ **1888** als Bat.-Komm. zum Holft. Inf.-Rgt. Nr. 85 (2. Bat.); ²²/₅ 1889 z. Difp. geft. u. Bez.-Komm. in Schwerin; ¹⁶/₁ 1892 Char. als Db.-Lieut.; ¹⁴/₇ 1895 mit Unif. des Braunfchw. Inf.-Rgts. 92 von feiner Stellung entb.; wohnt in Schwerin.

213. Wirk, Guftav. * ⁴/₅ 1847 zu Braunfchweig; ¹/₁₀ **1867** Freiw. im Braunfchw. Inf.-Rgt. Nr. 92; ¹⁷/₈ 1868 Port.-Fähnr.; ⁵/₂ 1869 Sek.-Lieut.; ¹⁷/₇ 1870 zum Erf.-Bat.; ²⁰/₁₁ 1870—²³/₆ 1871 Adj. deffelben; ¹/₁₀ 1873—²⁰/₇ 1876 zur Kriegsakad. in Berlin; ³/₁₂ 1874 Prem.-Lieut.; ¹/₂ 1877—³⁰/₄ 1880 zur Trigonom. Abth. der Landesaufn. kbt.; ³/₂ 1883 Hauptm. u. Komp.-Chef (3. Komp.); ¹⁵/₄ 1886 in das Gren.-Rgt. Kön. Friedr. Wilh. IV. (1. Pomm.) Nr. 2 verf. (7. Komp.), Pat. ³/₉ 83; ¹⁷/₉ 1887 à l. s. diefes Rgts. u. Lehrer an der Kriegsfch. Glogau; ²²/₃ 1889 Lehrer an der Kriegsfch. Hannover; ¹⁷/₅ 1892 überz. Major; ⁵/₇ 1892 als aggr. zum 4. Magd. Inf.-Rgt. Nr. 67 verf.; ¹⁹/₁₂ 1893 als Bat.-Komm. einrang. (4.Bat.); ¹⁹/₁₀ 1895 Komm. des 2. Bats.; ²⁷/₁ 1898 mit Difp. u. Vorft.Rgts.-Unif. z. des Art.-Dep. Münfter.

214. Wiffel, Chriftian Friedr. * 1763 zu Braunfchweig; **1782—91** in altbraunfchw., 1792—1806 in holländ. Dienften; 1792—95 Kr. geg. Frankr.; ¹³/₉ 1793 bei Menin verw.; 1808—13 in weftfäl. Dienften, zuletzt als Kapit. im 9. Lin.-Rgt.; 1809—10 Kr. in Spanien; ²/₁₂ **1813** Lieut. im braunfchw. leicht. Inf.-Rgt.; ²/₁ 1814 zum 3. leicht. Bat.; ¹⁴/₁ 1814 Kapit. im 2. Lin.-Bat. (Pat. ¹²/₄ 14); ²⁸/₂ 1814 zum 4. Ref.-Bat.; ⁷/₈ 1814 auf Wartegeld; ²²/₁ 1815 zum Ref.-Bat. Helmftedt; ³/₂ 1816 auf Wartegeld; ¹⁵/₂ **1819** penfionirt; † ²⁸/₁ 1842 zu Stadtoldendorf.

215. Wittich, Heinrich. * 1776 zu Eifenbach (Heff.-Darmft.); **1792** Diensteintr. beim Inf.-Rgt. v. Riedesel; 1793 Belag. v. Maftricht, ¹²/₆ 1794 Fähnr.; 1795 Kr. geg. Frankr.; ²⁵/₆ 1798 Lieut.; ²⁶/₁₀ 1806 durch Auflöf. des Korps kriegsgef.; **1808** Lieut. im weftfäl. 6. Lin.-Rgt.; 1810 Kapit.; 1812 Kr. geg. Rußl.; ⁹/₃ **1814** Kapit. im braunfchw. 1. Lin.-Bat.; ¹³/₄ 1814 zum 2. Lin.-Bat.; 1814 Zug nach Brabant; ¹⁷/₁ 1815 Major u. Komm. des Ref.-Bat. Helmftedt (Pat. ⁷/₁₅ 13); ⁸/₅ 1822 auf Wartegeld; ¹⁸/₂ 1829 als Kreiseinnehmer zu Braunfchweig angeft.; † ⁸/₁ 1850 zu Braunfchweig.

216. Wittich, Auguft. * ⁷/₁ 1816 zu Helmftedt; ²¹/₄ **1831** als Kadet eingetr.; ²⁴/₄ 1835 Port.-Fähnr.; ²³/₄ 1836 Sek.-Lieut. im Leib-Bat.; ³/₁ 1841 Prem.-Lieut.; ³¹/₁ 1849 Hauptm. im 3. Bat. (Pat. ¹/₁ 49); ¹⁸/₃ 1850 als Komp.-Chef zum Rgt. (8. Komp.); ¹⁹/₁₂ 1861 Major u. etatsm. Stabsoff.; ²⁰/₃ 1864 Platz-Maj. in Braunfchweig; ⁹/₁₂ 1867 in den Ruheft. verf.; ¹⁸/₈ 1870 Etapp.-Kdt. in Delme, ⁷/₁₁ in Neufchateau; ¹³/₁₂ in Donjeur, ²⁰/₁ 1871 in Juvify; ¹⁵/₂ 1871 in den Ruheftand zurückgetr.; ²¹/₄ 1872 Char. als Db.-Lieut.; † ¹³/₉ 1878 zu Braunfchweig.

217. **Wolff,** Ferdinand. * ³/₂ 1791 zu Braunschweig; ⁵/₁ 1808 westf. Garde du Corps; 1809 als Unt.-Lieut. zum 1. Lin.-Rgt.; 1810 Lieut.; 1811 als Adj.-Maj. zum 2. Lin.-Rgt.; 1812—14 Kr. geg. Rußl. u. Preuß.; 1813 als Kapit. zum 4. Lin.-Rgt.; ⁴/₄ 1814 Lieut. u. Adj. im braunschw. 3. Lin.-Bat. (Pat. ²⁵/₁₂ 13); ¹⁴/₄ 1815 Stabskap.; 1815 Kr. geg. Frankr.; ²²/₆ 1815 als Brig.-Adj. zum Korpsstabe; ⁷/₇ 1815 als Komp.-Chef zum 1. Lin.-Bat.; ³/₂ 1816 auf Wartegeld; ¹/₅ **1816** Sublevant im Mont.-Mag.; ¹/₁ 1818 Adjunkt des Dir. des Mont.-Mag.; ¹⁹/₅ 1820 Rang als Kapit. (Pat. ⁴/₄ 15); ²³/₆ 1828 Montir.- u. Kasernem.-Dir.; ²¹/₁₀ 1830 Platzmaj. in Braunschweig; ²⁵/₁₂ 1832 Finanzrath; 1841 Geh. Finanzrath; † ¹³/₃ 1851 zu Braunschweig.

218. **Wolff,** Ludwig. * ²/₆ 1835 zu Braunschweig; ¹/₄ **1852** Einj.-Freiw. im Inf.-Rgt.; ¹/₁₀ 1852 Vize-Uffz.; ¹⁸/₁₂ 1853 Port.-Fähnr.; ⁴/₄ 1855 Sek.-Lieut. (Pat. ³/₃ 55); ⁸/₁ **1859** Abschied; 1859 Hülfsexpedient beim Bahn- u. Postamt Harzburg; 1860 desgl. zu Oschersleben; 1862 Stat.-Vorst. in Schöningen; 1863 Betr.-Insp. in Braunschweig; 1871 Ob.-Betr.-Insp.; ¹/₄ 1885 pensionirt; † ¹⁶/₁₀ 1887 zu Braunschweig.

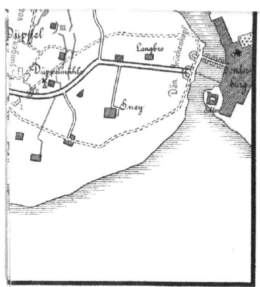

Verlag von Albert Limbach, Braunschweig.